부산지하철노동조합 35년 투쟁의 역사

부산지하철노동조합 35년
투쟁의 역사

발행일 ｜ 2024년 2월 16일

기획 ｜ 부산지하철노동조합 35년사 백서편찬위원회
글 ｜ 이영호
진행 ｜정경원
펴낸이 ｜ 양규헌

출판 ｜ 한내 hannae2007@hanmail.net
　　　주소 경기도 고양시 일산동구 공릉천로 493번길 61 가동
　　　전화 031-976-9744, 팩스 031-976-9743
　　　등록 2009년 3월 23일(제318-2009-000042호)
제작·관리 ｜ 정경원
본문·표지디자인 ｜ 토가 김선태
인쇄 제작 ｜ 디자인 단비

ISBN 9791185009391(03300)
60,000원

부산지하철노동조합 **35년**

투쟁의 역사

기획 부산지하철노동조합 35년사 백서편찬위원회

글 이영호

부산지하철노동조합의
조합원이라는 사실이 자랑스럽습니다

1988년 2월 16일 부산지하철 노동자들은 엄혹한 시기에도 기필코 민주노조의 깃발을 세웠습니다.

이어진 1990년대의 전지협 파업, 노동법 개정 투쟁, 직제 투쟁, 2000년대의 주5일제 투쟁, 그리고 청소용역업체였던 부산공공서비스노조와 함께 가기로 한 결정을 이뤄냈습니다.

최근에 이르러서는 2016년의 성과연봉제 반대 파업, 2019년도 4조 2교대 쟁취 투쟁 등 일일이 호명하기도 힘든 우리의 성과는 지금도 이렇게 빛나고 있습니다.

이러한 과정들의 중심에는 항상 현장을 누비고 다니는 노동조합 간부들의 열정이 있었습니다. 치열하게 토론하고, 결정하여 희망을 만들기 위해 현장 동지들과 소통하면서 불가능을 가능으로 만들어 주신 지부장님들 이하 지회장, 대의원 동지들에게 깊이 감사드립니다.

35년의 역사를 정리하고 기록한다는 것은 쉬운 일이 아니었습니다. 지난 2023년 4월 오영환 전 위원장을 중심으로 편찬 작업에 참여하신 서영남, 이의용 동지에게 감사의 마음을 전합니다. 무엇보다 퇴직하시고 바쁘신 와중에도 글을 써 주신 이영호 동지께 마음 깊은 감사를 전합니다. 백서 작업 제작 선례가 부족한 상황에서도 찬란한 결실을 맺는 데 도움을 주신 노동자역사 한내 정경원 동지에게도 함께 감사의 인사를 드립니다.

오늘날의 부산지하철노동조합은 새로운 세대가 중심이 되어 가고 있는 시기입니다. 35년의 역사를 담은 이 백서가 담고 있는 "인간다운 삶이란 무엇인가?"라는 선배 동지들의 질문이 미래의 세대에게도 전해지길 바랍니다.

자랑스러운 부산지하철 노동조합 50년, 100년의 역사를 위해 우리 모두 최선을 다합시다. 조합원의 피와 땀으로 이뤄낸 35년 역사를 조합원 여러분들에게 바칩니다.

2024년 2월 16일
부산지하철노동조합 22대 위원장 최정식

부산지하철노동조합 35년사는
이렇게 만들어졌습니다

"백서가 뭐죠?"

어느 날 한 후배가 이렇게 물어 왔습니다.

저는 그에 대한 답변으로, 우리 조합원 여러분과 그 후배에게 우리 노동조합이 걸어온 35년의 길을 상세하게 일러드리고자 합니다.

우리 부산지하철노동조합은 역대 정권의 구조조정 탄압에 맞서 사회 공공성을 확보하고 궤도 노동자의 노동조건 개선을 위해 싸웠습니다. 그 끝에 서있는 오늘은 지난 열번의 파업이 낸 길 위에 있는 것이라고 해도 과언이 아닐 것입니다.

지난 투쟁의 과정에서 함께한 많은 사람들이 이제는 퇴직했거나, 퇴직을 앞두고 있습니다. 우리는 지난 길목에 흩어져 있는 역사를 정리하여 기록하는 것이 무엇보다 중요하다는 생각에 뜻을 모으게 되었습니다.

이 소중한 기록을 노동조합 역사의 성찰과 연구에, 조합원·간부들의 헌신적인 투쟁과 활동에, 그리고 자랑스러운 노동자 투쟁의 기록 활동에 활용해 주시기 바랍니다. 이는 우리 조합원뿐만 아니라 전체 노동운동진영의 기록 문화 정착과 관련 연구 확산에도 기여할 것입니다.

우리는 지난 2023년 4월 24일 부산지하철노동조합 35년사 백서편찬 기획회의를 시작으로, 같은 해 11월 9일까지 5차례에 걸친 회의를 통해 백서 편찬 방향과 준비위 구성, 집필진 선정에 이르기까지 백서와 관련한 모든 자료와 집필을 정리하여 10개월에 걸친 기나긴 토론을 마칠 수 있었습니다.

백서편찬 작업이 10개월로 정리될 수 있었던 것은 노동자역사 한내와 함께한 자료 전산화 작업이 편찬 작업에 유용하게 활용되어, 원격·재택 작업이 가능했기 때문이었습니다. 또한 긴 시간 동안 SNS 단체방을 통해 자료를 함께 검토하고 공유하며 소통해 온 편찬위원 모두의 노력과 열정이 있었습니다.

"조합원 여러분, 백서는 무엇입니까?"

백서의 활용은 모두의 관심과 궁금증으로부터 출발합니다.

백서에는 이를테면 신입사원이 조합원총회에 한 번 참석했다가 듣게 된 노조 이야기, 부산지하철노조 집회 모습이 방송과 언론에 보도된 과정, 선후배와 함께 한잔하면서 들어본 영웅담 같은 그해의 투쟁들, 94년 전지협 공동파업, 96년 노동법 개정 투쟁, 98년, 03년, 04년 07년, 09년, 16년, 19년 구조조정 저지, 지하철 안전 확보와 노동조건 개선 투쟁과 파업 이야기. 파업 이후에도 조직을 지키고 조직력을 회복하기 위해 부단히 헌신해온 간부들의 이야기가 담겨있습니다. 필요한 만큼, 궁금한 만큼 보고 싶은 부분부터 책장을 넘겨보면 됩니다.

그 속에서 정부 정책의 본질은 무엇인지, 자본과 노동 중 어느 쪽을 위한 정책인지, 노동자들은 왜 연대투쟁으로 저항했는지, 그리고 무엇보다도 구속, 해고, 징계 등의 살인적인 탄압을 받으면서도 우리는 왜 포기하지 않고 투쟁해야 했는지를 꼭 생각해주시기를 당부드립니다.

그런 과정에서 더 많은 간부와 조합원이 백서를 통해 소설, 웹툰, 영화 등 다양한 콘텐츠 개발과 연구를 고민하다 보면 우리 모두와 노동조합이 함께 성찰하고 성장하는 기회가 올 것입니다.

끝으로 부산지하철노동조합의 35년 역사는 궤도노조, 공공운수노조와 부산지역노조의 역사이기도 합니다. 모든 조직과 동지를 거명할 수는 없지만 함께 투쟁하고 연대한 조직과 동지들께 깊은 감사를 전합니다.

『부산지하철노동조합 35년 투쟁의 역사』가 차별 없이 인간답게 살아가는 세상을 위해 투쟁하는 모든 조직과 동지들에게 조금이라도 도움이 되길 바랍니다.

2024년 2월 16일
백서편찬위원장 오영환

부산지하철노동조합 35년사는
이렇게 구성되었습니다

　1부는 부산지하철노동조합 설립 그리고 노동자로 거듭나는 1988년부터 1993년까지의 시기로, 엄혹한 시대에 노동조합을 결성하여 노동조건 문제를 제기하고 노동자 의식을 세워가는 조합원의 모습을 그렸습니다.

　2부는 투쟁하는 노동자들의 1994년부터 2000년까지로, 전지협 공동투쟁으로 시작해 복직투쟁, 직제 개악 저지 투쟁과 공공부문 노동조합의 공동투쟁, 노동법 개정 투쟁, 1998년 7.3파업까지 과정을 정리했습니다. 부산지하철노동조합 조합원들은 하루하루 투쟁하며 민주노조의 원칙과 기풍을 세우고 안팎으로 연대의 경험을 차곡차곡 쌓았습니다.

　3부는 2001년부터 2009년까지, 자본과 정권의 상시적 구조조정에 대응해 투쟁한 과정을 정리했습니다. 여기는 매표업무 민간위탁 대응 투쟁, 대구지하철 참사 공동투쟁과 이후 안전한 지하철 만들기 위한 투쟁, 노동시간 단축 투쟁, 비정규직 문제 해결을 위한 투쟁 등이 담겼습니다. 자본은 대규모 구조조정이 노동자의 저항에 부딪히자 노동자 내부를 갈라치고 차별하며 신자유주의 정책을 관철하려 했습니다. 우리 부산지하철노동조합은 이를 막아내며 안전한 지하철, 공공성을 세우고 지키는 지하철을 만들기 위해 노력했습니다

　4부는 2010년부터 2017년까지의 노동자 권리 투쟁을 담았습니다. 자본

과 정권은 필수유지업무제도를 도입해 파업권을 제한하고, 타임오프제도를 도입해 노동조합 약화를 꾀하며, 창구단일화를 전제로 한 복수노조 허용으로 민주노조를 위협했습니다. 더불어 공공기관 '정상화' 공세, 임금피크제와 성과연봉제 도입을 시도하기도 했습니다. 부산지하철노동조합은 이에 맞서 단호한 투쟁을 조직했고 전국의 노동조합들과 연대투쟁을 벌였습니다.

5부는 2018년부터 2023년까지로, 부산지하철노동조합의 노동과정 변화와 윤석열 정권의 직무성과급제에 맞선 투쟁을 정리했습니다. 더불어 안전한 지하철을 위한 노동조합의 활동도 담았습니다.

부록에는 간략한 연표와 집행부, 대의원 명단을 실었습니다. 연표는 현업에 복귀한 오영환 전 위원장이 작성했으며, 100쪽 분량의 연표를 추려서 이 책에 실었습니다.

부산지하철노동조합이 기본과 원칙에 충실한 노동조합으로, 부산지역의 중심 노조로 설 수 있었던 것은 35년간 노동조합에 헌신하며 활동한 간부와 대의원들이 있었기 때문입니다. 구속 해고되고 징계에 시달려도, 잘해도 못해도 불만의 소리를 들어야 했어도, 서울로 부산으로 뛰어다니며 과중한 업무에 시달려도 참아내며 노동조합 활동을 해온 이들의 이름을 부록에라도 남기고 싶었습니다.

글을 쓰는 데 부산지하철노동조합 연도별 대의원대회, 상집위 회의자료, 소식지, 사업보고서를 참고했습니다. 전지협, 민철노련 연도별 대의원대회와 수련회 자료도 보았습니다. 각 부 앞에 서술한 노동운동 전체 상황은 한내가 발간한 자료를 참고 혹은 인용했습니다. 특히 그때그때 조합원들에게 노조 소식을 상세히 알렸던 소식지가 가장 큰 도움이 되었습니다. 일상활동, 정보공유가 중요하는 것을 새삼 느꼈습니다. 기록해야 역사 서술도 성찰도 가능하고 미래를 전망할 수도 있습니다.

필자가 부산지하철노동조합 35년 역사정리를 하게 된 사정은 이렇습니다. 2023년 5월 어느 날, 서영남 위원장으로부터 전화가 왔습니다. 부산지하철노동조합 35년사를 정리하려는데 도와줄 수 있냐고 했습니다. 노동조합 백서 편찬사업에 참여해 달라는 얘기였습니다. 선뜻 그러겠다고 했습니다.

약속은 했는데 나에게 그럴 능력이 있는지 도무지 자신이 없었습니다. 정중히 거부할 걸 그랬나 하는 생각이 뒤늦게 들었습니다. 현역 때 선전부장을 오래 했다는 이유로 내가 기초 집필작업을 맡았습니다. 거절 못 하는 내 성격 탓이 컸습니다.

부산지하철은 내가 반평생을 보낸 곳입니다. 1985년 3월 1일 부산시 산하 부산지하철본부에 공채 1기로 입사하여 정년퇴직한 2019년 12월 31일까지 꼬박 35년이었습니다. 20대 후반에 부산지하철에 들어와 육십 환갑 즈음에 떠났으니 부산지하철은 나의 삶, 그 자체였습니다.

노동조합은 내 삶의 방향을 바꾼 길잡이였고 지킴이였습니다. 이미 퇴직했지만 내 맘 한구석엔 언제나 '내 사랑 부산지하철노조'로 남아 있습니다. 그 역사를 정리할 사업을 입안하고 필자에게 기회를 준 서영남 전 위원장의 결단에 감사합니다.

일하면서 시간을 내 연표를 꼼꼼하게 만든 오영환 전 위원장, 필요한 것 이야기하면 바로바로 찾아 올려준 이의용 전 위원장이 있었기에 글이 나올 수 있었습니다. 위원장, 간부와 대의원 모두가 하나로 일하는 부산지하철노동조합의 전통이 이 백서에도 녹아들었습니다. 그래서 더 뿌듯하고 더 자랑스럽습니다.

2024년 2월 16일

이영호

1부
부산지하철노동조합 설립
그리고 노동자로 거듭나기
1988~1993

1. 부산지하철 개통, 지하철 시대를 열다

2. 1988년 부산지하철노동조합 설립과 첫 단체협약 체결

3. 초대집행부 활동

2부
투쟁하는 노동조합

1994~2000

3부
호선 늘면 구조조정

2001~2009

4부
정권의 공기업 노동자 권리 빼앗기에
맞선 저항

2010~2017

1. 14대 집행부와 타임오프제도

5부
4조2교대 전환

2018~2023

부록

부산지하철노동조합 설립
그리고 노동자로 거듭나기

1988~1993

1980년대 세계 자본주의는 신자유주의 체제를 확고히 했다. 1986년 우루과이라운드를 시작으로 미국을 비롯한 선진자본주의 국가의 자본은 정부의 개입을 강화하면서 자국 시장을 보호하는 한편, 주변 국가에 시장 자유와 개방 압력을 가했다. 한국도 예외없이 영향을 받았다.

한편, 중동 산유국들은 석유 패권을 회복하고자 원유 생산량을 늘렸고 그 영향으로 1986년 이후 유가가 하락했다. 한국경제는 저금리, 저유가, 저달러를 배경으로 1986~1989년 연평균 10~11%가량의 고도성장하는 호황을 누렸다.

광주항쟁을 피로 진압하고 등장한 전두환 정권은 자본의 요구를 수렴해 저임금, 저곡가를 통한 수출증대, 재벌 중심의 세제 금융정책, 자본시장과 농수산물 개방 등을 추진했다. '사회악'을 일소하겠다면서 정치인, 언론인, 지식인을 통제했고 '집회 및 시위에 관한 법률' '노동조합법' 등을 손봤다. 국가안전기획부와 보안사령부를 동원했고 노동자들의 투쟁에 '관계기관대책회의'를 수시로 열어 정권의 안정을 꾀했다.

한편, 86아시안게임과 88서울올림픽 유치, 야간 통행금지 해제, 두발과 교복 자율화 등을 시작으로 1983년 말부터는 제적 학생 복학과 민주인사 복권 조치 등 이른바 '유화조치'를 폈다. 전두환 정권은 이러한 과정을 통해 체제 안정화를 지속화하려 했다.

1985년 2·12 총선 이후 야당과 재야세력은 직선제 개헌을 요구, 1986년 민주헌법 쟁취 투쟁으로 이어졌다. 이에 맞서 여당은 의원내각제를 주장했다. 전두환은 1987년 4월 13일 '4·13호헌 조치'를 단행했다. 그 내용은 여야

가 헌법안에 합의했으면 수용하려 했는데 야당의 억지 주장으로 합의가 불가능해졌으니 어쩔 수 없이 간선제인 현행 헌법을 유지하는 수밖에 없다는 것이다. 더이상의 개헌논의는 중단하고 임기를 마친 후 1988년 2월 정부를 이양하겠다는 것이다.

4·13호헌 조치 발표 직후 국민의 민주화 요구에 불이 붙었다. 전국 각지에서 장기집권 음모를 비난하고 개헌을 요구하는 시위가 잇따랐다. 이 와중에 1월에 치안본부에서 사망한 박종철이 당국의 발표와 달리 고문으로 죽었다는 사실이 밝혀졌고 시국사건 피해자에 대한 성고문 사건이 폭로되면서 시위는 격해졌다. 5월 27일 출범한 '민주헌법쟁취 국민운동본부'가 6월 10일 전국민대회를 개최했다. 전국 22개 지역에서 40만의 시민이 모였다. 전국의 주요 도시는 최루탄으로 범벅이 되었다. 6월 9일 연세대 학생 이한열이 전투경찰이 쏜 최루탄에 맞아 쓰러졌다는 기사가 신문에 대서특필되면서 분노는 더욱 끓어올랐다. 6월 18일에는 50만의 인파가 전국 주요 도시에서 시위를 벌였다. 6월 26일 평화대행진에는 140만 명이 참여했다. 노동자들도 일을 마치고 거리로 나왔다.

노동자 민중의 저항에 위기감을 느낀 지배계급은 6월 29일 노태우가 국민의 요구를 받아들이는 '6·29선언'을 하게 했다. 6·29선언의 주요 내용은 대통령직선제를 받아들이고 연내 대통령 선거를 통해 이듬해 정부를 이양한다는 것이었다. 이외에도 대통령선거법 개정, 시국사범 석방, 국민기본권 신장, 지방자치제 실시와 대학자율화 등 과감한 사회민주화를 단행하겠다고 했다. 시민들은 환호했다. 그해 말 "5년 단임의 대통령을 직접 선거로 뽑는다"는 개정 헌법에 따라 치러진 선거에서 여당의 노태우 후보가 당선되었다.

한편, 한국노총은 4·13호헌 지지를 선언했고 이는 금융노조를 비롯한 노동자들의 반발을 샀다. 노동자들이 민주노조를 갈망하는 계기였다.

6월 민중항쟁이 6·29선언으로 사그라든 그 시점에 노동자들의 투쟁이 시작되었다. 1987년 7월 5일 울산의 현대엔진 노동조합 결성에서 시작된 파업투쟁의 불길은 울산의 현대그룹, 마산·창원 노동자들의 투쟁을 거쳐 경인지역과 성남, 구로공단 등으로 번졌다. 거제에서 구로까지, "인간적 대우" "임금인상과 노동조건의 개선" "민주노조 쟁취"를 요구하는 노동자들의 투쟁이 이어졌다. 제조업 노동자를 넘어 사무직 노동자, 판매 서비스직 노동자, 전문직 노동자, 운수노동자, 광산노동자까지 투쟁하고 노조를 만들었다. 3개월 동안 3300여 개 공장에서 전체 노동자의 1/3이 넘는 노동자가 파업투쟁을 벌였고 1300여 개의 신규노조가 결성되었다.

지배세력은 재집권에 성공한 노태우 정권을 중심으로 신속하게 정비에 나섰다. 노태우 정권은 1988년 12월 28일 '민생치안 확립을 위한 특별지시'를 내리고 1989년 12월에 '경제단체협의회'를 결성했으며 1990년 1월 22일 '민주자유당'의 결성으로 보수대연합 체제를 구축했다. 민중운동, 노동운동 진영 전체를 체제전복세력으로 규정하며 이념, 제도, 물리력을 동원해 탄압했다.

특히 노태우 정권은 1990년 1월 22일에 출범한 전국노동조합협의회(전노협) 탄압에 집중했다. 파업사업장에 경찰병력 투입, 전노협 지도부 대량 구속·수배, 민주노조 업무조사, 임금동결, 무노동 무임금정책 등 전노협 와해를 노리고 탄압했다. 그러나 자본과 정권의 임금억제 정책과 민주노조 탄압 정책은 민주노조진영의 투쟁에 실효를 거두지 못했다.

7, 8, 9월 노동자 대투쟁을 통해 민주노조를 건설한 노동자들은 지역과 업종으로 뭉쳐 노동법 개정 투쟁에 나섰다. 1988년 11월 전국에서 5만여 노동자가 결집한 '전국노동자대회'에서 "노동법 개정" "독점재벌 해체"를 요구했고 그 성과를 모아 1989년에는 전국의 각 지역, 지구별로 투쟁본부, 특위를 구성하여 공동임투를 전개했다. 1989년 5월 1일에는 한국전쟁 후 최초로 세계노동절 기념대회를 개최했으며 5월 28일 전국교직원노동조합 결성과 사수 투쟁을 벌였다. 그리고 마침내 1990년 1월 전노협을 결성하고 그해 5월 KBS의 '방송민주화 투쟁'과 현대중공업의 '골리앗 점거 농성투쟁', 전노협의 총파업투쟁을 벌였다. 1991년에는 5월 총파업투쟁과 박창수 열사 진상규명 투쟁을 벌이며 정권에 맞섰다. 이후 제조업, 사무전무직 노동자들은 지역과 업종을 넘어 '민주노조 총단결'이라는 목표 아래 뭉쳐 노동법 개정 투쟁, 총액임금제 분쇄 투쟁 등을 전개했다.

①

부산지하철 개통,
지하철 시대를 열다

1 심각한 교통 혼잡, 대안은 '지하철'

부산은 1950년대 한국전쟁 여파, 1960년대 이후 시작한 산업화와 도시화로 인구가 급속도로 증가했다. 1970년대도 부산이 직할시로 승격되고 시역도 확장되면서 전국평균 3.9배에 이를 정도로 인구 증가세는 계속됐다. 1955년 100만 명이었던 부산 인구가 1979년쯤에는 300만 명을 넘어섰다.

인구 증가에 따라 교통 정체 또한 심각한 수준이었다. 1970년대 당시 유일한 대중교통 수단이었던 버스는 출퇴근 시간대에는 말 그대로 콩나물시루였다.

한편, 부산에는 지하철 이전에 노면전차가 있었다. 일제강점기인 1915년부터 1968년 폐선될 때까지 운행됐다. 노면전차 노선은 온천장에서 구덕운동장까지로 중앙로를 따라 지나가는 지하철 1호선 노선과 거의 비슷했다.

노면전차는 1960년 들어서자 차량 노후화와 함께 도로교통 발달로 점차 애물단지 취급을 받았다. 혼잡한 도로에서 길막이나 하는 천덕꾸러기 신세였던 전차는 1968년 5월 20일 완전 폐선 됐다.

부산보다 먼저 교통 문제에 맞닥뜨린 서울에서는 1971년 지하철 건설을 시작해 1974년 8월 15일 대한민국 최초의 지하철, 서울지하철 1호선이 개통됐다. 당시 1호선은 서울역–시청–종각–종로3가–종로5가–동대문–신설동–제기동–청량리까지 총 9.54km를 운행했다.

부산시도 교통 대책을 고민하지 않을 수 없었다. 부산시 교통 관련 공무원들은 새로운 대중교통 수단으로 지하철을 고민하기 시작했다. 그러나 본격적으로 논의하기도 전에 거센 지하철 건설 반대에 부딪혔다.

그 당시 뒷얘기가 「부산시보」에 연재됐다. 「부산시보」가 '부산시정 현대사 숨은 얘기를 찾다'라는 기획 시리즈로 연재한 '부산지하철 뚝심으로 뚫다'에 따르면 부산지하철 건설을 최초로 주장하고 관철한 사람은 1976년 당시 부산시 도시계획과장 임원재였다.

"시장님, 진짜 지하철 말고는 답이 없습니다. 지금 시작해도 늦습니다. 동래고, 연산동이고, 서면이고, 얼마나 차가 밀리는지 시장님도 잘 알지 않습니까?"
시장 앞으로 슬그머니 보고서를 내밀었다. 그러나 시장께선 보고서에 눈길조차 주지 않았다. 대신 역정 섞인 고함이 되돌아왔다. "그 많은 예산을 어디서 끌어다 쓴단 말이요. 안 된다고 말하지 않았소. 아, 참, 똑같은 말을 사흘도 안 돼 또 늘어놓는단 말이고…."
"어느 누구도 제 이야기를 귀담아 들어주지 않았습니다. 하지만, 결코 물러설 수 없었습니다. 지하철 말고는 얽히고설킨 부산의 교통난을 풀 방법이 없다는 생각이 확고했거든요."

- 「부산시보」 부산시정 현대사 숨은 얘기를 찾다(1화 부산지하철 뚝심으로 뚫다) 내용 중 -

처음부터 순탄치 않았다. 지하철 건설 반대가 만만찮았다. 당시 박영수 부산시장도 엄청난 예산 부담 때문에 반대가 강했다. 지하철 건설보다 주요 간선도로 확장이 더 효율적이라는 의견이 다수를 차지했다.

그래도 공무원들은 포기하지 않았다. 끈질기게 회의와 설득 끝에 부산시장의 최종 승인을 받았다. 그리고 1977년 지하철 건설을 확정했다. 1978년 11월 최초 부산도시철도 기본노선 계획도가 나왔다.

이때 확정된 1호선 노선은 구서IC↔공설운동장 간 22.5km 구간이었다. 1968년까지 운행한 부산전차 노선과 유사했다. 이후 차량기지 부지가 노포동으로 정해지면서 구서IC에서 더 나아가 노포동 차량기지까지 건설하기로 확정했다.

1979년 5월 부산지하철 기획단이 발족 되어 지하철 건설이 본격화됐다. 1981년 1월 1일 부산시 지하철건설본부가 설치됐다. 같은 해 6월 1단계(노포동~범내골) 16.2km 구간 공사를 시작했다. 부산지하철건설본부는 1호선 1단계 개통을 앞둔 1984년 6월 11일 부산지하철본부로 전환했다. 부산지하철본부장은 임원재가 맡았다. 그러나 임원재는 지하철 시공업체로부터 뇌물을 받은 혐의로 1989년 3월 구속됐다. 당시 언론에 따르면 임원재는 지하철 공사 관련 시공업체 등으로부터 1억 원 넘는 뇌물을 수수해 구속됐다.

부산지하철은 착공한 지 4년만인 1985년 7월 19일 1호선 1단계를 개통했다. 부산에 지하철 시대가 열린 것이다. 2단계 범내골~중앙동 구간(5.4km)은 1987년 완공했다. 3단계 1차 중앙동~토성동 구간(2.6km)은 1988년 5월 19일 개통했다.

2〕〕 24시간 맞교대 근무와 권위주의

1985년 7월 19일 부산지하철 1호선 1단계(범어사~범내골) 구간이 개통됐다. 부산에도 지하철시대가 열린 것이다.

초기 부산지하철은 부산시가 부산지하철본부를 둬 직접 운영했다. 계속 이어진 지하철 건설도 부산지하철본부가 맡았다. 인력 구성은 부산시에서 넘어온 일반직 공무원, 철도청에서 넘어온 경력직, 부산지하철본부 공채 그리고 일부 기술직렬 특채로 채웠다.

직렬은 크게 일반직과 기능직으로 나뉘어 있었다. 그리고 적잖은 수의 고용직과 시설물 경비를 맡은 청원경찰도 있었다. 일반직은 부산시에서 넘어온 공무원들이었다. 기능직은 철도청과 공채 출신이었다. 당시 부산지하철본부 공채는 기능직만 뽑았다. 고용직과 청원경찰은 부산교통공단으로 전환 후 순차로 일반직으로 환직됐다.

초기 부산지하철본부 시절 일반직과 기능직 사이에 넘을 수 없는 벽이 있었다. 임금체계도 달랐다. 인격적 차별도 있었다. 일반직은 사무 직무를 맡았고 기능직은 현업에 배치됐다.

현업 근무형태는 대부분 '24시간 맞교대'였다. 아침 9시 출근해 다음 날 오전 9시에 퇴근하는 근무형태였다. 별도 휴일은 없었다. 근로기준법을 위반하는 근무형태였다. 그러나 당시 부산지하철노동자는 공무원 신분이었다. 공무원에겐 근로기준법이 적용되지 않았기에 가능한 근무형태였다.

본부 상위직은 주로 부산시에서 넘어온 일반직 공무원들이 채웠다. 현업 하위직 간부들은 철도청 출신 경력직원들이 맡았다. 역장의 경우 일반직은 6급(주사)이 맡았고, 철도 출신은 기능직 5등급이 맡았다.

본부가 일반직 위주로 운영된 반면 현업은 철도청 경력직 출신이 초급간부를 맡으면서 철도 문화가 상당히 스며들었다. 역무원과 승무원은 모자가 포함된 정복을 착용했다. 정복에는 어깨에 계급을 표시하는 견장이 붙어 있었다. 소매에도 금색 줄무늬로 계급을 표시했다. 세 줄은 역장, 두 줄은 부역장 그런 식이었다. 모자에도 금테로 계급을 표시했다.

개통 초기 지하철 내 장비와 설비는 당시로선 첨단 시스템을 갖추고 있었지만, 운영은 그렇지 못했다. 역무의 경우 역무자동화기기로 갖추고 회계와 매표업무가 전산화되어 있었지만, 초기 역 업무는 수입금 처리를 수기로 하는 등 상당부분 업무가 수작업으로 이뤄졌다. 그만큼 근무 인원도 많았다.

2

1988년 부산지하철노동조합 설립과 첫 단체협약 체결

1 부산교통공단법 제정과 노동조합 설립

노동자 대투쟁에도 잠잠했던 부산지하철 현장

1987년 6월 항쟁에 이어 7, 8, 9월 노동자 대투쟁이 들불처럼 번졌다. 수십 년 군부독재 치하에서 억눌렸던 노동자들의 분노가 한꺼번에 터져 나왔다.

부산에서도 7월 22~23일 태광산업 노동자 투쟁을 시작으로 7월 28일 국제상사 노동자 투쟁은 삼화범일공장, 대양고무, 진양화학, 동양고무 등 신발공장 전체로 투쟁이 번졌다.

7, 8, 9월 노동자 대투쟁 시기 부산에서 총 363건의 투쟁이 전개됐다. 모직이나 봉제 등 섬유 노동자 투쟁 31건, 조선과 일반 금속 등 금속노동자 투쟁 57건, 신발과 일반화학 등 화학노동자 투쟁 43건, 택시와 버스, 화물노동자 투쟁 155건, 전기전자 등 56건, 항운과 관광, 출판 등 21건의 투쟁이 벌어

졌다.[1]

그렇게 1987년 7, 8, 9월 노동자 대투쟁 시기 부산지역 노동자들은 어느 지역보다 치열하게 투쟁을 전개했다. 여기저기서 노동조합 설립 붐도 일었다. 그즈음 서울지하철노동자들도 8월 노동조합을 결성했다. 그러나 부산지하철 현장은 아직 잠잠했다. 6월 항쟁 과정에 부산지하철 직원 중 일부가 개별로 참여하기도 했지만, 집단적인 움직임은 없었다.

당시 부산지하철노동자들은 공무원 신분이었다. 그러나 다수가 기능직 공무원이었기에 노동조합 설립이 불가능한 건 아니었다. 당시 지방공무원법 58조(집단행위의 금지)에 따라 지방공무원은 노조 설립이 막혀 있었다. 그러나 단서 조항에 사실상 노무에 종사하는 공무원은 예외를 둬 노동조합 설립이 가능했다. '노무에 종사하는 공무원'이란 대통령령으로 정하고 있었는데 '현업기관의 작업현장에서 근무하는 자'를 말했다. 바로 부산지하철 기능직 공무원들이 대통령령이 정한 '노무에 종사하는 공무원'에 해당했다. 그러나 여전한 전두환 군부독재 치하에서 노조 설립을 위해 나서는 사람은 없었다.

부산교통공단법 제정

그런데 변수가 생겼다. 1987년 10월경 당시 여당이었던 민주정의당이 정기국회에서 부산교통공단법을 제정하겠다고 나섰다. 표면적인 이유는 부산지하철의 재정난을 개선하고 교통난도 해결한다는 이유였다. 그러나 이면엔 정치적 계산이 깔려있었다. 연말 대통령선거 때문이었다. 당시 민정당 대통령 후보였던 노태우 입장에서 김영삼의 지역 기반이었던 부산 민심을 어떻게 하든 돌려놔야 했다. 그 일환으로 나왔던 게 부산교통공단법 제정이었

---

1   노재열, 1987년 노동자 대투쟁, 부산역사문화대전, http://busan.grandculture.net

다. 지하철 건설 부채로 재정난이 심상찮았던 부산지하철을 국가공단으로 전환해 부산시 부담을 덜어줘 부산시민 표를 얻겠다는 뻔한 속셈이었다.

그랬다. 전두환 정권과 민정당의 정치적 속셈에 따라 부산교통공단법은 1987년 11월 28일 제정됐다. 부산교통공단법은 부산시 산하 부산지하철본부를 교통부 산하 국가공단으로 전환하는 법으로 2007년 12월 31일까지 효력을 가진 한시적 특별법이었다. 부산교통공단법 시행 시기는 1988년 7월 1일부터였다.

부산지하철노동조합 설립[2]

그렇게 부산교통공단법 제정으로 부산지하철은 전국 지하철 중 유일하게 국가 공단이 됐다. 부산지하철노동자는 자신의 의사와는 무관하게 공무원 신분에서 공기업 사원 신분으로 변경될 처지에 놓였다. 뭔가 불안했다. 지하철노동자들의 단결된 목소리가 필요했다.

노동자 대투쟁에도 잠잠했던 부산지하철 현장이 변화의 조짐을 보이기 시작했다. 노동조합 설립 움직임이었다. 이미 철도청에서 노동조합 경험이 있던 철도 출신들이 노조 설립 준비에 들어갔다. 이즈음 지하철본부 공채 1기 출신들도 별도 모임 '청록회'를 만드는 등 부산하게 움직였다. 노조 설립 논의는 은밀하게 그러나 빠른 속도로 진행됐다.

마침내 부산지하철에도 노동조합 깃발이 올랐다. 1988년 2월 16일 부산진역 근처 진고개 식당에서 50여 명이 모여 부산지하철노조 결성총회를 개최했다. 초대 노동조합 위원장은 승무관리소 소속 기관사 출신 이용성이었

---

2   노동조합은 공단과 공사 전환 이후에도 계속 '부산지하철노동조합'이란 명칭을 사용하고 있다. 그 이유는 노조 설립 당시 '부산지하철노동조합'이라 해 익숙하고 시민들에게도 친근하기 때문이다. 정부 또는 사측의 일방적인 방침을 인정하지 않는다는 측면도 있다. 그리고 부산지하철 내 모든 노동자들을 대표한다는 의미도 있다.

부산지하철노동조합 결성 보고대회(1988.3.8.)

결성준비위원회 현수막

다. 부위원장은 직렬별 1명씩 김상일(역무), 권재국(차량기지창), 엄종택(공무소), 김영택(전기소), 허형구(AFC관리소) 등 5명이 선임됐다.

첫 사무국장은 이태주(역무)가 맡았다. 사무국 부서장은 김종국 총무부장, 김동욱 조직부장, 이용섭 교육선전부장, 송춘근 조사통계부장, 엄기성 후생복지부장, 김자영 부녀부장을 선임했다. 부위원장은 철도청 출신 등 주로 연배가 있는 사람이 맡았고, 부서장은 주로 공채1기와 2기가 맡았다. 부서장 같은 경우 이후 교체가 빈번했다.

부산지하철노동조합 발기인 명단

강유구 권도술 김경일 김경일 김국환 김상일 김성빈 김세중 김영순 김재량 김종술 김태호 김형수 문정욱 박균배 박근우 박민호 박봉주 박석근 박시영 선종수 손영환 신이범 양승완 엄기성 예병옥 우문호 유승만 윤재풍 윤정석 이영식 이용성 이용주 이원영 이종기 이태주 장충배 정순건 조정대 조창래 조회연 진용권 하대기 한문수 황금만 황영조 (이상 46명)

② 부산교통공단 창단 대응 투쟁

노동조합 모양새 갖춰 가다

노동조합 사무실은 범내골 지하철본부 5층에 마련했다. 노동조합은 3월 8~9일 노조 결성 보고대회를 열었다. 노조 설립 경과를 소상히 알렸다. 2월 20일 노조설립신고서를 제출한 지 꼭 한 달만인 3월 22일 부산시가 노조설립신고증을 교부했다. 노동조합 가입자도 급속도로 늘었다. 4월 4일 기준 조합원 수는 700명을 넘어섰다.

4월 4일 초대 지회장과 대의원 선거를 했다. 역1지회장 신성기, 역2지회

임시대의원대회(1988.4.29)

장 조시재, 기지창(차량)지회장 구본회, 전기소지회장 왕수환, 공무소지회장 배영하, 승무소지회장 이명우, 통신소지회장 황재민 등 7명이 뽑혔다. 그렇게 노동조합은 모양새를 갖춰나가는 한편, 공단 설립 대응도 빠르게 진행해 갔다.

첫 대의원대회가 4월 29일 소집 개최됐다. 심의 안건은 규약 개정, 단체협약안 심의, 운영위원 선출 건 등이 상정됐다.

규약 개정 건에서 운영위원회 성원으로 지회장을 포함하기로 개정했다. 이에 따라 대의원대회 다음의 의결기구인 운영위원회는 위원장, 상임부위원장, 사무국장, 7개 지회장, 여성조합원 1명, 대의원대회에서 선출된 지회별 1인으로 구성됐다.

단체협약안 심의 건은 집행부가 마련한 안을 중심으로 근무시간 중 조합 활동, 인사이동 등에 대한 의견이 개진돼 토론이 진행됐다.

이어 참석 대의원들은 회계감사(고현호, 엄기성, 김재량)와 부위원장(권재국, 김영택, 허형구, 엄종택)을 인준했다.

이밖에 공단 설립추진과 관련 대책 및 참여안 등을 논의했다. 직제 단일화 요구 등 노동조합 기본 방침과 공단설립추진단장 초청이 통과됐다.

부산지하철노동조합 초대 대의원 명단

고재하 권양조 김규열 김영순 김영조 김원섭 김정종 김종순 김철웅 김태호
김현수 박문덕 박민호 박봉주 박한호 배병선 서갑석 서유석 선종수 신종수
오상근 우문호 이내훈 이성효 이용주 이종문 한문수 홍재운 (이상 28명)

사직서 작성 거부, 파업도 불사

노동조합은 6월 17일 공단 발족 준비 과정에 노동조합 요구 및 의견 반영이 충분하지 못한 것에 대해 유감을 표명했다.

노동조합은 "공단 발족 준비 과정에 참여와 협의를 요구했으나, 지하철본부와 공단설립추진단이 아예 회피하거나 형식적인 협의로 일관했다"고 지적했다. "그 결과 공단 발족을 앞 둔 지금 노동조합 요구나 의견은 거의 반영되지 않고, 추진단 안이 일방적으로 상정됐다"며, "노동조합이 행동에 나설 수밖에 없다"고 경고했다.

이어 노동조합은 3대 쟁점 현안인 △단일직제 보장 △보수체계 일괄 상

1988년 6월 3일 단일직제촉구대회

향 조정 △정원 확충 및 확충 시까지 근무제도 조정 △기구 개편 등을 해결
할 것을 촉구했다.

노동조합은 서울지하철의 경우 이미 직제개편 결정이 내려졌다며 부산
도 약속대로 단일화 시행 보장과 시기를 명확하게 제시하라고 요구했다. 노
동조합 직제 단일화 요구 세부 내용을 보면 일반직, 기능직, 고용직 구분 철
폐와 승진, 보직, 인사, 보수 동일 대우 등이 포함되어 있다.

노동조합은 임금인상 요구와 관련해 부산지하철 노동시간이 주 80시간
을 초과한다며 노동시간 단축과 주휴일 확보가 필요하고, 임금은 추진단 안
인 "공무원 대비 129%보다 15% 높은 144%가 되어야 한다"고 요구했다.

노동조합은 현 공단의 정원은 신빙성 없는 부당한 경영진단 결과이므로
3단계 구간 개통에 따른 증원과 절대인원 증원 등이 시행되어야 한다고 주
장했다.

기구 개편과 관련해 노동조합은 현 공단안 가운데 전기, 신호, 통신 분야
를 통합한 것은 부당하고, 승무소와 차량기지창은 부서가 신설 확충되어야
한다고 요구했다.

여의치 않다면 노동조합은 부산교통공단 전환을 위한 사직서 작성을 거
부하겠다고 밝혔다. 이와 관련 사직서 작성 거부 서명운동에 940여 명이 동
참했다고 압박했다. 이와 함께 집행부 단식투쟁과 대시민 선전활동도 시작
하겠다고 밝혔다. 그리고 나아가 파업도 불사하겠다고 경고했다.

노동조합 경고가 효과를 발휘했다. 지하철본부와 부산교통공단설립추
진단이 반응했다. 그리고 급한 불을 껐다. 노동조합은 6월 21일 부산지하철
본부 측과 처음이자 마지막 단체협약을 체결했다. 노사가 합의한 단체협약
은 부칙 포함하여 11장 58개 조항으로 이뤄졌다. 아직 불완전한 단체협약
이었다.

이어 6월 22일 노동조합은 부산교통공단설립추진단장과도 현안과 관련

해 합의서를 작성했다. 먼저 직제문제와 관련해 단일직제는 노사합의하여 9월 30일까지 작성하기로 했다.

보수는 현 공무원 보수(기본급+수당) 대비 129% 인상 후 서울지하철 상향 조정 시는 서울지하철 수준으로 합의하여 시행하기로 했다.

정원 문제와 관련해선 현 인원을 정원으로 인정 운용하고, 인력은 노조와 합의하여 합리적으로 운용하기로 했다. 기구는 6개월간 운용 후 문제점이 발견되면 재조정하기로 했다.

3ⅷ 부산교통공단 창단과 첫 단체협약 체결

공무원에서 공단 직원으로 전환

1988년 7월 1일 부산지하철 운영 주체가 부산시에서 교통부 산하 부산교통공단으로 바뀌었다. 김창갑 추진단장이 초대 공단 이사장이 됐다. 지하철 노동자들도 공무원 신분에서 근로기준법 적용을 받는 공기업노동자로 바뀌었다.

노동조합은 7월 27일 공단에 단체협약 체결을 위한 교섭을 요구했다. 8월 8일부터 노사 교섭을 시작했다. 교섭은 노동조합이 제시한 전문과 112개 조항으로 이뤄진 단체협약 요구안을 축조 심의하는 방식으로 진행했다. 8월 22일까지 총 10차례 교섭을 진행했다. 94개 조항은 합의에 이르렀으나, 전문과 18개 조항은 노사 이견으로 미합의로 남았다.

미합의 쟁점을 보면 전문 내용 중 "정치, 경제, 사회적 지위향상…"에서 공단은 '정치' 문구 삭제를 주장했다.

'조합원 자격' 조항도 유니온 숍 적용 여부와 조합원 가입 범위를 둘러싸고 이견을 보였다. 조합 전임자 수에 대해서도 노사 이견이 컸다. 직제개편

공단발족 대토론회 및 부당인사 규탄대회(1988.7.15.)

과 관련해 노동조합은 12월 31일까지 시행하되, 7월 1일부터 소급 적용을 요구했다. 반면, 공단은 9월 30일까지 작성하되, 시행은 동일직종 타기업의 시행결과를 참고하여 노사협의를 거쳐 추진하자고 주장했다.

근로시간의 경우 노동조합은 지하와 고압선 아래서 근무하는 조합원은 1일 6시간, 토요일은 3시간으로 정하자고 요구했다. 또 승무 1일 평균 근무시간은 6시간으로 하고, 1사업에 4시간 이상 운전 금지를 요구했다. 그리고 교육은 근무시간 내에 하도록 요구하고, 불가피하게 근무시간 외에 교육할 경우 수당 지급을 요구했다. 공단은 모두 반대했다.

기본 근로시간에 대해 노동조합은 184시간으로 하고, 승무원과 지하, 고

압선 아래 근무하는 직원은 144시간을 요구했다. 공단은 근무형태나 장소 구분 없이 184시간을 주장했다.

노사는 임금 구성과 관련해서도 이견을 드러냈다. 노동조합은 기본급, 고정수당, 법정수당, 상여금, 임시 지급의 임금을 요구했다. 반면, 공단은 기본급, 제수당, 상여금, 임시 지급의 임금을 주장했다.

퇴직금 지급 근속기간에 병역법에 의한 징소집 또는 기타 법률의 규정에 따른 의무를 수행하기 위한 휴직기간도 포함할 것을 요구했다. 공단은 거부했다.

부산지역노동조합연합회 발족

1988년 8월 6일 부산지역노동조합연합회(부노련)가 발족했다. 부노련에는 동아건설노조 부산지부, 대우정밀노조, 만호제강노조, 대륙레미콘노조, 부산지하철노조 등 17개 노조가 참여했다. 대부분 1987년 노동자 대투쟁을 통해 건설된 부산·양산 지역의 민주노조들이었다. 발족식은 구포 강남병원 노동조합 사무실에서 열었다.

의장은 김덕갑 동아건설노조 부산지부장이 맡았다. 부의장은 지역과 산업별로 혼합하여 성요사, 만호제강, 고려피혁, 동진, 대륙레미콘, 대우정밀노조 위원장이 맡았다. 병원노조협의회는 결정 후 통보하기로 했다.

부노련은 회칙 전문에서 온갖 탄압과 박해에도 굴하지 않고 피흘려 투쟁해온 선배노동자들의 숭고한 노동정신을 계승할 것을 다짐했다. 이어 노동자의 간절한 소망인 인간성 회복의 실현을 위한 경제적, 사회적, 정치적 지위 향상을 목적으로 하고 있었다.

또 부노련은 5개 항으로 된 강령을 통해 △지역과 업종에 구애됨이 없이 전국적으로 통일된 연대를 구축 △노동악법 철폐와 노동운동 탄압분쇄 공동투쟁 △근로조건 개선, 노동시간 단축, 생활임금 쟁취 △민주복지사회를 위한 민주세력과 연대 등을 내세웠다.

부노련은 이후 더욱 조직을 확대하여 1989년 9월 30일 부산지역노동조합총연합(부산노련)이라는 지역 연대 조직으로 확대 창립했다. 창립 당시 부산지역노동조합총연합은 부산·양산·김해 지역에 분포하는 21개 노조 6909명의 조합원으로 출범했다. 주요 조직 체계는 총회, 대의원대회, 운영위원회, 지구업종별 운영위원회, 각 부서부장회의, 상무집행위원회, 회계감사 등을 두어 민주적 운영 체계를 갖추었다. 집행 체계로는 의장 등 임원진과 각 부서장으로 구성되는 사무처를 두어 효율적인 사업 집행을 모색하였다.

부산지하철노조는 부노련 초기 함께 활동했지만, 이용성 집행부가 점차 노사협조주의로 흐르면서 멀어졌다.

첫 단체협약 체결

노동조합은 8월 10일 대의원대회를 열어 쟁의발생을 결의했다. 11일 부산지방노동위원회(지노위)에 쟁의발생 신고를 접수했다. 지노위는 협약 추진 중이라며 반려했다. 노동조합은 8월 26일 다시 대의원대회를 열어 쟁의발생을 결의했다. 이어 27일 지노위에 신고서를 접수했다.

노동조합은 8월 31일 오전 10시 노포창 후생관 식당에서 단체협약 완전 쟁취 촉구대회를 열어 공단을 압박했다. 9월 6일에는 준법투쟁의 일환으로 열차와 역사에 노동가요 테이프를 틀었다.

9월 6일 12차 노사 교섭이 개최됐다. 미합의 조항을 중심으로 의견 조율을 시도하여 단체협약 10장 105개 조항 그리고 부칙 4개 조항을 잠정합의했다.

노사가 마지막까지 이견을 보였던 전문 내용에 '정치' 문구 포함 여부는 노동조합 요구대로 전문에 포함됐다.

조합원 자격 조항과 관련해 노동조합이 요구한 '유니온 숍'은 끝내 사측이 받아들이지 않았다. 다만, 조합원 가입 제한과 관련해 '과장급 이상 보직 직원'으로 물러섰다. 조합 전임자 수는 별도 노사합의로 정하는 선에서 의견 접근이 이뤄졌다.

직제개편 문제는 1988년 9월 30일까지 작성하되, 동일직종 타기업 시행 결과를 참조하여 수정, 보완 후 별도 교섭을 통하여 협의하여 1989년 1월 1일부터 시행하는 것으로 했다.

근로시간도 공단의 주장 그대로 관철됐다. 다만, 교육이나 지시사항은 근무시간 내에 하는 것으로 정리돼 노조 요구가 일부 반영됐다.

임금구성 부분은 기본급, 고정수당, 법정수당, 상여금, 임시 지급의 임금으로 합의해 노동조합 요구가 받아들여졌다.

기본 근로시간은 공단 주장대로 월 184시간으로 정리됐다. 통상임금은 보수규정에 의하여 소정의 근무를 한 직원에게 정기적 일률적으로 지급하는 금액으로 정리됐다.

"89.1.1부터 연장, 야간, 휴일근로수당을 근로기준법에서 정하고 있는 대로 지급될 수 있도록 노력한다"로 다소 애매하게 정리했다.

노동조합은 9월 9일 임시대의원대회를 열어 잠정합의안을 심의, 승인했다. 노동조합은 대의원대회 의결 후 오후 3시 공단과 조인식을 갖고 노동조합 설립 후 첫 단체협약을 체결했다.

3

초대집행부 활동

① 직제개편을 위한 단체교섭과 2·8합의각서 체결

직제 단일화안 등 단체교섭 요구안 마련

9월 16일 부산지방노동청이 부산교통공단에 근로기준법 위반 사항에 대해 1988년 12월 31일까지 시정 지시 조치를 내렸다.

노동청은 공단이 800여 명에게 24시간(철야) 맞교대로 근로시키는 것은 1일 8시간 주 48시간 등을 규정한 근로기준법 제42조 위반이라고 지적했다. 또 1주일에 1회 이상 유급휴일을 주도록 한 근로기준법 제45조도 위반하고 있다고 했다. 그뿐 아니라 공단이 연장시간 근무와 야간근로, 휴일근로에 대한 수당(통상임금의 100분의 50 가산) 지급을 정하고 있는 근로기준법 제46조에 미달하는 수당을 지급하는 것은 부당하다고 했다.

노동부 장관의 인가를 받지 않고 여성근로자에게 야간근로 및 휴일근로

시킨 것도 근로기준법 제56조, 제57조를 위반한 것으로 부당하다고 지적
했다.

12월 6일 임시대의원대회가 열렸다. 지회장을 지부장으로 명칭을 변경하
고, 지부장이 부위원장을 겸직하고 상무집행위원을 맡도록 규약을 개정했
다. 이와 함께 기존 부위원장은 사퇴했다. 부위원장 중 조시재 역2지부장이
수석부위원장으로 선임, 인준됐다. 초대 이태주 사무국장도 사퇴하고 후임
으로 김경일 총무부장을 사무국장으로 선임, 인준했다. 부서장들도 교체해
분위기를 쇄신했다. 새 부서장으로 김형남 총무부장, 박대식 조직부장, 신경
식 쟁의부장, 이종기 교육선전부장, 배병선 조사부장, 김정삼 후생복지부장,
김자영 여성부장이 선임됐다.

조직을 정비한 노동조합은 직제개편 등 단체교섭 준비를 시작했다. 12월
20일 다시 임시대의원대회를 열어 직제개편 요구안을 확정했다.

먼저 본사와 현업 더 정확하게는 일반직과 기능직 사이의 차별 해소를 위
한 직제 단일화 요구안을 마련했다.

직제 단일화와 관련 일반직과 기능직 직급대입 노조안으로 일반직 직급
보다 기능직 직급을 한 단계 낮춰 단일직급을 설계했다. 단일직급 2급에 일
반직 1급, 단일직급 3급 갑에 일반직 2급과 기능직 1등급, 단일직급 3급 을에
일반직 3급과 기능직 2등급, 단일직급 4급 갑에 일반직 4급과 기능직 3등급,
단일직급 4급 을에 일반직 5급과 기능직 4등급, 단일직급 5급 갑에 일반직 6
급과 기능직 5등급, 단일직급 5급 을에 기능직 6등급, 단일직급 6급 갑에 공
채를 대입하도록 설계했다. 공단 직원의 정년은 직급에 상관없이 만 61세를
요구하기로 했다.

보수체계와 관련해선 △기본급 수준은 서울지하철공사보다 상회하도록
하되, 지하철 근무수당은 1989.1.1부터 기본급에 포함 △단일호봉제 도입,
직급 간 격차는 축소 △기본급 대 수당 비율은 80 : 20으로 설계 △근무형태

변경 시 임금 저하 금지 등을 요구안에 포함했다.

근무형태와 정원은 단체교섭을 통한 노사합의로 1989년 1월 20일까지 정할 것을 요구안으로 확정했다. 부족 인원은 공개채용을 원칙으로 하되, 공채가 힘들 경우 타 방법으로 충원하는 것도 열어 두는 것으로 했다. 기구 개편안도 현업별로 마련했다.

이에 앞서 공단은 직급 대입기준(안)으로 일반직 직급보다 두 단계 낮춰 단일직급을 설계했다. 다시 말해 공단은 일반직 3급과 기능직 1등급을 등치시켰다.

직제개편 관련 단체교섭은 12월 27일 시작됐다.

쟁의 절차 밟다

12월 20일 요구안 확정 후 직제와 보수제도 관련 단체교섭을 시작했다. 일곱 차례 본교섭과 두 차례 실무교섭이 있었다. 그러나 여전히 노사 간에 의견 차가 컸다. 또한 공단은 1988년 9월 9일 체결한 단체협약을 제대로 이행하지 않고 있었다.

노동조합은 결단이 필요했다. 1월 17일 임시대의원대회를 소집했다. 쟁의대책 건이 상정됐다. 몇몇 대의원은 공단과 교섭을 좀 더 진행할 것을 요청했다. 서울지하철 수준 이상이라면 받아들이자는 대의원도 있었다.

이용성 위원장이 "지금 노사관계는 냉전 상태다. 쟁의발생신고 시기와 방법 등에 대해 중앙위원회에 위임해줄 것을 요청한다"고 했다. 최종 표결 결과 '중앙위원회 위임'으로 결론이 났다.

이어 조합 규약에 조합 공식기구의 결정에 따른 쟁의행위 등에 따른 희생자가 발생할 경우 신분보장과 피해 보상 등의 내용이 담긴 조항을 신설했다.

노동조합은 1월 23일 쟁의발생을 신고했다. 1월 27일 조합원 전진대회를 열어 투쟁 결의를 모았다. 이어 2월 3일 진행한 쟁의행위 조합원 찬반 투표

직제개편 조합원 전진대회(1989.1.27.)

결과 전체 조합원 1060명 중 1012명(95.5%)이 투표에 참여해 979명(97%) 찬성으로 쟁의행위가 가결됐다. 반대는 33명에 불과했다.

2월 4일 노동조합은 "2월 8일 05시부터 쟁의행위(전 조합원 근로제공 거부)에 들어간다"고 부산시에 신고했다.

막판 교섭과 2·8합의각서

노사는 2월 7일 막판 교섭에 들어갔다. 교섭은 8일 새벽 2시 30분까지 이어졌다. 노포창 후생관에선 조합원 비상총회가 계속되고 있었다. 비상총회 분위기는 지하철밴드가 주도했다. 지하철밴드는 박민호, 이용섭 등이 주축이었다. 식당에 모여 있던 조합원들은 이제 파업에 돌입하나 보다 여기고 있었다. 그때 노사합의 소식이 들려왔다. 노동조합이 예고한 05시 파업을 얼마 남겨놓지 않은 시각이었다. 합의 내용을 들은 조합원들 사이에 불만의 소리가 나왔다. 일부 집행 간부가 반발하는 조합원을 제지했다. 조합원 반발은 해산 분위기에 이내 묻혔다. 조합원들은 귀가를 위해 마련한 비상열차를 타고 흩어졌다.

조합원 비상총회

2·8합의각서 주요 내용을 보면 직제 단일화와 관련 단일직급은 9단계 직급으로 나눴다. 노동조합 요구안은 3급 이하 모두 갑을로 나눠 총 10단계였지만, 합의된 단일직급은 4급부터 6급까지 갑을로 나눠 9단계 직급으로 했다. 직급 대입은 일반직 1급이 단일직급 2급, 기능직 1등급은 단일직급 3급에 대입해 일반직 직급보다 기능직 직급을 한 단계 낮춰 대입했다.

6급 을에서 6급 갑, 5급 을에서 5급 갑 구간에는 2년과 2년6월이 경과하면 전원 승진하는 근속승진을 도입했다.

평정제도는 복수평정 실시 후 종합평정제도로 하기로 했다. 상위직급은 근무평정, 하위직급은 경력평정 비율이 높게 설계했다.

승진소요년수는 2급 3년, 3급 3년, 4급 갑과 을은 1년6월, 5급 갑과 을은 1년3월, 6급 갑과 을은 1년으로 정했다.

근무형태는 24시간 맞교대근무에서 3조2교대로 변경하기로 했다. 인력은 노사공동인력진단반을 구성해 인력 진단을 하여 1989년 6월 말까지 최종안(정원 조정 포함)을 확정하기로 했다.

또 단일호봉제를 실시하고, 현 보수 수준을 향상하기 위해 기본급 체계 개편, 통상임금 범위 확대와 건강관리비의 지급을 1989년 1월 1일부터 소급 시행(이에 소요되는 연간 약 9억 원의 인건비 추가 부담)하기로 했다.

대의원대회 가까스로 통과

법정수당 계산에 영향을 미치는 통상임금 범위를 둘러싸고 갈등이 일었다. 통상임금에 포함되는 수당은 기술수당, 감사수당, 출납수당, 승무수당, 전산수당, 위험수당, 자동차 운전수당 등이었다. 승무가 가장 혜택을 보는 반면, 통상임금에 포함되는 수당이 적었던 역무 조합원들은 상대적으로 피해의식을 느꼈다.

노동조합은 2월 14일 임시대의원대회를 열어 2·8합의각서를 추인하는 절차를 거쳤다. 최대원 대의원이 "지금 합의각서에 대해 일부에서는 불만이 많다. 파업을 하기로 결정했으면서도 서둘러 타결을 했나?"며 문제를 제기했다.

이용성 위원장은 "막후협상에서 우리가 주장한 노조안으로 거의 타결을 봤다. 추후 3월 임금협상도 남아 있다. 시민의 발을 담보로 해서 파업을 쉽사리 할 수 없다. 파업이 능사가 아니다. 일부에서 선동하고 다니는 사람이 있는데 실질내용과 상황을 판단하지도 못하면서 조합의 와해를 기대하는 일부 조합원이 있는 것 같다. 심히 위험한 발상이다. 이에 대한 책임은 1차로 집행 간부가 져야 한다. 2차로 대의원 동지들에게 책임이 있다는 사실을 통감하길 바란다"고 했다. 위원장의 발언은 다소 위압적이었다.

김철웅 대의원이 말했다. "노노 갈등을 유발해 조합원들의 단결력을 약화시키려는 본사의 저의가 드러났다. 우리 모두 각성해야 한다. 집행부는 좀 더 조합원 동지의 소리에 귀를 기울여야 한다."

임시대의원대회

이용성 위원장은 "승무관리소가 혜택을 보는데 이에 대해서는 역무원과 차장과의 순환보직제도가 있다. 그리고 3월 임금협상이 있으니 다음 대의원대회에서 논의하자"며 무마에 나섰다.

우문호 대의원은 "2·8합의각서에 대해 조합원들이 납득하지 못하고 있다. 집행 간부들이 각 현업소를 순방해 설명해 달라"고 했다.

이용성 위원장은 "일정이 빡빡해서 그러한 기회를 갖지 못했다. 추후 그러한 기회를 자주 만들겠다"고 했다.

2·8합의각서에 대해 인준 표결을 하지 말자는 의견도 있었다. 대의원대회에서 인준받기로 되어 있으므로 인준 절차를 진행해야 한다는 대의원들도 있었다.

이용성 위원장은 "인준 투표는 합의각서 인준보다 집행부 총사퇴를 결정짓는 신임투표 성격이 짙다고 말했다."

그랬다. 2·8합의각서는 이미 2월 8일 노사 대표가 서명한 상태라 인준은 형식적 절차에 불과했다. 인준 표결 결과 참석 대의원 34명 중 찬성 19명, 반대 15명으로 인준이 가결됐다. 그러나 반대표가 적잖게 나왔다.

이제 갓 공무원에서 벗어난 부산지하철노동자들, 지시와 복종에 익숙했던 조합원들은 노조 만들고 처음 맞이한 쟁의 상황이 낯설었다. 집행 간부, 대의원 모두들 은연중에 파업투쟁에 두려움을 느끼고 있었다. 노태우 정권의 무자비한 노조 탄압도 부산지하철노조 집행부를 머뭇거리게 했다. 바로 이웃에 있었던 대우정밀노조의 1988년, 1989년 파업투쟁과 탄압, 모토롤라 노동자들에 대한 살인 방화와 공권력 투입, 현대중공업노동자에 대한 식칼 테러, 1989년 1월 풍산금속노동자 투쟁에 공권력 투입을 듣고 보면서 걱정이 앞서지 않을 수 없었다. 그렇게 부산교통공단 창단 후 첫 투쟁은 파업 직전 노사합의로 마무리됐다.

2 ▶ 근무형태 변경 투쟁

서울지하철노조와 3.16파업

1987년 8월 출범한 서울지하철노조는 투쟁을 통해 하나둘 노조 모습을 갖춰나갔다.

서울지하철노조는 1987년 11월 12일 저녁 본사 농성투쟁에 들어갔다. 이튿날 집행부 본사 농성 소식을 들은 조합원들이 몰려왔다. 13일 저녁 9시 배일도 초대 위원장은 "11월 21일 04시 파업, 20일까지 준법투쟁"을 결정하고 농성을 해제했다. 11월 17일 교섭이 시작되었다. 노사는 18일 단체협약 체결과 임금과 직제개편 양해각서를 작성 합의했다.

그러나 양해각서는 제대로 이행되지 않았다. 노동조합은 1988년 6월 1일 쟁의발생 신고, 6월 14~15일 파업 찬반 투표, 6월 17일 파업 돌입 등을 결의했다. 6월 11일 직제개편 쟁취 전진대회를 열었다. 3000여 명이 모였다. 이용성 부산지하철노조 위원장도 참석해 힘을 실었다.

파업을 예고한 17일 아침 7시 10분 '양해각서 이행을 위한 합의각서'를 체결했다. 하지만 공사는 올림픽을 핑계 삼아 합의각서를 이행하지 않았다.

이즈음 배일도 집행부가 주택조합 비리로 집행부 사퇴하고 2대 김명희 집행부가 들어섰으나 내부 분열로 김명희 집행부도 사퇴했다. 이어진 보궐선거를 통해 3대 정윤광 집행부가 출범했다. 1989년 2월 3일이었다. 정윤광 집행부는 출범하자마자 곧바로 투쟁으로 공사를 압박하기 시작했다. 정윤광 집행부는 2월 27일까지 합의각서 이행하지 않으면 김명년 사장 퇴진 투쟁을 전개하기로 했다.

2월 28일 노동조합은 서울지하철공사 본사 앞마당에서 2차 조합원 비상총회를 열었다. 3500명이 참석했다. 본사 농성으로 이어졌다. 본사 농성을 시작하는 날 서울시가 요금인상계획을 발표했다. 노동조합은 4일간의 본사 농성투쟁을 마치고 무임승차 투쟁을 벌였다.

3월 7~8일 실시한 조합원 파업 찬반 투표에서 94.3% 찬성으로 파업이 가결됐다. 3월 15일 막판교섭이 시작됐다. 저녁 8시 군자기지에는 조합원 4500명이 모였다. 총파업 전야제가 시작됐다. 전동차 바퀴로 바리게이트를 쳤다. 화염병도 준비했다. 공권력 침탈 대비용이었다.

3월 16일 새벽 5시가 넘어갈 즈음 군자기지 전체가 암흑으로 변했다. 경찰이 전기를 끊었다. 이어서 온갖 시위 진압 장비와 함께 군자기지 8500명을 비롯하여 1만5000명의 전투경찰이 서울 전역 파업현장에 투입되어 2333명의 노동자를 연행, 서울시내 여러 경찰서에 분산 수용했다. 연행된 조합원들은 석방 후 민주당사와 평민당사로 집결했다. 이후 1주일간 파업을 계속했다. 파업 초기 2, 3, 4호선은 거의 열차운행이 중지됐다. 파업이 3~4일 계속되자 파업노동자들을 일방적으로 비난하던 관제언론들도, 수습도 못 하면서 강경정책을 쓰고 있는 정부를 비난하기 시작했다. 파업 지도부는 파업 일주일 만에 자진복귀를 선언했다.

그러나 3.16파업 후 서울시는 직제개편을 이행했다. 이와 함께 근무형태변경 역시 파업 후 이어진 후속 투쟁을 통해 쟁취했다. 근무형태변경은 당시 서울지하철의 주된 근무형태였던 24시간 맞교대 근무를 4조3교대나 3조2교대 근무로 전환하여 12시간 노동을 8시간 노동으로 단축했다. 이에 필요한 인원을 충원했다. 당시 서울지하철의 정원은 7000명 정도였는데 대략 3000명 정도가 증원됐다.[3]

서울지하철의 4조3교대제(역무)와 3조2교대제(차량, 기술)는 3.16파업 후 중앙노동위원회가 8월 23일 중재재정으로 확정됐다. 중재재정안을 보면 월 휴일 수는 역무분야 5일, 통상근무자와 교번근무자를 제외한 기타분야 7

---

[3]   정윤광의 글 "궤도노동운동의 현실과 전망" 참조

일로 하되, 주휴일과 국경일 등 유급휴일을 포함하는 것으로 했다. 월 근무 일수는 역무분야 18.5일, 승무교번자를 제외한 기타 분야 18일, 승무교번자 17.3다이아로 되어 있다.

1989년 임금협상과 타결

대의원 선거를 앞두고 대의원 정수 조정 필요성이 제기됐다. 초대 대의원 선거 때보다 조합원 수가 늘어났기 때문이었다. 이에 노동조합은 3월 9일 대의원대회를 열어 대의원 정수와 관련한 규약 개정 건을 상정했다. 집행부안은 기존 15명 당 1인으로 되어 있는 대의원 정수를 25명 당 1인을 선출하는 것이었다. 대의원들 사이에 여러 의견이 오갔다. 두 차례까지 가는 표결 끝에 '25명 당 1인 선출'로 최종 결정했다.

임금협상 요구안 확정을 위한 임시대의원대회가 3월 23일 열렸다. 참석 대의원들은 집행부가 상정한 임금협상 요구안을 심의했다. 역사 숙직수당과 장기근속수당 지급 등이 현장 발의됐다. 현장발의안 등을 포함한 임금협상 요구안이 만장일치로 통과됐다.

3월 29일 임금 교섭이 시작됐다. 4월 10일까지 일곱 차례 교섭이 열렸다. 그러나 아직 공단과 이견이 커 합의점을 찾지 못했다.

노동조합은 4월 11일 2기 대의원 선거(3월 29일) 후 첫 대의원대회를 열었다. 임금협상 관련 건과 규약 개정 건이 상정됐다.

먼저 임금협상과 관련 지난 2·8합의각서 합의 때 갈등을 빚었던 통상임금으로 인한 차별 해소 방안이 논의됐다. 통상임금으로 인해 직렬 사이에 임금 차이가 발생해 갈등 요인으로 등장했기 때문이었다. 집행부는 통상임금에 포함되는 조정수당을 신설안으로 내놨다. 대의원들 사이에 여러 의견이 오갔다. 그러나 의견이 쉽게 좁혀지지 않았다. 통상임금으로 인한 갈등 해소를 위해 조정수당을 통해 임금 차이를 해소해야 한다는 주장과 자격수당은 업무상의 난이도와 근로조건에 따라 달라져야 하고 특정부서만 제외되는 것은 부당하다는 주장이 대립됐다.

결국 표결까지 갔다. 표결 결과 조정수당 금액에 차등을 두는 안이 통과됐다. 차등 비율은 2·8합의각서 혜택 유무에 따라 657명은 8000원, 310명은 2000원으로 결정했다.

임금인상 금액을 정률과 정액 중 어떻게 반영할지와 관련해 하후상박을 위해 정액 반영 주장도 있었으나 표결 결과 정률 반영으로 결정했다.

마지막 안건으로 협약 인준 문제가 논의 테이블에 올랐다. 협약 체결 시 대의원대회 승인 후 위원장이 서명하는 것으로 결정했다.

4월 12일 노사가 1989년 임금협약을 체결했다. 임금협약 주요 내용을 보면 노사는 기본급 8.5% 인상(정률 반영)하는 것으로 합의했다. 통상임금으로 인한 부서 간 임금 격차 해소를 위해 노사는 기본급 1% 상당액 범위 내에서 조정수당을 지급하고 기술수당을 증액 지급하기로 합의했다. 세부 내용을 보면 조정수당으로 8000원을 지급하고 열차승무수당, 기술수당, 자동차운 전업무수당, 위험수당, 전산수당, 감사수당, 출납수당 등과는 병급할 수 없다고 단서를 달았다. 기술수당은 2000원 증액하기로 합의했다.

근무형태 변경 시행 시(1989.9.1.)부터 지하철 근무수당을 기본급에 포함하기로 합의했다.

그리고 월동보조비 연 5만 원 지급과 근무형태 변경 시행 시부터 월 5만 원의 급식비 지급도 합의했다.

근무형태 변경 최종 합의 : 서울지하철노조와 부산지하철노조의 차이

노동조합과 공단은 8월 29일 근무형태 변경과 관련한 합의각서를 체결했다. 노사는 6월 15일 승무관리소를 시작으로 6월 19일 역과 전기사무소 등 지부별 근무형태변경 합의를 거쳐 8월 29일 전체 합의각서를 체결했다.

먼저 근무형태 변경에 따른 인력 충원과 관련해 노사는 기존 현 정원 1186명에서 180명이 늘어난 1366명으로 조정했다.

주휴일과 관련해 3조2교대제는 비번을 주휴일로 간주하여 별도 주휴일을 부여하지 않는 것으로 합의했다. 교번근무제는 사업표상 S일을 주휴일로 합의했다. 야간격일제는 1일차 밤근무, 2일차 휴일, 3일차 밤근무 순으로 순환근무하고, 별도 휴일은 부여하지 않는 것으로 합의했다.

근무형태변경에 따른 임금 수준은 근무형태 변경 전의 임금 수준 유지를 원칙으로 정했다.

이어 지부별로 보면 승무지부의 경우 본선승무는 교번근무, 입환기관사와 운용계장은 3조2교대 근무로 확정됐다. 근무형태 변경에 따른 인력은 현 정원 215명에서 8명이 증원돼 정원 223명으로 합의했다. 또 현행 1일 400회 열차운행을 382회로 조정하여 인력을 충당하기로 했다.

역지부는 24시간 맞교대에서 3조2교대 근무형태로 전환하기로 합의했다. 근무형태 변경에 소요되는 인력은 현원 382명에서 29명을 증원하여 총 정원 411명으로 조정했다. 승강장 근무는 근무형태변경과 동시에 생략하기로 했다.

전기지부의 경우 전기사무소 현업부서 근무형태도 3조2교대로 합의했다. 정원은 16명이 증원된 208명으로 조정됐다.

시설지부의 경우 시설사무소 근무형태는 3조2교대로 전환을 합의했다. 시설사무소 정원은 14명을 증원하여 115명으로 조정했다.

차량지부의 경우 차량기지창 24시간 맞교대를 3조2교대로 전환을 합의했다. 인력은 13명을 증원하여 178명으로 조정했다.

공단이 24시간 철야 맞교대 근무를 3조2교대 근무로 바꾼 것은 근로기준법에 맞추기 위해서였다. 1988년 7월 1일 부산교통공단으로 전환하면서 지하철노동자들은 공무원 신분에서 근로기준법 적용을 받는 공기업 직원으로 바뀌었다. 이에 따라 모든 노동조건은 근로기준법에 맞춰야 했다. 그러나 공단은 7월 1일 출범 이후에도 24시간 맞교대근무 등 계속해 근로기준법 위반을 시정하지 않고 있었다. 그렇게 공단이 근로기준법 위반을 계속하자 부산지방노동청은 1988년 9월 공단 이사장에게 근무형태와 주휴일 부여, 법정수당 지급 등이 근로기준법을 위반하고 있다며 12월 31일까지 시정조치하라고 지시했다.

노사가 합의한 3조2교대 근무제의 세부 내용을 보면 3일(주야비) 주기로 비번을 주휴일로 정했다. 노동조합이 비번을 주휴일로 양보한 것은 이후 노동조합에게 두고두고 걸림돌이 됐다. 반면 서울지하철의 중재재정안은 3조 2교대의 경우 6일(주주야야비휴) 주기로 휴일 수는 월 7일이었다. 단순 계산하면 부산지하철보다 휴일 수가 2일 더 많았다. 부산지하철이 서울지하철보다 월평균 2일 더 일한다는 얘기다.

교섭 과정에서 공단이 서울지하철 핑계를 많이 댔던 것을 감안할 때 상당히 아쉬운 부분이었다. 결국 차이는 서울지하철노조는 투쟁을 중심에 두고 대응한 반면, 부산지하철노조는 교섭을 중심으로 대응했다는 점이다.

3 ▶ 팽배한 노사협조주의

1990년 단체교섭과 직권조인

노동조합은 1990년 4월 17일 임시대의원대회를 열었다. 1990년 임금협상 요구안을 심의, 확정하기 위해서였다.

대의원대회를 통과한 임금협상 요구안은 기본급 인상을 중심으로 후생복지 요구와 상여금 미지급분 반환 요구 등이 포함됐다.

주요 요구안을 보면 △기본급 12.84% 인상 △교통공단수당(4만 원) 신설

△야식비 1000원 인상 △학자보조금 인상-대학생자녀 100% △일용직 보수 인상-급식비 월 5만 원 인상, 월동보조비 년 5만 원 인상 △체력단련비 미지급분 25% 반환 △상여금 미지급분 125% 반환 △유계결근 시 급식비 일할공제 폐지 △호봉 누락분(징계) 사면복권 △조정수당 일률 정액 3만 원 인상 △기술자격수당 인상(기술사 11만1000원, 기사1급 6만7000원, 기사2급 5만8000원, 기능사1급 4만9000원, 기능사2급 기능사보 3만7000원, 운전원수당 2만4000원) 등을 최종 확정했다.

임금협상 요구안을 확정한 노동조합은 바로 공단에 단체교섭을 4월 23일 개최할 것을 요구했다.

이에 앞서 노동조합은 1월 12일 조합 사무실을 본사에서 노포차량기지 후생관 2층으로 옮겼다. 본사에 조합 사무실이 있음으로 인한 불필요한 오해를 불식시키고, 현장 조합원과의 소통을 고려한 조치였다. 그리고 조합 전임자 수를 전임자 6명과 지원 근무자 1명으로 문서화 했다.

4월 25일 첫 교섭을 했다. 노동조합은 교섭 시작과 함께 전 조합원 리본 달기에 들어갔다.

노조창립 2주년 기념식(1990.2.16.)

5월 17일 12차 교섭, 김창갑 이사장이 교섭 도중 손님이 왔다며 교섭장을 떠났다. 김창갑 이사장은 가부장적 권위의식으로 찌든 사람이었다. 교섭 도중 반말과 막말로 노조 교섭위원을 무시하기 일쑤였다.

이사장이 없는 가운데 교섭은 계속됐다. 공단은 기본급 5% 인상에서 0.1%도 더 올릴 수 없다고 버텼다. 노동조합은 교섭결렬을 선언하고 기습적으로 이사장실 점거농성에 돌입했다. 점거농성 중인 가운데 5월 24일 공단과 16차 교섭을 열었다. 공단으로부터 기본급 5% 인상 등 총 9% 수준 안이 나왔다. 노동조합은 5월 24일 공단과 1990년 임금협약서를 체결했다. 임금협상을 시작한 지 한달 만이었다. 문제는 대의원대회 승인 후 협약에 서명하도록 한 규약을 어기고 사실상 직권조인한 것이었다.

노동조합은 5월 26일 임시대의원대회를 열었다. 이용성 집행부는 임금협약 추인 건을 상정했다. 다수 대의원들이 규약상 절차 위반을 제기했다. 표결 결과 추인안은 24:14로 부결됐다.

노동조합은 6월 1일 정기대의원대회를 소집했다. 위원장 탄핵안이 상정됐다. 이용성 집행부는 교섭위원 전원 탄핵을 요청했다. 탄핵 표결 결과 18대 22로 부결됐다.

그렇게 1990년 임금협상은 위원장 탄핵 표결까지 가는 우여곡절 속에 마무리 수순을 밟았다.

임금협상 합의 내용을 보면 △기본급 5% 정률 인상, 2급 이상 임직원 동결 △복리비 중 3% 기본급화 △건강관리비 월 1만 원 인상 △기술수당 각급별 일률 월 3000원 인상, 자동차운전업무수당 월 4000원 인상 △조정수당 3조2교대자 및 본사 일근자 월 2000원 인상, 차장 5급을 이상 월 2000원, 6급 갑 및 6급 을 월 1000원 인상 △대학생자녀 학자보조금 1991년부터 90% 지급 △일용직 1일 노임단가는 1990.4.1.부터 1990년 정부고시단가 적용, 3년 이상 근속자에 한하여 중고생 학자보조금 지원에 준하여 지급 △체력단련

여름한마당축제

비 연 150% 지급 △급식보조비의 일할공제는 본 협약일부터 유·무계결근 및 산전후 휴가 시에만 적용, 연월차, 청원, 공가, 병가, 생리, 하계, 포상 및 특별휴가 사용 시에는 적용하지 않기로 노사가 합의했다.

　여름기간 송정해수욕장에서 부산교통공단 하계휴양소가 운영됐다. 하계 휴양소라고 해봐야 대여받은 땅에 천막치고 평상을 설치해놓은 수준이었다. 노동조합은 1989년부터 그곳에서 지하철 여름 축제 한마당 행사를 열었다. 수박 많이 먹기대회, 탁주 장사대회, 미스터지하철 선발대회, 팔씨름대회, 노래자랑대회, 디스코경연대회 등의 프로그램으로 이틀간 진행했다. 조합원들과 가족 그리고 비조합원들도 제한이 없었다. 공단 이사장이 축사도 하고, 행사 프로그램에 노사화합 프로그램이 별도로 있을 정도였다. 노동조합과 공단 측이 어떠한 관계였는지 알 수 있는 부분이었다. 소비조합 입점 업주의 찬조도 받았다. 소비조합은 조합원 복지를 위해 1989년 11월 부산대 앞 역 내에 개장했다. 조합원이 소비조합에서 상품을 구입하면 할인혜택을 받았다.

9·2추돌사고

1990년 9월 2일 남산역 내에서 추돌사고가 발생했다. 2일 오후 7시 21분 경 노포창에서 정비를 마치고 유치선으로 입환 중이던 16편성 전동차가 제동장치 불량으로 영업구간인 범어사역 본선으로 진입했다. 문제는 노포창에서 범어사, 남산역 구간이 내리막이었다. 노포창에서 범어사 본선을 통과한 16편성 전동차는 남산역까지 3.3km 내리막을 시속 2~30km/h로 이동했다. 남산역 구내에는 마침 두실역 방향으로 출발 대기중이던 18편성(1263호) 열차가 있었다. 16편성은 1263열차 꽁무니를 그대로 들이받았다. 이 사고로 전동차 2개 편성 12량 중 6량이 파손됐다. 추돌 때 1263열차 출입문이 제대로 열리지 않아 객실 내에 있던 승객들이 깨진 유리창과 찌그러진 문으로 빠져나오는 등 아수라장이 되었고 승객 78명이 중경상을 입었다.

사고 원인은 정비를 마친 16편성 제동장치의 에어밸브를 열지 않아 제동 시스템이 작동하지 않아서였다. 입환기관사는 이를 모른 채 차량사업소에서 정비를 마친 16편성 전동차를 유치선으로 유치시키기 위해 이동을 시작했는데 제동 시스템이 작동하지 않아 사고 전동차가 범어사 본선으로 통하는 선로로 들어섰다. 입환기관사는 비상제동장치를 작동시켰으나 작동하지 않았다. 전동차는 타력으로 내리막 선로를 움직여 남산역에서 1263호 열차 꽁무니를 추돌했다.

이 사고로 1호선 장전역과 노포역 사이 6개 역 구간 상·하행선 운행이 다음날 오후까지 전면 중단됐다. 경찰은 9·2추돌사고와 관련하여 입환기관사와 사고 전동차 정비를 맡은 차량기지 직원 3명을 업무상 중과실치상 혐의로 구속하고 차량기지 검수1계장을 불구속 입건했다.

노동조합은 9월 13일 대의원 간담회를 열어 단체협약 갱신과 9·2추돌사고 대책을 논의했다. 노동조합은 경영진의 안전 불감증이 9·2추돌사고를 불렀다고 진단했다. 공단이 경영개선을 핑계로 예산절감, 수입증대에만 몰두하며 안전을 도외시해 공단 전체 분위기가 안전 불감증이 만연했고, 9·2추돌사고로 이어졌다는 게 노동조합의 진단이었다.

노동조합은 구속 조합원과 가족을 돕기 위해 조합원 모금운동과 탄원서 청원운동을 결정했다.

한편 공단은 9·2추돌사고 원인이 노동조합이 생긴 후 근무기강이 해이해져 일어난 사고라며 노동조합에 책임을 미뤄 논란이 됐다. 특히 김창갑 이사장은 TV 프로그램에 출연해 철도는 원래 군대식으로 운영되는 게 맞는데 민주화 추세 및 노동조합이 있어 어렵다고 발언해 물의를 일으켰다.

노동조합 집행부는 9·2추돌사고 책임을 노동조합에 전가하는 김창갑 이사장 퇴진을 요구하며 10월 18일 이사장실 농성을 진행했다.

단체협약 갱신 협상 타결

노동조합은 10월 23일 임시대의원대회를 소집했다. 단체협약 갱신 요구안 심의를 위해서였다. 참석 대의원들은 본문 132개 조항, 부칙 8개 조항을 요구안으로 확정했다. 기존 단체협약은 본문 105개 조항, 부칙 4개 조항이었다.

노동조합은 현 기존 단체협약에서 미진한 인사, 노동조건, 복지후생 부분을 보완했다. 또 기존 단체협약에 거의 담지 않고 있는 안전보건과 직업병, 노동환경, 재해 및 보상 부분과 관련 산업안전보건법 등 보다 상회하는 요구안을 포함했다.

단체협약 갱신 교섭은 11월 14일부터 시작했다. 11월 25일까지 총 일곱 차례 교섭을 진행했지만, 전혀 진척이 없었다.

공단은 교섭 내내 강경 태도를 고수했다. 공단은 '경영권' 문구를 단체협약 전문에 넣을 것을 주장했다. 또 조합원 자격 제한 범위에 계장, 분소장, 부역장, 본사 각 부서, 사령실, 변전소 근무 직원은 물론 일용직과 각 소속 서무

담당자까지 포함시켜야 한다고 주장했다.

뿐만 아니라 조합 전임자 임금 지급 거부, 조합비 징수 거부 등 조합활동을 위축시키기 위한 의도도 숨기지 않았다. 그밖에 조합원 후생복지 조항 삭제를 주장했다.

노동조합은 12월 27일 임시대의원대회를 열었다. 교섭 경과를 설명하고 의견 접근을 본 11개 조항은 대의원 승인을 받았다.

이용성 위원장은 나머지 쟁점 조항 교섭에 대해 타결 전권을 위임해 줄 것을 대의원들에게 요청해 위임을 받았다.

신분보장과 관련해 규약 제16-1조(신분보장)를 보완 개정했다.

「규약 제16-1조(신분보장) 조합원이 조합공식 기구의 결정사항을 수행하다가 신분, 신체 또는 재산상의 피해를 입었을 때에는 치료 및 피해상당을 보상하며 해고자, 수배자, 구속자의 경우 가족들의 생계를 위해 복직 시까지 평균임금을 지급한다. 단, 3년 경과 시까지 복직이 불가능할 시 생활안전자금 5천만 원을 일시불로 지급한다.」

노동조합은 12월 31일 공단과 전문, 본문 119개 조, 부칙 9개 조로 이뤄진 새 단체협약을 체결하고 갱신 교섭을 끝냈다.

4

2대 집행부 활동과
불신임

1) 2대 조시재 집행부 출범과 지역 연대 모색

초대 이용성 집행부가 1990년 12월 31일 단체협약 갱신 체결을 끝으로 3년 임기를 마쳤다. 이용성 초대 위원장은 1988년 2월 16일 노동조합 설립 과정에 주요한 역할을 했다. 노동조합이 없었던 부산지하철에 노조 설립의 주축 역할을 한 것만으로도 긍정적으로 평가할 수 있다. 더불어 이용성 위원장은 초기 신규 노동조합으로서의 많은 한계에도 불구하고, 부산교통공단 창단 과정에 직제 단일화와 단체협약을 쟁취하는 성과도 이뤄냈다. 그리고 다소 아쉬운 부분이 없지 않지만, 24시간 맞교대근무에서 3조2교대로 근무형태 변경도 합의했다. 다만, 합의 타결 과정에 사실상 직권조인을 여러 차례 하여 탄핵 표결까지 갔던 부분은 아쉬움으로 남았다. 그리고 임기 후반부로 갈수록 노사협조주의 성향을 보인 점도 이용성 초대 위원장의 한계였다.

2대 위원장 선거는 1월 19일 실시됐다. 7명이 후보로 등록했다. 도중에 1명이 후보 사퇴하고, 김정삼, 박태신, 조시재 등 최종 6명이 맞붙었다. 노동조합 선거관리위원회는 1월 25일 조시재 후보가 595표를 얻어 당선됐다고 공고했다.

조시재 당선자는 1대 집행부에서 지부장과 수석부위원장을 맡았던 지하철본부 공채 1기 출신이었다. 조시재 위원장은 수석부위원장 김동욱, 사무국장 송춘근을 선임했다. 부서장으로는 총무부장 백상옥, 조직부장 안중선, 쟁의부장 신경식, 교육선전부장 이용섭, 후생복지부장 김진규, 여성부장 김경남을 선임했다.

조시재 위원장은 2월 11일 임기 시작 후 첫 대의원대회를 열었다. 참석 대의원들은 김동욱 수석부위원장과 송춘근 사무국장을 인준했다. 회계감사 3명(이내훈, 오춘택, 황성학)도 선출했다. 조시재 위원장은 첫 대의원대회 대회사에서 연대활동 중요성을 강조하고, 향후 단위노조 만의 활동을 탈피하고 공단과 공사 협의회, 전노협 부산노련 등과 유대 관계를 넓혀 나가겠다고 밝혔다.

그랬다. 조시재 집행부는 이용성 집행부와는 다른 행보를 했다. 조시재 위원장은 선거운동 과정에 위원장에 당선되면 1년 뒤 조합활동에 대한 조합원 신임투표로 평가를 받고 결과에 따라 거취를 결정하겠다고 했다.

조시재 집행부는 전노협 부산노련 주최 집회 및 행사, 교육에 적극 참여하며 외부 활동을 늘려나갔다.

1991년 임금 요구안 확정

　조시재 집행부 첫 임금협상 준비가 시작됐다. 노동조합은 4월 27일 임금협상 요구안 조합원 공청회를 실시했다. 이어 노동조합은 5월 7일 열린 정기대의원대회에서 1991년 임금협상 요구안을 심의 확정했다.

정기대의원대회(1991.5.7.)

　참석 대의원들은 상무집행위원회 논의를 거쳐 상정한 요구안을 축조심의했다. 대부분 원안 그대로 확정됐다. 다만, 안전봉사수당 4만 원 지급과 관련하여 대의원 제안으로 일용직 조합원들도 적용(50%)을 요구하기로 했다.

　대의원대회를 통과한 임금 요구안은 기본급 평균 11% 인상 등 17개 세부 요구안으로 구성됐다. 요구안을 요약하면 △기본급 평균 11%(직무급 4%, 호봉급 7%) 인상 △장기근속수당 신설 △안전봉사수당 4만 원(일용직 2만 원) 지급 △급식보조비 2만5000원 인상(5만 원→7만5000원), 일용식 포함 △가족수당 중 배우자수당 1만 원 인상(1만5000원→2만5000원) △체력단련비 기본급 50% 인상(기본급 150%→200%) △현행 복리비 기본급 20% 중 10% 1992년 1월 1일부터 기본급에 합산 △월동보조비 현행 연 5만 원에서 10만 원으로 인상 △본사일근 및 3조2교대자 조정수당 월 2만 원으로 조정 △야간근무자 중 당직자 당직비 5000원 별도 지급 △일근자 보전수당 인상(통상임금 17%→20%) △기술수당 월 2만5000원으로 조정 지급 △하계휴가비 년 10만 원 지급 △일용직 직원 연차, 주휴수당 지급 △1990년도 공단 신규직원 체력단련비 1990년도부터 일할계산 지급 △휴일 중복 시 휴일수당 지급 △직급별 정원확충과 각 소속기구 재조정 등 17개였다.

노동조합은 임금협상 요구안 확정에 이어 5월 15일부터 임금협상을 시작하자고 공단에 요구했다.

임금협상 타결

6월 7일 13차 단체교섭이 열렸다. 이날 노동조합과 공단은 1991년 임금협약(안)을 잠정합의했다. 교섭 시작한 지 한 달 남짓만이었다.

노동조합은 6월 10일 임시대의원대회를 소집했다. 6.7잠정합의안을 심의하기 위해서였다. 대의원 총원 51명 중 45명이 참석했다. 노동조합이 교섭 과정에 수정안을 내면서 대의원대회에 사전협의 없었던 것에 대해 문제 제기가 나왔다. 잠정합의안이 애초 요구안보다 절반 수준이라며 쟁의행위에 대해 생각하고 있는지 투쟁의지에 의문을 제기하는 대의원도 있었다.

이에 대해 조시재 위원장은 임금협상은 전략전술이 필요하다. 우리 요구안과 공단 제시안에 대해 어느 정도 조정안이 필요했다고 해명했다. 이어 조 위원장은 작년도 보수 수준과 비교할 때 많은 부분 쟁취했다. 쟁의 준비도 해놨다. 투쟁을 회피할 생각은 추호도 없다고 말했다.

잠정합의안이 부결되면 어떻게 할지 묻는 대의원에게 조 위원장은 교섭 결과에 상당한 아쉬움이 있음을 통감하고, 대의원 동지들의 뜻에 따라 최선봉에서 투쟁하겠다고 말했다.

토론을 마치고 표결에 들어갔다. 찬성 29명 반대 11명으로 잠정합의안은 가결됐다. 노동조합은 6월 11일 공단과 임금협약서 조인식을 하고 1991년 임금협상을 최종 마무리 했다.

노사 대표가 정식 서명한 1991년 임금협약 주요 내용은 △기본급 7% 정률 인상 △기술수당 월 2만5000원 조정 지급 △자동차운전업무수당 월 5000원 인상(2만 원→2만5000원) △일근자 보전수당 통상임금의 20%로 조정 지급 △본사일근자 및 3조2교대자 조정수당 월 1만 원 인상(월 1만 원→

1991년 임금협약조인식

월 2만 원) △장기근속수당 신설 △체력단련비 연 기본급 150%에서 200%로 인상 △월동보조비 연 5만 원에서 7만 원으로 인상 △복리비(월 기본급 20%) 중 5%를 1991년 10월부터 기본급화 △건강관리비 월 3만 원으로 조정 등이었다.

이에 앞서 5월 31일 노동조합 요구안 중 단체협약 사항과 관련 노사는 의견접근 부분에 대해 보충협약서를 작성 서명했다. 먼저 단체협약 제47조(유급휴일) 제6호 단서조항 해석과 관련해 1호의 주휴일을 제외한 2호 내지 6호의 휴일이 중복되었을 경우 1일분 휴일수당을 지급하는 것으로 했다.

또 보충협약서 내용으로 △신규자 체력단련비는 부임일로부터 일할계산 지급 △역사(1명) 및 승무관리소(2명) 야간당직자의 당직비 1야당 4000원 1991년 7월 1일부터 지급 △일용직 연월차수당 1991.1.1. 이후 근무분부터 직원에 준하여 지급이 포함됐다.

3️⃣ 1992년 노태우 정부의 총액임금제

1992년 새해가 밝았다. 조시재 위원장은 신년사를 발표했다. 정권과 자본의 노동탄압과 임금통제정책에 맞서 임금협상 투쟁, 단체협약 갱신 투쟁 그리고 노사협의회에서 조합원들의 권익향상을 위해 최선을 다하겠다고 했다.

또 조시재 위원장은 서울지하철노조와 협의체를 구성하겠다고 했다. 노동자, 농민, 빈민을 대변할 수 있는 노동자당 출범도 기대한다고 했다.

노태우 정부가 1992년 총액임금제를 들고 나왔다. 1월 7일 노동부가 주최한 전국근로감독관회의에서였다. 노동부는 행정지도지침으로 총액임금제 도입을 제시했다.

그랬다. 정부는 1992년 임금인상 가이드라인으로 '총액 기준 5% 이내 인상'을 가이드라인으로 제시했다. 정권과 자본이 한 자릿수 임금 통제정책이 먹히지 않자 임금 총액을 통제 기준으로 삼기로 한 것이다. 그동안 정권과 자본의 임금통제 방식은 기본급 위주 통제였다. 그러나 실제 개별 사업장들은 수당과 상여금, 후생복지 명목의 편법 인상으로 통제를 피해 갔다. 그러한 편법 인상을 막겠다며 총액임금제를 들고나온 것이었다.

정부는 총액임금제 도입 근거로 과도한 임금인상 요구로 노사분규가 빈발하고, 산업 불안정, 물가인상, 국가경쟁력 상실 초래를 들었다. 경제위기 노동자 책임론이나 다름없었다.

정부는 총액임금제 실시 사업장으로 우선 정부 출연, 투자 공공기관과 상시근로자 500인 이상 사업체 등 중점관리대상 기업을 선정해 총액 5% 인상을 권장했다.

정부가 정한 중점관리대상 기업은 독과점 대기업 136개사, 정부투자 및 출연기관 64개사, 금융보험업 74개사, 언론기관 46개사, 기타 서비스업 250

개사 등이었다.

이에 앞서 최병렬 노동부장관은 ILO 가입에 따라 1991년 9월 정기국회를 통해 총액임금제 법제화를 포함한 노동관계법 개정을 추진했으나 입법화가 되지 않았다.

노동조합은 노조 창립 4주년인 2월 16일에 맞춰 노보「함성」창간호를 발행했다. 창간호에는 '위원장 격려사' '총액임금제란?' 'ILO가입에 따른 노동법 쟁점' '노사관계와 우리의 현실' '노동조합 간부론' 외에 여러 단신이 실렸다.

1월부터 임금협상 관련 자료 수집과 분석을 해온 노동조합은 3월부터 본격적인 임금협상 준비에 들어갔다. 먼저 3월 3일부터 3월 7일까지 조합원 설문조사를 실시했다. 설문조사 결과 응답 조합원 중 30%가 요구 관철을 위해 파업투쟁을 해야 한다고 응답했다.

4〗 조시재 위원장 불신임 당하다

조시재 위원장이 3월 13일 임기 1년간 조합활동에 대한 집행부 신임투표를 실시했다. 조시재 위원장은 위원장 선거 당시 당선되면 1년 뒤 조합활동에 대해 신임투표를 통해 평가받겠다고 약속했었다.

신임투표 개표 결과 총 조합원 1373명 중 1302명(94.1%)이 투표하여 찬성 531명(41.7%), 반대 742명(56.9%)으로 나타났다. 찬성이 반수를 넘지 못한 결과에 조시재 집행부는 예상치 못한 결과였던 듯 당황했다. 1991년 임금협상도 무난히 끝냈고, 1992년 임금협상을 앞 둔 시점에서 사실상 불신임 결과를 받았기 때문이었다.

조시재 위원장은 4월 3일 임시대의원대회를 열어 신임투표에서 나타난

조합원 58% 뜻을 받들어 사퇴한다고 밝혔다. 대의원들은 만장일치로 사퇴를 수리했다.

조시재 위원장은 사퇴 변에서 무책임한 선동과 현실을 무시한 이상론과 소속 간 집단 이기주의, 조합활동에 대한 냉소주의에 대해 우려를 나타냈다. 이어 지금 조합에 필요한 것은 조합원 각자가 노동조합 주인이라는 자각이라고 말했다.

조시재 위원장 사퇴로 당분간 김동욱 수석부위원장이 직무대행을 맡아 곧 있을 위원장 선거 관리 등 마무리를 맡기로 했다.

5

3대 집행부 활동과
철도연맹 가입 논란

1 ▶ 위원장 보궐선거 김정삼 후보 당선

조시재 위원장 사퇴로 인한 위원장 보궐선거 일정이 나왔다. 투표는 4월 22일로 결정됐다. 후보등록 결과 3명(김정삼, 김철웅, 강한규)의 후보가 입후보했다.

기호 1번 김정삼 후보는 이용성 집행부에서 후생복지부장과 쟁의부장을 역임했다. 후보 등록 전까지 현직 시설지부장이었다. 김정삼 후보는 풍부한 조합활동 경험과 추진력을 강조했다.

기호 2번 김철웅 후보는 1~5대 대의원을 역임했다. 김철웅 후보는 범민주 후보 단일화를 위한 연석회의를 제안하고 강력한 집행부, 신뢰받는 집행부, 조합원과 함께하는 집행부를 내세웠다.

기호 3번 강한규 후보는 아직 노동조합 공식 직책을 맡은 적이 없는 평조합원이었다. 강한규 후보는 현 노동조합 상황을 난파선이 바닷속으로 침몰하기 직전 상황에 비유하며 노동조합을 침몰 위기에서 구출하겠다고 했다.

22일 투표 개표 결과 투표자 1220명 중 김정삼 후보 595표(49%), 김철웅 후보 301표(24.7%), 강한규 후보 318표(26.3%)를 받아 과반수 득표 후보가 나오지 않았다.

김정삼 후보와 강한규 후보가 결선에 올랐다. 결선 투표는 4월 27일이었다. 결선투표 개표 결과 김정삼 후보가 618표(54%)를 얻어 524표(46%) 얻는 데 그친 강한규 후보를 누르고 당선됐다. 새 위원장 당선에 따라 김동욱 위원장 직무대행과 2대 집행부는 4월 30일자로 전원 사퇴했다.

3대 김정삼 집행부는 5월 1일부터 임기(조시재 위원장의 잔여기간)을 시작했다. 김정삼 위원장은 함께 할 집행부도 구성했다. 수석부위원장 박기태(승무), 사무국장 김삼룡(전기)을 선임해 5월 12일 임시대의원대회에서 인준을 받았다. 부서장은 총무부장 김주연(승무), 조직부장 배인철(차량), 쟁의부장 박상규(전기), 교육선전부장 이호정(보선), 후생복지부장 김진규(역무)를 선임했다.

1992년 5월 12일 임시대의원대회

김정삼 집행부는 6월 4일 임시대의원대회를 열어 1992년 임금협상 요구안을 심의 확정했다.

참석 대의원들은 △기본급 4만6000원(정률 10% 해당액) 인상 △복리비(기본급의 15%) 중 5% 기본급화 △교통공단수당 신설(기본급의 50%), 복리비 10%와 건강관리비 3만 원 폐지 △기술수당, 조정수당, 특수수당 조정 △월동보조비 5만 원 인상(7만 원→12만 원) △학자보조금 현 90%에서 100% 지급 △일용직 보수 개선(정부고시노임단가 적용, 급식보조비 월 5만원 신설, 1991년 이전 발생 연월차수당 미지급부 소급지급) △초과근무 및 연월차수당 산정방식 조정(통상임금×1.84/184×발생시간 또는 발생일수) △자격수당 신설 및 확대 △단체 재해보험 가입(월 2만 원) △청경 및 일용직 환직 직원 경력 100% 인정 △정년 61세로 연장 △명예퇴직제 실시(공무원 수준 준용) △대우제 실시(공무원 수준 준용) △가족승차권 지급 △직제개편 및 인원증원 등을 요구안으로 확정했다.

6월 11일 공단과 첫 교섭이 열렸다. 교섭 차수는 늘어갔지만, 공단은 정부 가이드라인 총액 5% 인상을 고수했다. 7차 교섭까지 진행됐지만, 김창갑 이사장 참석은 고작 두 차례뿐이었다. 당연히 교섭은 제자리 걸음이었다.

노동조합은 6월 23일 임시대의원대회를 소집했다. 교섭 경과 설명과 함께 쟁의발생을 결의하기 위해서였다. 참석 대의원들은 쟁의발생을 결의하고 쟁의발생 신고서 접수 시기는 집행부에 일임했다.

노동조합은 6월 30일 부산지방노동위원회에 쟁의발생 신고서를 접수했다. '7월 4일부터 자유복 착용' 조합원 행동지침 1호도 내놨다. 쟁의대책위원회는 행동지침 2호 쟁의복 착용, 3호 팔띠 착용을 발령하며 수위를 높여 나갔다. 쟁대위는 7월 9일 조합원 전진대회를 열었다. 노포창 후생관에 200명

1992년 임금교섭투쟁 조합원 전진대회(1992.7.9.)

넘는 조합원이 모였다. 전진대회를 마친 조합원들은 본사로 향했다.

7월 11일 쟁의행위 조합원 찬반 투표가 실시됐다. 찬성률 91.02%로 가결됐다.

7월 14일 막판 교섭이 진행됐다. 7월 15일이 조정 마지막 날이었다. 교섭은 15일 새벽까지 이어졌다. 노사는 새벽 2시 30분 잠정합의를 했다.

노동조합은 15일 오전 11시 임시대의원대회를 소집했다. 참석 대의원들은 잠정합의를 승인했다.

주요 합의 내용은 △기본급 정액 2만8600원 인상(호봉급 산입) △복리비(기본급의 15%)를 교통공단수당으로 변경하여 통상임금화 △대학생 자녀 학자보조금 100% 지급 △일용직 주휴수당 지급 등이었다.

3 철도연맹 가입 논란

김정삼 집행부가 철도연맹 가입을 추진하면서 찬반 논쟁이 불붙었다. 노동조합은 11월 17일 열린 임시대의원대회에 전국지하철노동조합협의회 구성과 함께 철도연맹 가입 건을 안건으로 상정했다.

전국지하철노동조합협의회 구성 건은 이미 오래 전부터 서울지하철노조와 논의해 왔던 것으로 현장 조합원 사이에도 별도 이견은 없었다. 문제는 철도연맹 가입 건이었다. 그동안 철도연맹 가입 건은 언급된 적이 없었기 때문이었다.

철도연맹 가입 건 대의원대회 상정 소식이 알려지자 현장에서 반대 목소리가 나오기 시작했다. '민주노조를 사랑하는 조합원' 명의의 철도연맹 가입 반대 유인물도 현장 조합원들에게 배포됐다.

철도연맹 가입에 대한 찬반 의견이 분분한 가운데 17일 대의원대회가 열렸다. 김정삼 집행부는 철도연맹 가입 건 상정과 관련해 상급단체 가입은 노동법상 의무이지만, 기존 상급단체인 연합노련에서 제명된 상태에서 업종별 상급단체인 한국노총 철도연맹 가입은 필연이라고 설명했다. 이어 상급단체가 없을 경우 노조 대표자 변경 신고 또는 노사 간 법적 문제 발생 시 법외노조로 인정받아 불이익이 예상된다고 했다. 그리고 초대 이용성 집행부와 조시재 집행부 때까지 유대 관계를 유지해온 전노협은 조합원 정서상 맞지 않다며 아예 논의 대상에서 제외했다.

그러나 다수 대의원들은 집행부의 일방적인 철도연맹 가입 추진에 대해 문제를 제기했다. 철도연맹 결성 과정과 배경에 대해서도 문제를 제기했다. 철도연맹 결성 과정에 절차적 정당성이 결여되어 있고, 철도노조 일부 상층 어용세력 기득권 유지를 위한 조직에 불과하다는 주장도 제기됐다.

철도연맹 가입을 추진하는 김정삼 집행부와 가입 반대 대의원들 간 논쟁 끝에 철도연맹 가입 여부는 1993년 노동법 개정 이후 논의하기로 했다. 전국지하철노동조합협의회는 조속한 시일 내 결성을 추진하기로 의견을 모았다.

단체협약 갱신 협상이 1992년 12월 22일 시작됐다. 이에 앞서 노동조합은 12월 8~9일 조합원 공청회를 거쳐 12월 15일 임시대의원대회를 열어 단체협약 갱신 요구안을 확정했다.

노동조합은 공단과 노조 요구안 전체 128개 조문(본문 119개 조항, 부칙 9개 조항)을 중심으로 축조심의를 이어갔다.

3월 5일 21차 교섭에서 노동조합과 공단은 6일까지 이어지는 마라톤 교섭을 통해 잠정합의를 도출했다. 단체협약 제38조(승진 승급의 기간)의 자동승진 부분을 제외한 잠정합의였다. 공단은 자동승진 문구 삭제 주장을 굽히지 않았다.

노동조합은 3월 9일 임시대의원대회를 소집했다. 참석 대의원들은 단체협약 제38조 현행유지를 전제조건으로 잠정합의를 승인했다.

3월 11일 22차 교섭이 열렸다. 공단의 입장은 완고했다. 노사는 의견을 좁히지 못했다. 3월 18일 교섭도 결렬됐다. 노동조합은 4월 2일 자동승진과 관련해 공청회를 겸한 촉구대회를 열었다. 그러나 자동승진 문제로 노사 대립은 계속됐다.

결국 노동조합은 4월 9일 임시대의원대회를 열어 쟁의발생을 결의했다. 4월 13일 부산지방노동위원회에 쟁의발생 신고서 접수까지 마쳤다.

벼랑 끝 전술이 통했는지 4월 16일 25차 교섭에서 공단이 단체협약 제38조 자동승진 조항을 현행유지하기로 물러섰다. 노사는 바로 새 단체협약 조인식을 갖고 4개월간 이어온 교섭을 마무리했다.

새 단체협약은 119개 본문 조항 중 54개 조항이 신설, 수정 보완됐다. 주요 쟁점 중심으로 살펴보면, 제29조 휴직과 관련해 질병휴직의 경우 1회 6개월에 한하여 휴직기간을 연장할 수 있도록 했다. 제31-1(정년) 조항에서 4급

이하 직원의 정년을 1년에 한하여 연장할 수 있게 했고, 퇴직일은 정년이 도달한 해 12월 31일로 합의했다. 마지막까지 쟁점이었던 제38조 자동승진 조항은 현행유지로 합의했다. 노동조합이 요구한 대우제와 명예퇴직 시행도 합의했다. 제88조(재해보상)에서 유족보상으로 보험급여 외 평균임금의 150일분과 장례비로 평균임금의 90일분을 별도 보상하도록 했다.

5 1993년 임금협상 돌입과 타결

노동조합은 6월 22일 대의원대회를 열어 기본급 7% 정률 인상 등 임금협상 요구안을 확정했다. 요구안은 임금부문 10개 조항과 복지 및 기타 부문 14개 조항이 들어있다.

첫 교섭은 6월 28일 열렸다. 노동조합은 7월 18일 7차 교섭에서 수정안을 제시했다. 애초 기본급 7% 인상에서 5%로 낮췄다. 그 외 지급 일자를 뒤로 늦추는 조정이 있었다.

8월 4일 14차 교섭이 진행됐다. 잠정합의안이 작성됐다. 노조 요구안에 없던 정률제로 되어 있던 열차운전수당과 승무수당을 정액제로 변경하는 것이 잠정합의안에 들어 있었다.

8월 6일 임시대의원대회가 열렸다. 잠정합의안 승인 여부를 결정하기 위해서였다. 승무지부 최병락 대의원이 노조 요구안에 없던 정률제였던 열차운전수당이 정액제로 변경하게 된 사유를 물었다. 김정삼 위원장은 승무지부장이 과감한 결단을 내렸고 수석부위원장도 우리 공단과 노조가 다함께 잘 해보자는 차원에서 정액화시켰다고 말했다. 일부 대의원은 정률제를 정액제로 변경하는 것은 이미 확보한 조합원 권리를 후퇴시키는 것이라며 재고를 요청했다. 그러나 승무 대의원들은 더이상 문제 제기가 없었다. 정률제

포기 반대급부로 공단은 승무관리소에 무보직 4급 갑 TO 10개를 약속한 것
으로 확인됐다.

총액 가이드라인을 깨지 못한 것에 대해서도 문제 제기가 있었다. 수석부
위원장은 열심히 교섭했지만, 만족한 성과가 없는 점 죄송하게 생각한다고
말했다.

잠정합의안 표결 결과 집행부가 예상 못 한 결과가 나왔다. 찬성 14명, 반
대 23명으로 잠정합의안이 부결됐다.

향후 대책 논의가 이어졌다. 대의원 조정안을 가지고 8월 10일 공단과 재
교섭을 했다. 노동조합은 8월 11일 다시 대의원대회를 소집해 재표결에 들
어갔다. 찬성 23명, 반대 13명으로 가결됐다. 그렇게 1993년 임금협상은 우
여곡절 끝에 마무리됐다.

합의안을 살펴보면 먼저 임금 부문에서 △기본급 3.1% 정률 인상 △상여
수당에 교통공단수당(기본급의 15%) 포함 △정률제인 열차운전 및 승무수당
정액제로 전환 △해당 직급에서 5년 이상 경과한 직원 중 4급 을 직원에 대
하여 대우수당 지급, 기본급의 6%(1994년 1월부터 지급)를 합의했다.

후생복지 부문에선 △공단 상조회에 기금 1억5000만 원 출연 △엑스포
견학비용 지원 △업무연구보조비 지급{4급 계장급(분소장, 부역장 포함), 금
액 월 3만 원} △신문가판대 운영권 공조회 이관 조속한 시일 내 조치 △기술
자격증 보수교육 기간 공가 처리 등을 합의했다.

그 외 △일용직 연월차수당 미지급분 1993년 9월 중 지급 △고용직 2명
1993년 10월 1일자 승진 △이발소 에어컨 설치 등이 포함된 기타 약정서도
맺었다.

1991년 4월경 노동조합민주화추진위원회(노민추)의 맹아라 할 수 있는 '월수회'라는 학습 소모임이 결성됐다. 월수회는 2대 위원장 선거 당시 후보로 나섰던 박태신(차량) 후보 진영이 중심이 됐다.

월수회는 처음 6명으로 구성됐는데, 이들은 매주 한 번씩 만나 학습과 토론을 하는 수준이었다. 이후 1992년 3월 2대 조시재 집행부가 신임투표에서 과반수 득표를 얻지 못하고 중도하차하자, 월수회는 보궐선거에 후보를 냈다. 선거출마 이유는 단순했다. 새로 들어설 집행부마저 조합원 신임을 받지 못하면 노동조합 자체가 심각한 침체에 빠질 것이라 판단했다. 그리고 선거운동 과정을 통해 월수회 학습모임을 확대한다는 목적이 있었다. 그러나 모든 면에서 '중과부적'이었다. 월수회에서 내세운 후보는 낙선했다.

비록 선거에선 패배했지만, 선거 참여는 이후 소모임을 확대하는 계기를 마련했다. 선거과정에서 적극적으로 활동했던 조합원들이 월수회에 들어와 12명으로 불어났다. 월수회는 근무형태를 감안하여 2개 조로 나눠 격주 1회 모임을 했다. 모임의 이름도 부산지하철노조 민주화 실천협의회(지민협)로 바꿨다.

3대 김정삼 집행부가 11월 17일 대의원대회에 전국철도연맹 가입 건을 상정한다는 소식이 들려 왔다. 지민협은 부산지하철노조가 어용세력인 철도연맹에 가입하면 안 된다는 가입 반대운동을 하기로 결정했다. 지민협은 철도연맹 가입반대 유인물을 급히 제작해 현장 조합원들에게 배포했다. 이 과정에 서울지하철노조 민주화추진위원회(노민추)와 철도 전국기관차협의회(전기협)로부터 자료협조 등 많은 도움을 받기도 했다. 이러한 지민협의 활동으로 1992년 11월 17일 임시대의원대회에서 철도연맹 가입 유보라는 성과를 얻어냈다.

　　그러나 김정삼 집행부는 1993년 새해 들어 또다시 철도연맹 가입을 시도했다. 1월 19일 열린 임시대의원대회에서 모 대의원이 현장 발의 형태로 철도연맹 가입 건을 상정했다. 이미 집행부가 일부 대의원들을 사전 포섭한 상황이었다. 가입을 반대하는 대의원들은 표결을 거부하고 퇴장했다. 김정삼 위원장은 표결을 강행했다. 결과는 찬성 22명, 반대 4명, 표결 거부하고 퇴장한 대의원 12명은 기권으로 처리됐다. 표결 거부 대의원을 중심으로 성원 미달로 표결은 무효라고 이의제기했다. 재적대의원 54명 중 성원은 28명 이상인데 26명이 표결에 참여하였으므로 인정할 수 없다는 얘기였다.

　　지민협은 곧장 철도연맹 가입 반대 투쟁에 들어갔다. 대의원 23명으로부터 가입 반대 서명을 받아 '민주노조 건설의 밀알이 되고자 하는 대의원 일동' 명의로 철도연맹 가입 반대 유인물을 제작 배포했다. 김재근 역1지부장과 2대 집행부에서 수석부위원장을 맡았던 김동욱도 반대 진영에 섰다.

　　철도연맹 가입 반대 투쟁을 계기로 지민협은 노민추로 자연스럽게 위상을 세워갔다. 1993년 3월에 있은 대의원선거에서는 13명의 회원 중 10명이 출마하여 9명이 당선됐다. 지민협은 민주파 대의원(20명) 모임을 구성해 매월 1회 모임을 하고, 대의원대회 전에 모여 안건을 사전에 토의하는 등 활동의 폭을 높였다.

　　그런 가운데 김정삼 집행부는 6월 11일 끝내 철도연맹 가입 신청서를 발송했다. 김정삼 집행부는 노동부 질의 결과 '성원 성립되었다'는 회시를 받았다며 표결에는 문제가 없다는 입장을 고수했다. 조합원 설문조사에서도 73.2%가 철도연맹 가입을 선택했다며 철도연맹 가입은 조합원 다수의 의사임을 강조했다.

　　그러나 철도연맹 가입반대 목소리는 더욱 거셌다. 대의원 29명 명의로 철도연맹 가입 철회를 요구하는 유인물이 현장 조합원에게 배포됐다. 지민협은 물론 적잖은 대의원들이 상급단체 탈퇴 목소리를 높이자 김정삼 위원장은 대의원 간담회를 제안했다. 6월 16일 열린 긴급 대의원간담회에서 상급단체 탈퇴 건은 임금협상 마무리 후 조합원 총투표로 결정한다는 약속을 받아냈다. 그 후 같은 해 10월 김정삼 집행부가 조기 퇴진함에 따라 철도연맹 가입 문제도 유야무야 됐다.

문제의 철도연맹은 1980년대 초 국가보위비상대책위원회의 정화대상에 포함돼 해고되었다가 1988년 복직한 김종욱이 주도해 1991년 11월경에 만든 조직이었다. 이미 산별노조였던 철도노조의 '옥상옥' 조직이었다. 그리고 철도노조 내부에서도 전기협 등을 중심으로 철도연맹 해체 투쟁이 전개됐으며, 결국 1993년 5월 21일 철도노조 대의원대회에서 탈퇴가 결정됐다.

김정삼 집행부는 당시 철도연맹 가입이 불가피하다는 이유로 "한국노총 연합노련이 부산지하철노조를 회비 미납으로 회원자격을 제명함에 따라 법외노조가 돼, 상급단체 가입이 불가피하다"고 주장했다.

2부

투쟁하는 노동조합

1994~2000

　　3당 합당에 힘입어 출범한 김영삼 정권은 '문민정부'를 표방하며 부정부패 척결, 공직자 재산 공개 등에 착수했다. 집권 초기에 '신경제정책'을 제시하면서 한국노총과 경총 간의 '노-경총 사회적 합의'를 추진했다. 한국노총을 중앙단위 단체협상의 파트너로 삼음으로써 민주노조의 저변 확산 저지를 목표로 하는 노동통제 정책이었다. 그러나 김영삼 정권의 '사회적 합의' 시도는 실패했다. 1993~1994년에 걸친 노경총 임금 합의 시도는 많은 노조가 한국노총으로부터 이탈, 민주노총 건설을 현실화하는 결과를 가져왔다.

　　김영삼 정권은 '세계화 구상'을 통해 한국사회에 신자유주의적 개방, 유연화 정책을 실현하며 세계 자본주의 재편과정에 적응해갔다. 그 일환으로 금융기관 이외의 공기업 중 상업성이 강한 공기업 민영화 가능성을 검토했다. 그러나 이 계획은 1994년 이후 증시 침체와 국민의 반감, 공기업 노동자들의 조직적 저항에 직면하며 좌절되었다. 그 결과 초기 계획한 47개 공기업 가운데 11개 공기업이 민영화되었다. 공기업 노동자들이 공공부문 노동조합대표자 회의를 결성하여 민영화에 대응한 결과였다.

　　김영삼 정권은 '경제협력개발기구(OECD)'가입을 추진했다. OECD가입을 위해서는 '국제노동기구'(ILO)에서 요구하는 '노동법 개정' 요구를 수용해야 했다. 동시에 한국 자본의 국제경쟁력 강화를 위해 노동조합의 무력화와 인원 감축이 필요했다. 이에 김영삼 정부는 민주노총을 인정하며 새로운 노사관계 패러다임을 구성할 계획이었다.

　　1996년 4월 24일 '21세기 세계 일류국가로의 도약을 위한 신노사관계 구상'이 발표되고 5월 대통령 직속 자문기구로 '노사관계 개혁위원회'가 설치되었다. '신노사관계 구상'의 의도와 목표는 정리해고 요건 완화와 월차 및 생리휴가제 폐지, 변형근로제 도입 등 노동유연화를 법적으로 제도화하고, 민주노총을 협조적 노사관계의 틀로 포섭해 내는 것이었다. 하지만 민주노총은 노사관계 개혁위원회 논의가 허구임을 확인하고 투쟁을 준비했다.

김영삼 정권은 1996년 12월 26일 노동악법을 날치기로 통과시켰다. 신자유주의적 노동정책을 '노동법 개악' 강행을 통해 법제화하려던 김영삼 정권의 시도는 민주노총의 1996~97년 노동법 개악 저지 총파업투쟁에 일정부분 가로막혔다.

1997년 10월 말에 한국사회는 외환 금융위기에 직면했고, 정권은 IMF의 요구를 수용해 긴축정책과 구조조정, 개방화, 국공유기업의 사유화, 노동유연화 등을 펼치게 된다.

이 시기 민주노조운동진영은 '노·경총 합의 반대 투쟁'을 벌이면서 이 투쟁을 '어용노총 해체 투쟁'으로 연결했다. 민주노조 총단결을 내걸고 투쟁해왔던 전노협, 대공장, 사무·전문직의 세 흐름이 1993년 6월 '전국노동조합 대표자회의'로 모였다. 1993년 전노대의 노·경총 사회적 합의 반대 투쟁, 6~7월 현총련의 공동임투, 노동법 개정 투쟁, UR 반대 및 사회개혁 투쟁, 그리고 '전국 해고노동자 원직복직 투쟁위원회'소속 해고노동자들의 전투적인 원직복직 투쟁 등이 전개되었다.

1994년에는 철도와 지하철노동자들의 연대파업투쟁을 시작으로 부산의 한진중공업 노동자들의 LNG 선상 파업투쟁, 광주 금호타이어 노동자들의 파업투쟁, 대구 대우기전 노동자들의 파업투쟁으로 이어졌다. 김영삼 정권의 임금억제정책과 노사협조정책은 무력화되었다.

공공부문 노동자들은 한국통신노조 민주화, 조폐공사노조 파업 등을 전개했고 마침내 1994년 11월 4일 142개 노조, 21만 조합원을 포괄하는 '공공부문노조 대표자회의'를 결성했다. 이러한 투쟁의 성과로 1995년 11월 11일 업종, 지역, 그룹의 50만 노동자를 포괄하는 '민주노총'이 출범했다.

민주노총은 김영삼 정권의 노동법 개정에 맞서 1996년 12월 26일부터 1997년 1월 말까지 40여 일간 총파업을 전개했다. 총파업 결과 여야 합의로 국회에서 노동법이 재개정되었다.

하지만 민주노총의 96~97년 총파업투쟁은 신자유주의 시대 노동과 자본 간의 피할 수 없는 격돌을 알리는 서곡이었다.

'경제위기'와 'IMF관리체제'[4] 아래 김대중 정권은 '외자유치' '자본자유화와 민영화' '노동유연화'를 핵심으로 하는 '신자유주의적 개혁'을 추진했다.

---

[4] 1997년 1월부터 국내 30대 기업 중 한보를 시작으로 삼미, 대농, 진로, 기아, 한라 등 7개 그룹이 줄줄이 도산하고 상반기만 7200여 개 부도 기업이 발생하는 초유의 사태가 벌어졌다. 급기야 11월 21일 금융, 외환위기를 감당하기 어렵게 된 정부는 IMF에 구제금융을 요청했고 11월 23일 입국한 IMF 심사단은 한국정부와 빠른 속도로 합의를 거듭해 12월 3일 구제금융 55억 달러 지원 및 자금지원 조건에 합의를 보았다. IMF는 자금지원 조건으로 경상수지 적자개선을 위한 강도 높은 초긴축정책 이외에 금융개혁, 무역과 자본 자유화, 재벌개혁 등의 구조조정까지 함께 관철했다. 경제위기의 원인은 한국 재벌의 구조적인 문제, 독점자본의 정부 관료와의 결탁에 있었다. 그런데도 자본과 정권은 자본의 경제위기를 노동자의 고용 위기로 전화시키려 하였다.

김대중 정권의 구조조정은 공공·금융·기업부문의 고용 유연성을 전제로 하는 것이었다. 때문에 정리해고에 따른 대량실업 문제가 한국 노사관계의 핵심 쟁점으로 떠올랐다.

김대중 정부의 공공부문 구조조정 정책은 김영삼 정부의 공기업 민영화 정책을 그대로 계승했다. 1997년 제정된 '공기업의 경영구조 개선 및 민영화에 관한 법률'은 공기업의 경영 효율화와 조속한 민영화를 목적으로 했다. 이 법에 따라 결국 한국전기통신공사, 한국담배인삼공사, 한국중공업을 포함한 다수의 공기업이 민영화되었다. 김대중 정부는 1998년부터 2000년 초까지 2년 동안 13개의 소규모 공기업 및 자회사를 완전 매각하고, 5개 대규모 공기업 지분 일부를 매각하는 방식으로 민영화를 추진했다.

김대중 정부는 1998년 1월 '노사정위원회'를 구성해 국내 독점자본과 초국적 자본이 요구해온 "정리해고제와 근로자파견제의 법제화"를 관철했다. 공무원과 교원의 단결권 보장 등 노동기본권이 부분적으로 향상되기는 했으나 현실에서 대량실업과 비정규직 양산이라는 고용불안과 생존권 위협이 강요되었다.

김대중 정권은 1998년 5월 말 민주노총을 제외한 채 2기 노사정위원회를 출범시키고 산하에 '공공부문 구조조정 특별위원회'와 '금융산업 발전대책위원회'를 구성했다. 노동계와 협의하는 듯 포장해 퇴출기업과 퇴출은행, 그리고 공기업 민영화 방침을 일방적으로 추진해갔다. 한편으로는 만도기계노조 파업현장에 공권력을 투입하는 등 노동운동을 탄압했다. 2001년 2월 대우자동차에서 대량 정리해고로 시작된 대우자동차 구조조정, 이어 공기업 구조조정, 생보사 구조조정 및 은행합병 등 금융권 구조조정, 2단계 협동조합 구조조정 등을 추진했다. 저항하는 노동자 투쟁에는 공권력을 투입했다.

1999년 2월 9일에 정리해고 법제화를 핵심으로 하는 '노사정 합의'가 민주노총이 참여한 노사정위원회에서 이뤄졌다. 이는 조합원들의 강력 반발을 불러왔고 1기 지도부는 책임을 지고 사퇴했다. 민주노총은 잠정합의안 철회를 위한 총파업을 결의했으나 철회하였고 이 과정에 민주노총의 지도력은 위기를 맞았다. 2기 지도부가 출범해 한 축으로는 총파업투쟁을 한 축으로는 노사정위원회 참여와 탈퇴를 반복하며 구조조정 저지에 힘을 쏟았으나 자본과 정권의 공세를 막아내지 못했다.

김대중 정권 아래서 노사정위원회를 중심으로 한 '사회적 합의'는 신자유주의 구조조정과 노동유연화를 추진해 나가는데 민주노총을 들러리로 세우는 것에 불과했다. 그 결과 민주노조운동은 정체성의 위기에 직면하게 된 것이다.

신자유주의 구조조정과 노동유연화 공세가 일상적으로 정착되면서 정규직 노동자와 비정규직 노동자의 분열이 고착화됐다. 민주노조운동은 상층 지도력과 현장 조합원의 분리, 단위노조의 현장장악력 무력화, 그리고 대중파업의 무기력화에 빠지게 됐다.

노동자들은 혼란과 동요 속에서도 정리해고 반대, 고용안정 쟁취 투쟁을 이어갔다. 1998년 5월 메이데이 투쟁을 시작으로 5월 말 총파업투쟁, 6

월 퇴출은행과 퇴출기업 노동자들의 고용승계 및 생계대책 요구 투쟁, 7월 공공부문 구조조정에 맞선 공공부문 노동자들의 투쟁, 7~9월 현대자동차 노동자들과 10월 만도기계 노동자들의 정리해고저지 및 민주노조사수 투쟁, 1999년 4월 서울지하철 파업투쟁과 10월 한라중공업노조 파업, 2000년 3~4월 자동차3사 노조 연대파업과 6~8월 롯데호텔 노동자 투쟁, 8월 사회보험 노동자 투쟁, 11월 테이콤노조 파업, 12월 금융노동자 파업, 한국통신 노동자 파업, 2001년 2월 대우자동차노조 정리해고저지 파업투쟁과 민주노총의 신자유주의 구조조정 분쇄 및 김대중 정권 퇴진 투쟁까지.

(1)

4대 집행부 활동과
전지협 공동파업

1 김정삼 집행부 조기 퇴진과 강한규 집행부 출범

부산지하철노조의 1993년은 노사협조주의 세력이 마지막 기승을 부리던 해였다. 철도연맹 가입 논란 외에도 소비조합 운영을 둘러싼 조합원들의 불만이 비등했다. 부산대앞역 내에 있었던 소비조합은 주로 노동조합 후생복지부장이 소장을 맡아 운영했다. 소비조합 입주 상인들과의 비리 소문이 심심찮게 나돌았다. 결국 1992년 조합원 추석선물 비리가 터졌다. 정기 소비조합 회계감사에서 1992년 추석선물 구입과정에 실제 구매가격보다 비싸게 대금이 지출된 사실이 밝혀졌다. 중앙위원회에서 책임을 물어 실무자인 소비조합 과장을 '견책' 조치하고 차액분을 환수 조치했다. 그러나 1993년 4월 9일 열린 임시대의원대회에서 추석선물 건과 관련하여 집행부의 도덕성 문제를 제기하는 등 논란이 사그라지지 않았다.

반면, 민주노조 세력의 맹아도 움트던 때였다. 조합원들 또한 김정삼 집행부에 대한 반감과 김창갑 공단 이사장의 억압적인 경영 그리고 김영삼 정권의 임금가이드라인 정책으로 불만이 고조되고 있었다.

이 같은 분위기 속에 김정삼 집행부가 조기 퇴진하면서 10월 13일 총선거가 실시됐다. 선거 결과는 완전 물갈이였다.

4명이 출마한 위원장 선거에서 강한규 후보가 1400명의 조합원 중 840명의 표를 획득해 압도적 지지율로 당선됐다. 지부장 선거는 역1지부장 이영호, 역2지부장 류승호, 전기지부장 양춘복, 시설지부장 손대균, 승무지부장 장석태, 본사지부장 이강근, 차량지부장 황길성이 당선됐다. 이 중 전 집행부 출신은 차량지부장이 유일했다. 부산지하철노조의 새로운 역사가 시작된 것이다.

사무국은 이민헌 사무국장, 김태진 총무부장, 박민호 조직부장, 류광걸 쟁의부장, 박태영 교육선전부장, 한준우 조사통계부장, 이용섭 후생복지부장으로 구성됐다. 수석부위원장은 이강근 본사지부장이 겸임하기로 했다. 노동조합은 11월 6일 임시대의원대회를 열어 수석부위원장과 사무국장 인준 절차를 마쳤다.

강한규 집행부는 출범 일성으로 불의와 타협하지 않고, 조합원의 권익쟁취에 앞장서겠다고 말했다.

11월 8일 이취임행사를 열어 강한규 집행부 출범을 알렸다. 취임 축하를 위해 방문한 김연환 서울지하철노조 위원장은 "서울과 부산이 연대해 공동투쟁, 공동쟁취하는 방향으로 노동운동의 방향을 잡아나가자"고 했다.

강한규 위원장은 취임사에서 "우리가 길을 가다 보면 비를 맞을 때도 있고, 갑자기 천둥번개가 때려 우리의 앞길을 막을 때도 있듯이 노동조합활동도 마찬가지로 사측의 모진 탄압과 회유를 이겨내야 한다"고 말했다. 이어 "비와 천둥번개를 맞을 각오가 되어 있다"며, "조합원 동지들과 함께 노동조합 역사에 새장을 열 것을 다짐한다"고 의지를 밝혔다.

2 ⟫ 전임자 확보 본사 농성 돌입

강한규 집행부가 1993년 11월 1일 공식 임기를 시작하자마자 공단이 시비를 걸어왔다. 공단이 전임자 발령 요청에 딴죽을 걸고 나선 것이다. 공단은 공기업 경영개혁방안을 핑계로 노사합의 사항인 노조전임 7명을 4명으로 줄이자며, 집행부가 요청한 7명의 전임 발령을 거부했다.

노동조합은 일단 '노사협의회 안건 수집 및 정리'를 안건으로 상무집행위원회 무기한 개최로 대응했다. 공단은 명확한 일자가 없다는 이유로 상무집행위원회 개최를 위한 공가 요청을 거부하고 인사과를 동원해 집행 간부 동향파악에 나섰다.

노동조합은 11월 10일 김창갑 이사장을 직접 만났으나 긍정적인 답변을 듣지 못했다. 강한규 위원장과 지부장 7명 그리고 사무국 부서장들은 본사 회의실에 그냥 눌러앉았다. 전격적인 농성돌입이었다. 농성은 16일까지 이어졌다. 농성 7일째인 16일 공단이 한발 물러섰다. 노사는 '5명 전임과 2명 지원'을 내용으로 합의했다. 노동조합은 점거농성을 풀고 본사에서 철수했다. 전임확보 농성투쟁은 이후 강한규 집행부의 노조활동 방향에 큰 영향을 끼쳤다.

임투 체제 돌입

노동조합은 3월 10일부터 1994년 임투 체제에 돌입했다. 그동안 단체교섭 요구안 마련을 위해 조합원 설문조사, 각종 외부자료 수집 등 조사활동에 이어 본격적인 요구안 마련 작업에 들어갔다.

노동조합은 교섭 준비와 함께 연대 조직 참가와 구성에도 노력을 기울였다. 노동조합은 지난해 임기 시작 후 서울지하철노조와 연대를 확대하면서 연대체 구성을 추진해 왔다. 서울과 부산 두 노조 위원장이 조합원들에게 새해인사를 드리며 두 노조 조합원들과 연대의 정을 나누기도 했다. 1월 13일 열린 임시대의원대회에서 전국지하철노동조합협의회(전지협) 설립 참가와 전지협 규약을 통과시켰다. 서울지하철노조도 1월 28일 대의원대회를 열어 참가를 결정했다. 철도노조 내 임의조직인 전국기관차협의회(전기협)는 2월 4일 전지협 참관을 결의했다.

또 노동조합은 3월 9일 임시대의원대회를 열어 부산·양산지역 공동투쟁본부(공투본) 참가를 결의했다. 공투본은 전노협 산하 부산양산지역노동조

대의원수련회

노포창 중식집회

노조 창립 6주년 기념식

합연합(부양노련)과 전노협 비가입 노조를 포괄하여 구성한 지역 노동조합들의 공동투쟁 조직이었다.

이즈음 김영삼 정부는 국가경쟁력 강화를 내세워 총액임금제를 밀어붙였다. 경총과 한국노총을 내세워 사회적 합의를 획책했다. 물가는 천정부지로 오르는데 정부가 임금통제에 나서자 노동자들의 분노는 높아져 갔다. 공공기관에는 임금가이드라인을 정해 임금 통제에 나섰다. 정부는 공공기관 노동자에게 1993년 기본급 3.1%, 1994년 기본급 3% 임금가이드라인으로 임금인상을 통제했다.

개별 노동조합 힘만으로는 정부의 임금통제를 뚫고 나갈 수 없었다. 강한규 집행부가 전지협과 공투본 참가를 결정한 것은 당연한 선택이었다.

궤도노동자의 구심, 전지협 결성

1994년 3월 16일 천만 노동자의 기관차 전지협이 출범했다. 서울지하철노조, 부산지하철노조 그리고 전기협 소속 2만 궤도교통노동자들의 단결체 전지협이 깃발을 올린 것이다.

16일 오전 10시 서울지하철 군자기지 내 교육원에서 부산지하철노조, 서울지하철노조, 참관단체인 전기협 소속 조합원들 그리고 양규헌 전노협 위원장, 백기완 선생 등 민주노총 건설을 갈망하는 각계인사 1000여 명이 참석한 가운데 전지협은 힘차게 발차하였다.

상임의장에 김연환(서울지하철노조 위원장), 공동의장에 강한규(부산지하철노조 위원장), 사무처장에 김명희(서울지하철노조), 회계감사에 김태진(부산지하철노조), 심주식(서울지하철노조)이 선출됐다. 이어 정책기획국장 김철웅(부산지하철노조), 쟁의조직국장 최종진(서울지하철노조), 교육선전국장 서형석(서울지하철노조), 대외협력국장 이상대(서울지하철노조)가 선임됐다.

전지협은 창립선언문에서 "우리 민주노조운동은 오랜 세월을 독재정권과 자본의 폭압적 탄압에 눌려왔다….우리는 지금의 시점을 민주노조운동의 새로운 도약을 위한 중대한 전환기로 규정하고, 자주적이고 민주적인 산별노조 건설과 민주노총 건설에 실천적으로 앞장서기 위하여 전국지하철노동조합협의회의 출범을 선언한다"고 밝혀 민주노총 건설을 위하여 천만 노동자의 기관차 역할을 선도적으로 할 것을 천명했다.

전지협은 서선원 전기협 의장이 낭독한 결의문을 통해 "노동의 가치 보

1994년 3월 16일 전지협 창립대회

장, 운수산별 건설, 민주노총 건설"을 결의했다. 이어 "정권과 총자본의 탄압에 굴함 없이 총단결 총투쟁으로 이를 분쇄할 것"이라고 결의를 밝혔다.

그러나 그 누구도 3개월 뒤 전지협 공동파업으로 이어질지는 예상하지 못했다.

전지협은 창립대의원대회에서 1994년 사업 방향으로 조직의 안정화, 상호교류 활성화 및 대중적 토대 구축을 설정했다. 이에 따라 전지협 지도부는 투쟁 일정을 맞추는 수준에서 노조별로 투쟁을 시작했다. 그러나 궤도노동자라는 동질성은 연대투쟁에 불을 지폈다. 전기협의 변형근로제 철폐 및 8시간 노동제 쟁취 투쟁, 서울지하철과 부산지하철의 3% 임금가이드라인 철폐 투쟁은 대정부 공동투쟁으로 연결됐다.

4﹚ 전지협 공동투쟁

한국노총-경총 밀실 임금협상

3월 30일 노총-경총 간의 밀실 임금협상이 타결됐다. 인상률은 통상임금 기준으로 5.0~8.7%로 초과급여를 제외한 평균임금이 88만4000원을 넘는 경우는 5.0~6.85%, 그 이하는 6.85~8.7%로 하고 53만 원 이하는 노사자율로 했다. 이는 노총-경총 합의가 처음 시작된 작년의 4.7~8.9%에 비해 하한선이 0.3% 오르고 상한선이 0.2% 내린 것으로 대동소이했다.

한편 노사정 사회적 합의라는 이름으로 추진됐던 제도개선 사항에서는 쟁점 중 유일하게 고용보험의 적용대상을 30인 이상 사업장으로 하는 데 합의했다. 그러나 이는 원래의 10인 이상에서 후퇴한 것이었다. 10인 이상 사업장의 적용을 1998년 이내로 한다고 했으나 그때는 현 김영삼 정권이 임기가 끝난 후이기 때문에 그 실효성이 담보될지는 알 수 없었다. 더욱 그 결과

조차 노정 합의가 아닌 "노력한다"는 문구를 정부에 다시 건의하는 형태를 취하고 있었다.

노총-경총의 임금협상 타결은 20~30% 이상의 물가폭등으로 고통받는 노동자 대중에게는 아무런 설득력도 없었다. 그동안 이를 미화했던 제도개선조차 알맹이 없는 기만적인 것이었다.

이에 따라 기만적 임금합의로 일관한 노총으로부터 이탈이 가속화되고 분노가 끓었다. 노총-경총 임금합의 후 각 지역에서 노총 탈퇴와 맹비 납부 거부 움직임이 일고 있었다.

부산지하철노조도 4월 15일 열린 임시대의원대회에서 한국노총 탈퇴를 의결했다. 이후 4월 29일 부산시에 상급단체 탈퇴 신고서를 발송했고, 5월 4일 상급단체 탈퇴가 확정된 노동조합 설립신고사항 변경 신고증을 받았다. 이에 따라 서류상으로만 남아 있던 부산지하철노조와 한국노총과의 관계가 완전히 끝났다.

부산지하철 단체교섭 시작

노동조합은 4월 21일 공단과 임금교섭을 시작했다. 서울지하철노조도 같은 날 교섭이 시작됐다.

노동조합은 첫 교섭을 앞두고 21일 오전 10시 노동조합 앞마당에서 94임투 전진대회를 열었다. 철도 부산기관차협의회(부기협)에서도 10명이 참석하여 연대의 마음을 보냈다.

전진대회는 94임금 투쟁본부 발대식 및 정당방위대 발대식, 임금 요구안 전달식 등으로 이어졌다. 강한규 위원장은 "집행부가 선봉에 서서 94임투 승리를 위해 감옥을 두려워하지 않고 투쟁하겠다"고 했다.

첫 교섭은 21일 오후 4시 본사 7층 회의실에서 열렸다. 강한규 위원장은 "조합 요구안은 조합원들과 충분히 토론하여 만들었다"며 이사장이 공단창

부산양산노동자
전진대회

풍물패 선동

전기협부산지구
투쟁결의대회

립 때 약속한 '공무원임금 대비 129% 수준'을 다시 한번 상기시켰다.

노동조합은 1994년 임금 요구안으로 △기본급 7만 6000원 인상(인상분 전액 호봉급 산입, 정액과 정률 각 50%) △급식보조비 인상(5만 원→7만 5000원) 및 통상임금화 △가족수당 중 배우자 부분 1만 원 인상이었다.

또 제도개선 요구안으로 △자동승진 제도 이행 △퇴직급여제도 개선 △수당산식 개선 △실대기시간 근로시간 인정(교번근무자 실제 대기시간, 3조2교대 근무자 대기시간) △특수근무자 주휴일 부여 또는 주휴일수당 지급 △신규 수습사원 기본급 제한 철폐 등이었다.

복지부문 요구안은 △가족용 승차권 지급(정액권 형태 2만 원 상당) △주택기금 90억 원 조성 △실질적인 건강진단 실시 △지하환경 개선 등이었다.

1차 교섭부터 지리한 줄다리기가 시작됐다. 공단은 적자타령과 정부지침을 내세워 기본급 3%인상 주장만 되풀이했다.

이즈음 김영삼 정권은 국가경쟁력 강화를 내세워 '무쟁의 원년'을 발표하고 여론 공세를 펼치고 있었다.

이어진 현장투쟁, 94임투 전선의 기폭제가 되다

노동조합이 임투 체제로 전환한 가운데 현장 곳곳에서 투쟁이 벌어졌다. 역지부는 조합원 부당징계에 항의하여 3월 10일부터 매표소 규정 지키기(손님 1인 1매 발권) 투쟁을 벌였다. 조합원들이 직접 투쟁에 참여한 첫 현장투쟁으로 사실상 태업투쟁이었다. 1인 1매 발권 투쟁으로 승객이 많은 역에서는 승객이 승차권 구입에 상당한 지장을 초래했다. 그러나 1인 1매 발권 투쟁이 오래 지속되지는 못했다. 1인 1매 발권 투쟁이 조합원들의 업무 강도를 높여 불만이 터져 나오기 시작했기 때문이었다. 1인 1매 발권 투쟁이 사실상 성과 없이 끝났지만 현장 조합원들이 직접 투쟁했다는 데 의의가 있었다.

역지부 승객 1인 1매 발권 투쟁 배경은 ○○역 조합원이 정액권 사전제작을 위해 1회 승차권 다량 발매와 처리 과정을 문제삼아 착복으로 몰다가 물증이 없자 '직무태만'과 '회계질서 문란'으로 징계위원회에 회부하면서 발생했다. 추측과 심증만으로 역 조합원을 도둑으로 몰아 명확한 물증도 없이 '강임' 양정으로 징계위원회에 회부하여 최종 '감봉 2월' 처분을 했다.

승무지부는 4월 22일 DIA개악 철폐를 요구하며 승무소 현관에서 철야농성에 들어갔다. 철야농성투쟁에 일반 조합원들도 동참하기 시작해 많을 때는 30~60명에 이르렀다. 농성투쟁은 4월 30일까지 9일 동안 이어졌다. 승무지부는 30일 공단과 일근 첫 출근시간을 노포승무는 서대신동역 시발 열차, 신평지소는 노포동역 시발열차로 한다 등의 합의서를 작성하고 농성을 풀었다.

한편, 승무지부 철야농성투쟁은 1호선 4단계(서대신~신평) 개통을 앞두고 공단이 일방적으로 승무원 근무 DIA를 작성해서 시작됐다. 특히 일근 DIA 첫 출근시간을 아침 05:46로 정해 조합원들의 분노를 샀다.

이사장은 교섭 불참, 교섭은 지지부진

교섭은 지지부진했다. 1차 교섭 후 김창갑 공단 이사장이 교섭에 참석한 것은 손에 꼽을 정도였다. 대부분 강○○ 부이사장이 공단 대표위원으로 나왔다. 노조 교섭위원과 조합원들의 불만은 높아만 갔다. 강○○ 부이사장은 교섭 자리에서 "회사(공단)가 있어야 노조도 있고 종업원도 있는 것 아니냐"며 노동조합의 양보를 주장했다. 노동조합은 "노동자가 없는데 어떻게 회사가 존재할 수 있냐"고 맞받았다.

6차 교섭에 김창갑 이사장이 나왔다. 조합 교섭위원이 서울지하철에 비해 근무조건이 열악하다고 하자, 김창갑 이사장은 "택시, 버스 운전기사는 50만 원도 받지 못한다며 우리 근무조건이 나쁘지 않다. 서울지하철이 좋다면 거기 가서 근무하라"고 막말을 쏟아냈다. 그뿐 아니라 "오늘도 서울 가야

하는데 노조 측에서 하도 나오지 않는다고 하길래 나왔다. 서울 집에 일찍 가서 손자도 보고 따뜻한 밥도 먹고 하는 게 편하지만, 오늘은 큰맘 먹고 나왔다"고 말했다. 이사장이 노동조합을 어떻게 인식하는지, 교섭에 임하는 태도가 어떠한지 여실히 보여준 장면이었다. 김창갑 이사장은 6차 교섭 참석 이후 교섭에 다시 불참했다. 노동조합은 이사장이 7차에 이어 8차 교섭도 불참 통보하자 교섭을 무산시켰다. 9차 교섭도 이사장 불참 통보로 무산됐다. 이후에도 교섭 자리에서 이사장 모습은 볼 수 없었다.

교섭 자리에선 시간 때우기로 일관하던 공단이 조합 교섭위원들 일거수일투족 감시하고 간섭하는 데는 공단 조직을 총 가동했다. 상집 간부들의 현장활동이 심상찮다고 판단한 것이다.

임금투쟁본부는 단체협약에 근거하여 교섭 기간 비상 상무집행위원회를 개최하여 교섭 대책을 수립하고, 현장 조합원들에게 교섭 결과를 설명하는 등 현장활동에 집중했다.

이러한 상집 간부의 현장활동이 못마땅했던 공단은 교섭일 외에는 상무집행위원회 개최를 인정할 수 없다며, 인사과를 동원하여 현장을 들쑤시고 다녔다.

끝내 공단이 상집 간부 2명을 소속역 동향보고를 핑계로 징계하겠다고 통보했다. 공단은 징계위 회부 사실을 집으로도 보내는 얄팍한 술수까지 동원했다. 이러한 공단의 작태에 항의 차원에서 임금투쟁본부는 12차 임금교섭을 무산시켰다. 이어 임금투쟁본부는 5월 31일부터 상집 간부 무기한 농성을 결의했다. 이와 함께 열차 전면에 표어 부착 투쟁도 시작했다.

쟁의발생 결의, 고조되는 전지협 공동투쟁

이렇게 1994년 임금교섭은 김창갑 이사장의 교섭 불참과 불성실한 태도로 개최와 무산을 반복하며 난항을 겪고 있었다.

임투승리를 위한 전지협 공동투쟁 결의대회(부전역)

임투승리를 위한 전지협 공동투쟁 결의대회(부전역)

임투승리를 위한 전지협 공동투쟁 결의대회(부전역)

임투승리를 위한 전지협 공동투쟁 결의대회(부전역)

이에 임금투쟁본부는 6월 1일 임시대의원대회를 열어 참석 대의원 전원 찬성으로 쟁의발생을 결의했다. 쟁의발생 신고 시점은 집행부에 일임하기로 했다. 또 조합원 총회도 빠른 시일 내에 소집하기로 했다.

3월 16일 출범한 전지협 공동투쟁 분위기도 빠르게 고조되고 있었다. 부산지하철노조가 쟁의발생을 결의한 6월 1일 서울지하철노조도 쟁의발생을 결의했다. 이어 6월 2일 서울, 6월 4일 부산에서 '변형근로제 철폐와 '94 임투 승리를 위한 전지협 공동투쟁 결의대회'가 개최됐다.

6월 4일 오후 2시 철도 부전역 광장에서 열린 부산지역 전지협 공동투쟁 결의대회는 집행부가 준비한 머리띠 600개가 부족할 정도로 많은 조합원이 집결했다. 부기협 소속 조합원들도 700여 명이 모였다. 부양공투본 소속 노동자, 시민단체까지 포함 총 1천7백여 명이 집회에 함께 했다. 사실 부산지하철로서는 첫 외부집회라 조합원들이 얼마나 모일지 걱정이 많았으나 걱정은 말 그대로 기우에 불과했다.

김운철 부기협 의장은 "철도노동자를 노예로 만드는 변형근로제 철폐를 위해 구속을 각오하고 투쟁하겠다"고 했다.

부산지하철노조 강한규 위원장은 "지하철 운영의 주체인 지하철노동자가 시민안전 및 지하환경 문제를 반드시 해결하고 '94임투 승리를 위해 궤도노동자 모두가 공동투쟁에 나설 때만이 승리할 수 있다"고 말했다.

전지협 상임의장 자격으로 연단에 선 김연환 서울시하철노조 위원징은 "서울 전지협 공동투쟁 결의대회도 6월 2일 성황리에 개최됐다"고 전하고, 궤도노동자들이 하나 되어 싸워야 하는 이유와 공동투쟁의 필요성을 강조했다.

서선원 전기협 의장은 정권과 철도청 그리고 어용집행부가 장악한 철도노조의 비인간적인 작태를 규탄했다. 이어 "어떠한 탄압도 이겨내고, 구속을 각오로 투쟁하겠다"고 결의를 밝혔다.

문영만 부산양산공동투쟁본부장은 "제3자가 아닌 같은 노동자로서 철도운수노동자의 투쟁에 함께하겠다"고 말했다.

부전역 집회를 마친 조합원들은 서면 로터리를 경유하여 대한극장 앞 사거리(현 서면 하트조형물 앞)까지 거리행진을 벌였다.

임금투쟁본부는 6월 7일 교섭 결렬을 선언했다. 7일 열린 14차 교섭에서 교섭위원들은 공단이 1차부터 지금까지 입장 변화가 전혀 없다며 교섭 결렬을 선언했다.

교섭 결렬을 선언한 14차 교섭에 김창갑 이사장이 오랜만에 나왔다. 김창갑 이사장은 공단 설립 때 근로기준법 기준을 맞추기 위해 24시간 철야 맞교대근무에서 3조2교대제로 바꾼 걸 자신의 치적으로 내세웠다. 이에 대해 서울지하철의 3조2교대와 비교하면 부산지하철이 너무나 열악하다고 하자, 김창갑 이사장은 대뜸 "때리 직이뿔라! 저 못된 놈의 자식이..."라며 계속 교섭위원에게 폭력적 언동과 앞에 놓인 접시를 던지려 하는 등 이성을 잃은 행동을 하였다.

김창갑 이사장의 인식은 조합 교섭위원들이 대등한 대화 상대가 아니라 본인이 시키면 시키는 대로 하는 종업원에 불과했다. 이사장 자신이 보기에 종업원 주제에 고개 반듯하게 들고 이사장 자신을 향해 따지는 게 용납이 되지 않았던 것이다. 이런 김창갑 이사장이 주도하는 교섭이 잘 될 리 만무했다.

임투본은 교섭결렬 선언에 이어 6월 8일 부산시와 지노위에 쟁의발생을 신고했다. 6월 9일 조합원 결의대회에 이어 10일부터 사복 근무 투쟁 등 현장 준법투쟁도 시작했다.

지역에선 전지협 투쟁을 위한 부산지역 범시민 지원 대책위원회 결성을 준비 중이었다.

막무가내 무소불위의 김창갑 이사장을 향한 조합원들의 분노는 쟁의행위를 위한 조합원 찬반 투표 결과로 나타났다. 6월 14일, 15일 이틀에 걸쳐 실시한 쟁의행위를 위한 조합원 찬반 투표에서 재적 조합원(1697명) 91.22% 가 투표에 참가하여 96.12%가 쟁의행위에 찬성했다.

우루과이라운드(UR) 국회비준 찬반 투표도 파업 찬반 투표와 함께 진행 했다. 조합원 1397명(90.2%)이 국회비준을 반대했다. 찬성 조합원은 9.8%에 불과했다.

전기협 농성장 침탈 그리고 이어진 파업, 파업

이같이 각 노조의 투쟁 분위기가 높아지는 가운데 전지협은 6월 16일 전기협 용산전동차지부 교양실에서 기자회견을 열고 "27일 새벽 04시부로 총파업 돌입"을 선언했다.

먼저 전지협 의장단은 △탈법적인 변형근로제 철폐 △실질임금 보장 △

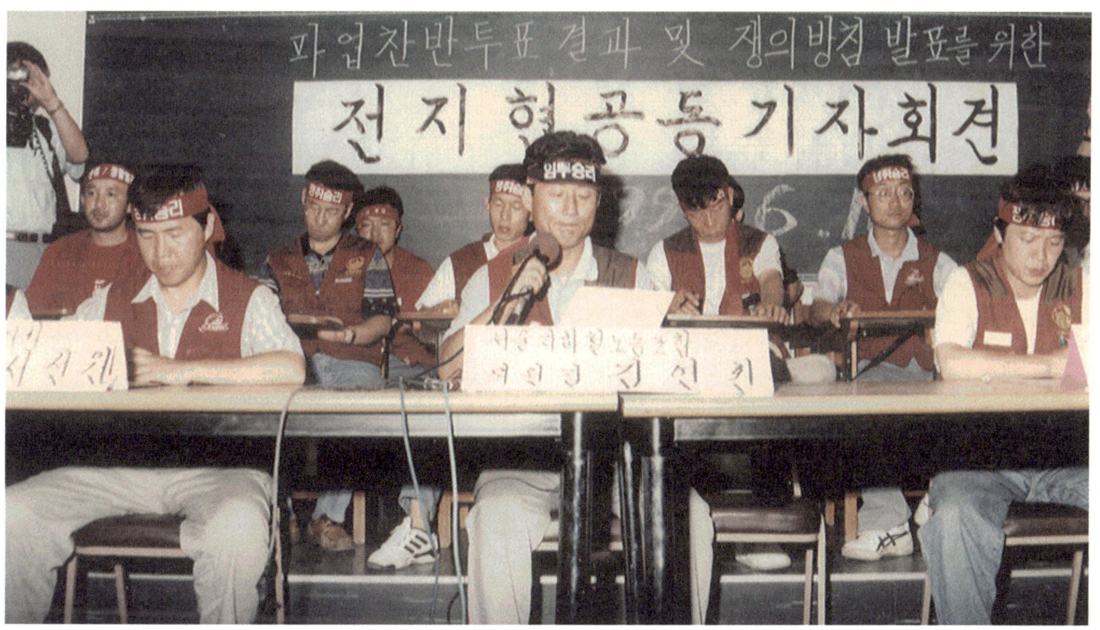

전지협 파업 찬반투표 개표 후 기자회견 *(사진_노동자역사한내 제공)*

해고자 원직복직 △지하환경 개선을 비롯한 제도개선 △기 합의사항 이행을 촉구했다.

이어 의장단은 김영삼 정부와 보수수구언론이 북핵 위기를 빌미로 용공 이데올로기 공세를 펴 전지협 공동투쟁이 왜곡되는 걸 우려했다. 의장단은 다시 한번 강조했다. 전지협 공동투쟁은 궤도노동자의 자주적 결정이며, 탈법적인 근로조건 개선 투쟁임을 분명히 했다.

서울에 이어 6월 17일 부산에도 철도, 지하철 안전운행과 제도개선을 위한 부산시민 대책위원회(범대위)가 결성 출범했다. 범대위에 노동계, 종교계, 학계, 여성계 등 40여 개 단체가 결합했다. 범대위는 18일 오후 3시 부산역 광장에서 철도 지하철 노동조건 개선 촉구 노동자 시민 캠페인을 했다. 이날은 비가 많이 왔지만 모두 한마음으로 투쟁의 정당성을 알렸다.

철도 지하철 노동조건 개선 촉구 노동자 시민 캠페인

범대위는 김영삼 정권이 북한 핵 문제로 전쟁위기를 조장하고, 상무대 비리, 우루과이라운드(UR) 밀실야합 등으로 허구적 개혁 정책이 적나라하게 드러났다고 지적했다. 이어 철도와 지하철노동자들의 생존권 쟁취 투쟁을 정권과 보수언론들이 시민의 발 볼모 운운하며 매도, 고립을 시도하고 있다며 비난했다.

쟁의대책위원회는 6월 21일부터 노포 차량기지에서 중식집회를 시작했다. 긴박한 상황에서 21일 소집한 긴급 대의원대회가 정족수 부족으로 유회됐다. 1시간 지나서야 38명의 대의원이 모여 정족수를 넘었으나, 강한규 위원장은 간담회로 대체하고, 대의원대회는 22일 속개하기로 했다. 대의원들은 21일부터 철야농성에 들어갔다. 22일 속개하기로 한 대의원대회는 또 정족수를 채우지 못해 유회됐다.

6월 23일 노포창 후생관 식당에서 열린 조합원 총회

그랬다. 투쟁 과정에 허리 역할을 해야 하는 대의원들이 투쟁 상황을 따라오지 못하고 있었다. 반면, 22일 조합원들도 농성에 결합하기 시작했다.

이렇게 27일 파업 돌입을 앞두고 투쟁 분위기를 높여 갈 즈음 23일 새벽 전기협 서울 용산 농성장을 비롯한 전국 14개 지부에 경찰이 침탈했다는 소식이 들려왔다.

전기협 지도부는 04시부로 파업 돌입을 선언했다. 서울지하철노조와 부산지하철노조 지도부도 기민하게 움직이기 시작했다.

부산지하철노조는 23일 저녁 야간 조합원 총회를 소집했다. 같은 시간 서울지하철노조도 야간 비상총회를 열고 있었다. 서울지하철노조 지도부는 24일 새벽 04시를 기해 총파업 돌입을 선언하고 파업에 들어갔다.

부산지하철노조는 23일 곧바로 파업 돌입을 선언하기엔 준비가 너무 부족했다. 쟁대위 지도부는 일단 24일 야간비상총회 소집을 예고하고 총회를 끝냈다. 24일이 되자 일부 조합원들은 "왜 부산지하철은 파업을 선언하지 않냐?"고 했다.

25일 부산지하철노조도 파업 선언, 전지협 공동파업 시작

쟁대위가 24일 야간 조합원 비상총회를 예고한 가운데 오후 4시부터 마라톤교섭에 들어갔다. 부산지하철 교섭에 언론사들의 이목이 집중됐다. 부산지하철노조가 파업에 들어가면 전지협 공동파업투쟁이 성사되기 때문이었다.

교섭은 진전이 없었다. 정회와 속개가 이어졌다. 저녁 9시 30분쯤 되었을까. 언론사 기자의 교섭장면 취재 문제로 노사 교섭위원들 사이에 논란이 일었다. 갑자기 김창갑 공단 이사장이 "너거들 마음대로 해!"라고 외치며 교섭장을 나가버렸다.

저녁 10시, 총회에 모인 1000여 조합원들은 박민호 조직부장 통솔로 노포

6월 25일 새벽 1시 부산대 신축 학생회관 파업출정식

역 회차선으로 움직이기 시작했다. 같은 시간 교섭장에도 긴장이 감돌기 시작했다. 저녁 10시 30분 강한규 위원장은 기자들 앞에서 "지금부터 부산지하철노조는 자연 발생적인 총파업에 돌입한다"라고 밝혔다. 교섭 결렬 선언이었다. 이어 강 위원장을 비롯한 교섭위원들은 정방대 30여 명의 호위를 받으며 조합원들이 모여 있는 회차선으로 급히 움직였다. 밤 11시경 조합원들은 대기 중인 열차에 올랐다. 목적지는 부산대 캠퍼스였다. 1000여 조합원들은 장전동역에서 내려 도보로 부산대로 향했다. 근무를 마친 조합원들도 속속 부산대로 향했다. 25일 01시 부산대 신축 학생회관에 조합원들이 가득 찼다. 파업출정식이 시작됐다. 조합원은 1200여 명으로 불어나 있었다.

"전경과 백골단을 따돌리고 여기 이렇게 동지 여러분과 제가 6.25총파업의 주인공이 되어 있습니다. 우리는 승리할 것입니다…" 강한규 위원장이 파업 돌입을 공식 선언했다. 이렇게 부산지하철노조의 파업이 시작됐다. 이렇게 역사적인 전지협 공동파업투쟁의 막이 올랐다.

미완의 투쟁, 전지협 공동파업

부산지하철 최초 파업이 시작됐다. 전지협 공동파업투쟁도 막이 올랐다. 부산지하철노조의 파업 돌입으로 어느 한 조직이라도 공권력 침탈을 당하면 27일 전이라도 바로 파업에 들어간다는 약속도 지켜졌다.

설마 했던 김영삼 정권은 전지협 공동파업이 성사되자 탄압은 더욱 기승을 부리기 시작했다. 수구언론들은 궤도노동자들의 투쟁에 온갖 붉은 색칠을 하며 공격했다. 제일 먼저 26일 전기협 KNCC 파업농성장이 침탈당해 농성 조합원들이 연행됐다.

서울지하철 대오도 공권력 침탈을 피해 고려대, 경희대, 동덕여대로 이동하며 산개전술에 들어갔다.

이에 앞서 부산지하철 파업대오는 부산대에서 하룻밤을 보내고 학생회관에서 파업 프로그램을 진행했다. 25일 저녁 9시 30분경 공권력 침탈을 피해 삼삼오오 산개투쟁에 들어갔다. 동아대에 모일 계획이었으나, 이미 동아대에 경찰병력이 깔려 산개전술이 계속됐다.

미리 동아대에 들어갔던 강한규 위원장은 동아대에 고립됐다. 사복체포조 50여 명이 학내까지 배치되어 있었다. 강한규 위원장은 26일 아침 8시쯤 기자 차량을 이용해 동아대를 빠져나왔다. 박민호 조직부장이 신문기자로 위장해 차량을 운전했다. 강 위원장은 자동차 뒤트렁크에 숨은 채 동아대 정문을 유유히 빠져나왔다. 다른 사무국 간부들은 위원장이 무사히 빠져 나갈 수 있도록 학생들과 함께 위장 농성에 들어갔다. 위원장이 무사히 빠져나간 것을 확인 후 사무국 간부들도 학생들의 도움으로 경찰을 따돌리고 동아대를 빠져나왔다.

한편, 25일 파업 돌입 이후 단축 운행되던 열차는 26일 오후 열차운행이 전면 멈췄다.

전지협 공동파업 돌입 후 김영삼 정부와 대다수 언론은 일제히 여론 공세를 퍼부었다. 조선일보 같은 보수수구언론들은 북핵 위기 운운하며 "분단된 현실에서 마구 자행되는 불법 과격파업은 더이상 용인되어서는 안 된다." "불법, 강성 파업자를 단호히 현직에서 추방해야 한다."며 정부의 강경 대응을 부추겼다.

정부는 파출소 순경과 동사무소 직원 등 모든 행정력을 동원해 파업 조합원 집에까지 찾아가 가족들을 협박하고 감시했다.

차량지부 모 조합원 같은 경우 파업기간 중 전셋집 주인 호출로 만났더니 주인이 다짜고짜 "지금 당장 방을 빼라"고 했다고 한다. 그래서 이유가 뭐냐고 물었더니 주인이 하는 얘기인즉, "평소에 착실한 청년으로 봤는데 파업이나 하고 말이야, 다시 봐야겠어!"라며, 짐짓 차량 조합원을 나무라는 투로 말했다는 것이다. 이어 주인은 "동구청, 경찰서 등 무수한 사람들이 다녀 갔다며, 정부 정책에 역행하는 행동을 하는 사람은 못 봐 준다.”고 했다는 것이었다.

27일 오후 승무조합원 집단복귀 결정 소식이 언론을 탔다. 이후 파업 대오는 급속도로 무너지기 시작했다. 노포와 신평 차량 조합원들도 대부분 복귀했다. 아무런 준비도 없었던 산개전술은 파업대오를 서서히 무너뜨렸다.

파업 동력 살리기 마지막 시도마저 실패

6월 28일 오전 11시쯤, 강한규 위원장이 노포창 잔디구장에 모습을 드러냈다. 잔디구장엔 200여 명의 조합원이 모여 있었다. 강한규 위원장은 “단 한 명의 조합원이 파업을 하더라도 파업을 계속하겠다.” “전 조합원이 일치단결하여 파업투쟁을 승리하자”는 메시지를 전달했다. 강 위원장은 150여 조합원들의 호위 속에 노포창을 빠져나왔다. 강한규 위원장과 함께 부산대에 들어온 조합원들은 다시 산개했다.

29일 오후 산개했던 파업 지도부가 부산대 문창회관에 다시 모였다. 파업 지도부는 파업대오 재결집을 위해 노포창에 들어가기로 결정했다.

6월 30일 강한규 위원장과 박민호 조직부장 등 을 제외한 산부들이 노포창으로 향했다. 노포창에 들어오니 이미 경찰병력이 창 안팎에 깔려 있었다. 경찰병력이 있으면 철수하기로 했으나 삐삐 소통이 제대로 이뤄지지 않았다. 창에 들어온 파업 지도부는 위험을 무릅쓰고 후생관 식당에 들어섰다. 후생관에는 200여 조합원들이 모여 있었다. 파업 지도부는 식당 출입문을 자물쇠로 채웠다. 위원장 메시지를 빠르게 읽어갔다, “마지막 한 사람이 남을 때까지 투쟁한다. 집행부 부산대에 있다. 조합원 여러분 동참하자” 그 순간 경찰들이 식당 출입문을 망가뜨리고 침탈했다. 경찰은 이○○ 노무계장의 도움을 받아 파업 지도부 색출을 시작했다. 후생관에 있었던 지도부 중 이영호 역1지부장을 제외하고 모두 연행됐다. 이미 부산지방노동위원회 특

별조정위원회는 부산지하철 조정사건을 직권중재에 회부했고, 파업 지도부
에 대한 구속영장이 발부된 상태였다.

직권중재제도는 지하철과 같은 필수공익사업장의 경우 직권중재에 회부
하면 15일간 쟁의행위를 할 수 없고, 지방노동위원회가 결정한 중재재정서
는 노사협약과 같은 효력을 가지도록 되어 있어 사실상 필수공익사업장의
쟁의행위를 금지하는 제도였다. 이에 따라 필수공익사업장이었던 부산지하
철노조는 직권중재제도가 없어진 2008년 이전까지 집행부는 구속을 각오
하고 파업 선언을 했다.

30일 저녁, 남은 파업 지도부는 향후 대책을 논의했다. 상황종료 의견이
우세했다. 결국 7월 2일부로 파업 종료를 선언하고 경찰에 자진출두하기로
결정했다.

7월 2일 오후 2시 노포창 잔디구장, 기자회견 후 조합원들 앞에 선 강한규
위원장은 파업종료를 선언했다. 마지막까지 남은 파업 지도부는 강한규 위
원장, 이강근 수석부위원장, 이영호 역1지부장, 박민호 조직부장, 이용섭 후
생복지부장이었다.

부산지하철의 첫 파업은 이렇게 끝났다. 10명 구속, 13명 해고, 1700명 조
합원의 분노와 눈물을 남긴 채 그렇게 끝났다.

구속자는 강한규 위원장, 이강근 수석부위원장, 이민헌 사무국장, 이영호
역1지부장, 류승호 역2지부장, 양춘복 전기지부장, 한준우 조사통계부장, 류
광걸 쟁의부장, 박태영 교육선전부장, 김철웅 전지협 정책기획국장 등 10명
이었다.

직위해제자는 신병오 노포차량지부장, 박노관 신평차량지부장, 손대균
시설지부장, 김태호 승무지부장, 박민호 조직부장, 김태진 총무부장, 이용섭
후생복지부장, 추상돌 대의원, 임선백 대의원 등 9명이었다.

부산지노위, 6월 25일 중재재정서 송부

부산지방노동위원회는 노동조합이 파업에 들어간 6월 25일 중재재정서를 조합에 송부했다.

중재재정서 내용을 보면 △기본급 정률 3% 인상 △급식보조비 인상(5만 원→7만5000원) △조정수당(월 2만 원~7만3000원) 중에서 3만 원을 기본급으로 한다. 기본급으로 하고 남은 조정수당 잔액은 열차운전 및 승무수당에 포함한다. △건강관리비 3만 원을 기본급으로 한다. △교통공단수당을 현행 기본급의 15%에서 5% 인상하여 기본급의 20%를 지급한다. △신규수습사원에 대한 기본급은 직무급에 호봉급을 합산하여 지급한다 등이다. 이에 따라 1994년 임금협약은 중재재정서로 대체됐다.

전지협 공동파업투쟁에 대한 조합원 평가

파업 마무리 후 노동조합이 '94임투 평가를 위한 조합원 설문을 한 결과, 조합원들은 6·25파업이 실패한 것만은 아니라고 생각했다. 또한 이후에도 여전히 쟁의행위를 통해서라도 주장을 관철해야 한다고 생각하고 있었다. 공공부문과 지역 연대에 대해서도 필요성을 느끼고 있있다.

조합원들은 직권중재 결과에 87%가 불만족한다고 응답했다. 노동법 가운데 가장 먼저 철폐되어야 하는 조항도 직권중재제도(52%)라고 응답했다.

언론보도에 대한 조합원들의 인식은 정부와 공단의 입장에서 보도했다는 응답이 89%를 차지했다.

'94임투 승패 여부와 관련해 조합원들은 49%가 승리(부분적 승리 포함), 46%가 패배라고 응답해 조합원들은 '94임투가 실패한 것만은 아니라는 인식을 보여줬다.

이어 파업투쟁을 통해 얻은 부분으로 의식고양, 열악한 근무환경에 대한 시민 홍보, 조합원 간의 단결, 단체행동에 대한 자신감, 집행부에 대한 신뢰회복 순으로 대체로 고른 응답을 보였다.

파업을 통한 발전 여부에 대해 조합원들은 발전했다는 응답이 발전한 것이 없다는 응답보다 16% 앞섰다.

연대 필요성과 관련해선 조합원 44%가 투쟁사업장 방문 지지에 응답했다. 마음으로 지지 50%, 투쟁기금 모금 4%로 나타났다.

부산지역에서 부산지하철노조의 역할에 대해선 적극적 활동 44%, 타 민주노조와 연대 33%로 나타났다. 공공부문 노조의 연대에 대해선 조합원 78%가 필요하다고 응답했다.

민주노총 건설과 관련해선 조합원 57%가 추진단계부터 참여, 20%는 민주노총 건설 후 참여로 나타나 조합원 77%가 민주노총 참여 쪽에 응답했다.

1994년 파업의 의의와 한계

1994년 6월 파업은 부산지하철 역사상 최초의 파업이었다. 처음이라 어설펐다. 파업 3일 정도 버티면 이길 줄 알았다. 그래서 특별한 준비도 없었다. 필수공익사업장이었던 부산지하철은 파업금지 제도인 직권중재제도 하에서 노조 집행부가 구속을 각오하지 않고는 파업에 들어갈 수 없었다. 그렇게 처음 하는 파업, 법을 뛰어넘은 파업, 강한규 집행부가 구속을 각오한 투쟁이었다. 실제 1994년 파업으로 10명이 구속됐다.

전지협 공동파업으로 연대 투쟁의 새장을 열었다. 그리고 세 조직(서울지하철노조, 부산지하철노조, 전기협) 중 어느 한 조직이 공권력 침탈을 당하면 바로 파업 돌입한다는 약속을 지켰다는데 중요한 의의를 둘 수 있다. 조합원들이 수천 명에 이르는 대규모 사업장 노조들이 약속했다고 지키기는 쉽지 않다.

그랬다. 전지협 공동파업은 "한다면 한다 되묻지 말라 약속은 지킨다"는 가사가 나오는 박준 노래 '약속은 지킨다'의 전형이었다. 전지협 공동파업투쟁은 이후 1996년 공노대 5사 투쟁, 2003년 궤도 3사 파업투쟁, 2004년 궤도 5사 공동투쟁의 바탕이 됐다.

파업투쟁은 실패로 끝났지만, 파업은 노동자의 학교라는 말처럼 파업투쟁과 이후 조직 복원 과정에 많은 노동조합 활동가가 배출됐다. 이렇게 6·25 파업은 부산지하철노조에 민주노조의 기틀을 세워나간 파업이었다.

또 1994년 파업투쟁은 부산지하철노조의 조직적 한계를 여실히 드러낸 투쟁이었다. 조합원들의 분노와 투쟁 분위기는 고양돼 있었지만, 이를 조직하고 투쟁력으로 끌어올릴 간부들의 역량은 미약했다. 그러다 보니 파업에 들어갈 때까지는 조합원들의 높은 투쟁 의지로 순조롭게 진행됐지만, 파업 돌입 이후 지도부는 우왕좌왕하기 시작했다. 파업에 들어가기는 했지만, 파업 이후 전술과 계획은 상당히 부족했다. 파업에 돌입하면 파업 지도부에 대한 구속영장 발부 등 탄압이 충분히 예상 가능했지만, 준비가 되지 않았다. 파업 돌입 후 계획이나 전술 부재로 조합원들은 사실상 팽개쳐져 있었다. 정권과 공단의 회유와 압박에 무방비로 노출돼 있었던 것이다. 특히 소통체계나 보고체계가 제대로 갖춰지지 않아 조합원들은 언론을 통해 파업소식을 파편적으로 접할 수 있었다. 대다수 조합원이 복귀하지 않고 3일 이상을 버틸 수 있었던 것이 대단할 정도였다. 이러한 준비 미비는 조합원들 다수가 개별 복귀로 이어졌고 파업종료 후 오랜 기간 후유증으로 남았다.

5))) 비상대책위원회와 파업 수습

현장 복귀 선언과 비대위체제 전환

부산지하철 파업투쟁은 5일 만에 사실상 막을 내렸다. 6월 30일 열차 운행 등 모든 부분이 완전 정상화 단계에 들어갔다. 강한규 위원장은 7월 1일자로 현장 복귀 선언을 했다. 그리고 7월 2일 조합원들이 모인 노포창 잔디구장에서 파업 지도부는 조합원들에게 마지막 인사를 하고 미리 대기하고 있던 경찰 호송차에 올랐다.

강한규 위원장은 김철홍 회계감사를 비상대책위원회 위원장으로 임명했다. 그러나 김철홍 위원장은 7월 6일 개인신상(질병 사고) 문제로 사퇴했다.

노동조합은 비대위 위원장 사퇴 문제와 긴급안건 논의를 위해 7월 7일 임시대의원대회를 열었다. 참석 대의원들은 강한규 위원장의 위임장을 받아 비대위 위원장 사퇴서를 수리하고, 수석부위원장 겸 새 비대위 위원장으로 안삼렬 대의원을 만장일치로 추대했다.

이어 △구속자 석방 및 고소고발 처리에 관한 건 △희생자 생계비 대책에 관한 건 △법정 투쟁기금 마련에 관한 건 △징계철회 투쟁에 관한 건 △직권 중재 재심 청구 이후 대책에 관한 건 등을 논의했다.

규약을 변경하여 조합비를 기본급 1%에서 조합원 임금(총액)의 1%로 인상했다.

안건 중 희생자(구속자, 직위해제자) 생계비 대책에 관한 건은 '희생자 보상 처리 규정'이 동의안으로 올랐으나 3분의2 찬성을 얻지 못해 부결됐다. 대신 조합원 1인당 10만 원 각출과 조합비(임금 총액 1%)를 재원으로 변호사 선임료, 가족 생계비 등에 사용하기로 했다.

한편, 공단은 파업으로 어수선한 가운데 김창갑 이사장이 6월 30일 임기 만료로 물러나고 김영환 전 부산시장이 7월 1일 이사장으로 부임했다. 김영환은 김영삼 대통령 당선에 적잖은 영향을 준 부산 초원복국집 사건 당사자 중 1인이었다.

공단은 7월 18일 징계위원회를 열어 강한규 위원장 등 구속자 10명 전원을 파면 조치했다. 박민호 조직부장, 김태진 총무부장, 이용섭 후생복지부장 등 3명을 해임 조치했다. 신병오 노포차량지부장, 손대균 시설지부장, 임선백 대의원, 추상돌 대의원 등 4명을 정직 처분했다. 김태호 노포승무지부장, 박로관 등 2명을 감봉 3개월 처분했다.

비대위 활동 본격화 : 본사 현관 농성 돌입, 지가협도 농성 동참

노동조합 비상대책위원회(비대위, 위원장 안삼렬)는 7월 19일 본사 현관에서 농성을 시작했다. 부산지하철 구속자 가족협의회(지가협)도 함께 농성투쟁에 결합했다.

비대위는 6·25파업은 폭압적인 정부의 노조탄압과 김창갑 이사장의 막무가내 무소불위 전횡, 생계비 확보와 근로조건 개선을 위한 1700 조합원의 불가피한 선택이었다고 강조했다. 이어 파업을 할 수밖에 없었던 근본 이유를 명확히 파악해 근본문제 해결을 위해 인내하고 대화했으나, 김영환 이사장은 기본적인 요구마저 무참히 짓밟고 파면, 해임 등 징계를 남발하며 탄압과 노조 분열 책동으로 일관하고 있다며 규탄했다.

비대위는 농성에 들어가면서 △고소, 고발 취하, 구속자 석방 △징계 철회 △중재재정서 철회, 임금교섭 재개 △초원복국 사건 주범 김영환 이사장 퇴진, 내부승진 실시 △무노동 무임금 적용 철회 등을 요구했다.

농성투쟁 4일차, 7월 22일 지가협 가족들이 김영환 이사장을 만났다. "고소고발을 취하해 달라." "구속자 석방을 위해 노력해 달라"는 가족들의 요구에 이사장은 "방법이 없다"고 했다. 답답한 가족들은 "그럼 탄원서라도 한 장 써 달라"고 호소했다. 이사장은 "남편 면회 다니고 집에 조용히 있으면 기관장 회의 때 좋게 이야기해 줄 수는 있다"고 말해 오히려 구속자 가족들의 아픈 가슴을 더 헤집어 놨다.

지가협은 이사장 비서실에서 침묵 연좌농성에 들어갔다. 얼마 지나지 않아 공단은 본사 직원 총동원령을 내렸다. 박○○ 기획이사 지휘로 노모와 임산부까지 포함된 연좌농성 가족 해산을 시도했다. 가족들과 실랑이가 벌어

부산지하철 구속자 가족협의회 본사 농성투쟁 모습

졌다. 그 과정에 부상 가족이 나오고 인근 춘해병원으로 호송되는 지경까지 몰았다.

농성투쟁 5일차, 7월 23일 출근 선전활동을 마치고 다시 이사장실 앞에서 연좌농성을 시작했다.

비대위가 김영환 이사장과 만났다. 이 자리에서 이사장은 "점거농성에 가족들을 동원해서 조종하는 것은 업무방해다." "비대위가 의도적으로 가족들을 이용하고 있다." "철수하지 않으면 업무방해로 고발하겠다"고 협박했다. 지가협의 '구속자 석방 탄원서 요구'도 거부했다.

임금교섭 요구에 대해서도 "직권중재로 마무리 됐다." "임금협상은 이미 끝났다"고 거부했다.

비대위가 "임금가이드라인 기본급 3% 벽은 어쩔 수 없다 해도 중재재정 내용 가운데 소급적용 일자를 7월 1일에서 1월 1일로 조정하는 문제 등은 노사가 자율교섭으로 풀 수 있다"며 거듭 임금교섭을 요구했다. 이에 대해 이사장은 "지금 이 자리에서 결정하는 것은 어렵다. 다음에 얘기하자"고 했다.

비대위가 말했다. "지금까지 이사장과 대화에서 느낀 것은 자꾸 서울 예를 들고 서울의 눈치만 보는 것 같다." "높은 쪽의 눈치만 봐 복지부동의 느낌을 받았다." "공단 이사장의 자율권은 도대체 어느 정도 보장되는가?" "밥 먹고 화장실 가는 것 외에는 자율권이 없다는 건가?"

이사장이 발끈했다. "뭐? 당신 말 다했어? 내가 밥만 먹고 똥만 싸는 식충이라고? 말조심해!"

비대위와 이사장 만남은 이렇게 끝났다.

조직 정비

비대위는 파업 종료 후 흐트러진 조직 정비에 나섰다. 지부 조직 활성화를 위해 승무지부장, 노포차량지부장, 신평차량지부장, 시설지부장이 자진사퇴 결정을 했다. 이어 총 정원 70명에서 25명이 비어있는 대의원 조직도 총사퇴와 선거를 통해 정비하기로 했다.

조직 정비에 앞서 8월 4일 대의원대회를 열어 규약(대의원 임기 조항)을 개정했다. 개정 내용은 「1. 대의원의 임기는 1년으로 하되, 차기 정기대의원대회에 참석할 대의원의 선출 전일까지로 하며, 타 소속으로 전출 시는 대의원직을 사퇴하여야 한다. 2. 대의원이 총사퇴를 하였을 경우 차기 대의원 총선거를 하며, 그 임기는 1년으로 한다. 3. 제23조 2항외의 보선된 대의원의 임기는 전임자의 잔임기간으로 한다.」였다.

비대위는 대의원 총사퇴 결정에 따라 7대 대의원은 8월 31일자로 총사퇴하고, 새로 선출되는 8대 대의원의 임기는 9월 1일부터 개시하기로 결정했다.

조직 분위기 쇄신과 공석 대의원을 채우기 위해 선거를 진행했지만, 기대한 만큼 결과가 나오지 않았다. 지부장은 노포차량지부장 이내훈, 시설지부장 임선백, 본사지부장 손영성 후보가 나서 당선됐다. 대의원은 7대와 비슷한 44명을 겨우 채웠다. 노동조합 조직이 파업 종료 후 조직 침체를 벗어나지 못하고 있음을 확인했다. 조합 간부 기피 현상은 이후 오랜 기간 계속됐다.

구속자 석방 그리고 이어진 투쟁과 경찰서 연행

9월 6일 구속 동지 7명이 집행유예로 풀려났다. 6일 오전 9시 30분 열린 1심 선고공판에서 재판부는 강한규 위원장에게 징역 1년을 선고했다. 검찰

법원심리재판을 마치고 구치소행 호송차에 타는 모습

구형은 징역 3년이었다. 강한규 위원장 실형 선고에 방청 조합원들은 아쉬움을 감추지 못했다.

이어 이강근, 이영호, 류승호, 양춘복, 한준우, 박태영, 류광걸 등 7명은 징역 10월 집행유예 2년을 선고했다. 8월 10일 보석 결정으로 출감한 이민헌, 김철웅 등 2명과 불구속 기소됐던 박민호, 김태진, 이용섭 등 3명은 벌금 150만 원 선고를 받았다.

집행유예 선고를 받은 7명은 당일 오후 3시경에 주례구치소를 나왔다. 비대위는 9월 9일 구속 동지 환영대회를 열어 두 달 넘는 감방 생활을 마치고 조합원 품으로 돌아온 7명의 동지들을 위로하고 환영했다.

부산지하철노조가 구속자 석방 후 활동 반경을 확대해 나가자, 경찰이 조합 간부들을 밀착 감시하고 심지어 불법 연행도 서슴지 않았다.

10월 6일 오전 10시 남포동역에서 비대위 집행부와 해고자, 지가협 가족 등 24명이 중부경찰서로 강제 연행됐다. 비대위와 해고자, 가족들은 부산교통공단 국정감사가 열리는 중구 남포동 소재 부산시청으로 향하던 중이었다. 경찰 당국이 부산시청에 가기도 전에 원천봉쇄하고 나선 것이었다. 당연히 불법 연행이었다.

국정감사에 나선 국회의원들도 석방을 요청했다 부산시장도 석방을 약속했다. 그러나 중부경찰서는 즉각 석방하지 않았다. 노동조합은 강하게 항의했다. 중부경찰서는 밤 11시 30분경 훈방 조치했다. 비대위와 연행 동지들은 불법연행에 대한 사과문을 요구했다. 대치 끝에 경찰서장이 추후 어떠한 출두 요구 등의 조치를 하지 않겠다는 약속을 받고 익일 새벽 1시에 경찰서를 나왔다.

10월 8일 이번엔 금정경찰서가 비대위 간부와 해고자들을 무더기 불법 연행했다. 이날 아침 9시경 노포동역 승강장으로 향하던 이영호 역1지부장 등 5명을 강제 연행하고 이어 11시 30분경엔 안삼렬 비대위 위원장을 비롯한 10여 명을 불법 연행했다. 이 과정에 사복경찰과 전경 등 수백 명이 동원됐다.

이에 앞서 금정경찰서 정보과 형사들은 7일 저녁 11시가 훨씬 지난 시간에 조합 간부 집에 공갈협박 전화하여 사생활을 침해하고, 8일 아침에는 조합 간부 집 앞에 경찰병력을 배치하여 노동조합 출근을 막는 횡포도 서슴지 않았다.

금정경찰서가 이렇게 무법 행동을 하고 나선 건 8일 부산지방노동청에서 열리는 국정감사 방청을 원천봉쇄하기 위해서였다. 연행자들은 경찰서장의 구두 사과를 받고 오후 4시 30분경 전원 나왔다.

10월 27일에도 2명이 연행됐다. 노동조합은 2호선 기공식 행사 현장에서 부실시공 진상규명과 안전운행을 위한 범부산시민대책위원회와 함께 1호선 부실공사 재시공과 책임자 처벌, 2호선 안전시공을 요구했다. 그 과정에 경찰이 해고자(이강근, 류승호) 2명을 해운대경찰서로 연행했다.

노조 업무조사 빙자 노조탄압

부산시가 10월 7, 8일 이틀간 노동조합 업무조사를 실시하겠다고 노동조합에 통보했다. 노동조합에 대한 업무조사는 파행 운영에 대한 진정이 있거나 노노 간 갈등 등의 이유가 있을 때만이 실시할 수 있으나 실시 사유마저도 적혀 있지 않았다. 업무조사를 빙자해 노동조합을 정부와 자본 입맛에 맞게 관리하겠다는 의도가 분명했다. 한진중공업노조 예를 보더라도 94임투 과정에 선봉에 섰던 노조에 대한 탄압이었다.

문민 시대를 외쳐온 김영삼 정권이 진작 철폐됐어야 할 노동악법 중 하나인 업무조사를 하겠다는 것은 군사독재 시절의 구태를 재연하는 것이나 다름없었다.

이러한 부산시의 구시대적 발상에 대해 노동조합은 즉각 철회를 요구했다. 만약 노조에 대한 업무조사가 철회되지 않는다면 노동조합은 시청 항의 방문, 조사거부 등 모든 역량을 동원하여 투쟁하겠다고 경고했다.

노동조합의 경고에도 불구하고 7일 부산시 노정담당 공무원 2명이 업무조사 한다며 노동조합 사무실을 찾았다. 조합 간부들이 막아섰다.

민주노총 건설 준비위원회 발족

민주노총 건설이 가시화됐다. 1994년 11월 13일 경희대에서 열린 전국노동자대회에서 민주노총 건설 추진위원회를 민주노총 건설 준비위원회로 전환하여 민주노총 출범이 가시화 됐다.

민주노총 건설 준비위는 11월 30일 1차 대표자회의를 열어 조직구성과 집행체계 등을 확정하고 향후 일정에 대해 논의하기로 했다.

양규헌 전노협 위원장은 "국가경쟁력이니 문민개혁이니 하는 말뿐인 헛소리는 성수대교 붕괴와 함께 붕괴되었으며 노동형제의 권익쟁취는 노동자의 손에 달렸다"며, "오늘 건설하고자하는 민주노총의 주인은 노동대중임을 인식하여 민주노총 건설과 산별노조 쟁취를 위해 힘차게 투쟁하자"고 외쳤다. 이어 참가 노동자들은 결의문을 통해 복수노조 금지조항 등 노동악법 철폐, 기업별노조체제를 극복하고 산별노조 건설을 위해 나아갈 것 등을 결의했다.

대회를 마친 노동자들은 경희대에서 청량리역까지 가두행진을 한 뒤 최종 마무리했다.

부산지하철도 12일 전국노동자대회 전야제부터 결합했다. 저녁 10시경 경희대에 도착한 부산지하철 조합원들은 먼저 와 있던 서울지하철 동지들의 뜨거운 환영을 받았다. 서울지하철과 전기협 동지들과 날 새는 줄 모르고 6월 전지협 파업투쟁 무용담을 나눴다. 전야제가 열린 경희대의 밤은 민주노총 건설과 산별노조로 가기 위한 많은 이야기를 나누느라 불야성을 이렸다.

이어 새벽 일찍 22살의 꽃다운 나이로 "내 죽음을 헛되이 말라"며 분신한 전태일 열사가 잠든 마석 모란공원을 참배한 뒤 다시 돌아와 전국노동자대회 본 대회에 결합했다.

강한규 위원장 석방

강한규 위원장이 집행유예로 풀려났다. 5개월여 만이었다.

부산고법 재판부는 12월 9일 열린 항소심 선고 공판에서 강한규 위원장에게 징역 1년 집행유예 2년을 선고했다. 함께 항소했던 나머지 12명은 기각하고 1심 판결을 유지했다.

재판부는 판결문을 통해 "지하철노동자들의 파업 불가피성은 인정되며 또한 직권중재 조항의 위헌 여부에 대해서는 학계 등에서도 위헌의견이 제시되고 있는 등 위헌의 소지는 인정되나 실정법상 어쩔 수 없다"고 판시하였다. 강한규 위원장은 1심에서 징역 1년 선고를 받고 주례구치소에서 약 6개월간 수형생활을 했다.

이날 L.N.G선상 파업을 주도했던 한진중공업 조길표 전 위원장과 박승호 전 조사통계차장에 대한 공판도 함께 열려 조길표 징역 1년 집행유예 2년, 박승호 징역 10월 집행유예 2년이 각각 선고되었다.

지하철, 한진중공업을 비롯한 부산·양산지역 노동사 100여 명은 공판이 끝난 후 주례구치소에 모여 강한규 위원장과 조길표 전 위원장, 박승호 동지의 조속한 석방을 요구하며 집회를 열어 3시 30분경 석방, 조합원의 품으로 돌아왔다.

석방 후 전투경찰이 에워싼 가운데 치러진 약식집회에서 강 위원장은 석방 소감을 통해 "그동안 관심과 애정을 보내준 조합원 동지 모두에게 정말 감사하며 투쟁의 마무리를 하지 못하고 구속되어 미안하다"고 밝혔다. 강 위원장은 "모두 더욱 강고한 투쟁으로 운수산별을 건설하고 노동해방의 그날을 향해 총진군하자"고 당부했다. 약식집회 후 곧바로 자리를 옮겨 석방 환영집회를 열어 흥겨운 시간을 가진 뒤 이날 행사를 마무리했다.

전지협 3사 공동파업투쟁 지도부와 현 집행 간부 80여 명이 투쟁 후 처음으로 한자리에 모였다.

전지협은 12월 10일과 11일 이틀간 충북 보은 서당골에서 수련회를 열고 6월 공동투쟁 평가 및 조직 강화 방안을 토론했다.

먼저 전지협 공동파업투쟁 성과로 철도와 지하철 궤도노동자들의 연대파업을 꼽았다. 특히 노동자는 약속하면 반드시 지킨다는 것을 보여준 투쟁으로 한국노동운동사에 족적을 남겼다고 평가했다. 또 전지협 공동투쟁이 산별노조 건설의 가능성과 기틀을 마련했다는 점도 성과로 평가했다.

이어 파업투쟁이 승리로 이어지지 못한 원인으로 정권과 관제언론의 총체적 탄압과 함께 3사 노조 공히 일괄적인 산개투쟁 등 파업전술의 오류 또한 많은 부분 지적했다.

한편 구속 동지 석방환영식 및 단결의 시간을 통해 참석 동지들의 힘찬 박수를 받으며 등단한 강한규 위원장은 소감을 통해 "이 자리에 서 있는 구속 동지들이 바로 노동해방의 전사임을 강조하고 노동해방의 그날까지 힘차게 투쟁하자"고 힘주어 말했다.

비대위 체제 해소

강한규 위원장 출소 후 첫 임시대의원대회가 1994년 12월 22일 열렸다.

강한규 위원장 주재로 열린 이날 대의원대회에서 6·25파업 이후 유지되어온 비대위 체제를 공식 해소했다.

위원장으로 복귀한 강한규 위원장은 "부산지하철노동조합의 역사에 한 획을 그은 94년을 평가하고 새로운 각오로 미래를 준비하자"고 말했다. 이어 "어려운 시기에 대의원으로 나서준 동지들이 진심으로 고맙다"고 말하고, "95년은 민주노총 건설, 지방자치 선거 등 노동계의 전망이 밝으므로 우리 모두 힘을 합쳐 평생직장 건설에 총진군 하자"고 힘주어 말했다.

대회사에 이어 하반기 업무보고, 회계감사보고. 소비조합 예·결산보고 순으로 진행되었는데 심원보 회계감사는 회계감사보고에서 "본조 조합 및 지부별 예산집행 감사결과 상반기 예산집행에 있어 대체적으로 양호하나 일부 지부의 지출내역이 불분명하고 장부 정리가 미비했다"고 지적하고 시정조치했다고 보고했다. 소비조합 회계 감사보고에 이은 예·결산 부분에서 예산안은 승인되었으나 결산은 다음 대회로 연기하기로 결정되었다.

1995년 공단, 파업 대비 비상열차운전요원 양성

공단이 노동조합의 반대에도 불구하고 1월 19일부터 2월 8일까지 일정으로 열차운전요원 훈련에 들어갔다.

노동조합은 1995년 1월 16일 기자회견을 열어 비상시 열차운전요원 확보 계획 백지화를 요구했다. 노동조합은 기관사 직무는 아무나 할 수 있는 것이 아니다며 안전수송을 책임질 만큼 충분한 교육을 통해 열차운전은 물론 고장 처치에도 숙달되어야 한다고 밝혔다.

그러나 현재 공단이 추진하고 있는 비상시 열차운전요원은 한 달여의 단기교육을 이수한 자들로 열차운전 미숙은 물론 차량 장애 발생 시 고장 처치 능력이 전무해 지하철 안전운행이 우려된다고 지적했다.

또한 열차운전요원 확보를 위해 계장급 이상 조합원에게 직간접 압력을 행사해 조합 탈퇴를 유도하고 있는 실정이며, 정규기관사 양

비상열차운전요원 양성훈련 저지 피켓시위

성 교육이 총 1760시간임에 비춰볼 때 66시간의 단기교육을 이수한 자질 미달의 사람을 본선 열차운전에 투입하는 것은 사고를 조장하는 것과 다름없다고 지적했다.

이에 앞서 공단은 지난해부터 비상시 열차운전요원 확보 계획을 추진해왔다. 파업 대비 대체 기관사 확보 목적이었다. 노동조합은 시민의 안전을 위협하는 비상시 열차운전요원 확보 계획 저지를 위해 1994년 11월 18일부터 조합원 서명을 받는 등 반대 행동을 전개했다. 그러나 공단의 열차운전요원 양성계획 강행을 막지 못했다.

협약 체결 관련 규약 개정

앞으로 단체협약 및 임금협약 등을 체결하기 위해선 조합원 찬반 투표를 거쳐야 한다.

노동조합은 2월 14일 임시대의원대회를 열어 규약 제77조(협약의 체결)에서 기존 대의원대회 의결을 조합원 찬반 투표로 개정했다. 협약 체결 방식을 대의원대회를 통한 간접 방식에서 조합원 직접 방식으로 바꿔 조합원 직접 민주주의를 강화한 것이다.

이날 대의원대회는 규약 개정과 함께 1994년 하반기 회계감사보고, 1994년 결산보고, 1995년 예산 승인 등을 논의 결정했다.

1994년 하반기 회계감사 보고에서 총계정원장 등 관련 서류들이 예산집행 즉시 정리되지 못하고 일시에 정리한 것 등이 문제점으로 지적됐다. 1994년 결산보고에서는 자료정리 미비로 대의원들의 많은 충고가 있었다. 결국 차기 임시대의원대회에서 다시 논의하기로 했다. 1995년도 예산은 운영비 각종 사업비 등 총 1억2654만2465원이 확정됐다.

조합비 공제와 관련 총액 1% 공제를 시한부로 실시하자는 의견이 제기됐다. 그러나 조합비 중 60%가 해고자 생계비로 지급되고 있는 상황에서 해고

부산양산공동투쟁본부 노동자 전진대회

자들의 복직 시점이 불분명한 상태인데 특정 시기까지 명시하는 것은 오히려 이상하다는 의견이 우세했다. 이에 따라 해고자들이 복직되거나 기금이 충분히 확보되면 대의원대회를 통해 언제든지 개정할 수 있으므로 그대로 두기로 했다.

이날 대의원대회에서 강한규 위원장은 "95년 임단투를 승리하기 위해서는 대의원 동지들의 역할이 매우 중요하다"며 대의원들의 역할을 강조했다. 이어 강 위원장은 "대표권 시비 등 공단의 어떠한 탄압에도 굴하지 않고 95년 임단투 승리를 위해 최선을 다하겠다"고 강한 의지를 밝혔다.

강한규 위원장 사퇴

강한규 위원장이 3월 14일 열린 임시대의원대회에서 사퇴의사를 표명했다. 파업 이후 비대위를 이끌었던 안삼렬 수석부위원장도 사퇴했다. 강한규 위원장은 김형기 쟁의부장을 수석부위원장으로 선임해 대의원대회 인준을 받았다. 김형기 수석부위원장은 선임과 함께 5대 집행부 선출까지 위원장 직무대행을 맡았다.

강한규 위원장의 사퇴 배경엔 강한규 위원장은 물론 4대 집행부 성원 모두가 해고자 신분이란 현실적 조건이 고려됐다. 실제 공단은 강한규 위원장 석방 후 해고자 신분을 문제 삼아 왔다. 전지협 공동파업의 정당성과 탄압에 굴복하지 않는 의지 표명이 필요한 때라며 사퇴에 반대하는 의견도 있었으나, 빠른 노동조합 조직 복원과 안정화를 위해 용퇴를 결정했다.

강한규 위원장은 임단투를 코앞에 둔 어려운 시기에 사퇴해 미안하다며 유감의 뜻을 밝혔다. 이어 강 위원장은 사퇴가 조직발전의 전환점이 되고 '95임단투 승리의 밑거름이 되기를 바란다고 말했다.

14일 대의원대회에선 규약 개정도 있었다. 규약 53조 2항 「임원의 유고로 인한 보선 시 전임자의 잔임 기간으로 한다. 다만 위원장에 한하여 그 임기가 1년 미만인 경우 총선에서 선출하고 전임자의 잔여기간은 후임자가 대신하며 후임자의 임기는 전임자의 임기만료일 다음날로부터 2년으로 한다.」로 개정했다. 개정 이유는 현 규약대로 하면 향후 계속 임단투 시기와 선거가 겹치는 문제를 피하기 위해서였다.

(2)

5대 집행부와
96~97 노동법 개정 투쟁

1 ▌ 5대 안삼렬 집행부 출범

노동조합은 강한규 위원장 사퇴로 5대 위원장 선거를 실시했다. 파업 이후 비대위 위원장과 수석부위원장을 역임한 안삼렬 후보, 역무 조합원 안병국 후보, 김정삼 집행부에서 총무부장을 역임한 김주연 후보가 나섰다.

1995년 4월 7일 노동조합은 5대 위원장을 뽑는 투표를 실시했다. 7개 선거구에서 8시부터 20시까지 치러진 투표에서 총 1651명의 조합원 중 1346명(투표율 81.53%)이 투표에 참여해 914표(득표율 67.90%)를 얻은 안삼렬 후보가 1차에서 과반을 넘겨 당선됐다. 안병국 후보는 70표, 김주연 후보는 346표를 얻었다.

5대 위원장으로 당선된 안삼렬 후보는 "함께 후보로 나서 노동조합의 발전을 위해 노력하신 안병국, 김주연 후보께 감사드리며 앞으로 힘을 합쳐 조합원의 권익 쟁취에 최선을 다하자"고 당선 소감을 밝혔다.

한편, 개표가 진행된 노동조합 사무실에는 각 후보 참관인을 비롯한 50여명의 조합원이 모여 개표가 끝날 때까지 자리를 지켜 위원장 선거에 대한 높은 관심을 보였다.

파업 이후 비대위를 이끌어온 안삼렬 비대위 위원장이 1995년 4월 7일 5대 위원장으로 당선됨에 따라 연속성을 가지고 조직 복원과 단체교섭 투쟁을 진행해 나갈 계기를 마련했다.

2 ⟫ 단체교섭 투쟁

'95단체교섭 요구안 확정

노동조합은 4월 19일 임시대의원대회를 열어 '95임단협 요구안을 확정했다. 참석 대의원들은 유니온 숍 도입, 정년 연장, 자동승진제 등 '95단체협약 요구안을 확정했다. 노동조합이 확정한 주요 요구안을 보면 단체협약 제10조(조합원 자격)에 유니온 숍 도입을 핵심으로 전면 개정을 요구했다.

단체협약 제31-1조(정년) 조항에서 3급 이상(61세)과 4급 이하(58세), 고용직(53세)으로 구분되어 있는 것을 만 61세로 통일하여 직급에 따른 정년 불평등 해소를 요구했다.

단체협약 제37조(승진의 원칙)와 제38조(승진, 승급의 기간) 조항을 전면 개정해 자동승진제 도입을 명문화하고 단일호봉제 도입을 위한 노사동수 연구위원회 구성을 요구했다.

단체협약 제42조(노동시간의 정의) 조항을 개정해 출근부터 퇴근까지 모든 시간을 노동시간으로 인정할 것을 요구했다. 승무의 대기시간, 3조2교대 근무의 수면시간도 실근무시간으로 인정하라는 요구다.

단체협약 제44조(연장근로 및 휴일근로) 조항에서 수당산식 통상임금의 150%를 통상임금의 184%로 변경을 요구했다.

단체협약 제72조(상여금 지급기준) 조항에서 기본급의 650%를 기본급+공단수당+급식보조비+장기근속수당의 650%로 변경을 요구했다.

참석 대의원들은 단체협약 요구안 확정에 이어 교섭위원 인준과 관련해선 상무집행위원회에 위임했다. 그리고 추상돌 수석부위원장, 정영호 사무국장을 인준했다.

지역과 전국으로 활동 범위 넓힌 복직 투쟁

1994년 파업으로 해고된 13명의 해고자들은 그해 9월 부산지하철 해고노동자 원상회복 투쟁위원회(부지해투)를 구성(초대 의장 이강근)하고 복직 투쟁에 본격 나섰다. 부지해투는 출범 이후 부산시청과 부산지방노동청 국정감사와 2호선 2단계 기공식 행사 타격 시위, 부산지방노동위원회 압박투쟁 등 복직 투쟁을 이어갔다. 투쟁 후 경찰서 연행이 연례행사였던 시절이었다.

부지해투 복직 투쟁은 지역에서 전국으로 활동범위를 넓혀 나갔다. 부지해투는 1995년 3월 비슷한 시기에 해고된 철도, 한진중공업, 메리놀병원, 대한항공 부산지부와 대림기업 해고노동자 등 약 40여 명과 함께 부산양산지역 해고노동자 원상회복 투쟁위원회(부양해투)를 구성했다.

부양해투는 출범 첫 투쟁사업으로 1995년 3월 15일 기장 정관공단 내 대림기업 해고자 투쟁 지원에 나섰다. 대림기업 사측이 해고자들의 노동조합 사무실 출입을 막자 노조사무실 진입투쟁에 나선 것. 대림기업 정문 앞에 모인 부양해투 소속 해고자 30여 명은 구사대의 저지선을 뚫고 회사 안으로 들어갔다. 진입 과정에 구사대의 저항이 있었지만, 몇 분 지나지 않아 사무실 안까지 들어가는데 성공했다. 그러나 거기까지였다. 이날 노조사무실 진입

부당해고철회 투쟁

투쟁으로 30여 명의 해고자 전원이 연행됐다. 5명이 불구속 기소됐다.

이렇게 부양해투 활동은 첫 시작은 힘찼지만 대림기업 투쟁 후유증 때문인지 명맥만 유지하다가 부산지하철 해고자들이 하나둘 복식하면서 1기 부양해투 활동은 막을 내렸다.

부지해투는 해고노동자 전국조직인 전국 구속·수배·해고노동자 원상회복 투쟁위원회(전해투) 사업에도 적극 결합했다.

이즈음 공공부문에도 해고노동자들이 다수 발생했다. 1994년 전지협 공동파업 이후 철도와 지하철에서 해고노동자가 대량 발생하였고, 지역의료보험노조 투쟁 과정에서도 해고노동자들이 속출하고 있었다. 당시 김영삼

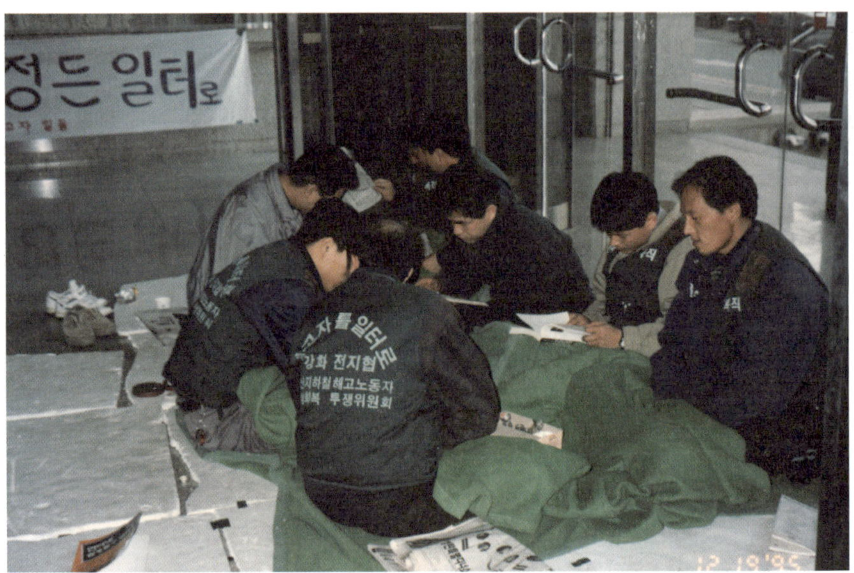

1994년 투쟁으로 해고된 동지들

대통령이 국가전복 세력으로 매도하며 탄압했던 한국통신(현 KT)노조 투쟁 과정에서도 해고노동자들이 속출했다. 전해투 의장은 장영길 서울지하철 해복투 의장이 맡았다.

부산지하철 해고노동자들은 1995년 4월 전해투 전국집중투쟁에 결합하여 해고 문제가 개별사업장의 문제가 아니라는 점을 각성해 갔다. 전해투는 해고노동자들의 소속 사업장인 서울지하철공사 본사와 지역의료보험 사무실 등을 순회하며 타격투쟁을 벌였다.

4월 18일 전국집중투쟁 마지막 투쟁으로 배치된 과천 정부종합청사 노동부장관 면담투쟁에서 청사 출입을 막는 전투경찰들과 충돌이 벌어졌다. 이 과정에 전투경찰의 무력진압으로 눈이 찢어지고, 뇌진탕 증세를 보이는 등 많은 해고노동자들이 다치고, 32명이 연행되는 상황이 발생했다. 경찰은 19일에도 사당의원에 최루탄을 뿌리며 난입해 입원 치료 중인 해고노동자를 연행하기도 했다. 이러한 경찰의 만행과 탄압에 맞서 전해투는 명동성당에서 철야단식투쟁을 벌이며 저항했다.

한편, 과천 정부종합청사 노동부장관 면담투쟁으로 총 11명이 구속됐다. 구속자 중에는 부산지하철 해고자 이영호도 있었다.

단체교섭 본격 시작

5월 4일 노사 상견례 후 교섭위원 임시상근 문제로 공전해온 단체교섭이 5월 15일 노사가 절차합의서를 작성하면서 본궤도에 올랐다.

이날 노사는 임시상근 6명, 교섭회의 당일 교섭위원 2명 근무협조 등을 포함한 단체교섭 절차합의서를 작성하고 서명했다.

노사는 5월 23일부터 본격적으로 단체협약 조문 논의에 들어가 30일 11차 교섭까지 서로 의견이 팽팽히 맞서 합의점을 찾지 못했다. 여기에 공단에서 개악안까지 내놔 교섭은 더욱 미궁으로 빠져들었다.

특히 공단은 단체협약 제15조(근무시간 중의 조합활동) 조항에서 대의원대회는 연 1회(각 6시간), 중앙위원회 월 1회(각 6시간), 상무집행위원회 월 2회(각 6시간)로 제한하고, 이들 조합활동을 허가사항으로 바꾸자는 개악안을 내놔 노동조합의 반발을 샀다.

5월 31일 노동조합은 임시대의원대회를 열어 참석 대의원 만장일치로 쟁의발생을 결의했다. 쟁의발생 신고 시기는 상무집행위원회에 일임했다. 또 쟁의대책위원회 구성과 인준에 관한 모든 사항을 중앙위원회에 일임했다. 쟁의기금은 쟁의적립금과 특별회계로 하고, 특별회계 등의 쟁의기금 전용은 상무집행위원회에 일임했다.

이날 기본급 10% 인상 등 임금 요구안도 확정한 데 이어 6월 9일 임금교섭을 시작했다. 공단도 6월 16일 임금 제시안을 내놨다. 이날 공단은 △기본급 3% 인상 △체력단련비 연 기본급 200%에서 기본급 250%로 50% 인상 △월동보조비 연 7만 원에서 12만 원으로 5만 원 인상 △급식보조비 월 7만5

세계노동절 기념 영남 노동자대회(1995.5.1.) / 임투 전진대회(1995.5.3.)

천 원에서 8만 원으로 5천 원 인상 △장기근속수당 근속년수에 따라 1만 원 ~5만 원 인상을 제시했다.

6월 22일과 23일 이틀 동안 실시한 쟁의행위 조합원 찬반 투표 결과 84.25% 찬성으로 가결됐다.

노사는 26일 조정회의에서 공단은 임금 부문에서 기본급 3%를 포함해 총액 대비 7.8% 인상안을 내놨다. 이어 노사는 27일 새벽 6시까지 철야 교섭을 벌였으나 △고용직 일반직 환직 △승무시간단축 및 대기시간 인정 △3조2교대 월 2회 휴무 △정년 연장 △사내복지기금 등 쟁점사항은 의견 접근을 보지 못했다.

이렇게 노사 교섭이 실마리가 풀릴 조짐이 없는 가운데 노동조합 쟁의대책위원회는 24일 조합원 결의대회를 열고 파업 찬반 투표 결과를 발표하고 투쟁 결의를 다잡았다. 이 자리에서 쟁의대책위원들은 구속불사 서명식을 갖고 결사 투쟁 의지를 보였다.

노사 막판 기세 싸움 그리고 타결

노동조합 쟁대위는 6월 26일 조합원 사복착용 투쟁지침을 내렸다. 반면, 28일 냉각기간이 만료되자 부산시는 직권중재 회부를 요청했다.

30일 부산양산지역 공투본이 기자회견을 열고 중재재정 시 지하철, 한진중공업, 지역의보, 신일금속, 대우정밀, 한국통신 노소가 총파업에 들어가겠다고 경고했다.

7월 2일 노동조합 쟁대위는 열차 소자보 부착 등 대시민 홍보 활동을 시작했다. 이와 함께 각 지부별로 소조 구성, 지부 비상연락망 정비, 상황실 가동 등 파업 돌입 준비에 들어갔다.

7월 6일 쟁대위는 3차 조합원 총회를 열었다. 550명이 모인 가운데 교섭 경과 보고를 하고 자율교섭 사수대 발대식을 했다.

1995년 임투 조합원 총회

7월 12일 오후 2시 냉각기간 만료를 하루 앞두고 27차 교섭을 시작했다. 교섭은 자정을 넘겨 13일까지 이어졌다. 13일 새벽 2시 노사 실무 간에 잠정합의안이 나왔다. 13일 오전 임시대의원대회를 열었다. 참석 대의원 43명 중 24명 찬성으로 잠정합의안이 통과됐다. 15일간 2차 냉각기간도 만료됐다. 오후 6시 30분 노사 교섭위원들은 '95임단협 잠정합의안을 가조인했다. 이렇게 냉각기간 만료를 앞두고 12, 13일이 숨 가쁘게 흘렀다.

7월 27일 안삼렬 위원장에 대한 신임투표가 실시됐다. 규약 미이행 및 교섭결과에 대한 신임투표였다. 결과는 조합원 1523명 중 793명(52.1%)이 투표에 참여하여 577명(73%)이 신임을 보냈다.

'95임금협약 주요 내용을 보면 △기본급 3% 인상 △체력단련비 연 기본급 200%에서 연 기본급 250%로 50% 인상 △장기근속수당 인상 △급식보조비 월 7만5000원에서 월 8만 원으로 5000원 인상 △교통공단수당을 월 기본급의 20%에서 월 기본급의 22%로 2% 인상이었다.

③ 민주노총과 부산·양산지역본부 출범

민주노총 출범

1995년 11월 11일, 역사적인 아침이 밝았다. 오전 10시 연세대 대강당에는 1000여 명의 노동자들이 모였다. 민주노총 창립 대의원대회에 참석하기 위해서였다.

참석 대의원들은 민주노총 강령과 규약을 확정했다. 초대 민주노총 위원장에 권영길 언론노련 위원장을, 수석부위원장에 양규헌 전노협 위원장을 선출했다. 부위원장은 단병호(전 전노협 위원장), 김영대(서노협 의장), 허장(사무노련 위원장), 허영구(전문노련 위원장), 박문진(병원노련 위원장), 배범식(자동차노련 위원장), 정해숙(전교조 위원장), 배석범(건설노련 위원장)을 선임했다. 이어 사무총장으로 권용목(전 현대엔진 위원장)을 선임했다. 회계감사

민주노총 창립 전국노동자대회 후 행진하는 노동자

는 최동식(인노협 의장), 유대현(대학노련 위원장)을 선출했다.

11일 밤 연세대 노천극장에 3만여 명의 노동자들이 모였다. 전국노동자대회 전야제를 함께 하기 위해서였다.

11월 12일 오후 2시 30분부터 5만여 명의 노동자들이 모인 가운데 전국노동자대회가 열렸다. 권용목 초대 사무총장의 사회로 창립 선포식과 창립선언문 낭독 그리고 권영길 초대 위원장의 대회사가 이어졌다.

민주노총 강령

1. 우리는 자주적이고 민주적인 노동조합운동의 역사와 전통을 계승하고, 인간의 존엄성과 평등을 보장하는 참된 민주사회를 건설한다.

2. 우리는 노동자의 정치세력화를 실현하고 제민주세력과 연대를 강화하며, 민족의 자주성과 건강한 민족문화를 확립하고 민주적 제권리를 쟁취하며 분단된 조국의 평화적 통일을 실현한다.

3. 우리는 미조직 노동자의 조직화 등 조직역량을 확대 강화하고, 산업별 공동교섭, 공동투쟁 체제를 확립하여 산업별 노동조합을 건설하고 전체 노동조합운동을 통일한다.

4. 우리는 권력과 자본의 탄압과 통제를 분쇄하고 노동기본권을 완전 쟁취하며, 공동결정에 기초한 경영참가를 확대하고 노동현장의 비민주적 요소를 척결한다.

5. 우리는 생활임금 확보, 고용안정 보장, 노동시간 단축, 산업재해 추방, 모성보호 확대 등 노동조건을 개선하고, 남녀평등 실현 등 모든 형태의 차별을 철폐하고 안전하고 쾌적한 노동환경을 쟁취한다.

6. 우리는 독점자본에 대한 규제를 강화하고 중소기업과 농업을 보호하며, 사회보장, 주택, 교육, 의료, 세제, 재정, 물가, 금융, 토지, 환경, 교통 등과 관련한 정책과 제도를 개혁한다.

민주노총 창립 전국노동자대회 *(사진 _ 이정용 _ 노동자역사한내 제공)*

7. 우리는 전세계 노동자와 연대하여 국제노동운동 역량을 강화하고 인권을
    신장하며, 전쟁과 핵무기의 위협에 맞서 항구적인 세계평화를 실현한다.

민주노총 부산·양산지역본부 출범 그리고 공노대 결합

1996년 2월 10일 민주노총 부산·양산지역본부(지역본부)가 정식 출범했
다. 강한규 전 부산지하철노조 위원장이 본부장을 맡았다.

이에 앞서 전지협은 1월 31일 부산 노포창에서 정기대의원대회를 열어
새 지도부를 선출했다. 부산지하철노조 안삼렬 위원장이 상임의장, 석치순
서울지하철노조 위원장과 이철의 철도 노민추 의장이 공동의장을 맡았다.
사무처장은 최종진 서울지하철노조 전 차량지부장이 선출됐다.

이어 대의원 결의를 통하여 전지협 차원에서 공공부문노동조합대표자회
의(공노대)에 결합하기로 했다. 이후 공노대는 '96투쟁의 구심 역할을 했다.

한편, 노동조합은 2월 10일 '96 임금투쟁을 앞두고 사무국을 개편했다. 해

민주노총 부산양산지역본부 창립대의원대회

고자들이 사무국 직책을 맡았다. 임선백 수석부위원장, 오영환 사무국장, 전한경 총무부장, 박민호 조직부장, 류광걸 조직1차장, 양춘복 조직2차장, 류승호 조직3차장, 이영호 선전홍보부장, 박태영 교육부장, 이민헌 정책기획부장, 박재우 조사통계부장, 한준우 조직통계차장, 김태진 법규부장, 이강근 연대사업부장으로 사무국이 재편됐다.

노동조합은 사무국 개편에 이어 임투 준비에 착수했다. 먼저 요구안 마련을 위한 설문조사 준비에 들어갔다. 공단의 직제 개악 추진 관련 자료 분석과 노조 대안 마련을 위한 직제개편 연구팀과 임금 요구안 연구팀을 구성했다.

4))) 직제 개악 저지 투쟁과 공공 5사 공동투쟁

승무소 계장이 승무지부장 폭행 현안으로 부상

2월 15일 승무관리소 운용계장이 김정환 승무지부장을 폭행하는 사건이 발생했다. 이○○ 운용계장이 애초 운용과장의 약속을 어기고 승무 조합원의 청원휴가 사용을 불허한 문제를 항의하는 승무지부장을 폭행한 것이다. 공단은 사건을 은폐하고 허위사실을 유포하며 오히려 노동조합을 폭력집단으로 배도하고 나섰다.

승무지부는 2월 22일 조합원 총회와 본사 항의집회를 열어 지부장 폭행 사건을 규탄했다. 이어 26일 본사 현관 농성을 시작하는 한편, 폭행 건으로 김영환 이사장과 폭행 당사자를 노동청에 고소했다.

3월 6일 노동조합은 김영환 이사장을 만났다. 폭행의 진상이 명명백백하게 드러나고 있는데도 김영환 이사장은 폭행자와 허위보고를 한 노무과장, 운전과장 등을 계속 비호하기만 했다. 노동조합은 이사장이 사건 해결 의지

승무지부장을 폭행한 승무관리소 운용계장 퇴진 투쟁

가 없는 것으로 판단하고 공단에 전면전을 선포했다.

이에 따라 3월 7일 노동조합으로 농성 장소를 옮겼다. 그리고 '추방 직장 폭행' '퇴진 초원복국'[5] 등을 내용으로 한 열차 전면 표어 부착에 돌입했다. 노동조합은 이후의 투쟁은 96임투와 연계하여 더욱 강도 높게 전개하기로

---

[5]   초원복국 사건은 1992년 12월 11일 현지 정부 기관장들이 부산 복어 요리 전문점 '초원복국' 에 모여 제14대 대통령 선거에 영향을 미칠 목적으로 지역감정을 부추기자고 모의한 것이 도 청으로 드러나 문제가 된 사건이다. 김영환 이사장이 이 사건에 연루되어 이사장 퇴진 요구 구호로 쓴 것이다.

했다. 승무지부는 자체 농성을 계속하기로 했다.

한편, 부산지방노동청은 노포승무지부장 폭행과 관련하여 이○○ 계장을 근로기준법 위반으로 3월 11일 기소의견으로 검찰에 이송했다.

공단의 직제 개악 추진

공단은 1994년 하반기부터 1998년 말 개통 예정인 2호선에 소요될 인력 확보를 위해 직제개편을 극비리에 추진했다. 그럼에도 공단이 추진하던 직제개편에 대한 세부 내용이 비공식적인 경로를 통해 현장에 나돌았다.

직제개편 음모가 수면 위로 드러난 것은 1996년 예산에 열차 1인승무와 관련 보완 시설 설치비용이 계상되면서였다. 공단은 1995년 부서별 직제개편안 마련에 이어 차량 축상 및 공기압축기 용역 계약, 1인승무와 관련한 시설보완 예산편성 등 직제개편을 대비한 사전 작업을 1996년까지 주도면밀하게 추진했던 것이다. 그 과정에 노동조합은 철저하게 배제했다. 그렇게 공단이 암암리에 추진해오던 직제 개악 음모는 1996년 5월 초 차량 정비와 관련하여 공단이 일부 업무를 일방적으로 외주화하면서 문제가 불거졌다.

그랬다. 공단은 이미 이때부터 1인승무, 매표업무와 기술분야 외주화 음모를 치밀하게 진행하고 있었다. 공단은 노동조합의 대응 강도에 따라 속도조절을 하며 밀고 나갔다. 직제 개악의 유일한 목표는 인력감축이었다.

그러한 직제 개악 음모를 좀 더 수월하게 추진하기 위해 공단은 노동조합을 철저히 배제했다. 대신 현장 조합원 개개인을 파고들었다. 조합원을 상대로 "임금을 더 준다" "힘들고 더러운 일은 용역에 주고 관리만 하게 한다" "상위 직급 몇 개 더 만든다" 등의 말로 현장 조합원들을 현혹하여 판단을 흐리는 작업을 진행했다.

또 하나 변수는 서울도시철도공사(2기)였다. 서울도시철도공사는 기존 동일 업종인 서울지하철공사와 부산교통공단의 직제의 틀을 벗어나 열차 1

인승무, 용역 도입 등 현재 부산교통공단이 경영 합리화 차원에서 도입하려는 것들을 이미 처음부터 모두 시행하고 있었다. 서울도시철도공사의 슬림 조직이 부산지하철 직제 개악의 표준모델이었다.

공단의 직제 개악 주요 내용

운전직렬 : 1인승무제 실시로 1호선 인력 2호선 투입

    ☞ 1호선 차장 138명 중 129명 97년 기관사 교육 계획

운영직렬 : 관리역장제도 도입, 중간간부(부역장) TO 축소

    ☞ 일방안 3/2교대역장 확대중(현 15명)

    ☞ 매표업무 외주화, 전역사 1 매표소화

전기직렬 : 분소 축소, 변전 분소 전기분소로 흡수, 형광등 유지관리 등 현업 기능 일부 용역화

역무설비 : 현업 외주용역, 현업기구 축소, 본사 정원으로 흡수, 용역 점진확대(2-2)

토목설비 : 외주용역 소요인력 대체

    ☞ 영선보수 : 환기, 펌프설비 이외 전업무 용역화(30명 감원효과)

    ☞ 시설설비 : 전기사무소에 흡수 ☞ 다기능주의 (신경영전략의 일 방안)

차량분야 : 현업업무 부분 외주용역 소요인력 대체

    ☞ 전반검사업무 중 베아링 교체, 공기압축기 정비 외주용역(96예산 반영)

공공부문 해고노동자들 선제 투쟁, 명동성당 농성 돌입

1995년에 이어 1996년에도 해고노동자들의 복직 투쟁은 계속됐다. 먼저 공공부문 해고노동자들이 첫 포문을 열었다.

노조탄압 분쇄와 임단투 승리를 위한 공공부문 노동자 결의대회(1996.3.23.)

공공부문 해고노동자들은 공공부문 해고노동자 원직복직 투쟁위원회(이하 공해투)를 구성하고 3월 11일부터 16일까지 명동성당에 농성장을 마련하고 대시민 선전활동과 소속 사업장 순회투쟁을 벌였다. 14일에는 과천 정부종합청사 앞에서 집회를 열고 해고자 복직 문제를 정부가 해결하라고 요구했다.

공공부문 해고노동자 수는 김영삼 정부가 들어서고 난 뒤 급속도로 늘었다. 1996년 3월 현재 245명으로 김영삼 정부 3년 동안 해고된 공공부문 해고노동자가 162명에 달했다.

이렇게 김영삼 정부에서 공공부문 해고노동자가 급증했던 이유는 김영삼 정부 출범 이후 철도, 지하철, 한국통신 등 공공부문 노조활동이 활발했던 것에 비해 공공부문에 대한 노동정책은 군사정권과 마찬가지로 대량해고와 구속을 남발했기 때문이었다.

해고자들의 명동성당 농성투쟁에 이어 3월 23일 공공부문 노동자들이 서울에 모였다. 공공부문 노동조합 대표자회의(공노대) 주최 '노조탄압 분쇄 및 '96 임단투 완전승리를 위한 공공부문 노동자 결의대회'가 1만여 명의 조합원이 참여한 가운데 열렸다.

이날 결의대회에서 김영삼 정권이 획책하고 있는 노조 전임자 축소, 임금 가이드라인 등 노동탄압 분쇄와 공무원과 교사의 단결권 보장, 공익사업장의 직권중재 철폐, 제3자개입금지 철폐, 노동자 정치활동 보장 등 노동법 개정과 250여 명에 이르는 공공부문 해고노동자의 원직복직 및 임투승리를 결의했다.

결의대회를 마친 공공부문 노동자들은 명동성당까지 거리행진을 한 뒤 정리집회 후 저녁 7시쯤 모든 일정을 마쳤다.

임금 요구안 확정 그리고 첫 교섭

1996년 단체교섭 요구안을 확정했다. 노동조합은 3월 27일 임시대의원대회를 열어 조합원 설문조사와 임금소위를 거쳐 상무집행위원회에서 작성한 1996년 단체교섭 요구안을 만장일치로 확정했다.

먼저 임금은 기본급 정액 7만5000원(호봉급) 인상과 교통공단수당 8% 인상하는 안이다. 1994년 파업과 관련한 피해 원상회복을 위한 △해고자 원직복직 △파업 관련 징계자 원상회복 △무노동 무임금 적용 철회 요구도 담았다. 호봉체계 조정을 통한 호봉간 격차 확대 요구도 들어갔다. 이어 직제 개악 저지를 위한 「직제개편을 위해 임금교섭 체결 후 1개월 이내에 단체교섭을 시작하며 노사합의 후 시행한다.」 조항을 요구안으로 담았다. 그리고 '노사화합을 저해하는 공단간부 퇴진'이 요구안으로 들어갔다.

4월 3일 1996년 단체교섭 노사 첫 만남이 있었다. 이날 노동조합과 공단은 오전 11시 본사 7층 회의실에서 1차 교섭을 열어 노사 교섭위원 상견례를 했다.

양측 대표위원의 인사말에서 안삼렬 노조 측 대표위원은 올해는 조합원의 실질임금과 해고자의 원직복직이 이루어질 수 있도록 사측이 교섭에 성실히 임할 것을 요구했다.

사측 김영환 대표위원은 "임금협상이 우리 전체 직원의 가장 큰 관심사이고 중요한 사항이므로 원만하게 타결되었으면 한다. 현재 쌍방이 대립 관계인 것 같은데 진지한 교섭으로 원만히 진행되길 바란다"고 했다.

교섭 초반 노사 기 싸움이 시작됐다. 먼저 사측이 싸움을 걸었다. 4월 4일 열기로 했던 2차 교섭이 사측의 불참으로 무산됐다. 이에 앞서 공단 노무복지과장은 업무가 바빠 참석할 수 없다는 내용을 전화로 통보했다. 2차 교섭은 교섭 절차를 논의할 예정이었다. 사측이 교섭 장소를 본사에 고정하고, 실무 간에 교섭절차 논의를 하자고 제안했으나 노동조합이 거부하자 교섭을 보이콧한 것이다.

4일 저녁 승무지부가 150여 명의 지부 조합원이 모인 가운데 단체협약 준수 촉구와 근로조건 개선을 위한 승무지부 비상총회를 열었다.

지부장 폭행 철야농성투쟁이 39일째 계속되고 있는 와중에 공단이 또다시 단체협약을 무시하고 4월 6일부터 토요일 승무다이아를 개악하여 시행하겠다고 나서 분노가 폭발했다.

공단이 일방적으로 개악한 토요일 승무다이아는 점심도 못 먹고 중간대기 횟수도 정신을 못차릴 정도로 5, 6번씩 있으며 퇴근시간이 밤 11시도 훨씬 넘는 다이아도 있는 등 기존의 근로조건보다 더욱 열악했다.

승무지부 조합원들은 총회에서 공단이 토요일 다이아를 철회할 때까지 투쟁할 것을 결의하고 4월 5일부터 사복근무에 돌입하기로 했다.

공단, 승무 토요일 다이아 개악 강행

승무지부는 4월 5일에도 지부 조합원 총회를 열어 개악 토요일 승무다이아 철회를 요구했다. 이어 공단이 토요일 승무다이아 개악안을 강행 시행할 시 승무 거부를 결의했다. 사실상 파업을 결의한 것이다.

긴박한 상황 속에 6일 새벽 4시 10분경 위원장과 이사장의 전화 논의가 이뤄졌다. 토요일 승무다이아의 문제점에 대해 협의하는 조건으로 일단 승무하기로 했다.

약속에 따라 4월 6일 안삼렬 위원장과 승무지부장이 공단 이사장과 만나 토요일 승무다이아 문제에 대하여 논의를 했다. 그러나 노사 입장이 팽팽히 맞서 합의점을 찾지 못했다. 이 자리에서 공단은 승객 편의를 내세워 승무 조합원들의 희생을 강요했다. 이와 관련 노동조합은 별도의 토요일 다이아 필요성은 인정해 왔다. 문제는 공단이 노조와 조합원들과 한마디 상의도 없이 강행하는 것이다. 근로기준법과 단체협약에 배치되는 승무조합원의 노동강도를 강화시키고 근로조건을 저하하는 제도를 일방적으로 강행하는 것은 누가 보더라도 문제가 아닐 수 없다.

이러한 공단의 행태로 볼 때 직제개편도 일방적으로 시행할 공산이 다분했다. 즉 토요일 승무다이아 문제가 승무지부만의 문제가 아니고 노동조합 전체의 문제니 향후 직제 투쟁을 위해서도 그냥 지나갈 수 없는 일이었다.

승무지부는 4월 12일 지부 조합원 총회를 열고 47일간에 걸쳐 계속해온 농성투쟁을 풀고(사복근무 14일 중단) 현재 진행되고 있는 임금 및 직제 투쟁에 집중하기로 했다. 장기간 농성투쟁에도 불구하고 해결되지 못하고 있는 폭행사건 및 토요일 다이아 문제는 계속 공단에 문제 제기하되 법적대응을 해 나가면서 직제와 연계 투쟁해 나가기로 했다.

공단 임금 총액 기준 7.58% 인상안 제시

5월 14일 13차 교섭, 공단이 기본급 5.6%, 효도휴가비 연 기본급의 100% 지급안을 제시했다. 총액 기준 7.58% 인상안이었다. 공단은 서울도시철도공사 등 유사업종과 중앙노사협의회 공익위원이 내놓은 적정 임금인상률 5.1%~8.1% 그리고 정부 예산편성지침을 예로 들며 적정한 임금인상률이라고 주장했다.

노동조합은 조합원 설문조사와 민주노총의 표준생계비를 기초로 현실을 감안하여 제시한 노동조합의 요구안에 전혀 미치지 못한다며 노동조합이 수용할 수 없는 안이라고 했다. 이어 정부의 기본방침인 임금체계 개선(기본급 비율 확대) 원칙에도 어긋난다고 반박했다.

또한 직제 개악 음모와 관련하여 김영환 이사장은 아직 자료수집과 검토 단계라는 말만 되풀이했다. 현재 공단의 치밀한 계획에 따라 노포차량의 경우 이미 용역이 도입되었고, 1인승무의 경우 시설보완 비용이 1996년 예산에 편성되어 있는 등 일방적으로 직제 개악을 추진하고 있으면서도 시치미를 뗐다.

오히려 "서울도시철도공사를 둘러보고 왔는데 아주 잘 되어 있더라, 역무의 경우 서울지하철공사의 2/3 인원으로 근무하고 있고, 1인승무 등 부산지하철이 배울 점이 많았다"고 하여 공단의 추진 방향의 일단을 보여주었다.

노동조합이 "노포차량의 일방적인 용역 도입에서 보듯이 직제 개악이 진행되고 있지 않느냐?"며, 현재 진행되고 있는 공단의 일방적인 직제 개악 음모에 대해 거듭 추궁하자, 사측은 한발 물러나 "이후 용역은 추진하지 않겠다"고 말했다.

그러나 노조가 직제개편에 대해 "단체협약에 따라 합의 후 시행하라"는 부분에 대해서는 계속 확답을 회피, 개악 음모를 철회할 의사가 없음을 드러냈다.

공공부문 노동자 함께 싸우다

노동조합은 5월 28일 쟁의발생 결의에 이어 29일 교섭결렬을 선언했다. 본격적인 투쟁체제 전환이었다. 6월 2일 서울 보라매공원에 공공부문 노동자 5만여 명이 모였다. 공공부문노동조합대표자회의(공노대)가 주최한 공공부문노동자 조합원 총회였다.

공노대 공동대표인 유덕상 한국통신노조 위원장은 "96년에는 130만 공공부문 노동자들의 단결투쟁으로 우리의 요구조건을 쟁취하자"고 힘줘 말했다. 민주노총 권영길 위원장은 김영삼 정권의 한국합섬 노조탄압을 맹렬히 규탄하며 정권에서 추진 중인 신노사관계가 허구적인 정치 쇼라고 주장하였다.

공노대는 1996년 투쟁을 시작하면서 공공 5사(서울지하철, 부산지하철, 한국통신, 사회보험, 조폐공사) 노조를 중심으로 교섭상황 공유, 투쟁일정 조율 등 공동투쟁을 진행해 왔다. 공노대는 '96공동투쟁 과제로 △해고자 원직복직 △노조 전임자 축소 분쇄 △직권중재 철폐 △실질임금 쟁취 △고용불안 분쇄 △교사·공무원 단결권 쟁취를 걸었다.

6월 4일 공공 5사(서울지하철, 부산지하철, 한국통신, 조폐공사, 서울대병원) 노조는 일제히 쟁의발생을 신고했다.

6월 10일엔 공공부문 해고자들이 원직복직을 위한 농성 돌입을 결의했다. 이어 협상 결렬 시 6월 11~13일 사이 공공부문 모든 사업장 파업 찬반 투표, 6월 13일 오후 4시 공노대 기자회견 등 '96공동투쟁 일정을 결정했다.

한편, 부산지하철노조는 서울지하철노조와 함께 1994년 전지협 공동파업 후유증으로 조직 역량이 복원되지 못한 상태였다. 한국통신노조 또한 1995년 통신민영화 저지 투쟁 과정에 정부의 탄압으로 커다란 역량손실을 겪은 뒤였다. 이렇듯 공공 5사 투쟁력이 탄탄한 편은 아니었지만, 공동투쟁을 통해 부족한 투쟁 동력을 보완하고 전체 투쟁력을 높였다.

공공 5사 노동조합은 6월 2일 공노대 조합원 총회, 6월 4일 공공 5사 공동 쟁의발생신고, 6월 11~13일 공동쟁의행위 조합원 찬반 투표, 6월 13일 공동 기자회견을 착착 진행해 나갔다.

쟁의행위 조합원 찬반 투표 결과 공공 5사 모두 높은 찬성률로 파업을 결의했다. 부산지하철노동조합의 경우 투표율 86.2%, 찬성률 73,7%로 무난히 과반수를 넘겼다.

공노대는 6월 13일 오후 4시 서울지하철노조 사무실에서 공동기자회견을 가졌다. 이날 오전 파업 찬반 투표를 마친 서울지하철, 한국통신, 조폐공사, 부산지하철 노조와 전국지역의보 노조는 기자회견을 통해 해고 동지 원직복직, 전임자 축소방침 철회, 직권중재 철회, 교사, 공무원의 단결권 보장, 직제개편 등 고용불안 해소, 정부의 임금가이드라인 철폐 등을 천명하고 이러한 정당한 요구가 냉각기간 만료일인 6월 19일까지 정부가 수용하지 않으면 6월 20일을 기해 전면적인 총파업에 돌입하겠다고 밝혔다.

공공 5사 노조 공동투쟁 분위기가 무르익는 가운데 부산지하철 해고노동자 원상회복 투쟁위원회(부지해투)가 6월 7일 오전 8시에 본사 현관에서 농성투쟁을 시작했다.

해고자들은 출근투쟁을 마친 뒤 10시에 김영환 이사장을 만나 복직에 대한 입장을 들었다. 이사장은 "노사합의에 의한 해고자 복직은 '초법적'인 것으로 있을 수 없다"고 잘라 말했다. "현재 진행 중인 행정소송 및 민사소송 결과에 따르겠다"고 했다. 해고자 복직에 관심 없다는 얘기였다.

부지해투는 6월 8일 오전까지 본사에서 농성을 한 뒤 농성장소를 역사로 옮겼다. 낮에는 현장활동을 하고 야간에는 농성을 이어갔다.

공해투도 약속한 일정에 맞춰 6월 10일부터 명동성당에 농성장을 꾸리고 농성투쟁에 들어갔다.

파업 돌입 20분 남기고 극적 합의

노동조합이 6월 20일 파업을 예고한 가운데 노사는 19일 오전 10시부터 본사에서 교섭을 시작했다. 여전히 공단은 기존 입장을 고수했다. 교섭은 교착 상황을 벗어나지 못했다. 공단이 갑자기 오후 2시부터 노포창에서 속개하기로 한 교섭을 못 하겠다고 했다.

오후 4시가 넘었지만 공단 교섭위원들은 노포창에 마련한 교섭장에 모습을 드러내지 않았다. 노조 투쟁지도부는 마지막 파업 준비에 착수했다. 파업 준비와 이후 대책이 착착 준비되는 가운데 오후 7시 400여 조합원들이 집결하여 비상총회를 열었다.

저녁 8시 공단 교섭위원들이 노포창에 모습을 드러냈다. 저녁 8시 30분부터 노포창에서 실무교섭을 열자는 첫 반응이 나왔다. 노사 실무교섭이 시작됐다.

서울지하철에서는 이미 오전에 회사 측이 해고자 13명 복직을 검토할 수 있다는 입장이 나왔다. 그러나 실무교섭은 답보상태를 거듭했다. 공단은 해고자 복직에 대해 입장 표명을 유보했다. 이에 노조 투쟁지도부는 공단이 계속 입장 변화가 없을 경우 파업에 돌입하기로 하고 20일 새벽 3시 40분경 식당에서 농성을 하고 있던 300여 명의 조합원들을 운전취급실이 있는 건물로 이동시켰다.

이때부터 농성 대오 일부에서 술렁임이 감지됐다. 약간의 술렁임과 긴장감이 감도는 가운데 조합원들은 침착하게 지도부의 방침에 따라 행동하며 투쟁 결의를 보였다.

노동조합이 예고한 시간이 다가오자 배짱으로 일관하던 공단으로부터 가시적인 변화의 조짐이 나오기 시작했다. 드디어 새벽 4시 40분경 실무교섭팀으로부터 노사가 잠정합의(안)을 작성했다는 소식이 날라 왔다.

이에 투쟁지도부는 일단 파업을 유보하고, 이때까지 농성 중이던 운전취

조합원들과 함께한 96임투

급실이 있는 건물에서 조합원을 철수시켰다. 그렇게 급박하게 치닫던 사태는 극적으로 해결국면으로 전환했다.

'96 임금 잠정합의안

◼ 임금 부분

1. 호봉급을 정률로 평균 4% 인상하고 정액으로 23,000원 인상하며 호봉급표를 별첨과 같이 한다.
2. 급식보조비를 25% 인상한다.

3. 효도휴가비로 기본급의 50%씩을 설과 추석에 각각 지급하고 현행 년, 월
   차수당의 지급 시기를 3월과 11월로 변경한다.

4. 본 협약은 1996년 1월 1일 부터 소급 적용한다. 단 제2항은 1996년 7월 1
   일 부터 적용한다.

▣ 직제 관련 부분

부산교통공단과 부산교통공단노동조합은 2호선 개통과 관련한 직제를 효율
적인 조직으로 개편함에 있어 상호 의견교환과 협조를 위해 다음과 같이 협의
회를 구성하여 운영한다.

1. 명칭 : 직제개편추진협의회

2. 기능

   가. 노사는 직제에 대해 상호 의견을 교환하고 관련자료를 협조한다.

   나. 공단의 최종 직제안은 협의회를 통하여 상호 의견교환을 하므로서 단
       체협약에 근거한 협의 및 합의 절차를 최소화하도록 한다.

   다. 공단은 공단의 최종 직제안이 나온 후 단협에 근거한 내용에 따라 합의
       사항을 구분한다.

3. 구성 : 노사 각 10인 이내로 구성한다.

4. 운영 : '96년 8월과 9월에 각 1회 개최한다.

5. 기타 : 명시되지 않은 사항은 노사협의회에 준한다.

▣ 해고자 부분

부산교통공단과 부산교통공단노동조합은 노사협력을 통한 공단의 발전과 노
사화합으로 노사관계의 안정을 기하기 위해 94년 파업과 관련한 해고자 중 이
민헌, 김태진, 박민호, 이용섭을 복직시키며 복직방법은 재임용으로 한다.
재임용 일자는 1996년 9월 30일로 하며 직급, 호봉, 사원번호는 해고 당시와

동일하게 하고 근속기간 중 해고기간은 추후 논의하고 해고 전 근속기간을 합
산한다.

▣ 호봉간 격차 확대 관련

부산교통공단과 부산교통공단노동조합은 보수체계의 문제점을 도출하고 개
선책을 연구하기 위한 연구위원회를 임금교섭 이후에도 계속 운용한다.

잠정합의안에 대한 조합원 찬반 투표 결과 조합원 84.4%가 찬성했다. 반
대는 14.1%였고, 투표율은 72.4%였다.

애초 요구안보다 훨씬 못 미치는 것임에도 불구하고 조합원들은 84.4%라
는 높은 찬성률을 보였다. 결과에 대한 만족이라기보다 1994년 파업 이후 조
직력이 아직 100% 복원되지 않은 점을 감안한 측면이 내포되어 있었다.

또 하나 여기서 주목할 부분은 잠정합의안을 조합원 찬반 투표로 승인한
부분이었다.

노동조합은 1995년 2월 14일 열린 대의원대회에서 규약 제77조(협약의
체결)를 개정해 협약 체결 시 '대의원대회 의결'을 '조합원 찬반 투표'로 바꿨
다. 잠정합의안 승인 주체가 대의원대회에서 조합원 찬반 투표로 규약이 변
경된 후 첫 조합원 찬반 투표였다.

공공 5사 노동조합 공동투쟁은 자동차연맹과 금속연맹이 시기집중투쟁
에 합류하는 등 침체해 있던 1996년 전체 노동계 임투 분위기를 고양시키는
기폭제 역할을 했다.

특히 자동차연맹은 공공 5사 파업투쟁 돌입 시 다음날 파업투쟁을 배치
해 투쟁 확산을 우려한 정부가 공공 5사 노동조합의 요구내용을 일정 부분
수용하는 배경이 됐다. 또 해고노동자들의 선도투쟁은 해고노동자 문제를
사회 쟁점화했고, 정부가 해고자복직을 완강하게 반대하던 방침을 변경하

여 일정 부분 수용하는 성과를 거뒀다.

부산지하철노조도 임금 총액 대비 8% 인상과 함께 '노사직제개편추진협의회' 구성을 합의하여 직제 개악 저지를 위한 논의 틀을 마련했다.

한편, 노사는 6월 25일 오전 11시 30분 공단 본사에서 노사 교섭위원들이 참석한 가운데 96임금협약 및 직제 등 기타 합의서에 대한 조인식을 가졌다. 이로써 두 달 반에 걸친 96 임투는 막을 내렸다.

조합원들이 1996년 투쟁에서 민주노총과 공노대와의 연대투쟁에 대해 긍정적으로 평가(74.9%)했다. 이 같은 결과는 노동조합이 7월 4일부터 7월 8일까지 실시한 96임투 평가를 위한 조합원 설문조사 결과로 확인됐다.

또 상당수 조합원이 아직 '94파업 이후 투쟁에 대한 피해의식과 자신감 부족을 극복하지 못하고 있는 것으로 나타났다. 이후 계속될 투쟁에서 조합원들의 피해의식과 패배의식 극복이 최대 과제임이 설문조사에서 확인된 것이다.

민주노총과 공노대 차원의 연대투쟁에 대한 긍정평가와 함께 노학연대 즉, 학생과의 연대부분에 대해서도 44.4%가 찬성의 뜻을 밝혀 주목을 끌었다.

한편, 이번 투쟁의 문제점에 대해 △조합원의 단결력 부족 39.3% △6·25 파업 이후의 피해 의식 팽배 33.5%로 응답했다. 노조 집행부의 지도력에 대해서도 부정적으로 답해 조직력과 단결력 강화 그리고 집행부의 지도력 강화가 시급함을 보여 줬다.

노조 현장 조직 개편, 지부-지회-분회 체계

노동조합 현장 조직체계가 지부-지회-분회 체계로 개편됐다. 노동조합은 7월 12일 임시대의원대회를 열어 현장조직 강화 차원에서 9개 지부를 4개 지부로 통합하고, 지부 아래에 지회와 분회 조직을 신설했다.

새로 편제되는 4개 지부와 1개 특별지회는 기술지부(전기지부와 시설지부 통합), 역무지부(역1지부와 역2지부 통합), 승무지부(노포승무지부와 신평승무지부 통합), 차량지부(노포차량지부와 신평차량지부 통합) 그리고 현 본사지부는 별도 조직으로 본사특별지회를 둘지 아니면 다른 방안을 택할지 조합원 설문조사 결과에 따라 결정하기로 했다.

개편된 지부 편제를 살펴보면 기술지부는 전기, 신호, 통신, 보선 등 직렬별로 지회를 두고 그 아래에 분회를 뒀다. 역무지부는 4개의 지회를 두고 3개 역당 1개의 분회를 뒀다. 승무지부는 노포와 신평 각 1개의 지회를 두고 9개의 분회를 뒀다. 차량지부는 노포와 신평에 각 1개의 지회를 두고 8개의 분회를 뒀다.

또 대의원은 현 조합원 25명 당 1명에서 35명 당 1명 선출로 변경했다. 더불어 대의원이 분회장(겸임) 역할을 맡도록 했다. 따라서 대의원은 중앙에서는 의결기관임과 동시에 해당 지부 현장에서는 분회장으로 현장 최일선에서 노동조합 사업 집행을 담당하도록 했다.

5) 노동법 개정 투쟁과 부산지하철노조

정부는 노동법 개악, 공단은 직제 개악

민주노총은 8월 8일 중앙집행위원회를 열어 조직을 노동법 개정 투쟁본부로 전환했다. 이어 민주노총은 8월 12일 투쟁본부 1차 대표자회의를 열어 권영길 민주노총 위원장을 본부장으로, 권용목 사무총장을 집행위원장으로 결정했다. 또 중앙집행위원과 지역본부 대표로 구성되는 대표자회의를 두고 격주 1회 정기회의를 개최하기로 했다.

이어진 대표자회의에서 8월부터 9월 말까지 대국민 선전을 위한 대자보

부착과 노동법 개정과 관련한 전국순회공연 및 강연회를 개최하기로 했다. 대중투쟁사업으로 9월 중순경 전국동시집회를 개최하기로 했다.

민주노총이 이같이 결정한 이유는 8월 중순 노사관계개혁위원회(노개위) 전체회의에서 법안소위가 구성되고 노동법 개정안 마련이 구체화되기 때문이었다. 즉, 민주노총은 소위구성부터 분명한 입장을 가져야 한다는 점과 노개위는 전술적 차원에서 활용해야 하며 노동법 개정은 궁극적으로 밑으로부터의 대중투쟁을 통해서만이 쟁취할 수 있다고 판단했다.

김영삼 정부가 노동법 개악을 추진하고 있는 가운데 공단은 직제 개악 음모를 공식화했다.

공단은 8월 29일 직제개편추진협의회 1차 회의에서 열차 1인(단독)승무, 용역 도입, 관리역장제 도입 등 그동안 비공식적으로 나돌던 직제 개악 내용이 담긴 자료를 내놨다.

공단은 2호선 개통을 앞두고 지하철의 효율적, 능률적 운영을 위해 불합리한 조직과 인력을 정비하는 차원에서 직제개편안을 마련했다고 주장했다. 이어 직원들의 책임감과 근무의욕을 높이고 열심히 일하는 풍토 조성과 공단 경영 개선을 위하여 직제개편이 불가피하다고 말했다.

반면, 노동조합은 직제는 시민 안전 확보와 조합원들의 삶의 질 향상이라는 기본 원칙 아래 개편되어야 한다고 주장했다. 노동조합은 기본 원칙에 맞게 현 직제의 문제점을 종합적으로 분석 검토하여, 일방적 통제 위주가 아닌 운영의 주체인 노동자들의 자발적인 참여를 통해 노동자들이 직장에 대해 희망과 자부심을 가질 수 있는 방향으로 개편되어야 한다고 밝혔다.

이어 △시민 안전 확보 △공단의 민주적 운영 △인간 중심의 조직 △노동자의 경제적 안정 보장 등이 확보되는 방향으로 직제개편이 이루어져야 함을 분명히 하였다.

한편, 직제개편추진협의회는 96 단체교섭 노사합의에 따라 노사 동수로 구성됐다.

공단 직제개편 추진방침 및 세부 계획

- ▣ **2호선 1단계 개통 운영 인력 보강**

  - 1호선 절감 인력 및 신규 직원 채용으로 충원

- ▣ **1현업 부서가 2개 호선 관장(1개 호선에 1기지창)**

  - 타 지하철 관련 기관과 형평성 유지

- ▣ **전동차 단독승무 운전**

  - 기관사, 차장 승무 → 1, 2호선 승무원 단독승무(차장 무승무)

- ▣ **역관리 광역화**

  - 역장 1명 1역 관리 → 역무소장 1명 8~10역 관리(평균 9역)

    - 역무소 신설(1호선 4개소, 2호선 1단계 2개소)

    - 역장 근무형태 변경(일근 → 3조2교대) 서면역 제외

    - 역 행정 인력 통합관리 (역 서무 폐지)

- ▣ **현장 업무의 민간 용역화**

  - 현업 업무 중 단순반복, 기술이 널리 보급된 업무로서 3D 업무 등

    - 차량 - 공기압축기(분해-도장, 80%), 축상(세척, 20%), 도장작업(청소-도장, 100%), 라인데리아(취거-취부, 80%), 출입문(취거-취부, 80%), 도어엔진(취거-취부, 80%), 블록브레이크 유니트(취거-취부, 80%), 팬토그래프(분해-시험, 70%), 견인전동기(분해-도장, 70%), 기어카플링(세척-취부, 80%)

    - 전기 - 조명 및 콘센트 설비 시설유지 관리 업무, 모타카 운전 및 정비 업무(신호, 보선과 통합 관리)

    - 설비 - 냉난방 설비, 소방 설비

- 보선 - 2호선 기지 및 본선구간 궤도 시설 단순유지 관리
- 건축 - 역사 및 기지 건축물 단순유지 보수 업무
- AFC - 역무기기의 경정비(현장정비) 업무
- 통신 - 일반전화기 고장수리 등 유지 보수업무, CCTV, ITV, 경광등, 열차행선 안내기 등 점검 및 고장수리 등 유지보수 업무

노동법 개정안 개악 일색

9월 3일 노사관계개혁위원회(노개위) 공익위원들이 노동법 개정안을 내놨다. 개혁은 커녕 개악 일색이었다. 말이 공익위원이지 정부 입장을 대변하는 꼭두각시에 불과한 현실을 볼 때 공익위원의 '안'이 곧 정부의 입장이었다.

내용을 보면 지금까지 노동 쪽에서 예상해 왔던 '안'보다 훨씬 개악된 안이었다. 자본의 입장만 그대로 대변하는 안이었다.

복수노조를 허용하면서 교섭창구 단일화 의무를 부과했다. 그리고 노조전임자 급여를 사용자가 줄 경우 부당노동행위로 인정한다고 하여 노사 간에 자율적으로 결정할 사항을 법으로 명시하는 안을 제시했다. 제3자개입금지 조항도 이 조항을 삭제하되, 직접적 근로관계를 맺지 않은 자가 쟁의행위를 선동, 조종, 참가하는 행위에 대해서 여전히 금지한다는 단서 조항을 달아 전혀 변화된 내용이 없다.

해고자의 조합원 자격과 관련해서는 노동조합이 스스로 결정할 사항을 부당해고 구제신청을 하여 중앙노동위원회 재심판결까지만 조합원으로 인정한다고 하여 현행 대법원 확정판결 시까지 조합원 자격 유지보다 후퇴하였다.

교섭대상도 의무적 교섭 사항과 임의적 교섭 사항으로 구분해 임의적 교섭 사항은 사용자측이 이를 거부할 수 있도록 하여 현실적으로 교섭 및 쟁의

대상으로 존재해 왔던 것을 법으로 제외시키고 있다. 쟁의행위와 관련해서는 쟁의행위 시 대체근로를 허용하여 대체근로를 금지하고 있는 현행보다 더 후퇴한 안을 내놓았다.

반면, 자본이 요구해온 정리해고제, 변형근로시간제, 근로자파견법 도입 등 개별적 노사관계법을 개악해 노동자들의 고용불안을 가중시키고 노동강도를 더욱 강화시키는 내용을 담았다.

한편, 전지협은 노동법 개악과 관련 9월 9일 서울지하철노조 사무실에서 집행위원회를 열고 전지협 노동법개정투쟁본부 구성을 결의했다. 투쟁본부장에 안삼렬 상임의장, 부본부장에 석치순 공동의장, 집행위원장에 최종진 사무처장이 맡았다.

노조 직제개편 원칙 및 방향 확정

노동조합은 9월 20~21일 중앙 직제팀 회의를 열고 직제개편의 원칙과 방향을 확정했다.

노동조합은 직제개편이 공단의 필요로 제기되었고, 직제 개악 저지가 노조의 일차적 목표지만, 단순히 방어적 투쟁을 넘어 지하철노동자들이 보다 좋은 노동조건과 환경 속에서 근무할 수 있는 기틀을 다지는 방향으로 공세적인 투쟁을 계획했다.

직제개편의 원칙과 방향

1. 인사·승진제도

[개편 원칙]

△승진적체 해소 △인사제도의 투명성 확보 △인사제도의 민주성 확보 △능력과 기술개발을 위한 교육훈련제도 확립 △노조의 인사, 경영 참가 △부서

직제 개악 반대 투쟁을 위한 승부지부 조합원 총회(1996.10.30.)　　직제 개악 저지 거리 선전

별 승진 불균형 해소

[개편 방향]

△상·하향식 평가제 도입 △자동승진제 도입 △근속에 따른 승급 및 직위 승

진제도 도입 △고용직 정규직 전환

2. 임금 체계

[개편 원칙]

△8시간 노동으로 실질 생계비 확보 △연공에 따른 임금체계 확립 △동일노

동, 동일임금의 실현

[개편 방향]

△생활급의 확보(기본급의 생활급화) △임금구조 개선(생활 보조적 제수당의

기본급화) △통상임금의 확대 △법정수당 할증률 타공사 수준 상향 조정 △

호봉급의 호봉간 격차 확대

3. 기구·조직체계

[개편 원칙]

△현장을 중심에 두는 민주적이고 창의적인 조직체계로 개편 △공단 자율
경영체계 토대 마련 △민주적인 조직운영체계로 개편

[개편 방향]

△현행 본사 처장, 부장, 과장(1, 2, 3급) 상위직급 T/O 현장 분배 △본사 기
구 대폭 축소 △부서별, 소속별 정원 재산정 및 증원 △본사의 중복, 유사
업무 행정, 관리 분임 부서 통폐합 △현장 업무 원활한 수행과 인사적체 해
소 위해 중간 부서 확대 △현장 감시 통제부서 기능 축소 △위인설관식 부
서 통폐합 △노조 인사, 경영 참여

4. 근무제도

[개편 원칙 및 방향]

△생체리듬 최대한 고려 △연속 야간 편성하지 않으며 야간근무 후 다음
근무 시까지 24시간 휴식 보장 △월 야간근무 회수 제한 △월 6일 이상 휴
일 부여 △출근부터 퇴근까지 근무시간(휴게, 식사, 취침, 대기, 중복 등) 인
정 △각 분야 적정 인원 확보를 위해 노사 공동으로 직무 분석 실시 △근무
제도개선과 임금보전 △열차운행 중 본선 순회 금지

민주노총, 노개위 불참 통보

민주노총이 10월 1일 노개위 불참을 통보했다. 이어 노개위가 시금의 노
동법 개악안을 일방적으로 강행하면 노개위에서 완전 철수하기로 했다.

또 민주노총은 노동악법 철폐 및 개악저지를 위해 10월 초순 지역별로 일
제히 농성에 돌입했다. 10월 10일 민주노총 임시대의원대회를 열어 총파업
을 포함한 총력투쟁을 결의했다.

전지협도 10월 10일 임시대의원대회를 열었다. 참석 대의원 37명은 만장
일치로 노동법 개정 투쟁의 승리를 위해서 민주노총의 투쟁일정에 따라 총

력투쟁을 전개하기로 하고, 쟁의발생을 결의했다. 서울지하철노조와 부산지하철노조는 11월 9일까지 조직별로 쟁의발생을 결의하기로 했다. 조합원 실천 행동으로 노개투 리본을 달기로 했다. 또한 전국노동자대회에 2000명 이상의 조합원이 참여할 수 있도록 선전, 홍보에 최대한의 노력을 기울이기로 했다.

노동법 개악이 가시화되고 있는 가운데 공단도 개악 직제안 일방 추진 의사를 노골적으로 밝히고 나섰다.

10월 15일 공단은 "노조와 합의할 사항이 없다. 더이상 직제 논의 않겠다." 사실상 일방적으로 개악 직제를 밀어붙이겠다는 의사를 분명히 했다.

그랬다. 공단은 10월 15일 노사 직제개편추진협의회 두 번째 만남에서 직제개편 최종안이라며 1차 때와 별반 다르지 않은 개악안을 내놨다. 현업 기구의 통폐합과 근무 인원 감축 등 일고의 가치도 없는 개악안이었다.

안삼렬 위원장 단식투쟁 그리고 노개투 파업

노동조합은 11월 1일 임시대의원대회를 소집해 쟁의발생을 결의했다. 공단의 일방적인 직제 개악 기도를 분쇄하기 위해서였다. 노동법 개정 투쟁을 위한 쟁의발생 결의도 마쳤다. 직제 투쟁과 노동법 개정 투쟁을 묶어 민주노총, 전지협, 공노대 등과 함께 연대투쟁에 나서겠다는 의미였다. 이와 함께 노동조합을 투쟁본부 체계로 전환했다.

이에 앞서 노동조합은 10월 24일 공단에 단체교섭을 요구했으나, 공단이 교섭 사항이 아니라는 이유로 교섭을 거부했다.

지부 차원에서 현장투쟁도 시작됐다. 승무지부는 10월 30일 지부 조합원 결의대회를 열었다. 결의대회엔 100명이 넘는 지부 조합원이 모였다. 공단 개악안이 폭로되고 토론도 이어졌다. 마지막으로 투쟁결의문도 채택했다.

차량지부와 기술지부도 가만있지 않았다. 11월 7일 노포창 강당, 110명이

부산역에서 열린 조합원 투쟁 결의대회(1996.11.23.)

넘는 차량지부 조합원이 모였다. "10여 년간 여름엔 선풍기 몇 대로, 겨울엔 그을음 나는 석유난로 껴안고 일했다." "그런데 노동환경 개선은커녕 더 열악한 근무조건을 만들려 한다"고 분노를 쏟아냈다.

같은 날 노포창 후생관에선 기술지부 조합원들이 하나둘 모이기 시작했다. 궂은 날씨에도 100여 명이 후생관을 메웠다. 10년 넘게 참아온 한과 분노를 가열찬 투쟁을 통해 떨쳐 일어서자고 했다. 용역 도입 꼭 막자고 했다.

11월 30일 안삼렬 위원장이 곡기를 끊었다. 위원장 단식농성 3일차 12월 2일 4개 지부장들도 단식농성에 합류했다. 사측이 일방적인 직제 개악을 중단하고 단체교섭 요구를 받아들일 때까지 무기한 단식농성이 이어졌다.

쟁의행위 조합원 찬반 투표를 12월 2일과 3일 실시했다. 직제 투쟁 82.51%, 노동법 개정 투쟁 84.78% 조합원들이 찬성으로 힘을 실었다.

12월 7일 단식농성 8일차, 승무지부장이 건강악화로 병원으로 후송됐다. 노동조합 투쟁본부는 12월 9일부터 조합원 사복 투쟁에 돌입했다. 12월 8일 단식농성 9일차 안삼렬 위원장이 심한 탈수가 와 병원으로 호송됐다. 그렇게 안삼렬 위원장의 단식투쟁은 마무리됐다.

그러나 투쟁은 계속됐다. 노동조합은 12월 10일 오후 7시 30분 노포기지창 후생관에서 총력 투쟁 결의를 위한 2차 조합원 총회를 열었다. 350여 명의 조합원이 후생관을 가득 메웠다. 병원 후송 후에도 안삼렬 위원장은 단식을 이어갔다. 단식 11일차에 열린 이 조합원 총회에 직접 참석해 투쟁 연설을 하고 직제 투쟁 승리를 위한 12월 17일 파업 돌입을 선언했다.

16일 저녁 비상총회에는 300여 명의 조합원이 모였다. 오후 11시쯤 안삼렬 위원장과 김영환 공단 이사장 사이에 전화 통화가 이뤄졌다. 김영환 이사장은 "노사협의를 통해 합의사항과 협의사항을 구분하여 단체교섭을 하자"고 제안하며 파업 철회를 요청했다. 안삼렬 위원장은 먼저 단체교섭을 개최하여 얘기하자고 역제안했다. 노사 간 줄다리기가 이어졌다. 비상총회 참석

파업 돌입을 앞두고 농성중인 조합원들(1996.12.16.)

조합원들은 노포승무관리소로 옮겨 철야농성을 이어갔다. 17일 새벽 3시쯤 노동조합은 매주 수요일 실무협의와 금요일 직제개편 추진협의회 개최를 통해 합의사항과 협의사항을 구분하여 단체교섭을 하자는 공단의 최종 제시안을 수용했다.

12월 26일 새벽에 신한국당 국회의원들이 개악 노동법을 통과시켰다. 날치기 기습 통과였다.

민주노총은 즉각 총파업을 선언했다. 12월 26일 83개 노조 14만, 12월 27일 165개 노조 20만이 총파업투쟁과 지역집회투쟁을 이어갔다. 12월 27일에는 한국노총까지 가세하여 총 658개 노조 36만5천여 명의 노동자가 총파업에 동참했다. 12월 28일 민주노총 175개 노조 21만8천여 명과 한국노총 533개 노조 15만6천여 명이 총파업투쟁을 벌여 1단계 총파업투쟁은 최고조

노동법 개정 투쟁에 함께한 조합원들(1996.12.26.~29.)

노동법 안기부법 개악 철회, 민주수호를 위한 범시민대회(1997.1.11.)

에 이르렀다.

부산지하철노조도 노동법 날치기 통과 사태의 심각성을 깊이 인식했다. 직제개편 관련 협의도 지지부진한 상황이었다. 노동조합은 민주노총의 전국 총파업 지침에 따라 노동법 개악 철회와 직제 개악 저지를 위한 총파업에 동참하기로 했다. 12월 29일 새벽 4시 승무지부와 차량지부 조합원들이 중심이 되어 노동법 개악 저지 총파업투쟁에 들어갔다.

1·15 파업 무산과 위원장 사퇴

1997년 정초, 민주노총 노개투 파업투쟁은 계속되고 있었다. 부산지하철노조는 민주노총 노동법 투쟁지침과 내부 과제인 직제 개악 철회 투쟁계획을 논의했다. 투쟁본부 지도부는 현시기가 엄중함을 다 같이 인식했다. 민주노총의 투쟁지침에 따라 1월 15일 파업에 돌입하기로 결정했다.

그랬다. 투본 지도부는 "파업 이외 다른 대안은 없다"고 판단했다. 공단이 직제 개악안을 빠르면 1월 중순, 늦어도 1월 말쯤 건설교통부에 승인 요청을 할 것으로 예상되는 상황이었기 때문이었다. 더이상 시간적 여유가 없는 급박한 상황이다.

투본 지도부는 1월 11일부터 다시 철야농성에 들어갔다. 매일 2시 부산역 광장에서 열리고 있는 지역 집회에 조합원이 최대한 결합할 수 있도록 모든 역량을 모았다.

1월 14일 저녁 8시 노포차량기지, 노동조합은 조합원 비상총회를 열었다. 200명 남짓 조합원이 모였다. 기대에 미치지 못했다. 일부 지부에서 파업 돌입에 미온적인 태도를 보이기도 했다. 결국 15일 파업 돌입은 집행부 의지에도 불구하고 사실상 무산됐다. 이에 대한 책임을 지고 안삼렬 집행부는 곧바로 총사퇴했다. 파업 조직 실패의 책임을 지는 모양새를 갖췄지만, 파업 무산에 대한 실망감도 반영됐을 것이다.

노개투 파업은 사실상 정치파업이었고, 파업 선언 자체만으로도 의미가 있었다. 그런데 1월 15일 파업 선언조차 하지 못했다. 현장 지부 조직이 파업을 동의하지 않았던 것이다.

　　사실 부산지하철 현장은 파업투쟁을 벌일 상황이 아니었다. 1996년 12월 29일 하루 파업도 승무지부와 차량지부 조합원 중심의 반쪽 파업이었다. 노동법 개정 투쟁과 함께 직제 개악 저지 투쟁 분위기를 끌어 올리려던 계획도 사실상 실패로 끝났다. 의도하지 않았지만 안삼렬 집행부 퇴진은 침체된 현장 분위기를 전환시키는 계기로 작용했다.

3

6대 집행부와
7·3파업

1))) 범민주연합 표방 김태진 집행부 등장

새로운 기운 꿈틀, 승무 현장

1994년 파업 이후 승무 현장에는 새로운 기운이 꿈틀거리고 있었다. 1호선 4단계 개통(1994.6.23.)을 앞두고 1993년부터 기관사와 차장요원으로 입사한 공단 공채 3기와 4기 조합원들이 변화의 주인공이었다. 이들은 일상활동을 통해 승무관리소 내 관리자들의 권위주의와 불합리한 관행들을 바꿔가며 조합원들의 신뢰를 얻고 있었다. 젊은 조합원들은 현장에서 쌓은 신뢰를 바탕으로 조합원들을 지부 중심으로 모았다. 이즈음 공단이 1인승무 도입 움직임을 보였던 것도 승무지부 조합원들을 빠르게 결속시켰다.

공단 공채 3기와 4기가 입사하기 이전에는 타 직렬에서 기관사와 차장요원을 차출했다. 특히 1989년 2.8합의에 따라 차장의 경우 운수직(역무원)이

순환근무 방식으로 맡았다. 기관사도 기존 직원 중에서 차출하여 양성했다. 그러나 1호선 4단계 개통과 향후 2호선 개통 등 앞으로 기관사 수요가 늘어나는 상황에서 현 시스템으로는 안정적으로 기관사를 충원할 수 없었다. 별도의 기관사 양성 계획이 필요했다.

공단은 우선 차장요원으로 공단 공채 3기와 4기를 잇달아 신규채용했다. 대신 역무원 출신 차장들은 역으로 복귀시켰다. 그 결과 승무 현장은 젊어졌고, 새로운 기운이 움트고 있었다.

김태진 집행부 출범

1997년 2월 26일 부산지하철 노동조합 6대 위원장 선거에서 '신뢰받는 집행부, 신바람 나는 노동조합'을 내걸고 출마한 김태진 후보가 856표(71%)로 당선됐다. 함께 경선한 도찬종 후보는 '실익을 주는 노동조합, 신민주노조 건설'을 구호로 내세웠으나 조합원들의 선택을 받지 못했다. 투표율은 총 조합원 1600명 중 1204명이 투표하여 75%를 기록했다.

김태진 후보는 선거 과정에서 범민주연합 후보를 표방했다. 4대 강한규 집행부에서 총무부장을 맡았던 김태진 후보와 승무에서 새롭게 떠오르던 박현우를 중심으로 한 승무의 젊은 조합원들이 또 다른 한 축으로 결합했다. 또 '범민주 후보 추대위'에서 지부장과 지회장 후보도 함께 출마해 당선됐다.

3월 3일 김태진 위원장은 중앙위원회 회의 주재로 첫 공식 업무를 시작했다. 중앙위원회에 이어 5일 상무집행위원회를 열어 상집 간부들과 공식 상견례를 가졌다.

김태진 집행부는 첫 중앙위와 상무집행위원회 논의를 통해 지난 선거기간 동안 제시한 정책과 공약을 재검토하고 구체화했다.

먼저 6가지 주요 정책방향을 설정했다. △노동자의 이해와 요구 관철을 위해 투쟁하는 자주적 민주노조 건설 △튼튼한 중앙집행부를 중심으로 튼

튼한 현장일꾼을 양성하여 강력한 노동조합 건설 △다양한 일상활동과 교육활동으로 조직 확대 및 강화 △유연한 자세로 대공단 사업 전개, 공단경영 적극 참여 △공공운수산별 건설을 목표로 전지협, 공노대, 민주노총과 연대 △지역사회의 책임 있는 역할 등이었다.

김태진 집행부는 첫 대의원대회를 소집했다. 6대 집행부의 전체사업 기조와 1997년 사업계획 및 예산을 확정했다. 박현우 사무국장도 대의원대회 인준 절차를 거쳐 서리 딱지를 뗐다. 최종만 편집위원회 의장도 인준 절차를 밟았다.

1997년 사업계획은 조직력 강화와 부산시민과 함께하는 노동조합활동을 전개하는 것으로 의견을 모았다.

2) 이사장 교체와 단체교섭투쟁

1997년 임금 요구안 확정 그리고 교섭 시작

노동조합은 4월 29일 임시대의원대회를 열어 1997년 임금 요구안을 확정했다.

먼저 임금 부문에서 △호봉급 정률 11%와 정액 1만9000원 인상 △교통보조비 3만 원 신설(일8직 포함) 및 통상임금 포함 요구를 확정했다.

임금구조 개선 요구안으로 △교통공단수당(기본급 22%) 중 13% 기본급 합산 △호봉 간 격차를 2만4000원으로 하되, 구체적 시행 방안은 임금연구소위원회에서 논의 △급식보조비 통상임금 포함 △전 직급의 승진 필요 소요년수 2배수 기간에 도달한 조합원에 대하여는 차상위 직급으로 자동승진 △고용직 장기근속수당을 일반직과 동일 지급 △일용직 급식보조비 일반직과 동일 지급 요구를 담았다.

1997년 임금 단체협약 투쟁

복지 관련 요구안으로는 △보장성 단체보험 가입 △사내복지기금 20억 원 추가 출연 요구가 들어갔다.

그리고 조합활동 관련 불이익 처분 원상회복 요구로 △해고자 원직복직 △파업 관련 징계자 및 조합활동 관련 인사 및 임금 불이익 원상회복 요구가 들어갔다.

노동조합은 단체교섭 요구안을 확정하고 4월 30일 곧바로 공단과 단체교섭을 시작했다.

단체협약 갱신을 위한 요구안도 확정됐다. 5월 29일 임시대의원대회를 열어 상무집행위원회 안으로 상정한 97년 단체협약 요구안을 만장일치로 확정했다.

주요 단체협약 요구안을 보면 △노사동수 인사위원회 구성 △인사적체 해소, 직급과 직책 분리, 자동승진제 △직제개편과 감원 시 노사합의 △노동시간 단축 주40시간 5일근무 △만61세 정년 연장 △작업중지권 확보 등이 요구안으로 들어갔다.

첫 조합원 총회 개최, 민철노련 출범식도 함께

노동조합은 6월 13일 첫 조합원 총회를 개최했다. 조합원 300여 명이 모였다. 먼저 투쟁본부 박현우 교섭국장이 나서 11차례 임금교섭과 한 차례 단체협약 갱신 교섭 경과를 보고했다. 교섭국장은 승무원 임시 다이아 일방추진과 기술지부 야간 연장근로 강제시행 등을 열거하며 공단이 조합원을 노예 취급하고 있다고 질타했다. 이어 5% 이상의 임금인상 재원을 가지고 있으면서도 적자 타령만 하고 있다고 성토했다.

전국민주철도지하철노동조합연맹 출범식(1997.6.13.)

김태진 위원장은 대회사에서 "94년 파업 이후 공단으로부터 엄청난 수모와 탄압을 받아왔다"며 "올해는 기필코 공단의 오만함과 안하무인 태도를 조합원의 단결된 힘으로 분쇄하자"고 호소했다. 이어 김 위원장은 "이후 교섭에서 전향적인 자세 변화가 없다면 응징하겠다"고 경고했다.

총회에 앞서 노동조합은 전국민주철도지하철노동조합연맹(민철노련) 출범식을 열었다. 13일 민철노련 출범식은 9일 서울에 이어 부산출범식이였나. 연맹위원장을 겸임하고 있는 김선구 서울지하철노조 위원장은 "전지협의 투쟁성과와 정신을 계승하여 강고한 연대투쟁으로 97투쟁의 승리와 운수산별 건설을 위해 함께 투쟁하자"고 했다.

한편, 전지협은 5월 24일 '전국민주

전국노동자대회
운수노동자 결의대회
(1996.11.10.)

세계노동절
운수노농자 결의대회
(1997.5.1.)

부산 운수노동자
금정산 등반대회
(1997.11.16.)

철도지하철노동조합연맹'으로 명칭을 변경하여 명실상부한 상급단체로 자리매김했다. 이어 연맹은 임단협 투쟁본부를 구성했다.

이사장 교체 그리고 잠정합의

김영환 이사장 임기만료일이 6월 30일이었다. 이사장 임기만료일이 코앞에 다가오자 공단 간부들은 서로 눈치 보기에 급급했다. 이사장 역시 책임 있는 태도를 보이지 않았다.

그렇게 임금과 단체협약 교섭이 풀릴 기미가 보이지 않는 가운데 노동조합은 6월 23일 임시대의원대회를 소집해 쟁의발생을 결의했다. 이날 오후 5시쯤 부산지방노동위원회에 조정신청도 접수했다. 수년째 이어져 온 패턴이었다.

참석 대의원들은 쟁의기금 사용과 쟁의 시 전체 조합원이 민형사상 공동책임을 결의하는 서명운동을 전개하기로 결의했다. 민철노련으로 교섭권과 체결권 위임도 결의했다. 전 조합원 민형사상 공동책임 결의는 예년의 소송 고지보다 훨씬 강화된 투쟁 전술이었다.

노동조합 '97임단투 투쟁본부는 열차 전면 표어 부착, 열차 내 소자보 부착 등 지하철노동자들만이 할 수 있는 대시민 여론전에 나섰다.

이즈음 공단 이사장이 교체되어 7일 1일 곽만섭 이사장 체제로 바뀌었다. 산림청장을 역임한 곽만섭은 정치적 야심이 있던 인물이었나. 그래서인지 노사관계에서 유연한 태도를 보였다.

노동조합 투쟁본부는 7월 8일 조합원 비상총회를 열고 공단을 압박했다. 투쟁본부는 총회 참석 조합원들을 온천장역으로 이동시켰다. 7월 9일 새벽 노사가 해고자 복직 등 큰 틀에서 의견 접근을 이뤘다.

이후 노사는 실무교섭 등을 거쳐 15일 노사협의회 형식으로 97년 임금과 단체협약 갱신 합의를 했다. 4급 이하 직원의 정년 연장(만 58세→만 61세)도

파업 기자회견
(1997.6.19.)

노포역 승강장에서
열차를 기다리는 조합원

포함됐다. 18일 해고자 5명 복직도 확정했다. 1996년부터 노사 간에 밀고 당기던 직제개편 문제도 해결 실마리를 풀었다. 「직제와 조직 전반에 대해 객관적으로 인정되는 전문기관에 용역을 의뢰하고 그 결과를 기초로 직제개편을 추진한다」고 합의했다.

7월 22~23일 이틀 동안 '97임단협 체결에 관한 조합원 찬반 투표를 진행했다. 조합원 72.9%가 투표에 참여하여 80.9% 찬성해 체결을 승인했다.

비상총회 후 온천장역 대합실로 이동 철야농성 모습   임단투 승리를 위한 조합원 2차 총회

'97 임금협약서

1. 기본급을 정률 3% 인상하여 호봉급에 합산한다.

2. 월동보조비를 년 200,000원으로 130,000원 인상하여 가계보조비로 명칭을 변경하고, 매년 추석 1주일전에 지급한다.

3. 교통공단수당 기본급의 22% 중 15%를 기본급에 합산한다.

4. 조정수당을 월 20,000원 신설하여 통상임금에 포함한다.

5. 본 협약은 1997년 1월 1일부터 소급 적용한다. 단, 제3항 및 제4항은 1997년 7월 1일부터 적용한다.

보충협약서

부산교통공단과 부산교통공단노동조합은 '97 단체협약 교섭과정에서 주후 충분한 협의를 하기 위하여 다음과 같이 보충협약서를 체결한다.

1. 퇴직금 중간정산제도를 신설함에 있어 노동조합과 협의를 거쳐 시행한다.

2. 근로자 참여 및 협력증진에 관한 법률 관련사항은 노사협의회에서 협의한다. ('97단체협약 요구안 중 제20조 등 총 28조문)

3. 산업안전보건 관련사항을 보충교섭으로 체결한다.('97년 단체협약 요구안 중 제101조 내지 제122조 및 제124조)

4. 공단은 '98년도 및 '99년도에 각각 5억 원을 기본으로 하여 사내근로복지
   기금을 조성한다.

5. 보수체계 개선과 호봉 간 격차를 확대하기 위하여 노사동수 임금연구위원
   회를 구성하여 '97년 9월부터 가동한다.

6. 공단은 합리적이고 능률적인 운영 및 경영관리를 위하여 다음과 같이 직
   제개선방안을 추진한다.

   가. 직제 및 조직전반에 대하여 객관적으로 인정되는 전문기관에 용역을
       의뢰하고 그 결과를 기초로 하여 직제개편을 추진한다

   나. 소요예산은 '98년도에 반영한다.

노사합의서

부산교통공단과 민철노련 부산교통공단노동조합은 노사화합을 위하여 다음
과 같이 합의한다.

1. 공단은 노사문제와 관련된 해고자 중 한준우, 류승호, 류광걸은 '97.9.1부
   로 양춘복, 이영호는 '97.11.1부로 복직시킨다.

2. 해고자의 복직방법은 특별채용(재임용)으로 하고 직급, 호봉 및 사원번호
   는 해고 당시와 동일하게 부여하며, 해고 전의 근속기간은 인정한다.

3. 해고자 중 박태영에 대하여는 전향적으로 검토한다.

노사, 개정 직제 시행 유보 합의

9월 30일 노사협의회가 열렸다. 공단이 일방적으로 개정 공포한 직제규
정이 쟁점이 됐다. 공단의 부산시 이관 문제도 논의했다.

직제규정 일방 공포와 관련하여 노동조합은 노사합의와 단체협약을 무
시한 처사라고 질타했다. 노동조합은 "공단이 공포한 직제는 현장 조합원들
의 노동강도를 높이고, 인원 감축의 내용을 포함하고 있다"며 절대 수용할

수 없다고 했다. 공단은 2호선의 개통을 위해 필수적으로 필요한 교육 인원과 기술직 인력을 제외한 전반적인 직제에 대해 현재 추진 중인 용역기관의 직제 분석이 완료될 때까지 시행을 유보하겠다고 했다. 이날 노사는 공포된 직제규정을 용역기관의 분석이 완료될 때까지 시행을 유보하기로 합의했다.

부산교통공단의 부산시 이관 문제도 논의했다. 노동조합은 현재 부산시와 공단이 시 이관에 따른 실무를 협의하고 있으나, 노동조합과 시민의 참여가 배제되고 있다고 지적했다. 이어 시 이관과 관련한 제반 사항을 노동조합과 협의해야 한다고 요구했다. 공단은 시 이관 문제는 공단 역시 주체적으로 추진하고 있지 않다고 말했다. 이어 국회에서 처리 결과에 따라 노조와 함께 공동으로 이 문제에 대처하겠다고 말했다.

한편, 노사협의회에선 94년 이후 조합활동 관련 피해자들의 원상회복 문제와 침실 개선, 근무복 개선, 식당 3식 제공 등 지난 1/4분기 노사협의회 이후 해결되지 않았던 묵은 현안들에 대부분 합의했다.

3) 1998년 3·12합의와 파기

오락가락 공단, 위태위태한 노사합의

1998년 들어서도 노사가 직제를 둘러싸고 위태위태한 관계를 이어갔다. 공단은 2월 19일 부산대 경영경제연구소의 연구 중간보고가 마음에 들지 않았던 듯 반려 조치했다.

노동조합은 즉각 대응에 나섰다. 노동조합 요구로 2월 23일 직제 문제를 다루기 위해 1/4분기 노사협의회가 열렸다. 노동조합은 연구 중간보고 반려 조치에 대해 강하게 항의했다. 곽만섭 공단 이사장은 "잘 몰랐다." "공식적으로 사과한다. 연구소 측에도 사과의 뜻을 전했다”고 한발 물러섰다. 이어 연구 중간보고에 대해 공식적으로 인정하겠다고 말했다. 그러면서도 곽만섭 이사장은 자기가 판단하기에 연구결과가 70점은 되어야 받아들일 수 있다고 했다. 연구결과가 마음에 들면 받아들이고 그렇지 않으면 무시하겠다는 얘기로 들렸다. 연구용역 결과에 따르기로 한 노사합의를 무시하는 발언이었다.

노동조합은 일단 공단의 연구 중간보고 거부사태에 대한 공식 사과를 인정하기로 했다.

이어 공단은 1인승무 문제와 관련해 노사 양측 위원으로 구성된 별도의 협의기구를 만들자고 제안했다. 연구결과가 2인승무로 나올 경우 건설교통부 승인을 받기가 어려우니 나름의 대안이 필요하다는 얘기였다. 현재 진행되고 있는 연구용역은 2호선과는 별개인 양 “2호선 2인승무는 금시초문”이라는 반응을 보이기도 했다. 공단이 2호선 1인승무는 기정사실인 것처럼 말을 하여 노동조합 위원들을 당황케 했다.

이러한 공단의 주장에 김태진 위원장은 “공단이 이런 식으로 합의정신과 그동안의 약속을 어기고 일방적으로 강행한다면, 노동조합도 단호히 투쟁해 나가겠다”고 밝혔다.

한편, 이날 노사협의회에서 공단은 차량기지창 중수선 업무에 대한 외주용역 도입을 철회하기로 합의했다.

우여곡절 끝에 맺은 3·12합의

공단은 여전히 합의 파기 기회만 엿보고 있었다. 앞서 1997년 9월 2일 공단은 대규모 인원 감축 등 일방적인 직제 개악안을 공포했다. 노사합의를 파기한 것이다. 이에 노동조합은 강하게 반발했다. 공단은 9월 노사협의회에서 「2호선 직제와 관련하여 97년 보충협약서에 의거한 용역결과가 나올 때

직제 개악 분쇄를 위한 조합원 총회(1998.2.27.)

까지 현행 직제의 시행을 유보한다」고 물러섰다. 노사합의에 따라 노사가 합의 선정한 부산대 부설 경영경제연구소(소장 황한식)에 연구용역을 발주했다. 그러나 연구용역 결과가 공단의 의도와 다르게 나올 조짐이 보이자, 공단은 부산대 연구용역을 무시하고 1인승무와 용역 도입 그리고 역무소 신설 등 인원 감축을 기정사실화 했다.

그랬다. 공단은 노동조합이 조금이라도 긴장을 늦추면 합의 파기를 들이밀 심산이었다. 압박이 필요했다. 노동조합은 1998년 2월 27일 '직제 개악 분쇄를 위한 조합원 총회'를 열었다. 400여 명이 모였다.

박현우 사무국장이 경과보고를 했다. 사무국장은 "공단이 객관적인 외부 전문기관의 연구결과를 토대로 한 직제개편 추진이라는 노사합의를 기만하고 있다." "이사장을 들러리로 내세우면서 자신들의 기득권을 챙기는 공단 내 기득권 세력에 의해 현재 공단의 운영이 개판 일보직전"이라고 말했다. 또 사무국장은 "이사장 역시 그동안 줄곧 연구결과에 의한 직제개편을 추진하자는 약속을 저버리고 '연구결과가 마음에 들어야 수용하겠다'며 기만적인 행태를 보이고 있다"고 했다.

김태진 위원장은 "투쟁일정에 따라 각 지부 조합원들이 일치된 대오로 단결하여 직제 개악과 노동강도 강화를 반드시 분쇄하자"고 호소했다.

이에 앞서 노동조합은 2월 24일에도 본사 항의집회를 열어 객관적인 연구를 방해하고 노사합의를 어기는 공단을 규탄했다.

3월 3일 노동조합은 임시대의원대회를 열었다. 쟁의발생을 결의하고, 노동조합 조직을 직제 개악 분쇄와 노동강도 강화 저지를 위한 투쟁본부로 전환했다. 승무지부는 지부 간부들이 삭발을 하고 1인승무 저지 결의를 모았다.

3월 9일 공단이 단체교섭을 거부했다. 공단은 노동조합의 단체교섭 개최 요구에 대해 "직제개정은 경영권 행사의 일환"이라며 단체교섭을 할 수 없다고 말했다.

노동조합은 경고했다. "3년 넘게 기다려온 직제개편 투쟁 이제 더이상 늦출 수 없다." "3월 12일 22시까지 시간을 주겠다." "만약 그때까지 공단의 성실한 답변이 없을 경우 우리는 1800 조합원과 400만 부산시민의 이름으로 직제 투쟁 승리를 위한 파업에 돌입할 것이다."

노동조합은 3월 9일 공단을 노사합의 위반으로 부산지방노동청에 고발했다.

역무지부도 투쟁에 시동을 걸었다. 안삼렬 지도위원과 이영호 역2지회장이 3월 8일부터 '직제 개악 분쇄를 위한 무기한 철야단식농성'에 돌입했다.

철야농성투쟁으로 투쟁의 열기를 모으고 있었던 기술지부는 3월 10일 오전 10시 부산진역에서 조합원 총회를 연 뒤 범내골 본사로 이동하여 공단의 기만적이고 오만한 작태를 규탄했다.

1998년 3월 12일 노동조합은 파업의 배수진을 치고 공단과 최종 담판에 나섰다. 조합원들이 비상총회로 모이던 시간에 노사합의가 이뤄졌다는 얘기가 전해졌다.

총회는 보고대회로 바뀌었다. 노조·공단·시민중재단의 합의 형식을 갖춘 합의 내용은 1호선 1인승무 문제는 부산대 연구용역 결과에 따르고, 2호선은 별도의 연구기관에 맡겨 그 결과에 따른다"였다. 다른 지부의 요구 사항도 있었으나 합의 내용에는 없었다. 당연히 대오 곳곳에서 반발의 목소리가 나왔다. 3·12 비상총회는 3개 지부 조합원들이 불만을 품은 채 끝났다.

3·12 노사합의서

부산교통공단과 부산교통공단노동조합은 지하철 1인승무제 직제개편 문제에 관하여 지하철의 안전운행과 시민들의 안전을 최우선적으로 고려하는 정신에 입각, 97년도 노사협약 취지를 재확인하고 상호양보와 시민중재단의 중개 의견을 존중하여 다음과 같이 합의한다.

직제개편 투쟁: 부산역 보고대회(1998.2.21.)

직제 개악 저지 부산역 결의대회(1998.3.7.)

조합원 총회(1998.3.12.)

1. 공단은 1호선 1인승무 실시여부에 대해 3월 21일 제출되는 부산대 부설 경영·경제연구소의 연구용역 결과를 전적으로 수용한다.

2. 2호선 1단계 1인승무 실시여부에 대해서는 시민중재단이 선정하는 용역기관에 기술공학적인 점검을 의뢰하여 그 결과를 토대로 시민중재단이 최종 판단하는 내용을 노·사 양측이 공히 수용한다.

  단, 1인승무 실시로 결정될 경우,

  첫째, 노동조건은 노·사 합의로 실시해야 한다.

  둘째, 안전사고 발생 시 승무원을 비롯한 관계 직원에게 그 책임을 전가하지 않는다.

1998년 3월 12일

부산교통공단 이사장 곽만섭   부산교통공단노동조합 위원장 김태진

대의원대회, 3·12합의 과정 문제 제기

3월 19일 임시대의원대회가 열렸다. 3월 3일 총파업투쟁 결정부터 3월 12일 잠정합의까지 총력투쟁에 대한 평가 토론과 이후 직제 투쟁의 방향을 결정하기 위해 소집됐다.

이날 많은 대의원이 12일 교섭과 합의 내용에 대해 문제를 제기했다. 투쟁 과정을 진단하고 대책이 있어야 한다는 주장도 나왔다. 집행부 사퇴 등 책임지는 자세가 필요하다는 주장도 제기됐다. 반면, 아직 직제 투쟁이 마무리되지 않았고, 지도부가 당장 사퇴하는 것은 이후 투쟁에 아무런 대안이 될 수 없다는 주장도 있었다.

김태진 위원장은 12일 교섭 경과와 합의내용이 조합원과 간부들의 충분한 공감대 형성 없이 진행된 부분에 대해 사과의 뜻을 밝혔다.

12일 시민단체의 중재 하에 작성된 잠정합의서에 대해서도 열띤 토론 끝에 만장일치로 승인했다. 대의원들은 이번 합의서가 전체 직제 투쟁에 대한 각 지부의 요구를 포괄한 내용은 아니지만 매우 중요한 성과를 남긴 합의라고 판단했다.

"당장 1인승무제를 실시하는 것은 무리"

한편, 부산대 경영경제연구소는 3월 21일 부산교통공단에 제출한 '부산교통공단 조직 및 인적자원관리시스템의 전략적 설계'라는 제목의 연구용역보고서에서 경제적 효율성, 안전성 등을 총체적으로 고려할 때 당장 1인승무제를 실시하는 것은 무리라고 결론 내렸다. 이 보고서는 부산교통공단과 부산지하철노조가 합의해 연구소에 공동 의뢰해 분석한 연구결과였다.

부산지하철 1호선의 1인승무제 실시에 따른 공단의 경영개선 효과는 연간 20억 원 정도이고 2호선까지 포함할 경우 경영개선 효과가 적지 않지만 1인승무에 따른 사고율 증가와 사고처리시간 지연, 그에 따른 비용증가와 이용 승객 감소로 경제적 효과가 줄어들 것이라고 보고서는 지적했다.

보고서는 또 1인승무제를 채택한 서울도시철도의 열차 주행거리 100만 km당 사상사고 발생률, 주행장애율, 열차 지연율이 각각 1.065%, 2.945%, 4.838%인 반면, 2인승무제를 유지한 부산지하철은 각각 0.454%, 0.440%, 0.660%인 것으로 조사돼 2인승무가 안전하다는 점을 강조했다.

이와 함께 1인승무 때 곡선역과 이용승객수가 많은 역의 경우는 1명의 고정인원이 필요하고 다른 역의 경우도 혼잡시간대에 1명이 2시간 정도 배치돼야 하며 모니터 고장 시에도 별도의 감시요원이 필요하다고 충고했다. 보고서는 "국내 지하철의 전동차 자동시스템과 안전설비 장치 수준은 1인승무를 할 수 있는 필요조건이지 충분조건은 아니"라고 덧붙였다.

이처럼 연구용역 보고서 내용이 일정 정도 객관성을 유지했던 것은 노동조합 특히 승무지부에서 관련 자료 제출과 설명 등 많은 노력이 있었기에 가능한 일이었다.

4 ▶ 1998년 단체교섭 투쟁

현장인력 10% 감축 음모

4월 10일 노동조합은 2/4분기 노사협의회를 4월 17일 열자고 공단에 요청했다. 이미 합의한 용역 철회, 1인승무 철회 등에 따라 현장 인원 충원 문제를 논의하자고 했다.

노동조합은 4월 14일 실무협의 차원에서 공단 운영이사를 만났다. 운영이사는 현장인력 10% 감축 방안을 제시했다. 이어 4월 15일 공단은 노사협의회 개최 일정을 5월로 연기하자고 요청했다.

노동조합은 4월 18일 이사장을 만나기 위해 공단을 찾았다. 그런데 곽만섭 이사장이 만남을 거부했다. 노동조합은 4월 22일 노사협의회를 열자고 최후 통첩했다. 결국 노사는 4월 22일 노사협의회 개최를 합의했다. 그러나 4월 22일 노사협의회는 곽만섭 이사장 불참으로 결렬됐다.

노동조합은 4월 22일 저녁 7시 30분 노포창 후생관 식당에서 조합원 총회를 열었다. 노동조합 중앙투쟁본부는 투쟁지침을 발령했다. 투쟁지침은 △4월 27일부터 조합원 깃달기 △범내골역 2차 조합원 총회 조합원 전원 참가 △5월부터 중투본, 지투본 간부 비상대기 △본사 점거투쟁과 이사장 퇴진투쟁 돌입 준비 △일방적인 직제 건설교통부 승인 요청 시 상경투쟁 및 총파업 포함한 총력투쟁 전개한다는 내용이 포함되어 있었다.

4월 27일 기술지부와 차량지부가 함께 '10% 인원 감축 결사 저지, 일방적 직제 개악 반대'를 위한 본사 항의농성투쟁에 들어갔다. 두 지부는 4월 30일까지 본사 농성을 진행했다.

1998년 단체교섭 투쟁 막 올라

노동조합은 5월 8일 임시대의원대회를 열어 '98투쟁 (임금 및 직제)요구안을 확정했다. 먼저 임금 요구안으로 △기본급 4% 인상(호봉급에 정률 산입) △교통공단수당 기본급에 합산 △조정수당 호봉급 합산 △급식보조비 통상임금 포함 등을 확정했다.

후생복지 요구로 △퇴직급여 충당금 적립 및 퇴직금 중간정산제 실시 △가족승차권 지급(2만 원 상당) △무주택 사원을 위한 사원주택 건립 △직장 내 보육시설 설치 및 운영 △2-1호선 내 노조 소비조합 장소 및 부대수익권 일부 보장 △해고자 복직 및 조합활동 관련 징계자 원상회복 등이 들어갔다.

직제 요구안으로 △노사합의 없는 용역 도입 반대 △1인승무 반대 △전문기술인력 양성 저해하는 기술부서 통폐합 반대 △교대역장제와 서무폐지를 전제로 한 역무소 신설 반대 등을 제시했다. 이어 노사합의서 즉각 이행

고용안정 생존권 사수 총력투쟁 결의대회(1998.5.23.)

촉구하며 △1호선 2인승무 결정에 따른 인원 충원 △역무자동설비, 모타카, 전기조명 등 기술부서 용역 철회에 따른 인원 충원 △차량중수선 부분 용역 불가에 따른 인원 충원을 요구했다. 그리고 평생직장 건설을 위한 직제개선을 위해 △노사 동수 경영개선위원회 구성 △부산대 경영경제연구소의 직무분석 용역결과 수용을 원칙으로 직제개편 △직제개편 시 과학적이고 합리적인 인력산정기준 마련 △자동승진제 도입 △교대근무자 주휴보장 확보 등을 요구했다.

경영 민주화 요구안으로 △공단운영위원회 활성화 및 전문가와 노조 그리고 시민단체 참가 △노조 추천 전문 사외이사제 도입을 제시했다. 그 외 공단부채 전액 탕감 및 노사 공동 청원을 제시했다.

노동조합은 요구안 확정에 이어 5월 12일 공단과 교섭을 시작했다.

첫 교섭부터 조합 요구안에 공단 교섭위원들은 "경영권은 교섭 대상이 아니다"라고 항의하며, 노동조합의 요구안 제안 설명 자체를 들으려 하지 않았다. 이 과정에 공단 교섭위원이 노조 교섭위원들에게 반말투로 말을 해 노사 교섭위원 간에 고성이 오가는 등 험악한 분위기가 조성되기도 했다.

5월 19일 2차 교섭에서 공단은 IMF 구제금융 위기 운운하며 임금 5% 삭감을 제시했다. 직제와 관련해선 교섭 대상이 아니며 임금 교섭 후 여력이 있으면 같이 고민해 볼 수 있다고 했다. 사실상 교섭 거부였다.

5월 20일 곽만섭 공단 이사장이 전격 경질됐다. 대신 건설교통부 기획관리실장과 교통안전공단 이사장을 지낸 김창원이 공단 이사장으로 왔다.

1997년 7월 1일 임기를 시작한 곽만섭 이사장은 3년 임기 중 1년도 못 채우고 물러났다. 많은 이들이 곽만섭 이사장의 돌연 해임에 대해 3·12합의에 대한 문책성 인사로 받아들였다.

3·12합의 파기 그리고 파업 찬반 투표 부결

5월 25일 노동조합은 임시대의원대회를 소집했다. 참석 대의원 만장일치로 쟁의발생을 결의했다. 직제 개악 저지와 고용안정 쟁취를 위한 쟁의발생 결의였다. 노동조합은 투쟁 일정을 5말 6초 민주노총 총력투쟁 일정에 맞췄다.

민주노총은 5월 20일 임시대의원대회를 열어 5~6월 총력투쟁 방침 및 대정부 협상 요구안을 확정했다. 대의원대회에서 5월 27일 금속산업연맹 중심 1차 파업, 6월 10일부터 공공부문 사업장 노조까지 파업에 들어가는 총력투쟁 일정을 확정한 것이다. 정리해고제와 근로자파견법 철폐를 위해서였다.

그랬다. 노동조합은 민주노총 총력투쟁 일정에 맞춰 직제 개악 저지 및 고용안정 쟁취 투쟁 일정을 연계하기로 했다.

이에 따라 노동조합은 6월 4~5일 쟁의행위에 관한 조합원 찬반 투표를 했다. 그러나 개표 결과 부결이었다. 전체 조합원 1877명 중 1421명(75.1%)이 투표하여 782명(56.54%)이 찬성했다. 법적 요건인 전체 조합원 대비 찬성률로 환산하면 41.66%로 과반에 미치지 못했다.

6월 5일 저녁 열린 조합원 총회도 최근 들어 가장 적은 인원인 200명 정도

조합원 비상총회

가 모였다.

한편, 민주노총 중앙위원회는 6월 5일 정부가 "노사정위에서 공공부문 구조조정에 관해 논의하겠다"고 수정 제시한 협상안을 수용하기로 결정했다. 6월 10일로 예고한 파업도 철회했다.

조합원 찬반 투표 부결, 민주노총 총파업 유보 등 상황 변화에 따라 노동조합은 일단 공단과 교섭을 계속 이어 가기로 했다. 위원장 투쟁지침 1호 '쟁의복 착용 근무'는 중단했다.

6월 5일 7차 교섭에서 노동조합은 1호선 2인승무, 용역 도입 철회 등 합의 사항 이행 여부에 대해 추궁했다. 사측은 합의 불이행을 기정사실화하며 곽만섭 전임 이사장에게 책임을 떠넘겼다. 기타 직제 전반에 대해서도 "공기업 구조조정 등 정부지침이 나온 후 추진하겠다"며, 구체적 답변을 피했다.

6월 19일 10차 교섭이 열렸다. 앞서 노동조합은 18일 교섭 진전을 위해 '최종 수정 요구안'을 공단에 전달했다. 공단은 노동조합의 최종 수정 요구안을 사실상 거부했다. 공단은 이날 교섭에서도 여전히 "노력하고 있다"는 말만 되풀이했다. 이에 노동조합은 앞으로 공단이 전향적인 입장을 제시하지 않는 한 교섭은 무의미하다는 판단 아래 교섭 결렬을 선언했다. 어떻게 해서든 교섭을 통해 평화적으로 해결하려던 조합원의 바람은 멀어져 가고 있었다. 더는 우회로가 없었다.

승무지부 투쟁 재시동, 파업 찬반 투표 가결

승무지부가 투쟁에 재시동을 걸었다. 승무지부는 24일 저녁 7시 지부 총회를 소집했다. 130명의 조합원이 모였다. 참석 조합원들은 '2인승무 완전 쟁취' '해고 동지 복직'을 외쳤다. 승무지부는 투쟁결의문에서 합의 파기가 우리 눈앞에서 벌어지고 있는 상황에서 가만히 있으면 그동안 쟁취한 모든 것이 물거품이 되고 공기업 구조조정 속에서 노예로 전락하고 말 것이라고

했다. 이어 공단의 노사합의 불이행 음모를 파업투쟁으로 분쇄하자고 결의
했다.

기술지부도 운영위원들이 6월 24일 저녁부터 합숙 농성에 돌입했다. 차
량과 역무지부 간부들도 26일부터 합숙에 돌입했다. 그렇게 승무지부를 제
외한 3개 지부 간부들은 현장투쟁 분위기를 끌어올리기 위해 애썼다.

부산지법 제6민사부(재판장 박창현 부장판사)는 6월 25일 공단이 노동조합
을 상대로 낸 '철거단행 및 유인물 배포금지' 가처분 신청에 대해 "이유 없다"
고 기각했다. 재판부는 결정문에서 "노동조합이 폭력 협박 등을 사용하지 않
고 구두나 문서 등으로 자신들의 주장을 알리는 것은 정당하며 공단 측의 시
설관리 및 소유권을 침해하거나 명예를 훼손한 것으로 볼 수 없다"고 판시했
다. 또한 불법쟁의행위 가처분 신청 본안소송도 이미 노사합의로 끝나 실익
이 없다며 기각했다.

파업을 앞둔 조합원 총회

당연한 판결이었다. 공단이 노동조합의 정당한 홍보활동을 불법 왜곡 운운하며 노동조합을 범죄자로 몰았던 것이 모두 일방적이고 자의적인 주장임이 백일하에 드러났다.

노동조합은 다시 6월 29일과 30일 이틀 동안 쟁의행위에 관한 조합원 찬반 투표를 했다. 총 조합원 1884명 중 투표율 93.5%, 찬성률 80.4%로 파업을 힘 있게 결의했다.

한편, 건설교통부가 여전히 1인승무 강행 의사를 보였다. 건설교통부는 시민중재단이 보낸 질의에 대한 답변서를 통해 1인승무 불가능 이유가 과학적, 객관적으로 증명 제시되지 않는 한, 1인승무를 강행할 생각이라고 밝혔다. 노사합의 불이행 부분에 대해서는 곽만섭 전임 이사장에게 책임을 전가했다.

5) 동래역 선로점거 그리고 7·3파업

공단, 성의 없는 교섭 태도

공단이 노사 간에 맺은 합의를 깡그리 무시하고 1호선 1인승무를 비롯한 구조조정을 밀어붙이는 가운데 노동조합은 파업 돌입 외엔 선택지가 없었다.

7월 2일 노포창 회의실, 7월 3일 파업 돌입 배수진을 친 가운데 노동조합은 공단과 최종 담판을 벌였다. 공단은 1인승무 합의 이행 여부에 대해 건설교통부 핑계를 대며 권한이 없다고 했다. 이어 공단은 △차량 중수선 직영 유지 △전기조명 등 용역 추진 않겠다. △기술부서 통폐합 이번 직제에선 추진 않겠다. △역무소 신설 이번 직제에선 추진 않겠다. △자동승진제 임투 후 노사협의 △퇴직금 중간정산 최대한 확보 △해고자 복직은 별도협의 등을 최종 입장으로 내놨다.

저녁 11시 30분. 노동조합으로선 돌파구가 필요했다. 노동조합 교섭위원들은 교섭전술을 바꿔 교섭권을 상급단체인 민철노련에 위임했다.

노동조합은 노포창 비상총회에 결합한 조합원 700여 명을 동래역 승강장으로 이동시켰다. 동래역 상선 승강장에 집결한 조합원들은 농성투쟁을 이어갔다. 3일 새벽 4시쯤 공권력 침탈에 대비해 교대역 방향 선로로 농성 장소를 옮겼다. 선로에 사무집기를 쌓아 방어벽을 쳤다. 600여 명의 조합원이 선로 점거농성에 들어간 가운데 4시 30분 김태진 위원장이 파업 돌입을 선언했다.

한편, 노동조합으로부터 교섭권을 위임받은 민철노련 교섭단은 공단과 교섭을 시도했다. 그러나 공단은 교섭 위임 절차 운운하며 교섭에 소극적 태도로 일관했다. 민철노련과의 교섭이 부담스럽다는 게 진짜 이유였다.

민철노련 교섭단은 7월 3일 새벽 3시 30분경 교섭을 진전시키기 위하여 교섭위원 중 실무교섭 소위를 구성하여 본 안건을 집중 논의하자고 제안했다.

공단은 실무교섭도 거절했다. 공단은 끝까지 교섭위원 자격 시비를 걸었다. 법적 요건을 갖춰 위임장을 제시하면 3일 오후에 교섭할 수 있다며 민철노련 교섭단과의 교섭 불가를 고수했다.

민철노련 교섭단은 평화적으로 해결하고자 최선을 나하겠다고 했디. 이어 공단에서 전향적인 안을 가지고 연락을 주면 노조는 재교섭에 응할 수 있다는 뜻을 밝혔다.

그랬다. 파업 돌입 배수진을 친 막판 교섭임에도 김창원 이사장은 끝내 나타나지 않았다. 민철노련 교섭단이 교섭으로 문제를 풀고 싶다며 직접 이사장을 찾아가겠다는 제안마저 거부했다.

공권력 침탈, 조합원 508명 연행

　선로 점거농성을 들어간 지 1시간쯤 지난 05시 10분경 공권력이 투입됐다. 명륜역과 교대역 양방향 선로를 통해 진입한 경찰은 농성 중인 조합원들을 포위해 들어 왔다. 피할 곳은 어디에도 없었다. 긴박한 순간 농성 조합원 중 누군가가 방어벽으로 쌓아놓은 사무집기에 불을 붙였다. 전차선에 불이 옮겨붙을 것을 염려한 조합원들이 진화에 나섰다. 농성 조합원들을 포위하

7·3동래 선로 점거파업

고 조여 오던 경찰들도 주춤했다. 그렇게 1시간 넘게 대치 상태가 계속됐다.

경찰 당국은 아침 7시경부터 농성 조합원 연행 작전으로 전환했다. 농성 조합원들은 서로 어깨를 걸고 연행에 맞서 저항했다. 가장자리에 있던 조합원들이 들려 나갔다. 일부 조합원이 고각 난간에 올라갔다. 돌발 상황이 나올 수 있는 긴박한 상황이었다.

돌발 상황 발생 등 위기감을 느낀 김태진 위원장은 조합원들에게 해산 명령을 내렸다. 경찰은 2시간에 걸쳐 농성 조합원을 모두 연행하여 부산 13개 경찰서에 분산 수용했다. 경찰에 연행된 조합원은 최종 집계 결과 총 508명이었다. 이에 앞서 선로에서 대치 중 경찰에 들려 나간 조합원들은 대부분 연행되지 않았다. 경찰 당국도 처음에는 선로농성 해산이 목적이었고, 연행 준비도 되어 있지 않았다.

선로 점거파업으로 농성 조합원들이 모두 연행될 때까지 노포에서 교대역까지 열차운행은 전면 중단됐다. 불과 3시간 만에 선로 점거투쟁은 진압됐지만, 위력적인 파업투쟁이었다.

공권력 침탈과 연행은 파업 끝이 아닌 시작

동래역 선로 점거농성 강제 해산과 조합원 대량 연행은 파업투쟁의 끝이 아니라 시작이었다. 일단 연행 조합원이 508명으로 전체 조합원의 27%에 이르렀다. 열차를 운전하는 승무원으로 구성된 승무지부는 조합원 대부분이 연행돼 파업 동력이 그대로 유지됐다.

노동조합은 김태진 위원장을 비롯한 대부분의 지도부가 연행 구속됨에 따라 교섭 때문에 연행을 면한 노대홍 사무국장을 중심으로 투쟁본부를 구성하고 투쟁 대책 마련에 들어갔다.

투쟁본부는 민주노총 부산지역본부(본부장 강한규)와 긴밀한 협조 속에 투쟁 거점을 가톨릭센터로 정하고 7월 3일 저녁 8시 노포창 파업광장에 모인 조합원들을 가톨릭센터로 이동 집결시켜 농성 태세를 갖췄다.

김태진 위원장이 투쟁지침 1호를 발령했다.[6] 김태진 위원장은 파업 선언은 계속 유효하다고 밝혔다. 저녁 7시 30분 조합원 비상총회 개최, 4일 오후 2시 부산역 광장 규탄집회에 전원 참석을 지시했다.

이어 김태진 위원장은 3일 오후 투쟁지침 2호를 발령했다. 김 위원장은 이번 싸움은 확실하게 승리한다면서 조합원 동지들이 끝까지 투쟁해 줄 것을 당부했다. 3일 밤부터 농성에 들어간 가톨릭센타 농성장에 전원 결합할 것을 지시했다. 경찰에 연행되어 현재 각 경찰서에 구금된 조합원들은 3일 밤에 석방되면 가톨릭센타 농성장으로 결합하고, 4일 부산역 집회 시작 전후에 석방되면 집회 참가 후 가톨릭센타 농성에 결합하라고 지시했다.

이에 앞서 경찰당국은 경찰병력으로 노포차량기지창 주위를 에워싸고 노동조합과 조합원들의 움직임을 감시하고 있었다.

한편, 서울지하철노조 집행 간부 70여 명은 3일 진행 중이던 수련회를 급히 중단하고 부산으로 이동해 저녁 집회에 결합했다. 투쟁기금 지원과 연대투쟁을 약속했다. 민주노총 부산지역본부 산하 여러 노동조합들도 인적, 물적 지원을 아끼지 않았다. 일본 JR동노조에서도 부산지하철을 지지 방문했다. 일본에서 투쟁기금 모금 활동을 하겠다고 약속했다.

유치장 억류 조합원들, 복귀각서 거부 투쟁

이렇게 노동조합은 투쟁본부를 구심점으로 빠르게 정비해 나갔다.

부산시내 13군데 경찰서에 분산 억류된 조합원들은 복귀각서를 쓰면 보내주겠다는 회유에도 흔들리지 않았다. 기소 압박, 구속영장 발부 등 갖은

---

[6] 집행부와 파업 참여 조합원 대부분이 연행되어 비대위 구성도 어려운 상황이어서 노대홍 사무국장과 민철노련 중심으로 주요 의사결정이 이뤄졌다. 김태진 위원장 투쟁지침은 면회를 통해 전달되었다.

협박에도 굳건하게 버텼다.

파업 2일차, 공단은 열차운행 비상요원을 동원하여 열차를 움직였다. 승무 조합원들은 한두 명을 제외하곤 대다수 조합원이 복귀하지 않고 파업투쟁을 힘차게 전개하고 있었다. 차량과 기술 조합원들도 중간간부와 일부 대리급 등을 제외하고는 대다수가 파업투쟁에 결합하고 있었다.

투쟁본부는 7월 4일 오전 민주노총 부산지역본부와 함께 기자회견을 열어 파업은 노사와 부산시민 전체가 합의한 '사회적 합의'를 지키기 위한 것이라며 파업의 정당성을 강조했다. 이어 △연행자 전원 석방 △합의사항 즉각 이행 △건설교통부 꼭두각시 김창원 이사장의 즉각 파면과 이번 합의 파기의 원흉인 이정무 건설교통부 장관 해임을 촉구했다.

이날 오후 2시에는 부산역 광장에서 열린 '부산시민 총력결의대회'에 정부의 퇴출 방침에 맞서 싸우고 있는 동남은행 조합원들과 함께 연대하여 정부의 일방적 구조조정과 부산지하철 탄압을 규탄하며 남포동까지 힘차게 거리를 행진했다.

한편, 이번 부산지하철 파업으로 외국에 나가 있던 이정무 건설교통부 장관이 급히 귀국하였으며, 건설교통부 서기관급 2명이 조사차 공단에 오는 것으로 전해졌다. 그리고 지방노동위원회가 특별조정위원회에 노조의 참석을 요구했다. 노동조합 투쟁본부는 단호하게 거절했다. 조정은 연행 구속 조합원들의 즉각 석방과 노사합의사항 준수가 전제되어야 한다고 노동조합의 입장을 분명히 했다.

연행 조합원들 이틀 만에 풀려나_검찰 18명 구속영장 청구, 법원 14명 구속영장 발부

시내 13개 경찰서에 억류됐던 조합원들이 연행 이틀 만에 풀려났다. 대규모 조합원 연행과 억류에 부담을 느끼고 있던 경찰 당국은 7월 4일 자정을 전후해 경찰서별로 연행 조합원들을 속속 석방했다. 연행 이틀 만이었다. 승무지부 조합원 대부분이 연행 억류돼 자연스럽게 파업 상황을 만들어 열차 운행에 차질을 빚고 있었던 것도 조기 석방 이유로 보였다.

그러나 검찰이 구속영장을 청구한 김태진 위원장을 비롯한 18명은 석방에서 제외됐다. 검찰은 파업 지도부 외에도 단지 전직 위원장이라는 이유로, 시위 전력이 있다는 이유로 구속영장을 청구했다.

7월 5일 오후 4시 부산지방법원에서 구속영장 실질심사가 열렸다. 구속영장이 청구된 18명 가운데 김문태(기술지부), 김종필(기술지부), 이성식(기술지부), 박성호(역무지부) 대의원 등 4명은 영장실질심사를 통해 석방됐다.

최종 구속자는 김태진 위원장, 박세현 승무지부장, 오영환 기술지부장, 김구식 역무지부장, 정철 노포승무지회장, 박양수 신평승무지회장, 박현우 승무지부 교육국장, 이동혁 통신지회장, 노성동 토목보선지회장, 임선백 영선설비지회장, 정재훈 노포차량지회장, 신용태 신평차량지회장, 안삼렬 대의원(5대 위원장), 양춘복 조합원 등 14명이었다.

석방된 승무조합원들은 대부분 업무 복귀를 거부하고 파업투쟁을 이어갔다. 승무지부를 제외한 다른 지부 조합원들은 대의원을 포함한 운영위원들을 제외하곤 대다수가 복귀했다. 그러나 복귀 조합원들도 매일 저녁 열린 투쟁결의대회에 참석하여 가톨릭센터 농성장을 사수했다.

연행 조합원 석방에 따라 파업 지도부 구속으로 자리가 빈 각 지부장, 지회장 직무대행 선임 등 조직을 재정비했다.

정부 공공부문 민영화 계획 발표, 전국으로 투쟁 확산

이즈음 김대중 정부가 공공부문 민영화 계획을 발표했다. 민영화를 반대하는 투쟁이 전국으로 번져나갔다. 민주노총은 하루 전에 긴급기자회견을 열어 정부가 일방적인 공공부문 민영화 계획안 발표를 강행한다면 총파업

투쟁으로 맞서겠다고 경고한 바 있다.

정부의 일방적 공공부문 민영화 추진은 "공공부문 구조조정을 노사정위에서 성실히 협의하여 노동계의 입장을 충분히 반영하겠다"고 한 '6.5 노정합의'를 완전히 무시한 것이었다.

민영화 대상으로 지목된 한국중공업노조는 7월 3일 오후 3시부터 사내 노동자광장에서 조합원 4천여 명이 비상총회를 열어 시한부파업에 들어갔다. 한국통신노조도 정부의 민영화 방침에 반발하여 15일 고용안정과 일방적 구조조정 저지를 위한 총파업에 나선다고 밝혔다.

대량 정리해고에 맞서 투쟁 중이던 현대자동차노조도 6일부터 2차 총파업에 전면 돌입한다고 밝혔다. 금속산업연맹은 현자노조의 총파업을 시작으로 14일 전국 총파업투쟁을 선포했다.

이밖에 금융노동자들도 정부의 일방적인 은행 퇴출에 맞서 4일 서울 여의도에 2000여 명이 모여 총력 결의대회를 갖고 강제해체 원상복구와 고용안정 쟁취를 위해 15일부터 총파업에 돌입할 것이라고 밝혔다.

중단된 노사교섭 6일 재개

7·3파업과 공권력 침탈로 중단됐던 노사 교섭이 7월 6일 저녁 7시 30분부터 재개됐다. 민철노련이 6일 공단에 교섭 요청 공문을 보내고, 공단이 교섭 요청을 받아들이면서 이뤄셨나. 이에 앞서 민철노련은 민주노총 부산본부와 함께 부산지방노동청장을 만나 공단의 노사합의 파기에 대한 문제를 제기하고, 교섭 재개 등을 촉구했다.

이날 교섭은 노조 요구안 전반에 대한 노사 양측 입장 전달과 협상으로 진행됐다.

공단은 제시안에서 노사합의사항 이행 부분과 관련해 △2인승무 시행은 노력 중이나 건설교통부의 재검토 지시로 고심하고 있다. △차량 중수선·AFC·모타카 용역 도입은 철회하겠다고 했다. 노사합의 없는 인원 감축 중단 부분에서는 △용역 도입을 하지 않겠다. △직렬 통폐합은 이번 직제 개정에서는 하지 않겠다. △역장 일근제 및 서무 존치는 건설교통부와 협의해 보겠다고 했다. 자동승진제 실시 부분은 △이후에 장기적으로 논의하자고 했다. 임금 부분은 △임금 삭감 동참을 권장한다고 했다. 후생복지 부분에선 △퇴직금 중간정산은 100억 원 확보했다. 나머지 80억 원은 내년 추경예산에 반영하겠다고 했다. 해고 동지 복직 부분은 △별도 논의하자고 했다.

6일 저녁 7시 30분부터 시작된 교섭은 7일 새벽까지 마라톤교섭으로 계속 진행됐다. 그러나 교섭 도중 조합원 5명이 교섭 참관을 위해 본사 건물에 들어오자 공단이 "주요 시설물 침범" 운운하며 시비를 걸고 경찰을 동원해 연행했다. 결국 공단은 아침 6시에 교섭 장소를 박차고 나가 교섭은 결렬됐다.

이후 민철노련 교섭위원들도 가톨릭 농성장으로 돌아왔다. 연행됐던 조합원 5명은 아침에 곧바로 풀려났다.

한편, 부산진경찰서에 구속 중인 기술지부 양춘복 조합원이 6일 아침부터 부당한 구속에 항의하여 단식투쟁에 돌입했다. 양춘복 조합원은 애초 석방될 것으로 예상되었으나 이번 파업과 관계없는 이전 시위 전력을 문제 삼아 구속된 것으로 알려졌다. 그는 간염을 앓고 있어 건강이 상당히 악화되어 조합활동을 거의 하지 못하고 있었음에도 말이다. 단식 소식을 들은 조합 간부들이 면회를 가 단식 중단을 요청했지만 소용없었다.

승무조합원들, 서울지하철 군자기지에 농성 거점 마련

승무조합원들이 서울지하철 군자차량기지 후생관에 새로운 파업농성 거점을 마련했다.

승무조합원 172명이 7월 6일 밤 열차로 서울로 이동, 새벽 5시쯤 서울지

승무조합원들의 서울지하철 군자기지 농성투쟁

하철 군자차량기지에 도착해 본격적인 파업농성 태세를 갖췄다. 7일에도 미처 서울 상경투쟁에 결합하지 못했던 승무조합원들이 개별적으로 상경해 군자기지 농성장에 속속 합류했다.

노동조합은 기자회견을 통해 서울지하철 군자기지 농성투쟁 시작을 알리고, 파업투쟁 정당성과 요구사항을 밝혔다.

노동조합은 언론사에 배포한 기자회견문에서 건설교통부와 공단의 3·12 합의 파기에 이은 공권력 침탈과 508명의 조합원 연행을 강하게 규탄했다. 이어 3·12합의 이행과 자동승진제 도입, 불합리한 임금구조 개선을 요구했다. △구속자 석방 △불구속 입건 상황인 조합원 490명과 수배자 2명, 구속자에 대한 민형사상 면책 △파업 참가 조합원 인사상 불이익 불처분 등을 요구했다.

서울지하철 군자기지 농성거점 마련은 파업 장기화를 대비한 안정적인 농성거점 마련과 함께 노동조합의 강력한 투쟁 의지를 보여주기 위한 포석이었다. 그렇게 군자기지에 농성거점을 마련할 수 있었던 건 민철노련과 서울지하철노조 집행부의 협조 때문에 가능했다. 연대의 힘이었다. 서울지하철노조의 연대와 지원은 농성투쟁이 마무리될 때까지 이어졌다.

부산지하철노동조합 상경투쟁 기자회견문

부산지하철노동조합은 사회적 합의로 이끌어낸 노사합의사항과 최소한의 요구사항을 무시하는 건교부와 부산교통공단에 맞서 7월 3일 04:00시부로 파업에 들어갈 수밖에 없었다. 이 과정에서 정부는 교섭 중인데도 공권력을 투입하여 김태진 위원장 등 508명을 연행하고 선로에 방화하였다는 사실을 언론에 과장 보도함으로써 부산지하철노동조합의 정당한 투쟁을 왜곡시키고 있다.

부산지하철노조는 지하철의 안전운행과 시민들의 안전을 최우선으로 고려하여 지난 3월 12일 시민중재단이 참여하여 지하철 1호선 1인승무제 방침에 대해 부산대학교 연구결과를 전적으로 수용하기로 합의하였고 이것은 노사와 시민단체가 함께하는 중요한 사회적 합의였다.

그러나 건교부와 공단 측은 시민중재단까지 참여하여 합의한 사항을 파기하고 1인승무를 일방적으로 추진하였다. 또한 차량정비와 기술부문 용역 도입 철회도 이행하지 않고 있다.

따라서 부산지하철노동조합은 파업을 강행할 수밖에 없었고 5일째 강력한 파업을 진행하고 있다. 파업의 궁극적인 원인 제공자인 건교부 장관과 신임 공단 이사장이 합의사항을 어기고 성실한 교섭 의지도 보이지 않아 파업으로 몰아갔고 또한 공권력을 동원하여 508명을 연행하는 등 상황을 파국으로 몰아갔다. 이 모든 사태에 대한 책임을 공단 이사장과 건교부 장관은 책임을 지고 물러나야 할 것이다.

현재 부산지하철노동조합은 4일부터 구금되어 있다가 풀려난 동지들이 지도부의 지침에 따라 농성장인 가톨릭센터에 결합하여 농성에 결합 중이며 지도력을 복원하여 현장조합원 투쟁 독려에 나서고 있다.

또한 210명의 조합원이 건교부에 항의방문하기 위해 상경하였다. 부산지하철노동조합은 사투로 점철된 5일간의 투쟁을 헛되이 하지 않기 위해서 파업을 멈추지 않을 것이며 끝까지 투쟁할 것을 결의하며 다음과 같이 요구한다.

다음과 같은 소박한 요구가 받아들여지지 않는다면 부산지하철은 현재 진행 중인 파업투쟁을 더욱 강도높게 진행할 것이며 복귀한 조합원을 독려하여 파업전선으로 이끌어내 강력한 투쟁을 전개할 것이다.

또한 서울지하철노동조합과의 파업을 포함한 연대투쟁을 불사할 것이며 7월 6일부터 예정된 전국적 총파업전선에 최선봉에서 투쟁함으로써 부산교통공단과 건교부를 철저하게 응징할 것이다.

우리의 요구

1. 지난 98년 3월 12일 시민중재단과 노사가 합의한 사항을 이행하라
2. 자동승진제 도입하라
3. 불합리한 임금구조를 개선하라

파업과 관련하여

1   현재 구속 중인 14명을 석방하라
2. 불구속 기소된 490명과 수배자 2명, 구속자에 대한 민형사상의 책임을 묻지 않는다.
3. 파업에 참가한 조합원이 인사상 불이익을 받지 않게 하라

승무조합원들의 서울지하철 군자기지 농성은 정부와 공단에 적잖은 부담을 줬다. 상경 후 공단은 노사교섭에 좀 더 적극성을 보이기 시작했다. 정부도 건설교통부 장관이 노조 대표와 면담에 응하는 등 유화적인 태도를 보였다.

한편, 3·12합의의 한 당사자였던 시민중재단은 7월 7일 아침 8시 30분 부산역 광장호텔에서 기자회견을 열어 부산지하철 파업에 대해 입장을 밝혔

다. 시민중재단은 성명서를 통해 공단이 노조 및 시민중재단과의 3자합의 (3.12)를 일방적으로 파기한 것은 부당하며, 부산지하철 파업 사태의 책임은 전적으로 공단에 있다고 지적했다. 그리고 합의 준수만이 부산지하철 파업 사태를 근원적으로 해결할 수 있음을 강조했다.

건설교통부 장관 만나다

정부와 공단의 예상과 달리 승무조합원들의 군자기지 농성과 파업투쟁이 7일을 넘어서고 있는 가운데 7월 9일 오전 11시 30분 건설교통부 장관과의 만남이 이뤄졌다.

장관과 만남 자리에 이갑용 민주노총 위원장, 연맹 수석부위원장을 겸하고 있는 김선구 서울지하철노조 위원장과 김형택 부산지하철노조 승무지부장 직무대행이 함께했다. 민주노총 지원으로 성사된 이날 면담에서 노동조합은 "건설교통부의 일방적인 합의 파기로 인해 파업사태가 초래된 만큼 장관의 정치적 결단으로 사태를 조속히 수습하라"고 요구했다.

이정무 건설교통부 장관은 "노조가 성급한 파업으로 돌이킬 수 없는 상황이 되었다. 노조가 일단 업무에 복귀하여야 해결의 실마리를 찾을 수 있다며 파업 중단과 업무 복귀"를 주장했다.

이에 대해 노동조합은 "김창원 공단 이사장이 자신의 권한 밖이라며 교섭에 성실하게 임하지 않고, 파업 직전 마지막 교섭에도 나타나지 않는 등 문제가 많았다"며, 당시 파업에 돌입할 수밖에 없었던 상황을 설명하며 반박했다.

이갑용 민주노총 위원장도 "장관이 나서서 해결하지 않으면 안 될 것으로 보인다"며 "합의 파기를 정부가 앞장서서 해놓고 그것을 조합원들에게 뒤집어씌우는 것은 옳지 않다. 정부가 책임있게 사태 해결을 해야 한다"고 강조했다.

장관은 "책임 있는 자세로 성실히 해결하려고 한다. 건설교통부 직할인 공단에서 이런 사태가 일어나 상당히 곤혹스럽다. 수습의 여지를 열기 위해 현장복귀가 선행되어야 한다"고 말했다.

이에 대해 노동조합은 "조합원의 신변안전 등의 약속이 있어야 복귀할 수 있고, 조합원에게 명분을 주어야 한다"고 요구했다.

장관은 "장관이 할 수 있는 범위 내에서 수습할 수 있도록 하겠다"며, '조합원의 인사상 불이익 면제, 노동조합과 조합원에 대한 민사상 책임면제' 등을 언급하며, "장관이 할 수 있는 범위 내에서 할 수 있는 조치를 이사장에게 잘 지시해서 해결하라"고 실국장에게 지시하고 자리를 떴다.

공단 입장 180도 돌변, 건설교통부 결정 따를 것 강요

그러나 유화적 분위기는 오래가지 못했다. 김대중 정권과 공단이 180도 돌변하여 아예 노동조합 죽이기에 나선 것이다. 손선규 건설교통부 차관이 부산에 왔다 간 뒤, 공단은 기존 노사합의사항 이행은 고사하고 그동안 공식 또는 비공식적으로 밝혀 왔던 입장을 완전히 바꿔 모든 것을 건설교통부의 결정에 따를 것을 강요하고 나섰다.

7월 9일 오후 4시 30분부터 재개된 교섭에서 공단이 최종안이라며 노동조합에 제시했다.

공단 제시안은 △1호선 1인승무 시행을 전제로 기존 노사합의안을 변경하는 새로운 노사합의안을 만들자. △차량정비 중수선, AFC 용역 도입은 직영 운영하는 방향으로 직제안을 마련하여 건설교통부에 승인 요청하여 이것이 승인되도록 노사가 공동으로 노력하고 그 결과를 수용한다. △기술 부문의 통폐합은 금번 직제개정에서는 하지 않는다. △역장 교대근무제와 서무폐지 부분은 직제개정 전으로 환원하여 건설교통부에 승인 요청하여 이것이 승인되도록 노사가 공동으로 노력하고 그 결과를 수용한다. △자동승진제 부분은 임금협상이 끝난 뒤 장기 과제로 선정 검토한다. △임금 부분은 기본금 5%를 반납한다. △퇴직금 중간정산은 180억 원을 확보하되 부족분은 1999년에 반영하는 것으로 건설교통부에 요청하고, 이를 위해 노사가 공동으로 노력하고 지급 방법은 노사합의로 정한다. △해고자 복직 문제는 별도 노사협의회에서 논의한다는 내용이었다.

공사 제시안은 결국 "건설교통부의 결정에 따르라"는 것이었다. 김창원 이사장은 그동안 "2인승무 안 하겠다고 한 적 없다"며 오히려 노동조합이 거짓말로 조합원들을 선동하고 있다고 했다. 그러나 김창원의 그러한 주장이 새빨간 거짓말임이 밝혀졌다.

공단이 용역 도입을 철회하면서 용역 도입을 전제로 산정한 인원에서 당연히 증원되어야 할 정원을 한 명의 증원도 할 수 없다고 공공연히 밝히고 있듯이, 차량정비 중수선·AFC 용역 도입 철회는 개악 직제의 용역 도입안보다 더욱 개악된 내용이었다.

그 외 기타 제시안도 "건설교통부 승인 결과에 따른다"는 단서 조항을 달아 건설교통부의 결정에 무조건 맡기도록 강요하고 있었다. 어느 것 하나 단정적으로 하겠다는 것은 없었다.

공단 제시안대로라면 건설교통부가 어떠한 개악안을 내놓더라도 거기에 굴종하라는 것이었다. 기존의 어떤 노사합의나 단체협약도 무시하고 건설교통부가 구조조정 미명하에 30% 인원 감축을 하라면 해야 하고, 정년 단축을 지시하면 그대로 따라야 한다는 것이었다.

[서울지하철 동지가 통신에 띄운 글]

드라마가 아이면 역사를 새로쓰는 순간입니다.
우리는 이미 이겼습니다

여기는 승무지부 사무실 옆방, 콘크리트 바닥에 깔판을 깔아놓고 230여 명의 부산 동지들이 있습니다. 상경투쟁 이틀째의 밤을 넘기고 있는 지금, 파업 7일째를 맞고 있습니다. 공단의 간부들이 여기 오신 동지들의 가정으로 또 아줌마들 직장까지 찾아가서 복귀서를 받아내려고 바둥거리고 있고, 집으로부터 전화를 받은 조합원들은 많은 고생 속에서도 "지금 편하게 지내고 있다, 며칠 더 있어야겠다"하고 무뚝뚝하게 말하고 전화를 끊습니다. 8시 반부터 2시간이 넘게 오늘은 결의대회를 개최했습니다. 「합의서 준수 쟁취와 파업투쟁 승리 결의대회」였습니다.

그 전에 한 동지가 "행님, 내가 지금 피가 마릅니더"하면서 승무지부 사무실에 있던 한 동지에게로 옵니다. 오늘 총회 사회를 보기로 한 2선 집행부의 한 사람이지요. 사무실에 있던 우리보고 앉아서 하소연을 이렇게 하더군요. "내가 마이크를 잡아본 거는 예전에 노래 한 번 불러본 거 말고는 없는데, 우찌우찌 해갖고 우리 지회에 대의원이 한 명 모지래서 지회장이 대의원 해라꼬 애걸복걸을 해서 그기 못 이겨서 했더만은 세상에 몇 달 안 가서 파업하고, 지회장도 다 잡혀가고, 내가 2선 집행부가 되어갖고, 요기서 프로그램 담당을 하라고 하는데, 내가 우찌 사회를 보는지도 모르고, 진짜 피가 빠짝 빠짝 타는기라예" 입담이 좋은 그 동지는 중간중간 나를 아주 뒤집어지게 웃겨 가면서, 복귀 서명 받으러 집에 찾아와서 뒤집어 놓은 공단 사람들한테 마누라가 쫑크쳤던 이야기를 하면서 또 마누라 자랑도 하고…

본격적으로 사회를 보기 전까지 쪽지에 한마디 빡빡하게 적고, 또 우리한테 물어보기도 하면서 진행을 보았는데…

결론부터 말하자면, 결의대회를 하고 난후 지금 부산 동지들의 분위기는 완전히 결사투쟁의 분위기로 바뀌고 동지들은 무슨 일이 있어도 동시에 행동하겠다고 굳게 결의하게 되었답니다.

너무 너무 웃기고, 또 노래에 맞추어 춤추고 심지어는 덤블링까지 하는 동지들… 또 눈물이 복받쳐 올라서 "구속 동지 구출없으믄 절대로 못 내려 갑니다" "씨발 죽자!"하고 울먹이는 동지들…

또 결의대회 중간에 보따리를 싸서 부산에서 삼삼오오 올라온 동지들… 인사하라는 말에 "오다가 술을 묵어뿌리갖고예… 사실 밑에 있으니까 많이 불안했는데 우째던간에 여기서 끝까지 움직이지 맙시다"하고 들어갑니다.

여기 있는 동지들은 7일째 내일이면 무계결근으로 직권면직이라는 위협이 있습니다. 이에 대한 법적 대응을 위해 전체 조합원 휴가 3일 쓰기를 하고 있습니다. "휴가 3일 동시에 쓸 수 있습니까?", "투쟁"하고 답하고 앉아있는 한 조합원이 "이 오빠는 휴가가 6일이나 남아있어예"하고 소리를 지르고… 감동과 결의의 도가니입니다.

지금 교섭은 이러한 부산 동지들의 결의와 끈기로 본교섭과 실무교섭을 번갈아 가며 진행되고 있습니다. 이곳에 있는 승무조합원들은 평소 노동조합 활동이라고는 잘 몰랐던 우리가 볼 때, 그야말로 평조합원인 거 같습니다. 여기 2선 지도부들도 평소 마이크를 거의 잡아본 적이 없는 동지들임이 표가 많이 났습니다.

그런데 너무나 순수한 열정입니다. 꾸밀 줄도 모르고 말도 잘 못 합니다. 그런데 왜 이렇게 감동의 물결이 지금까지 제 가슴에 이토록 출렁거리는 것일까요. 서울 동지들의 방문이 간절해졌습니다. 이 아픔과 고민과 절박함과 그리고 결의와 또 역사적인 순간을 같이 해야 한다고 봅니다.

사회 보는 동지는 결의대회를 마치면서 이렇게 말합니다.

동지 여러분! 이거는 드라맙니다. 드라마가 아이면 역사를 새로 쓰는 순간입니다. 우리는 이미 이겼습니다.

파업농성, 직권면직 시한을 넘기다

7월 10일 파업 돌입 8일째다. 공단이 주장하는 직권면직 시한을 넘어섰다. 공단은 직권면직(무계결근 7일) 조항을 근거로 일반 조합원들을 직권면직하겠다고 협박했다. 파업 동참 기간을 무계결근으로 간주해 파업 7일째인 7월 9일 이후 업무 복귀하지 않을 경우 직권면직하겠다는 것. 당시 파업 자체가 불법이었지만, 통상 법 위반에 대한 책임은 노동조합과 집행부에게만 물었으나, 이번엔 파업 동참 조합원들도 직권면직하겠다는 것이다.

실제 승무관리소는 파업 8일째인 10일 직권면직 대상 조합원 21명의 명단을 공단에 올렸다. 이들은 서울 농성에 결합하지는 않았지만 업무 복귀를 거부하고 파업에 동참 중인 승무조합원들이었다.

이렇게 공단이 무계결근 7일을 내세워 직권면직 협박 공세를 가시화하자 노동조합 내부에서 업무 복귀 주장이 나오기 시작했다. 노조 투쟁본부도 조합원 희생을 최소화하기 위해 업무 복귀를 결정하고 서울 농성 조합원들에게도 알렸다.

그러나 군자기지에서 파업농성 중인 승무지부 조합원들은 교섭을 통해 타결될 때까지 복귀하지 않고 투쟁한다는 결의를 다시 확인했다.

서울지하철 군자기지 농성 조합원들과 서울지하철노조 조합원들의 연대집회

부산 투쟁본부와 서울 농성 조합원들 사이에 업무 복귀와 같은 매우 중요한 사안과 관련 이견과 혼선이 발생한 것이다.

비대위 출범과 교섭 재개

7월 11일 위원장 직무대행 체제로 운영되어온 노동조합 조직을 비상대책위원회 체제로 전환했다. 그동안 노동조합은 7월 3일 파업 돌입 이후 김태진 위원장을 비롯한 지도부 전원이 구속된 후 위원장 직무대행 체제로 운영되어왔다.

비상대책위원회 위원장은 추상돌 동지가 맡았다. 비상대책위원회는 김형택 승무지부장, 김형기 역무지부장, 김강준 기술지부장, 류시보 차량지부장, 최종만 사무차장, 이춘권 조직쟁의부장, 최상길 총무부장, 이영호 선전부장, 이만희 교육법규부장, 김광조 조사통계부장, 이강근 연대사업부장, 김정환 면회담당으로 구성됐다.

12일 저녁 7시 30분 노포기지 예식장에서 비대위 출범식을 개최했다. 비대위의 출범은 온갖 위협과 협박으로 조합원들의 일방적인 희생과 굴종을 강요하고 있는 공단에 맞서 파업 대오를 사수, 확대하여 사생결단의 각오로 '98투쟁의 완전승리와 민주노조 사수를 위한 것이었다.

비대위 출범에 즈음하여…

공단은 지금 상식적으로 도저히 이해할 수 없는 작태로 우리들을 분노케 하고 있다. 성실한 교섭을 통한 사태 해결 노력은커녕, 파업 참가자에 대한 직권면직, 손해배상 청구 등 온갖 위협과 협박으로 굴종을 강요하고 있는 것이다. 우리들을 파업으로 내몬 것이 누구인가? 일방적으로 인원을 감축하고, 기 합의된 노사합의사항 마저 지키지 못하겠다고 억지를 부린 공단이 아닌가! 그럼에도 공단은 책임지기는커녕 14명의 동지를 구속시키고도 모자라 직권면직 운운하며 대량해고를 호언하고 있다. 노동조합을, 1900 조합원들을 몰살시키려 하고 있는 것이다. 우리들이, 노동조합이 물러설 곳 마저 막아 버리고 있다. 공단의 이러한 작태에 언론들 조차 비난의 화살을 집중하고 있다.

이에 노동조합은 비상대책위원회(이하 비대위) 체제를 구축하여 민주노조의 사수와 파업 동참 동지들의 신변 안전 보장, 그리고 구속 동지의 구출 나아가 '98투쟁의 완전승리를 위해 사생결단의 각오로 나선다. 앞으로 비대위의 활동 방향은 첫째, 강도높은 현장활동을 통하여 이미 파업 대오에서 이탈한 조합원들을 투쟁대오로 견인할 것이다. 둘째, 정부의 일방적인 구조조정 저지와 공단의 부산시 이관에 따른 조합원들의 희생 최소화 투쟁 등 후반기 투쟁을 위한 조직 복원에 최선을 다할 것이다.

그러나 이러한 비대위의 활동은 조합원들의 관심과 동참 없이는 어느 것 하나 제대로 이루어내지 못한다. 비록 지금까지는 승무동지들의 영웅적인 파업투쟁으로 조직을 사수하고 있지만, 더이상 승무동지에게만 희생을 강요할 수 없다. 구속 동지 구출과 민주노조 사수 그리고 '98투쟁 완전승리를 위해 전 조합원의 단결투쟁으로 나설 것을 간곡히 호소한다.

7월 12일 오전 10시 공단과 교섭이 재개됐다. 9일 얼토당토않은 내용을 담아 최종안이라며 내놓고 온갖 위협과 협박으로 조합원의 일방적인 희생과 굴종을 강요하던 공단이 교섭을 하자고 나섰다. 이는 승무지부 조합원들의 꺾이지 않는 강고한 투쟁 의지와 공단의 오만한 작태에 대한 언론 등 여론의 집중적인 비난에 따른 것이었다.

구속 동지와 서울 상경투쟁 중인 동지들의 가족들이 파업투쟁 지원에 나섰다. 어린 자녀가 있는 주부가 대부분인데도 구속된 남편의 석방과 파업투쟁을 돕기 위해 시민선전전과 본사 항의집회 등 조직적인 활동을 벌여 나갔다.

내 살과 같은 동지들에게

동지들!

지금 막 밤 2시를 지나고 있습니다. 하루 하루를 넘기는 일이 이토록 힘든 때
는 내 인생에 없었던 것 같습니다.

파업투쟁 10일째, 서울 상경 5일째.

선로 위에 바리케이트를 치고 전경과 대치하며 합의사항 이행과 일방적인 인
원 감축 저지, 그리고 자동승진제 실시 등 절실한 우리들의 요구를 외치다 닭
장차에 끌려가고, 난생처음 경찰서 유치장에 갇혀 보낸 총파업 1일차. 경찰서
에서 각서를 쓰고 나왔지만 우리의 발걸음은 너무도 자연스레 지도부의 지침
에 따라 가톨릭센터로 향했고, 총회투쟁과 산개투쟁, 그리고 마침내 서울 상
경투쟁을 벌여 왔습니다.

내 사랑하는 아내와 아들들의 얼굴도 생각할 틈도 없이 우리의 투쟁 대오를
유지하는데 며칠째 1시간도 채 못 되는 잠을 자면서 민주노조 사수의 사명
감과 여기서 지면 우리는 곧 죽음이라는 배수진으로 하루하루를 버티고 있
습니다.

우리 서울 상경 동지들의 투쟁은 참으로 눈물겹습니다.

하루에도 몇번씩 웃다가 그야말로 벼랑 낭떠러지로 떨어지는 절망감이 반복
되는 그야말로 숨막히는 하루 일과입니다.

딱딱한 세멘 바닥에 박스를 깔고 누워 자며, 공단의 갖은 회유와 협박, 가족들
의 눈물어린 호소를 뿌리치며 피나는 투쟁을 벌이고 있습니다. 임신한 아내가
입덧이 심하여 아무것도 먹지 못하고 집에 혼자 있다면서 울먹이는 조합원, 아
들을 출산하는 순간을 먼 서울 땅에서 보내게 되었다고 서글퍼하는 조합원.

동료 조합원의 가족들이 공단의 협박에 못 이겨 천리길인 서울에 직접 올라와
남편을, 아들을 데리고 가겠다며 울며 호소하는 모습은 우리의 마음을 갈기갈
기 찢어 놓았습니다.

이번엔 잘 되겠지 하면서 협상에 기대하고, 결렬 소식에 분노와 좌절감이 교차하지만 여기서 무너지면 끝장이라는 생각으로 마음을 추스르고 있습니다. 그야말로 피눈물 나는 투쟁을 벌이고 있습니다.

그러나 김창원과 건설교통부는 지난 교섭에서 그동안 교섭에서 의견 접근을 이룬 부분보다 훨씬 후퇴한 안을 최종안이라며 내놓았습니다. 그리고 갖은 회유와 협박으로 우리에게 백기를 들 것을 강요하고 있습니다.

일방적으로 합의서를 파기하고 불성실한 교섭으로 파업을 자초한 자들이 사태 수습을 노력하기보다 오히려 노동조합과 시민을 기만하며 파국을 유도하고 있습니다. 지난 10일 노동조합이 공단이 열차 운전에 문외한인 군부대요원을 승무요원으로 투입한다는 소식을 듣고, 시민의 안전한 수송을 위해 눈물을 머금고 무조건 파업투쟁을 중단하고 현업에 복귀하려 했음에도, 공단은 파업에 참가한 조합원들을 직권면직하겠다고 악을 쓰는 김창원의 모습은 수단과 방법을 가리지 않는 악랄함 그대로였습니다.

단지 지하철 조합원의 가족이라는 이유만으로 공단 간부들의 협박 전화와 집까지 쳐들어와 가족들을 무자비하게 괴롭히는 공단의 반인륜적인 비열한 작태에 솟구치는 분노를 억제할 수 없습니다.

자랑스런 지하철 조합원 동지 여러분!

우리는 반드시 승리할 수 있습니다. 아니 반드시 승리할 것입니다. 비록 장기간의 파업투쟁 속에서 서울에 상경한 저희들은 심신이 피로하지만 승리가 눈앞에 있다는 희망 하나로 꿋꿋이 참아내며 투쟁을 전개하고 있습니다. 구속 동지들에 대한 의리와 그 가족들의 분노와 아픔을 되새기며 목숨을 내걸고 싸움을 전개하고 있습니다.

그러나 여기 있는 우리들의 투쟁만으로 승리를 쟁취하기에는 벅찹니다. 동지들의 투쟁이 너무도 절실히 필요합니다.

내 살과 같은 동지들에게 눈물로 호소합니다. 구속된 우리들의 지도부 동지들과 정말 의욕 하나만으로 버티고 있는 우리 서울 상경동지들을 구출하고 지켜 주십시오. 저 오만한 김창원이를 몰아내고, 98투쟁의 확실한 승리를 위해 다시 한번 일어섭시다. 모든 역량을 쏟아부어 승리의 깃발을 꽂도록 합시다.

1998년 7월 12일 02시 12분
서울 상경투쟁 조합원 일동

파업 돌입 12일 만에 업무 복귀

7월 12일 오전 10시 35분경 교섭이 재개되어 13일 오전 9시까지 마라톤 협상으로 진행됐다. 노동조합의 요구안 11개 사항 중 8개 사항이 의견 접근을 이뤘다. 3개 사항(노사합의사항 이행, 자동승진제 실시, 해고자 복직 및 징계자 원상회복)과 파업 관련 사후 수습 문제(구속 동지 석방, 파업 참가자 신변 보장)는 현격한 의견 차이로 난항을 거듭했다.

김창원 이사장은 사후 수습과 관련 파업 참가자에 대하여 선별 처벌하겠다는 입장을 굽히지 않았다. 노동조합이 파업 참가자에 대한 민·형사 및 인사와 관련한 신분 보장만 되면 복귀하겠다고 했지만 공단 이사장 김창원은 끝까지 강경 입장을 고수했다.

새 비대위가 들어섰지만 거세지는 공단의 파업파괴 공작으로 파업 동력은 시간이 지날수록 떨어져 갔다. 합의 타결 없이는 복귀도 없다고 결의를 다졌던 서울 농성 조합원들도 부산으로부터 가시적인 교섭 결과가 나오지 않자, 농성장을 빠져나와 부산으로 복귀하는 수가 늘면서 파업농성 대오는 서서히 무너져 갔다.

7월 13일 공단 운수처장과 승무관리소장이 군자기지로 농성 조합원들을 만나러 왔다. 이들은 "복귀하지 않은 조합원들에 대해 적극 가담자와 단순 가담자로 나눠 선별 처리하겠다"고 말했다.

한편, 민철노련은 노조 밖 연대와 지지를 조직하고 마지막까지 파업투쟁을 결과물로 만들어 내기 위해 교섭에 집중했지만, 끝내 정부(건설교통부)의 1인승무 일방 강행을 되돌리지 못했다. 여러 어려움 속에서도 굳건하게 버텨온 승무조합원들이 공단의 직권면직 협박 공세에 힘들어하는 모습을 안타깝게 지켜봐야 했다.

민철노련은 비대위와 함께 마지막까지 "3·12합의가 지켜질 수 있도록 노사가 노력한다"는 양보안을 마지노선으로 지키고자 했다. 그러나 승무지부 농성 조합원들이 "1인승무를 수용하는 대신 조합원 징계를 하지 않는다"는 복귀조건을 민철노련 교섭팀에 제안하고 업무 복귀를 결정했다. 민철노련은 이 같은 승무지부 결정을 받을 수 없다며 교섭을 중단했다.

서울 농성 조합원들은 14일 부산으로 향했다. 추상돌 비대위 위원장이 7월 14일 밤 11시 40분 파업투쟁 종료를 선언했다.

이렇게 선로 점거농성으로 시작하여 가톨릭센터 점거 농성, 서울 진격투쟁 등 공권력을 따돌리며 진행한 12일간의 파업투쟁이 아쉬움 속에 막을 내렸다.

투쟁 계속되다

파업이 끝난 후에도 비대위를 중심으로 조직 정비와 1인승무 저지 투쟁은 계속 이어졌다.

노동조합은 7월 17일 비대위 상무집행위원회를 열었다. 비상대책위원회는 먼저 18일부터 군 특전사요원 철수와 대량 보복징계 저지 그리고 민주노조 사수를 위한 철야농성에 들어가기로 했다. 이어 23일 구속자 석방을 위한 공단의 고소, 고발 취하와 징계 음모 저지를 위한 조합원 총회를 개최하여 조합원의 힘을 결집하기로 했다.

그리고 현재 민철노련에 위임된 교섭권은 당분간 그대로 민철노련에 두기로 결정했다. 향후 교섭 또한 공단이 모든 책임을 건설교통부에 떠넘기고 있는 현실에서 공단과의 교섭은 무의미하다는 판단하에 민철노련이 건설교통부와 청와대 등을 압박해 나가는 방향으로 추진하기로 했다.

한편, 공단은 파업 지도부를 비롯한 파업 참가자에 대한 대량 보복징계 음모를 꾸미고 있었다. 이미 1차 징계 대상자로 58명을 선정했다는 얘기가 나돌았다. 또한 단체협약과 합의각서에 의하여 보장된 조합 상근자 전임을 인정치 않는가 하면 상무집행위 회의 등 각종 회의를 위한 근무협조도 거부했다.

이에 앞서 부산지방노동위원회는 7월 15일 10시 중재위원회를 열어 임금부분에 관해 직권으로 노조와 공단 간에 잠정합의한 대로 동결 결정을 내렸다. 노사합의사항 이행 등 직제 관련 사항과 해고자 복직 등에 대해서는 중재 대상으로 부적절하다는 이유를 들어 제외했다.

23일 대의원대회 개최, 비대위 사업 방향 확정

노동조합은 7월 23일 대의원대회를 열어 비상대책위 상무집행위원회가 정한 기본 사업 방향과 당면투쟁방향을 참석 대의원 만장일치로 확정했다.

대의원대회에서 확정한 기본 사업방향은 민주노조 사수와 98단체교섭 요구안 쟁취이다. 당면투쟁 방향은 △대량 중징계방침 철회 △고소고발 취하 △김창원 이사장 퇴진 등이다. 또 당면투쟁은 중앙과 지부 조직력 복원과 강화를 기본으로 진행하기로 했다.

그리고 이날 대의원대회에서 추상돌 비대위 위원장을 수석부위원장으로, 최종만 전 편집위원장을 사무국장으로 인준했다. 이에 앞서 구속 중인 김태진 위원장은 22일 추상돌 비대위 위원장을 수석부위원장으로, 최종만 전 편집위원장을 사무국장으로 선임했다.

23일 저녁 7시 40분 비대위는 계획대로 조합원 총회를 열었다. 업무 복귀

후 첫 조합원 총회였다. 우려와는 달리 열띤 분위기에서 개최됐다. 파업 철회 이후에도 투쟁의 열기가 사그라지지 않았음을 확인할 수 있었다.

총회에 참석한 350여 조합원들은 징계 철회와 구속 동지 석방을 외쳤다. 서울 상경투쟁 경과를 발표한 승무지부의 김선수 조합원은 7일간의 상경투쟁 경과를 이야기하며 가족에게까지 협박을 가한 공단의 비인간적인 작태를 강도 높게 비난했다.

추상돌 비대위 위원장은 대회사에서 "공단의 합의서 파기에 맞선 12일간의 파업투쟁은 영웅적인 투쟁이었다." "너무나 정당한 투쟁이었다"고 정의했다. 이어 "공단이 이를 빌미로 대량 보복징계를 가해오고 있는 것은 결코 용서할 수 없다." "민주노조 사수와 공단의 보복징계 저지를 위해 우리 스스로가 당당해야 한다"고 강조했다.

공단의 노조 탄압

8월 10일 공단은 7·3파업 관련 노동조합을 상대로 손해배상청구소송을 부산지방법원에 제기했다. '소장'에 따르면 공단은 노동조합과 김태진 위원장을 비롯한 8명의 파업 지도부에 대해 총 청구액 2억9492만3841원과 위자료를 지급하라고 소를 제기했다. 청구액 안에는 당시 비상근무자들에게 지급한 수당 및 급식비가 2억2500여만 원으로 대부분을 차지했다.

또한 공단은 손해배상 청구와 함께 조합비 진액과 파업 지도부 8명의 임금 및 퇴직할 경우 퇴직금 2분의1에 가압류를 신청했다. 공단이 지정한 파업 지도부 8명은 김태진, 김구식, 오영환, 박세현, 정재훈, 노대홍, 정철, 박양수 등이다.

공단이 8월 초 다시 직제 재개정안을 건설교통부에 승인 요청했다. 그 골자는 1인승무 시행이었다. 다만, 타 부서 직제는 파업 기간 중 교섭에서 잠정 합의한 것을 토대로 1997년 9월 전의 직제로 환원한 것이었다.

세부적으로 보면 공단 전체 정원이 2656명에서 2906명으로 250명이 증원됐다. 이 가운데 기술 분야 용역 철회로 179명, 역무의 역무소 폐지 및 역장 일근제 시행과 각 역 서무 배치로 71명이 증원됐다. 이외에 공보실을 기획처 홍보부로, 비상계획실을 부이사장 산하로 이관하였으며, 1급의 직렬별 구분을 폐지했다.

8월 14일 구속자 중 5명이 보석으로 풀려났다. 7월 3일 공권력에 연행된 후 43일 만이었다. 보석 출소자는 노성동 토목보선지회장, 임선백 영선설비지회장, 이동혁 통신지회장, 신용태 신평차량지회장 그리고 양춘복 조합원 등 5명이었다. 공단이 8월 18일 또 2차 징계 대상자 23명의 명단을 통보했다. 25일에도 조합원 10명을 징계위원회에 회부했다. 이에 따라 징계 대상자는 총 57명으로 늘어났다.

노동조합 비대위는 공단의 대량 보복징계에 맞서 김창원 이사장 퇴진 투쟁을 지속하는 가운데 이미 20일부터 전 조합원 깃달기 투쟁에 들어갔고, 26일부터 승무 및 차량 조합원 사복 근무 투쟁에 들어가는 등 투쟁 수위를 높여 나갔다.

조합비 0.5% 인상

노동조합 비대위는 8월 25일 임시대의원대회를 열어 희생자 생계비 마련을 위해 현재 총액 1%의 조합비를 2년간 한시적으로 0.5% 인상하기로 규약을 개정했다.

그리고 희생자 보상 처리규정에 의한 총 조합비 중 희생자보상기금과 조합 운영비의 사용 비율을 현재의 4:6에서 2:8의 비율로 개정했다. 매월 지부별로 지급되는 교부금은 지급을 중지했다.

이와 함께 공단의 손해배상 청구와 조합비 가압류에 대비 1인당 5만 원 이상을 모금하기로 결의하는 한편, 채권을 발행하여 공단의 노동조합 와해

음모를 대처해 나가기로 했다.

이어 노동조합 비대위는 9월 4일 징계 철회와 손해배상 소송 취하를 위한 조합원 총회를 열었다. 계속 이어지는 집회에도 불구하고 250여 명의 조합원이 모였다.

추상돌 비대위 위원장은 "공단과의 교섭 중단 이후 교섭이 재개되지 않고 있는 것은 공단이 여전히 합의사항 파기에 대한 입장 변화가 없기 때문이다." "지금이라도 공단이 전향적인 자세로 임한다면 교섭에 임할 것"이라고 말했다. 이어 추 위원장은 "공단의 손배소송은 치졸한 노조 탄압이다." "민주노조 사수 차원에서 강력 대응해 나가겠다"며, "조합원 모두가 일치단결해 나가자"고 호소했다.

6️⃣ 김태진 위원장 복귀 그리고 직권조인

김태진 위원장 등 7명 출소, 비대위 해소

9월 8일 오전 9시 30분 선고 공판에서 김태진 위원장을 비롯한 11명 전원이 집행유예 선고를 받았다. 이에 따라 김태진 위원장 등 구속자 7명이 이날 오후 3시경 주례구치소에서 출소하였다.

선고 내용을 보면 김태진 위원장 징역 2년 집행유예 3년, 박세현 승무지부장·오영환 기술지부장·김구식 역무지부장·정철 노포승무지회장·박양수 신평승무지회장·박현우 전 사무국장 등 6명 징역 1년6월 집행유예 2년, 노대홍 전 사무국장·이동혁 통신지회장·임선백 영선설비지회장 등 3명 징역 10월 집행유예 2년, 양춘복 조합원 징역 8월 집행유예 2년이 선고됐다. 이후 정재훈 노포차량지회장과 안삼렬 전 위원장은 18일 선고공판 결과 집행유예로 출소했다.

노동조합은 9월 14일부터 비대위 체제를 김태진 위원장 체제로 전환했다. 다시 복귀한 김태진 위원장은 빠른 시일 내에 조직을 정비하여 당면한 징계 철회 투쟁, 노사합의 이행, 정부의 일방적인 구조조정 그리고 시 이관 투쟁에 총력을 기울이기로 했다.

14명 징계해고, 직위해제 17명 포함하면 30명 넘어

9월 10일 공단이 9월 11일부로 노동조합 비대위 간부 등 14명을 징계해고(파면 7명, 해임 7명)했다. 또 강임 5명, 정직 5명, 감봉 22명, 견책 9명 등 조합원 41명을 중징계 조치했다.

김형택 승무지부장 직대, 류시보 차량지부장 직대, 최종만 비대위 사무국장, 이영호 비대위 선전홍보부장, 이춘권 비대위 조직부장, 최상길 비대위 총무부장, 김윤형 전 역무대의원 등 7명은 파면이었고, 김정환 전 승무지부장, 김영일 전 선전홍보부장, 김광조 비대위 조사통계부장, 이학진·김선수·류두진·이효철 등 4명의 승무조합원을 포함 7명은 해임이었다.

이후 10월 28일 공단은 김형기 전 비대위 역무지부장을 파면 조치해, 해고자는 15명으로 늘었다. 이어 공단은 11월 2~3일 김태진 위원장 등 17명의 직위해제자들에 대해 징계위원회를 개최해 전원 파면 조치했다. 이에 따라 7·3파업과 관련한 해고자는 총 32명으로 늘어났다. 전지협 파업 관련 해고자를 포함해 총해고자 수는 35명이 됐다. 노동조합은 공단에 정식 공문을 보내 노사협의회를 17일 열자고 요구했다.

한편, 김태진 위원장은 11월 5일 부산지방노동청장을 만났다. 이날 만남의 배경은 10월 29일에 있었던 국회 노동환경위의 부산지방노동청 국정감사에서 소속 국회의원들의 요구 때문이었다. 국정감사 당시 참석 국회의원들은 이구동성으로 건설교통부와 공단의 무책임과 무능을 지적하고 징계와 손해배상 가압류 철회를 요구했다.

김태진 위원장은 노동청장과 만난 자리에 "공단이 노사합의를 위반하고 일방적인 직제개정을 강행하고 있다." "대량해고와 손배 가압류 청구로 노동조합 숨통을 틀어막고 있다"며 노동청장의 협조를 요청했다.

한편, 10월 27일 부산지방법원에서 강한규 민주노총 부산본부장이 징역 2년4월 집행유예 4년을 선고받고 출소했다. 강한규 본부장은 1996~1997년 노동법 개정 투쟁과 관련해 구속됐다. 7·3파업 관련 혐의는 증거 부족으로 공소 사실에서 빠졌다.

조합 재정 마련 채권 발행

노동조합은 10월 15일부터 채권 발행 방식으로 조합 운영비 차용에 나섰다. 8월 17일 법원이 공단이 손해배상청구소송에 이어 제기한 조합비 가압류 신청을 인용해, 조합 운영비가 바닥나기 시작했기 때문이었다. 공단이 노동조합을 상대로 2억3400여만 원 손해배상청구소송을 제기했기 때문에 가압류 종료시한인 1999년 2월까지 대책이 시급했다. 노동조합은 9월과 10월은 남은 조합비와 조합원 1인당 5만 원 모금으로 버텼지만, 11월부터는 이마저 동이 날 형편이라 채권발행 방식의 조합 운영비 재원 차용에 나선 것이다. 노동조합은 채권 액면가액을 3만 원으로 결정했다. 채권은 조합원과 외부 노동조합 및 단체를 대상으로 발행했다.

아울러 노동조합은 현 상황을 타개하기 위하여 조합 운영비를 최대한 줄이고 재정사업 등 가능한 방법도 강구하기로 했다.

노동조합은 7·3파업 관련 희생자 생계비는 1인당 1백만 원 정도의 최소 생계비만 지급하기로 했다. 그렇게 조합 재정을 긴축하더라도 월평균 5000만 원 가까이 소요된다. 결국 가압류가 종료되는 1999년 2월까지 최소 2억 원 이상의 재정이 확보되어야 했다. 따라서 조합원 1인당 평균 10만 원 이상씩 채권을 매입해야 최소한의 조합 운영이 가능했다.

채권 판매는 1999년 상반기까지 이어졌다. 최종 채권 판매 금액은 8488만 9800원이었다. 이 가운데 조합원들이 6468만 원(2156매, 1매 3만 원)을 매입했다. 나머지 2020만9800원 상당을 일본 JR동노조에서 매입했다. 또 서울지하철노조가 3000만 원을 지원했다.

공단, 1인승무 강행 기도

11월 27일 저녁 7시 30분 400여 조합원들이 온천장역 대합실에 모였다. 조합원들은 합의 이행과 무능 경영진 퇴진을 외쳤다.

김태진 위원장은 "김창원이 공단 이사장으로 있는 한 노사평화는 없다"면서 "12월 20일까지 징계 철회와 김창원 이사장 퇴진이 없으면 재파업에 돌입하겠다"고 말했다.

그러나 공단은 정해진 일정에 따라 1인승무 시행을 위한 준비를 차근차근 진행했다. 공단은 11월 28일 1호선의 모든 차장을 기관사로 발령 내겠다는 공문을 극비리에 발송했다. 문제의 공문에 따르면 기존 차장 전원을 11월 30일부로 기관사로 발령 조치하고, 12월 1일부터 2인의 기관사가 승무하여 상·하선 교대로 운전하는 내용이었다.

무능 경영진 퇴진 촉구 기자회견(1998.11.19.)

　이는 1호선에서 1인승무를 강행할 수 있는 사전준비를 하면서 언제든지 2호선으로 인력을 배치해 1, 2호선 모두 1인승무를 강행하겠다는 것이었다. 공단이 노동조합에 실무협의 개최를 요청한 것도 사실은 대외 면피용에 지나지 않았다.

　승무지부는 공단의 일방적인 1인승무 강행에 맞서 11월 30일 120여 명이 참석한 가운데 지부 비상총회를 개최하고 1인승무 강행 시 재파업도 불사하기로 했다. 그리고 승무지부는 12월 1일부터 사복 근무에 들어갔다.

　공단이 1인승무 강행 기도에 이어 대규모 인원 감축 음모를 드러냈다. 공단은 11월 30일 차장의 기관사 발령에 이어 12월 8일부터는 전동차 운전 시스템을 완전 1인승무 시스템으로 전환하여 모든 승무 업무를 기관사 1인이 하도록 했다. 그런가 하면 12월 5일 2호선 1단계 개통과 관련한 신규 직원 채용 공고를 하면서 운영직만 대상으로 해 대규모 인원 감축 음모를 노골화했다.

　노동조합이 비공식 확인한 바에 의하면 기술과 차량 부문의 신규채용은 없는 것으로 확인됐다. 이미 밝혀진 바 있는 120명 인원 감축 음모의 연장선이었다.

　공단의 계획에 의하면 2호선 1단계 개통에 소요되는 기술 인력 194명가량을 발령 대기자 약 46명으로 1차 충원하고, 부족 인원은 부서 통폐합, 분소 축소 등 인력 구조조정을 통해 충당해 신규채용을 최대한 억제한다는 것이었다. 그래도 모자라는 부분은 특별채용 형태(고용직)로 충원할 계획으로 알려졌다. 결국 용역 도입 철회에 따른 추가 인원을 채용하지 않겠다는 것이다.

　노동조합은 12월 7일 열린 상무집행위원회에서 향후 투쟁 방향을 논의하고 16일부터 18일까지 김창원 퇴진 조합원 찬반 투표를 하여 그 결과를 바탕으로 김창원 퇴진 투쟁에 총력 집중하기로 하였다.

그러나 검찰이란 거대한 암초가 앞을 막았다. 검찰이 불구속 입건 상태인 조합원들을 기소하겠다며 소환하기 시작한 것이다. 검찰은 기소와 벌금을 무기로 조합원을 직접 협박하고 나섰다. 그러자 승무 현장 분위기는 급속도로 얼어붙었다. 이와 함께 1인승무 수용 분위기가 급속도로 퍼졌다.

김태진 집행부도 검찰권력까지 동원한 정권의 압박 공세를 견디지 못했다. 12월 19일 김태진 위원장은 중앙위원들과 논의 후, 해고 조합원 9명 복직과 1인승무 우선 시행 수용 내용이 담긴 노사합의각서에 서명했다. 직권조인이었다.

12월 24일 임시대의원대회가 열렸다. 12·19노사합의각서 추인 건이 안건으로 올랐다. 논란 끝에 추인이 부결됐다. 참석대의원 일부가 불구속 입건 조합원들에 대한 검찰 탄압 등 현실적 문제를 제기하며 재고를 요구했다. 대의원들은 다시 논의에 들어갔다. 논의 결과 차기 대의원대회에서 다시 처리하기로 했다.[7]

직권조인에 대해서도 책임 문제가 제기됐다. 대의원들 사이에 많은 논란이 이어졌다. 결국 표결을 하기로 했다. 김태진 위원장의 직권조인 책임을 물어 '정권 3년'이 결정됐다.

12·19합의각서

1. 노동조합은 공단의 1인승무 우선 시행을 수용한다. 다만, 승무원의 근로조건은 추후 노사간에 합의 결정하며, 안전사고 발생 시 승무원을 비롯한 관

---

7   차기 대의원대회는 다음해 1월 5일에 열었다. 당시 김태진 집행부 퇴진과 선거로 노동조합은 어수선한 상황이어서 해당 대의원대회에 관한 상세한 기록을 찾을 수 없다. 다만, 김태진 위원장 직권조인으로 대의원대회 결과와 관계없이 12·19합의각서는 법적 효력이 있었다.

계 직원에게 그 책임을 전가하지 않는다.

2. 공단은 '98. 7. 3. 파업 관련 해고자 중 9명을 재심을 통하여 구제한다.

3. 공단은 '98. 7. 3. 파업과 관련하여 강임 이하의 징계처분을 받은 직원은 재심을 통해 선별하여 징계양정을 경감한다.

4. 노사는 지금까지의 대립적 노사관계를 청산하고 참여와 협력적 노사관계를 유지함으로써 모든 문제를 대화와 양보를 통하여 해결하며 노동조합은 향후 극단적인 행위를 하지 않는다.

1998. 12. 19

부산교통공단 이사장 김창원　부산교통공단노동조합 위원장 김태진

7 ⟩⟩ 7·3파업 평가

7·3파업은 여느 파업과 다른 점이 많았다

7·3파업투쟁은 표면적으로는 단체교섭 투쟁이지만, 본질은 정부(건설교통부)를 상대로 벌인 투쟁이었다. 건설교통부의 3·12합의 승인 거부(재검토 지시)가 파업의 원인이었기 때문이다. 그래서인지 7·3파업투쟁은 여느 파업과 다르게 진행됐다.

먼저 7·3파업은 선로를 점거하고 파업투쟁을 전개했을 뿐 아니라 파업 시작과 함께 파업 지도부는 물론 조합원 508명이 경찰에 연행당하는 흔치 않은 파업이었다.

또 교섭권을 상급단체인 민철노련에 위임하고 시작한 파업이기도 하다. 특히 파업 주력 대오의 농성투쟁 거점이 부산이 아닌 서울지하철 군자차량기지였던 것도 특징 중 하나다.

그리고 파업 시작과 함께 지도부가 전원 구속되었음에도 파업투쟁이 12일 동안 이어진 것도 7·3파업이 여느 파업투쟁과 다른 부분이다. 특히, 직권면직이 가능한 7일을 넘겼다는 점이다.

마지막으로 정부가 검찰권력까지 동원하여 1인승무 합의를 강요 협박한 부분이다.

서울지하철노동조합의 연대와 헌신적 협조

전지협 공동파업으로 맺은 서울지하철노조와의 '형제의 연'을 7·3파업에서 다시 한번 확인할 수 있었다.

서울지하철노조 집행부(위원장 김선구)는 7월 3일 공권력 침탈과 연행 소식을 듣고 진행 중이던 수련회 일정을 중단하고 곧장 부산으로 내려왔다.

승무지부 조합원들이 서울지하철 군자기지에 농성거점을 마련하고 파업농성을 이어갈 수 있었던 것도 서울지하철노조 집행부의 헌신적인 협조가 없었다면 불가능했을 것이다. 또 군자기지 농성장 지지방문을 조직해 파업농성 조합원들을 격려했다.

7·3파업투쟁의 아쉬운 부분들

7·3파업은 먼저 전체 공유가 부족한 가운데 시작하여 파업 동력을 최대치로 끌어 올리지 못했다. 지도부는 파업 D-day 일정과 관련 7월 15일 파업을 예정한 민주노총 투쟁 일정과 맞출 것인지 논란 끝에 7월 3일로 결정했다. 연대투쟁에 대한 부담과 2호선 1인승무 연구용역 결과 발표(7월 10일) 시기가 주요하게 작용했다. 이에 따라 승무지부를 제외한 3개 지부 조합원들을 파업 대오로 모으는 데 사실상 실패했다.

당시 승무지부는 지부 운영위를 중심으로 상당한 조직력을 갖추고 있었다. 특히 건설교통부의 승인 거부로 3·12합의가 파기돼 물거품이 될 위기감과 분노로 투쟁 분위기가 최고조에 달하고 있었다.

그러나 기술, 차량, 역무지부는 투쟁 동력이 올라오지 않고 있었다. 이들 3개 지부는 파업 준비가 되어있지 않았다는 게 맞는 표현일 테다. 유독 1인승무 실시 문제만 쟁점으로 떠오른 것도 큰 영향을 미쳤다.

둘째, 1994년 파업에 이어 7·3파업도 파업 이후 계획이 전무하다시피 했다. 당일 동래역 선로농성 중 지도부 전원이 연행 구속됐으나, 2선 지도부조차 준비돼 있지 않았다.

그러다 보니 7월 3일 파업 돌입 후 바로 파업 지도부는 물론 지부 운영위원마저 대부분 연행 억류돼 파업 대오를 조직할 수 있는 조건 자체가 되지 않았다.

그나마 대다수 조합원이 연행된 승무지부만 석방 후 파업대오를 갖췄다. 다른 지부 조합원들은 대부분 복귀한 상태였다.

셋째, 지도력의 부재를 들 수 있다. 7월 3일 집행부 대다수가 연행된 후 교섭 때문에 연행되지 않은 사무국장이 직무대행을 맡았다. 승무를 제외한 3개 지부 집행력은 밑바닥이었다. 당시 상급단체였던 민철노련이 교섭 위임을 받아 김연환 위원장 등이 교섭을 맡았으나, 지도력이 발휘될 상황이 아니었다. 이에 따라 강한규 민주노총 부산본부장이 상당한 역할을 했다. 사무국장을 직무대행으로 한 중앙 지도부와 승무지부 사이의 지휘체계 혼선도 주요 문제점으로 나타났다.

아무튼 당시 노동조합의 현실적 조건과 한계에도 불구하고 승무지부 조합원들이 12일 동안 파업투쟁을 이어간 부분은 높이 평가되어야 한다.

다만, 아쉬운 점은 7·3파업이 전체 투쟁이 되지 못하고 승무지부 중심의 투쟁이 되었던 걸 반면교사로 삼지 못한 부분이다. 노동조합은 1인승무제 저지 시행 이후에도 계속 이어진 순차적 구조조정을 전체 투쟁으로 만들지 못하고 해당 지부 혹은 직렬만의 투쟁으로 흘러 결국엔 각개격파 당했다.

4

7대 집행부 활동과
김대중 정권의 공기업 경영혁신

1))) 험난한 여정 시작하다

7대 이민헌 집행부 출범

노동조합 선거관리위원회는 6대 집행부 총사퇴로 1999년 1월 21일, 22일 위원장을 비롯한 지부장, 지회장 선거를 했다.

위원장 선거는 이민헌(4대 집행부 사무국장)이 단독 출마했다. 이민헌 후보는 총 조합원 1879명 중 1447명(77%) 투표, 1317명(91%) 득표로 무난히 당선됐다.

지부장 선거는 기술지부 김광희 후보, 승무지부 김영일 후보, 차량지부 최부환 후보가 출마했다. 세 후보 모두 여유 있게 과반수를 넘겨 당선됐다. 역무지부는 후보가 없어 지부장을 뽑지 못했다.

지회장 선거도 출마 후보가 없는 지회가 많았다. 기술지부는 변전지회장 김종환 후보, 영선설비지회장 전호상 후보, 토목보선지회장 김종필 후보, 신호지회장 천병철 후보 등이 단독 출마해 당선됐다. 전기지회와 통신지회는 출마 후보가 없었다. 승무지부는 노포승무지회장 고강록 후보, 신평승무지회장 김창호 후보, 호포승무지회장 신우식 후보가 단독 출마해 당선됐다. 역무지부와 차량지부는 지회장 출마 후보가 한 명도 없었다.

위원장을 비롯한 당선자는 바로 임기를 시작했다. 7대 이민헌 집행부가 험난한 여정을 시작한 것이다.

이민헌 위원장은 "경제위기를 빌미로 무원칙한 공기업 구조조정 칼바람이 공기업노동자들의 삶의 설계와 기본질서를 무차별 박살내고 있다." "그러나 어느 것 하나 사측이 일방적으로 추진할 수 있는 것은 없다. 만약 사측이 일방 추진을 강행한다면 엄청난 저항에 부딪힐 것"이라고 경고했다. 이어 "저들이 우리들의 완전한 죽임을 기도한다면 우리 모두 완전히 죽을 각오로 분연히 일어나 모든 수단을 총동원하여 적극적으로 저항할 것"이라고 결연한 의지를 보였다.

공단 교섭 거부, 공기업 경영혁신 공세

공단이 집행부 총사퇴와 지도부 공백을 틈타 온갖 불법과 탈법을 자행하고 있었다.

공단은 1998년 말부터 2호선 1단계 개통을 준비하면서 1호선 기존 인력을 빼내 2호선에 배치했다. 노동조합과 조합원의 동의도 없이 근무형태마저 개악하려 시도했다. 이 과정에서 단체협약은 물론 직제규정 또한 철저히 무시했다. 그뿐 아니라 직제 개악에 이어 조만간 인력감축을 포함한 대규모 구조조정이 있을 것이라는 소문을 공공연하게 흘렸다.

대규모 인력감축 등 구조조정 얘기가 그렇고, 퇴직금누진제 폐지, 정년 단축, 임금 삭감(4.5%), 학자금 보조 폐지, 체력단련비 폐지 등 후생복리비 대폭 삭감 등 정부 기획예산위원회가 주도하고 있는 소위 '공기업 경영혁신' 공세가 그것이다.

노동조합이 단체교섭을 요구했다. 공단의 일방적인 2호선 발령과 근무형태 변경 그리고 승무원 노동조건은 노사합의로 정한다는 합의에 따른 교섭 요구였다. 그러나 공단은 노동조합의 교섭 요구를 거부했다. 대신 공단은 노사협의회와 실무협의를 통해 해결하자고 했다. 다시 노동조합은 2월 12일 단체교섭을 열자고 요구했으나, 단체교섭 거부 입장을 고수했다.

2호선 개통을 앞두고 공단은 노동조합과 합의도 하지 않고 개인의 동의도 없이 일방적으로 2호선에 인사발령을 냈다. 또 일방적으로 근무형태를 변경하기도 했다. 그뿐 아니라 1998년 12월 19일 노사 간에 체결한 승무원의 노동조건에 대한 노사합의를 미뤘다.

부족 인력 충원도 하지 않았다. 공단은 역무직을 제외하고는 인원 충원을 하지 않고 있었다. 기술지부 AFC지회 경우 교대근무자의 인원이 1호선 인원을 2호선에 투입하는 바람에 3명에서 1명이 근무하는 상황이었다. 모터카의 경우는 공단이 일방적으로 3조 2교대에서 야간격일제로 변경해 버렸다. 이는 건설교통부에 승인받은 직제에 의하더라도 218명이 부족한 상대였다.

여기에다 공단은 2월 대학생 자녀 학자금 지급을 보류하고 있어 조합원들의 불만을 샀다. 이는 건설교통부가 1998년 12월 31일 보낸 "학자금을 지급하는 것이 아니라 대출하는 것"을 담은 기획예산위 지침에 따른 것이었다.

1인승무 시행 후 황당 사고

1인승무 실시 이후 예전에는 발생하지 않았던 '황당한' 사고가 일어나 지하철 안전에 비상등이 켜졌다. 멀쩡한 출입문이 열리는가 하면, 전동차가 가다가 정지하는 등 원인을 알 수 없는 사고가 계속 발생했다.

3월 6일 부산진역에 정차하여 승객이 다 타고 출입문이 거의 닫힌 상태에서 반대편 출입문이 열리는 현상이 발생했다. 이러한 현상이 3월 7일도 다시 일어났다. 공단이 1인승무를 실시하면서 기술적인 점검이 제대로 되지 않았다는 것을 보여주는 것이다. 이에 대해 언론들은 "모르쇠 공단", "사고철 공단"이라며 질타했다.

2호선은 개통 지연으로 시민들로부터 원성을 사고 있었다. 2호선 1단계 개통시기와 관련해 공단은 애초 1995년에 개통하겠다고 약속했다. 그러다 1998년 9월, 다시 1998년 12월로 연기하더니, 다시 1999년 3월엔 반드시 개통하겠다고 했다. 그러나 3월이 다 지나가는데 개통은커녕 여전히 각종 문제가 발생하고 있었던 것이다.

이러한 사고는 현장인력을 일방적으로 감축할 때 이미 예견된 일이었다. 이에 노동조합은 개통지연, 1호선 안전사고에 대해 지속적으로 시민선전 활동을 진행해 나갔다.

2 ▶ '99년 임단협과 파업유도 정국

통합연맹 출범, 부산지하철노조는 곧장 투쟁 모드로

3월 13일 세종대 대양홀에서 민철노련과 공공연맹 그리고 공익노련이 통합대의원대회를 열고 공공운수사회서비스노동조합연맹(공공연맹)으로 통합을 확정했다. 통합 공공연맹은 공익노련 양경규 위원장과 민철노련 석치순 위원장 그리고 공공연맹 김호선 위원장을 공동 위원장으로 선출했다. 의무금은 조합원 1인당 1300원으로 결정했다.

통합 공공연맹은 통합 대의원대회를 마치고 서울 용산역에서 2만여 명의 공공노동자들이 모인 가운데 공공연맹 출범식을 개최했다. 부산지하철노조도 공공연맹 통합대의원 대회와 출범식에 참여했다.

민철노련 대의원대회와 공공연맹 창립대회(1999.3.13.)

이어 부산지하철노조는 3월 22일 6차 임시대의원대회를 열어 쟁의발생을 결의하고 투쟁본부 체제로 전환했다. 상반기 투쟁계획도 결정했다.

참석 대의원들은 공공연맹 6대 요구안인 노동시간 단축, 공기업 공익성 유지, 재벌 해외매각반대, 연봉제 철회, 퇴직금제도 개악, 복리후생 축소 철회, 임금 대정부 직접교섭과 손해배상 철회, 해고자 복직을 만장일치로 통과시켰다. 이어 참석 대의원들은 공공연맹 투쟁계획에 따라 노동조합 조직을 투쟁본부 체제로 전환하기로 결정했다.

노동조합은 공공연맹의 방침에 따라 투쟁 일정을 맞췄다. 4월 19일 서울지하철노조를 선두로 공공연맹의 총파업이 시작됐다. 노동조합은 18일부터 철야농성에 들어갔다. 4월 22일 파업을 예고하면서 21일 저녁 조합원 총회를 열었다. 모인 조합원은 200명 남짓이었다. 파업에 들어갈 수 없었다. 노동조합은 일단 파업 돌입 시기를 26일로 연기했다.

공단에도 변화가 있었다. 김창원 이사장이 물러나고, 최인섭 이사장이 4월 21일 취임했다. 이날 취임식에 앞서 노사는 교섭 개최를 합의했다. 이후 몇 차례 교섭이 있었지만, 이사장 불참 등 공단의 성의 없는 교섭으로 아무런 진전이 없었다.

4월 26일 서울지하철노조가 복귀를 선언했다. 부산지하철노조도 27일 01시 파업 돌입 유보를 선언했다. 4월 투쟁으로 공단을 교섭석상까지는 끌어냈지만, 더이상의 진전을 보지 못했다. 조합원들의 힘이 뒷받침되지 못한 한계를 여실히 보여준 투쟁이었다.

'99년 임단협 요구안 확정

4월 투쟁에 이어 곧바로 임단협 투쟁 국면으로 넘어갔다. 노동조합은 6월 9일 임시대의원대회를 열어 1999년 임금과 단체협약 갱신 요구안을 확정했다.

참석 대의원들은 상무집행위원회(안)으로 상정한 ’99년 임금인상 요구안 및 단체협약 갱신 요구안을 심의하여 수정 없이 원안대로 통과시켰다.

먼저 ’99 임금과 단체협약 투쟁은 민주노총과 공공연맹의 기조인 일방적 구조조정 저지, 임금 삭감 저지, 단체협약 사수와 현안 해결에 집중하기로 했다. 또 연맹과 공동투쟁 차원에서 교섭권 위임을 통한 공동교섭 진행과 함께 투쟁 시기를 집중하여 투쟁 효과를 높이는 방향으로 정했다. 그리고 조합원과 함께하는 투쟁으로 조직력을 확대 강화하는 데 중점을 뒀다.

요구안과 관련해선 단체협약 불이행 사항 우선 이행을 요구하기로 했다. 여기에는 ’99년 대학생 학자금 지급(단체협약 제93조), ’99년 5월 체련비 지급(1995.7.13 임금협약서), 사내복지기금 ’99년도 5억 출연(’97노사합의), 기구조정에 따른 인력 충원(단체협약 제43조) 등이 포함됐다.

이날 확정한 임금 요구안을 보면 △총액 대비 5%인상(정액, 정률의 비 50대 50) △임금구조 개선을 위하여 호봉 간 격차를 확대(호봉 간 2만5000원 수준) △기본급 비율 상향 조정 등이었다.

단체협약의 주요 요구를 보면 △단체협약 조합원 자격 삭제, 규약에 명시 △비전임 조합 간부 조합활동은 근무에 우선 △조합 전임자 15명으로 확대 △조합원 교육 연 4시간으로 연장 △공단 인사 및 징계위원회 공단 추천 3인과 노조 추천 3인으로 구성 운영 △고용직 정년 연장(53세→61세) △3조2교대 교대시간과 갱의시간 근무시간 포함(주간 08:50~19:00, 야간 18:50~09:00) △야간근무수당 통상임금의 61% 요구 △급식보조비 통상임금 포함 △재해보상 보상일수 상향 조정, 업무상 재해 시 유족보상 평균임금 1000일분과 장례비 평균임금의 200일분 별도 보상 등을 확정했다.

그리고 4, 5월 투쟁 현안 요구인 해고자 복직, 손해배상 철회, 파업 관련 조합원 인사상 불이익 말소 등도 요구안에 포함했다.

이날 대의원대회에선 이민헌 위원장이 선임한 이만희 사무국장을 인준

해고자 복직을 요구하는 투쟁은 계속되었다.

했다. 위원장의 직권조인 방지를 위하여 규약 77조를 개정하여 잠정합의안을 대의원대회 의결을 거쳐 협약을 체결하도록 했다.

한편, 공단은 정부지침을 들먹이며 임금 삭감, 퇴직금누진제 및 체력단련비 폐지, 대학생 자녀 학자금 보조 폐지 등 단체협약 개악을 시도했다. 그뿐 아니라 정부지침을 이유로 학자금과 체력단련비를 제때 지급하지 않았다.

조폐공사 파업유도 사건 터지다

1999년 6월 7일 검찰 고위간부 진형구 대검 공안부장이 "1998년 한국조폐공사 노조의 파업을 검찰이 유도했다"고 말해 세상을 떠들썩하게 했다.

파업이 끝나고 1년이 지난 후 파업 당시 대검찰청 공안부장이었던 진형구가 대전고검 검사장으로 발령 난 뒤 기자들과 폭탄주 석 잔을 마신 후 대담을 갖던 중 1998년에 있었던 조폐공사의 파업을 검찰에서 유도 했다는 발언을 하였다. 구조조정에 대한 불만을 단칼에 제압하기 위해서 국가가 조직적으로 나서서 조폐공사의 파업을 유도한 뒤 무자비하게 진압해서 다른 사업장에 대해서 본보기를 보이려 했다는 것이다.

실제 조폐창 통폐합에 미온적이었던 강희복 조폐공사 사장이 돌연 99년 3월까지 조폐창 조기 통폐합 방침을 밝혔다. 이어 98년 10월 18일 이사회를 열어 조폐창통합 기본계획을 확정했다. 이에 맞서 조폐공사노조는 98년 11월 25일 구조조정에 반발하는 파업에 돌입했고, 진형구는 강희복에게 파업지도부 35명을 즉각 고발토록 했다.

진형구가 의도한 대로 검찰은 파업을 주도한 구충일 당시 노조위원장 등 노조 간부 7명을 구속하고 사측은 별도로 파업가담자 730여 명에게 파면(10명), 직위해제(84명), 정직(18명), 감봉(17명), 견책(3명), 경고(600여 명) 등의 징계조치를 취해 사실상 노조는 무력화됐다.

결국 진형구의 조폐공사 파업유도 발언은 파업을 촉발해 구조조정을 2년

이나 앞당기고 노조를 무력화시킴으로써 공기업 구조조정의 모범적인 선례를 만들었다는 '취중진담'으로 드러났다.

7·3파업도 파업유도 의혹 밝혀라

조폐공사노조 파업유도 사실이 세상에 알려지자 부산지하철노조도 1998년 7·3파업이 정부와 공단, 검찰에 의해 유도되었다는 의혹을 제기했다.

그 근거로 하나, 98년 5월 3·12합의서를 체결한 곽만섭 이사장이 전격 경질되고, 건설교통부가 3·12합의를 사실상 파기한 사실을 들었다. 당시 건설교통부는 5월 21일 2인승무는 기획예산위의 구조조정 지침에 반한다며 공단이 승인 요청한 직제를 반려했다.

둘, 김창원 이사장이 부산시장의 중재를 무시하고 마지막 교섭에 불참했다. 노동조합에서 이사장이 있는 곳으로 가서 교섭하겠다는 제의마저도 거부했다. 교섭을 통해 해결하고자 하는 의지가 전혀 없었음을 입증하는 것이었다.

셋, 공권력 투입시점과 진압과정에서 조합원이 자진해산 할 퇴로를 아예 차단하는 포위 진압으로 농성 조합원 508명 전원 연행, 조합원들을 이틀 동안 억류하여 현업 복귀를 원천봉쇄했다.

넷, 노조 간부 조합원 포함 32명 해고, 41명 중징계, 3억 손해배상 및 가압류로 노동조합을 무력화하려 했다.

다섯, 파업 이후 98년 12월 초 검찰은 조합원에게 추가 구속을 운운하며 개인에게 벌금고지서를 발송하는 사상 유례가 없는 검찰 권력 남용으로 노동조합이 1인승무를 수용 할 수밖에 없는 상황으로 몰아넣었다.

여섯, 99년 4월 19일 부산지하철의 4월 22일 파업 예정에 대한 공안대책 실무협의회 결과가 위의 정황을 뒷받침하고 있다.

이렇게 진형구 대검 공안부장이 발언한 조폐공사노조 파업유도 내용과

위의 정황으로 볼 때 부산지하철의 파업 또한 유도되었다는 의혹을 사기에
충분했다.

7·3파업 유도 의혹 진상규명 농성, 단식투쟁 이어

이민헌 집행부는 7·3파업도 파업유도 가능성이 충분하다며 의혹을 제기
하고 진상규명, 책임자 처벌, 명예회복 투쟁을 벌였다. 6월 18일 부산역 민주
노총 부산본부 단식농성장, 7·3파업 지도부였던 김태진 전 위원장이 단식농
성에 들어갔다.

노동조합은 6월 21일 여당인 국민회의 부산시지부 당사를 항의 방문하여
7·3파업과 관련한 파업 유도 의혹을 제기하고 진상규명, 명예회복을 요구했
다. 국민회의 부산시지부는 이렇다 할 반응을 보이지 않았다. 이에 노동조합
은 국민회의 부산시지부의 책임 있는 답변을 요구하며 농성에 들어갔다.

6월 25일 조폐공사, 서울지하철, 부산지하철 등 공공연맹 공안탄압 3사
노조 대표들은 국민회의 중앙당을 찾았다. 한광옥 국민회의 부총재를 만나
기 위해서였다. 사전 약속까지 했지만 만날 수 없었다. 한국노총과 기자회견
을 위해 자리를 비웠다고 했다. 3사 노조 대표는 조한천 의원과 면담 후 바로
농성에 들어갔다. 부산지하철노조는 이용섭 수석부위원장과 김태진 전 위
원장이 결합했다. 6월 28일 부산에서도 동래역 대합실 농성을 시작했다.

7월 1일 국민회의 중앙당사에서 농성 중인 공안탄압 3사 노조 대표들이
한광옥과 만났다. 3사 노조 대표들은 요구안을 전달하고 해결을 요구했다.
한광옥 부총재는 "김대중 대통령이 양 노총위원장과 면담에서 노동계의 주
장을 적극 수용하겠다고 했다"며, "대화로 풀어나가자"고 했다.

공공연맹 사무처장은 "노사 간의 합의가 사측에 의해 깨진 결과 이러한
상황이 만들어졌다. 부산, 서울, 조폐의 구체적인 해결이 없다면 신뢰를 구
축할 수 없다"고 말했다.

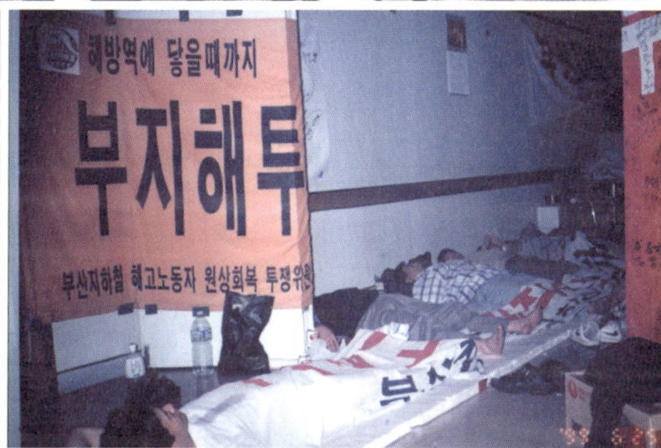

공안탄압 진상규명 투쟁

이민헌 부산지하철노조 위원장은 "491명 조합원에 대한 기소유예는 즉시 해결되어야 한다. 노동자들의 삶의 질과 관련된 문제다. 노사시민합의가 깨지고, 시장 및 유관단체장이 중재하고 노사가 합의한 사항도 깨지는 등 신뢰가 전혀 없다. 공안당국에서는 조합원의 가족들까지 협박하고 있다"며, "우리의 요구가 수용되어야 한다"고 강조했다.

한광옥 부총재가 여러 얘기를 쏟아냈다. "국민의 정부는 과거와 다르다. 후속 조치가 진행 중이므로 기다려 달라. 구속자와 수배자에 대한 조치가 있을 것이다." "기존의 단체협약을 우선 하도록 하는 것은 합의사항에 있다. 예산위 지침이 주도하는 상황이 아니다. 바뀌었다." "서울지하철과 부산지하철에 대한 국정조사는 환경노동위원회에서 논의해야 할 사안이다." "고소, 고발과 손해배상 청구도 향후 큰 틀에서 다루어질 수 있을 것이다."

이어 한 부총재는 "부산지하철 기소유예 문제는 알아봐야 할 것 같다. 구속, 수배자 해결과정 안에 있는 것이다." "공안검사가 노사문제를 다루다 보니 병합처리 운운하는 문건이 발생했다." "앞으로 노사문제는 관련 부처 차관회의에서 다룰 것이므로 그런 일이 없을 것이다"라고 했다.

이민헌 위원장은 한 부총재와 면담 후 국민회의 중앙당사 농성은 더이상 실익이 없다고 판단하고 농성을 풀었다. 명동성당에서 농성 중이던 김태진 전 위원장도 단식을 중단했다. 그리고 7월 2일 동래역 농성도 풀었다.

3 지노위 전술과 합법 파업 공간

다섯 차례 교섭, 공단 지침 핑계만…. 노조, 이사장실 앞 농성

7월 2일 노사는 1999년 임금 및 단체협약 갱신을 위한 5차 단체교섭을 개최했다. 최인섭 이사장은 불참했다.

노동조합은 학자금, 체력단련비, 7월 승진, 인력부족 문제 등 미결 현안에 대해 즉각 이행을 촉구했다. 공단은 "건설교통부 지침이 없어 지급할 수 없다"는 말만 반복했다. 김대중 대통령과 한광옥 국민회의 부총재가 노동조합 대표들 앞에서 "기존 단체협약이 정부지침보다 우선 한다." "예산위 지침이 주도하는 상황이 아니"라고 했지만 정부 관료들과 공단은 요지부동이었다. 결국 관료들이 대통령 지시를 패싱할 리는 만무하고, 김대중 대통령과 한광옥 부총재가 잠시 상황을 모면하려고 거짓말했다고 볼 수밖에 없었다. 이민헌 위원장은 "하루도 안 돼 들통 날 거짓말만 하는 정치인들 정말 못 믿겠다"고 비난했다.

노동조합은 "공무원도 체력단련비 250%를 전액 지급하기로 하는 마당에 지침 핑계 말고 즉시 지급하라"고 요구했다.

이어 노동조합은 매년 시행해온 7월 1일 정기 승진 인사가 없는 것과 관련 "신속히 정기승진 인사를 실시하라"고 요구했다. 공단은 "개통 때문에 미루어졌다"는 변명과 함께 "7월 중으로 작업해서 늦어도 8월 1일까지는 승진 인사를 실시하겠다"고 말했다.

노동조합은 부족인력 충원도 요구했다. 노동조합은 "지침도 없는 구조조정 만지작거리지 말고 정원 대비 부족인력을 조속히 충원하라"고 압박했다.

한편, 노사는 6월 15일 상견례를 시작으로 다섯 차례 교섭을 이어 왔으나 입장 차이를 좁히지 못했다.

7월 2일 저녁 노동조합은 7·3파업 1주년 및 진상규명 촉구대회를 열었다. 집회가 열린 동래역 대합실엔 300명 넘는 조합원들이 모였다.

이민헌 위원장은 491명 조합원에 대한 기소유예 처분 취소와 진상규명을 촉구했다. 위원장은 "불법 합의 파기 당사지에 대해서는 일체 책임을 묻지 않고, 합의 이행을 요구하며 벌인 파업에 대하여 불법이라는 멍에를 씌워 해고, 징계하고, 파업참여 조합원들을 기소유예 처분한 것은 파업유도라는 의

구조조정 중단, 노동시간 단축을 요구하는 노동자들의 투쟁은 김대중 정권 퇴진 투쟁으로 발전한다.

구심을 지울 수 없다"고 했다. 따라서 "이제 정부는 부산지하철 7·3파업에 대한 진상을 철저히 규명하여 불법 합의 파기 당사자에 대해서도 반드시 책임을 지워야 할 것"이라고 말했다.

7월 19일 이사장실 앞 위원장과 지부장 농성 7일차, 공단은 상반기 대학생 학자금과 5월분 체력단련비를 떼먹었다. 7월분 체력단련비도 또 떼어먹으려는 의도가 짙었다. 중앙위원들이 농성에 들어간 이유였다. 7·3파업으로 내몬 배후 중 한 명인 김○○ 전 건설교통부 육상교통국장을 부이사장으로 임명하는 것도 농성에 들어간 또 하나의 이유였다.

노동조합은 19일 오후 7시 30분 범내골역 대합실에서 조합원 비상총회를 열었다. 김○○ 반대, 파업유도 진상규명, 단체협약 등 합의서 이행을 촉구하는 집회였다.

어렵지만, 포기하지 않는다

6월 15일 시작된 단체교섭이 지루하게 끌어온 게 어느새 12월을 맞았다. 노동조합이 1998년 7·3파업 후유증 여파로 약화된 조직력과 투쟁력이 회복

되지 못한 영향이 크다. 또 김대중 정권이 IMF 구제금융 위기를 빌미로 노동자들의 일방적인 희생을 강요하는 상황도 악영향을 미쳤다. 이렇게 내외적으로 어려운 상황에서도 이민헌 집행부는 포기하지 않고 12월까지 교섭과 투쟁을 병행하는 끈질긴 모습을 보여줬다.

12월 2일 '99 임단투 승리와 해고자 원직복직 손해배상청구소송 철회를 위한 조합원 총회가 서면역 2호선 환승통로에서 열렸다. 400명 넘는 조합원이 모였다. 조합원들은 26명에 이르는 해고자 원직복직, 손해배상청구소송 철회, 기획예산처에서 주도하는 일방적 구조조정 철회를 외쳤다.

이만희 사무국장은 경과보고를 통해 "이미 끝나야 할 임단협이 불법적이고 탈법적인 정부의 지침 때문에 지금까지 끝나지 못하고 있다"고 김대중 정부를 규탄했다. 이만희 사무국장은 또 "사측은 호봉확대를 미끼로 지침을 관철하려는 의도를 가지고 있다"고 말하며, "단결하여 저들의 음모를 분쇄하자"고 조합원들에게 호소했다.

이민헌 위원장은 "퇴직금은 노후의 유일한 희망인데 이를 완전히 깔아뭉개기 위해 이사장은 발버둥을 치고 있다"며, "지침에 맹종하고 혼자 살기 위해 모두를 죽이려 하는 최인섭 이사장을 절대 가만두지 않겠다"고 하였다.

12월 3일 34차 교섭이 열렸다. 노동조합은 임금협약부터 먼저 체결하자고 하였으나, 공단은 2.25% 삭감을 고수하며 거부했다. 노동조합은 한 차례 정회 후 호봉격차 확대부터 먼저 합의하자고 수정 제안했다. 공단이 호봉 간 격차 2만 원 안을 내놨다. 노동조합이 공단 제시안을 받아들여 노사 교섭 간사가 호봉 재획정 실무합의서를 작성했다. .

지노위 전술 : 직권중재제도 역이용하다

6월 15일부터 12월 3일까지 34차례 교섭을 하는 동안 공단은 정부의 일방적인 임금 삭감과 구조조정 지침만 강요할 뿐 노사 간의 현안 해결은 외면해

왔다. 공단은 임금 삭감과 단체협약 개악을 강요했다. 연간 800만 원, 월 67만 원의 손실을 감수하라고 했다. 공단은 체력단련비를 늦장 지급했다. 사내 복지기금 출연 약속조차 지키지 않았다. 하반기 학자금도 지급하지 않았다. 이미 공단은 전년도 임금을 동결했다. 구조조정으로 406명 감축하고 연간 101억 원 인건비를 절감했다고 국회에 국정감사 자료로 보고했다.

그래도 노동조합은 6개월 넘게 교섭으로 해결하기 위해 인내해 왔다. 그렇다고 계속 교섭에만 매달릴 순 없었다. 국면전환이 필요했다.

12월 6일 노동조합은 임시대의원대회를 열어 참석 대의원 만장일치로 쟁의발생을 결의했다.

12월 7일 35차 교섭이 열렸다. 노사 공방만 이어졌다. 공단은 임금 2.25% 삭감에서 한 발짝도 물러설 수 없다고 했다. 휴가 축소 등 노동조합이 도저히 수용할 수 없는 걸 강요했다.

노동조합은 "자율교섭 의지가 없는 공단과 교섭은 무의미 하다"며 교섭결렬을 선언했다.

노동조합은 부산지방노동위원회를 최대한 활용하기로 했다. 그리고 조정제도와 직권중재제도를 역이용하기 시작했다. 노동조합 조직 상태는 소합원들의 단결력으로 임단협 투쟁을 진행할 수 있는 상황이 아니었다. 정면 돌파 대신 차선 아니면 차악까지 고려해야 했다. 이민헌 집행부가 고민 끝에 선택한 게 지노위 전술이었다.

노동조합은 12월 9일 부산지방노동위원회에 조정신청을 했다. 이어 노동조합은 12월 14~16일 파업을 포함한 쟁의행위 조합원 찬반 투표를 했다. 결과는 전체 조합원 2062명 중 1838명이 투표하여 1491명 찬성했다. 찬성률 81.1%로 가결된 것이다.

노동조합은 1차 승부수를 던졌다. 12월 20일 노동조합은 수정안을 공단에 제시하고, 12월 23일 마지막 교섭을 요구했다. 수정안은 「1999년 임금·단체협약 갱신을 위한 교섭에서 이미 잠정합의한 내용을 수용하며, 공단이 해고자 복직과 손해배상청구소송 철회를 받아들이면 1998년에 이어 1999년 임금동결과 현재 단체협약의 현행유지를 수용할 수 있다.」는 내용이었다. 이어 노동조합은 공단이 평화적 해결을 원치 않는다면 노동조합은 23일 조합원 비상총회를 개최하여 24일 총파업에 돌입하겠다고 통첩했다.

12월 21일 부산지방노동위원회에서 특별조정회의가 열렸다. 결론은 "노사 간 입장이 다르므로 조정이 불가능하여 중재 회부를 권고한다"였다.

노동조합은 12월 23일 공단과 교섭을 했다. 24일 새벽까지 교섭이 이어졌지만, 노사 의견 접근은 없었다. 결국 교섭은 결렬됐다. 노동조합은 예고했던 24일 파업 돌입을 철회했다.

노동조합은 27일 중재 회부를 권고한 조정위원 3인을 직무유기와 직권남용 혐의로 검찰청에 고발장을 접수했다. 30일부터 지노위 규탄집회 및 선전 활동도 벌여 나갔다.

합법 파업 공간 열리다

부산지방노동위원회는 2000년 1월 6일 오후 2시에 중재위원회를 열었다. 중재위원은 황경상(부산지방노동위원회 위원장), 윤인섭(변호사), 김석준(부산대 교수) 등 3인이었다. 윤인섭 변호사는 민주노총 울산본부 추천 공익위원이었고, 김석준 교수는 민주노총 부산본부 추천 공익위원이었다. 중재위원회는 1월 6일 1차 중재 회의에서 결론을 내지 않고 1월 10일 회의를 속개하기로 했다.

한편, 중재회부 후 냉각기간(15일) 만료일은 1월 7일 자정이었다. 8일부터 합법 파업 공간이 열렸다. 그러나 곧장 전면파업에 들어갈 형편이 아니었다. 그렇다고 모처럼 다가온 합법 파업 기회를 그냥 날릴 순 없었다.

이민헌 위원장은 상집 간부 이상을 집결시켰다. 이어 8일 야간근무 조합원 24시 자정부터 익일 오전 9시까지 시한부 파업 돌입을 선언했다. 9일 주간근무자는 오후 1시부터 오후 7시까지 시한부 파업에 들어갔다. 9일 야간근무자는 오후 11시부터 익일 오전 9시까지 시한부 파업을 벌였다. 파업 시간대에서 알 수 있듯이 파업 위력을 보여주기 위한 파업은 아니었다. 그럼에도 기술지부와 차량지부 조합원만 그런대로 지침을 따랐을 뿐 승무와 역무지부는 위원장 지침을 행동으로 옮기지 못했다.

1월 10일 중재회의가 속개됐다. 공익위원들은 중재 내용을 확정해 중재재정서를 작성했다. 노동조합은 오후 5시쯤 중재재정서를 받았다. 중재재정서엔 임금과 단체협약 내용만 들어있었다. 중재재정서는 협약과 같은 효력을 갖고 있었다.

노동조합은 '중재재정은 유감이며 현안 요구가 빠진 것을 규탄한다'는 보도자료를 언론사에 배포했다.

'99임단협 투쟁 마무리하다

6월 15일 교섭 시작 후 7개월 가깝게 진행한 1999년 임단협이 2000년 1월 10일 직권중재로 사실상 마무리됐다.

노동조합은 1월 11일 2000년 첫 대의원대회를 개최했다. 직권중재 후 1999년 단체교섭을 어떻게 할 건지 대책을 논의하고 결정하기 위해서였다.

참석 대의원들은 직권중재 회부로 노동조합의 자주권을 침해한 부산지방노동위원회를 규탄했다. 이어 중재재정서 내용 또한 노동조합이 줄기차게 요구했던 현안 부분이 빠져 노사관계 갈등을 해소하지 못한 것에 대해서도 규탄했다. 더불어 해고자 복직과 손해배상청구소송 철회에 대한 공단의 전향적인 입장을 촉구하며, 앞으로 계속 투쟁해 나가겠다고 밝혔다.

참석 대의원들은 1999년 임단협 투쟁을 마무리하고, 쟁취 못 한 과제는 2000년 투쟁을 통하여 쟁취할 것을 결의했다.

이어 참석 대의원들은 김태진 전 위원장 징계(정권 3년) 사면복권에 대해 논의했다. 참석 대의원들은 징계 의결 후 1년여의 기간이 흘렀고, 전직 위원장으로서 노동조합을 위한 역할과 활동 공간을 열어준다는 의미에서 1월 11일부로 사면복권을 의결했다.

그리고 지난 1년간 이민헌 집행부 활동에 대한 비판도 있었다. 참석 대의원들은 노동조합 중앙과 현장 사이에 소통 부족 등 밀착도가 낮다고 지적했다. 또 지부 간의 편차를 극복하지 못하고 있다며 이민헌 집행부에 대한 강도 높은 질타와 책임 추궁이 이어졌다.

한편, 공단이 중재재정에 불복해 1월 19일 중앙노동위원회에 재심을 신청했다. 공단은 1월 10일 지노위의 중재재정이 관할권을 위배하였고, 필요적 교섭 사항인 근로조건 외에 임의적 교섭 사항을 중재하였기에 이는 월권에 해당한다고 주장했다.

중재재정서(2000.1.10.) 주요 내용

● 임금협약 관련(1999.1.1.~1999.12.31.)
임금은 조정수당 20,000원, 가계보조비 16,660원, 급식보조비 100,000원을 없애고, 84,520원을 직무급에 정액 산입한다.(단 호봉 승급은 제외)

● 단체협약 관련(2000.1.10.~2002.1.9.)
제20조(조합소개) 공단은 보수교육 시 신규자 2시간, 재직자 1시간의 조합 교육시간을 배정한다.
→ 신규자 교육시간 1시간 늘어남

제22조(출장취급) 공단은 위원장이 정당한 조합활동 관계로 조합원의 출장을

요구할 때는 이를 인정하며…(이하 기존과 같음)

→ '정당한' 문구 추가하여 공단 입장에서 노동조합의 무제한 출장 활용 제한 효과

제27조(채용) ③ 정년퇴직자, 업무외 재해 또는 신병으로 불가피하게 퇴직한 자의 배우자 혹은 직계가족 중 1인이 공단의 공개채용시험에 응시할 시 10%의 가산점수를 부여한다.[3항 전부 삭제]

→ 정부지침 사항

제32조(정년) ① 직원의 정년은 다음과 같다.

1. 일반직, 별정직 : 만 60세

2. 고용직 : 만 53세

② 직원은 정년에 도달한 해의 생년월일이 속한 반기 말일(6월 30일) 및 연말일(12월 31일)에 당연 퇴직한다. 다만, 2000년에 정년에 달한 자의 당연퇴직일은 2000.12.31.로 한다.

→ 정부지침 사항. 공무원과 같이 만 58세 하항 조정이 징부지침이었으나, 기존 만 61세보다 1년 줄여 만60세로 중재재정

제48조(노동시간) ③ 토목보선은 영업시간 내에 선로순회를 하지 않는 것을 원칙으로 하고, 이에 따른 근무형태는 3조2교대와 야간격일제를 병행 실시한다. (신설)

→ 산업재해 방지 차원에서 '열차 운행 중 선로순회 금지' 조항 신설

제63조의 2 (퇴직금 중간정산) <신설>

① 공단은 퇴직금 중간정산을 시행할 때에는 조합원이 요구한 근속기간에 대

한 퇴직금을 중간 정산하여 청구일로부터 최대한 14일 이내에 지급토록 노력하여야 한다.

② 공단은 퇴직금 중간정산을 이유로 신분상 불이익 처우를 하지 아니한다.

제71조(청원휴가) ③ 본인 생일은 해당 월 중 지정한 날에 사용할 수 있다.[삭제]

제74조(특별휴가) 공단은 조합원에게 다음 각 호의 특별유급휴가를 준다.
효도휴가 : 6일(연중 분할 시행 가능)
→ 기존 '연중휴가'를 명칭 변경함

4) 2000년 단체교섭 투쟁과 6·2구서~장전 열차 탈선사고

2000년 단체교섭 시작하다

4월 25일 노동조합은 공단과 2000년 단체교섭을 시작했다. 노동조합은 교섭 시작에 앞서 25일 오후 1시 30분 범내골 본사 앞에서 2000년 임투 출정식을 열고 투쟁 결의를 다졌다. 기술지부도 25일 저녁 지부 조합원 100여 명과 함께 전진대회를 열었다.

교섭과 별도로 중재재정 재심을 맡고 있는 중앙노동위원회 권고로 실무교섭이 4월 26일 열렸다. 여기서 공단은 정부지침(학자금 지원 폐지, 퇴직금누진제 폐지, 정년 단축 등)을 노조가 수용치 않으면, 해고자 복직은 어렵다는 종전 입장을 되풀이했다. 중앙노동위원회 중재재정 재심 회의는 3월 3일과 3월 20일 두 차례 열렸다. 중노위는 노사 간 실질적인 대화로 정부지침, 해고자 복직 등 현안 문제 해결 방안을 모색하라고 권고했다.

한편, 2000년 단체교섭 요구안은 2주 전 4월 10일 열린 대의원대회에서 확정했다.

2000년 요구안은 먼저 "기 합의사항 선 이행"이었다. 공단이 여전히 합의사항을 이행치 않고 있었기 때문이었다. 노동조합은 △호봉 간 격차 확대 △사내복지기금 5억 원 출연 △학자금 지급 등 이미 합의하거나 약속하고도 이행하지 않고 있는 것을 속히 이행하라고 요구했다.

공단은 정부지침 운운하며 합의 이행을 차일피일 미루거나, 아예 파기하려 했다. 그러니 다시 요구안으로 올릴 수밖에 없었다.

이어 임금 요구안으로 실질임금 확보를 위하여 총액 대비 15.2% 인상(일용직 포함)하되, 인상방법으로 호봉급에 정액 50%, 정률 50% 산입 반영하라는 요구를 확정했다. 또 제수당 중 일부를 현실화하라는 요구를 확정했다. 가족수당을 공무원 수준으로 올리고, 기술수당을 월 5000원 인상(단, 기능장은 1만5000원 인상)하라는 요구였다.

그리고 △해고자 복직, 손해배상소송 취하 및 1998년 7·3파업 징계자 원상회복 △복직자 해고기간 경력 인정 △복직자 퇴직금 반환방식을 서울지하철과 동일한 방식 적용 등을 확정했다.

호포중수선 용역 저지 투쟁

보충협약 사항으로 △노동시간 단축을 위한 노사동수 위원회 구성 △구조조정 시 노조와 사전합의(2호선 2단계 소요인력 산정 시, 호포중수선 대비 소요인력 산정 시, 현장인력 충원 등) △비정규직 보호 △국가기술자격증 기술수당 자격범위 확대 등을 요구하는 것으로 확정했다.

이밖에 이만희 사무국장 사퇴로 공석이 된 사무국장에 김광조 총무부장을 사무국장으로 인준했다. 이만희 사무국장은 건강상 이유로 사퇴했다.

마지막으로 4·13총선과 관련하여 노동자 후보인 연제 박순보 후보의 당선을 위해 적극적인 결합과 지지를 밝히는 결의문을 채택하고 대의원대회를 마쳤다.

공단의 답변

5월 9일 노사는 보름 만에 교섭을 했다. 그러나 교섭위원 자격 시비로 실질 교섭은 이뤄지지 않았다. 4월 25일 첫 노사 상견례 후 공단이 김연환 공공연맹 위원장의 교섭위원 자격 시비를 걸어 교섭이 공전돼 왔다.

노동조합 교섭 대표로 참가한 김연환 공공연맹 위원장은 "사측 대표가 나오지 않은 교섭은 처음이다. 향후 교섭이 심히 우려된다"고 했다. 이어 김연환 위원장은 "시작이 매끄럽지 못했지만, 마무리는 잘되길 바란다"며 노조 요구안에 대한 공단의 답변을 요구했다. 그러나 공단측은 공공연맹 위원장이 참석하는 교섭은 할 수 없다며, 노조 요구안에 대한 답변조자노 거부했다.

이에 앞서 노동조합은 공공연맹 교섭 방침에 따라 4월 10일 열린 대의원대회에서 2000년 단체교섭권을 연맹에 위임 결정을 했었다.

5월 12일 4차 교섭이 열렸다. 김연환 공공연맹 위원장과 최인섭 이사장이 빠진 가운데 노동조합 요구안에 대한 공단의 답변을 들었다.

공단은 기 합의사항 선 이행 요구 중 '호봉 간 격차 확대'에 대해 실무 차원의 잠정합의서이기에 합의서라 칭하기 어렵다고 주장했다. 또 1999년 임금이 확정된 이후 시행한다고 되어있어 아직 시기가 도래치 않았다며, 금년도 인상 재원으로 한다고 나와 있으므로 다시 합의하여 시행하자고 했다.

'사내복지기금 5억 원 출연'은 예산에 반영하기 위해 노력했으나 건설교통부 심의 과정에서 탈락됐다며, 추경에 반영되도록 노력하겠다. 그러나 감사원 감사 지적사항이라 실무 차원에서 이행 확답이 어렵다고 했다.

또한 학자금 지급 문제는 "99년에 전액 지급했다. 올해는 대여금 항목에 예산이 잡혀 있다. 모든 공기업이 융자로 합의했고 금년도에 무상지원 사업장은 없다. 공단의 입장을 이해해 주기 바란다. 이행의 의무는 있지만 일단 융자 전환하여 고충을 해결하자"고 했다.

근무형태 변경 시 휴일 보장 및 야간 연속근무 금지에 대해 공단은 "99년에 간부회의 시 각 소속장 통해 최대한 휴일을 보장하고, 어려우면 뒷 근무 전체를 연장근무로 인정하라고 충분히 전달했다. 다시 파악해 조치하겠다"고 했다.

임금 요구에 대해 공단은 아직 몇% 인상하겠다고 말하기 어렵지만, 타 기관과 비교하고 국가공단으로서 나라이 어려움에도 동침해야 한다. 우리의 노동생산성은 승객의 증가인데 현재 증가율이 감소하고 있다. 수입이 지출보다 적다. 우린 해마다 임금이 인상되었다. 지난해는 2.8% 인상되었다. 금년 인건비는 1998년 기준 2.25% 삭감을 바탕으로 5% 처우개선비를 산출해야 한다. 금년 인상은 정률로 하고 직무급에 전액 산입하자고 했다.

서울은 무계결근 기간 때문에 복직되었다. 손해배상 판결이 난 상황이기에 우리와 다르다. 현재는 움직일 여지가 없고 향후 해결 의지는 있다. 원칙적으로 단체교섭의 대상이 될 수 없다. 노조도 분위기를 만들어 달라. 정년단축, 학자금 지급 융자 변경, 퇴직금제 변경은 대다수 공기업이 제도개선에 합의했다며 노동조합이 수용하라고 요구했다.

노동시간 단축을 위한 노사 동수 위원회 구성 문제는 현재 노사정위원회에서 논의 중인 사항이나, 임금인상이 수반되는 근로시간 단축은 어렵지만 검토해 보겠다고 했다.

구조조정 시 사전 노사합의 문제에 대해선 "직제는 설립목적에 따라 경영목표 달성 위한 경영권이다." "현장직원의 의견이 반영되려면 경영권이 침해된다." "이사장이 직원 괴롭히려고 쥐어짜지 않는다." "주간에는 안전상 순회금지가 원칙이고, 어떠한 경우든 2인1조 지키라고 지시했다"고 말했다.

이어 호포 중수선 인력 산출 시 노사합의 요구에 대해 공단은 "1호선은 3D업종을 외주화 하려고 검토하였으나, 노조의 반대로 환원되었다." "2호선 중수선은 기존 직원의 근로조건과 관계없는 신설업무이고 경영권이기에 완전히 다 용역 준다"고 했다.

중노위, 공단의 중재재정 재심 신청 대부분 기각 결정

중앙노동위원회(중노위)가 공단이 1월 19일 제기한 중재재정 재심 요청 대부분을 기각 결정했다.

중노위는 5월 18일 사측이 지노위 결정에 불복한 주요내용 중의 하나인 정부지침(정년 단축, 퇴직금누진제 폐지, 대학생 학자금 융자전환, 휴가축소, 경조비 삭감)과 관련하여 현행유지 결정한 부산지방노동위원회의 결정은 정당하다며 기각 결정을 내렸다. 중노위는 사측의 재심 신청 내용 중 정부지침과 관련한 주문에서 "양 당사자 간에 주장하는 의견 차이 한도 내에서 절충하거나 현행 유지한 것으로 중재위원회에 주어진 권한의 한계를 일탈하였다고 보여지지 아니하므로 재심 신청인(사측)의 주장은 이유가 없는 것으로 판단한다고 했다.

다만, 중노위는 단체협약 제57조(보전수당의 지급기준)에 의거 통상근무자(일근자)에게 급여보전 성격의 수당으로 지급되던 보전수당을 법정근로시간 초과근로의 실적에 따라 지급하라고 결정했다. 이 결정은 통상근무자의 임금을 삭감하는 것으로 초과근로에 대한 별도의 연장근로수당을 지급하고 있는 현실을 고려치 않은 잘못된 판단이었다.

다소 이른 쟁의발생 결의와 교섭결렬 선언

5월 15일 노동조합은 임시대의원대회를 열어 쟁의발생을 결의했다. 이어 17일 부산지방노동위원회에 조정신청서를 접수했다. 4월 25일 1차 교섭을 시작으로 5월 12일 4차 교섭을 진행하였으나 공단은 연맹위원장 자격시비와 교섭지연으로 일관하여 원만한 교섭이 진행되지 못했다. 5월 12일 공단은 노동조합 요구(안)에 부정적인 입장으로 답변서를 제출하여 이후 노사 간의 교섭이 어려울 것임을 예고했다. 네 차례 교섭 만에 다소 이르게 쟁의발생을 결의한 이유였다.

쟁의발생 결의에 이어 5월 16일 열린 5차 교섭에서 노동조합은 교섭 결렬을 선언했다. 노동조합은 5차 교섭에서 1차 구조조정 406명 감축, 2차 구조조정 184명 감축 전체 590명 인력감축으로 인해 현장은 인력 부족으로 휴가를 제대로 가지 못하는 현장 상황을 설명했다. 이이 그림에도 시민안전을 위해 최선을 다하고 있는 지하철노동자에 대해 공단에서 제시한 개악안이 공단과 공단 직원을 위하는 자세인지 개탄을 금하지 못 한다는 입장을 전하면서 교섭결렬을 선언했다.

공단은 5차 교섭에서 노동조합 요구와 거리가 먼 제시안을 내놨다. 노조 요구에 대해 어떠한 진지한 태도를 보이지 않고, 일방적인 공단 입장만 내세웠다.

5차 교섭에서 공단이 제시한 주요 내용을 보면, 임금 부분에서 △가족수당 중 배우자 1만 5 000원→3만 원으로 인상, 기타 부양가족 1만5000원→2만 원으로 인상 △호봉급 개선 : 실무 잠정합의 이행 △'체력단련비'를 '가계지원비'로 명칭 변경 등을 제시했다.

보충협약 부분에서 △정년과 관련 : 3급 이하 만 60세에서 만 58세로 하향 조정 △명예퇴직 우대 : 1941년 이후에 출생한 직원이 2000년도에 명예퇴직 하는 경우 중재재정서에 의한 정년에 의거 명예퇴직금 지급 △퇴직금 지급 율 : 근속년수 1년당 1개월분의 평균임금, 기 발생된 퇴직금은 전액 연차적 중간정산, 중간정산 시는 임금인상 변동률 반영 △대학생 학자금 무상지급 에서 융자로 전환 등을 제시했다.

그렇게 공단은 2000년 임금 0.9% 인상과 1월 10일 지노위 중재결정으로 정리된 단체협약의 주요내용을 개악하자는 안을 제시했다.

노동조합은 공단이 2000년 노사 단체교섭을 원만히 이끌어 갈 의사가 없음을 분명히 한 것이라고 판단했다.

공단도 쟁의발생 조정신청, 노동조합 준법투쟁 돌입

노동조합은 5월 29일부터 31일까지 쟁의행위에 관한 조합원 찬반 투표를 했다. 개표 결과 총 조합원 2042명 중 1847명(투표율 90.4%)이 투표하여, 찬 성 1439명(찬성률 77.9%)으로 가결됐다. 노동조합은 6월 2일 조합원 비상총 회와 파업 돌입을 예고했다.

이에 앞서 공단도 5월 27일 부산지방노동위원회에 노동쟁의 발생 및 조 정신청을 접수했다. 이 같은 공단의 행보는 노동조합의 투쟁 전술을 흩트려 놓기 위한 술수였다.

5월 29일 노동조합은 준법투쟁에 돌입했다. 노동조합은 합의 이행, 해고 자 복직과 손해배상청구소송 철회, 실질임금 확보, 현장인력 충원을 촉구하 며 시민안전확보 및 규정, 단체협약 준수 투쟁에 들어갔다.

노동조합 투쟁본부는 '안전운행확보 및 규정, 단체협약 준수 투쟁 조합원 지침'을 통해 △휴게시간 엄수 △원하는 일자에 휴가사용 전개 △영업시간 본선 순회 2인 1조 실시 △무임권 배부 시 신분증 확인 철저 △열차운전 중 장애, 고장 발생 시 보고 철저 △안전운행 확보 위해 정시운행, 정시 승객 취급 실시 등 준법투쟁을 지시했다.

　노동조합 투본 간부들은 29일 저녁 8시부터 철야농성에 들어갔다.

6·2장전~구서역 구간 열차 탈선사고, 노조 파업 유보

　6월 2일 오전 7시 44분 장전~구서 구간 하선에서 열차 탈선사고가 발생했다. 승객 2명이 부상을 당하고 노포~장전역 간 열차 운행이 올 스톱됐다. 사고가 발생한 구간은 레일 교체 작업을 위한 침목 교체 작업을 외주 용역업체가 시행하고 있었다.

　노동조합은 6·2열차 탈선사고와 관련하여 긴급 중투본회의를 개최했다. 부산지하철노조는 지하철 정상운행에 최선을 다하기 위해 탈선 복구작업에 전력을 다하기로 결정했다. 이어 6월 2일 저녁 7시 예정한 조합원 비상총회와 6월 3일 파업 돌입을 유보한다고 결정했다.

　노동조합은 공단의 무리한 구조조정 등을 이번 탈선사고의 주요 원인이라며, 이번 사고가 예고된 인재라고 진단했다.

장전~구서 간 열차 탈선사고

공단이 시행하는 최저입찰제 외주용역은 최소비용과 최소인력으로 작업 공정구간을 과다하게 확대 시행해 이번 사고가 발생되었다고 진단했다. 이러한 문제점은 예고되어 있었음에도 불구하고 무리하게 용역을 추진한 공단 경영진이 책임을 지고 물러나야 한다며 경영진 퇴진을 주장했다.

노동조합은 사고 주요 원인으로 △시민안전과 지하철 안전운행을 고려치 않은 공단의 무리한 인력감축(1차 구조조정 406명, 2차 184명 총 590명 감축)으로 현장설비를 점검 및 유지관리 보수할 인력 부족 △최저입찰제로 시행하는 외주용역 도입의 확대가 이번 6·2열차 탈선사고를 불렀다고 진단했다.

노동조합은 지하철은 하루 60만이 넘는 부산시민이 이용하는 대중교통으로 안전확보는 필수임에도 공단이 최저입찰제 용역을 확대하고 있고 최근 차량정비의 핵심인 중수선 업무 외주화를 추진 중에 있다며 공단 경영진을 규탄했다.

졸속 지하철 종합안전진단 반대

노동조합은 공단 주도로 6월 12일부터 실시하는 지하철 종합안전진단 연기를 요구했다.

노동조합은 지하철 종합안전진단이 근본적이고 구조적인 문제를 외면하고 있고, 현 진단반의 객관성과 공정성을 기대하기 어렵다고 연기 요구 이유를 밝혔다.

노동조합은 공단의 지하철 종합안전진단 계획의 문제점으로 첫째, 6월 2일 탈선사고와 관련하여 근본적인 문제를 노동조합과 언론·시민이 지적하였음에도 공단이 이를 도외시한 채 일부 기술적인 문제로 국한하고 있다고 지적했다. 공단이 근본적인 문제 해결 의지가 없음을 의미하는 것으로 지하철 종합안전진단이라는 미봉책으로 공단의 총체적 책임을 면하려는 발상에 불과하다고 봤다.

지하철 안전 요구 투쟁

둘째, 안전진단반 구성도 문제가 많다고 봤다. 이번 탈선사고의 기술적인 부분을 진단한다고 해도 현재 외부 진단반 구성이 대부분 과거 또는 현재 지하철 건설 참여업체이거나 공급업체라며 객관성과 공정성을 담보할 수 없다고 지적했다. 내부 진단반 역시 현재 탈선사고의 책임을 지고 사법처리 대상자로 올라있는 직원이 다수 포함되어 있어 지하철 종합안전진단의 객관성과 공정성을 확보하기가 어렵다고 지적했다.

셋째, 6월 2일 탈선사고의 책임이 있는 안전관리실이 부실한 계획을 수립한 것도 문제로 지적했다.

넷째, 6월 8일부터 시작한 건설교통부 특별감사 기간 중이므로 공단이 탈선사고 관련 특감에 충실히 임하는 게 우선이라고 지적했다.

다섯째, 공단이 6월 2일 탈선사고와 이후 재발방지를 위한 지하철 종합안전진단을 실시하고자 한다면 보다 철저한 포괄적이며 총체적인 안전진단이 되어야 하나 현재의 일정계획 내용으로는 형식적인 지하철 종합안전진단이 될 수밖에 없다고 지적했다.

이어 노동조합은 객관성과 공정성 확보를 위해 계획단계부터 노사와 시민단체가 함께 실시할 것을 요구했다.

지노위, 2000년 임금 중재재정서 확정

부산지방노동위원회 중재위원회가 6월 14일 2000년 임금 5.58% 인상 등이 포함된 중재재정서를 확정했다.

중재재정서 내용을 보면 △기본급 중 직무급을 월 2만7500원 인상한다. △가족수당은 배우자 1만5000원을 3만 원으로 하고, 기타 1만5천 원을 2만 원으로 한다. △호봉 간 격차는 2만 원으로 조정한다. △통합 호봉 중 높은 호봉 승급일 1월과 4월은 1월로, 7월과 10월은 4월로, 낮은 호봉 승급일 1월과 4월은 7월로, 7월과 10월은 10월로 한다. △일용직 임금은 '일용인부고용내규'를 따른다 등이었다.

중재재정서 내용 가운데 호봉 통합을 통한 호봉 간 격차 확대는 이후 노동조합의 지속적인 호봉급 확대 노력과 더불어 임금구조를 안정적인 연공급 체계로 안착시키는데 밑거름이 됐다.

노동조합은 6월 19일 임시대의원대회를 열어 부산지방노동위원회 중재위원회의 중재결정은 부산지하철노동자의 실질임금확보 요구를 외면한 결정으로 인정할 수 없지만, 중앙노동위원회에 재심 요청은 하지 않기로 결정했다. 대신 지하철 안전운행과 시민안전 확보 투쟁으로 전환하여 총력 투쟁하기로 결정했다.

투쟁목표로 첫째, 6·2탈선사고의 근본 원인 중 하나인 1, 2호선 현장인력 확보와 2호선 차량 중수선 외주용역 철회 둘째, 6·2탈선사고가 공단 경영진의 안전 불감증과 보신주의에 있는 만큼 이사장을 비롯한 경영진 즉각 퇴진 셋째, 노·사·전문가·시민단체가 참가하는 공동조사단 구성으로 객관적이고 공정한 지하철 종합안전진단 실시로 설정했다.

세부 투쟁사업으로 전 조합원을 대상으로 6월 21일부터 공단 경영진 평가 설문조사와 공단 경영진 공개 징계위원회 개최와 함께 6월 30일 규탄집회를 전개하기로 했다.

현장인력 충원 등을 요구하는 기술·차량지부 조합원들의 투쟁

이렇게 노동조합은 상반기 임금 투쟁을 아쉽지만 마무리하고, 하반기 지하철 안전운행과 시민안전 확보 투쟁에 나섰다. 그러나 부산지노위의 중재 재정이 끝이 아니었다. 정부지침을 관철하려는 김대중 정부와 공단의 압박과 회유 책동이 기다리고 있었다.

5 ▌정부지침 수용과 맞바꾼 해고자 복직

정부지침 관련 보충교섭, 노조 혼란에 빠뜨리다

김대중 정부와 공단의 공기업 경영혁신 공세는 집요했다. 그래도 노동조합은 버티고 또 버텼다. 팽팽한 줄다리기는 2000년 9월 민주당 지역위 요직 출신 진○○가 공단 기획이사로 오면서 이상기류가 흐르기 시작했다.

공단은 정부지침 관철을 위해 해고자 복직을 미끼로, 예산삭감 협박으로 노동조합을 압박했다. 그리고 물밑에선 일부 해고자를 비롯한 전현직 간부와 접촉해 노동조합 내부를 흔들기 시작했다. 현실론에 바탕을 둔 실리주의가 힘을 얻기 시작했다.

12월 7일 공단이 노동조합에 보충협약 체결을 위한 단체교섭을 요청했다. 12월 11~13일 실무교섭을 열자는 것이었다. 퇴직금누진제 폐지 등 정부지침 관철을 위해서였다. 공단은 노동조합이 정부지침을 수용하면 해고자 일부를 복직시키겠다고 제안했다. 이미 전국 공기업 중 몇 군데 빼고는 퇴직금누진제 폐지 등 정부지침이 관철된 상황이었다. 공단이 서두르는 이유였다.

노동조합은 12월 8일 임시 상무집행위원회를 열었다. '해고자 복직과 정부지침 수용 시 임금 손실분 100% 보전'을 조건으로 공단과 실무교섭을 진행하기로 했다. 노사 절충안이 나오면 대의원대회를 열어 가부를 묻고, 결렬 시에는 없던 일로 하는 것으로 했다.

그러한 상무집행위원회 결정에 따라 노동조합은 12월 12일 공단과 실무교섭을 했다. 결과는 결렬이었다. 이 상황을 13일 상무집행위원회에서 공유했고 14일 임시 상무집행위원회에서 노동조합 입장을 다시 정했다. 그리고 위원장과 이사장이 직접 만났다. 이번에도 의견을 좁히지 못했다.

공단은 실무교섭에서 △퇴직금누진제 폐지 △대학생 자녀 학자금 지원 융자 전환 △연월차수당 산식 변경 등 정부지침 수용을 요구했다. 대신 △퇴직금누진제 폐지 손실 보전을 위한 2호봉 상당 금액 보장 △해고자 18명 복직 등을 내놨다. 그리고 공단은 노동조합에 무쟁의 선언도 요구했다.

노동조합은 12월 14일 임시대의원대회를 개최했다. 2000년도 보충협약 체결을 위한 단체교섭 건이 안건으로 상정됐다. 집행부는 대의원대회에서 보충협약 관련 노사 실무교섭 경과를 보고했다. 애초 실무 결렬 시 대의원대회에 보고한다는 상무집행위원회의 결정에 따른 것이었다. 그러나 보고로 끝나지 않았다. 보충협약 교섭을 전면 백지화할지 재교섭할지 등을 두고 의견이 분분했다. 결국 표결을 했고, 결과는 '백지화'였다.

한편, 이민헌 위원장은 보충협약과 관련 절차를 거치지 않고 임의로 실무교섭을 진행하여 논란을 빚은 것에 대해 사과했다. 거취를 포함한 책임 문제는 회의체에서 논의하겠다고 했다. 김광조 사무국장은 16일 사퇴했다. 18일 열린 중앙위원회에서 중앙위원 성원인 위원장과 4명의 지부장들이 임의 교섭에 대한 책임을 지고 사퇴하기로 결정했다. 12월 14일 대의원대회 결정에 반발해 승무지부 소속 대의원들이 모두 사퇴했다.

한편, 12월 15일 손해배상소송과 학자금 소액재판 결과가 나왔다. 손해배상청구소송은 1심 재판에서 노조가 2억9561만4227원을 배상하라고 판결되었으나, 항소심에서는 2463만7650원을 노조가 배상하라고 판결하여 배상액이 90% 줄었다. 학자금 소액재판은 공단이 학자금을 지급하라는 판결이 나왔다.

보충협약 교섭 한 차례 더

노동조합은 보충협약 교섭을 한 차례 더 시도히기로 했다. 12월 30일 열린 임시대의원대회에서 참석 대의원들은 보충협약 교섭을 다시 개최하기로 결정했다.

이민헌 위원장은 이날 대의원대회에서 18일 중앙위원회 회의에서 위원장과 지부장이 조직 운영의 책임을 지고 사퇴하기로 입장을 정리했다고 밝혔다. 빨리 차기 집행부가 들어서서 2000년 마무리 못 한 문제를 깔끔하게 마무리할 필요가 있다고 해 현 노조 상황에 대해 복잡한 심경을 내보이기도 했다. 이어 이민헌 위원장은 대의원대회에 다시 보충협약교섭 건을 상정하게 된 배경을 설명했다.

20일 열린 상무집행위원회에서 보충협약과 관련한 재교섭 여부를 두고 의견이 분분했다. "보충협약 교섭 백지화 결정했으므로 논의는 필요 없다"는 의견도 있었고, "조합원의 여러 정서를 감안해 논의하자"는 의견도 있었다. 결론은 "공단이 14일 제시한 안보다 진전된 안을 제시하면 다시 대의원대회를 열어 교섭 여부를 결정하자"였다. 26일 공단에서 최종안이라며 노동조합에 보내왔다. 상무집행위원회 검토 결과 14일 안보다 진전된 안으로 판단했다. 그래서 오늘 대의원대회를 소집했다.

공단이 최종안이라며 내놓은 안에 대해 참석 대의원들 사이에 의견이 분분했다. "해고자 24명 전원 복직이 전제되어야 한다." "공단이 거부한 재해고자 이영호, 양춘복이 꼭 포함돼야 한다"는 등 다양한 의견이 개진됐다.

최종 결론은 해고자 24명 전원 복직 등이 포함된 노동조합안을 결정하고 재교섭을 하기로 결정했다.

보충협약 체결하다

12월 30일 대의원대회 결정에 따라 노사는 2001년 1월 8일 오후 3시 보충교섭을 시작했다. 교섭은 8일 자정을 넘겨 9일 01시 30분까지 이어졌다. 노사는 잠정합의안을 도출했다.

퇴직금누진제 폐지와 연월차수당 산식 변경 등 정부지침 수용 반대급부로 해고자 20명 순차적 복직, 손실 보전, 98파업 관련 징계 말소 등을 합의했다.

노동조합은 2001년 1월 13일 임시대의원대회를 열어 잠정합의안을 상정했다. 참석 대의원들은 잠정합의안을 승인했다. 이어 15일 노사가 합의서에 정식 서명했다.

보충협약 관련 노사합의서 (2001. 1. 9. 합의안)

▶ 전문 : 부산교통공단과 부산교통공단노동조합은 상호 협력을 통한 노사
화합과 경영혁신을 위하여 다음과 같이 보충협약서를 체결하며, 신의와
성실로서 준수할 것을 확약한다.

▶ 퇴직금누진제 : 1. 중재재정 제63조 제1항에 정한 "퇴직금의 지급률" 은
2001.1.1.부터 "계속 근로년수 1년당 1개월분의 평균임금"으로 변경한다.

▶ 대학생학자금 : 2. 중재재정 제93조 각호에 정한 "학자보조금" 중 대학생
자녀에 관한 사항은 2001.1.1.부터 "무이자 융자"로 변경하며 상환방법은
노사합의로 정한다.

▶ 보전수당 : 삭제(현행유지)

▶ 연월차수당 : 3. 중재재정 제69조 및 제70조에 정한 "연월차 휴가수당 지
급률"은 2001년 지급분부터 "통상임금의 100%로 변경하며, 임금 수준 유
지를 위하여 지급률 변경에 따른 임금감소분의 보전방법은 불이익을 받는
직원이 최대한 없도록 하는 기조 위에서 2001년 임금협상과 별도로 노사
합의로 결정한다.

▶ 경조비 : 4. 중재재정 제95조 각호에 정한 "경조금" 중 "본인 생일",본인 회
갑"300,000원 중 200,000원 및 "본인 사망"1,000,000원 중 200,000원은
2001.1.1.부터 사내복지기금 수익금에서 지급한다.

▶ 임금개선 : 5. 공단과 노조는 동종업체와의 임금 수준 격차를 연차적으로
해소할 수 있는 방안을 실무협의를 통하여 적극 모색한다.

▶ 해고자복직 : 6. 공단은 그간의 노사 간 갈등을 청산하고 새천년을 맞이하
여 새로운 노사화합 분위기를 정착시키기 위하여 노사문제와 관련된 해고
자 중 일부를 다음과 같이 복직시킨다.
가. 복직대상자는 총 20명으로 한다.

1. 2001.1월 중 복직대상자 : 13명.

2. 2001.4.1. 복직대상자 : 5명.

3. 2001.7.1. 복직대상자 : 2명.

나. 복직방법은 특별채용(재임용)으로 하되, 직급·호봉 및 사원번호는 해고 당시와 동일하게 부여한다.

▶ 무쟁의 관련 : 7. 향후 시민의 신뢰를 회복하기 위하여, 노사갈등과 시민의 불편을 초래하는 불법적인 쟁의행위가 발생하지 않도록 노력한다.

부속합의서 (2001. 1. 9. 합의안)

▶ 퇴직금반납 : 1. 복직된 자가 본인 자유의사에 의해 기 청산 받은 퇴직금을 반납하고자 할 경우에는, 청산일부터 완납 시까지 연리 5%의 금리를 적용하여 일시 또는 분할하여 환수하며, 반납된 기간에 대하여는 최종 퇴직시 퇴직금 산정을 위한 계속 근로년수에 합산한다.

▶ 복직자 연차일수 : 2. 복직된 자의 가산 연차일수 산정에 있어서는 해고 전 근속기간을 포함한다.

▶ 징계말소 : 3.1998년도에 발생한 파업과 관련하여 징계처분을 받은 자에 대하여는 특례기간을 단축하여 2001.1.1.을 기준으로 호봉 재획정하여 징계기록을 말소하고, 유계결근과 무계결근을 받은 조합원에 대해서는 이후 인사상의 불이익 조치를 하지 않는다.

▶ 손배 및 가압류 : 4. 1998년도에 발생한 파업과 관련하여 공단이 제기한 가압류 및 손해배상청구소송은 노사화합을 위해 취하한다.

▶ 장학금제도 : 5. 대학생 자녀에 대하여는 2001년도부터 장학금제도를 도입하기로 하며, 수혜대상자의 폭 및 지급금액은 노사협의로 정한다.

추가합의 내용 (2001. 1. 9.(합의안)

▶ 보전방안 : 1. 보충협약서 제5항과 관련하여 공단은 동종업체와의 임금 격차를 연차적으로 해소하기 위한 방법의 일환으로 우선 2호봉 상당금액 범위 내에서 노사가 별도 협의에 의하여 결정된 근속년수별 특별승급의 시행시점을 2001.1.1.부터로 하되, 상당금액은 2001년도 5월 중에 소급하여 지급한다.

▶ 사내근로복지기금 : 2. 사내근로복지기금 주택자금 유상대부이율은 2001년도 대출분부터 연 7.5%로 조정한다.

▶ 복직자 선정 : 3. 복직자의 차수별 대상은 노사협의로 정한다.

▶ 직제 : 4. 직급체계 조정은 금년 내에 추진하는 장산개통 직제개편 시 2000년도 말 추진되었던 수준 이상이 반영되도록 노력한다.

고생했다. 이민헌 집행부

1999년 1월 22일은 이민헌 위원장이 단독으로 입후보하여 당선된 날이었다. 이민헌 집행부의 험난한 여정이 시작된 날이기두 했다. 이민헌 집행부는 7·3파업 패배 그리고 1인승무 우선 시행 합의, 해고자 26명, 패배감에 얼어붙은 현장을 부여안고 항해를 시작했다. 이민헌 집행부는 노동조합이 조합활동 희생자를 반드시 책임진다는 약속을 지키기 위해 긴축 예산으로 매우 어려운 조합 살림을 꾸려야 했다.

김대중 정권이 IMF 구제금융 위기를 빌미로 구조조정과 경영혁신 공세로 공기업 노동자들을 희생양으로 삼았다. 이민헌 집행부는 공기업 노동조합들이 하나둘 백기를 들 때 포기하지 않았다. 밑바닥 아래로 가라앉은 조직력으로 힘겹게 버텨냈다. 두 차례의 중재재정이 말해 주듯 버티고 또 버텼다.

해고자들의 투쟁

그러나 마냥 버티기엔 너무 힘에 부쳤다. 마지막 보충협약 교섭 여부를 두고 이민헌 집행부는 다소 혼란스러운 모습을 보였다. 김대중 정권과 공단의 전방위 협박과 회유에 집행부 안에서도 의견이 나뉘었다. 의사 결정 과정에 내부 절차를 벗어나기도 했다. 그리고 책임을 지고 사퇴했다. 어느 집행부든 규약 위반이나 중대한 잘못이 있으면 사퇴로 책임진다는 관례를 이어갔다.

비록 유종의 미를 거두진 못했지만, 이민헌 집행부는 위기의 부산지하철 노조를 끝까지 지켰다. 그리고 호봉 격차 확대 등 연공급 임금체계의 토대를 마련했다.

고생했다. 이민헌 집행부.

3부

호선 늘면 구조조정

2001~2009

　김대중 정부의 노사정위원회를 통한 노동정책 연착륙 계획은 실패했고, 구조조정의 칼을 휘두르는 김대중 정부에 대항한 노동자 투쟁은 이어졌다. 2002년 철도 발전 가스 노조의 국가기간산업 사유화 저지 투쟁, 2003년 배달호 열사 분신 대책 투쟁에 이르기까지 신자유주의 구조조정 저지 투쟁이 전개되었다.

　특히 2000년 이후 비정규직 노동자들이 노동조합을 조직하여 생존권과 노동기본권을 쟁취하기 위해 투쟁을 전개했다. 곳곳에서 일하는 특수고용 노동자들은 노조 결성 등 노동3권 보장을 위한 입법 투쟁으로까지 전진했다. 2003년 화물 노동자들의 투쟁은 그 위력이 대단했다.

　2001년 초, 대우자동차 정리해고와 이에 맞서 싸우는 노동자에 대한 공권력 침탈은 노동 대 자본·정권의 치열한 대립 전선을 형성했다. 민주노총은 주5일 근무제 쟁취 투쟁에 대우자동차와 현안 투쟁(생보사 투쟁, 한국통신계약직 투쟁, 공공부문 예산권 남용 저지 투쟁 등)을 결합해 신자유주의 구조조정 분쇄 투쟁으로 확장하였고, 5월 1일 노동절에 '신자유주의 분쇄·김대중 정권 퇴진'을 선언했다. 이어 민주노총의 6월 총력투쟁에서 신자유주의 구조조정 분쇄와 김대중 정권 퇴진이라는 정치적 방향을 분명히 하면서 투쟁을 조직했다. 울산지역에서 화학섬유노동자 투쟁을 중심으로 한 완강한 연대투쟁과 현대자동차노조의 쟁의발생 결의로 반전의 계기를 잡으면서 6월 22일 민주노총 비상중앙위원회에서 '7월 5일 하루 총파업투쟁'을 시작으로 '노동운동탄압·신자유주의 구조조정 분쇄, 김대중 정권 퇴진 투쟁'을 전면적으로 전개해 나가기로 결의했다. 그러나 7월 5일 하루 총파업은 결의에도 불구하고 힘 있게 조직되지 못하면서 막을 내리고 말았다.

2003년에 출범한 노무현 정부는 새로운 성장 동력의 창출, 3만불 시대 선진국으로의 도약을 내세우며 '서비스산업 경쟁력 강화 종합대책' 등을 마련했다. 한미FTA를 중심으로 한 전 지구적 FTA 추진 강행, 해외투자의 자유화, 자본의 대북 진출 추진, 자본통합법의 시행과 연금의 금융·주식시장으로의 투입 등을 추진했다. 그리고 구조조정과 노동유연화의 제도화 등 신자유주의 세계화를 제도로 완성하고자 했다.

정부는 출범 직후부터 이른바 지속가능한 성장(신성장 정책)을 위한 노자관계의 재편을 내세우며 2003년 9월 3일 '노사관계 선진화 방안'으로 구체화했다. "기업이 마음 놓고 투자할 수 있는 노동환경"을 위한 '선진적 노자관계'의 구축을 목표로 한 것이다.

노무현 정부는 개혁 노선을 포기했다. 2005년 노무현 정부는 국정지표로 '경제 회생, 한반도 평화 정착, 국민통합'을 정하고 신자유주의 개방화, 구조조정, 노동유연화 공세를 전면화했다.

2004년 '노동귀족론'이라는 여론 공세, 2005년 민주노총과 한국노총 주요 사업장 노조의 채용 비리에 대한 공세를 펴면서 한편으로는 노사정 대표자 회담을 통해 민주노조 진영을 압박했다.

이러한 시도는 어느정도 성과를 내 민주노조운동이 위기에 직면하기도 했지만 정부의 '비정규입법'과 '선진노사관계 로드맵'에 대해 노동자들의 저항이 거세지자 사회적 합의는 어렵다고 판단, 2005년 12월 '비정규입법' 강행, 2006년 9월 11일에 '선진노사관계 로드맵' 입법을 강행했다.

'선진 노사관계 로드맵'은 노동자의 결사의 자유를 제한하고, 노조의 파업권을 약화시키며, 고용유연성을 강화하는 내용을 담고 있었다. 핵심 쟁점이었던 '기업단위 복수노조 허용'과 '노조 전임자 임금지급 금지' 조항은 3년간(2009.12.말) 유예됐다. 필수공익사업장과 관련해서는 직권중재를 폐지하는 대신 필수공익사업에 대해 필수업무유지제를 도입하고 대체근로를 허용했다. 이로써 사업주의 해고 권한은 대폭 강화됐고, 부당해고도 돈으로 해결할 수 있게 됐으며, 근로기준법은 무력화됐다.

노무현 정부는 역대 정권의 공공기관 민영화 정책 대신 '정부산하기관관리기본법'(2003년)을 통해 준정부 기관 290여 개를 정부의 관리대상으로 포함했다. 아울러 공공기관에 대한 상시적 구조조정을 목표로 경영공시, 경영평가를 도입하였고, 2007년에는 '공공기관이 운영에 관한 법률(공운법)'을 제정했다.[8]

한편, 2006년 말과 2007년 초에 걸쳐 금속연맹과 공공·운수 4조직이 산별노조로의 조직 형식을 전환하거나 결의함으로써 민주노조운동은 산별노조 시대로 본격적으로 접어들었다.

---

8   공운법은 김대중 정부가 추진해왔던 민영화 등의 소유구조 개편방침과는 달리 공공기관의 운영구조를 중앙에 집중해 공공부문에 대한 정부의 일괄적인 관리를 목표로 하는 것이었다. 이는 훗날 이명박 정권의 민영화 정책과 경영 효율화 기조와 맞물리면서 기존 김대중 정부의 시장화 전략을 더욱 강화한 꼴이 되어버렸으며 이후로도 박근혜 정부가 공공기관을 정치·경제적으로 지배하고자 하는 법리적 토대가 되었다.

①

8대 집행부 활동과
매표업무 민간위탁 대응

1️⃣ 8대 김광희 집행부 출범

노동조합 선거관리위원회가 2001년 2월 1일 8대 위원장과 4개 지부장을 비롯해 공석인 지회장, 대의원 선거를 공고했다.

8대 위원장 선거에 7명의 후보가 출사표를 던졌다. 위원장 선거 입후보자는 손영성(전 AFC지회장), 김광희(전 기술지부장), 노대홍(전 사무국장), 전희천(당리설비분소장), 유승호(전 역2 지부장), 도찬종(전 승무지부장), 임선백(전 수석부위원장) 등이었다.

기호 1번 손영성 후보는 조합원의 실익 확보를 내세웠다. 기호 2번 김광희 후보는 통큰 단결과 생활 속에 녹아드는 조합 구현을 내걸었다. 기호 3번 노대홍 후보는 민주노조다운 노동조합 운영과 현장과 함께 하는 살아 있는 노조를 약속했다. 기호 4번 전희천 후보는 노사 화합과 상생을 통한 발전적인 노조 건설을 내세웠다. 기호 5번 유승호 후보는 원칙과 기본에 충실한 노동조합을 내세웠다. 기호 6번 도찬종 후보는 조합원을 하늘같이 아는 투명한 노동조합을 내걸었다. 기호 7번 임선백 후보는 행동으로 실천하는 위원장, 노동자 민중권력 쟁취를 위해 헌신하는 위원장을 내 걸었다.

한편 7대 집행부 잔여임기만 채우는 지부장 선거는 기술지부장에 윤택근 후보, 역무지부장에 김윤형 후보가 단독 출마했다. 승무지부장과 차량지부장은 출마 후보가 없었다.

위원장 후보가 난립한 가운데 노대홍 후보와 임선백 후보가 중도 사퇴했다. 2월 20일부터 22일까지 3일 동안 투표가 진행됐다.

위원장 선거는 과반수 득표자가 없었다. 기호 5번 유승호 후보(36.6%)와 기호 2번 김광희 후보(26.9%)가 결선투표에 들어갔다.

지부장, 지회장 보궐선거는 모두 단독 출마로 치러 전원 당선됐다.

2월 27~28일 치른 결선투표 결과 김광희 후보가 56.95% 득표하여 41.64% 득표에 그친 유승호 후보를 따돌리고 8대 위원장에 당선됐다.

김광희 후보 선거운동은 여느 후보와 달랐다. 젊은 선거운동원들이 함께했고 조직적이었다. 젊은 선거운동원들이 선거 슬로건 등이 담긴 피켓을 들고 구호도 외쳤다. 선거운동 방식이 신선했다. 지금껏 부산지하철노조 집행부 선거운동은 후보가 직접 현장 조합원들을 만나 지지를 호소하는 방식이었다. 기껏해야 후보 옆에 수행원 한두 명이 동행하는 정도였다.

김광희 위원장이 3월 1일 당선과 함께 임기를 시작했다. 당선자 임기는 7대 이민헌 위원장 잔여임기를 포함해 2003년 10월 31일까지였다.

김광희 위원장은 당선 인사에서 현장 중심의 강력한 노동조합을 건설하겠다고 포부를 밝혔다.

김광희 위원장은 현장활동을 강조했다. 현장활동을 통해 선거 과정에서 드러난 지부 간 높은 벽을 허물고, 흩어진 조직을 재정비하겠다고 했다.

이어 김광희 위원장은 김대중 정권과 공단이 올해도 정부지침 관철을 위해 2000여 조합원들의 숨통을 조여 올 것이라 전망하고, 단호하게 대처해 나가겠다고 했다.

노동조합 사업으로 조합 간부와 조합원에 대한 체계적인 교육을 강조했다. 조합원의 건강권 확보에 주력하겠다고 했다. 또 조합원들의 참여권 확대와 조합비 인하 등 현장 조합원 중심 사업으로 조합원들을 노동조합의 주인으로 세우겠다고 조합활동 방침을 밝혔다.

전체 조합원의 총력투쟁으로 신자유주의 구조조정 저지, 자동승진을 통한 인사적체 해소, 현장인력 확충, 연봉제 도입을 강력히 저지하겠다고 약속했다. 그리고 임단투를 통한 실질 임금 쟁취와 개악 없는 노동시간 단축, 조합원 후생복지 향상 및 개선 등 조합원의 권익을 반드시 쟁취하겠다고 다짐했다. 나아가 연대사업을 통한 부산지하철노조의 위상을 정립하고 산별노조의 초석을 다지겠다고 했다.

2 순조로웠던 2001년 임금협상 그러나 아웃소싱 음모 '꿈틀'

보충협약 세부사항 협의 시작

노동조합은 3월 8일 공단과 이민헌 집행부에서 체결한 보충협약 이행에 필요한 세부사항 논의에 들어갔다.

노동조합은 3월 14일 상무집행위원회를 열어 8일 공단이 제시한 세부사항(안)을 큰 틀에서 수용키로 했다. 노사 간 일부 이견 부분은 실무협의를 계속 진행하기로 했다.

공단과 논의한 세부사항(안) 중 연월차수당 산식 변경에 따른 임금보전의 경우 공단이 제시한 교통공단수당 4.5% 인상안을 노동조합이 수용키로 했다. 대학생 자녀 학자금 융자 상환의 경우 공단 안을 받아들이되, 보증보험 증권 제시 부분과 융자지급 시기는 차후 계속 논의키로 했다. 퇴직금누진제 폐지에 따른 임금보전 부분은 공단 안(호봉급에 일률적으로 4만 원 인상)을 대의원대회에 상정, 최종 결정하기로 했다. 2호봉 특별승급의 경우 신규자의 임용일자에 따라 임금 차이가 발생해 형평성에 문제가 있는 것으로 나타났다. 장학급 지급에 대해서는 70명을 선발하여 신입생, 저직급 고호봉, B학점 이상 순위로 확정하고, 향후 수혜자와 장학금 인상에 대한 폭을 넓히자는데 의견을 모았다. 2001년도 장학기금은 사내복지기금에서 연간 2800만 원을 책정하여 학기별 20만 원을 지급하기로 합의했다.

2001년 사업계획 확정

노동조합은 3월 22일 14기 5차 임시대의원대회를 열어 2001년도 사업계획(안)을 심의, 확정했다. 참석 대의원들은 사업계획과 함께 상정된 2001년도 예산(안)을 비롯한 규약 개정(조합비 인하), 임원 인준 등을 심의 결정했다. 또 참석 대의원들은 2001년도 예산안 심의 과정에서 고문변호사비 관련 민주노총 내의 변호사와 공인노무사를 적극 활용하자고 의견을 모았다. 대의원 수련회를 신설하자는 안건은 부결, 원안대로 통과됐다. 임금보전 방법에 관한 심의 의결에 대해 대의원들은 일괄 4만 원 인상 시 차후 임금인상에 역효과가 나타날 수 있다는 우려의 목소리가 있었지만, 신규자를 고려한 일괄 4만 원 인상안을 통과시켰다. 박경달 사무국장(서리)과 대의원 추천 장석태 회계감사(후보)를 무기명 비밀투표를 거쳐 인준했다. 이어 현 조합비 총액 1.5%를 1%로 인하하는 내용의 규약 개정안을 통과시켰다. 조합비 인하는 5월부터 적용하기로 했다.

이에 앞서 노동조합은 3월 16일 열린 상무집행위원회에서 22일 대의원대회에 상정할 2001년 사업계획(안)과 예산(안)을 심의, 결정했다. 상무집행위원회는 중심사업으로 △일상 현장활동 강화를 통한 조직 활성화 △연대/교류사업 강화 △교육사업 강화로 정했다. 특히 지부 간의 벽을 허물 수 있는 다양한 사업을 펼치기로 했다. 임단투와 관련해선 △실질임금 확보 △상급단체와의 임투 일정 공유 △해고자 전원복직 △노동시간단축소위원회 재가동 △비정규직 정규직화 및 차별제도 개선 △노동자 안전 및 건강권 확보로 근로조건 개선에 주력하기로 했다. 중장기사업으로 △2003년 시 이관 대비 정책 개발 및 사례 연구 △2-2단계 및 3호선 개통대비 근무환경과 직제 연구 등을 정했다. 이 같은 사업계획에 근거하여 올해의 예산안을 희생자기금과 조합운영비 간의 비율을 기존의 7.5 대 2.5를 6 대 4로 조정하기로 했다. 상무집행위원회는 또 해고 동지의 복직에 따라 현 1.5%인 조합비를 0.5% 내려 1%로 책정해 5월부터 시행하기로 했다.

김대중 정부, 정부산하기관 특별경영진단 실시

공공연맹이 4월 19일 기획예산처를 방문했다. 정부가 추진 중인 9개 정부산하기관 특별경영진단 문제점을 제기하기 위해서였다. 건설교통부 산하인 부산교통공단도 9개 정부산하기관 중 하나였다. 서형석 공공연맹 사무처장과 연맹 산하 노조 대표들은 기획예산처 행정개혁단장을 만났다. 부산지하철노조는 박경달 사무국장이 참석했다.

연맹은 9개 정부산하기관에 추진 중인 특별경영진단이 또 다른 경영혁신 근거 마련을 통한 '공기업 노동자 희생 강요'가 아닌지 해명을 요구했다. 이어 연맹은 경영진단과 관련해 △각 기관별 경영진단 위원회에 노동문제 전문가 1인을 노동조합과 협의해서 참여시킬 것 △경영진단 과정 및 진단결과에 따른 기관별 경영혁신권고안 작성 시 노동조합의 참여 보상할 것 △경영진단의 목표는 공적 기능 강화와 대국민 서비스 개선 대안 마련으로 할 것 △지난 3년간 구조조정의 폐해를 감안할 것 △추가 인력감축 반대 등을 요

대우자동차 정리해고 사태와 김대중 정권의 폭력성

4월 10일 김대중 정권의 야만성과 폭력성이 드러난 날이었다. 김대중 정권이 전의경 병력을 동원해 4월 10일 노조사무실에 가기 위해 공장 진입을 시도하던 대우자동차노조 집행부와 조합원들을 무차별 폭행으로 짓밟았다. 전의경들은 비무장 조합원들을 방패로 찍고 군홧발로 짓누르고 밟았다. 40여 명이 부상당했다. 노조사무실 출입을 허용한다는 법원의 결정에 따라 노조사무실로 향하던 조합원들을 무자비한 폭력으로 막은 것이다.

경찰의 무차별 폭력 장면은 다음날 지상파 방송과 인터넷 등에 고스란히 공개됐다. 큰 파장이 일었다. 폭력 장면은 외신을 타고 지구촌 곳곳에 보도됐다.

이에 앞서 김대중 정권은 2월 19일에도 정리해고에 맞서 대우자동차 부평공장에서 농성 중이던 노동조합 집행부와 조합원들을 경찰을 동원해 공장 밖으로 몰아냈다.

이미 정리해고를 법제화하고 수많은 노동자들을 길거리로 내쫓은 김대중 정권은 대우자동차가 부실경영으로 도산 위기에 빠지고 결국 법정관리에 들어가자 모든 책임을 노동자들에게 전가했다.

4월 13일 민주노총은 정리해고 분쇄, 살인적 폭력만행 김대중 정권 퇴진 결의대회를 열었다. 17일 김대중 대통령이 유감 의사를 밝혔다. 7개 시민사회단체가 4·10폭력진압 당시 경찰 관계자 5명 및 5개 전경대원 등을 고발했다. 4월 19일 과잉진압에 가담했던 인천 1002중대는 이 사건을 계기로 해체됐다.

민주노총은 21일에두 전국동시다발 민주노총 김대중 정권 퇴진 결의대회를 열었다. 부산에서도 서면 롯데백화점 앞에 500여 명이 모였다.

문영만 민주노총 부산본부장은 "4월 10일 폭력만행은 80년 5월 공수부대원들이 광주시민을 무차별적으로 학살했던 바로 그 광주현장이었다"며 "김대중 정권은 국민의 정권이 아니라, 사기정권이고, 폭력정권"이라고 규탄했다.

그랬다. 1998년 부산지하철 3.12노사합의를 파기한 것도 김대중 정권이었다. 검찰 권력까지 동원해 합의 파기에 저항하는 조합원 491명을 기소하겠다며 협박했던 김대중 정권이었다.

구했다.

이에 대해 기획예산처 행정개혁단장은 특별경영진단은 단순히 인원 줄이기 식의 구조조정이 아니다. 저비용-고효율을 위한 경영혁신 차원에서 실시한다고 밝혔다. 경영진단 과정에 노조 참여는 해당기관과 협의할 문제라며 떠넘겼다.

2001년 단체교섭 시작하다

노동조합은 5월 22일 공단과 상견례를 갖고 2001년 단체교섭을 시작했다. 노사 상견례에 이어 노동조합 요구안 제안 설명을 했다. 노동조합은 임금 27% 인상을 요구했다. 물가와 경제성장률 9%와 서울지하철과의 임금 차액 18% 해소에 근거해 산출한 요구안이라는 설명이 뒤따랐다. 이어 해고자 복직, 직제 관련 요구, 기타 각종 수당의 마련 취지를 설명했다. 공공연맹 교섭권 위임에 따라 한태기 연맹 부위원장이 노동조합 교섭 대표위원으로 참석했다.

이에 앞서 노동조합은 5월 11일 대의원대회를 열어 임금 총액 기준 27% 인상 등 2001년 단체교섭 요구안을 확정했다.

임금 부문에서 △기본급 15% 인상(5급갑 9호봉 기준) 인상, 인상방법은 직무급에 정액(6만7760원), 호봉급에 정률(17.15%) 반영 △급식보조비수당 월 10만 원 신설, 통상임금화 △조합원수당 월 7만 원 신설, 통상임금화 △상여수당 연 600%에서 연 650%로 인상, 인상분 지급 시기는 매년 9월 급여 시 지급 △일용직 임금인상은 총액 12%로 확정했다.

조합활동 및 복지 관련 요구사항으로 △해고자(강한규, 김태진, 이영호, 양춘복) 원직복직 및 복직자 해고기간 근속기간 인정 △기 합의한 사내근로복지기금 2001년도에 출연, 2001년부터 매년 5억 원 출연 등을 확정했다.

직무제도 관련 요구사항으로 △경영진단 결과 추진 시 노사합의 후 시행

△장산 개통 대비 직제개편 시 노사합의 후 시행이 포함됐다.

항소심, '상급단체 회의 참가 정당한 조합활동'

서울고등법원이 공단이 제기한 항소를 기각했다. 서울고등법원은 6월 7일 항소심 선고공판에서 1심 판결은 정당하므로 공단의 항소를 기각한다는 판결을 내렸다. 공단은 1심판결에서 조합원의 상급단체 회의 참가는 정당한 조합활동으로 무계결근 처리는 부당하다는 판단을 내리자 불복해 항소했다.

노동조합은 1999년 3월 5일 당시 전국민주철도지하철노동조합연맹(민철노련) 5기 5차 중앙위원회 및 2차 임시대의원대회에 참석할 목적으로 단체협약 제15조(조합활동보장)에 근거하여 공단에 '근무 배려'요청을 하고 참석했으나 공단이 '무계결근 처리'하는 등 부당노동행위를 한 데 대한 구제를 신청했다.

서울고법은 공단의 주장에 다음과 같이 판단했다.

첫째, 단체협약 제15조 제1항 제4호(상급단체의 화합행사 또는 교육행사)에 근거하여 각종 회의 참석을 '근무시간 중의 조합활동'으로 보고 이를 공단이 허용해 온 관행이 성립하므로 상급단체의 중앙위원회 및 임시대의원대회 참가는 단체협약상 근무시간 중의 조합활동으로 인정했다.

둘째, 단체협약 제15조 4항(공단과 사전 협의)에 대해 공단은 조합으로부터 상급단체 참가 예정일로부터 9일 전에 근무 배려를 요청받은 이상 사전 협의를 할 수 있는 충분한 시간적 여유와 인원 조정, 노동조합의 조직, 운영 활동에는 상급단체를 조직하거나 그 운영에 참여하는 행위도 포함되는 점 등에 비추어 보면, 공단의 사전통보 없이 참가 하루 전날 대상자 전원의 근무시간 중 참석을 불허한 것은 오히려 공단이 노동조합 및 노동관계조정법 제81조 4호에 의해 부당노동행위에 해당한다고 판단했다.

셋째, 참석을 불허할 정당한 사유가 있었다는 점에 대해 근무 배려를 요청한 참가인 조합의 직원이 지하철 2호선 관련 업무를 담당하고 있었던 점을 인정할 아무런 증거가 없을 뿐만 아니라 오히려 각 증거에 의하면, 지하철 2호선 1단계의 개통 지연은 주로 신호설비 부분의 하자로 인한 것으로 공단이 근무 배려 요청을 거부할 정당한 사유가 없다고 판단했다.

넷째, 부당노동행위 구제제도는 집단적 노사관계의 질서를 파괴하는 사용자의 행위를 예방, 제거함으로써 조합활동을 보장하여 노사관계의 질서를 정상화하려는 데 목적이 있는 것으로 보아 공단의 구제이익이 없다고 판단했다.

속전속결 잠정합의

노동조합은 교섭 투쟁 일정을 빠르게 진행했다. 6월 공공연맹 투쟁 일정에 맞추기 위해서였다. 반면, 공단은 노동조합 요구안에 대한 답변을 내놓지 않는 등 지연 전술로 나왔다.

노동조합은 5월 26일 쟁의발생 결의를 위해 대의원대회를 열었다. 그러나 참석 대의원들은 쟁의발생 결의를 유보했다. 아직 쟁의발생의 징후가 미흡할 뿐만 아니라, 공단의 공식 입장도 나오지 않았다는 게 유보 이유였다. 대의원들은 좀 더 조합원들을 설득할 수 있는 교섭 운영을 당부했다. 이렇게 쟁의발생 결의 일정은 6월 2일로 유보했다.

5월 29일 3차 교섭이 열렸다. 3차 교섭에서도 공단은 노동조합 요구안에 대한 공식 답변이 없었다. 공단은 보다 나은 안을 마련하기 위해 노력 중이라고 했다.

6월 8일 6차 교섭이 열렸다. 공단은 여건 변화 없는 한 5.9% 이상은 어렵다고 했다. 해고자 복직에 대해서도 공단은 건설교통부 승인사항으로 공단의 독자 판단은 불가능하다고 했다.

단체교섭 승리를 위한 조합원 총회(2001.5.29.)

　노동조합은 6월 11일 최종 교섭에서 공단의 변화를 기대한다고 말했다. 만약 요구가 관철되지 않을 경우, 우리의 길을 갈 수밖에 없다고 경고했다. 6차 교섭은 노사 서로 주장만 주고받다가 별다른 성과 없이 끝났다.

　6월 8일 쟁의행위 조합원 찬반 투표 결과가 나왔다. 6일부터 8일까지 3일 동안 실시된 찬반 투표 개표 결과는 총조합원 2379명 중 2022명(85%)이 투표해 1709명(84.5%)이 찬성했다.

　노동조합은 개표를 마친 뒤, 곧바로 기자회견을 열었다. 동종업체와 임금 격차 해소, 해고자 복직, 노조 참여 배제한 경영혁신 중단 등을 공단에 요구했다. 이어 요구사항이 받아들여지지 않을 경우, 파업을 포함한 모든 수단을 동원해 투쟁하겠다고 밝혔다.

　6.12공공연맹 총력투쟁 하루 앞둔 6월 11일, 7차 막판 교섭이 열렸다. 조합원 비상총회가 열리는 가운데 노포창에서 공단과 협상이 이어졌다. 노포창 파업광장에 모인 조합원들도 자리를 지키며 투쟁을 이어갔다. 11일 밤 11시, 700명 넘는 조합원들이 부산대 문창회관으로 이동했다. 교섭 결렬을 대비한 움직임이었다. 여차하면 파업하겠다는 대공단 압박 행동이었다.

12일 새벽 5시 30분, 문창회관 농성장에 잠정합의 소식이 전해졌다. 5급 갑 9호봉 기준 임금 6.9% 인상한다는 내용이었다. 잠정합의에 따라 문창회관 농성 조합원들도 해산했다.

6월 13일 잠정합의에 따른 세부사항 협의를 위해 노사 실무협의가 열렸다. 실무협의 결과 △기본급은 직무급에 정액 1만8800원 인상, 호봉급에 정률 4.76% 인상하며 2001년 7월 1일부터 적용 △교통공단수당은 2001년 1월 1일부터 0.5% 추가 인상하고, 2001년 7월 1일 6% 추가 인상 △상여수당은 2001년도부터 연 600%를 연 650%로 인상하고, 지급 시기 매년 9월로 한다로 정리했다.

잠정합의안은 14일 열린 임시대의원대회에서 통과됐다.

민주노총, 김대중 정권과 전면전

김대중 정권이 단병호 민주노총 위원장과 이홍우 사무총장 등 민주노총 지도부 검거를 위해 500만 원 현상금과 계급 특진을 걸었다. 공공연맹, 서울본부를 비롯한 조직의 핵심 연맹·지역본부 지도부와 단위노조 간부들에게도 잇따라 체포영장을 발부하는 등 민주노총을 전면탄압하고 나섰다.

김대중 정권은 6월에만 46명의 노동자를 구속했다. 2001년 6월 현재 구속 노동자는 136명을 넘어섰다. 10년 동안 가장 많은 구속 노동자 숫자였다.

반면, 살인무기로 무장한 용역깡패를 동원한 사용주의 폭력은 비호하면서 레미콘 등 합법 파업을 경찰병력으로 폭력 진압했다. 정리해고에 저항하는 대우자동차 노동자들을 무자비한 폭력으로 짓밟았다.

김대중 정권은 부산지하철노동자에겐 '아주 나쁜 정권'으로 뇌리에 박혀 있었다. 1998년 3·12합의를 파기한 정권이었고, 검찰까지 동원해 비열하게 500명 가까운 조합원들을 기소하겠다고 협박하여 1인승무를 강제 시행한 정권이었다.

김대중 정권 퇴진 투쟁(2001.3.17)

부산지하철노조는 민주노총 투쟁 일정에 적극 결합하기로 결의를 모았다. 노동조합은 7월 5일과 6일 집회는 참석 가능한 조합원 위주로 결합하기로 했고 7월 7일 집회에는 조합원들이 최대한 결합할 수 있게 조직하기로 했다.

2001년 단체교섭 투쟁 상무집행위원회 평가 '전반적으로 미흡'

노동조합은 7월 3일과 4일 이틀 동안 상무집행위원회 차원에서 2001년 단체교섭 투쟁 평가를 진행했다.

먼저 공공연맹의 5말6초 총력투쟁 동참 결정에 대해 상집 간부 간 6월 투쟁 상에 대한 인식차이로 논란이 있었지만, 대내외 정세 및 조직력 상황 등을 감안한 최선의 선택이었다고 평가했다.

요구안 마련을 위한 설문조사와 관련해선 "내용이 다소 미흡했고, 조사기간 촉박, 수거율 저조, 분석 미철저" 등의 지적이 나왔다.

임단투소위 활동에 대해서는 신규간부들의 참여로 교육적인 부분은 성과 있었다. 운영 미숙, 경험 부족 등의 지적이 나오기도 했다. 그러나 운영 기간이 짧았는데도 소기의 교섭 요구안을 도출한 것은 높이 평가했다.

교섭 진행과 관련해 연맹 전체 투쟁 일정에 쫓겨 공단의 불성실한 교섭 태도에 힘 있게 대처하지 못했다는 점과 교섭위원 교육 부재, 교섭위원들의 자신감 부족 등이 지적되었다.

투쟁 전술과 집회 전술과 관련해선 "1,2차 조합원 총회에서 다양한 프로그램의 배치 등을 통해 조합원들의 관심과 투쟁력을 이끄는 데 일정한 성과가 있었다." "부산대 문창회관 집결 이후 프로그램 및 전술 부재" 등의 지적이 있었다. "최종 교섭 말미에 위원장과 사무국장이 이사장과 최종담판을 위해 공단으로 이동한 것은 매우 잘못된 판단이었다"는 지적이 나왔다. 이어 쟁대위 회의체 구성 개념 혼란과 운영상 미숙, 조직쟁의국과 지부조직 간 유기적 결합 부재, 교육선전국의 선동성 미흡, 총무국의 투쟁 지원 부족, 쟁의 기금 집행 주체 불명확, 교섭 전술의 일관성 결여 등 다양한 지적이 나왔다. "6월 12일 투쟁에 대한 명확한 상이 없어 전체적인 투쟁 판을 노조가 힘 있게 이끌지 못해 어려운 싸움을 해야 했다"는 평가도 있었다.

지부별 평가에서는 "조직력이 어느 정도 복원되는 성과가 있었다." "간부들의 투쟁 의지가 미흡하여 조합원들을 힘 있게 이끌지 못했다." 등의 평가가 나왔다.

6월 투쟁 전체에 대한 총괄 평가에선 투쟁의 성과물이 만족스럽지 않고, 투쟁 과정에서 지도력, 전술, 역량 면에서 문제점이 노출되었으나, 3월 중순에 임기가 시작된 집행부로서 현장조직력을 침체기에서 상승국면으로 전환한 부분, 파업 경험 확보와 간부 역량 강화, 공공연맹과의 연대투쟁에 대한 조합원들의 긍정적 인식 등의 성과가 있었다고 평가했다.

보전수당 소송, 노동조합 승소

근로기준법이 정한 연장, 야간, 휴일 근로수당과는 별도로 지급한 보전수당을 그대로 유지토록 한 지방노동위원회의 지권중재는 적법하다는 판결이 나왔다.

6월 19일 서울고등법원은 공단이 제기한 보전수당 관련 행정소송 1심 판결취소청구소송 항소심 선고 공판에서 공단 패소 판결을 내렸다.

서울고법은 판결문에서 "보전수당은 통상근무자가 개인적인 사정이나 그때그때 부서 사정에 따라 비계획적으로 행하는 임시적이고 관행적인 연장근로에 대하여 그 시간의 많고 적음에 관계없이 당연히 그 정도의 연장근로가 있는 것으로 의제하여 지급하는 특수한 내용의 수당으로 마련한 것으로, 이는 근로기준법 제5조의 균등처우규정에 위배되지 않는다"고 밝혔다.

서울고법은 또 "근로기준법이 정한 연장, 야간, 휴일 근로수당과 갈음하는 것이 아니라 별도로 지급한 보전수당을 그대로 유지토록 한 지노위의 중재재정판정이 위법하거나 월권이 있다는 이유로 변경한 중재재심 결정이 오히려 위법·월권에 해당한다”고 판단했다.

이에 앞서 2000년 1월 10일 부산지방노동위원회는 “보전수당은 통상임금(월)의 20%로 한다”는 기존 단체협약 내용을 그대로 유지하는 중재재정을 결정한 바 있다.

공단은 이에 대해 불복하여 중재재심을 신청한 결과, 예상과 달리 중앙노동위원회는 “보전수당은 통상임금(월)의 20%로 한다”를 “보전수당은 개인별 초과근로실적에 따라 통상 근무자에게 지급하되, 월 12시간은 고정잔업 수행으로 인정하여 고정급으로, 월 12시간 초과분은 실적에 따라 지급한다”는 결정을 해, 공단의 청구를 인용했다.

공단은 ‘보전수당’ 소송 관련 불복 절차가 아직 종결되지 않았는데도 확정된 판결인양 중재재심결정을 빌미로 임의대로 보수규정을 개정, 시행해 왔다.

민주노총, 주5일제 공익위원안 반대하다

주5일근무제 노사정위원회 공익위원안이 9월 2일 공개됐다. 공익위원안은 주5일근무제 도입과 관련해 △탄력적 근로시간제 1년 단위 확대 △생리휴가 무급화 △연월차 휴가 축소 등을 담고 있었다. 또 공익위원안에 따르면 주5일제는 2002년 7월 1일부터 2007년 1월까지 4단계에 걸쳐 시행한다. 우선 2002년 7월 1일부터 공공부문, 금융·보험업 1000명 이상 사업장이 시행에 들어간다. 이어 2단계로 2003년 7월 1일부터 300인 이상 사업장으로 확대된다. 3단계로 2005년 1월 1일부터 교육부문과 50인 이상 사업장이 주5일근무제를 실시하고, 마지막 4단계로 2007년부터 전 사업장에 적용한다. 단, 영세 서비스업의 경우 적용이 유예된다.

민주노총은 9월 5일 공익위원안 반대 기자회견을 열었다. 민주노총은 먼저 "탄력적 근로시간제 1년 단위로 확대"에 대해 주당 64시간, 연간 2704시간에 달하는 살인적인 장시간 노동을 법으로 허용하게 된다며 반대했다. 민주노총은 현재 조건에서 탄력적 근로시간제를 1년 단위로 확대하면 실질임금이 최대 7.5%나 깎일 수밖에 없다고 주장했다. 또 특정 시기에 집중적인 장시간 노동으로 과로사와 산업재해의 위험을 크게 높여 노동시간 단축의 의미조차 사라지고 말 것이라고 비판했다.

민주노총은 실노동시간이 주40시간 밑으로 줄어들 때까지 탄력적 근로시간제 1년 단위 확대 방안을 철회할 것과 대신 일·주·월·연 단위 초과근로 상한선을 엄격히 규제할 것을 촉구했다. 민주노총은 주5일근무제를 2002년 안에 전 산업에 동시 도입할 것을 촉구했다. 2002년 7월부터 단계별로 실시하겠다는 공익안은 현 정부 임기 안에 주5일근무를 가시화한다는 점에서는 긍정적이지만, 대기업이 초기 비용을 중소기업으로 떠넘기게 돼 비정규직과 중소영세노동자의 노동조건은 더욱 후퇴할 것이라고 주장했다. 연월차 휴가 축소·생리휴가 무급화 등 휴일휴가 축소 방안도 철회를 요구했다. 최소한 현행 휴일휴가 수를 유지하는 가운데, 2주 이상 연속휴가제와 단체협약에 의한 선택적 보상휴가제 도입 등 휴가사용 촉진 방안을 마련해야 한다고 밝혔다.

③ 공단 아웃소싱 발톱 드러내다

경영진단 중간보고 '70% 아웃소싱'

안진회계법인은 2001년 11월 19일 중간보고서에서 기업형 조직으로의 변화를 기본방향으로 한 부산교통공단의 경영혁신방안을 제안했다. 본사를 제외한 현업 대부분을 '아웃소싱'하는 내용이었다. 모 지방신문에서는 이를 인용해 "부산교통공단 70% 아웃소싱"이라는 내용으로 기사화했다.

그리고 안진회계법인은 기업형 조직화 및 성과관리, 효율적 인력운영이라는 전략 아래 팀제 도입, 인센티브제 도입, 연봉제 확대 실시, 직렬 및 직급제 정비를 세부과제로 제안했다. 역무를 비롯한 14개 업무영역 등 비핵심 역량 사업의 과감한 민간위탁을 권고했다.

이에 앞서 김대중 정부(기획예산처)는 2001년 4월 13일 「정부산하기관 경영진단 추진 방안 확정 보고」란 보도자료를 언론사에 배포했다. 여기에 부산교통공단도 포함됐다.

이때만 해도 조합원은 물론 노조 간부 대다수가 경영진단에 대해 별 관심을 가지지 않았다. 일부 현장활동가가 발 빠른 대응을 제안했지만, 주목받지 못했다. 공공연맹 차원에서 기획예산처를 항의 방문했지만, 일회성에 그쳤다.

노동조합은 2001년 단체교섭 요구안에 "경영진단 결과 추진 시 노사합의 후 시행한다"라는 조항을 넣었다. 그러나 실제 교섭 과정에 주요 쟁점으로 다뤄지지 못했다. 교섭에서 공단은 아직 진행되지도 않은 걸 합의하자는 것은 무리라며 빠져나갔다. 당연히 조합원들에게 경영진단의 심각성은 선전, 교육되지 않았다.

그러나 정부와 공단은 발 빠르게 움직이고 있었다. 6월 공단 경영진단운영위원회 구성 및 운영, 8월 경영진단 용역설명회 개최, 9월 경영진단 용역기관 선정(안진회계법인)등 경영진단 실시 계획이 일사천리로 이뤄지고 있었다.

이에 앞서 11월 6일 공단은 2호선 2단계 완전개통 대비 장산(역)직제안을 건설교통부에 승인 요청했다. 노동조합과 단 한 차례 상의도 없었다. 노동조합은 공단에 직제 조정안 마련을 위한 노사협의를 요구했다. 건설교통부에

도 '노사협의 없는 직제개정안은 무효'라며 노동조합 입장을 담은 공문을 발
송했다.

들끓는 현장

현장이 들썩였다. 노동조합이 급하게 11월 27일 서면역 환승로에서 연 일
방적 경영진단 반대 결의대회에 800명이 넘는 조합원들이 몰렸다. 역무조합
원도 200명이 넘게 나왔다. 신참, 고참, 부역장 가릴 것 없었다. 이날 나온 조
합원들 스스로가 놀랄 정도였다. 그도 그럴 것이 그동안 집회 때 역무조합원
들은 한눈에 셀 수 있을 정도였으니까.

11월 27일 노동조합은 임시대의원대회를 소집했다. 경영진단에 대한 대
응 방안을 논의했다. 집행부가 제시한 '노사합의 없는 직제 추진 반대 및 일
방적 경영진단 반대를 위한 총력투쟁 결의' 건을 참석 대의원 전원 찬성으로
의결했다. 12월 둘째 주까지 투쟁계획안을 마련해 대의원과 현장간부 토론
회도 열기로 했다.

12월 13일 임시대의원대회가 다시 소집됐다. 본사 식당 중식집회와 해고
자 목요집회 참석 후 오후 6시 35분 토론회가 열렸다. 대의원과 현장간부, 해
고자들이 모였다.

서면역 환승로에서 열린 조합원 총력 결의대회(2001.11.27.)

‘지부 간 갈등’ ‘지부 간 조직력 편차’ ‘투쟁에 소극적이었던 역무 조합원에 대한 비판’ ‘비상대책위원회 구성’ 등 다양한 얘기가 나왔다.

조합원들은 분노했다. 노동조합 조직은 오랜만에 활기가 돌았다. 그러나 오래가지 못했다. 얼마 가지 않아 역무 매표업무 민간위탁 계획 외에는 다른 현업 아웃소싱은 유보한다는 말이 나돌았다. 역무를 제외한 현장의 분위기가 급속도로 가라앉았다.

노동조합 집행부 또한 구조조정 못지않게 중요한 인센티브(성과급)제와 팀제 도입 등 기업형 조직으로 전환 추진에 대해선 관심도가 낮았다.

공단, 매표업무 민간위탁 공식 발표

공단은 2호선 2단계(장산역) 완전 개통(2002.8.29.)을 앞두고 구조조정 카드를 꺼냈다. 공단은 2002년 1월 25일 역 매표업무 민간위탁 등 아웃소싱을 주 내용으로 ‘경영혁신 추진계획’을 발표했다.

공단이 언론사에 배포한 보도자료에 따르면 먼저 운영시스템 개선 부분으로 △매표업무 등 비핵심 분야 민간위탁 △조직구조 팀제 전환 △정보화시스템 구축을 추진하겠다고 밝혔다. 이어 고객서비스 중심 지하철 경영을 위해 △고객서비스헌장 제정, 보상제도 시행 △6개 역무소→2개 영업소로 통합, 역무자동화설비 정비시스템 및 인력 영업소 전진배치 등을 내놨다.

그리고 기업형 조직구조 구축을 위해 △팀제 중심 기업형 조직으로 재편 △의사결정단계 축소 △불합리한 직군, 직급 및 직렬 체계를 기업형, 팀제 조직에 알맞은 구조로 재정비 △연봉제 팀장까지 확대 △성과 인센티브제 도입 등을 추진하겠다고 밝혔다.

재무구조 개선을 통한 자립 경영기반 구축을 위해 △부채 포트폴리오 구성, 운영 △지하철 운임 할인율을 타 도시 할인율과 동일 수준으로 하향 조정 △임대와 광고부문 적극적인 마케팅 활동 강화 부대 수익 창출 △회계관리를 건설과 운영부문 별도 계리하여 책임경영체계 확립 추진 등이 담겼다.

4 ▶ 2002년 단체교섭 투쟁과 매표업무 민간위탁

역무지부, 매표업무 민간위탁 저지 나서다

이에 맞서 노동조합은 매표업무 민간위탁 철회 투쟁을 중심으로 2002년 투쟁계획을 짰다. 노동조합은 1월 3일 상무집행위원회에서 매표업무 민간위탁 철회를 전면에 내걸고, 노동조합 현안 사안을 결합해 전체 투쟁으로 만들어가기로 투쟁 기조를 잡았다. 이를 위해 먼저 역무지부가 선도투쟁을 벌여나가기로 했다.

이에 앞서 노동조합은 공단이 본사 구내식당 민간위탁을 추진하자 2001년 12월부터 본사 현관 농성에 들어갔다. 공단의 일방적인 구내식당 민간위탁 강행에 맞서 노동조합은 농성과 함께 민간위탁 구내식당 이용 거부 운동까지 벌였으나 가시적 성과를 얻지 못했다. 결국 노동조합은 본사 식당 일용직 조합원의 고용승계를 약속받은 가운데 1월 5일 본사 농성투쟁을 거뒀다. 본사 식당 민간위탁 저지 투쟁은 가처분소송을 시작으로 사실상 법적 투쟁으로 전환했다.

위탁관리 철회 역무투쟁본부(역무투본)는 2002년 1월 1일부터 깃달기를 시작으로 지부 조합원 간담회, 2월 15일 넥타이 풀기, 표어부착 등 투쟁 수위를 높여 나갔다. 2월 20일 역무지부 총회에 400명 가까운 조합원이 모였다. 조합원의 투쟁 참여도가 어느 때보다 높았다.

이즈음 공단도 조합원 회유에 나섰다. "매표업무 민간위탁이 시행되더라도 고용불안은 없다." "민원에 시달리는 힘든 매표업무를 위탁하는 것이 오

역무지부 매표업무 민간위탁 철회 투쟁

히려 낮지 않느냐?" "직제개정을 통한 직급이 상향 조정되는 등 조합원들에게 이득이다" 등이 주요 논리였다.

공단의 회유가 먹혔는지 초반 치솟던 역무조합원의 투쟁 열기도 식어 갔다. 초기 노동조합으로 기울던 역장과 부역장 등 고참급 직원들이 빠르게 공단 쪽으로 무게 추를 움직였다. 투쟁이 늘어지고, 지부장이 중도 사퇴하는 등 지부조직의 느슨함도 한몫했다.

2002년 단체교섭 요구안 확정

노동조합은 2월 25일 임시대의원대회를 열어 2002년 단체협약 갱신안과 현안 요구안을 심의, 확정했다.

노동조합은 현안 요구안으로 △해고자(강한규, 김태진, 이영호, 양춘복 등 4명) 원직복직 △민간위탁 철회 △노동조건 후퇴 없는 노동시간 단축 △장산 직제개편 시 적정인력 확보를 확정했다.

단체협약 갱신 주요 요구안으로는 제규정 제정 또는 개폐 시 불이익 변경하는 경우 조합의 동의를 얻어야 하도록 제9조의2(규정개정 및 개폐) 조항 신설 등 직제개편 관련 요구가 포함됐다.

조합활동과 관련하여 △지부·지회장의 정당한 조합활동 우선 조항 △전임자 확대 △조합원 교육시간 확대 요구 등이 포함됐다.

인사 및 승진과 관련해선 △인사위원회 및 징계위원회 노사동수 구성 △6급 을에서 4급 갑 자동승진 △고용직 정년 만 60세 연장, 정년퇴직일 12월 31일로 통일 등이 포함됐다.

고용과 관련해선 △기존 근로조건에 직접 영향 미치는 기구, 인력 변경 시 사전 조합과 합의 시행 △고용안정위원회 신설 △용역 도입 시 노사합의 후 시행 등이 담겼다.

임금 부문과 관련해 △가족수당 통상임금 포함 △보전수당(통상임금 20%)을 통상근무수당으로 명칭 변경 및 지급률 통상임금의 25% 인상 등이 담겼다.

휴일, 휴가와 관련해선 △부모 칠순 3일 부여 등 청원휴가 확대 △병가 연누계 60일에서 90일로 확대 등이 담겼다.

산업안전보건 부문에선 △건강검진 조항 보완 △안전보호징구 보완 △작업환경 측정 개선 △근골격계 질환 예방 조항 신설 등이 담겼다.

남녀평등과 모성보호 부문에선 △산전, 산후 휴가 확대 △간접차별 규제 조항 신설 △직장 내 성희롱 예방 교육 조항 신설 △직장 내 성희롱 처벌 조항 신설 등의 내용이 담겼다.

이에 앞서 노동조합은 2월 1일과 6일 임시대의원대회 열어 2002년 사업계획과 경영진단/직제 개악 반대 투쟁계획을 확정했다. 노동조합은 2002년 사업 목표로 △신자유주의 구조조정 분쇄로 고용안정 쟁취 △노동조건 후퇴 없는 노동시간 단축(인력 충원) △해고자 원직복직 및 노동조합 관련 피해자 원상회복 △노동자의 대중적 정치활동 강화 및 정치세력화를 정했다.

그리고 구조조정 저지 투쟁 세부 목표로 △경영혁신계획의 전면백지화 및 아웃소싱 전면 철회 △장산 직제 개악 저지 △단체협약 개악 저지 등을 정했다.

공공연맹 방침에 따라 2월 27일 2002년 단체교섭 교섭권 및 체결권을 공공연맹에 위임했다.

교섭 국면으로 전환

3월 14일 2002년 첫 단체교섭을 시작했다. 노사는 교섭 절차합의서 작성을 두고 기 싸움을 벌였다. 절차합의서 작성을 둘러싼 신경전과 이사장 불참으로 3월 26일 4차 교섭에 이르러서야 교섭이 본격화됐다.

현안 요구안 교섭부터 난관에 봉착했다. 노동조합의 매표업무 민간위탁 철회 요구에 공단은 경영권이라 했다. 공단 마음대로 하겠다는 얘기였다.

단체교섭 상황을 보고받고 투쟁 결의를 다지는 차량지부 조합원들(2002.3.11.)

2호선 2단계 완전개통에 따른 인력 충원 문제에 대해선 공단과 건설교통부가 합리적으로 결정했다고 방어막을 쳤다. 무리가 따른다 해도 중대한 문제가 발생하지 않으면 수정할 수 없다고 억지 주장을 펼쳤다.

해고자 복직도 건설교통부 승인사항이라며 아예 권한 밖이라고 못 박았다. 해고자가 복직하면 노사관계가 더욱 악화될 것이라는 막말도 늘어놨다.

단체협약 갱신 요구도 대부분 '수용 불가'란 말만 되풀이했다. 그뿐 아니라 공단은 개악안으로 맞불을 놨다. 공단은 정년 단축, 노조 전임자 축소 등 개악안과 매표업무 민간위탁 등을 받아들이지 않으면 합의 타결은 어렵다고 노동조합 교섭위원 감정선을 건드렸다. 퇴임을 앞두고 있던 이사장의 교섭 불참도 계속됐다.

4월 12일 노동조합은 부산지방노동위원회에 조정신청서를 냈다. 조정신청서 접수 이후에도 노사 교섭은 이어졌다. 그러나 노사 공방만 계속됐다.

4월 26일 부산지방노동위원회 특별조정위원회는 교섭이 미진하다며 성실교섭을 권고했다. '행정지도' 결정이었다. 판례에 따르면 합법적 쟁의 공간이 확보됐다.

5월 7일 13차 교섭, 신임 이향렬 이사장이 참석했다. 교섭에 적극적으로 임하겠다고 했다. 노조가 요구하는 어느 장소라도 참석하겠다고 약속했다.

쟁의행위 조합원 찬반 투표 가결

노동조합은 5월 10일 임시대의원대회를 열어 쟁의발생을 결의했다. 쟁의행위에 관한 조합원 찬반 투표도 5월 15일부터 17일까지 3일간 실시했다. 결과는 가결이었다. 전체 조합원 2535명 중 2171명(85.6%)이 투표했다. 찬성은 1651명(76%)이었다.

17일 저녁 노포창 파업광장엔 조합원 총회 참석을 위해 700명이 넘는 조합원들이 모였다. 노동조합은 파업 찬반 투표 결과를 조합원들과 공유하고 투쟁 결의를 다시 한번 다졌다.

교섭기간 동안 매표업무 민간위탁 해당 지부인 역무지부 투쟁본부는 지부간부 중심으로 시민선전전을 배치하면서 활동의 무게 중심을 노조 중앙 투쟁으로 옮겼다. 역무투본은 지부간부 교체를 비롯해 조직을 재정비했다. 현장은 소조장 체제로 전환해 갔다.

D-day가 5월 28일로 잡혔다. 역무투본은 지부장이 본사 현관에서 아침 출근투쟁을 시작했다. 2차 역무 조합원 총회도 열어 긴장감을 유지했다. 이렇게 역무지부는 D-day에 맞춰 현장 분위기를 높여 나갔다.

그러나 다른 지부 간부들은 역무지부 간부들과는 사뭇 달랐다. 당해 지부 현안 해결에 관심이 쏠려 있었다. 승무지부 간부들은 2호선 장산역 개통과 관련한 추가 인원 충원에 저울추가 기울어 있었다. 실제 공단과 어느 정도 의견접근이 이뤄지고 있었다. 기술지부 또한 직제개편에 따른 분소장 직급 상향 조정에 더 많은 관심이 쏠려 있었다. 당연한 현상이기도 했다.

아무튼 노동조합은 5월 26일 언론사에 28일 새벽 4시 파업을 예고하는 보도자료를 배포했다.

28일 새벽 잠정합의와 김광희 위원장 사퇴

5월 27일 저녁, 교섭이 난항을 겪고 있는 가운데 조합원 비상총회가 열렸다. 집회 참석 대의원들이 기지창 주공장으로 이동했다. 장기농성 채비였다. 비상총회답게 최근 들어 가장 많은 1000명 넘는 조합원들이 운집했다. 역무 조합원도 300명을 넘었다.

그러나 교섭장 분위기는 영 딴판이었다. 노동조합이 2002년 주요 현안 요구로 내세운 네 가지 요구 중 장산직제를 제외하고는 노사 의견 접근이 전혀 이뤄지지 않고 있었다. 매표업무 민간위탁 추진 철회와 해고자(4명) 복직 요구에 대한 공단의 입장은 요지부동이었다. 노동시간 단축 요구는 이미 핵심

단체교섭 승리를 위한 조합원 비상총회(2002.5.27.)

의제에서 멀어져 있었다. 2호선 2단계 개통에 따른 장산직제 부분에서만 노사 간 의견이 모이고 있었다. 교섭은 제자리걸음인 가운데 시간만 흘렀다. 28일 새벽 4시가 넘어가고 있었다. 노동조합 지도부가 결단해야 할 시간이었다. 그러나 지도부는 어떻게 할지 결정하지 못하고 망설이는 분위기가 역력했다.

이즈음 파업 돌입 선언은 안 됐지만 역무와 승무를 중심으로 야간당무 조합원 일부가 주공장 농성에 결합하고 있었다. 자연스럽게 파업이 진행되는 형국이 벌어졌다.

김광희 위원장은 고민 끝에 파업을 선택하지 않았다. 28일 새벽 노사는 잠정합의서를 작성했다. 잠정합의서에 해고자 복직, 매표업무 민간위탁 저지 등 주요 현안에 관한 조항은 없었다. 김광희 위원장은 철야농성을 이어온 조합원들에게 해산선언을 했다.

역무조합원들은 물론 많은 조합원의 분노가 여기저기서 터져 나왔다. 화를 삭이지 못한 조합원 일부는 무대를 향해 물병을 던지기도 하고, 노동조합 사무실까지 찾아와 항의했다. 분노는 쉽게 잦아들지 않았다. 잠정합의안 부결 얘기도 나돌았다.

6월 3일 잠정합의 승인을 위한 임시대의원대회가 열렸다. 결과는 찬성 22 반대 15, 잠정합의는 통과됐다. 대의원의 현장 발의로 중앙위원(임원) 불신임 건이 올랐다. 찬성 16명, 반대 16명, 무효 1명으로 의결정족수 3분의2를 넘지 못해 부결됐다.

대의원대회가 끝난 뒤에도 잠정합의를 둘러싼 논란은 계속됐다. 현장 조합원 사이에 집행부 총사퇴 등 불만의 목소리가 이어졌다. 그런 가운데 집행부 신임투표 성격을 지닌 단체협약 인준 투표에서 51.06%의 찬성을 얻어 가까스로 가결됐다. 신임투표는 가결이었지만 김광희 집행부는 6월 17일 상무집행위원회에서 사퇴 의사를 밝히기에 이르렀다.

한편, 공단은 노동조합이 투쟁 깃발을 내리기 무섭게 매표업무 민간위탁 도입 절차를 밟기 시작했다. 공단은 6월 12일 매표업무 민간위탁 용역 공고를 냈다. 6월 18일엔 입찰희망자를 대상으로 과업설명회를 열었다.

경영혁신 대응 투쟁 집행부마다 달랐다

노동조합은 김대중 정부 5년 내내 공기업 경영혁신이라는 이름으로 진행한 임금제도 개악과 구조조정 공세에 맞서 싸웠다.

김태진 집행부가 2인승무를 지키고 구조조정을 막기 위해 12일 동안 파업투쟁을 벌였다. 조합원 508명이 연행되고, 구속자 14명, 해고자 32명이라는 희생을 치르며 싸웠다. 그러나 검찰 권력까지 동원해 무자비한 협박으로 밀어붙인 김대중 정권을 이기지 못했다.

경영혁신 공세는 계속됐다. 이민헌 집행부는 만신창이 노동조합을 부여잡고 퇴직금누진제, 대학생 자녀 학자금 지원 등을 지키기 위해 마지막까지 버텼지만, 결국 빼앗겼다. 대신 반대급부로 해고자 20명 복직과 손실보전이 따랐다.

아웃소싱은 이어졌다. 노동조합 대응은 분산됐고, 각개격파 당했다. 2002

철도, 발전, 가스 3사 노조, 공동파업으로 민영화 공세 저지

철도와 발전 그리고 가스공사 노동조합이 민영화 저지 등을 내걸고 2월 25일 공동파업에 들어갔다.

파업 돌입 전 노사 간에 이미 의견 접근을 이뤘던 가스공사노조가 파업 4시간 만에 노사 합의를 하고 파업을 철회했다. 철도노조도 파업 돌입 50여 시간 후 2월 27일 사측과 협상을 타결하고 복귀했다. 그러나 발전노조는 무려 38일간 파업을 이어갔다.

철도 노사는 민영화 문제에 "철도산업의 공공적 발전을 위해 공동 노력한다"는 선에서 합의했다. 3조2교대 근무제와 관련해서는 6개월 안에 경영진단을 통해 근무형태 개선에 따른 추가 필요인력을 산출한 뒤 2004년까지 단계적으로 시행키로 했다. 마지막까지 쟁점이었던 해고자 복직문제는 노사정 합의를 통해 최선을 다하며, 구체적 시행방법을 9월말 이전에 한국노총, 노사정위원회, 철도 노사가 합의해 처리하기로 했다.

발전산업 노사는 파업 돌입 다음날인 2월 26일까지 단체협약 대상인 136개 조항 중 130여 개 조항에 잠정합의하거나 의견 접근을 이뤘다. 그러나 △민영화 철회 △합병·분할매각 시 노조원 신분 변동 △해고자 복직 문제 △인사위·징계위·고용안정위 구성 문제 △ 노조 전임자 수 문제 등에 대해서는 이견을 보였다.

한편, 민주노총은 2월 26일 △기간산업 민영화 매각방침 철회 △중소영세 비정규직 희생 없는 주5일 근무 도입 △단병호 위원장 등 구속 노동자 석방을 요구하며 13시부터 100여 개 사업장에서 10만여 명이 파업에 돌입했다. 민주노총 발표에 따르면 이 연대파업에는 현대자동차(3만8000여 명), 기아자동차(2만2000여 명), 쌍용자동차(4200여 명) 등 완성차 3사를 비롯해 한국중공업(4000여 명), 삼호중공업(1700여 명) 등 금속노조 산하 84개 사업장(2만5000여 명), 사회보험노조(5000여 명) 등 총 100여 개 노조 10만여 명이 참여했다.

발전산업노조는 조합원 산개투쟁으로 파업을 이어가다가 4월 2일 현장 복귀했다.

3사 노조의 투쟁은 의미가 컸다. 우선 정치·사회적인 측면에서 정부가 일방적으로 추진하던 국가기간산업 민영화 공세를 막아냈다. 민영화 정책의 문제점을 국민에게 알리면서 사회적 의제로 부각시켰다. 3사 파업은 1997년 1월 노동법 개악에 맞선 총파업 이후 처음으로 노동자들이 잘못된 정부 정책을 좌절시킨 투쟁이었다. 또한 조직 측면에서 오랜 어용노조의 역사를 청산하고 민주노조의 깃발을 세운 지 1년도 안 되는 신생 노조들이 사상 처음으로 자체 파업과 국가기간산업 공동파업을 성사시켰다.

년엔 매표업무 민간위탁이었다. 애초 경영진단 중간보고엔 현장업무 70% 아웃소싱이었다. 그러나 현장 조합원들의 반응이 심상치 않자 '매표업무 민간위탁' 우선 추진으로 바꿨다. 2002년 단체교섭 투쟁에서 핵심 현안 요구로 내걸었다. 그러나 어떠한 성과도 만들지 못했다. 투쟁다운 투쟁도 없었다.

6대 김태진 집행부, 7대 이민헌 집행부, 8대 김광희 집행부 모두 김대중 정권의 공기업 경영혁신 공세에 맞서 싸웠다. 그러나 대응 방법은 달랐다.

김태진 집행부는 초기 정치적 해결을 위한 노력을 기울였다. 그러나 김대중 정권의 합의 파기에 맞서 파업으로 대응했다.

이민헌 집행부는 노동조합 조직력이 여의치 않은 상황에서 버티기로 맞섰다. 지노위 전술을 효과적으로 활용하기도 했다.

김광희 집행부는 현장을 강조했다. 그러나 현장을 믿지 못했다. 그러다 보니 현장의 역동성을 끌어낼 생각을 하지 못했다. 공단의 차별성과급제와 팀제 도입 등 기업형 조직으로의 전환 움직임에 대응하는 걸 주저했다. 결국 투쟁다운 투쟁을 만들지 못했다. 교섭에서 공단에 끌려갈 수밖에 없었다. 경영진단 중간보고가 11월 중순경 발표되었을 때, 즉각 대응 투쟁을 조직하지 못한 점이 못내 아쉬웠다. 그리고 철도, 발전, 가스 3사 노조 공동파업투쟁 국면에 적극 결합하지 못한 점도 아쉬움으로 남았다.

3개 집행부 사이에 공통점도 있었다. 3개 집행부 모두 스스로 물러났다. 그렇게 집행부가 조합원의 신뢰를 잃으면 스스로 물러나는 관례를 만들어 갔다. 부산지하철노조가 그나마 건강성을 유지해 가는 배경이 됐다.

2

9대 집행부와
6·24 궤도 3사 파업

1))) 거침없이 매표업무 민간위탁 강행

9대 오영환 집행부 출범

6월 17일 김광희 위원장의 사퇴 표명 후 노동조합은 선거 준비에 들어갔다. 김광희 위원장은 6월 18일 공식 사퇴했지만, 차기 위원장 선출까지 위원장직을 유지하기로 했다.

위원장 보궐선거는 7월 10일부터 12일까지 실시하기로 확정됐다. 사퇴로 공석이 된 지부장 및 지회장 보궐선거도 위원장 선거와 함께 실시하기로 했다.

오영환(전 기술지부장) 후보와 전희천(설비 분소장) 후보가 출마했다. 투표 결과 기호 1번 오영환 후보가 투표 참여 조합원 1762명 중 1235명의 지지(70%)를 받아 472표(27%)를 얻은 기호 2번 전희천 후보를 누르고 9대 위원

장에 당선됐다.[9]

지부장 보궐선거에선 기술지부장 이정수 후보, 역무지부장 이상현 후보, 차량지부장 노대홍 후보가 당선됐다.

7월 15일부터 오영환 집행부 임기가 시작됐다. 오영환 위원장은 이기준(전 역무지부장)을 사무국장(서리)으로 선임했다. 서영남 조직부장, 최상길 총무부장, 박재우 조사통계부장, 조종완 교육선전부장, 정재훈 문화체육부장, 구본진 법규부장으로 사무국이 꾸려졌다.

매표업무 민간위탁과 차별성과급제 동시 강행

공단은 매표업무 민간위탁과 함께 '차별성과급제' 도입 준비에 박차를 가했다. 공단은 상반기 단체교섭 투쟁이 끝나자마자 차등성과급 지급을 위한 현업 여론조사를 했다.

이에 앞서 공단은 2002년도 예산서에 차별성과급 예산(38억 원)을 포함했다. 2001년 11월 안진회계법인의 경영진단 연구용역 중간보고에도 인센티브제 도입이 포함되어 있었다.

그랬다. 적어도 2002년 초쯤 공단의 차별성과급제 도입 의도를 노동조합은 파악할 수 있었다. 공단의 차별성과급제 도입에 맞서 노동조합이 대응할 시간적 여유가 있었지만, 그러질 못했다. 공단이 6월 들어 차별성과급제 도입을 행동에 옮기자 그제야 부랴부랴 차별성과급제에 대한 노동조합 입장을 정했다.

노동조합은 6월 10일 중앙위원회를 열어 차별성과급제 도입을 반대하기로 방침을 정했다. 성과급 지급 시에는 차등지급 반대와 균등 정액 지급 방침을 정했다.

9　9대 위원장 임기는 8대 위원장 잔여임기인 2003년 10월 31일까지였다.

6월 27일 열린 임시대의원대회에서 대의원 결의사항으로 "공단이 노동
조합의 공백 상태를 이용한 직제개편 및 매표소 민간위탁, 성과급 지급 등을
추진하는 것에 대하여 9대 집행부 구성 이후 논의할 것을 촉구하며 일방적
인 추진을 반대한다"는 입장을 내놨다.

이어진 매표업무 민간위탁 싸움과 차별성과급 대응 시작

오영환 집행부는 7월 15일 임기 시작과 함께 차별성과급제 대응에 나섰
다. 노동조합은 먼저 조합소식지를 통해 차별성과급제의 문제점을 알려 나
갔다. 오영환 위원장이 직접 조합원들과 만나 차별성과급제와 관련한 현장
조합원 의견을 모아 나갔다. 차별성과급제와 2002년 임금에 대한 설문조사
도 진행했다.

노동조합은 이러한 실천활동 과정을 통해 차별성과급 재원(38억 원)을 임
금인상 재원으로 전환을 요구하기로 방침도 정했다. 공단이 예산 타령하며
미루고 있는 동종업체와 임금 격차 해소 재원으로 차별성과급 재원을 활용
하라는 요구였다.

노동조합은 매표업무 민간위탁 대응도 시작했다. 노동조합은 7월 19일
부산지방노동청에 진정서를 접수했다. 이어 7월 25일 노동조합은 매표업무
민간위탁 전면철회 건으로 단체교섭 개최를 공단에 요구했다. 부산시의회
에도 매표업무 민간위탁의 부당성과 적법성을 다뤄 달라는 청원서를 접수
했다. 그러나 공단은 7월 29일부터 일주일간 교육원에서 위탁직원 교육을
하는 등 마이웨이 행보를 계속했다.

노동조합은 8월 8일 임시대의원대회를 열어 현안 해결을 위한 단체교섭
요구안을 공식 확정했다. 매표업무 민간위탁과 차별성과급제 그리고 직제
관련 내용이었다.

한편, 차별성과급 관련 조합원 설문조사 결과가 8월 20일 나왔다. 조합원

들은 공단의 일방적인 차별성과급제 시행에 반대 입장을 분명히 했다. 먼저 조합원들은 공단이 성과급 지급 기준으로 삼는 근무평정과 부서평가에 상당한 문제의식을 드러냈다. 이러한 조합원들의 생각은 지급방식을 노사합의로 정해야 한다(91.36%)로 나타났다. 조합원 다수가 차별성과급이 장차 고용불안과 무한경쟁체제로 몰고 갈 것임을 인지하고 있음을 알 수 있는 대목이었다.

노동조합은 8월 20일 임시 상무집행위원회를 열어 성과급 설문조사 결과를 토대로 성과급 대응방침을 정했다. 상무집행위원회는 "기 예산이 확보된 38억 원을 동종업체와 임금 격차 해소 재원으로 활용한다"는 중앙위원회 결정을 존중하여 향후 투쟁을 진행하기로 했다.

공단이 노동조합과 합의 없이 일방적으로 성과급 지급을 강행할 경우 성과급 반납 투쟁을 벌이기로 했다.

8월 22일 33개 역 매표업무가 민간위탁으로 넘어갔다. 정규직 69명이 빠지고 그 자리는 3개 용역업체가 파견한 비정규직 노동자로 채웠다. 공단 계획에 따르면 2004년까지 59개 역 63개 매표소가 민간위탁으로 전환된다.

노동조합은 8월 22일 오전 10시 범내골 공단 본사 앞에서 규탄집회를 열었다. 지하철 민간위탁 저지를 위한 부산시민대책위원회'도 함께 했다.

노동조합은 하반기 임금교섭 투쟁을 통해 매표업무 민간위탁 철회를 압박하는 한편, 불법파견 소송 등 장기 대응계획을 마련해 투쟁해 나가기로 했다.

이에 앞서 노동조합은 7월 19일 부산지방노동청에 매표업무 민간위탁이 불법파견에 해당하니 공단에 시정 조치를 취하라는 진정서를 냈다. 부산지방노동청은 아직 매표업무 민간위탁이 시행되지 않아 불법이 일어났다고 볼 수 없다며, 다만 불법파견에 해당되지 않도록 행정지도를 했다고 밝혔다.

한편, 매표업무 민간위탁으로 여러 가지 문제점들이 발생했다. 역 근무 인원이 줄어들자 야간당직 주기도 빨라져 개인당 당직횟수도 증가했다. 당연히 역 조합원의 업무 피로도는 한층 높아졌다.

역 조합원들은 야간당무 때 휴가 사용을 통제한다며 불만을 털어놨다. 민간위탁 역에서 야간에 휴가를 쓸 경우 다음날 영업시작 시 당직자 취침으로 인해 위탁직원과 직원 1명이 근무하게 되는 상황이 발생해 야간당무 휴가를 자제하라는 압박이 직·간접적으로 들어와 심리적인 압박을 받고 있다고 했다.

특히 민간위탁사가 파견한 비정규직 노동자들에 대한 차별과 반노동자적인 행정, 정책 등도 심각한 문제점으로 드러났다.

2﹚ 임금협상과 차별성과급제 대응

하반기 단체교섭 시작하다

노동조합은 9월 5일 임시대의원대회를 열어 2002년 임금협상 요구안을 확정했다.

임금인상 요구율은 총액대비 18.1%로 최종 확정했다. 임금인상 요구율은 동종업체와 임금 차이분 11.6% + 경제성장률 등을 반영한 6.5%로 산정했다. 또 임금인상분은 정률과 정액 비율을 7:3으로 반영하는 것으로 정했다. 2002년 공단 예산에 확보된 차별성과급 재원 38억은 동종업체와 임금 격차 해소 재원으로 사용을 요구하기로 했다.

이어 현안과 관련하여 △매표업무 민간위탁 철회 △해고자 복직 △복직자 해고기간 근속연수 인정 등을 요구안으로 확정했다.

노동조합은 2002년 임금협상 준비와 병행해 차별성과급제 대응 방안으로 9월 18일까지 전 조합원 반납동의서 작성에 들어갔다. 또 공단이 성과급을 불시 지급 시 곧바로 반납 투쟁으로 연결되도록 현장활동도 시작했다.

공단의 현장인력 감축에 저항하는 현장투쟁도 시작됐다. 기술지부 토목보선지회는 9월 6일 노포창 시설관리소 앞에서 200여 명이 모여 비상총회를 개최했다. 참석 조합원들은 연마차 도입으로 파생된 현장인력 축소를 규탄했다. 공단은 레일을 평탄하게 깎는 연마차의 경우 적정인력이 12명인데 9명만을 배치했다. 그것도 현재도 인원이 부족한 현업 부서에서 인력을 차출해 연마차에 배치했다. 현장 조합원들 반발이 거셌다.

2002년 하반기 단체교섭이 시작됐다. 노사는 예년보다 늦은 9월 13일 임금협상을 시작했다. 상견례를 겸한 첫 교섭에서 이미 실무 차원에서 의견을 조율한 절차합의서 체결에 이어 노동조합의 요구안 제안 설명 순서로 진행했다.

먼저 노사 대표위원 인사에서 오영환 위원장은 "임금교섭이 많이 지체되었다." "현장 조합원들은 동종업체와 임금 격차 해소에 대한 열망이 높다." "노동조합은 물론 공단도 이사장이 바뀐 만큼 임금과 해고자 복직 문제 그리고 민간위탁 문제 등 현안 문제를 원만하게 매듭짓자"고 했다. 이어 "성과급 재원을 임금 재원으로 전환하자." "공단이 일방적으로 지급하여 노사 간 감정의 골을 패이게 하지 말자"고 공단의 노력을 당부했다.

이향렬 이사장은 "여기 온 지 2개월 정도 됐다." "공단은 뭐든지 정부 제약이 많다." "몇 주 전 노조가 있는 공기업 중심으로 이사장 회의가 있었는데, 그 자리에서도 공기업 이사장은 운신의 폭에 제약이 많다는 걸 확인했다." "이번에는 임금협상을 중심으로 풀어 가자"고 했다.

양쪽 대표위원 인사 뒤 이기준 사무국장이 노조 요구안 제안 설명을 했다. 이기준 사무국장의 제안 설명이 끝나자, 사측 이○○(노무복지부장) 교섭위원은 "재원이 확보되어 있다"며, "처우개선비로 이를 동종업체와 임금 격차를 해소하겠다는 사전협의가 공단 내에 있었다. 노력을 한다면 충분히 가능한 일이다"라고 답변했다.

공단 차별성과급 지급, 노조 균등분배로 대응

공단이 추석을 앞둔 9월 18일 차별성과급을 지급했다. 노동조합이 요구한 임금인상 재원 전환은 묵살했다.

노동조합은 조합원들에게 공단이 지급한 성과급을 9월 27일까지 노동조합이 지정한 계좌로 반납하라는 지침을 내렸다.

최종 성과급 반납 결과는 전체 조합원(올해 입사자는 반납 대상에서 제외) 2358명 중 1281명(54.33%)이 반납에 동참했다. 지부별로는 기술지부 55.35%, 역무지부 34.70%, 승무지부 76.36%, 차량지부 89.01%, 본사지회 4.46%가 동참했다.

반납률이 겨우 절반을 넘었다. 향후 차별성과급 저지 또는 균등분배 투쟁의 동력으로 삼기엔 저조한 반납률이었다.

노동조합은 추석이 임박해 반납지침이 긴박하게 현장에 전달된 점, 지부 간 반납률 편차가 상당히 컸다는 점을 문제로 분석했다. 또 반납률이 높았던

■ 2002년 차별성과급 반납 결과

개요 \ 지부별		기술	본사	승무	역무	차량	합계
조합원 수		795	157	368	683	355	2358
반납자 수		440	7	281	237	316	1281
반납률(%)		55.35	4.46	76.36	34.70	89.01	54.33
반납금액		486,543,175	9,661,750	340,600,370	230,427,180	383,870,710	1,451,103,185
반납자 등급별 현황	A	49	3	37	27	100	216(16.86%)
	B	321	4	208	181	211	925(72.21%)
	C	70		37	27	6	140(10.93%)

차량과 승무지부의 경우 반납계좌번호를 작은 스티커로 인쇄하여 조합원에 나눠주는 등 다양한 현장활동이 반납률을 높였다고 분석했다. 마지막으로 현장 간부들의 노력과 각 현업(지부별) 노동조합 활동조건의 특성이 드러났다는 분석도 나왔다. 이와 관련 노동조합 활동조건이 열악하고 조합원의 단결력이 낮을 수밖에 없는 구조를 지닌 기술지부와 역무지부는 다양한 방법으로 현장활동과 반납 독려 작업을 해야 했다는 지적이 있었다.

2002년 하반기 단체교섭 잠정합의

노동조합은 9월 28일 임시대의원대회를 열어 쟁의발생을 결의했다. 아직 교섭이 넷 차례밖에 진행되지 않아 조금 이른 쟁의발생 결의였다. 하반기 단체교섭은 임금협상으로 요구 자체가 단순하다는 점 외에 부산아시안게임(9.29~10.14) 일정을 감안한 전술상 필요성이 조기 쟁의발생 결의로 나타났다.

10월 4일 오후 3시 노포창에서 6차 교섭이 열렸다. 교섭은 여전히 앞으로 나아가지 못했다.

공단은 임금 6% 인상이 마지노선이라고 했다. 동종업체와의 임금 차이 해소를 위한 방안은 내놓지 않았다. 이미 공단이 일방적으로 지급한 차별성과급과 관련해선 100% 완벽한 제도는 없다며 문제점이 있으면 차후 개선해나가겠다는 말로 차별성과급제 도입을 기정사실화했다. 매표업무 민간위탁 강행에 대해서도 매표업무는 비핵심업무라 아웃소싱이 문제없다고 했다.

노동조합은 4일 저녁 서면역 환승로에서 조합원 총회를 개최했다. 조합원 500여 명이 참석했다. 쟁의행위 조합원 찬반 투표 결과도 나왔다. 조합원 1481명(72.20%)이 찬성하여 가결됐다. 여러 객관적인 수치에서 알 수 있듯이 투쟁 열기는 달아오르지 않고 있었다.

10월 11일 오후 3시 노포창에서 막판 교섭을 시작했다. 저녁 7시 30분 노

노포창 비상총회 후 부산대로 이동해 결의를 다지는 조합원들

포창 잔디구장엔 비상총회에 참석하기 위해 700여 명이 모였다. 교섭은 순조롭지 않았다. 험악한 분위기까지 갔다. 저녁 7시 30분 실무협의를 위해 교섭을 일시 중단했다. 저녁 9시쯤 다시 교섭이 재개됐다. 자정쯤 비상총회 참석 조합원들은 부산대 문창회관으로 이동했다. 8시간 마라톤교섭 끝에 노사는 잠정합의안을 만들어 냈다. 노사는 2001년 12월 총액 대비 6% 임금인상에 합의했다. 다만, 2003년 1월 시점에선 총액 기준 9.97% 인상 효과가 나오도록 시기별로 인상률을 달리 적용했다.

그러나 매표업무 민간위탁 철회, 해고자 복직 등 현안 요구에 대해선 가시적 성과가 없었다. 매표업무 민간위탁과 해고자 복직은 2002년 10월 중 노사협의회를 개최하여 논의한다는 선언적 문구만 잠정합의안에 담았다.

노동조합은 10월 21일 임시대의원대회를 개최했다. 2002년 임금협상 잠정합의안 심의를 위해서였다. 결과는 참석 대의원 만장일치로 잠정합의안을 승인했다.

2002년 임금협상 잠정합의안

1. 2002년도 임금은 2001년 12월 대비 총액 기준 6%를 인상한다. 인상방법은 2001년 12월 기본급을 기준으로 2002.1.1부터 4.3%, 2002.7.1부터

4.0%를 각각 인상한다.

2. 동종업체와의 임금 격차 해소를 위하여 보수 보전비를 지급한다. 보수 보전비는 2002년 중 기본급의 60%를 지급한다.

3. 보수 보전비는 2003.1.1부터 2002.12월 기본급의 2.1%를 인상하여 기본급화 한다.

4. 1번과 3번의 기본급은 호봉급을 정률 70%와 정액 30%의 기준으로 인상한다.

   - 매표업무 민간위탁과 해고자 복직에 대한 건은 2002년 10월 중에 노사협의회를 개최하여 논의한다.

3) 2·18대구지하철 참사와 궤도 공동투쟁

대구지하철 화재 참사의 근본 원인, 1인승무

2003년 2월 18일 대구지하철 1호선 중앙로역에서 대형 화재 참사가 발생했다. 이 사건으로 192명이 사망하고 151명이 부상을 입어 343명의 사상자가 발생했다. 이 참사는 대한민국뿐 아니라 전 세계적으로 역대 최악의 지하철 사고였다.

대구지하철 화재 참사 경위는 이렇다. 2월 18일 9시 30분. 50대 남성이 대구지하철 1호선 송현역에서 안심행 1079호 열차에 탑승했다. 그는 열차가 중앙로역에 들어서자(9시 53분) 준비한 휘발유에 불을 붙였다. 같은 시각 대구역을 출발한 대곡행 1080호 열차가 현장 상황을 파악하지 못한 채 중앙로역으로 진입했다. 화재로 검은 연기가 가득 찬 승강장은 칠흑같이 깜깜했다. 1080호 열차는 발차를 시도했지만 이미 전력이 차단된 뒤였다. 긴급한 상황, 기관사와 대구지하철공사 종합사령실이 대처를 놓고 우왕좌왕하는 사이

1079호에서 시작된 화재는 순식간에 1080호로 옮겨붙었다. 1080호 기관사는 "전동차가 곧 출발할 예정이므로 전동차 안에서 대기하라"고 승객들에게 방송했다. 맹렬한 화염이 두 열차를 집어삼켰다.

당시 열차는 의자부터 바닥까지 전부 불에 타는 가연성 소재였다. 불이 번지는 데는 오래 걸리지 않았다. 다행히 당시 1079호 열차는 중앙로역에 정차 중이었고 많은 승객들이 열려 있던 출입문을 통해 대피할 수 있었다. 하지만 어처구니없는 대처가 화재를 악몽 같은 참사로 키웠다. 당시 열차 차량에 대한 소방안전대책은 전무한 실정이었다.

후속 열차 진입을 막고 신속히 진화와 구조 활동을 해야 했지만 상황 전파가 제대로 되지 않았다. 화재 발생 유무를 알릴 의무가 있었던 1079호 열차 기관사는 당시 불을 끄려고 노력했지만 곧바로 사령실에 상황을 보고하지 않았다. 결국 대구역에서 출발한 1080호가 맞은편 선로로 들어왔고 불은 1080호 열차가 몰고 온 바람을 타고 더 확산했다.

여기서 1080호 기관사 역시 잘못된 선택으로 사고를 더 키웠다. 그는 승객들이 다 대피했을 것이라 막연히 생각하고 열차 내부를 확인하지 않은 채 키를 뽑아들고 대피했다. 전동차는 키를 뽑으면 출입문이 모두 닫히는 구조. 그 탓에 열차 내에서 기관사의 지시를 기다리던 많은 승객들이 숨지거나 다쳤다.

그러나 화재 참사의 근본적인 문제는 '1인승무'였다. '2인승무'였다면 인명 피해는 줄일 수 있었다는 게 전문가들의 생각이었다.

2월 24일 궤도부문 노동조합 대표들이 과천정부청사 기자실에 모였다. 대표들은 공공의 이익보다 경영 효율성만을 추구한 정책입안자들의 처벌을 요구했다. 이와 함께 2인승무와 역 관리 인원 확대 등을 통한 현실적인 안전대책과 노조가 참여하는 대책기구 구성이 필요하다고 주장하고 기관사 등에 대한 처벌을 규탄했다.

궤도노동자들은 외쳤다. "어떤 기관사는 불이 나자 바로 불 끄러 가느라 운전사령과 교신하지 않았다는 이유로 구속당하고, 어떤 기관사는 운전사령과 교신한다고 불을 끄지 않았다며 구속당했다." "절대근무인력이 부족한 역 직원은 승객을 구조하지 않았다고 구속당했다." "아무리 시스템을 보완하더라도 결국 사고 앞에 그 잘난 시스템이 얼마나 작동하였던가?" "효율만 극도로 강조된 불안전한 지하철은 언제든지 지옥철이 될 수 있다는 걸 알아야 한다." "책임져야 할 사람은 궤도노동자가 아니라 효율만 강조하며 인력을 줄이고 아웃소싱을 밀어붙인 정부와 그 하수인들이다."

매표업무 민간위탁은 불법파견, 행정대집행 요구하다

2002년 부산지방노동청이 매표업무 민간위탁은 불법파견이라고 결정한 바 있었다. 이는 '부산지하철 안전운행과 시민을 위한 경영제도 도입을 위한 부산시민대책위'가 8월 29일 부산지방노동청에 매표업무 민간위탁을 근로자 파견법 위반으로 청원한 데 따른 판단이었다.

부산지방노동청은 2003년 1월 14일 매표업무 불법파견에 대한 개선명령(행정처분)을 내렸다. 부산지방노동청은 부산교통공단과 3개 불법파견 업체(부일정보링크, 한마음서비스, 공항시설관리)를 대상으로 즉시 시정할 것을 요구하는 행정처분을 통보했다. 노동청은 부산교통공단에 매표업무 불법파견 관련 행정지도와 함께 보고요구 공문을 보냈다. 부일정보링크(주)에 매표업무 불법파견에 따른 위반사항 처분 통보를 내렸다. 한마음서비스(주)에는 무허가 파견사업에 따른 파견중지 명령을 내렸다. 공항시설관리(주)에도 같은 명령을 내렸다. 그러나 시정조치가 제대로 이뤄지지 않았다. 이에 부산지방노동청은 3월 6일 해당 용역업체에 3개월간의 영업정지 처분을 내렸다. 용역업체는 불복하여 행정심판을 제기했다.

노동조합은 3월 10일 오전 10시 노동청 앞에서 집회를 열고 부산시민의

계속되는 민간위탁 철회 투쟁

안전을 위해 즉각적인 행정대집행을 요구했다. 노동청장과도 만났다. 노동청장은 "3월 20일까지 공단과 3개 위탁업체가 폐쇄조치를 하지 않으면 20일 이후 강제집행"하겠다고 했다. "공단 이사장을 만나 노조에서 제기한 문제점을 전달하겠다"고 했다.

노동조합은 노동청이 실질적이고 적극적인 폐쇄조치와 영업중지를 집행하라고 요구했다. 대구지하철 참사 관련하여 비슷한 시스템을 가진 부산지하철의 경우 대구보다 승객도 많아 더욱 위험한 상태임을 지적했다. 집회에 참석한 100여 조합원들은 노동청 집회를 마치고 범내골 본사건물까지 가두행진을 벌였다. 행진 도중 선동방송과 유인물 배포 등 선전활동도 벌였다.

공단의 일방통행식 운영은 인성계발교육 강행에서도 드러났다. 공단은 인성계발교육이란 걸 3월 10일부터 12일까지 2박3일 합숙교육으로 진행했다. 1차에 이어 2차 교육을 위해 교육대상자 선발도 강행했다. 교육훈련은 '근로자 참여 및 협력에 관한 법률'에 따라 노동조합 동의가 필요하지만, 공단은 노조 동의 없이 막무가내로 밀어붙였다.

노동조합은 인성계발교육에 여러 차례 반대 입장을 밝혀 왔다. 특히 공단에서 실시하는 교육 중 '경영모의훈련(창의력 향상훈련)과 Win-Win Game(X-Y카드게임)은 노골적이지는 않지만 지하철노동자로 하여금 노조활동에 직간접적인 영향을 미치는 교육 내용으로 되어있다. 공단이 인성계발교육을 무리하게 강행하는 이유였다.

2003년 단체교섭 요구안 확정하다

4월 14일 노동조합은 대의원대회를 개최해 2003년 단체교섭 요구안을 대의원 만장일치로 확정했다. 요구안에는 대구지하철 화재참사를 계기로 사회 쟁점으로 부각된 시민안전 확보 요구가 핵심 요구안으로 들어갔다. 특히 전국의 궤도 노동조합들과 공동요구를 걸고 공동투쟁을 전개하기로 했다.

안건	개요
1. 시민안전 확보 투쟁	가. 역 매표업무 불법위탁 철회 및 안전요원 확보(조당 1명)
	나. 2인승무(차장제) 환원
	다. 차량 중수선 용역 철회
	라. 기술 현장인력 충원
	마. 안전위원회 설치(노조+공단+부산시+시민단체+전문가)
	바. 안전대책에 대한 예산, 정부 직접 부담
	사. 전동차 내장재 전면교체 안전예산 확보
	아. 역사 내 각종 안전방재 시설 즉각 실시
2. 희생자 원상회복	가. 해고자 4명(강한규, 김태진, 이영호, 양춘복) 복직
	나. 복직자의 해고기간 근속 년수 인정
	다. 조합활동 징계자 및 유·무결자 원상회복
3. 임금 요구안	가. 총액대비 9.1%(경제성장률과 물가상승률)를 인상(일용직 포함)한다.
	나. 인상의 방법은 호봉급 인상으로 하되 정액 대 정률의 비는 3:7로 한다.
	다. 일용직에 대해서는 일반직과의 임금 격차를 해소하기 위하여 정액 10만 원의 수당을 신설한다.

이어 정문철 수석부위원장(서리)이 대의원대회 승인을 받아 서리 꼬리표를 뗐다.

한편, 2003년 단체교섭을 바라보는 조합원들의 인식을 살펴볼 수 있는 설문조사 결과가 나왔다. 먼저 임금인상 수준과 관련해 동종업종 및 타 공사 수준을 택한 조합원이 압도적으로 많은 62.32%를 차지했다. 민주노총 및 공공연맹과 연대투쟁에 대한 조합원 인식은 필요에 따라 연대투쟁해야 한다는 조합원(78.66%)이 압도적으로 많았다. 쟁의행위에 대한 조합원 인식은 준법투쟁과 쟁의행위에 돌입하면서 노사합의에 노력해야 한다고 응답한 조합원(70.66%) 비율이 가장 높았다.

2003년 투쟁, 궤도 공동투쟁으로

2003년 4월 16일 서울도시철도공사노조, 대구지하철노조, 인천지하철노조 그리고 부산지하철노조는 기자회견을 했다. 지하철 안전확보를 위한 공동요구안을 발표하고, 공동투쟁을 선언했다. 2인승무제 환원, 용역 및 민간위탁 철회, 전동차 내장제 불연재로 전면교체 등 정부가 경영혁신을 핑계로 추진한 구조조정 철회 및 안전대책 예신 획보가 주요 요구었나.

궤도노조 공동투쟁은 대구지하철 참사가 직접적인 계기가 됐다. 철도와 전국의 지하철 노동조합들은 2002년 하반기에 겨우 정기 모임(궤도연대 대표자회의)을 갖는 등 낮은 수준의 연대를 모색하고 있었다. 철도와 서울도시철도노조, 대구·인천지하철노조가 민주 성향의 집행부로 바뀌면서 가능했다. 여기에 수백 명의 목숨을 앗아간 대구지하철 참사는 자연스럽게 궤도노동자의 공동대응을 모색하는 방향으로 이끌었다. 서울지하철노조 배일도 집행부도 처음 같이하는 모습을 보였지만, 공동투쟁에는 결합하지 않았다.

부산지하철노조는 2003년 임금 투쟁을 위한 예열을 시작했다. 노동조합은 4월 22일 '2003년 시민안전확보와 임투승리를 위한 전진대회'를 개최했다. 저녁 7시 30분 서면역 환승로에 사람들이 모여들었다. 전진대회에 참석한 조합원들이었다. 450명 정도가 모였다. 공공연맹, 민주노총 지역본부, 철도노조, 대구지하철노조 등에서 지지 방문했다.

대구지하철노조 이원준 위원장은 "현재 궤도사업장에 감사원의 감사가 진행되고 있다." "이 감사의 진짜 대상은 건설교통부요, 구조조정을 명령한 책임자가 되어야 한다"고 울분을 토했다.

대구지하철 참사 진상조사단장인 대구YMCA 김경민은 "부산지하철의 안전시설 또한 대구지하철과 같은 수준이거나 못한 수준"이라 지적하고, "대구지하철과 부산지하철 전동차 내장재는 불쏘시개"라고 성토했다.

마지막으로 연단에 선 오영환 위원장은 대구지하철 참사 당시 핸드폰 통화내용을 소개하면서 "가장 소중한 것을 잃은 사람들"이라며 그들의 아픔을 전했다. 일순간 장내는 숙연한 분위기가 됐다. 오영환 위원장은 "2003년 부산지하철노조의 8대 요구는 바로 소중한 것을 지키기 위한 투쟁"이라며, "강고한 단결로 투쟁하여 쟁취하자"고 호소했다.

이어 4월 22일 노동조합과 시민대책협의회는 본사에서 진행 중인 감사원의 공단 안전감사를 제대로 하라고 촉구했다. 노동조합은 감사원의 안전감사와 관련 실질적인 시민안전의 확보라는 관점에서 감사하라고 요구했다.

한편, 철도노조는 4월 20일 파업 돌입을 앞두고 극적으로 타결했다. 1인승무 철회 및 인력 충원 요구는 1인승무 철회와 부족 인력 1500명 채용(5월 중 공고) 단계적 인력확보로 합의했다. 해고자 복직은 45명에 한해 7월 말 신규채용하고 복직자 원상회복은 노력한다는 수준에서 합의했다. 가압류와 손해배상 철회 요구는 취하하고, 추가 손해배상청구는 하지 않기로 합의했다. 철도개혁 및 공공철도 건설과 관련해서는 철도의 공공성을 감안하여 기존 민영화 방침을 철회하고 대안을 모색하는 것으로 합의했다.

2003년 단체교섭 시작하다

2003년 노사 단체교섭이 4월 25일 시작됐다. 교섭 첫날 노동조합 상무집행위원 전체가 배석했다. 오영환 위원장은 "대구참사로 현장업무가 폭주하고 있다." "공단도 고생이 많다." "이 같은 사고는 언제든지 일어날 수가 있다." "효율이 아니라 사람이 중심이어야 한다." "공단이 패러다임을 안전 중심으로 전환하는 것이 필요하다"고 주문했다.

이향렬 이사장은 "모든 직원들이 대구참사로 고생이 많았다." "기지창을 비롯하여 감사도 잘 진행되고 있다." "2003년도 임금협상을 성숙한 대화로 잘 풀도록 노력하자."고 했다.

관례대로 절차합의서 서명과 노동조합 임금 요구안 제안 설명이 뒤를 이었다. 그리고 현안으로 인성계발교육을 둘러싼 현장인력 부족 등 여러 문제가 얘기됐다.

대구지하철 화재 참사로 안전문제가 사회쟁점으로 부각된 상황에서 2003년 단체교섭 또한 지하철 안전 문제가 핵심 쟁점으로 떠올랐다.

노동조합은 효율과 비용절감에만 치중한 공단의 안전 불감증을 집중 지적했다. 1인승무, 중수선 용역, 매표업무 민간위탁, 기술인력 감축 등 공단이 시행한 구조조정과 아웃소싱으로 인한 안전상 문제점을 조목조목 지적했다.

노동조합은 비용절감을 위해 중수선 용역을 도입했다는 공단을 향해 저임금 등 열악한 노동조건으로 이직률이 50%가 넘는다며 공고 졸업생을 고용하여 저임금으로 착취하는 게 비용절감이고 경영효율이냐고 따졌다. 중수선 용역 전환은 기술 축적 차원에서도 바람직하지 않다며 공단이 주장하는 지속성, 효율성은 허구이며 빛 좋은 개살구라고 비판했다.

노동조합은 매표업무 민간위탁으로 인해 불의의 사고 시 초기대응 인력 부족을 집중 추궁했다. 이어 공단 계획에 따르면 청소용역노동자와 공익요원을 안전요원으로 지정하고 있는 것에도 인원 숫자 맞추기식으로 너무나 형식적인 발상이자 엉터리라고 질타했다.

기술 현장인력 부족 부분도 인력 부족으로 2인 1조 작업이 되지 않고 있는 부분을 집중 추궁했다.

공단은 대응시스템 마련, 안전 교육으로 대비하겠다는 궁색한 답변만 내놨다. 이것저것 안 될 땐 정부방침 따라 시행한 것이라며 공단으로서는 어쩔 수 없다는 태도를 보였다.

4))) 궤도 노동조합 공동투쟁

쟁의발생 결의 그리고 교섭 중단

5월 22일 노동조합은 7차 교섭을 앞두고 대의원대회를 열어 쟁의발생을 결의했다. 함께 투쟁시기를 맞추고 있는 대구지하철노조, 서울도시철도노조, 인천지하철노조도 같은 날 대의원대회를 열어 쟁의발생 결의를 했다.

궤도노동자들이 5월 24일 서울역 광장에 모였다. 15시부터 '1인승무 철회, 외주 용역화 철회, 열차 안전운행 확보, 대 정부 교섭쟁취를 위한 전국궤도노동자대회'를 개최했다. 2천여 명에 이르는 궤도노동자들은 대정부 공개서한을 채택하고 명동성당까지 가두행진을 했다.

5월 29일 노사는 9차 교섭을 진행했다. 여전히 노사 입장은 팽팽했다. 노동조합은 기술분야 현장인력 부족 문제 해결 방안 모색을 위해 실무교섭을 제안했다. 공단은 직제는 인사권과 경영권이기에 교섭을 통해 반영할 사항이 아니라며 거부했다. 정부지침이 정원유지라며 인력 충원은 없다고 못 박았다.

더이상 노사 교섭은 무의미했다. 노동조합은 교섭 중단을 선언했다.

서울역에서 열린 전국궤도노동자대회(2003.5.24.)

안전한 지하철을 만들기 위한 궤도 노동자들의 투쟁(2003.6.14.)

안전한 지하철을 만들기 위한 궤도 노동자들의 투쟁(2003.6.14.)

6월 2~4일 궤도 4사 노동조합이 동시에 쟁의행위 조합원 찬반 투표를 진행했다. 서울도시철도노조, 대구지하철노조, 인천지하철노조는 민주노총으로의 상급단체 변경 투표도 함께 했다. 부산지하철노조는 전체 조합원 2573명 가운데 2266명(88.1%)이 투표에 참여하여 1466명(64.7%)이 찬성해 가결됐다.

그런데 중요한 순간에 차질이 생겼다. 서울도시철도노조의 쟁의행위 찬반 투표가 부결된 것이다. 3개 노조는 대표자 모임을 갖고 공동투쟁 일정이 변함없다는 것을 재확인했다. D-day는 6월 24일로 정했다.

한편, 서울도시철도노조의 쟁의행위 찬반 투표 부결의 영향은 정부 태도에서 곧바로 나타났다. 궤도연대의 공동교섭 요구에 정부가 강경 기조로 바꾼 것이다.

이즈음 철도에도 이상기류가 나타나고 있었다. 정부가 4·20합의를 어기고 6월 국회에 일방적으로 철도 관련 법안을 상정한다는 얘기였다. 철도노조 발등에 불이 떨어졌다. 6월 말경에 D-day가 잡힐 것이라는 얘기가 흘러나왔다.

시민 83% 2인승무제 전환 찬성

시민 10명 중 8명 이상이 2인승무제 전환을 찬성하는 것으로 나타났다. 이러한 사실은 대구지하철 참사 100일을 맞아 전문 여론 조사기관인 (주)한길리서치가 실시한 『지하철 안전운행 관련 국민 여론 설문조사』에서 확인됐다.

설문조사에 따르면 지하철 사고 재발 우려는 부산의 경우 시민 57.85%가 불안하다고 응답했다. 지하철 사고 재발 방지 대책도 부산시민 76.6%가 부족하다고 응답했다. 지하철 내장재 교체 의견은 부산시민 75.1%가 전면 교체해야 한다고 응답했다.

1인승무 인지 여부와 관련해서는 부산시민 54.5%가 모른다고 답해 부산시민 절반 이상 지하철이 1인승무로 운행되는 사실을 몰랐다. 2인승무제 전환에 대해선 부산시민 86.5%가 전환에 찬성했다. 또 부산시민 79.7%가 승강장 안전요원을 배치해야 한다고 응답했다.

안전 예산분담과 관련해선 부산시민 78.3%가 정부 분담을 원했다. 그리고 시민안전 관련 노조의 정부 정책 참여 질문에선 부산시민 64.3%가 적극 관여해야 한다고 응답했다.

승무지부장 반기, 파업 동력 잃다

드디어 6월 23일 서울, 부산, 인천 세 곳 기지창에선 비상총회가 열리고 있었다. 대구와 인천에는 조합원 80~90%가 모였다. 교섭 여부와 관계없이 파업에 들어가야 할 정도로 열기가 높았다.

부산은 사정이 좀 달랐다. 비상총회에 모인 조합원 숫자가 예년 수준을 넘어서지 못했다. 승무지부 간부들의 분위기도 예사롭지 않았다. 비상총회 중에도 지부운영위를 따로 열었다. 이미 승무지부가 별도 행동을 할 것이라는 얘기가 일부에서 나돌고 있었다.

본교섭이 시작되기 전인 낮 12시경 '시민단체'를 자처하는 인물들이 공단에서 기다리니 위원장 등에게 오라는 전화가 왔다. 오영환 위원장은 오후 1시 쟁대위 회의 등을 이유로 응하지 않았다. 이와 관련 승무지부장은 "왜 가지 않느냐"고 문제제기를 하기도 했다.

그래도 비상총회 분위기는 투쟁 열기로 가득했다. 노포창 주공장에서 비상총회(파업전야) 문화제가 시작됐다. 문화패와 노동가수들의 공연과 조합원들의 화답이 이어졌다.

비상총회가 열리는 주공장 바로 옆 회의실에서 본교섭이 재개됐다. 시민안전 요구안에 공단은 여전히 종전 입장을 바꾸지 않았다. 겨우 시민안전자

파업 결의를 다지며 비상총회에 모인 조합원들(2003.6.23.)

문단 구성만 동의했다.

이런 상황에 우려가 현실로 나타났다. 6월 24일 03시를 전후해 갑자기 승무지부 조합원들이 집회농성장을 이탈하기 시작했다. 승무지부장이 불만을 대오 이탈로 표시한 것이다. 이들은 이탈 한 시간 뒤 다시 농성장에 합류했다.

파업 하루 만에 복귀선언

새벽 4시경 오영환 위원장이 단상에 올랐다. 위원장은 교섭경과를 간단하게 보고하고 파업 돌입을 선언했다. 그때 다시 합류했던 승무지부 대오가 또 빠져나가기 시작했다. 오영환 위원장은 쟁의대책위원장 권한으로 박○○의 승무지부장직을 박탈했다. 인천과 대구에서도 파업에 돌입했다는 소식이 전해졌다. 그렇게 궤도 3사 공동파업이 시작됐다.

그러나 부산은 파업 시작과 함께 파업대오가 무너지고 있었다. 파업 선언 순간 승무지부 조합원들이 이탈한 데 이어 날이 밝자 기술지부 일부가 농성장을 이탈했다는 소식이 들려왔다. 지도부는 대책을 내놓지 못했다. 주간 근무조를 조직하기 위해 현장활동에 들어갔다. 그러나 남아 있는 대오조차 시간이 흐를수록 줄었다. 차량에서는 복귀서를 작성하고 있다는 소식이 전해왔다. 더이상 버틸 힘이 없었다. 파업 지도부는 오후 6시 복귀를 선언했다.

그리고 24일 오후 11시 30분, 노동조합은 공단이 내놓은 잠정합의안을 받아들였다. 이에 대해 노동조합 소식지는 24일 상황을 이렇게 표현했다.

「어떤 이유와 변명을 붙이더라도 피눈물이 가슴을 적시는 굴욕이었다. 인정하기 싫어도 굴욕이라 인정하면 우리에겐 미래가 있다. 다시는 굴욕적인 상황을 만들지 말아야 한다. 두 번 다시는…」

1.임금인상 관련	1. 03년 임금은 총액 기준 5% 인상한다. 인상방법은 호봉급에 정률7 : 정액3의 비율로 한다.
2. 급여체계개선을 위하여	가. 교통공단수당(기본급의 18%)을 기본급에 정률로 산입하고 폐지한다. 나. 장기근속수당을 호봉급에 정액 산입하고 폐지한다. 다. 전산수당, 교재연구수당, 감사수당 및 자동차 운전업무수당을 직무수당으로 명칭만 변경한다. 라. 가계지원비(년 기본급의 250%)와 효도휴가비(년 기본급의 100%)를 가계보조비(년 기본급의 350%)로 변경한다.

3. 일용직에 대하여는 월 평균 89,710원 인상한다.

기타 사항	1. 현장 기술인력의 증원을 긍정적으로 검토하되, 부서별 인력증원 산정은 추후 노사협의를 통해 적극적으로 논의한다. 2. 공단은 각 분야별 전문가로 안전자문단을 구성하여 운영한다. 이 경우 부산시, 노조 1인과 시민단체가 추천하는 1인을 포함한다. 3. 03년 6월 24일 파업에 참가한 조합 간부 및 조합원에 대해서는 민형사상 책임 및 징계 등 인사상 불이익이 최소화되도록 노력한다.
부속합의서 부산교통공단과 노동조합은 03년 급여체계 개선을 위하여 다음과 같이 합의한다.	1. 교통공단수당을 기본급에 정률로 산입하고 이를 폐지한다. 2. 장기근속수당을 호봉급에 다음과 같이 산입하고 이를 폐지한다. 　가. 5호봉 ~ 8호봉 : 50,000원 　나. 9호봉 ~ 11호봉 : 60,000원 　다. 12호봉 ~ 14호봉 : 80,000원 　라. 15호봉 ~ 17호봉 : 110,000원 　마. 18호봉 이상 130,000원 3. 전산수당, 교재연구수당, 감사수당 및 자동차 운전업무수당을 '직무수당'으로 명칭만 변경한다. 4. 가계지원비(년 기본급의 250%)와 효도휴가비(년 기본급의 100%)를 가계보조비(년 기본급의 350%)로 변경 지급한다. 5. 2003년 1월1일부터 적용한다

반조직행위자 제명

6월 30일 잠정합의안 승인 여부를 심의하기 위한 임시대의원대회가 소집됐다. 참석 대의원들은 잠정합의안 승인을 유보했다. 참석 대의원들은 잠정합의안에 인천지하철과 대구지하철에는 없는 조합원 징계 문구가 포함된 것에 문제를 제기했다. 해고자 복직 건을 포함해 공단과 재교섭하라고 결정했다.

이어 참석 대의원들은 오영환 위원장이 직권으로 박○○의 승무지부장 직을 박탈한 것을 추인했다. 그리고 박○○ 개인에 대해서도 '제명' 결정을 해 조합원 자격을 박탈했다.

오영환 위원장은 대의원들이 지켜보는 가운데 삭발했다. 더는 4개 지부가 서로 반목하고 갈등하는 모습을 보이지 말고, 조합원들에 대한 징계를 막자는 결의의 의미였다.

삭발 후 오영환 위원장은 "갈등과 분열을 넘어 새롭게 부산지하철노조가 나아 갈 것을 힘차게 결의하자"고 말했다.

유보됐던 잠정합의안은 7월 7일 열린 임시대의원대회에서 승인 절차를 거쳤다.

1998년 3·12합의와 2003년 6·24파업의 교훈

1998년 3·12합의는 시민중재단의 중재안을 노사가 받아들이는 형식을 취했다. 그랬다. 3월 12일 막판 교섭은 공단(본사)에서 진행됐다. 시민중재단이 노동조합과 공식 논의도 없이 중재안을 내놨다. 중재단은 노사 쌍방에게 중재안에 대한 의견을 물었다. 노동조합 교섭위원들은 순간 엄청 당황했다. 더욱이 중재안은 1인승무 관련 내용만 담겨 있었기에.

이에 앞서 노사는 1997년 단체교섭에서 7월 9일 「직제 및 조직 전반에 대하여 객관적으로 인정되는 전문기관에 용역을 의뢰하고 그 결과를 기초로 하여 직제개편을 추진한다」고 합의했다. 그런데 공단은 얼마 안 가 노사합의를 무시하고 1인승무뿐 아니라 직제 전반에 대해 개악을 강행했다. 개악 직제에는 1인승무뿐 아니라 차량과 기술 분야 통폐합 및 아웃소싱, 역무소 신설(역장 교대근무제, 서무제 폐지 등 포함) 등이 포함되어 있었다. 노동조합은 즉각 반발했다. 결국 9월 30일 노사협의회에서 노사는 공포된 직제규정을 용역기관의 분석이 완료될 때까지 시행을 유보하기로 다시 합의했다. 그 후 공단은 또다시 1997년 9월 30일 노사합의를 무시하고 일방적인 직제 개악을 시도했다. 3.12비상총회까지 오게 된 배경이었다.

그런데 김태진 집행부는 왜 3·12합의안에 1인승무 관련 내용만 담았는지, 이와 관련 당시 기술지부장과 역무지부장은 어떤 연유로 중재안을 받아들일 수밖에 없었는지에 대해서는 공식적 입장을 밝힌 적이 없다.[10]

아무튼 노동조합은 일련의 사건과 6·24파업의 쓰라린 경험을 통해 노동조합과 논의되지 않은 시민단체의 간여, 노조 간부의 일방적 행보 등으로 파업 대오가 영향을 받거나 지도부 지침에 혼선이 가해지는 것을 차단해야 함을 교훈으로 삼게 되었다.

5) 공안탄압 조짐 그리고 민주공원 농성

민주공원 농성 들어가다

7월 11일 오영환 위원장과 이기준 사무국장이 대청동 민주공원에서 농성을 시작했다. 7월 10일 오후에 공안기관의 분위기가 심상찮았기 때문이었다. 10일 위원장과 사무국장에 구인영장이 발부됐다는 얘기가 돌았다. 그즈음 위원장, 사무국장, 차량지부장, 기술지부장, 문체부장에게 2차 출두요청이 왔다.

그동안 노사 간 원만한 합의가 있었고, 파업의 피해도 미미했다. 부산지방노동위원회의 권고에 따라 성실히 교섭을 임한 합법 파업이었다. 노동조합

---

[10] 2003년 투쟁 종료 후 박○○ 제명 조치와 관련한 논란 과정에 노조 홈페이지에 '3·12합의 전모'란 글이 올라왔다. 당시 합의 과정에 박○○가 간여한 것을 적은 내용이었지만 그것이 사실인지는 공식 확인되지 않았다.

은 공안당국의 움직임이 또 다른 의도를 내포하고 있다고 판단했다.

11일 13시경 금정경찰서 수사계 소속 형사 20여 명이 위원장과 사무국장을 연행하기 위해 출동해 대치하는 상황을 빚기도 했다.

검찰은 7월 18일 오영환 위원장과 이기준 사무국장에 대해 구속영장을 청구했다. 공단은 고발한 집행 간부 10명을 18일부로 직위해제했다. 민주공원 또한 외부에서 압력이 들어오고 있었다.

노동조합은 7월 19일 민주공원에서 노동탄압 조합원 보고대회를 열었다. 조합원들과 가족이 함께 했다.

농성은 8월 8일까지 계속됐다. 민주공원 쪽의 중재 및 권유로 오영환 위원장과 이기준 사무국장은 8일 오후 4시경 금정경찰서에 자진 출두했다. 민주공원 농성 29일만이었다.

오영환 위원장, 이기준 사무국장 석방과 업무 복귀

오영환 위원장과 이기준 사무국장이 8월 21일 구속적부심심사를 거쳐 22일 석방됐다. 구속 2주만이었다. 이들은 다음날 바로 업무에 복귀했다.

노동조합은 주40시간 법제화가 초읽기에 들어간 가운데 주40시간 시행에 대비한 노동조합 요구안 마련 준비에 들어갔다. 노동조합은 먼저 지부별로 주40시간 소위를 구성하기로 했다. 지부별로 근무시간, 작업주기, 타 지하철 사례분석 등을 조사 분석 후 이를 토대로 중앙 차원의 요구안을 만들기로 했다. 그리고 궤도 노동조합들과 연대 및 공동대응을 모색하기로 했다.

노동조합은 조합원 본인 사망 시 특별회비(조합원 1인당 1만 원)를 걷어 유가족에게 전달하는 문제를 현장토론에 붙이기로 했다.

한편, 공단은 9월 1일 6·24파업 관련해 정재훈 문화체육부장을 해고(해임)했다. 차량지부장, 기술지부장, 역무지부장, 조통부장, 조직부장, 교선부장, 신호지회장 등 7명을 강임 조치했다. 공단은 오영환 위원장과 이기준 사무국장도 8월 30일 징계위원회를 열어 9월 23일 해고(해임)했다.

국회 주40시간제 의결하다

국회는 8월 29일 본회의를 열어 현 주44시간제를 주40시간제로 바꾸는 근로기준법 개정안을 의결했다. 이어 9월 15일 개정 근로기준법이 공포됐다.

개정 근로기준법 주요 내용을 보면 △법정근로시간 단축(주44시간→주40시간) △월차휴가 폐지 △생리휴가 무급화 △연차휴가 15~25일(2년당 1일 가산), 1년 미만 근속자는 1월당 1일 휴가 부여 △휴가사용촉진방안 신설, 선택적 보상휴가제도의 도입 근거 마련 △탄력적 근로시간제 단위기간 3개월로 확대 △3년간 한시적으로 연장근로 한도를 16시간으로 확대, 최초 4시간분 할증률을 25%로 조정 △기존 임금 수준 및 시간당 통상임금 저하 방지 등이 포함됐다.

주40시간제 시행 시기는 2004년 7월부터 2011년까지 단계적으로 시행하도록 했다. 먼저 공기업, 금융·보험 및 1000인 이상 사업장은 2004년 7월부터 시행, 300인 이상, 국가 및 지방자치단체의 기관은 2005년 7월부터 시행, 100인 이상은 2006년 7월, 50인 이상은 2007년 7월, 20인 이상은 2008년 7월부터 시행하도록 했다. 20인 미만 사업장은 2011년을 기한으로 대통령령으로 정하도록 했다.

이어 정부는 주40시간제 시행지침도 마련했다. 토요일의 법적 성격과 관련해 토요일을 소정 근로일에서 제외하더라도 반드시 유급휴일은 아니라고 해 사실상 무급휴일로 규정했다. 또 통상시급 산정을 위한 월 통상임금 산정기준 시간에 소정 근로시간 외에 유급 처리되는 시간을 합산하는 것으로 정했다.

3

10대 집행부와
주40시간 투쟁

1 》 10대 윤택근 집행부 출범

10대 위원장에 윤택근 후보 당선

위원장을 비롯한 10대 집행부 선거가 시작됐다. 위원장 선거에 기호 1번 윤택근(전 기술지부장), 기호 2번 손영성(AFC지회장), 기호 3번 오영환(현 위원장)이 입후보했다.

기호 1번 윤택근 후보는 '민주노조 10년을 반성하고, 조합원을 주인으로 세우는 노동조합'을 슬로건으로 내세웠다.

기호 2번 손영성 후보는 '극단적 투쟁과 대치적 노사관계 지양', '상급단체 및 타의 지배, 개입을 배제하는 자주적 노조 확립'을 내세웠다.

기호 3번 오영환 후보는 '야합과 협잡이 통하지 않는 노조', '기본과 원칙이 살아있는 노조'를 내세웠다.

선거 개표 결과 기호 1번 윤택근 후보 824명(40.0%), 기호 2번 손영성 후보 444명(21%), 기호 3번 오영환 후보 720명(35.0%) 득표해 윤택근 후보와 오영환 후보가 결선에 올랐다. 결선투표를 진행해 23일 개표 결과 윤택근 후보가 오영환 후보를 근소한 차로 누르고 당선됐다.

2003년 11월 1일 10대 윤택근 집행부 임기가 시작됐다. 윤택근 위원장은 사무국장으로 나용무(승무 조합원)를 선임했다. 사무국 부서장은 정영덕 조직부장, 김범석 총무부장, 노석수 후생복지부장, 박현진 조사통계부장으로 구성됐다.

경영혁신팀장을 징계하라

노동조합은 부당노동행위자 이○○ 경영혁신팀장 징계를 요구했다. 노동조합은 2004년 3월 9일 오전 8시부터 1시간 동안 항의집회를 열고, 부당노동행위자 이○○ 징계 요구를 묵살하고 있는 공단을 규탄했다. 출근투쟁이 끝난 뒤, 참석자들은 경영혁신팀 사무실 앞에서 이○○의 부당노동행위를 규탄했다.

한편, 대법원은 2003년 8월 이○○의 부당노동행위를 최종 확정했다. 대법원은 판결문에서 지난 1999년 3월 4일 공단은 민철노련 5기 5차 중앙위원회 및 2차 임시대의원대회 참가와 관련하여 노동조합의 근무협조 요구를 무시하고 참석한 노동조합 간부들을 무계결근 처리한 것은 정당한 조합활동을 방해한 부당노동행위라며 원심 판결을 확정했다.

이에 앞서 노동조합은 공단의 무계결근 처리와 관련해 지방노동위원회에 구제신청을 냈고, 지방노동위원회는 부당노동행위임을 인정했다. 이에 불복해 공단은 중앙노동위원회에 재심을 청구했다. 그러나 숭앙노동위원회에서도 부당노동행위 결정을 내렸다. 그러자 공단은 또 서울행정법원에 행정소송을 제기했다. 서울행정법원은 공단의 청구를 모두 기각했다. 공단은 고등법원과 대법원까지 항소와 상고를 제기했다. 그때마다 법원은 기각했다.

노무부서에서 잔뼈가 굵은 이○○은 1994년 전지협 파업 당시 노무계장으로, 1998년 7.3파업 때는 노무복지부장으로 있으면서 노조 탄압 악역을 맡았다.

공단 이번엔 매표소 폐쇄 추진

공단이 매표업무 민간위탁에 이어 아예 매표소를 없애고 무인 매표기로 대체하겠다고 했다. 공단이 2004년 3월 15일 신규채용 공고를 냈는데 채용 대상에서 운영직을 제외했다. 이유인즉, 무인매표 추진으로 신규채용이 불필요하다는 얘기였다.

공단 계획에 따르면 6개 역을 시범 역으로 선정해 시범 운영한 뒤 지하철 1, 2호선 73개 역 78개 매표소에 무인판매기를 설치하고 2005년 10월까지 매표소는 모두 폐쇄하는 것으로 되어있다. 매표업무를 민간위탁으로 전환한 지 2년도 되지 않아 무인매표 방식으로 바꾸겠다는 얘기였다.

정규직이 일하던 곳을 비정규직 노동자들로 채우더니 이젠 이들 빈간위탁 노동자들마저 거리로 쫓겨날 처지에 놓였다. 공단 계획에 이들 비정규직 노동자들에 대한 고려는 어디에도 없었다. 대신 공단은 인건비가 79억여 원 절감된다고 얘기했다. 그 돈을 역사 내 엘리베이터 및 스크린도어 설치 등 안전강화 재원으로 활용하겠다고 생색을 냈다.

노동조합은 무인매표기 도입과 인력감축이 진행될 경우 노인 승객 발권 업무 및 행선지 안내, 장애인 서비스, 역사 내 각종 사건 사고 신속대응 미비 등이 우려된다며 무인매표계획 철회를 요구했다.

4·15총선 실천단 발대식

3월 16일 오전 10시 서면역 환승로에서 4·15총선 실천단 발대식이 열렸다. 노동조합 간부들과 민주노동당 총선 후보 등 50여 명이 모였다.

민주노동당 진구 총선 후보 이성우(진갑), 김기태(진을) 위원장과 공공연맹 부경본부 서영철 본부장의 축하 인사, 총선 실천단 지역책임자로 선정된 사무국장(금정), 기술지부장(사하), 차량지부장(동래)의 인사가 뒤따랐다. 그리고 지하철 총선 후보인 강한규(사하을), 임선백(동래) 위원장의 약력 소개와 인사가 이어졌다.

발대식에 참석한 윤택근 위원장은 "이번 총선에서 의회 쿠데타를 자행한 보수부패 정치세력을 심판하고, 민주노동당의 후보들과 함께 정치 실천단이 앞장서서 진보정치를 실현하자"라고 말했다.

노동조합 정치위원회는 4·15총선 실천단 발대식에 이어 16일 호포지구(승무, 기술, 차량) 현장 정치 간담회, 17일 승무, 차량지부 운영위에 참가하여 정치 간담회를 실시했다.

그리고 정치위원회는 탄핵정국과 관련해 민주노총, 민주노동당, 전국농민회의 공동 성명서를 존중하기로 결정했다. 정치위는 탄핵할 자격도 없는 한나라당-민주당의 탄핵은 잘못된 것이며, 이번 탄핵사태의 발생은 4·15총선을 앞두고 노무현과 보수3당이 당리당략에서 벌인 정쟁의 산물이란 점을 분명히 했다. 따라서 정치위는 "우리 노동자는 한나라당-민주당과 열린우리당의 보수정치를 심판하고, 노동자의 진보정당을 중심으로 진보정치를 실현해야 한다"는 기조로 정치소식지를 발행하고, 조합원과 시민 대상 포스터도 제작해 부착했다.

민주노동당 원내 진출

민주노동당이 원내 진출에 성공했다. 민주노동당은 4월 15일 총선 결과 지역구 2명 등 총 10명이 국회의원에 당선됐다.

지역구로 본다면 노동자들이 많은 지역구인 창원 을에서 권영길 민주노동당 대표와 울산 현대자동차 공장이 있는 북구에서 조승수 후보가 당선됐다. 또 정당투표에서 12.9% 지지를 받아 8명의 비례대표 국회의원을 배출했다. 비례대표 당선자는 심상정, 단병호, 이영순, 천영세, 최순영, 강기갑, 현애자, 노회찬 후보 등 8명이다.

권영길 민주노동당 대표는 당선 인사에서 "혼자 국회에 들어가는 것이 아니라 우리 사회에서 차별받고 억압받는 모든 사람이 국회로 가는 것"이라면서 "일하는 사람들의 정치를 반드시 실현하겠다" "17대 국회에 나가 도둑의 소굴인 국회를 반드시 국민에게 되돌리겠다"는 의지를 밝혔다.

민주노동당은 1999년 8월 29일 창당 발기인 대회에 이어 이듬해 1월 30일 창당대회를 열어 공식 출범을 선언했다. 민주노동당은 창당선언문에서 "민주노동당은 노동자·농민·빈민·중소상공인의 정당이며 여성·청년·학생·진보적 지식인의 정당"이라고 밝혔다. 민주노동당은 이와 함께 "민중 주체의 정치와 민주적 경제체제를 통해 인간적 가치를 실현하고 미래에 대한 희망을 가질 수 있는 세상을 만들어 나가겠다"고 다짐했다. 민주노동당은 이를 통해 '노동자와 민중 주체의 자주적 민주정부'를 수립하겠다고 천명했다.

3 무르익는 궤도 공동투쟁

2004년 투쟁 깃발 올리다

궤도연대가 4월 28일 집행위원회, 5월 21~22일 대표자 수련회를 통해

2004년 공동투쟁 요구안으로 주5일제 공동요구안, 시민안전, 외주용역 저지, 실업 해소, 산업안전 등을 정했다.

이어 6월 4~5일 궤도연대 확대 간부수련회를 열어 동시 쟁의발생 결의와 쟁의행위 찬반 투표 등 투쟁 기획 논의를 이어가기로 했다. 대정부 접촉 및 교섭은 궤도연대 대표자회의 위임으로 담당팀이 맡는 대신, 사전 공유와 사후 보고가 이뤄지도록 했다.

부산지하철노조도 2004년 투쟁 깃발을 올렸다. 5월 6일 서면역 환승로에서 2004년 투쟁 시작을 알리는 전진대회를 열었다. 전진대회에 700여 명의 조합원들이 모여 열기가 가득했다. 공단이 의도적으로 흘린 구조조정 소문이 조합원들의 관심도를 높였다. 참석 조합원들은 구조조정 분쇄, 주5일제 쟁취와 임단협 투쟁 승리를 외쳤다.

6일 오전 노동조합은 전진대회에 앞서 통합운영위원회를 열었다. 2004년 투쟁 방향 등을 공유하고 토론하기 위해서였다.

나용무 사무국장은 기조발제에서 궤도연대 내 다른 사업장의 현황과 궤도연대 차원 공동투쟁 준비상황을 보고하고, 부산지하철노조의 투쟁 방향을 제안 설명했다. 이어 "'04투쟁을 어떻게 만들 것인가"라는 주제로 조별 토론과 전체 토론을 진행했다.

한편, 노동조합은 4월 26일 임시대의원대회를 열어 임·단협 교섭 요구안을 상정했으나 안건 처리가 유보됐다. 참석 대의원 다수는 궤도연대 차원의 주5일제 요구안을 확정한 뒤에 교섭을 시작하자고 했다. 집행부와 대의원 사이에 소통과 공유 과정이 매끄럽지 못한 결과였다.

궤도연대, '공동요구-공동교섭-공동타결' 3원칙 결의

5월 21일 궤도연대 대표자들이 만났다. 서울지하철노조, 서울도시철도노조, 인천지하철노조, 대구지하철노조, 광주지하철노조, 부산지하철노조, 철도노조 등 7개 노조가 모였다. 궤도연대 공동투쟁 요구안과 공동투쟁계획을 논의하기 위해서였다. 대표자들은 '공동요구-공동교섭-공동타결' 3원칙을 결의했다.

그리고 단위노조의 조건과 상황을 고려하여 투쟁 전술을 배치하되, 정권과 자본의 분열책을 극복하고 궤도 공동투쟁 승리를 위하여 공동투쟁본부(공투본) 투쟁방침에 철저히 복무하기로 했다.

공동투쟁 목표는 △노동조건 저하 없는 주5일제 쟁취 △노동시간 단축을 통한 일자리 나누기(신규인력 충원) △구조조정 저지와 지하철, 철도 공공성 강화 △궤도연대 강화를 통한 산별노조건설 토대구축으로 정했다.

공동투쟁 요구안은 △노동시간 단축을 통한 공공부문 일자리 창출(정규직 신규인원 충원으로 청년실업 해소) △노동조건 저하 없는 주5일제 실시(노동자의 삶의 질 향상) △구조조정 중단, 비정규직 차별 철폐 및 정규직화 △지하철 및 철도의 공공성 강화 △시민안전 대책 마련 및 중앙정부 예산지원 △이용 시민 건강권 및 궤도노동자 노동권·건강권 보장 △손해배상 가압류 철회 및 해고노동자 복직 등 일곱 가지였다.

7개 요구 중 구조조정 중단과 인력 충원 요구기 핵심이었다. 나머지 모두 종속변수였다. 현장인력 충원 없는 주5일근무제는 껍데기에 불과하고, 일자리 창출은 당연히 기대할 수 없기 때문이다. 비정규직 철폐 또한 구조조정 중단 없이는 구호에 불과하다. 따라서 '인력 충원이냐, 인력감축이냐'는 궤도 공동투쟁의 핵심 쟁점이 될 수밖에 없었다.

먼저 교섭 시작은 궤도 단위사업장별로 투쟁 요구안 중심으로 내부 절차를 거쳐 6월 초순 본격적인 교섭에 돌입하는 것으로 했다. 이어 6월 중순 궤도연대의 공동투쟁 요구안을 가지고 대정부 교섭을 제기하고 공동요구를 사회 쟁점화하기로 했다.

이를 위해 궤도연대 공동투쟁본부(공투본)는 중앙부처(노동부, 행정자치부, 건설교통부, 기획예산처)와 대정부 교섭, 단위노조가 소속된 지방자치단체 및 정당과 교섭, 궤도연대 단위노조 대표자와 지하철 사장단과 공동 집단교섭 등 다양한 방법의 교섭을 추진하기로 했다.

단위노조는 궤도연대 공동투쟁 계획에 따라서 쟁의발생 결의(조정신청 검토 포함)와 쟁의행위 조합원 찬반 투표, 총력투쟁(총파업을 포함)을 전개하기로 했다. 철도노조는 지원 투쟁을 전개하며, 공권력 침탈 시에는 강력한 투쟁을 전개하기로 했다.

궤도연대는 공동투쟁 기조에 맞추어 5월 말까지 공투본 구성을 마무리하기로 했다.

④ 2004년 단체교섭 투쟁과 궤도 공동투쟁

2004년 단체교섭 요구안 확정

노동조합은 5월 31일 임시대의원대회를 열어 2004년 단체교섭 요구안을 확정했다.

먼저 임금 요구안으로 △총액 대비 8.1% 인상(인상분 호봉급에 3(정액):7(정률) 반영) △일용직 일급 1만 원 인상으로 확정했다.

현안 요구사항으로 △공단의 사회 공공성 강화 △공단 직제 개정 시 노동조합과 합의 후 시행 △차량의 적정인원 산정 및 충원 △해고자 원직복직 △일용직 처우개선(고용계약을 3년 단위로 갱신, 공단 지급 피복 질적 개선)으로 확정했다.

단체협약 갱신 요구안은 주요 내용을 보면 △노동조건 관련 규정 제정 또는 개폐 시 노동조합과 사전 합의 △조합원 공직선거 출마 시 적극 협조 등 정치활동 보장 △상집위원의 정당한 조합활동 근무보다 우선 등 조합활동

보장 △연 8시간 조합원 교육시간 보장 △6급 을에서 4급 갑까지 근속승진제 △정년퇴직일 12월 31일로 통일 △휴일은 00:00~24:00을 포함하는 역일 또는 익일 △월 기준근로시간 167시간으로 한다 △연장근로수당 통상임금의 167% 지급, 휴일근로수당 통상임금의 167% 지급 △역무원에게 대민봉사수당 월 3만 원 지급 △퇴직수당 신설 △유급 주휴일(연속 2일) 보장 △연간 주휴일 104일 부여 등이 포함됐다.

그리고 궤도연대 주5일제 공동요구안도 승인했다. 공동요구안 기본원칙은 휴일, 노동시간, 근무형태, 적정인력 산정, 임금보전 등이다.

2004년 단체교섭 시작하다

2004년 첫 단체교섭이 6월 3일 열렸다. 노사는 상견례 뒤 절차합의서를 체결하고 마무리했다. 또 노사는 교섭 기간(교섭 개시일~6월 30일까지) 근무형태개선 노사공동위원회(근개위)를 구성하여 운영하기로 했다. 근개위는 노사 각 위원장 포함 7명 이내로 구성됐다. 회의 주기는 주 3회 이상 개최하고, 위원은 위원회에 상근하고 부여된 임무만 수행하기로 했다. 위원회 협의(안)은 본 교섭에서 합이 처리하기로 했다.

교섭은 초반부터 공단의 직제 개악 추진으로 난항을 거듭했다. 6월 15일 열린 4차 교섭에서 공단은 아웃소싱 등 구조조정 계획을 밝혔다. 공단이 밝힌 구조조정 내용을 보면 △기관사 운전시간 50분 연장, 열차 운전시격 연장 △매표업무 무인화 △1호선 차량 중수선 외주화 △역무설비 경정비 외주화 △변전소 무인화 △통신 외주화 △보선보수업무 외주화 △건축과 설비 외주화, 분소는 감독 업무 수행 등이었다.

공단은 부산지하철이 부산시 이관 전에 재무 상태를 개선해서 천덕꾸러기를 면하자는 생각에서 구조조정을 추진한다고 했다. 현 1, 2호선 운영 방식대로 3호선을 운영하면 733명이 필요하다고 했다. 3호선 개통 인력 상당

부분을 구조조정으로 충당하겠다는 얘기였다. 그러나 부산시 이관은 핑계에 불과하고 '호선 늘면 구조조정' 공식을 그대로 적용하겠다는 것이었다.

노동조합이 1호선 차량 중수선 직영은 노사합의사항이라고 하자, 공단은 노사합의는 언제든지 파기할 수 있다고 막말을 했다. 또 공단은 노동조합이 기관사 운전시간 50분 연장을 받아들이지 않으면 3호선 운전업무를 외주화하겠다고 협박했다.

매표업무 무인화와 관련해 공단은 역무원 대다수가 매표업무를 싫어한다며 조합원의 힘든 업무 기피심리를 파고들기도 했다. 그러나 매표업무 민간위탁 노동자들에 대한 고용문제는 어떠한 고려도 없었다. 공단에게 비정규직 노동자는 쓰다 버리는 휴지에 불과했다. 노동조합도 매표업무 무인화로 사실상 전원 쫓겨날 처지에 놓인 매표 민간위탁 노동자들에 대해선 생각이 미치지 못했다.

궤도 6사 동시 쟁의발생 결의

노동조합은 6월 22일 임시대의원대회를 열어 쟁의발생을 결의했다. 궤도연대 공동투쟁본부 투쟁지침 1호에 따라 궤도노조 5사(서울지하철노조, 서울도시철도노조, 부산지하철노조, 인천지하철노조, 대구지하철노조)가 6월 22일 동시에 쟁의발생을 결의했다.

노사 교섭은 파행으로 치닫고 있었다. 노사합의 불이행과 통상근무자 주5일제 강제시행 등 공단의 일방통행식 행동으로 교섭은 정상적으로 진행되지 않았다.

노동조합은 공단이 통상근무자의 주5일근무제를 강제 시행할 경우 거부할 것임을 분명히 했다.

6월 29일 노사는 8차 교섭을 했다. 노동조합은 통상근무자의 주5일제 강제시행 계획을 철회하라고 요구했다. 공단은 노조의 요구를 거부했다. 공단

서울역에서 열린 궤도 공동투쟁 결의대회(2004.6.17.)

이 교섭을 통한 원만한 타결 의사가 없다는 것을 여실히 보여줬다. 그 와중에 공단 교섭위원이 위원장을 향해 물병을 집어 던지는 사태가 발생했다. 교섭이 몇 시간 동안 중단됐다. 마침 오후 2시부터 교섭장 밖 복도에서 항의집회를 벌이던 150여 조합원들의 분노까지 더해져 한동안 일촉즉발의 긴장된 분위기가 이어졌다.

속개된 교섭에서 노조는 공단에 사과를 요구했으나 끝내 응하지 않았다. 집회에 참가한 조합원들은 교섭이 끝날 때까지 농성하다가 교섭보고를 들은 뒤 5시경 모두 해산했다. 집회 해산 뒤 상집위원들은 성과급 반납 서명받기 등 본사 현장활동을 하고 마무리했다.

궤도연대 영남권 결의대회

7월 1일 오전 10시 40분 부산역 광장, 1500여 명의 궤도연대 영남권 조합원들과 부산지역의 민주노총 조합원들이 모였다. 궤도연대 공투본의 투쟁

궤도연대 영남권 조합원 결의대회(2004.7.1.)

지침에 따라 서울과 부산에서 동시에 개최되는 결의대회였다. 노래와 몸짓 배우기로 사전행사를 했다. 이어 나용무 사무국장의 사회로 본 대회가 시작됐다. 첫 순서로 최용국 민주노총 부산지역본부장과 김태진 공공연맹 부위원장의 격려사, 부산지역일반노조 몸짓패와 노래패 '좋은 친구들'의 문화공연이 이어졌다. 철도노조 부산지방본부장, 부산지하철노조 위원장, 대구지하철노조 부위원장이 연단에 올랐다. 연대 발언과 투쟁 발언이 이어졌다. 마지막으로 궤도연대 공동 투쟁결의문을 낭독한 후 부산역에서 남포동까지 거리행진을 하면서 이날 집회 내용을 시민들에게 알렸다.

노동조합이 결의대회를 연 7월 1일, 공단은 노사 간에 합의가 되지 않은 주5일제를 강제 시행했다. 공단은 6월 30일 통상근무자를 대상으로 7월 1일부터 주40시간 근무제를 시행하는 지침서를 시달했다. 교섭과정에서 노조는 수차례에 걸쳐 주5일제 시행은 노사 간 합의 후 시행하라고 했다. 그러나 공단은 끝내 일방적으로 시행을 강행했다. 더이상 교섭으로 문제를 해결할 의지가 없음을 보여준 것이다.

　노동조합에 투쟁 외엔 다른 선택지가 없었다. 공단의 강제시행을 막아내고, 근로조건 저하 없는 주5일제를 쟁취하기 위해서는 궤도연대 공투본의 공동투쟁만이 해답이었다.

　노동조합은 7월 2일 10시부터 오후 1시까지 3시간 동안 본사 항의투쟁을 전개했다. 집행 간부와 현장 조합원 150여 명이 본사 사무실을 순회하며 집회를 이어 갔다. 공단이 7월 1일부터 통상근무자를 대상으로 주40시간 강제시행하려는 것에 항의 의사를 전달했다.

　궤도연대 공투본은 7월 1일자로 투쟁지침 2호를 시달했다.

궤도연대 투쟁지침 2호

1. 궤도연대 5개 단위사업장은 7월 2일 중앙노동위원회에 일괄조정신청을 접수한다.
1. 궤도연대 5개 단위사업장은 7월 5일부터 7일까지 파업 찬반 투표를 실시한다.
1. 7월 8일 사복 투쟁에 돌입한다.
1. 대정부 교섭 및 집단교섭 요구를 촉구하면서 7월 8일 후부터 준법투쟁을 포함한 강력한 투쟁을 전개한다.
    ◉ 공투본 교섭일정 제시
        - 궤도노사 집단교섭 준비 : 7/1~7/7
        - 궤도노사 집단교섭 진행 : 7/8부터 집단교섭 시작
    ◉ 7월 1일 공사가 주5일제를 강제 시행할 시 강력히 대응한다.

쟁의행위 투표 76.99% 찬성

궤도노동자들의 파업이 초읽기에 들어갔다. 공투본이 7월 21일을 D-day로 못 박았다.

궤도 5사 노조는 예고대로 7월 5일부터 7일까지 3일 동안 일제히 파업 찬반 투표를 했다. 결과는 모두 가결이었다.

공투본은 개표가 끝난 7일 오후 3시 서울지하철노조에서 기자회견을 했다. 공투본은 "노조 요구가 묵살될 경우 7월 21일 04시를 기해 총파업을 포함한 쟁의행위에 돌입한다"고 밝혔다. 파업에 앞서 "성실한 대화와 조속한 타결을 촉구하기 위해 15일부터 안전운행준수 투쟁에 들어간다"고 밝혔다.

1994년 전지협 파업 이후 10년 만에 다시 한번 궤도노동자들의 공동파업이 이뤄질지에 대해 언론사의 관심이 집중됐다.

공투본은 기자회견에서 교대제가 주를 이루는 궤도 사업장에서 인원 충원은 필수불가결하며 인원 충원 없는 주5일제는 공염불에 불과하다고 강조했다. 이어 정부에 △주5일제 시행에 따른 인원 충원 계획과 예산 배정 계획 등 실질적인 조치 △직권중재에 기대어 해결하려는 구태를 벗고 성실하고 진지한 대화 여건 조성 노력 △실질적 사용자로서 직접 교섭에 나서 책임 있는 역할 등을 요구했다.

	투표율	찬성률
서울지하철노조	92.49	71.55
서울도시철도노조	88.39	60.79
인천지하철노조	96.1	75
부산지하철노조	**90.88**	**76.99**
대구지하철노조	90.4	76.6
전체(평균)	91.10	69.65

한편 이날 파업 찬반 투표 개표 결과 부산지하철은 전체 조합원 2544명 가운데 2312명(90.88%)이 투표에 참여해 1780명(76.99%)이 찬성한 것으로 나타났다. 이런 결과는 2002년(투표율 79.5%, 찬성률 72.2%)과 2003년(투표율 88.1%, 찬성률 64.7%)에 비해 투표율과 찬성률이 모두 높았다.

공투본 소속 다른 노조들의 경우 찬성률이

서울지하철노조 71.55%, 서울도시철도노조 60.89%, 인천지하철노조 74.90%,
대구지하철노조 76.64%였다.

"궤도 5사 모두 타결되지 않으면 부산지하철도 타결 없다"

7월 15일 노포차량기지창, 부산지하철노동자 총력 결의대회가 열리고
있었다. 1000명이 넘는 조합원들이 운집했다. 조합원들 함성과 열기가 가득
했다.

결의대회는 이호동 공공연맹 위원장의 투쟁 지지 연설과 궤도연대 5사
대표자의 인사 및 투쟁 결의 그리고 박준 노동가수의 노래공연과 부산지역
자주통일실천단의 몸짓 공연으로 집회 분위기는 한층 달아올랐다. 윤택근
위원장의 대회사에 이어 상징의식 '궤도 공투 승리'라고 쓰인 불글씨 점화로
집회를 마무리했다.

윤택근 위원장은 20일 파업전야제에 2000명 이상 참여할 수 있냐고 호응
을 유도하고, 그러한 투쟁 결의로 서울로 올라가 궤도 5사와 함께 투쟁하자
고 호소했다. 이어 "궤도 5사 모두 타결되지 않으면 부산지하철도 타결은 없
다"고 다짐했다.

한편, 결의대회 준비팀은 낮 한때 장대비가 쏟아지는 등 종일 날씨가 오락
가락해 조합원들이 얼마나 올지 내심 가슴 졸였다. 그러나 8시쯤 넘어서자
승무관리소 옆 넓은 주차장을 가득 메워 조합원들의 투쟁 열기가 일시적 현
상이 아님을 보여줬다.

한편, 15일 열린 교섭에서 공단이 말도 되지 않는 걸 수정안이라고 내놨
다. 교대근무자 '주주야야비휴에 월 휴무 1개', 승무 교번근무자는 78일 휴무
보장, 야간격일근무자는 휴일은 없고 근무시간만 3시간 줄인 내용이 공단이
수정안이라고 내놓은 주5일제였다. 현재 서울지하철공사를 비롯한 수도권
궤도사업장에서 시행하고 있는 근무형태보다 못한 안이었다.

지난 6월 29일 8차 교섭 이후 어렵게 열린 7월 15일 교섭에서 공단은 안 같잖은 안을 던져놓고 "우리가 양보안 냈으니, 노조도 양보안을 내놔야 하는 것 아니냐"며 으름장을 놓았다.

사측, 노조 투쟁 무력화 분열 책동

서울지하철공사는 앞에서는 '원만한 타결' 운운하면서도, 뒤로는 노동조합 투쟁을 무력화시키는데 골몰했다. 공사가 정부 관련 부처에 직권중재 회부를 정식 요청했고 지부 임원회의에 참여한 지회장을 무계결근 처리하는 등 노조를 자극했다.

부산지하철 상황도 다르지 않았다. 노동조합의 투쟁 열기가 달아오르자, 공단이 분열 책동을 벌이기 시작했다.

공단은 6월 29일 8차 교섭 당시 교섭중단 사태와 관련해 김태진 기술지부장을 비롯한 4명의 집에 감사실로 출두하라는 내용의 우편물을 발송한 데 이어 고발까지 했다.

그뿐이 아니었다. 공단은 현장의 중간관리자들을 동원해 조합원을 상대로 회유와 협박하는 방법으로 파업파괴 공작을 공공연히 벌였다. 현업의 모 소장은 조합원들을 모아 놓고 파업 참가 때 불이익 운운한 것은 물론 "급별로 30% 승진시켜준다" "90명 정도의 인원 충원이 확보됐다"며 파업파괴에 열을 올렸다.

궤도 5사 파업 돌입

7월 20일 오후 8시 부산대학교 '넉넉한 터'에서 부산지하철노조 파업전야제가 시작됐다. 조합원 1700여 명이 운집했다. 사실상 파업 시작이었다.

궤도연대 공투본 소속 서울지하철노조, 서울도시철도노조, 대구지하철노조, 인천지하철노조도 7월 21일 새벽 4시를 기해 파업에 돌입했다. 대구지하철 조합원 800명은 월배기지에 집결했다. 서울지하철 5500명, 도시철도 2500명, 인천지하철 300여 명 그리고 학생 등 총 8500여 명이 서울지하철 지축차량기지로 집결했다.

이에 앞서 7월 19일 서울지방노동위원회는 서울지하철과 서울도시철도 조정회의에서 직권중재 회부 결정을 내렸다. 인천지하철도 직권중재에 회부했다. 반면, 부산지하철은 7월 23일 17시까지 성실교섭을 하라며 조건부 직권중재 회부 보류 결정을 했다. 대구지하철은 조정만료를 결정했다. 서울지하철과 서울도시철도 그리고 인천지하철 노조는 '불법 파업', 부산지하철과 대구지하철 노조는 합법 파업으로 시작했다.

파업을 전후해 부산지하철 노사 교섭은 파행을 거듭했다. 6월 29일 8차 교섭 때 물병 투척 사태가 빌미였다. 노동조합은 공단의 사과를 요구했고, 공단은 두 차례나 교섭에 불참했다. 또 공단은 김○○이 조합원들에게 감금 폭행을 당했다며 고발까지 했다. 7월 18일 어렵사리 교섭이 열렸다. 실무 차원에서 노사 대표가 사과하기로 의견 조율이 이뤄진 상태였다. 그러나 공단 교섭 대표인 이사장이 두리뭉실한 말로 사실상 사과를 회피했다. 노동조합의 고발 취하 요구도 기부했다. 교섭은 앞으로 나아가시 못했다.

7월 21일 파업 1일차, 부산지하철 파업과 관련 관계기관 대책회의가 열렸다. 이향렬 이사장도 참석했다. 이로 인해 교섭 시작도 늦어졌다. 노동조합은 3호선 직제 문제를 논의하자고 했다. 공단은 경영권이라며 단체교섭 대상이 아니라고 했다. 교섭은 더이상 이어지지 않았다.

서울지하철 노사교섭도 상황은 별반 다르지 않았다. 공사 측은 수천억 원 적자 운운하며 "인력 충원은 어렵다." "직무분석 연구용역 의뢰하여 결과에 따라 논의하자"며 인력 충원 거부 입장을 고수했다. 파업 돌입 후에도 직원 연봉을 공개하며 '고임금' 이데올로기 공세로 여론몰이에 들어갔다.

주5일제 쟁취! 일자리 창출을 위한
04년 투쟁 승리를 위한 부산지하철 노동조합 조합원 비상총회 및 전야제
민주노총 / 공공연맹 / 궤도연대 / 공동투쟁본부

흔들리는 궤도 5사 공동투쟁

7월 21일 오후 인천지하철노조 교섭 타결 소식이 들려왔다. 공투본 대표들이 결의한 공동투쟁 3원칙(공동요구-공동교섭-공동타결)에 금이 가기 시작했다.

7월 22일 부산대 학생회관 앞 노숙파업농성 이틀째, 별다른 프로그램이 없었던 파업 1일차와 달리 파업 2일차는 아침부터 집회와 분임토론 등 농성 프로그램이 진행됐다. 오후에는 부산역 광장으로 이동해 파업 승리 결의대회를 열었다. 다시 부산대로 들어와선 분임토론에 들어갔다. 주제는 이미 파업 전부터 예고돼 있었던 '상경투쟁'이었다.

노사 교섭은 22일에도 있었다. 교섭 쟁점은 교대근무 주기였다. 노동조합은 주야 7당무씩 21일 주기를 요구했다. 반면 공단은 처음 '6일(주주야야비휴) 주기'를 주장하다, '3일(주야비) 주기'를 주장했다. 양보하더라도 '9일(주주주야비야비야비) 주기'가 마지노선이라고 맞섰다. 노동조합에서 21일 주기 외에 '3일주기 휴일 104일(안)' 인력 799명을 내놨다. 양자택일하란 것이었다. 다시 교섭을 속개한 저녁 8시쯤 공단은 3일주기에 년 휴일 36일, 인력 192명을 들고 나왔다. 교섭은 23일 2시까지 이어졌으나 근무 주기에 대해 합의점을 찾지 못했다.

한편, 궤도연대 공투본은 22일 밤 사측에서 일정 수준의 인원 증원(안)을 내놓은 부산지하철과 대구지하철 노사가 내용상 접근이 이루어지면 선 타결하는 것으로 결정했다.

7월 23일 파업 3일차, 지노위의 조건부 직권중재 회부 보류 마지막(7월 23일 17:00) 날이었다. 오전 일찍 승무 조합원들이 모였다. '운전시간 30분 연장' 수용 여부를 결정하기 위해서였다. 공단 제시안은 운전시간 30분 연장, 무보직 4급 TO(30명당 1명 수준) 신설이었다. 승무 조합원들은 운전시간 30분 연장(안)을 단호하게 거부했다. 지부장 불신임 얘기까지 나왔다.

노동조합은 23일 부산역에서 결의대회를 열었다. 서울로 올라갈 수도 있다고 했다.

노사 교섭은 오전 11시 30분부터 시작했다. 공단이 수정안을 내놨다. 교대근무 21일 주기 수용 연 휴일 52일 부여, 인력 218명 증원, 승무 운전시간 30분 연장 등이었다. 노동조합은 운전시간 30분 연장 불가, 차량 적정인원 산정, 해고자 복직, 3호선 직제 노사합의를 요구했다. 공단은 더이상 입장 변화는 없다고 했다. 3호선 직제는 경영권이라 했다. 지노위가 정한 17:00가 가까워지자 공단은 교섭장에서 철수했다.

한편, 서울지하철노조 상황이 좋지 않았다. 22일부터 일부 파업 이탈자가 발생하기 시작한 서울지하철노조는 23일 차량지부 지회장 3명이 파업 철회 현장 복귀를 주장하는 기자회견을 했다. 급기야 오후 5시 조합원 총회에서 서울지하철노조 허섭 위원장이 갑자기 '파업 철회 현장투쟁 선언'을 했다. 조합원들이 강하게 항의했다. 결국 허섭 위원장은 파업 철회 발언을 번복하고 사퇴했다. 곧바로 임시대의원대회를 열어 위원장 직무대행을 선임했다. 그러나 내부 분위기는 파업 철회로 움직이고 있었다. 결국 서울지하철노조는 투본회의 결정으로 현장투쟁으로 전환했다. 자정이 넘어가고 있을 때였다.

도시철도노조도 이탈 조합원이 늘어나면서 파업대오가 급속도로 무너져 갔다. 도시철도노조 파업 지도부는 7월 24일 아침 5시경 도시철도 장암기지로 돌아가서 현장 복귀 선언 후 집행 간부들만 농성에 돌입했다. 이즈음 대구지하철은 장기파업 상황으로 전개되고 있었다.

부산지하철 잠정합의와 조합원 찬반 투표

7월 24일 파업 4일차, 지노위가 정한 기한(23일 17시)을 넘어섰다. 여전히 1900명 넘는 조합원들이 파업에 참여하고 있었다. 노숙 파업농성 기간 내내 무더위가 기승을 부렸지만, 1700명의 파업 대오 또한 흔들림이 없었다.

반면, 공단은 파업 일수가 늘어날수록 초조함을 감추지 못했다. 파업이 길어지면 늘어날 것으로 예상했던 복귀자는 기대와 달리 극소수에 불과했다. 파업 4일차에 이르자 비상 운전요원들의 피로도가 한계에 달했다. 열차 단축운행을 할 수밖에 없는 상황으로 몰리고 있었다.

23일 오후 5시쯤 공단이 교섭장을 철수한 후 공식 교섭 일정은 잡히지 않았다. 24일 노조측 교섭 간사인 나용무 사무국장이 잠정합의안을 가져왔다. 일부 조합원들이 밀실합의라고 문제 제기하기도 했다.

농성조합원 전체가 학생회관 앞에 모였다. 사무국장이 잠정합의안을 설명했다. 잠정합의안에 대한 질의와 문제 제기 그리고 추가 설명과 해명이 이어졌다.

윤택근 위원장이 잠정합의안에 대한 조합원 찬반 투표를 하겠다고 했다. 현장에서 대의원대회 토론을 먼저 거치자는 의견도 있었으나, 조합원 찬반 투표가 진행됐다. 조합원 찬반 투표 결과 찬성이 과반수를 넘겨 잠정합의안은 승인됐다.

조합원 찬반 투표로 승인한 합의안 주요 내용을 보면 먼저 주5일제 시행과 관련해 교대근무 주기는 노동조합 요구대로 21일 주기로 합의했다. 휴일은 통상근무자는 토요일 무급휴무일, 교대근무자는 연 52일(주간근무 1일, 야간근무 1당무) 지정휴일 부여를 합의했다. 야간격일근무자는 월 2당무(4일) 지정휴일 부여하는 것으로 했다. 교번근무자는 연 78일 휴무일 부여하는 것으로 했다. 통상임금 산정기준시간은 월 174시간으로 합의했다. 애초 노동조합 요구는 167시간이었다.

생리휴가는 무급으로 정리됐다. 월차휴가는 없어졌다. 노동시간 단축에 따른 임금보전도 합의안에 포함됐다. 주5일제 시행에 따른 인력 증원은 총 218명으로 합의했다.

주5일제와 함께 쟁점이었던 3호선 직제 문제는 추후 논의하는 것으로 정

리했다. 또 공단이 끝까지 밀어붙였던 승무 운전시간 30분 연장은 2004년 9월 말까지 결정하기로 했다. 해고자 복직 문제는 합의서에 포함되지 않았다. 임금은 총액 기준 3% 인상으로 합의했다. 단체협약 갱신도 합의했다.

근무형태 개선 등에 대한 합의서

부산교통공단과 부산교통공단노동조합은 개정 근로기준법에 따른 주40시간제 시행과 관련하여 다음과 같이 합의한다.

1. 근무형태

   가. 분야별 근무형태는 현행제도를 유지한다. (통상근무자, 3조2교대, 야간격일, 교번제)

   나. 3조2교대 근무주기를 21일 주기(주간 1주, 야간 2주)로 한다.

2. 근로시간

   가. 근로시간은 휴게시간을 제외하고 1일 8시간, 1주 40시간을 원칙으로 한다.

   나. 시간당 통상임금 산정기준시간을 월 174시간으로 한다.

   다. 근무형태별 근로시간을 다음과 같이 한다.

      1) 통상(일근)근무자의 근로시간은 월요일부터 금요일까지 09:00부터 18:00까지로 하고 동절기 단축근무를 폐지한다.

      2) 3조2교대자의 근무시간은 주간반은 09:00~18:00까지 야간반은 18:00~익일 09:00까지로 한다.

      3) 야간격일근무자의 근무시간은 갑반은 18:00~06:00(휴게시간 21:30~23:30)로 하고, 을반은 21:00~09:00(휴게시간 05:00~08:00)으로 한다.

         다만, 교대근무자(3조2교대, 야간격일)의 갱의 및 업무 인수인계시간은 별도로 부여하지 않는다.

4) 교번근무자의 근로시간은 사업표(교번DIA)에 의한다.

3. 휴일

가. 통상근무자에 대해 토요일을 무급휴무일로 한다.

나. 3조2교대 근무자에 대해 주간 1주 근무중 1일의 유급휴일을 부여하고 야간 2주 근무중 1당무(2일)의 지정휴일을 부여한다.

다. 야간격일근무자에 대해 월 2당무(4일)의 지정휴일을 부여한다.

다만, 교대근무자(3조2교대, 야간격일)의 야간근무기간 중 발생되는 24시간 이상의 휴양시간은 휴일로 본다.

라. 교번근무자의 휴무일은 연 78일로 한다.

마. 월차휴가를 폐지한다.

바. 연차휴가에 대해서 개정근로기준법을 적용한다.

단, 업무상 휴가를 사용할 수 없을 경우 다음 기준에 의해 수당을 지급한다.

- 통상임금÷174×8시간×일수

사. 여직원의 청구가 있을 때 월 1일의 무급 생리휴가를 준다.

단, 생리휴가 사용 시 통상임금의 30분의 1을 감한다.

아. 교대 및 교번근무자에 대해서는 단협(제67조 유급휴일)중 제①항 중 제1호와 제5호를 제외한 유급휴일은 적용하지 않는다.

4. 임금보전

가. 노동시간 단축으로 인한 기존 임금 수준 및 시간당 통상임금이 저하되지 않도록 한다.

나. 임금보전의 범위는 기본급, 통상임금에 포함되는 수당, 연·월차수당, 가족수당으로 한다.

다. 시간외, 야간, 휴일수당은 발생한 시간에 따라 지급하되 할증률은 다음과 같이 한다.

- 시간외근무수당 : 통상임금÷174×1.5×근무시간
- 야간근무수당 : 통상임금÷174×0.5×근무시간
- 휴일근무수당 : 통상임금÷174×1.5×근무시간

라. 근무시간 단축으로 인한 연장근로수당 감소분에 대해서 기존의 공단 총 인건비 범위 내에서 일정부분 보전방안을 강구한다.

마. 월차휴가 폐지 및 연차휴가 증감에 따른 임금 저하분에 대해 기본급 조정으로 보전한다.

5. 인력은 총 218명을 증원한다.

2004. 7. 24

임금협약서

부산교통공단과 부산교통공단노동조합은 2004년도 임금인상에 대하여 다음과 같이 합의한다.

1. 총액 3% 인상한다. 인상방법은 호봉급을 정률 70%와 정액 30%의 기준으로 인상한다.
2. 2004년 1월 1일부터 적용한다.

2004. 7. 24

일용인부 일급 약정서

1. 2004년도 일용인부 일급을 다음과 같이 책정한다.
2. 2005년부터 설, 추석에 각 500,000원을 지급한다.

2004. 7. 24

부속합의서

부산교통공단과 부산교통공단노동조합은 2004년도 임금 및 단체협약 체결과 관련하여 다음과 같이 합의한다.

1. 2004년 8월 1일부터 급식비를 월 30,000원 지급한다.
2. 사내근로복지기금 25억 원(2004년 5억 원, 2005년 5억 원, 2006년 15억 원)을 출연한다.
3. 상위직(2급, 3급) 직급체계를 연차적으로 일원화한다.
4. 3호선 직제는 추후에 논의하되, 승무의 운전시간은 2004년 9월 말까지 결정한다.

2004. 7. 24

아쉬움 남긴 궤도 5사 공동투쟁

목표와 기대가 너무 컸던 것일까. 궤도연대 공동투쟁본부 소속 5사 공동파업은 내부에서 무너졌다. 인천지하철노조가 먼저 타결하면서 공동요구-공동교섭-공동타결 원칙이 금이 가기 시작했다.

공동투쟁의 핵심 노조였던 서울지하철노조는 내부 파업파괴 움직임을 제어하지 못했다. 7월 22일부터 파업 지도부 내에서 파업 철회 얘기가 나올 정도로 흔들렸다. 허섭 집행부는 2004년 3월 29일 임기를 시작했다. 특히 직전 배일도 집행부의 4년간 이어진 노사협조주의 잔재가 현장 곳곳에 남아 있었다. 현장 간부 상당수가 배일도 집행부와 궤를 같이하는 사람들로 채워져 있었다. 한마디로 말해 준비 부족이었다.

서울도시철도노조도 서울지하철노조가 흔들리자 내외부의 압박을 버텨내지 못했다.

반면, 사측은 매우 치밀하고 집요하게 노동조합을 밀어붙였다. 실질적 사용자인 서울시와 함께 공사는 흑자경영 달성과 경영합리화를 위해 인력 감축과 교대제 근무형태 개편을 관철시키려는 강경한 태도를 고수했다. 공사는 지하철노동자 급여명세서까지 공개하며 적자논리를 펼쳤다. 언론도 '귀족 노동자' 공세를 펼치며 반노동조합 정서를 부추겼다.

여기에 노무현 정부의 각개격파 전술이 공동투쟁을 어렵게 만들었다. 공투본 핵심 노조였던 서울지하철과 서울도시철도노조 그리고 같은 수도권인 인천지하철노조는 파업 돌입을 앞둔 20일 직권중재 회부조치를 했다. 세 노조는 불법 파업이란 부담을 감수해야 했다. 그러나 부산지하철노조는 조건부 직권중재 회부 보류 결정, 대구지하철노조는 조정종료 결정을 내려 합법 파업 공간을 열어주며 각개격파 한 것이다. 결국 대구지하철노조는 홀로 남아 89일간의 장기파업을 벌여야 했다.

여기서 평가해야 할 부분은 공투본 대표자들이 결의한 공동투쟁 3원칙(공동요구-공동교섭-공동타결)이 왜 지켜지지 않았느냐는 부분이다. 공동교섭과 공동타결을 위해 부산과 대구 지하철노조의 상경투쟁이 절실했으나 이뤄지지 않았다. 이와 관련 궤도연대 공투본은 22일 밤 개별 합의 타결을 허용한 것으로 밝혀졌다. 서울지하철노조 상황이 판단에 영향을 미쳤을 것으로 미뤄 짐작할 수 있다.

그렇게 많은 아쉬움과 한계에도 불구하고 궤도 5사 공동투쟁은 공동파업을 성사시켰다는데 의미가 적잖다. 그 과정에 개별노조의 어려운 상황을 극복하고 동시 쟁의발생 결의와 파업 찬반 투표에 이은 공동파업 돌입을 박하게 평가할 이유가 없다. 그리고 비록 실천까지 이어지지 못했지만, 공동요구-공동교섭-공동타결이란 3원칙 결의 그 자체만으로도 의미가 있었다.

대의원 연서로 대의원대회 열다

8월 17일 임시대의원대회가 열렸다. 대의원들의 요구로 열린 대의원대회였다. 안건은 7월 24일 잠정합의안 승인 절차와 관련 규약 77조(협약의 체결)가 정한 대의원대회 의결이 아닌 조합원 찬반 투표로 의결한 것에 대한 규약 위반 여부였다,

참석 대의원들은 찬반토론을 벌인 후 표결을 했다. 참석 대의원 중 다수 (41명 중 23명) 대의원들이 당시 윤택근 위원장의 해석이 유효하다고 판단했다.

규약해석의 건 중 또 다른 안건 77조 2(협약의 인준)에 대해 찬반 토론을 벌였다. 7월 24일 조합원 찬반 투표와 별도로 집행부 불신임투표 성격의 규약 77조의 2(협약의 인준)에 의한 조합원 찬반 투표를 해야 하는지 여부였다. 다시 표결에 들어갔다. 결과는 찬반 모두 과반(42명 중에 찬성 20명, 반대 18명)을 넘지 못해 안건이 폐기됐다.

2호 안건인 쟁대위 해소 건은 조합원 징계, 고소고발 등으로 인해 해소 시기를 쟁대위에 위임하는 것으로 결정했다.

기타 안건으로 상정된 국가보안법철폐를 위한 전 조합원 서명 건은 이에 대한 설명을 첨부하여 자율서명을 받기로 결정했다. 대구지하철노조 장기투쟁 전 조합원 모금 건도 무리 없이 통과됐다.

한편, 안건 토의에 앞서 양해근 궤도연대 부본부장 겸 상황실장과 김재하 궤도연대 집행위원장으로부터 7월 궤도 공동투쟁 과정에 공투본 상황실의 지침과 공동투쟁에 관한 경괴보고가 있었다. 나용무 사무국장으로부터 실무협의에 대한 간략한 보고가 있었다.

5 》 구조조정과 노숙농성투쟁

3호선 개통인력 충당은 구조조정으로

공단이 차량 중수선 업무를 외주화하지 않는다는 합의(1998.2.23.)를 해지하겠다고 했다.

공단은 11월 8일 노동조합에 보낸 공문을 통해 「'98년 1/4분기 노사협의회 합의서 제1항 "공단은 차량기지창 주공자 검수(중수선)업무에 대하여 외주용역을 시행하지 않는다."」는 합의 효력을 2005년 5월 15일부로 해지하겠다고 통보했다.

이미 공단은 무인매표를 추진 중이었다. 승무 운전시간 30분 연장, 기술분야 외주화도 밀어붙이고 있었다. 이와 함께 공단은 7.21파업을 빌미로 집행부 징계를 진행하고 있었다.

노동조합은 10월 20일부터 구조조정 중단과 부당징계 철회를 요구하며 공단 본사 현관에서 농성에 들어갔다. 지부별 조합원 결의대회를 10월 27일 기술지부(서면 환승로), 28일 승무지부(노포), 29일 차량지부(서면 환승로) 순으로 잇달아 개최했다. 사실상 공단 운영을 좌지우지한 진○○ 기획이사 집 앞 집회도 시작했다. 노무현 대통령 생가가 있는 김해 봉하마을도 찾았다.

노동조합은 긴박하게 정했던 쟁의행위 조합원 찬반 투표(11.2~11.5)를 연기했다. 대신 11월 10일 임시대의원대회를 열어 쟁의발생을 결의했다. "3호선 직제는 추후 논의한다"고 한 7.24합의에 따라 단체교섭도 요구하기로 했다.

2004년 하반기 단체교섭 요구안으로 △3호선 직제 요구 △구조조정 계획 노사합의 후 시행 △해고자 원직복직 및 원상회복을 확정했다.

3호선 개통인력 충당을 위한 구조조정은 이미 예견되어 있었지만, 노동조합은 제대로 대응하지 못하고 혼란스런 모습을 보였다.

11월 18일 저녁 7시 노포창 파업광장에 400명 넘는 조합원들이 모였다. 구조조정 저지와 3호선 직제 투쟁 결의를 모으기 위해서였다.

11월 30일 버스 8대를 대절해 과천정부종합청사 건설교통부 항의집회와 항의방문까지 이어갔다. 노동조합은 건설교통부에 전한 항의서한을 통해 △노사합의 파기한 부산교통공단 경영진 즉각 해임 △시민의 안전을 위협하는 독단적 구조조정 즉각 중단 △비리 뇌물수수와 관련 부산교통공단 경영진에 대한 특별감사 실시 등을 요구했다.

건설교통부 앞 노숙투쟁

윤택근 위원장과 4명의 지부장들이 12월 13일 과천정부종합청사 앞 노숙투쟁에 들어갔다.

윤택근 위원장은 조합원께 드리는 글을 통해 공단이 인력 증원 없는 3호선 개통을 위해 구조조정을 밀어붙이고, 노사합의마저 파기하고 있다고 규탄했다. 공기업이 앞장서서 비정규직을 양산하고 있다고 비판했다. 부산의 청년실업률이 10.5%로 전국에서 가장 높다며, 공단에서 700여 명의 정규직 신규인력 채용은 비정규직문제 해결뿐만 아니라 부산경제를 살리는 길이라고 했다. 이어 지금 어렵다고 해서 힘이 든다고 해서 하나하나 양보한다면 우리의 미래는 그 누구도 장담하지 못할 것이라며, 함께 투쟁하자고 조합원들에게 호소했다.

한편, 윤택근 위원장은 중앙위원 노숙농성에 맞춰 12월 14일부터 투쟁복 착용, 12월 17일 조합원 총력대회 참가 등 투쟁명령을 발령했다.

12월 18일 노숙농성 6일차 건설교통부 차관과 만났나. 김세호 차관은 "부산지하철 문제를 건설교통부에서 책임지고 조치를 하겠다." "걱정 말고 부산으로 내려가라"고 말했다. 오후에 진○○ 기획이사로부터 전화 연락이 왔다. 진 이사는 "차량 중수선 업무 용역을 철회할 수 있으니 내려와서 대화하자"고 했다. 윤 위원장은 기술 분야 용역 철회까지 요구했다. 진 이사는 공단 임원회의에서 얘기해 보겠다고 했다.

노동조합 쟁대위는 △노사합의서 사수 △비정규직 도입 반대 △외주용역 철회를 요구하기로 했다.

12월 20일 농성 8일차, 공단은 임원회의 후에도 연락은 오지 않았다. 장관 정책보좌관이 이사장 면담을 요청해 실마리를 찾자고 제안했다. 쟁대위는 이사장 면담 후 투쟁 방향을 정하기로 하고, 노숙농성은 끝내기로 했다. 중앙위원들은 12월 21일 농성장을 철수했다. 노숙농성 9일 만이었다.

노사 실무교섭(협의)으로 해결 모색

12월 22일 윤택근 위원장과 이향렬 이사장이 만났다. 공단은 27일까지 합의하면 외주용역 발주공고는 철회 가능하다고 했다.

노동조합 쟁대위는 27일까지 성실하게 교섭하기로 했다. 23일부터 실무교섭에 들어갔다. 공단은 교섭이 아닌 협의라고 주장했다.

27일 공단은 3호선 신규인력 150명, 차량 및 보선 외주화, 승무 운전시간 30분 연장 수용, 종합사령 노조 가입 대상 제외, 전기/건축/설비 외주화 철회를 제시했다.

반면, 노동조합은 합의서 준수, 용역철회, 3호선 신규인력 250명 충원, 현안문제 해결(8급에서 7급 최소승진연한 3배수 경과자 승진, 파업 관련 A조 무계결근 문제 해결, 3조2교대 주간근무 시 지정휴일 외 휴일 사용 시 시간외 미발생 문제 정리)을 내놨다.

노사 모두 물러서지 않았다. 의견 조율은 실패했다. 28일 위원장과 이사장이 다시 만났다. 윤택근 위원장이 이사장과 만난 뒤 진○○ 기획이사와 담판을 벌였다. 외주용역 철회, 신규인력 200명 채용, 해고자 2명 복직을 가합의했다. 자구책 마련에 대한 본사인력 축소 및 현장인력에 대한 구체적 내용을 실무로 정리하기로 합의했다. 그러나 기획이사는 실장 및 처장들이 반대한다며 가합의를 번복했다.

노동조합은 수정안으로 합의서 준수, 기술 일부(건축) 용역 인정, 해고자 2명 복직, 신규인력 200명 충원을 공단에 제시했다. 공단은 새로운 조건으로 무인매표를 위원장이 수용하고 서명할 것을 제시했다.

노동조합은 쟁대위 회의를 통해 무인매표는 절대 인정할 수 없다고 재확인했다. 결국 6일에 걸친 노사합의 시도는 실패로 끝났다.

6 내부 갈등과 불신임

2호선 운전시간 30분 연장 강행

노동조합은 2005년 1월 17일부터 서면역에서 매표소 폐쇄 반대, 외주용역 반대, 합의서 사수를 요구하며 농성투쟁에 들어갔다. 경영진 퇴진과 무인매표 철회 서명운동도 시작했다. 매주 화요일 서면역에서 선전활동도 진행했다. 이렇게 농성, 서명운동, 선전전 등 여론전을 통해 공단을 압박했다. 그러나 노동조합의 수세적 대응은 공단을 움직이지 못했다. 공단은 오히려 더욱 공세적으로 노동조합을 압박했다.

2월 들어 공단이 노사협의회 개최를 요청했다. 공단은 협의회 안건도 내놨다. 공단이 내놓은 안은 승진시험 변경, 종합사령 조합원 가입 범위 제외(단체협약 제9조), 노사협의회 규정개정 등이었다.

쟁대위는 현안 해결을 위해 노사협의회에 응하기로 했다. 노사협의회를 개최하자고 했던 공단이 2월 21일 2호선 기관사 운전시간 30분 연장하겠다고 노동조합에 통보했다. 1998년 체결된 노사합의 사항을 일방적으로 파기하고 나선 것이다. 노동조합은 3월 3일 공단 본사에서 항의집회를 열고 30분 연장 철회를 요구했다.

그렇게 공단이 무인매표 강행에 이어 운전시간 30분 연장까지 일방적으로 밀어붙였다.

노동조합은 고작 항의집회하고, 항의 성명서 발표한 것 외엔 뾰족한 수가 없었다. 사실상 속수무책이었다. 여기에다 승진시험 문제가 노조 내부를 갈라놓았다. 조합 간부들은 물론 현장 조합원들 의견도 두 동강나 있었다. 무인매표 저지 투쟁도 현장 동력이 실리지 않았다. 무인매표 저지 투쟁에서 사실상 투쟁 주체였어야 했던 매표 민간위탁 노동자들은 아예 빠져 있었다.

승진시험 문제로 적전분열, 윤택근 위원장 사퇴

우려가 현실이 됐다. 승진시험 문제는 노동조합 내부를 둘로 갈라놓았다. 윤택근 위원장 사퇴까지 몰고 왔다. '공단이 의도한 것인가' 의심이 들 정도였다.

그랬다. 구조조정 저지 투쟁 국면에서 개별 조합원에게 예민할 수밖에 없는 승진시험 문제가 쟁점이 된 것 자체가 노동조합에는 악재였다.

3월 14일 노사협의회가 열렸다. 이미 실무협의를 통해 어느 정도 의견 조율이 된 상황이었다. 잠정 의결서까지 작성됐다. 잠정 의결서 핵심은 단체협약(제30조) 사안인 승진시험 관련 내용이었다. 단체협약 제30조 2항 단서 중 '과장급 임용은 승진시험에 의하되....'를 3급자격시험으로 변경하고 4급 승진은 심사에 의한 승진으로 바꾸는 것으로 노사가 (잠정)합의했다. 윤택근 위원장은 단체협약 제30조 2항 개정 여부를 조합원 투표로 결정하겠다고 밝혔다.

문제는 노사협의회에서 단체협약을 개정하는 것이 타당한지 여부와 단체협약 갱신 체결 시 대의원대회 의결(규약 제77조)을 거치지 않고 곧바로 조합원 투표로 가능한지 여부였다.

3월 22일 대의원대회에서 문제 제기가 나왔다. 참석 대의원들은 조합원 찬반 투표에 대해 정확하게 반반으로 나뉘었다. 가부동수인 상황, 위원장이 조합원 찬반 투표로 결정했다. 대신 윤택근 위원장은 불신임 투표도 동시에 하겠다고 했다.

단체협약 제30조 2항 갱신 찬반 투표와 위원장 신임투표가 3월 29일부터 3일간 실시됐다. 투표 결과 단체협약 제30조 갱신은 가결 통과됐다. 그러나 위원장 신임투표는 과반을 넘지 못했다. 단체협약 제30조 2항 단서 조항 개정을 비롯한 1/4분기 노사협의회 의결서는 4월 26일 노사 대표가 서명하여 효력이 발생했다.

윤택근 위원장은 투표 결과에 따라 사퇴 의사를 표명했다. 이에 따라 노동조합은 위원장 등 집행부 선거 국면으로 들어갔다.

4

11대 집행부와 부지매 투쟁
그리고 5·16파업

1 11대 오영환 집행부 출범

11대 위원장 선거에 3명의 후보가 나섰다. 기호 1번 이웅호 후보는 대티건축분소 소속 평조합원으로 창조적 참여를 통해 합리적인 대안으로 주춧돌을 놓겠다며 △사회적 약자 배려 △고용안정 및 복지 △타협 △신뢰회복 △단결과 투쟁을 노동조합 운영원칙으로 내세웠다.

기호 2번 전희천 후보는 구조조정 고용불안에서 벗어나 안정적인 직장, 자녀교육 걱정하지 않는 직장, 꿈이 아닌 현실로라는 슬로건을 내세웠다.

9대 위원장을 역임했던 기호 3번 오영환 후보는 10년간의 역량을 모아 부산시 이관 등 변화된 환경에 순발력을 갖추고 희망을 만들고 지키는 집행부를 내세웠다.

투표는 2005년 4월 26일부터 29일까지 진행됐다. 29일 저녁 개표 결과 기호 3번 오영환 후보가 투표자 중 1128표(59.8%)를 얻어 당선됐다. 함께 경선에 나섰던 이웅호 후보는 269표, 전희천 후보는 430표를 얻었다. 투표율은 전체 조합원 2616명 중 1884명이 투표에 참여해 72%를 기록했다. 예년보다 다소 낮은 투표율이었다.

11대 오영환 위원장은 5월 9일 공식 임기(2005.5.6.~2007.10.31.)를 시작했다. 오영환 위원장은 수석부위원장 정문철(서리), 사무국장 이기준(서리)을 선임했다. 사무국 부서장은 허재관 총무부장, 서영남 조직부장, 박재우 조사통계부장, 조종완 교육선전부장을 선임했다. 11대 집행부는 5월 9일 첫 중앙위원회를 열어 부서장들을 인준했다.

2))) 구조조정과 현장통제

1, 2호선 직제는 아웃소싱, 3호선은 조직축소 직제

5월 19일 공단이 3호선 개통에 대비해 개정 직제(안)을 건설교통부에 승인 요청했다.

공단이 건설교통부에 승인 요청한 직제 주요 내용을 보면 현업 조직 3창 4소 2지소 15팀을 4창 6소 2지소 16팀으로 개정했다. 차량기지창 한 곳, 사업소 두 곳, 팀 조직 한 곳이 증설됐다. 3호선 직제의 경우 영업소, 대저차량기지창, 대저승무관리소가 신설됐다. 또 3호선 사업소별 1개씩 3개 팀이 신설됐다. 대신 기존 노포와 호포 승무관리소의 운영팀과 교육지도팀을 통합해 팀 조직 두 곳을 줄였다.

직제상 정원의 경우 크게 줄었다. 총정원은 기존 3424명을 3392명으로 조정해 32명을 줄였다. 3호선 인력이 포함된 것을 감안하면 기존 1, 2호선에서 대규모 아웃소싱이 있음을 알 수 있다. 좀 더 나눠 보면 본사는 593명에서

임투 전진 대회(2005.5.9.)

566명으로 조정돼 27명이 줄었다. 현업은 2831명(기존 1, 2호선)에서 2826명(3호선 포함)으로 조정돼 5명이 줄었다. 호선은 늘었는데 오히려 인력은 줄어든 꼴이다. 공단은 3호선 인력을 기존 1, 2호선 직제대로 할 경우 778명이 필요하다고 했다. 결국 건설교통부에 승인 요청한 개정 직제는 800명 넘는 인력을 줄인 셈이다.

그랬다. 공단은 조직을 없애고, 합치고, 줄여서 조직을 축소해 정규직 노동자들의 노동력 착취율을 높였다. 무인매표와 승무 운전시간 30분 연장, 부서 통합이 그것이다. 줄어든 인력 상당 부분은 비정규직 노동자들로 채웠다. 노포 차량 중수선 외주화, 기술 분야 외주화 등으로 부산지하철 내 현업 상당 부분이 비정규직 노동자로 채워지게 됐다.

21세기 패러다임 선도한다며 현장통제 나서다

오영환 집행부가 들어선 지 한 달도 채 되지 않은 5월 말쯤 공단이 경영혁신이란 이름으로 21세기 패러다임을 선도한다며 현장통제 방안들을 쏟아냈다.

공단은 5월 말 확대간부회의를 열어 현장통제를 위한 제반 논의를 진행했다. 논의라기보다는 일방적인 지시였을 테다. △분소(과)당 1건, 1인 1아이디어 제출(경영혁신) △핵심 리더팀을 구성하여 매월 책 1권을 읽고 토론 내용을 제출 △기조실 : 경영혁신 교육 내용 숙지 여부를 현업에 불시 전화하여 확인 △업무태만 직원 10% 특별관리 대상 선정해 불시 현장 확인 △TQC(전사적 품질관리) 팀 구성과 분임조 활동 장려 △노포승무에 시범운영하고 그 효과를 바탕으로 전 현업에 확대하려는 '기관사 운용업무 전산프로그램' 운용계획 등이었다.

감사실은 현장 단속에 나서면서 음주 측정기까지 들이대는 황당한 일을 거리낌 없이 자행했다.

그렇게 흡사 유신독재나 전두환 군부독재에서 가능한 일들을 공단은 21세기 부산지하철의 패러디임이리 미화하고, 모든 지하철 운영기관의 표준 모델이라고 주장했다.

노동조합은 현장 조합원들에게 TQC(전사적 품질관리) 활동(분임조 구성 및 활동, 교육, 회합, 경진대회 등)을 전면 거부하라는 행동지침을 보냈다. 행동지침에는 또 1인 1아이디어 제안 및 제출 거부 등도 포함됐다.

노동조합은 TQC와 1인 1아이디어 제안 강요 행위에 이어 업무태만 직원 10% 특별관리 대상 선정과 감시는 현장에 배제와 기피를 조장하고, 소위 말하는 '왕따문화'를 조성하여 현장통제를 위한 것이라며 거부 입장을 명확히 했다.

3 ⟩⟩ 2005년 사업계획 수립과 단체교섭

2005년 사업계획 확정하다

6월 15일 노동조합은 임시대의원대회를 열어 2005년 사업계획과 예산, 임원 인준 건 등을 다뤘다.

먼저 1호 안건인 임원 인준 건부터 처리했다. 참석 대의원들은 정문철 수석부위원장(서리)과 이기준 사무국장(서리)을 인준했다. 또 장석태 회계감사와 이강근 회계감사 유임을 결정했다.

2호 안건 상급단체 파견대의원 선출도 별다른 이견 없이 통과됐다. 3호 안건 회계감사 보고 및 결산승인 건은 몇 가지 질의와 논의가 이어졌다.

회계감사 보고에서 예산 수립 없는 집행 건, 경조비 퇴직부조금 지급 건, 복지회 운영시행내규에 의한 미지급 건 등 9가지 지적사항이 보고됐다. 1994년 이후 조합활동 희생자 보상문제에 대한 질의도 있었다. 이구동성으로 노동조합의 부채라며 빠른 시일 내 조치가 있어야 한다는 데 의견을 같이했다. 이에 대해 오영환 위원장은 먼저 실태파악부터 해야 한다고 했다. 조합 재정여건도 고려돼야 하고, 보상 범위, 규범도 정해 조합이 논란에 휘말리는 일이 없어야 한다고 했다. 희생자보상처리위원회에서 규정대로 하되, 규정이 미비한 부분은 대의원대회에서 논의하고 최선의 방안을 선택해야 한다고 했다. 이어 오 위원장은 희생자들의 동의가 필요하다면 그렇게 하겠다며, 준비 후 보고하고 진행하겠다고 약속했다.

4호 안건 '2005년 사업계획과 예산 심의 건'도 참석 대의원들 사이에 많은 의견이 오갔다. 현장 발의로 올라온 '승무지부 정신건강권 실태조사 사업'은 장시간 토론 과정을 거쳐 사업계획에 담기로 했다. 예산 배정 등 세부사항은 중앙위원회와 상무집행위원회에 위임했다.

5호 안건인 규약·규정 개정 건에서는 노동안전보건위원회 신설(안)이 올

랐다. 산업안전활동을 해온 이동훈 대의원이 제안 설명을 했다. 노동안전보
건위원회 신설 배경으로 한 두명의 활동가가 아니라 가능한 많은 조합원들
이 함께 고민하고 실천하자는 취지에서 제안했다고 했다. 노동안전보건위
원회 신설 건은 무난히 통과됐다. 이어 노동안전보건위원회 의장으로 이동
훈 대의원이 추천돼 인준됐다.

한편, 노동조합은 6월 7~8일 상무집행위원회를 열어 대의원대회에 상정
할 2005년 노동조합 사업계획(안)과 예산(안)을 논의 결정했다. 2005년 사
업계획(안)은 3대 기조와 10대 사업목표, 4대 주요사업과 6대 일상사업으로
구성했다. 사업계획(안)의 중심 내용은 △지하철노동자 건강권 △여성, 일
용직 조합원의 처우개선과 조합원 후생복지 강화 △조직기강 확립과 간부
역량 강화 △노조 각종 위원회 활동 강화 △부산시 이관 투쟁 △산별노조 건
설 등이었다. 세부 내용을 보면 위원회 활동 강화와 관련하여 정치위원회,
편집위원회, 통일위원회 등 기존 위원회 조직을 보완 강화하고 노동안전보
건위원회와 문화예술위원회를 새로 구성하여 조합원이 참여하는 노동조합
상을 구현한다는 계획이 포함됐다. 또 지부 사업비 배정을 높여 지부의 독자
사업과 일상활동 강화를 도모하는 계획도 포함됐나. 이밖에 부산시 이관, 임
금협상 투쟁, 구조조정 저지 투쟁 등에 대한 총체적인 분석과 계획 속에서
사업을 전개하는 것으로 사업계획이 잡혔다.

공단, 매표 민간위탁 노동자 계약해지 통보

공단은 6월 10일 매표 민간위탁 노동자에게 9월 10일자로 계약해지를 통
보했다. 원래 계약기간은 2005년 12월까지였다.

공단은 2002년 8월 노동조합의 반대에도 불구하고 매표업무를 민간위탁
으로 전환했다. 파견근로자보호등의관한법률 위반이 명백했다. 그러나 노
동부는 시종일관 모호한 판단으로 법집행을 주저했다. 공단은 노동부의 이

런 모호한 법집행을 틈타 계약 내용을 바꿔가며 법망을 교묘히 피했다. 그런 공단이 이젠 아예 매표소를 폐쇄하고 무인매표기에 맡기겠다고 나선 것이다.

공단의 갑질 횡포에 매표 비정규직 노동자들이 멀쩡한 직장을 한순간에 잃어버릴 위기에 처했다. 매표소를 용역 줬다가 갑자기 무인매표를 강행하는 경영방식에 어떤 원칙과 일관성도 없었다. 칼자루를 맘대로 휘두르는 횡포만 있을 뿐이었다.

노동조합 또한 무인매표 대응 투쟁에 적극적이지 않았다. 특히 또 다른 당사자이기도 한 역무지부가 그랬다. 소극적이었다는 것보다 무관심했다는 표현이 더 적합했다.

무인매표 얘기는 3호선 직제 추진 때부터 나왔다. 공단은 2004년 3월경에 무인매표를 공론화했다. 공단은 2004년 3월 15일 신규채용 공고를 냈다. 그런데 신규채용 공고에 운영직이 제외됐다. 이유인즉, 무인매표 추진으로 신규채용이 불필요하다는 얘기였다.

이에 맞서 노동조합은 무인매표 반대 투쟁에 나섰다. 2004년 단체교섭에서도 무인매표 철회를 요구했다. 하지만 거기까지였다. 3호선 직제 대응 투쟁 자체가 우선순위에서 주5일제 투쟁에 밀렸다. 당연히 매표 비정규직 노동자들과 함께 투쟁한다는 생각을 하지 못했다.

2005년 단체교섭 요구안 확정

노동조합은 8월 31일 임시대의원대회를 열어 2005년 단체교섭 요구안을 확정했다.

임금 부문에서 △임금 총액 기준 7% 인상(일용직 동일 적용), 인상분 호봉급에 정액 2: 정률 8로 반영 △일용직 임금 격차 해소를 위해 보전수당(총액 대비 7.5%) 신설 요구하는 것으로 확정했다.

임금체계 및 제도개선 요구안으로 11월 급여체계 개선 방안으로 상여금 50% 신설 요구가 들어갔다. △교대근무 주간휴가 사용 시 시간외 적용방법 개선 △교대근무조 변경 시 임금 저하 없도록 개선 △교대와 교번 근무자 보수교육 발령 및 종료 시 통상근무자에 준하는 주휴일 보장(토, 일요일 보장) 요구 등 주5일제 관련 개선사항도 포함됐다. 이밖에 △가족 수와 부모 동거 여부와 관계없이 가족수당 적용 확대 △대우수당 개선(5급 승급 이후 5년 경과자 전원) △위험수당(월 3만 원) 신설(고압전기를 취급하는 현업부서 직원) △자격증 범위 확대(역무, 기술 등)가 제도개선 요구에 포함됐다.

후생 복지 요구와 관련해선 △식당 쿠폰제 도입 △콘도이용 무료화 등이 포함됐다. 부산시 이관 관련해 △정관 제규정 개선 △명예퇴직금 산식변경(기본급→통상임금) 등이 들어갔다.

지하철 공공성 강화를 위한 안전 확보 요구로 △무임권 손실액 전액 국가 보전 요구를 위한 노사공동 청원 △정원대비 결원 즉각 충원 △승객 서비스 질 향상과 안전 확보(차량중수선 외주용역 철회/승무 2호선 30분 운전시간 연장 및 구내용역 철회/역 매표소 폐쇄 철회 및 부활/기술 인원 충원)가 포함됐다.

조합활동 관련 요구로는 해고자 및 징계자 원싱회복을 비롯해 징계자 대사면 요구도 들어갔다. 여기에는 △공단창립 이후 뇌물비리자를 제외한 징계자 대사면 △2005년 주의, 경고자 기록말소 △조합활동 관련 무계결근으로 인한 인사상 불이익 말소 등이 포함됐다.

이날 대의원대회에서는 일신상 이유로 사퇴한 이기준 사무국장 후임으로 서영남 조직부장이 사무국장으로 인준받았다. 조직부장으로는 변희규가 새로 선임됐다.

2005년 단체교섭 시작하다

9월 14일 노사는 2005년 첫 노사 단체교섭을 개최했다. 첫 교섭인 만큼 상견례에 이어 실무 차원에서 의견 조율이 된 절차합의서 서명 순으로 진행했다.

사측 대표위원 이향렬 이사장은 "APEC과 시 이관을 앞 둔 시점에 협상이 진행된다. 빠른 시일 내에 원만하게 마무리 짓고 노사 간 좋은 한 해가 될 수 있도록 노력하자"고 했다.

노조측 대표위원 오영환 위원장은 "시 이관 등 조직이 개편되는 시기인 만큼 부산지방공기업으로 어떻게 출발하는가가 중요한 의미를 갖는다. 조합원이 바라는 사항과 요구를 가지고 교섭을 할 것이다. 시기의 중요성에 비추어 많은 노력을 당부한다. 그리고 통신지회의 부족 인원 문제에 대해 '현 인원으로 운영'할 것이란 내용으로 조합원 개인 동의를 받고 있는데, 노조를 무시하는 개별적인 협약체결은 있을 수 없다. 그런 지시는 당장 철회되어야 한다. 올해 교섭을 통해 합의점을 만들어야 한다"라고 강조했다.

지하철 공공성 강화와 비정규직 철폐를 요구하며 결의대회 후 행진하는 부산지하철 조합원들

한편, 공단은 2005년 임금인상안으로 총액 대비 1.3% 인상 등을 내놨다. 공무원 임금인상률을 적용했다고 했다. 세부 내용을 보면 △기본급 1.51% 인상 △대우수당, 업무연구 보조비 폐지로 되어있다. 일용직도 총액 대비 1.3% 인상안을 제시했다. 임금체계 개선과 관련해 상여수당(정급 500%, 특별 상여금 150%)을 상여수당 400%와 기관성과급(신설) 250%로 변경하는 안을 제시했다. 공단이 제시한 총액 대비 1.3% 인상안은 기획예산처 지침 2%에 도 못 미치는 안이었다.

공단 수정안 제시하다

공단이 9월 29일 열린 4차 교섭에서 수정안을 제시했다. 공단은 수정안으로 △총액 대비 2% 임금인상 △상여수당 400%, 기관성과급(신설) 220%, 잔여 30% 기본급화 △연봉제 현행 1, 2급에서 1~3급으로 확대 등을 제시했다.

4차 교섭에선 임금 외 현장 인원 충원, 매표 민간위탁노동자 고용승계 문제, 해고자 복직과 징계자 대사면 등을 다뤘다. 노동조합은 공단의 수정안을 검토 후 다음 교섭에서 논의하자고 했다.

현장 인원 충원 건과 관련해 노동조합은 3호선 개통 인력 충당을 위해 근무 인원을 너무 줄였다며 현장인력 부족 문제점을 지적했다. 공단은 비용 문제, 인건비 문제 등을 들어 증원은 어렵다고 했다.

일용직 조합원 정규직 요구에 대해선 일용직 직원은 직제상 직원이 아니라며 거부했다. 매표 비정규직 노동자 고용승계 요구에 대해선 "법률상 승계 의무가 없다." "현실을 직시해 살길 찾아 가라." "노조도 개입하지 마라"며 갑질의 전형을 보였다.

해고자 복직 문제에 대해서도 노동조합이 해고자들과 인연을 끊어야 한다고 막말에 가까운 말을 해 노동조합 교섭위원들의 항의를 받았다.

29일 저녁엔 부산지하철노동자 전진대회가 열렸다. 오영환 위원장은 "10

APEC 반대 투쟁에 함께한 부산지하철노조

월 말 모든 투쟁을 끝내는 걸 목표로 하지만, 공단과 부산시가 우리의 요구를 외면하면 APEC과 연계한 투쟁도 불사하겠다"고 말했다.

쟁의행위 조합원 찬반 투표 62.66% 가결

노동조합은 쟁의 절차를 밟았다. 노동조합은 10월 12일 임시대의원대회를 열어 만장일치로 쟁의발생을 결의했다. 노동조합 조직도 쟁의대책위원회로 전환했다. 현장 조직은 소조장 중심체계로 전환했다. 쟁의행위에 관한 조합원 찬반 투표도 했다. 10월 18~20일 실시한 조합원 찬반 투표 결과 전체 조합원 2760명 중 2402명(87.03%)이 투표해 1505명(62.66%)이 찬성해 가결됐다. 노동조합 쟁의대책위원회는 매주 금요일 비번 조합원들을 중심으로 조합원 결의대회를 진행했다.

한편, 공단도 10월 20일 부산지방노동위원회에 노동쟁의 조정신청을 했다고 통보했다. 이미 노동조합이 소성신청을 한 상태에서 공단이 다시 조정신청을 한 것은 부산지방노동위원회의 조정 일정을 흔들어 놓으려는 꼼수가 분명해 보였다. 어떡하든 노동조합의 투쟁 전술을 흔들기 위해서였다.

투쟁 승리 조합원 비상총회

10월 27일 저녁 조합원 비상총회에 1200명이 넘는 조합원들이 모였다. 지부별로 고르게 많은 조합원들이 모였다. 이날 낮에는 부산지역 장기투쟁사업장 순회투쟁 일정으로 공단 앞에서 매표 비정규직 노동자 고용승계 요구 집회를 진행했다. 집회 과정에 공단의 사진 촬영이 문제가 됐다. 항의가 이어졌고, 현관 농성으로 전환됐다.

잠정합의

11월 1일 13차 단체교섭이 열렸다. 교섭 시작한 지 2시간 만에 노사는 잠정합의했다.

잠정합의안 주요 내용을 보면 먼저 임금 부문에서 총액 대비 2% 인상하기로 했다. 인상분은 정액 20% 정률 80%를 직무급과 호봉급에 각각 50%씩 반영하기로 했다. 2005년 1월 1일 이후 출생한 자녀는 부양가족 수에 관계없이 가족수당을 지급하기로 했다.

또 기존 상여수당 중 150%를 기본급(정률 5.66%)으로 전환하기로 했다. 상여수당 조정에 따른 임금감소분 보전을 위해 2006년 1월 1일부터 보전수당 지급률을 통상근무자는 통상임금의 22%, 교번근무자는 통상임금의 7%로 조정하기로 했다.

급식보조비는 2005년 1월 1일부터 월 3만 원→7만 원으로 인상하기로 했다. 정보처리 등 자격증을 소지한 운영직, 업무직에게 직무수당을 지급하기로 했다.

해고자 2명(이영호, 양춘복) 복직(특별채용 방식)도 합의했다. 2003년, 2004년 파업 관련자도 인사상 불이익 주지 않기로 했다. 정원대비 부족 인원은 2006년 상반기에 채용하기로 했다.

그러나 전년부터 공단이 노사합의까지 파기하며 밀어붙인 구조조정은 되돌리지 못했다. 차량중수선 외주용역 철회, 승무 2호선 30분 운전시간 연장 및 구내용역 철회, 역 매표소 폐쇄 철회 및 부활, 기술 인원 충원 등은 요구하고 문제 제기한 것으로 끝났다.

노동조합은 11월 8일 임시대의원대회를 열었다. 2005년 단체교섭 잠정합의안 승인 건이 주요 안건이었다. 참석 대의원들은 잠정합의안에 대한 질의와 찬반 토론을 벌였다. 직접, 비밀 무기명 투표 결과 참석 대의원 40명 중 32명 찬성, 8명 반대로 잠정합의안을 승인했다.

잠정합의안 승인에 따라 11월 15~17일 2005년 단체교섭(임금) 협약 관련 조합원 인준 투표를 했다. 개표 결과 총 조합원 2760명 중 2146명(77.75%)이 투표해 1540명(71.76%) 찬성으로 가결됐다.

4] 매표 해고노동자 고용승계 투쟁 본격화

매표노동자 시청 앞 천막농성 시작

부산교통공단이 9월 10일자로 계약해지해 거리로 내몰린 매표 해고노동자들이 부산시장을 상대로 고용승계 투쟁을 본격화했다.

부산지하철 매표노동자들이 가입한 부산지역일반노조와 부산지하철노조는 12월 7일 부산시민 3500명의 서명을 받은 부산지하철 매표 민간위탁 해고자 고용승계 진정서를 허남식 부산시장에게 제출했다. 고용승계 진정서는 △부산시는 부산지역 내 비정규직 해결에 적극 나서야 하며 △부산지하철 매표 민간위탁 노동자의 고용이 승계되어야 한다는 내용을 담고 있었다. 매표 해고노동자들은 진정서를 통해 "매표업무 민간위탁 노동자들은 비록 신분은 비정규직이지만 부산지하철에 근무한다는 사명감으로 묵묵히 맡은 역할을 해 왔는데, 부산교통공단이 매표소를 폐쇄해 실업자로 만들었다"며, 공단의 비인간적인 처사를 규탄했다. 이어 매표 해고노동자들은 "매표소 민간위탁제도는 3년 넘게 그 계약이 지속되어 왔으며 정규직원과 동일한 매표업무를 수행해 왔다는 점 등으로 미루어 공단의 정규직으로 채용되었다고 보아도 이상할 것이 없다"며 민간위탁의 불법성을 주장했다. 그리고 "매표소 폐쇄 철회와 민간위탁노동자들의 고용승계는 반드시 이루어져야 한다"며, "부산교통공단의 부산시 이관을 앞둔 현 시점에서 부산시의 결단을 촉구한다"고 밝혔다.

공단은 2002년 매표업무만 민간위탁(비정규직)으로 넘겼다. 그러나 공단은 민간위탁 3년을 채우지 못하고 아예 무인매표로 전환했다. 3호선 개통을 앞두고 인건비 절감 차원에서였다.

그런데 그 방법이 너무나 일방적이고 폭력적이었다. 민간위탁 비정규직 노동자들에 대한 어떠한 대책도 없었다. 120여 명의 매표업무 민간위탁 노동자들은 무방비 상태로 쫓겨나 거리에 나앉았다.

계약해지 이후 고용승계 투쟁을 결의한 해고자들은 부산교통공단 본사 현관과 서면역사, 부산역에서 그리고 12월 12일부터 부산시청 천막농성투쟁으로 이어갔다.

부산지하철, 다시 부산시 품으로

2006년 1월 1일 부산교통공사가 출범했다. 부산교통공단법에 명시된 부산시 이관 시기보다 1년 앞당겨 부산지하철이 부산시로 이관된 것이다.

부산교통공단 조기 이관은 2005년 7월 13일 제정, 공포된 '부산교통공단법 폐기법률'에 따른 것이었다. 폐기법률에서 조기 이관 이유로 부산시의 도시철도 건설·운영에 대한 자율성을 높이고 다른 지방자치단체와의 형평성 문제를 조기 해소하기 위해서라고 밝혔다. 또 폐기법률은 부산교통공단의 채무는 국가와 부산광역시가 나누어 인수하도록 했다.

부산교통공사 초대 사장은 부산시 행정부시장 출신 김구현이었다. 공사 사장은 사장추천위원회 심의와 추천 절차를 거쳐 부산시장이 최종 임명하지만, 부산시장의 의중이 반영된 인사였다. 당시 부산시장은 허남식이었다. 김구현 사장은 허남식 시장의 낙하산 인사였다. 허남식 시장은 이어 김○○ 전 시의원을 감사로 임명했다. 그리고 부산시 관료 출신 배○○을 부사장으로 임명했다. 그뿐 아니었다. 김○○ 전 사하구 부구청장을 경영이사에 임명했다. 공사 임원진 다수가 부산시 관료 출신으로 채워진 것이다. 전형적인 낙하산 인사였다.

노동조합은 1월 2일 민주노총 부산본부 등 노동계와 시민사회단체들과 함께 기자회견을 열고 '전문성 없는 논공행상 인사'라며 규탄했다. 이어 노동조합은 시청 정·후문 앞에서 낙하산 인사반대 출근선전전을 전개했다.

민간위탁 노동자 고용승계 투쟁에 함께하다

부산지하철노조는 2005년 임금협상 요구안에 매표 '민간위탁노동자 고용승계' 요구를 포함했다. 이후 교섭에서 고용승계 관철을 위해 노력했지만, 조합원 전체 투쟁으로 연결하지는 못했다. 정규직 노동조합의 한계를 극복하지 못한 것이다. 그럼에도 부산지하철노조는 민간위탁 노동자들의 손을 놓지 않았다. 교섭을 마무리한 후에도 고용승계 투쟁에 인적, 물적 지원과 연대를 이어갔다.

공단이 9월 10일자로 민간위탁 노동자들을 계약해지하자 고용승계 투쟁을 선택한 25명의 민간위탁 노동자들은 부산지역일반노조에 가입하고 부산역을 거쳐 부산시청광장에서 천막농성투쟁을 이어갔다.

부산지하철 매표업무 민간위탁 노동자들의 투쟁은 전국 사안으로 확대됐다. 부산지역에선 각 노동단체, 사회단체, 정당 등이 부산지하철 매표소 비정규직 노동자 고용승계를 위한 대책위원회(부지매대책위)를 구성해 투쟁 지원에 나섰다. 부산지하철노조도 부지매대책위 일원으로 참여했다.

부산시청 앞 부산지하철 매표 노동자 고용승계 촉구 투쟁(2006.2.23.)

2월 14일 부산시와 공사가 부지매대책위와 부산시장 면담을 제안했다. 부지매대책위는 회의를 열어 '공사로 고용승계 원칙'을 확정하고 시장 면담에 응하기로 했다.

2월 15일 10시 부지매대책위와 허남식 시장이 만났다. 부산시 교통국장, 공사 경영진 등이 배석했다. 그 자리에서 허남식 부산시장은 부지매 고용과 관련하여 전반적으로 검토하겠다고 약속했다. 이에 따라 실무협의를 계속 진행하기로 했다.

첫 실무협의가 2월 16일 열렸다. 대책위의 '고용승계' 요구와 부산시와 공사의 '타 업체 고용알선' 주장이 팽팽히 맞섰다. 2차 실무협의는 2월 18일 열렸다. 부산시와 공사는 7개 타업체에 일자리를 알선하겠다고 제안했다. 대책위는 공사로 고용승계 외에는 받아들일 수가 없다는 기본원칙을 고수했다. 2월 21일 열린 3차 실무협의에서도 1, 2차 실무협의 연장선에서 원론적인 주장만 오갔다. 대책위는 고용승계를 제외한 외부업체 알선은 받아들일 수 없다. 복잡한 역(환승역 등)을 중심으로 매표소를 부활하여 고용을 승계하는 등 고용승계의 방안은 공사에서 고민하라고 요구했다. 부산시와 공사는 다른 비정규직(청소용역 등)의 파급효과를 생각해서라도 내부로의 고용승계는 힘들다고 했다. 25명의 부지매의 문제가 아니라 부산지하철노조 비정규직 노동자 1300여 명의 문제가 될 수도 있다고 판단했다는 것이다. 대책위는 3차에 걸친 협의에서 평행선을 달리며 각자 주장만 하는 자리는 의미가 없다고 판단하고, 실무협의를 중단했다.

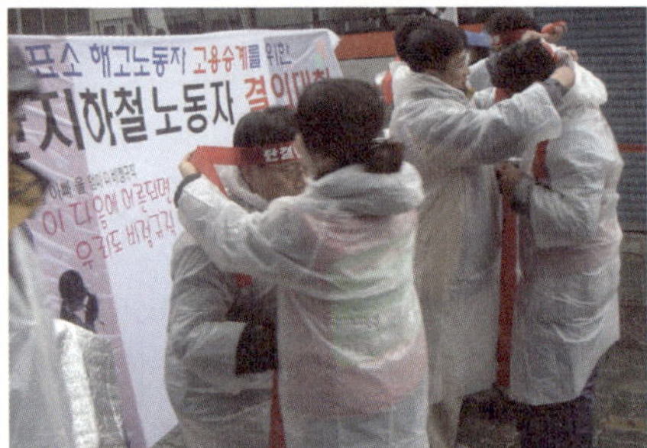

부산지하철노조 매표 민간위탁 해고자들의 고용승계 투쟁과 연대투쟁

2월 23일 84일째 천막농성을 벌이고 있는 매표 해고노동자들이 부산시청 광장에서 '부산지하철 매표 비정규 고용승계 쟁취 결의대회'를 열고, 부산진 구 서면교차로까지 3km 구간에서 5보 1배 행진을 벌였다. 이대경 매표 해고 노동자는 "부산시가 내민 일자리는 우리가 굳이 농성할 필요도 없이 개인적 으로 알아서 취직하면 되는 곳들"이라며 "우리가 한겨울 농성을 하는 이유 는 지방공기업의 부당한 해고 때문이었고, 설혹 정규직이 아니라 비정규직 이더라도 지하철에서 일하겠다는 것"이라고 말했다.

비정규직법안 국회 상임위 날치기 통과

2월 27일 밤 국회 환경노동위원회 전체회의에서 여당인 열린우리당은 한 나라당과 야합하여 비정규직법안을 날치기 처리하고, 2월 국회 처리를 위해 법사위로 넘겼다.

민주노총은 총파업 투쟁지침을 발령했다. 부산지하철노조도 공공연맹 투쟁지침에 따라 함께 투쟁한다는 위원장 행동지침을 발령했다.

열린우리당과 한나라당이 야합하여 상임위를 통과시킨 비정규 날치기 악법은 기간제 비정규직의 무제한 사용, 확대를 초래하는 내용을 담고 있었 다. 사유제한 없이 무제한 기간제(계약직) 노동자를 사용할 수 있는 내용이 었다. 또 기간제 사유제한을 두지 않았다. 임시계약직(기간제) 사용사유를 제한하지 않고 비정규직 사용을 무제한 허용하고 있었다. 머지않은 장래 정 규직이 오히려 비정상적인 고용형태가 될 가능성이 농후했다. 또 합법 파견 2년 경과 후 고용의무 적용토록 했다. 현재 합법 파견일 경우 2년이 지나면 고용의제(고용된 것으로 간주) 적용하고 있는데 날치기 악법은 2년 지나면 고 용의무로 개악했다. 전자는 사용자의 의지와 상관없이 고용된 것으로 보는 데 반해 후자는 형사법적인 의무가 과태료 적용으로 전락하게 만들었다. 파 견업종 대상과 관련해서도 현행법에서는 파견업종은 26개로 정하고 있는

데, 제조업의 직접생산 공정업무를 제외하고 전문지식, 기술, 경험 또는 업무의 성질 등을 고려해 적합하다고 판정된 업무로서 대통령령이 정하는 업무로 확대했다.

5 2006년 단체교섭 투쟁과 타결

2006년 단체교섭 요구안 확정

2006년 단체교섭 준비가 시작됐다. 노동조합은 4월 17일 상무집행위원회를 열어 대의원대회에 상정할 2006년 단체교섭 요구(안)을 검토, 결정했다.

그 내용을 살펴보면 먼저 사회공공성 강화와 공기업 지배구조 민주화와 관련해 △공공연맹 공동요구안 △고용안정 △적정인력 확충 △비정규직 사용제한 △민주적 운영 등의 내용이 포함됐다. 지하철 공공성 강화 요구로 △현장 인원 충원 △수익성·성과위주 통제구조 철회 △비정규직 관련 조항 △공익서비스비용(PSO) 전액 국가부담 △일방적 구조조정 원상회복 등이 들어갔다. 현안 요구와 관련해선 △주5일제 시행에 따른 후속조치 △해고자 원직복직 및 복직자 해고기간 근속년수 인정 △공사창립 이전 징계기록 말소 등이 포함됐다.

다음은 임금인상 요구안으로 △임금인상률 총액 8% △인상방법 : 직무: 호봉급을 2:8로 인상, 직무급 전액 정액으로 반영, 호봉급은 정률로 반영을 요구하는 것으로 결정했다. 일용직 조합원 임금 요구안으로 △총액 8% 인상 △개인성과급·기관성과급 정규직과 동일적용(행자부 지침에 준용) △가족수당·장기근속수당 신설 △주5일 시행으로 인한 임금 삭감(일급 축소분) 보전) 을 결정했다.

단체협약 갱신 요구와 관련해선 △조합활동 △인사(고용보장) △노동조건 △산업안전보건 및 재해보상 △후생복지 및 교육훈련 △남녀평등과 모성보호 등의 조항을 개정하여 갱신을 요구하기로 했다.

2006년 단체교섭 막 오르다

노동조합은 5월 16일 공사와 상견례를 겸한 1차 교섭을 열었다. 노사 교섭위원 소개와 대표위원의 인사, 노사 안건설명, 노사 대표 간 절차합의서 작성으로 진행됐다. 공사로 전환 후 첫 교섭이었다.

공사는 단체교섭 안으로 임금과 관련해 △총액 2% 인상(기본급 2.04% 인상, 직무급/정률) △임금체계 단순화(대우수당, 업무연구 보조비 폐지) △연봉제 확대 (1~3급까지) △일용직 총액 2% 인상(일급 810원 인상)을 제시했다. 단체협약과 관련해선 △일용직을 조합 가입 범위에서 제외 △조합 전임자 수 축소 △정년 만 58세로 축소 △휴직 조항 개악 △토목보선분야 영업시간 내 선로순회 금지조항 삭제 △장기근속휴가, 퇴직휴가 삭제 △청원휴가 기간 중 휴일을 휴가일수에 포함, 휴가 일수 축소 △산전휴가 중 사산의 경우 기간축소 △유급(기본급 100%) 육아휴직을 무급으로 전환 등을 내놨다.

5월 18일 2차 교섭이 열렸다. 노동조합 요구(안)에 대한 공사의 답변이 있었다. 긍정적인 답은 없었다. 안전확보 부족인력 충원 요구에 대해 공사는 "조합에서 많은 인원을 요구하고 있다. 3호선 직제 할 때 노사 간 협의사항이 있다. 1년도 안 돼 인력을 요구하는 것은 문제다"라고 거부 입장을 분명하게 했다.

수익성·성과주의 통제구조 철회 요구와 관련해 공사는 "경영진의 의지가 아니라 정부나 공공부문 공기업에서 이미 시행하고 있다. 민간부분 등 기업의 경영 흐름이다. 노조의 협조를 당부한다"며 계속 시행할 뜻을 밝혔다.

매표 민간위탁노동자 고용승계 요구에 대해선 "쟁송도 있었고, 민사도 있었다. 법률적으로 고용 승계할 의무가 없다. 용역사업자가 할 일"이라고 했다. 일자리 없앤 공사가 용역사에 책임을 떠넘기는 후안무치한 태도였다. 일방적 구조조정 원상회복 및 재직영화 요구와 관련해선 "직영으로 돌리면 적자가 확대되고 경영여건이 나빠져 검토하기 어렵다"고 했다. 혼잡·환승역 매표소 부활, 기술분야 외주용역 철회(재직영화), 차량중수선 용역철회 등에 대해 공사는 적자 때문에 불가피한 조치였다고 했다.

승무 운전시간 30분 연장에 대해 공사는 "2호선만 30분 연장했고, 인센티브와 혼잡도가 고려되어야 한다. 운전시간은 6시간 안에 일할 수 있고, 법절차가 아직 진행 중이다. 큰 틀에서 근로조건의 불이익은 없다"고 했다. 노동조합은 "1호선 4:37, 2호선 5:09, 3호선 5:16분이다. 우리는 탄력근로제 하는 것은 아니다. 30분 연장을 강행하다 보니 임금체계를 혼란에 빠뜨렸다"며 반론을 제기했다.

또 노동조합은 "구내입환을 용역 전환한 것도 부산뿐이다. 비상대기가 없어지고, 취급실 기관사가 병가 내면 다른 소에서 사람을 빼간다. 원상 회복해야 한다"고 공사를 압박했다. 그러나 공사는 "구내입환 용역 철회는 불가하다. 경영개선 차원에서 한 것이"라며 물러서지 않았다.

오영환 집행부 위기, 파업 찬반 투표 부결

6월 20일 10차 단체교섭, 노사는 단체교섭 8회, 실무교섭 2회를 거쳤으나 노사 간 이견만 확인한 채 답보상태를 면치 못했다.

국면 전환이 필요했다. 오영환 위원장은 "대표위원이 알다시피 현장 인원 부족, 부지매 문제, 혼잡·환승역 매표소 부활, 공사 출범 전 징계건 해소, 해고자 복직 건에 대해 사측은 입장 변화가 없다. 교섭도 할 만큼 했지만, 임금도, 단체협약도 진전이 없다. 10차 교섭을 끝으로 교섭중단하고 사측의 전향적인 입장이 제출되면 다시 교섭을 하자"며 교섭중단을 선언했다.

이어 노동조합은 임시대의원대회를 열어 쟁의발생을 결의했다. 쟁의기

공공연맹 조합원 총력 결의대회(2006.6.24.)

금 사용승인, 쟁의대책위원회 구성 등도 참석 대의원 만장일치로 의결했다. 이어 6월 21일 노동조합 조직을 쟁의대책위원회 체제로 전환했다. 투쟁 조직을 위한 현장활동도 시작했다. 소조장 집체교육을 통해 2006년 투쟁의 중요성을 알렸다.

이즈음 공공연맹도 파업투쟁을 준비 중이었다. 연맹은 6월 24일 서울에서 공공연맹 총력결의대회를 개최했다. 양경규 연맹위원장은 "사회공공성 강화와 공공노동자 노동기본권 쟁취를 위해 7월 11일 예정된 파업투쟁 국면에서 무엇을 할지 고민해야 한다"며 "모두 함께 총력투쟁에 동참하여 함께 승리하자"고 호소했다. 노동조합은 쟁의행위 찬반 투표 독려와 7월 총력투쟁 조직을 위해 집중적인 선전·조직화 사업에 들어갔다.

6월 27~29일 쟁의행위에 관한 조합원 찬반 투표가 진행되었다. 우려가 현실이 됐다. 29일 찬반 투표 개표 결과 법적 요건(재적조합원 과반수 찬성)을 넘지 못했다. 전체 조합원 2817명 중 2448명(86.90%)이 투표에 참여해 1365명이 찬성해 투표자 대비 55.76%의 찬성률을 보였다. 그러나 재적 조합원 대비 48.46%로 과반수에 미달했다. 반대표가 1044명으로 의외로 많았고, 투표율마저 저조한 것이 영향을 미쳤디.

그만큼 2006년 투쟁에 대한 조합원들의 관심도가 낮았다. 그러한 분위기를 감지한 집행부가 현장활동을 강화했지만, 가라앉은 현장 분위기를 돌리는 데 실패했다.

부결 책임론 논란, 조합원 신임투표 실시하다

쟁의대책위원회는 6월 30일 부결에 따른 대책을 논의했다. 먼저 찬반 투표 부결 원인으로 △지하철요금 인상 시기와 투쟁 시기의 일치에 따른 부담 △공공연맹 투쟁과 부산지하철노조의 연대 파업에 대한 부담 △매표 민간위탁 해고노동자 투쟁에 대한 불만 △교섭요구안이 조합원 정서와 부합하지 못한 점 등으로 진단했다. 그러나 무엇보다 노동조합이 2006년 임단협 교섭과 투쟁을 준비하면서 현장 조합원에게 충분히 설명하고 공유하지 못한 것을 주요 원인으로 진단했다.

이어 찬반 투표 부결에 따른 대책과 관련해 집행부가 책임지고 총사퇴해야 한다는 주장이 제기됐다. 반면, 책임 있게 2006년 투쟁을 마무리해야 한다는 주장도 만만치 않았다. 먼저 총사퇴 주장 이유로 "찬반 투표 부결은 집행부에 대한 불신임이다." "다시 현장 조합원들을 조직할 자신이 없다." "부결에 대한 책임을 져야 한다." "부결된 상황에서 교섭에 힘이 실리겠는가?" 등을 들었다. 반면, 책임 있게 투쟁을 마무리해야 한다는 주장을 보면, "총사퇴는 책임지는 모습이 아니다." "총사퇴 후 선거, 조직구성, 교섭 등 현실 여건을 감안해야 한다." "찬반 투표 부결과 관련한 조합원들의 정서를 냉정하게 판단해야 한다." "부결을 불신임으로 판단해서는 안 된다" 등의 의견이 나왔다. 다시 조합원 신임투표를 하자는 주장도 있었다. 열띤 논쟁이 이어졌으나 결론을 내지 못했다.

노동조합은 7월 5일 확대쟁의대책위원회를 열어 집행부 거취 문제와 관련해 지부별 운영위원회 논의 결과를 바탕으로 집중 논의를 했다. 총사퇴 주장이 소수이긴 했지만, 완강했다. 다수는 집행부 신임투표로 기울었다. 그러나 총사퇴 주장을 굽히지 않은 이경태 기술지부장과 기술지부 다수 지회장들이 사퇴했다.

신임투표는 7월 12일부터 14일까지 실시되었다. 신임투표에서 조합원들은 오영환 집행부 신임으로 답했다. 기술지부 지부장과 지회장 사퇴로 불완전했던 현장 조직도 직무대행 체제 가동으로 안정을 찾았다. 중앙쟁의대책위원회는 기술지부장 직무대행 김광희, 전기지회장 직무대행 김동년, 신호지회장 직무대행 김경우, 토목보선지회장 직무대행 류창현, 통신지회장 직무대행 장 준, 설비지회장 직무대행 전호상을 인준했다.

교섭 재개

노사 단체교섭이 재개됐다. 노동조합은 8월 24일 공사와 12차 단체교섭을 했다. 6월 21일 교섭 중단 후 첫 교섭이었다. 노사는 현재 진행 중인 단체교섭을 집중교섭 기간을 정하여 시간, 장소에 구애받지 않고 기간 동안 최선을 다해 본 교섭과 실무교섭을 전개하기로 합의했다.

8월 29일부터 8월 31일까지 집중 실무교섭을 했다. 단체협약과 임금 그리고 현안 요구안을 중심으로 교섭을 진행했다. 일부 의견이 좁혀진 부분도 있었다. 하지만 공사는 노동조합의 활동과 조직 관련 개악안을 계속 고집했다. 임금 또한 정부지침 2%에서 요지부동이었다.

현장 인원 충원 요구에 대해 공사는 "인력 충원은 교섭대상이 아니며, 충원도 필요 없고 지금 상태로도 잘 돌아간다"고 일방적인 주장을 쏟아냈다. 노동조합은 인원 충원 등 현안 요구안 해결 없이는 원만한 교섭이 진행되기 어렵다는 입장을 전달했다.

한편, 공사 전환 후 조합원들이 자원봉사, 학습조직, 온갖 모임, 게다가 BSC, 6시그마 등 듣도 보도 못한 온갖 업무외적인 것들을 강요받고 있었다. 역 직원들은 온갖 유해물질 투성이인 천정판을 청소해야 했다. 노포칭에서는 노조의 반대에도 불구하고 근무 중인 검수인원을 빼서 전기모터카를 타고 외벽청소를 시켰다. 청소에 투입된 조합원이 청소하다가 부상을 입기도 했다. 기술 분야에서는 팀별 평가를 넘어 급기야 분소별 평가까지 시행하기 시작했다. 전기사업소에서는 숱한 반대에도 불구하고 외주화시킨 업무가 다시 현장직원들에게 되돌아왔다. 도대체 무엇 때문에 외주용역이 시행되었는지 알 수가 없었다. 사정이 이러함에도 공사는 현장인력은 충분하다고 억지 주장으로 일관했다.

BSC와 6시그마 반대 투쟁

BSC와 6시그마 반대 투쟁 나서다

노동조합은 9월 11일부터 BSC, 6시그마 반대 조합원 서명운동에 들어갔다. 이와 함께 BSC, 6시그마와 관련된 각종 모임에 가입한 조합원에게 모임 탈퇴를 요청했다. 지금 현장은 원하지 않는 자원봉사, 학습모임, 지식등록, 각종 모임 참가 강요, 본사의 경우 조기 출근하여 대청소까지 하는 등 온갖 잡무들이 갈수록 늘어났다. BSC와 6시그마[11] 도입과 무관하지 않았다.

노동조합 쟁의대책위원회는 성과를 강요하는 6시그마 교육 저지 집회도 이어갔다. 노동조합은 교육자료를 만들어 BSC와 6시그마가 지닌 문제점들을 전파했다. 노동조합은 BSC와 6시그마가 평가의 척도로 각종 성과주의와 현장통제의 도구가 되어 끝내는 지하철노동자들의 행동과 사고마저 지배할 것으로 판단했다. 부산지하철 현장에 BSC와 6시그마가 자리 잡으면 협동과 신뢰를 바탕으로 한 지하철 현장업무가 경쟁 구도로 바뀌고 현장이 황폐화될 것을 우려했다.

---

11 BSC(Balanced Scorecard 균형성과표)는 혁신적인 기업관리 철학으로 표현되는 전략적 성과관리 체계로 알려져 있다. '6시그마'는 한마디로 말해 완벽을 추구하는 품질관리 운동이다. 6시그마는 한국철도공사가 2000년에 도입한 것으로 알려져 있다.

　　KT(한국통신)가 민영화되는 과정에 지대한 공헌을 한 것도 바로 BSC와 6시그마였다. 그래서 BSC와 6시그마 도입 반대투쟁은 생존권 확보투쟁이기도 했다.

2006년 단체교섭 잠정합의

　　9월 26일 노동조합은 공사와 25차례 교섭 끝에 잠정합의했다. 5월 16일 노사 상견례 후 잠정합의에 이를 때까지 노동조합은 교섭 중단, 쟁의행위 찬반 투표 부결과 집행부 거취를 둘러싼 논쟁 등 우여곡절을 겪었다. 노동조합으로선 힘든 투쟁이었고, 요구안 중 많은 부분을 포기해야 했다.

　　잠정합의 내용을 보면 먼저 임금 부문에서 정부가 가이드라인으로 정한 총액 2% 인상을 뚫지 못했다. 일용직 조합원들은 총액 3% 인상으로 합의했다.

　　이어 현안 요구 가운데 인력 충원 요구와 관련해선 현 운영구간 정원 대비 25명을 증원하여 내년 중 채용하고, 양산선 개통인력은 추후 논의하기로 했다. 노사는 노사문제와 관련하여 제기한 민·형사소송, 행정소송을 취하하고, 공사는 공사 설립 이전 위규행위자에 대하여 징계기록을 말소하고 행정조치는 11월 1일 시행하기로 했다. 3조2교대 근무자의 경우 분기 지정휴일(1일)을 신설했다. 본인이 원할 경우 3개월 단위로 주간근무 시 지정휴일 1일을 사용할 수 있도록 했다. BSC와 6시그마 도입 등과 관련해 공사는 각종 혁신 관련 학습모임, 자율봉사활동을 강요하지 않기로 했다.

　　단체협약 갱신 부분에선 3조2교대, 야간격일, 교번 근무자 유급휴일 3일(설, 추석, 노동조합 창립일) 신설 등 30개 조항에 대한 개정 및 문구 정리하는 것을 합의했다. 일용직 조합원 처우개선과 관련해 '일용 인부 고용 등에 관한 규정'을 개정하여 근무 상한 연령(만 60세)에 해당하는 해의 연말(12. 31.)로 명시하고 사역중지 사유를 제한해 사실상 무기계약직으로 전환했다. 이밖에도 △유급휴일 추가(기타 정부 또는 공사가 지정한 날) △효도휴가 신설 (연간 5일, 연중 분할시행 가능) △청원휴가 신설 △유급병가 신설 △2007년부 터 설, 추석 격려금 각 60만 원 지급 △공사 복지후생규정 제10조 기준에 따 라 경조비 지급 등을 합의했다. 승무분야와 관련 △1사업 운전시간 6시간 이 내로 하되 평균 운전시간은 5시간으로 한다. △기관사 교번상의 휴무일은 연간 84일로 한다. △예비(비상대기, S)율은 실동인력의 10%로 한다. 등 총 10개 항으로 된 부속합의서도 작성했다.

잠정합의안 승인

10월 2일 임시대의원대회에서 2006년 단체교섭 잠정합의안을 심의했다. 재적 대의원 42명 중 38명이 참석했다.

참석 대의원들은 잠정합의안 내용과 투쟁 전술과 관련해 문제를 잇달아 제기했다. 먼저 잠정합의안이 내용상 미흡하다는 의견이 있었다. "교대근무 자 휴일 사용 문제가 개선되지 않았고, 직급보조비도 확보하지 못했다." "승 무 운전시간 30분 연장 인정해준 것 아닌가?" 등.

쟁의행위 찬반 투표 직후 잠정합의가 이뤄진 것에 대한 문제 제기도 나왔 다. "2차 찬반 투표가 62% 찬성으로 가결됐는데 쟁대위의 투쟁 의지가 약했 던 것 아닌가?" "BSC, 6시그마 투쟁도 이런 상황에서 힘 있게 집행하기 어렵 다." "9·14결의대회 이후 조직력이 상승되었으나 잠정합의 결과로 와해된 느 낌"이라며 쟁대위 투쟁 의지에 대해 의구심을 보였다. 찬반 투표 실시가 조 합원에 대한 기만이라는 얘기도 나왔다.

오영환 위원장은 질문과 문제 제기에 답했다. "6월 찬반 투표 부결 후 조 직이 어려웠다. 이후 4개 지부가 충실하게 현장활동을 하고 사업을 집행했 다. 또 집중교섭으로 조합원의 관심도를 높이려 노력했다." "잠정합의 시기 와 관련 9.14결의대회 이후 공사의 태도가 약간 변화가 있었다. 예상보다 많은 조합원이 참여했기 때문이라 본다.” “쟁대위는 조합활동과 관련한 사측 개악안에 반대 입장을 분명히 했다.” “결의대회에 많은 조합원이 참가하면 쟁의 찬반 투표를 하지 않아도 된다는 의견과 6월 이후 위축된 노조와 조합원의 자존심을 회복하기 위해 찬반 투표를 꼭 해야 한다는 의견이 있었다. 많은 논의를 통해 찬반 투표가 교섭에 적잖은 힘이 될 것이라는 판단으로 찬반 투표를 결정했다”며 대의원들의 문제 제기에 답했다.

이어 오영환 위원장은 “6시그마와 BSC 투쟁은 우선 교육에 참여하고 있는 조합원의 탈퇴, 노조의 방침에 반대하는 조합원의 경우 징계 조치가 있어야 한다는 것이 중앙위원들의 입장이다. 또 노조의 확실한 대안이 나와야 한다.” “노사합의서에 노조의 요구가 관철됐다. 향후 현장에서 광범위한 투쟁을 전개할 수 있는 근거는 확보된 것이다”라고 말했다.

찬반 투표 문제 제기에 오영환 위원장은 “중앙쟁대위 전술이 만족스러울 수는 없겠지만 최선을 다했고, 그런 지적도 있을 수 있음도 검토했다.” “누가 쟁의행위 찬반 투표를 악용하겠는가. 6월의 아픔을 극복하는 차원과 남은 쟁점을 해결하는 차원임을 이해해 달라.” “찬반 투표 후 장기근속 휴가 현행 유지, 기술분야 결원 문제 부각, 양산선 관련 인력 추후 협의, 지정휴일 주간 4개 확보에서 부족한 점의 지적, 사상사고 관련 개선, 유급휴일 조정에 있어 미진하지만 보다 확충된 내용도 있었다.” “지적한 내용은 겸허히 수용한다”고 말했다. 잠정합의안과 투쟁 전술에 관한 토론과 심의를 거쳐 표결에 들어 갔다. 표결 결과 투표 대의원 37명 중 23명의 찬성으로 잠정합의안은 가결 승인됐다.

투쟁은 계속 이어지다

노동조합은 단체교섭 마무리 이후에도 투쟁을 이어갔다. 공사가 BSC와 6시그마를 포기하지 않고 계속 추진했기 때문이다. 공사는 경영혁신이란 이름으로 노동자를 통제하고, 노동력을 쥐어 짜내기 위한 프로그램을 쉼 없이 도입 시도했다. 반면, 노동조합은 도입 저지 투쟁을 전개했다. 결국 프로그램을 무력화시키거나 영향을 최소화시켰다.

노동조합은 11월 29일 본사 앞에서 6시그마 저지를 위한 조합원 결의대회를 열었다. 12월 6일에도 6시그마 교육 저지 투쟁을 벌였다. 이어 노동조합은 학습조직에 들어간 조합원들에게 탈퇴를 요청했다. 노동조합 행동지침에 따라 총 43개 학습조직에 가입했던 대다수(346명) 조합원들이 학습조직을 탈퇴했다. 소수 일부 조합원들은 조합의 행동지침을 따르지 않았다. 노동조합은 지침을 따르지 않은 조합원들에게 징계 조치했다.

행정자치부의 지방공기업 경영평가 결과와 다르게 기관성과급 지급률을 정한 부산시의 갑질 대응 투쟁도 이어갔다. 노동조합은 12월 19일 부산시청 앞에서 조합원 결의대회를 열었다. 행정자치부 경영평가에서 '나급'을 받았는데도 부산시가 인건비 지침 위반 운운하며 기관성과급 지급률을 낮추겠다고 해 노동조합이 행동에 나선 것이다.

12월 29일 오후 2시 공사 청사 9층 강당, 종무식이 열릴 예정이었다. 노동조합 상집 간부와 대의원 등 100여 명은 강당 입구에서 항의집회를 열었다.

기관성과급 일방 삭감 부산시장 규탄 투쟁

기관성과급 삭감과 허구적인 경영혁신, 구조조정을 밀어붙이는 공사를 규탄했다. 돌연 공사는 종무식을 취소했다.

6》 직권중재 대신 필수유지업무제도 도입

2006년 12월 22일 국회 본회의에서 열린우리당과 한나라당은 노사관계법·제도 선진화 방안(로드맵)을 입법 완료했다. 노동조합 및 노동관계조정법, 근로자참여 및 협력증진에 관한 법률, 근로기준법 등 노사관계 로드맵과 관련된 3개 법률 개정안을 의결한 것이다.

본회의 표결에서 민주노동당 의원들이 주로 반대표를 던졌다. 노동조합 및 노동관계조정법 개정안의 경우 재석 의원 167명 중 찬성 152명, 반대 10명, 기권 5명으로, 근로기준법 개정안은 재석 176명 중 찬성 157명, 반대 10명, 기권 4명으로 가결됐다. 근로자참여 및 협력증진에 관한 법률 개정안의 경우 재석 의원 176명 가운데 반대표 없이 170명이 찬성해, 역시 가결됐다. 두 차례의 반대 10표는 민주노동당 의원 9명 전원과 열린우리당의 임종인 의원이 던진 것으로 확인됐다.

이에 앞서 9월 11일 노무현 정권은 한국노총과 경총, 상공회의소가 로드맵과 관련해 노사정 대타협(야합)을 했다고 대서특필했다. 그 자리에 민주노총은 없었다.

11월 15일부터 로드맵 저지 등을 내걸고 부분적인 총파업 등 총력투쟁을 벌여 왔던 민주노총은 로드맵이 국회를 통과한 날 오전 기자회견을 열고 "로드맵을 기어이 통과시킨다면 한나라당과 열린우리당을 해체시킬 것"이라며 끝까지 저항했지만, 한 달 넘게 이어 온 총력투쟁으로도 결국 로드맵 통과를 막지 못했다.

이에 따라 2007년 7월 노사관계 선진화 방안이 본격적으로 시행되는 날을 맞게 됐다. 다만 필수공익사업장에 대한 직권중재 폐지 및 필수유지업무 제도 도입, 대체근로 허용은 노사 간 준비가 필요하다는 점을 고려해 2008년 1월부터 시행하기로 했다.

12월 22일 국회를 통과한 개정안은 '9·11 합의안'을 환노위가 일부 손질한 수정안이다. 이 법안 통과에 따라 당초 2007년 1월부터 시행될 예정이던 복수노조 허용과 노조 전임자 임금 지급 금지가 3년간 다시 유예됐다. 또 대표적인 악법으로 국제 노동계에서 지적받아 온 필수공익사업장에 대한 직권중재가 폐지되는 대신 노조는 파업할 때 응급실과 같은 곳에 필수업무를 유지해야 하는 의무가 생겼다. 또 필수공익사업장의 합법 파업에 대해서도 파업 참가자의 50%까지 대체근로가 허용된다. 법은 필수공익사업장의 범위도 확대했다. 현행 병원·전기·수도·가스·철도·석유정제 및 석유공급사업·한국은행·통신에 항공·혈액공급 사업을 추가했다. 또 회사가 경영상의 이유로 정리해고할 경우 지금까지는 60일 전에 미리 통보해야만 했으나 그 기간을 50일로 줄였다. 해고 시에는 해고 사유와 시점을 서면으로 통보하도록 의무화했고 기업이 경영 사정이 나아져 해고된 노동자가 담당했던 업무에 새로 사람을 고용하고자 할 때는 해고된 노동자를 먼저 고용하도록 했다. 이 외에도 부당해고 판정을 받았을 경우 노동자가 원직복직 대신 금전보상을 원하면 이를 가능토록 했다.

7 산별 논쟁과 공공운수연맹 출범

공공운수연맹 출범하다

2007년 1월 19일 공공과 운수 부문 4개 조직(공공, 버스, 택시, 화물)의 조직

통합 대의원대회가 열렸다. 여기서 전국공공운수노동조합연맹(공공운수연맹) 출범을 의결했다. 1년여간의 논의와 12월 26일 대의원대회 무산 등 어려움도 많았지만 공공운수노동자들의 단결과 연대를 구축하기 위한 큰 걸음을 내딛게 됐다.

공공운수연맹은 '기본방침'을 통해 2007년 '공공운수대산별노동조합' 건설을 목표로 활동하기로 했다. 또한 산별 미전환 노조의 산별 전환을 지원하고 운수노동자와 공공노동자들의 연대를 확대하는 사업들을 추진하기로 했다.

공공운수연맹을 이끌어 갈 지도부로는 4조직 통합추진위 집행위원장으로 통합을 이끌었던 임성규 동지가 상임위원장으로 선출됐다. 공공노조 황민호 위원장과 운수노조 김영훈 위원장이 공동위원장으로 선출됐다. 부위원장으로는 오윤석(운수노조-화물), 박용석(연구전문노조), 이영원(공공노조-전기안전공사), 구수영(운수노조-민주택시), 박사훈(운수노조-민주버스), 임순평(운수노조-철도), 권수정(운수노조-아시아나항공), 김필숙(운수노조-아시아나항공) 등 8명이 선출됐다. 회계감사로는 현정희(공공노조-의료연대), 오충용(공공노조 물기협회), 김용식(운수노조-철도) 동지가 선출되었다. 창립대의원대회 때 선출된 임원들의 임기는 2007년 4월 30일까지며 2007년 4월 중 정기대의원대회를 개최하여 2대 임원을 선출하기로 했다.

창립대의원대회에서는 2월부터 본격적인 대정부 투쟁에 나서는 화물연대의 투쟁에 공공운수연맹 차원의 적극적인 연대를 결의하는 결의문을 채택했다.

한편 공공운수연맹 출범 대의원대회 후 구 공공연맹은 해산대의원대회를 열어 지난 9년간 공공부문 노동자들의 투쟁을 이끌어왔던 공공연맹을 공식 해산하고 새롭게 건설된 공공운수연맹 아래 더욱 크고 넓은 연대와 단결의 역사를 건설하는 데 힘을 모으기로 했다.

운수산별 먼저냐, 공공운수 통합산별 동시 건설이냐

2005년 이후 공공–운수 통합 산별노조 건설 경로를 두고 여러 얘기가 오갔다. 운수연대의 경우 선 운수산별 건설 후 통합 산별이라는 단계론을 제출했다. 공공연맹은 "2005년 말까지 가맹조직 전체를 지역조직을 골간으로 하여 일시에 전환한다"는 안을 제출했다. 여기에 더하여 지하철 조직을 중심으로 "궤도업종(소)산별 건설 후 운수산별 혹은 통합 산별 건설"이라는 안까지 나오면서 논쟁은 더욱 복잡해졌다. 2005년 4월 운수노동자학교에서는 동시 추진 상호추동 원칙으로 정리되기도 했으나 그것을 현실화시키는 데는 지난한 과정이 필요했다.

2005년 7월부터 공공, 버스, 택시, 화물 4연맹 대표자 회의를 통해 여러 의견을 모아내기 위한 노력이 있었다. 4연맹을 하나의 단일조직으로 통합한다는 데에는 입장이 일치했다. 그러나 통합의 상과 경로에 대해서는 각 조직의 이해관계와 처한 조건에 따라 4조직 4색이라 할 정도로 달랐다.

통합과 산별 논의는 상층 중심으로 현장과는 유리된 채 진행됐다. '선 운수산별건설론'과 '통합 산별 일시건설론'으로 대별되는 논의는 각개약진의 양상으로 추진됐다. 공공연맹 내 지역조직을 골간으로 하는 일시 통합 산별 전환론은 수정과 번복을 거듭했다. 운수연대는 이렇다 할 사업을 추진하지 못하는 실정이었다.

그렇게 지루한 논의가 이어지다 2006년 2월 13일 4연맹 대표자들이 다시 만났다. "2007년 말까지 통합 산별 건설을 목표로 운수산별과 공공산별 건설을 추진한다"는 취지로 의견을 모았다. 현실적 타협이었다.

이후 운수연대는 운수노조추진위원회(운노추)로 전환했다. 4연맹은 통합추진위원회(통추위)로 전환했다. 통추위는 2006년 9월까지 통합을 목표로 했다. 하지만 이후 과정에서 대의원대회 통합결의가 10월, 11월로 계속 연기되다가 12월 26일에는 성원 미달로 유회되는 상황까지 겪었다. 2007년 1월

19일 비로소 전국공공운수노동조합연맹으로 통합하여 출범했다.

이에 앞서 2006년 12월 26일 전국운수산업노동조합(운수노조)이 출범했다. 운수노조추진위는 26일 서울도시개발공사 강당에서 창립대의원대회를 열고 운수노조의 선언, 강령, 규약, 임원선출, 사업계획, 재정 및 예산안 등을 심의 의결했다. 운수노조에는 철도, 화물, 택시, 버스, 항공 등이 포함됐다. 초대 위원장은 김영훈 철도노조 위원장이 맡았다. 부산지하철노조와 서울지하철노조 등 지하철 조직은 운수노조에 결합하지 않았다.

8)) 부지매 투쟁 합의 종료

1월 29일 부산지하철 매표소 해고노동자 고용대책과 관련해 합의가 이뤄졌다. 부산지역일반노조와 공사는 부지매 24명 고용대책과 관련해 △공사 공개채용 시험에 부산지하철 매표소 해고노동자가 응시할 경우 두 차례(2, 3회 공사신입사원 공개채용시험) 필기시험 만점의 3% 가산점 부여 △공사 직고용 일용직과 민간업체 등 공사제시 10개 일자리에 일반노조에서 희망사를 선정해 통보하면 07년 2월 중 취업 알선(공사 3명, 민간용역업체 7명) △부산교통공사는 부산지역일반노조 조합원인 전 지하철 매표업무 종사자들의 생계의 어려움 등에 대해 위로하며, 그 방법과 시기는 부산지역일반노동조합과 협의하여 결정한다 등을 합의했다.

애초 요구사항이었던 부산교통공사로의 고용승계는 이루지 못했다. 부지매 합의와 관련해 부지매 투쟁에 적극 결합했던 일부 정규직 조합원이 오영환 집행부가 좀 더 적극적으로 나서지 않았다며 아쉬움을 드러내기도 했다.

부산지하철 매표소 해고노동자들은 2005년 7월부터 부당해고에 맞서 고용승계 투쟁을 벌여 왔다. 공사 청사 현관 농성, 부산역, 부산시청 앞 천막농성, 부산시장 선거 허남식 선거사무소 점거농성을 비롯해 출퇴근 선전전, 전동차 내 선전전, 정오집회, 촛불문화제, 5보 1배 투쟁, 대규모 집중집회, 시장을 따라다니는 그림자 시위, 혈서, 삭발 등 시청과 서면, 부산교통공사를 오가며 밤낮으로 투쟁을 해왔다. 그 과정에 10월 11일 부산광역시청 앞 광장에 있던 부산지하철 매표소 해고노동자 일명 '부지매'의 천막농성장이 강제 철거되기도 했다.

1년 6개월에 걸친 부지매 고용승계 투쟁은 마무리 수순을 밟기 시작했다. 2002년 매표업무 민간위탁 저지 투쟁부터 시작해 무인매표 저지 투쟁, 부지매 고용승계 투쟁에 이르기까지 4년 넘는 부산지하철노조의 투쟁도 마무리됐다.

그 과정에 지부 간 갈등 그리고 정규직과 비정규직 갈등도 노출됐다. 조합원 동참을 끌어내지 못했다. 투쟁 우선순위에서 밀려 투쟁이 장기화되고 투쟁이 흐지부지 끝나기도 했다. 아쉬움의 연속이었다. 그렇게 적잖은 한계에도 불구하고 부산지하철노조는 부지매 투쟁에 인적, 물적 물심양면으로 지원 엄호하는 노력을 아끼지 않았다.

9)) 2007년 투쟁, 그 끝은 5·16파업

샅바 싸움에서 기선을 잡다

2007년 투쟁은 공사의 도발로 앞당겨 시작됐다. 공사는 1월 30일 인원 충원 없이 2호선 양산 연장구간을 개통하겠다고 통보했다. 2호선 17개 역과 개통구간 4개 역을 3개 역씩 묶어 7개의 관리역 체제로 전환하는 등 기존 인력의 전환배치를 통해 연장구간 소요인력을 확보하겠다고 했다. 여기에 역무자동설비분소의 근무형태 변경으로 8명을 확보하는 방안도 포함됐다. 그뿐 아니라 2007년부터 시작되는 3호선 전동차 중수선 업무 소요인력도 기존의 장산차량분소를 없애고 그 인원을 활용하겠다고 했다.

노동조합에 대한 선전포고였다. 노동조합은 정면돌파를 택했다. 연장구간 소요인력은 신규채용해야 한다는 원칙도 분명히 했다.

본사에서 현장 간부 결의대회와 조합원 결의대회를 잇달아 열고 공사를 압박해 들어갔다.

이미 현장은 술렁이고 있었다. 2월 13일 본사에서 열린 조합원 결의대회에 500여 명이 참석했다. 통상 200명 안팎이던 본사 집회에 여느 때와 다른 관심과 열기가 느껴졌다. 12일부터 조합원 '깃 달기' 투쟁이 시작되고, 지부 운영위원 이상 간부들은 13일부터 '쟁의복 입고 근무하기' 투쟁에 돌입했다.

이미 예정된 2월 15일 정기대의원대회는 투쟁 다짐대회로 바뀌었다. 애초 5월쯤 잡고 있던 2007년 단체교섭도 최대한 앞당긴다는 방침에 따라 3월 6~7일 임시대의원대회를 열어 요구안을 확정하는 등 단체교섭 준비에 들어갔다. 양산 연장구간 개통을 빌미로 한 직제 개악을 막지 못한다면 올해 교섭 지체가 아무런 의미가 없다는 판단에 따른 것이있다.

노동조합은 공사의 구조조정계획에 맞서 목표와 투쟁계획을 세웠다. 먼저 투쟁 목표로 노동조합의 신규인원 충원 요구안 쟁취와 공사의 구조조정·경영혁신 저지로 정했다.

노동조합의 인원 충원 기본방침으로 △지하철 안전운행 확보를 위한 현장부족 인원 충원 △양산구간 개통 시 필수인원은 06년 단체교섭 합의사항에 노사 간 협의결과로 충원 △양산구간 개통 소요인력 신규채용 충원 △06년, 07년 자연 감소 인원 충원 등을 정했다.

투쟁 방향은 파업을 기본으로 정했다. 이를 위해 △파업 돌입 전까지 완강한 총력투쟁(1주, 2주 정도의 지속적인 대규모 집회투쟁 방식) △조합원이 주체가 되는 투쟁 전개(현장 선전전, 대외 여론전 강화, 조합원과 함께하는 투쟁) 등을 실천해 나가기로 했다.

3월 13일 시청 앞 2차 조합원 결의대회엔 더 많은 조합원이 모였다. 서면을 거쳐 본사까지 거리행진도 했다. 조합원들의 적극적인 참여가 집행 간부에게 많은 자신감을 심어줬다.

노동조합이 이렇게 신속하게 대응하고 나서자, 기세 좋던 공사가 주춤거리기 시작했다. 2호선을 관리역 체제로 전환하려던 계획을 유보했다는 얘기가 흘러나왔다. 공사가 양산 연장구간 인력수급에 대해 수정안을 내놨다. 그렇게 노동조합은 초반 샅바 싸움에서 기선을 잡아 나갔다.

개인성과급 균등분배 투쟁 97.4% 동참

한편, 노동조합은 2007년 개인(차별)성과급 균등분배 투쟁을 조합원 97.4% 동참으로 마무리했다. 2002년 교통공단 시절 사측이 일방적으로 차별 성과급을 지급하면서 시작된 성과급 균등분배 투쟁이 이제 완전히 자리를 잡았다. 첫 성과급 균등분배 투쟁을 했던 2002년의 경우 54.33% 조합원이 참여했던 데 비해 2006년 94.9% 조합원 동참에[12] 이어 2007년도엔 97.4% 조합원들이 동참했다. 특히 승무지부는 100%, 차량지부는 99.5%(2명 불참) 조합원이 동참했다. 조합원 수가 가장 많은 기술지부도 대상 조합원 1100명 중 1069명(97.2%)의 조합원들이 균등분배 투쟁에 동참했다. 상대적으로 참여율이 낮은 역무지부도 94.9% 조합원들이 투쟁에 동참했다. 역대 최고의 결과였다.

---

12 공사 전환 후 행정자지부 지침에 따라 개인(차별)성과급이 지급됐다. 개인성과급의 차별 폭이 크다. 최대 150%(20%), 125%(40%), 80%(30%), 최소 50%(10%)로 최고와 최소 차이는 100%였다. 노동조합은 균등분배 투쟁으로 대응했다. 2006년에는 반납 대상 조합원 2702명 중 2565명(94.9%)이 동참했다. 135명 정도가 동참하지 않았다. 노동조합은 균등분배 투쟁에 동참하지 않은 조합원 명단도 공개했다.

그렇게 부산지하철노동자들은 성과급 균등분배 투쟁으로 차별 성과급 지급을 통해 노동자들을 통제하고 노동력을 착취하려는 사용자(자본)의 음모를 무력화시켰다. 조합원들이 단결하면 사측의 분열 책동을 저지할 수 있다는 걸 확인한 모범사례라 해도 결코 넘치지 않는다.

2007년 단체교섭 막 올라

노동조합은 3월 6일 대의원대회를 열어 2007년 단체교섭 요구안을 확정했다. 임금 부문에서 △임금 총액 기준 7% 인상(호봉급, 정률 100%) △일용직 임금 총액 기준 7% 인상, 개인(기관)성과급 적용, 가족수당/장기근속수당/월급제/호봉제 등을 심의 확정했다.

임금제도 개선과 관련해선 △직급보조비 확대 △시간외, 야간, 휴일수당 산식 상향 개선 △가족수당 개선 △퇴직수당 신설{근속년수×(근속년수+45)÷100} △대우수당 지급(5급 5년 이상된 직원 전원 지급) △위험수당 신설(고압전기 취급 부서:전기, 변전, 차량) 등을 요구안으로 확정했다.

후생복지 부문에서 △사내복지기금 추가 출연(08년 기금 10억원 추가 출연) △대학생 자녀 학지금 지급(대힉생 자녀 진원) △양산선용 모터카 구매(전기, 신호, 보선) △업무상재해 이외 직원 사망 보호대책(명예퇴직 자동 적용 등) △중고생 자녀 학자보조금 전액지급(영수증 실지급액) 등을 요구안으로 확정했다.

현장 인원 충원 요구와 관련해 △정원대비 부족인원 77명 충원 △현 운영구간 현장 부족인원 112명 충원 △용역 재직영화에 따른 33명 충원 △양산선 개통 소요인력 122명 충원 △승무지부 인원(양산선 개통, 운영구간 포함) 68명 충원 등을 확정했다.

현안과 관련해선 △해고자 복직, 복직자 해고기간 근속년수 인정 △일용직 처우개선(유급휴일, 휴가, 병가 등) △6급, 8급 승진 소요년수 3배수 경과자 전원 승진 △06년 체불임금 지급 △장기근속휴가 사용방법 개선 △주5일제 후속조치(임금 삭감 없는 주간 지정휴일 사용) △교번근무자 휴일 확대 △지하철노동자 및 이용시민 건강권 확보(석면 대책, 지하분소 지상 이전 등) △교번근무자 건강검진, 체련대회 근무시간 내 실시 등을 요구안으로 확정했다.

3월 27일 노사 상견례를 시작으로 교섭 국면으로 들어갔다. 공사쪽 대표위원 김구현 사장은 "양산선 개통과 관련 노조의 걱정은 당연하다고 생각한다. 아직 개통일자는 확정되지 않았다. 4월쯤 양산선 개통추진 계획단이 구성될 예정이다. 인력에 관한 것은 가능한 빨리 매듭지어야 한다. 그러나 노조 얘기도 듣지 않고 일방적으로 몰아가지는 않겠다. 교섭·대화를 통해 성의를 가지고 최선을 다하자"고 했다.

이어 오영환 위원장은 "현장 조합원들은 호선이 늘면 인력감축, 노동강도 강화로 이어지는 현실에 참을 만큼 참아왔다. 양산선 마저 그렇게 된다면 이젠 분노를 잠재울 순 없다. 공사에서 보냈던 직제(안)들은 공사방침대로 가기 위한 형식적인 절차라면 합의정신은 아니다. 노사 간 충분한 협의를 통해 단체교섭을 통해 공개 채용되어야 한다. 공사는 인력수급에 있어 폐쇄적이다. 운전직만 특채하는 것은 이해할 수 없다. 운전직 채용도 노사가 협의해야 한다. 형식적인 협의, 일방추진은 노조의 투쟁만 불러일으킨다. 공사의 심도깊은 고민을 촉구한다"고 했다.

교섭은 처음부터 팽팽한 줄다리기가 계속됐다. 공사는 개통구간 신규충원 및 현장 부족인원 충원 요구에 현장의 어려움을 이해한다면서도 경영진의 조직 최소화 방침을 포기할 수 없다고 버텼다. 경제성장률 4.4%와 물가상승률 2.6%를 보탠 총액 7% 임금인상 요구에 동의한다면서도 정부지침인 2% 인상을 벗어날 수 없다고 주장했다. 법정수당 산식 개선, 직급보조비 전 직급 확대 적용, 퇴직수당, 대우수당, 대학생 학자금 등의 문제도 정부지침과 예산 문제 등을 들어 반대했다. 해고자 복직 등 현안문제도 인식 차이만

드러냈다.

노사 갈등 원인 제공자, 혁신추진단장

4월 6일과 10일 열린 3차, 4차 교섭은 인력 문제를 중심으로 진행했다. 노사 주장 차이는 컸다.

노동조합은 부산지하철이 km당 인원이 다른 지하철에 비해 월등히 낮다며 인력 충원 필요성을 객관적 자료로 제시했다. 또 부산교통공사 자료를 보더라도 1998년부터 2005년까지 1428명을 구조조정해 495.5억 원에 달하는 인건비를 줄였다며 '호선 늘면 구조조정(인원 감축)'이라는 신조어까지 생겨났다고 말했다.

공사는 사기업 경영 마인드를 들먹였다. 경영 효율을 위해 구조조정은 불가피했다고 말했다. 이어 공사는 양산선을 중심으로 논의하자고 했다. 기존 운영구간 인력 문제까지 얘기하기 시작하면 범위가 너무 넓어져 해결하기가 어려워진다고 했다.

공사의 구조조정은 김○○ 혁신추진단장이 주도하고 있었다. 김○○은 진○○ 이사를 도와 1990년대 후반부터 부산지하철의 구소소성과 아웃소싱을 주도했다.

김○○은 △1998년 기획처 경영관리부장으로 있으면서 1인승무 합의 파기 △2004년 기획조정실장일 때 1호선 중수선 합의사항 파기, 주5일제 관련 신규인원 3호선 투입 △2005년 운수처장으로 있으면서 2호선 승무 운전시간 30분 연장 일방시행 △2005년 매표소 민간위탁 계약해지 통보 △2006년 혁신추진단장으로 있으면서 노조가 반대하는 6시그마 교육 강행 △2007년 양산선 인력수급안도 2006년 합의사항의 취지와 내용 파기 등 구조조정 기술자 역할을 했다. 바로 '호선 늘면 구조조정'이라는 악습을 만들어낸 인물이자, 노사 갈등 원인 제공자였다.

그랬다. 부산지하철노동자들은 호선이 늘고 구간이 연장될 때마다 구조조정의 아픔을 겪어 왔다. 외환위기 직후인 1998년 부산지하철은 구조조정 바람이 휘몰아쳤다. 2인승무(기관사와 차장)의 1인승무(기관사 단독) 전환, 차량 중수선과 기술분야의 외주용역 도입, 역무 서무제 폐지 등 모든 분야에 인원 감축이 진행됐다. 바로 2호선 1단계 개통 소요인력 확보가 목적이었다. 2002년 2호선 2단계 개통 때는 역 매표업무를 민간위탁으로 전환시켰다. 2005년 3호선 개통 때는 한 명의 인원 충원도 없이 오히려 기존 정원에서 32명을 줄이는 화려한 성과(?)를 과시했다. 역사 설비의 유지보수는 모두 외주용역에게 맡겨졌고, 매표업무는 무인화됐다. 1호선 중수선도 외주용역에 넘어갔다. 3호선 역은 조당 2명이 근무하는 관리역체제로 운영됐다. 이 과정에 노사합의는 파기됐다. 주5일제 대비해 노사가 합의한 소요인력 218명은 슬그머니 3호선에 투입했다.

물론 노동조합이 마냥 손 놓고 있었던 건 아니었다. 구조조정이 밀어닥칠 때마다 투쟁에 나섰지만, 참담한 패배의 맛만 다셨다. 그 결과는 지하철 가운데 가장 슬림화된 조직으로 나타났다. 노동조건은 당연히 최악이었다. 1998년 이후 1428명의 인원이 줄었고, 전국 지하철 가운데 최소 인원으로 운영되는 부산지하철이 됐다. km당 37.6명으로 가장 슬림화되었다고 하는 서울도시철도공사의 45.5명보다 적다. 돌발상황에 아예 대처할 수 없는 인원이다. 단지 사고가 나지 않길 빌 뿐이다. 현장 조합원들 가슴엔 불만이 쌓여가고 있었다.

파업을 선택하다

교섭으로 진전이 어려운 상황이었다. 돌파구가 필요했다. 노동조합은 4월 11일 쟁의발생 결의로 압박 수위를 높였다. 쟁의발생 결의는 보기 드물게 대의원 100%가 참석한 가운데 만장일치로 이뤄졌다.

4월 20일 야간 3차 조합원 결의대회에는 1300명의 조합원이 운집했다. 승무와 차량은 참가 가능 조합원 90% 이상이 참석했고, 기술은 전체 조합원의 45%가 참석했다. 조직이 취약한 역무도 20% 넘게 모였다. 집행부도 놀라고, 조합원 스스로도 놀랐다. 함께 진행된 파업 찬반 투표도 91.12% 투표율과 77.85% 찬성률로 파업을 결의했다.

IMF 이후 10년 넘게 당하며 살아온 분노의 폭발이었다. 그만큼 절박하고 더는 밀릴 수 없다는 결의의 표현이었다. 현장 조합원들은 4월 23일부터 쟁의복 착용 근무에 들어갔다. 파업 찬반 투표와 3차 조합원 결의대회를 거치면서 자연스럽게 교섭에서 투쟁 쪽으로 무게추가 넘어가고 있었다.

노동조합은 4월 24일 9차 교섭에서 공사 쪽에 전향적인 입장 변화를 촉구하며 교섭 결렬을 선언했다. 25일 저녁부터 26일 아침까지 현장 확대 간부 200여 명이 함께하는 시청 노숙투쟁이 진행됐다. 부산시는 시청광장으로 통하는 시청역 통로를 봉쇄했다. 졸지에 시청역 대합실이 잠자리로 변했다.

4월 26일 노동조합은 허남식 부산시장을 만났다. 노동조합은 먼저 부산경찰청의 시청광장 문화제(결의대회) 원천봉쇄를 따졌다. 이어 부산지하철 인력과 핵심 쟁점에 관한 요구사항을 선날했다. 그리고 부산시측 실무책임자를 지정할 것을 요구했다.

허남식 시장은 "지하철 현안에 대해서는 실무선에서 보고를 받고 있으며 관심을 가지고 있다. 조화롭게 잘 되었으면 좋겠다. 사측이나 노측이나 서로의 입장을 이해하고 충분하게 대화를 임했으면 한다. 공사는 노조의 요구를 좀 더 검토해 달라. 지하철의 적자문제에 대해서도 참작해 달라. 또 노측의 시청 실무 책임자를 지정해서 지하철 현안을 챙겨달라는 요구는 교통국장이나 지하철 담당 과장 등이 필요할 때 만날 수 있는 것도 생각해 보겠다. (노조가 주장하는) 안전과 서비스는 필요하다. 이에 필요한 인원은 노사가 분석을 통해서 의견을 조율했으면 좋겠다"고 했다.

교섭 보고와 조건부 직권중재 회부를 알린 조합원 비상총회(2007.5.15.)

노동조합은 파업 돌입을 전제로 준비를 갖춰가고 있었다. 4월 30일 부산지방노동위원회에 조정신청을 했다. 내부적으로 D-day도 5월 16일 새벽으로 정해졌다. 현장활동도 5월 15일 조합원 비상총회 참가 조직화에 맞췄다. 마침내 5월 15일. 어둠이 내리는 노포차량기지 잔디구장에선 조합원 비상총회가 열리고 있었다. 저녁 8시부터 시작된 총회는 1500명을 넘어서고 있었다.

한편, 15일 낮 부산지방노동위원회에서는 조정회의가 열렸다. 회의는 예상보다 늘어져 노사 막판 교섭도 저녁 9시 30분에야 시작했다. 부산지방노동위원회가 18일 오후 5시까지 직권중재 회부를 보류한다는 결정을 내린 상태지만, 아직 조합원들에게는 공개되지 않고 있었다. 그러나 조합원들 사이에는 이미 조건부 중재 회부 소문이 나돌고 있었다. 11시쯤 됐을까? 교섭단이 잠시 정회하고 무대에 섰다. 교섭 보고와 함께 조건부 직권중재 회부 사실도 공식 공개됐다. 야간문화제도 끝나고, 천막 배정과 함께 조합원들은 휴식에 들어갔다. 16일 새벽 3시, 교섭단이 조합사무실로 돌아왔다. 대책회의를 간단하게 마친 뒤 3시 20분쯤 임은기 수석부위원장이 기자를 모아놓고 브리핑을 했다. 최종 교섭 결렬로 파업에 들어간다는 내용이었다.

막판 교섭에서 노동조합은 양산 연장구간 소요인력으로 88명 신규채용과 본사 업무개선으로 남는 31명의 기존 운영구간 투입 그리고 해고자 2명 복직을 최종 제시했다. 반면, 공사는 양산 연장구간 73명 배치와 해고자 복직 1명을 내놨다. 노사는 서로 입장을 고수하며 팽팽히 맞서 이견을 좁히지 못했다.

마지막 힘겨루기가 시작됐다. 노동조합은 파업을 선언했고, 공사는 그때까지 내놨던 수정안을 모두 철회하고 교섭장에서 철수했다. 그렇게 2007년 5·16파업투쟁이 시작됐다.

16일 아침, 파업 대오는 2200여 명으로 불어났다. 당장 아침식사 준비가 문제였다. 2000명분만 준비한 상황이라 나머지 200명분을 추가로 준비해야 했다. 결국 김밥으로 대체했다.

기술지부 신호지회는 조합원 100%가 파업대오에 참여했다. 노조 전체로 볼 때 2800여 조합원 가운데 최대 80% 가까운 조합원이 파업에 참여했다. 사실 공기업의 파업 조직이 말처럼 쉽지 않았다. 공기업이 파업에 들어가면 보통 조합원 50% 안팎이 참석했다. 특히 직권중재 사업장임에도 부산지하철 5·16파업은 이를 훨씬 뛰어넘었다.

파업 첫날 오후 2시, 비가 내리는 가운데 민주노총 부산본부 주최로 시청 광장에서 파업지지 집회가 열렸다. 서면까지 행진한 뒤 마무리됐다. 돌발상황이 발생했다. 비바람 때문에 잔디 구장에 숙소로 마련한 천막이 훼손돼 잠을 잘 수 없다는 것이다. 당장 2000명이 넘는 인원을 수용할 수 있는 장소를 마련해야 했다. 결국 노포창 여기저기에 분산 수용하는 것으로 결정했다. 16일 밤은 그렇게 흘러갔다.

17일 오후 2시 실무교섭이 열렸다. 실무교섭에서 진전이 있을 경우 본교섭도 열릴 것이라 했다. 노포창에서 밤 10시부터 본교섭이 진행됐다. 교섭은 자정을 넘어 계속됐다. 18일 02시를 전후해 잠정합의 됐다는 소식이 전해졌다. 파업 돌입 46시간 만이었다. 그렇게 2007년 파업투쟁은 끝나가고 있었다.

5월 29일 대의원대회가 소집됐다. 잠정합의안 심의 의결을 위해서였다. 잠정합의안에 대한 설명과 질의, 찬반 토론이 이어졌다. 표결 결과 참석 대의원 50명 중 31명 찬성, 18명 반대, 기권 1명으로 가결됐다.

사회공공성 강화!
비정규직 철폐!
차별 없는 노조 건설!

2007년 임금협약서

1. 총액 2% 인상한다.

    인상방법은 호봉급 정률 100% 반영한다.

2. 제1항 적용시기는 2007.1.1.부터 12.31.까지로 한다.

부속합의서

1. 2008.1.1.부터 단체협약 제109조에 의한 육아휴직 시 보수는 기본급에서
    고용보험의 육아휴직급여를 차감하여 지급한다.

2. 공사는 5급 5년 이상 경과자 중 공사 기준에 의거 금년 내 대우직원을 선발
    한다.

3. 단체협약 제74조 제2호 장기근속휴가 사용기간을 5년으로 한다.

4. 노조가 기 지급된 2006년도 기관성과급 지급률 수용 시, 공사는 2007년도
    기관성과급을 경영평가결과의 등급 지급률 범위 내에서 지급한다.

5. 2008.1.1.부터 고압전기를 취급하는 차량사업소 단로기 취급자 및 전기,
    변전분소 근무자에게 월 15,000원의 안전지원 경비를 지급한다.

노사합의서

1. 공사는 현 정원대비 부족인력을 충원한다.

2. 2호선 양산구간 인력으로 78명(채용 57명, 전보 21명)을 배치하며, 분야별
    인력은 아래와 같이 한다.

계	역무	승무	전기	신호	토목	보선	건축	통신	설비
78명	19명 (2개역)	16명	10명	9명	4명	9명	1명	5명	5명

3. 3호선 전동차 중수선 인력으로 총 6명을 채용 후 배치한다.

4. 공사는 역무설비조직 소속 부서 변경 여부를 긍정적 입장에서 종합적으로 검토하여 6월말까지 최종 결정한다.

5. 공사와 노조는 설비의 환기, 급배수, 소방, 자동제어, 비상 방수문 등 점검 직영전환 분야의 소요인력을 6개월간 직영 시행 후 상호 대안을 제시하여 노사협의회에서 성실하게 논의 후 결정한다.

6. 행정조치 사항은 관련 부서에서 조치토록 공문으로 시달한다.

행정 조치사항

1. 양산구간 운영 인력으로 배치하는 사내전보 21명 외 본사 업무개선을 통한 10명은 운영구간 역무분야에 2명, 승무분야에 8명을 지원한다.

2. 역 3호선 인력 운영방식을 노사협의회에서 안건으로 상정하여 논의한다.

3. 2호선 연장 양산구간 완전 개통 시 차량분야 북정 주재를 둔다.

일용직 처우개선 합의서

1. 2007년도 일용인부 일급을 다음과 같이 책정한다.

구분	일급
조리원, 청소원, 사무보조원, 자재관리원, 콜센터운영요원	30,410원
조리사, 원예수, 세탁공, 목공, 운전원	31,200원

2. 제1항 적용시기는 2007.1.1.부터 12.31.까지 한다.

3. 청원휴가를 아래와 같이 한다.

가. 본인 결혼 : 5일

나. 배우자 사망, 본인 및 배우자의 부모사망 : 5일

다. 자녀 사망 : 3일

라. 본인 또는 배우자 형제자매 사망 : 3일

2007년 단체교섭 투쟁 성과와 한계

2007년 단체교섭 투쟁은 5월 29일 대의원대회에서 잠정합의안 승인 의결로 사실상 마무리됐다.

이제 평가의 시간이다. 노동조합 홈페이지 게시판에 2007년 단체교섭 투쟁과 합의안에 대한 이러저러한 평가가 올라왔다. 악의적 비난 글도 있지만, 나름의 논리를 가진 비판 글도 눈에 띄었다. 게시판 글을 훑어보면 파업투쟁의 성과가 미약하다는 게 비판의 많은 부분을 차지했다. "이럴 거면 뭣땜에 파업했냐?"는 불만 섞인 글도 있었다. 파업 이튿날인 17일 문화제 때 B-boy와 여성 댄서를 무대에 올린 것에 대해서도 비판이 나왔다. 집회를 비롯한 다양한 노동문화에 대한 고민이 필요한 지점이었다.

노사합의서를 중심으로 2007년 단체교섭 투쟁 전반을 살펴보면, 먼저 임금부문에서 노조는 공사가 제시한 총액 2%(기본급 2.2%) 인상을 받아들였다. 좀 더 정확하게 표현하면 정부 가이드라인을 넘지 못했다. 노동조합은 처음에 제시한 7% 요구에서 4%로 낮춰 수정 제시했지만, 정부가 정한 총액 2%라는 인상 가이드라인을 넘을 순 없었다. 의미를 찾는다면 정부 가이드라인 넘기가 개별(기업별) 노조만으론 역부족임을 다시 한번 확인했다는 점일 게다. 그나마 임금인상분을 호봉급에 정률로 반영하기로 한 것에 만족해야 했다.

일용직 조합원의 임금인상도 공사가 처음 제시한 일급 700원에서 1000원으로 인상 폭을 높이긴 했지만, 기대에 못 미쳤다. 특히 월급제와 호봉제 도입을 요구만 했을 뿐, 관철 노력이 부족하지 않았나 하는 아쉬움이 남는다.

둘째, 인력부문은 노동조합이 처음 요구했던 수준에 못 미쳤지만, 나름의 성과가 있었다. 노동조합은 공사로부터 2호선 양산 연장구간 소요인력으로 처음 제시했던 59명에서 19명 늘어난 78명까지 양보를 받아냈다. 신규채용도 27명에서 57명으로 늘렸다. 3호선 중수선 소요인력으로 6명 신규채용도 확보했다. 만족스럽진 않지만, 소중한 성과였다. 여기에 드러난 숫자보다 더 의미 있는 것은 공사의 구조조정을 막아냈다는 점이었다. 공사는 2호선 양산 연장구간 개통 소요인력을 가능한 한 신규충원 없이 구조조정과 전환배치 등으로 충당하려 했다. 하지만 그러한 생각은 오래가지 못했다. 조합원들의 강한 반발과 노조의 발 빠른 대응 때문이었다. 공사는 기존 2호선 역을 관리역으로 돌리려던 계획을 포기했다. 공사의 구조조정 공세가 처음으로 주춤하는 순간이었다. 그리고 양산 연장구간의 역 인력운영을 관리역 체제로 하려던 계획도 사실상 포기하게 만들었다. 장산차량분소를 없애 3호선 중수선 소요인력을 확보하려던 공사의 기도도 막아냈다. 그렇게 2007년의 투쟁은 지난 10년 넘게 이어져 온 공사의 구조조정 공세를 일정부분 막아낸 원년이라는 점에서 의미가 있다.

셋째, 현안 요구안에서 가시적 성과가 없었다는 게 아쉬운 부분이었다. 2명의 해고 동지 복직이 그렇고, 교대근무자의 주간근무 때 지정휴일 1일 추가 부분이 그러했다. 인력 부문이 워낙 중요했고 거기에 많은 역량을 기울였기 때문이라고 변명하더라도 현안 요구 관철에 소홀했다는 비판을 완전히 벗기는 어렵다. 승무가 별도 인력 8명을 확보해 건강검진과 체련대회 행사를 근무 날 할 수 있는 발판을 마련한 건 지부의 노력 결과였다.

마지막으로 가장 큰 성과는 4개 지부의 '하나 됨'이었다. 그리고 공사의 구조조정 공세를 처음으로 막아냈다는 것이다.

한계는 정부의 임금인상 가이드라인을 깨지 못했다는 점이다. 물론 상대가 정부란 점에서 결론은 나와 있었다고 볼 수 있다. 그럼에도 개별 노동조합이 정부를 상대로 맨땅에 헤딩할 수밖에 없는 게 아쉬운 부분이다. 노동조합이 추진하고 있는 산별노조가 이러한 고민과 한계를 넘을 수 있을지 두고 볼 부분이다. 또한 내부의 단결과 달리 여전히 취약한 지역 연대를 비롯한 노동자는 하나라는 계급의식을 높여내는 일이 앞으로의 과제이다.

노무현 정부가 공공부문 노동조합의 날개를 꺾겠다고 나섰다. 노사관계 선진화란 핑계로 필수유지업무제도란 희한한 걸 만들어 필수공익사업장 노동자들의 단체행동권을 무용지물로 만들었다. 필수공익사업장의 확대 그리고 필수유지업무제도 도입을 비롯한 파업 시 대체근로 전면 허용을 주요 내용으로 하는 노동법 개악에 이은 시행령 입법예고가 그것이다. 7월 11일부터 8월 31일까지 입법예고를 거쳐 2008년 1월 1일부터 시행에 들어간다.

공공부문 노동자들을 굴종의 나락으로 내몰 이 악법은 2006년 9월 11일 정부와 경총 그리고 한국노총이 밀실에서 합작해 낸 야합의 산물이었다.

정부는 입법예고한 시행령에서 철도와 도시철도의 경우 대부분을 필수유지업무로 지정해 파업권을 사실상 박탈했다. 운전·관제·전기·신호·통신·선로의 점검과 보수 그리고 차량 정비(중정비 제외)까지 지하철 업무의 모든 분야를 망라했다. 올가미에서 빠진 것은 역무와 기술의 설비 건축, 차량의 중징비 정도다. 이미져도 빛 좋은 개살구다. 설비와 건축 그리고 차량 중정비는 대부분 용역 줘 버렸으니 온전하게 파업을 할 수 있는 곳은 역무뿐이다. 역무 또한 대부분의 업무가 자동화되어 있으니 파업의 효과는 거의 없다. 여기에 파업 참여자의 50%까지 가능하도록 한 대체근로는 파업을 무용지물로 만들기에 충분하다. 긴급조정제도까지 더하면 단체행동권에 2중 3중의 족쇄를 채운 꼴이다.

그뿐인가? 필수유지업무를 지키지 않을 경우 각 개인에게 3년 이하의 징역 또는 3000만 원 이하의 벌금에 처하도록 했다. 중벌이다. 파업 지도부에게만 책임을 묻던 직권중재제도와 비교하더라도 개악도 이런 개악이 또 있을까?

　이렇듯 직권중재와 대체한 필수유지업무제도는 단체행동권을 박탈하는 악법이다. 공공부문 노동자를 탄압하는 희대의 악법이다. 이 악법 아래에서 공공부문 노동자들은 정부의 노예가 될 수밖에 없다. 결국 필수유지업무제도는 정부가 말하는 공익과 파업권 조화가 아니라 헌법에 보장된 단체행동권을 빼앗기 위한 장치다.

　그리고 필수공익사업에 대한 대체근로 허용은 극히 일부에 허용된 파업권마저 무용지물로 만드는 것이다. 쟁의행위란 본래 사용자의 업무를 저해하는 과정을 통해 노동자 및 노동조직이 노사 대등한 교섭력을 확보하는 행위를 말한다. 다시 말해 노동법에서 '파업'이 갖는 의미가 "노무 제공의 거부로 업무에 타격을 주어 노사 간의 힘의 균형을 도모하려는 것"에 있다는 점에서 대체근로 허용은 파업의 효과를 무력화하겠다는 얘기다. 그래서 현행 노동법도 대체근로를 금지하고 있다. 그런데 개정 법률에서는 필수공익사업에서 직권중재를 폐지하는 대신에 현행 대체근로 금지규정을 적용하지 않도록 했다. 필수유지업무의 유지여부와 그 범위와 무관하게 필수공익사업 전체에 대체근로를 허용하고 있는데, 이는 필수유지업무의 도입취지와도 배치되는 것으로 필수유지업무를 통한 공익과 파업권의 조화라는 명제 자체를 무의미하게 만들어버리는 것이다.

　노무현 정부는 국내외에서 비난받아온 악법, 직권중재제도를 폐지하는 척하면서 필수유지업무제도와 대체근로 전면 허용을 통해 오히려 더욱 교묘하고 철저하게 공공부문 노동자들을 옥죄었다. 신노사관계 로드맵 운운하며 내세우는 직권중재제도 폐지는 노동 탄압국이란 오명을 벗어보려는 국제적 사기일 뿐이다.

⑪ 석면 함유 자재 마구잡이 철거

공사가 석면이 함유된 마감 건축 자재를 아무런 안전 방호조치도 없이 해체, 철거하다 들통났다. 노동조합 노동안전보건위원회와 역무지부가 8월 2일 서면역 승강장 기둥에 부착된 패널 해체, 철거 공사현장을 방문했다가 발견한 것이다.

기둥들이 군데군데 콘크리트 표면을 드러내놓고 있었다. 전까지 붉은 패널로 둘러싸였던 팔각기둥들이었다. 그런데 철거된 이들 패널은 석면이 함유된 자재였다. 철거 과정에 석면가루가 날렸을 것은 미뤄 짐작할 수 있는 일이다. 실제 공사 후 파손된 채 방치된 석면 함유 패널들이 발견되기도 했다. 심지어 이들 파손된 자재들이 창고에 아무런 조치 없이 보관되고 있는 것도 확인됐다. 1호선 서면역은 승강장 천정 보수공사도 진행되고 있는데 환기덕트 철거가 눈가림식 형식적인 조치만 취한 채 작업이 이뤄지고 있다. 연산동역에서는 환기덕트가 반토막난 채로 방치되어 있기도 했다. 환기덕트의 경우 패킹재에 석면이 함유되어 있고, 환기구 내부에 석면가루가 있을 가능성이 큰 것으로 전문가들은 판단하고 있다. 이들 석면 함유 물질을 해체하거나 제거할 때는 산업안전보건법에 따라 석면가루의 비산을 막기 위한 안전조치를 취한 후 작업을 해야 한다. 그런데 시설물 보수 및 설치 공사를 하면서 석면함유물질을 형식적 또는 아예 안전조치도 없이 취급하거나 철거하고 있음이 사실로 확인된 셈이다. 공사는 얼마 전까지 석면 존재 자체를 숨겨 왔다.

더 큰 문제는 노동조합이 석면의 위험성을 수차 경고하고, 작업중단을 요구했는데도 작업이 계속 이뤄지고 있다는 점이다. 공사의 안전 불감증이 얼마나 심각한지 드러나는 부분이다. 이 같은 행위는 위법 여부를 떠나 철거에 동원된 노동자는 물론이고, 지하철을 이용하는 많은 사람들과 지하철노동자를 사지로 모는 위험천만한 일이라는 게 전문가의 지적이었다.

추가 확인 결과 공사는 7월부터 1호선 서면역 승강장 스크린도어 설치 공사를 하는 과정에서 석면으로 마감 처리된 기둥 마감재와 천장판 일부를 전문업체에 의뢰하지 않은 채 철거작업을 해온 사실을 확인했다. 공사는 당시 석면처리 전문업체가 아닌 스크린도어 설치 업체에 석면함유 기둥재 철거공사를 맡겼다. 철거공사 과정에서도 비닐막으로 해당 구조물을 싸고 감압장치를 가동해 먼지가 날리지 않도록 방호조치를 해야 하는 석면 자재 철거 규정을 제대로 지키지 않았다.

8월 14일 노동조합은 공사가 석면 자재 철거 규정을 지키지 않고 있다며 즉각 공사를 중단하라고 요구했다. 그리고 노동조합은 노사공동 조사와 철거 공동감독을 요구했다.

공사는 서면역 스크린도어 설치 공사를 잠정중단하고 △시민단체, 전문가, 대학교수 등으로 구성된 '지하철 환경위'에서 개선방안을 집중 논의할 것이라고 밝혔다. 이와 관련 노동조합은 '보여주기식 행정'이라고 지적했다. 노동조합 이동훈 노동안전보건위원회 의장은 "기존의 환경위원회는 지하철 소음과 공기를 다루는 전문가들로 구성되어 있어 석면 전문가는 빠져있다"면서 "공사 측이 석면 문제 해결 의지가 있는지 의심스럽다"고 말했다. 이동훈 의장은 또 "공사 측이 작성한 석면 지도 역시 엉터리로 작성된 것"이라며 "노사와 석면 전문가, 산업안전공단 등이 참여하는 별도의 석면관리위원회를 구성하여 시민건강과 직결된 석면 철거 문제를 다뤄야 한다"고 밝혔다.

그리고 차량분야에서 상시적으로 사용되고 있는 전동차 부품인 가스켓, 각종 필터, 아크슈터 등에서도 석면 함유가 확인됐다. 이와 관련 노동조합이 문제를 제기하자 관련 차량부서는 우선 이들 석면 함유 제품 사용을 중지하고 대책을 수립하겠다고 밝혔다.

5

12대 집행부,
뼈아팠던 파업 찬반 투표 부결

1 ▎ 12대 양춘복 집행부 출범

12대 위원장 선거, 양춘복 당선

오영환 위원장은 윤택근 위원장 사퇴로 인한 잔여임기와 위원장 공식 임기 2년을 온전히 채웠다. 역대 위원장 중 3년 임기를 마친 초대 이용성 위원장 이후 두 번째 위원장이 됐다.

11대 집행부 임기가 끝나감에 따라 노동조합은 선거관리위원회를 소집하여 선거 일정을 확정하고, 9월 28일 12대 위원장 선거를 공고했다.

12대 위원장 선거에 김광희 후보와 양춘복 후보가 나섰다. 김광희 후보는 현직 기술지부장으로 8대 위원장을 역임했다. 양춘복 후보는 1994년 전지협 파업 당시 전기지부장을 역임했으며 1994년과 1998년 두 차례 해고로 10년 넘게 해고자 생활을 했다.

투표는 10월 17~19일 3일 동안 진행됐다. 개표 결과 양춘복 후보가 983 표(51%)를 얻어 당선됐다. 김광희 후보는 843표(44.5%)를 얻었다. 12대 위원장 선거에 조합징계자(정권)를 제외한 투표 인원 2276명 중 1895명이 투표에 참여하여 83.3%의 투표율을 보였다.

양춘복 위원장 당선자는 선거 과정에 노동조합 운영혁신(러닝메이트제도 도입, 규약 규정 민주적 개정, 선출 간부 소환제 등), 지역 중심 산별노조 건설(부산지하철 청소용역노조와 통합, 외주용역 비정규조합원 포괄, 지역연대강화 등), 건강권 확보(노동안전보건위원회 활성화, 교대지하근무 역학 조사 등), 여성사업 강화(노조 간부 조직, 여성조합원 간담회 정례화 등), 복지사업 강화(조합원 상조회 추진, 대학생 학자금 확대추진, 헬스장비 및 운동 기구 확대추진) 등을 공약으로 내세웠다.

11월 1일 12대 양춘복 위원장 임기가 시작됐다. 양춘복 위원장은 사무국장에 임은기 전 역무지부장을 선임했다. 사무국 부서장에는 김준우 조직부장, 이상현 정책부장, 이의용 총무부장, 전한경 조사통계부장, 남원철 교육선전부장, 김강준 산업안전부장, 류광걸 후생복지부장을 선임했다.

결의대회로 치른 위원장 이취임식

11월 21일 오전 10시 부산시청 앞에서 조합원 결의대회가 열렸다. 위원장 이취임식도 겸했다. 야간근무를 마친 조합원들을 중심으로 300명 정도가 함께했다.

노동조합은 2008년 공사의 예산을 전년 대비 30% 삭감 방침인 부산시에 맞서 노동조합의 강력한 투쟁 결의를 선포했다.

공사 또한 11월 29일 개최 예정인 2007년 4분기 중앙노사협의회에 근로조건 및 후생복지를 대폭 후퇴시키는 안건을 제출했다. 공사 측 요구안대로 월 소정근로시간을 현행 174시간에서 209시간으로 변경하면 교대근무자의 연장근무수당이 17% 줄어든다. 이외에도 효도휴가를 전면 폐지하고, 공사의 필요로 실시하는 각종 교육시간에 연장근로수당을 지급하지 않도록 할 것을 요구했다. 작년 단체교섭에서 합의한 교대·교번근무자의 유급휴일제도를 불과 한 해 만에 폐지를 요구했다. 또 자동 승진 폐지, 노동조합 전임자 축소, 복지기금 후생복지사업 일부 축소 및 폐지 등도 공사 요구안에 포함되어 있다.

한편, 취임식 직후 양춘복 위원장, 김구식 역무지부장, 임은기 사무국장은 허남식 시장과 면담을 하였다. 이 자리에서 조합의 긴급 현안인 2007년 기관 성과급 지급, 부산교통공사 2008년 예산, 인력 운용 등에 관한 조합 의견을 전달했다.

본사 농성 돌입, "특별공로금 지급하라"

11월 29일 노동조합은 공사와 4/4분기 노사협의회를 열었다. 산재 판정을 받은 김영호 역무 조합원의 특별공로금 지급 문제가 쟁점이 됐다.

노동조합은 단체협약 제65조(특별공로퇴직)에 따른 특별공로금과 제83조(공상자의 최종보상)에 따른 공상자의 최종보상금 지급을 요구했다. 산재로 퇴직하게 된 김영호 조합원에게 제65조 1항 2호 '순직 및 공상으로 퇴직하는 조합원'을 적용해 특별공로금을 지급하라는 요구였다. 산재로 요양 개시 후 2년이 경과해도 완치되지 않은 김영호 조합원은 단체협약 제83조(공상자의 최종보상금)도 해당한다. 최종보상금은 평균임금의 1340일분이다.

그러나 공사는 지급을 거부했다. 공사는 단체협약 제65조 1항의 '다음 각 호의 1에 해당할 때' 문구를 1호와 2호 모두 만족해야 한다고 억지 주장을 했다. 공사는 지금까지 정상적으로 급여를 지급했고, 이후 산재법에 따라 보상을 받을 것이므로 보상은 충분하다고도 했다.

노동조합은 지속적인 치료비가 필요하고, 곁에서 돌봐야 하는 가족들 또한 생업이 불가능한 상태라며 보상이 충분하다는 말은 옳지 않다고 반박했다. 노사 간에 특별공로금 지급 여부를 둘러싸고 공방이 오갔다. 공사는 논리에서 밀리자 전례가 없다는 핑계로 공로금 지급을 주저하다가 결국 특별공로금 지급은 인정했다.

이젠 지급률이 문제였다. 공사는 2천만 원을 제시했다. 단체협약에는 퇴직급여액의 200%까지 지급하도록 되어 있었다. 29일 노사협의회에서 의견을 좁히지 못했다. 나머지 안건은 11월 29일 본협의를 통해 대부분 합의점을 찾은 상태였다.

결국 특별공로금 지급 문제는 다시 실무협의로 넘어갔다. 실무협의에서 공사는 노동조합이 납득할 수 없는 금액을 제시한다며 예산상 어려움만 반복해서 주장했다.

노동조합은 12월 11일 단체협약 준수를 요구하며 본사 현관 농성에 들어갔다. 농성투쟁은 14일까지 이어졌다. 4개 지부별로 돌아가면서 출근선전전, 점심선전전, 퇴근선전전으로 진행했다. 임기를 불과 10여 일 남겨놓은 조합 간부들의 적극적인 투쟁 결의가 어렵지 않느냐는 세간의 우려와 달리 지부별로 전 간부들이 적극적으로 본사 농성을 진행했다.

공사는 노동조합 간부들의 본사 농성으로 악화된 여론을 의식해서 애초 제시한 금액의 두 배로 상향한 4000만 원 지급을 제시했다. 노동조합도 애초 입장에서 양보하여 공사의 제시안을 받아들였다.

장전동역에 근무하는 김영호 조합원은 2003년 4월 신체적 전환장애라는 희귀병이 발병하여 산재 판정을 받고 현재 4년6개월째 투병중이다. 2007년 10월 근로복지공단의 치료종결 예정에 따라 단체협약 제42조에 의거 11월 1일부로 해고예고 통보를 한 상태이며 12월 15일 직권면직 예정이다.

노사는 특별공로금 지급 문제 해결에 따라 4/4분기 노사협의회 의결서도 작성 서명했다.

2007년도 4/4분기 노사협의회 의결서

1. 노포차량사업소 이발소 환경개선에 노력하며, 이발사 처우와 관련 운영보조금 현실화, 계약기간 최대한 조정토록 한다.

2. 기관사 위로휴가와 관련하여 소관부서와 조합 간에 협의한다.

3. 2007년 1호선(2개소), 2호선(3개소)에 기관사용 비상응급 화장실을 설치한다.

4. 2008년 예산확보 후 강서구청 역무설비분소 내 여직원 침실을 설치한다.

5. 2007.12.16 직권면직자(김영호)에 대하여 특별공로금 4천만 원을 지급한다.

6. 운전직 부족 인원은 2008년 2월 중 채용 공고토록 한다.

7. 수영주재 사무실의 이전을 위한 여유공간 확보에 노력하고 우선 환경개선에 노력한다.

8. 2008년 필수유지업무협정을 위한 노사공동위원회를 설치한다.

한편, 노동조합은 12월 31일로 임기가 끝나는 지부장, 지회장 그리고 대의원을 교체할 선거를 12월 11~13일 실시했다. 개표 결과 지부장 신거에선 기술 노석수, 역무 이영호, 승무 이만희, 차량 정재훈 등 4개 지부장 후보 모두 단독 출마하여 무난하게 과반수를 넘겨 당선됐다. 지회장 선거의 경우 24개 지회 중 14군데만 후보가 나와 당선됐다. 대의원선거도 총정원 81명 중 45명만 선출했다.

노동조합은 이번 선거로 선출하지 못한 지회장 10명과 대의원 36명은 다음 해 1월 초에 다시 선거를 치르기로 했다.

② 2008년 투쟁과 총선

2008년 임금 요구안 확정

노동조합은 2월 18일 임시대의원대회를 열어 2008년 임금 요구안을 최종 확정했다. 2008년은 임금교섭 외에도 단체협약 갱신 교섭이 있는 해였다. 노동조합은 1월 31일 정기대의원대회에서 논의 끝에 임금과 단체협약 교섭을 분리하기로 했다. 이에 따라 18일 대의원대회에선 임금 요구안만 확정했다.

상무집행위원회 논의를 거쳐 18일 대의원대회에서 확정한 임금 요구안은 크게 임금인상 요구안과 임금제도 개선 요구안으로 나뉘었다.

먼저 임금인상 요구로 총액 대비 8% 인상을 요구하기로 확정했다. 한국은행이 발표한 2008년도 예상 경제성장률 4.7%와 물가상승률 3.3%를 합한 수치다. 또 인상분은 전액 호봉급에 정률 반영을 요구하고 있다.

임금제도 개선 요구에는 △퇴직금 중간정산 개선 △위험수당(월 3만 원) 신설 △각종 수당 개선 △급식비 인상(7만 원→10만 원) △명절 기념금품 인상(현행 10만 원→기본급 50%) △직급보조비 전 직급 확대 지급(월 8만 원) △교통보조금(월 10만 원) 신설 △보육수당 신설이 포함됐다.

일용직 임금인상 요구안은 △일급 1만 원 인상 △개인성과급, 기관성과급 정규직과 동일 적용 △가족수당 정규직 동일 적용 △장기근속수당 신설 △현행 일급제를 월급제로 변경 △호봉제 도입을 요구하기로 확정했다.

임금 요구안 확정 후 양춘복 위원장은 "밖에서 임금 때문에 또 싸운다는 이야기를 듣게 되겠지만, 물가는 오르는데 임금을 그대로 받을 수 없다. 대의원들이 오늘 치열하게 논의해 확정한 임금 요구안을 조합원들에게 열심히 설명해 함께 투쟁할 수 있도록 해 달라"고 당부했다.

공사 건물 앞 천막농성

2월 26일 노동조합은 다시 농성을 시작했다. 이번엔 공사 건물 앞에 천막 농성장을 세웠다. 공사가 임금교섭을 거부하고 있기 때문이었다.

교섭을 거부하고 있는 공사가 엉뚱하게 3월 5일 부산지방노동위원회에 필수유지업무 결정을 신청했다. 노동조합은 이미 필수유지업무협정 체결을 위한 단체교섭권을 공공운수연맹에 위임했다. 그런데 공사는 연맹과 단 한 차례도 교섭하지 않았다. 교섭은 거부하면서 다짜고짜 지노위에 결정해 달라고 신청하였으니 그야말로 뜬금없는 일이었다.

공사가 내놓은 안도 문제였다. 공사는 필수유지업무 유지율을 72.9%를

임금교섭 촉구 본사 로비 집회와 본사 천막농성

제시했다. 필수유지업무 대상자 2001명 중 1459명을 필수유지업무 인원으로 묶어 놓겠다는 얘기였다. 공사는 이밖에 필수유지업무 인원으로 지정된 조합원이 쟁의행위에 참가하는 것을 막기 위해 노동조합이 적극 노력해야 한다는 조항도 요구했다. 또 노동조합이 쟁의행위 시점, 범위 등을 쟁의행위 시작 5일 전 통보해야 한다는 조항도 포함되어 있었다. 그뿐 아니라 필수유지업무 인원이 휴가를 갈 때도 비상연락체계를 유지해야 한다고 주장했다.

노동조합은 3월 10일 철야 농성장을 연산동역과 덕천역에도 마련했다. 농성장은 본사까지 포함해 세 곳으로 늘었다.

노동조합이 압박 수위를 높이자 공사는 자체 발행한 「동행특보」를 통해 노동조합이 무리하게 임금교섭을 요구하고, 사장을 고발했다고 노동조합에 대한 불편한 심경을 드러냈다. 노사화합과 상호신뢰의 기조 위에 대화를 통해 상생의 바탕을 만들어 가려는 노력을 노동조합이 무시했다고 일방적인 주장을 늘어놓았다.

필수유지업무제도 분쇄 조합원 결의대회(2008.3.18.)

하지만 임금교섭을 거부하면서 단 한 차례 교섭도 없이 필수유지업무협정을 결정해 달라고 지노위에 조정 신청한 공사가 할 말은 아니었다.

그렇게 노사 간 힘겨루기는 계속 이어졌다. 공사는 6월 임금과 단체협약 동시 교섭을 주장했다. 필수유지업무협정 체결을 위한 협상이 임금협상보다 선행되어야 한다고도 했다. 또 현안사업 추진으로 업무가 급증하여 임금협상을 할 겨를이 없다고도 주장했다. 그러면서 필수유지업무협정 협상을 하자고 주장하는 것은 논리적 모순이었다.

노동조합은 3월 17일 임시대의원대회를 열었다. 참석 대의원들은 만장일치로 쟁의발생을 결의했다. 이어 노동조합은 3월 18일 부산지방노동위원회 앞에서 필수유지업무제도 분쇄 결의대회를 열었다. 지노위가 필수유지업무협정을 일방적으로 결정하지 말라는 경고였다.

쟁의행위 조합원 찬반 투표 부결

노동조합 쟁의대책위원회는 3월 19~21일 쟁의행위에 관한 조합원 찬반 투표를 했다. 전체 조합원 2893명 중 2198명(76%)이 투표했다. 이 가운데 1375명이 쟁의행위에 찬성했다. 투표지 대비 62.6% 찬성률이었다. 그러나 법적 요건인 전체 조합원 대비 찬성률은 47.5%로 과반이 안 되었다. 부결이었다.

왜 부결됐을까? 먼저 2007년 5·16파업 관련 조합 징계가 영향을 끼쳤다. 조합 징계(정권)로 투표권 없는 조합원이 430여 명으로, 투표율에 영향을 줬다. 찬성이 반수를 넘지 못한 주요 원인 중 하나였다.

또 하나, 소통과 공유 부족이 부결 사태를 불렀다. 노동조합 내부는 4월 파업을 핵심 내용으로 하는 투쟁계획을 둘러싸고 논란이 있었다. 양춘복 위원장은 5월 30일 국회의원 선거 국면을 활용하기 위해 4월 투쟁을 강하게 주장했다. 그러나 다수 상집 간부들은 촉박한 시기 문제를 제기하며 현실적으로 무리한 투쟁계획이라고 문제를 제기해 논란이 이어졌다. 여기에다 공사가 교섭 회피전술을 펴 단체교섭도 시작하지 않은 상황이었다. 끝내 조합 내부 이견을 해소하지 않은 가운데 노동조합은 공사의 교섭 회피 등을 이유로 조정신청을 하고, 쟁의행위 조합원 찬반 투표를 진행했다. 결과는 부결로 나타났다. 4월 투쟁계획에 대해 조합원들을 설득시키지 못한 것이다.

조합원 찬반 투표 부결 사태로 노동조합은 혼란에 빠졌다. 양춘복 위원장이 쟁의행위 조합원 찬반 투표를 앞두고 열린 조합원 결의대회에서 찬반 투표 부결 시 위원장직 사퇴 의사를 밝힌 것이 혼란을 불렀다.

중앙쟁의대책위원회는 우선 본사, 연산역, 덕천역 농성장을 걷고 그동안 진행되어온 투쟁을 중단했다. 이어 열린 3월 25일 확대쟁의대책위원회에선 부결 사태 후 대응과 위원장 거취 문제를 두고 여러 얘기가 오갔다. 양춘복 위원장은 거취 문제를 대의원대회에 묻겠다고 했다.

노동조합은 확대쟁의대책위원회 결정으로 3월 31일 임시대의원대회를 소집했다. 첫 안건은 '쟁의행위 찬반 투표 부결에 따른 위원장 재신임 건'이었다. 안건이 위원장 재신임 건이라 의장은 이만희 승무지부장이 맡았다.

먼저 양춘복 위원장이 4월 투쟁 추진 경과와 거취 문제를 대의원대회에 상정하게 된 배경 설명을 했다. 그동안 위원장과 상집위원들 사이에 소통과 의사결정 과정이 원활치 않았다는 사실을 확인할 수 있었다.

P 대의원은 "위원장이 공사와 관련 사업이나 투쟁을 추진하면서 상집위원을 설득 못 하고 일방적으로 밀어붙이면서 사무국도 붕괴하고 있다. 이러한 문제를 조합원들이 걱정하고 있다"며 현장의 분위기를 전달했다.

L 대의원은 "위원장과 상집·중앙위 간 의사소통에 문제 있다. 중요한 결정을 할 자리다. 위원장과 대의원 간의 독대 자리(비공개)를 제안한다"고 했다. 다수 대의원들이 동의했다.

대의원들의 결정에 따라 대의원들과 양춘복 위원장이 따로 비공개 토론을 했다. 어떠한 얘기가 오갔는지는 공개되지 않았다.

신임투표가 진행됐다. 이만희 의장은 규약에 따른 탄핵이나 불신임투표가 아닌 만큼, 표결은 일반결의인 과반수로 결정하겠다고 밝혔다. 표결 결과 찬성 22표, 반대 22표, 기권 2표가 나왔다. 찬성표가 과반수에 미달했다. 부결이었다.

이를 두고 의견이 분분했다. 이만희 의장은 표결 결과에 대해 위원장 재신임 건은 부결됐고 안건은 폐기됐다고 대의원들에게 설명했다. 대의원들이 이의를 제기했다. 찬성표가 과반수에 미달해 부결됐으므로 폐기가 아니라 신임을 받지 못한 것이라고 했다. 불신임으로 결정됐다는 얘기였다. N 대의원도 "신임안은 부결된 것이다. 그 결과에 대한 위원장의 뜻을 물어야 한다"고 주장했다. 그러나 이만희 의장은 계속 '안건 폐기'라고 했다. 명확히 정리되지 않은 가운데 이만희 의장은 양춘복 위원장에게 "재신임은 부결됐고, 안건은 폐기됐다"는 취지로 표결 결과를 전달했다. 이를 두고 양춘복 위원장은 대의원들이 위원장직 사퇴를 받아들이지 않은 것으로 이해했다.

양춘복 위원장은 다시 속개한 대의원대회에서 "열심히 하겠다"고 말했다. 위원장직을 계속 수행하겠다는 의미였다. 대의원들의 이의제기가 이어졌다. 그러나 어차피 대의원대회 의결은 '정치적 권고' 수준이므로 위원장의 최종 의사를 존중하고 마무리했다. 명쾌하지 못한 어정쩡한 마무리였다.

3️⃣ 개인성과급 균등분배 투쟁 참가율 다시 경신

공사가 3월 7일 개인성과급을 지급했다. 노동조합은 개인성과급 지급에 대비해 1월 9일부터 반납동의서를 받은 데 이어 3월 7일 즉각 성과급 반납 투쟁에 들어갔다. 반납동의서 작성에는 반납 대상 조합원 2833명 중 2818명이 참여했다. 99.5%의 참여율이었다.

성과급 반납 투쟁은 공사가 개인 성과급을 지급한 후부터 시작됐다. 조합원들은 CMS 자동반납 또는 개별반납을 시작했다. 노동조합은 조합원들이 반납한 성과급을 조합원 개별계좌에 다시 균등분배 입금했다. 균등분배 작업은 3월 18일 완료했다. 실제 반납 참여율은 98.9%였다. 미반납자는 30명에 불과했다.

공사가 밝힌 개별성과급 평균지급액은 기본급 대비 109%였다. 반면 노동조합이 균등분배한 금액은 107.765%였다. 금액 차이는 비조합원과 미반납 조합원의 평가등급이 상대적으로 높았기 때문이다.

2008년 개인성과급 균등분배 투쟁 참여율은 다시 경신했다. 조합원들이 성과급 균등분배 투쟁의 의미를 확실하게 인식하고, 조합원 모두가 신뢰한 결과였다.

정부는 경영혁신이란 핑계로 개인차별성과급을 지급하기 시작했다. 기존 연공급적 성격의 고정급 임금체계를 허물고 차별을 둬 경쟁을 유도하기 위해서였다. 궁극적으로 현장통제를 강화하기 위한 것이었다. 공기업노동자들은 무한경쟁에 내몰리고 삶은 피폐할 수밖에 없다는 것을 충분히 예상할 수 있었다. 조합원 98.9%가 균등분배 투쟁에 참여하는 이유이기도 했다.

4 ▷ 양춘복 위원장 사퇴

양춘복 위원장이 4월 16일 위원장직 사퇴서를 제출했다. 위원장은 전날 열린 4개 지부 통합운영위에서 신상 발언을 통해 "지난 3월 31일 임시대의원대회 결과를 오해하여 사퇴 의사 표명이 늦어졌다"고 해명했다. 당시 재신임 건 표결 결과가 대의원들이 위원장직 사퇴를 받아들이지 않은 것으로 잘 못 이해했다는 얘기였다.

그러나 쟁의행위 조합원 찬반 투표가 부결됐다고 위원장직을 사퇴해야 하는 것은 아니었다. 조합 규약 어디에도 그런 규정은 없다. 3월 31일 대의원대회에서 '재신임 건' 부결은 강제력이 없었다. 어디까지나 정치적 권고에 불과했다.

양춘복 위원장의 사퇴 결심에 영향을 준 것은 조합원 결의대회에서 찬반 투표 부결 시 위원장직 사퇴 의사 표명이었다. 노동조합은 소식지를 통해 양 위원장은 조합원들에게 약속한 사퇴의사 표명에 책임지는 차원에서 사퇴했다고 공식적으로 밝혔다.

노동조합은 4월 16일 상무집행위원회를 열어 양춘복 위원장 사퇴에 따른 후속 조치를 논의했다. 노동조합은 5월 14~16일 위원장 선거를 치르기로 잠정 결정했다.

⑥

13대 집행부와
반송선 투쟁

1) 13대 김태진 집행부 출범

양춘복 위원장 사퇴에 따른 위원장 보궐선거에 김태진 후보가 단독 출마했다. 김태진 후보는 기술지부 신호지회 소속으로 2003년부터 2년간 기술지부장을 역임했다. 2004년 단체교섭 투쟁 과정에서 해고됐다 복직한 경력이 있었다.

2008년 5월 14~16일 투표가 진행됐다. 김태진 후보는 개표 결과 92.1% 득표로 무난히 당선됐다. 투표권이 없는 조합 징계자(정권)를 제외한 2476명 중 2050명(82.8%)이 투표에 참여했다.

김태진 위원장 당선자는 "노동조합이 조합원들에게 믿음을 줘야 하고, 조합원과 조합 간부 사이에 신뢰가 형성되어야 노동조합이 건강하고 조합원들에게 희망을 줄 수 있다"며, "그 길에 철저하게 복무하겠다"고 밝혔다. 김태진 위원장 당선자 임기는 당선과 함께 시작됐다.

김태진 위원장은 기술지부 전기지회 소속 조대환을 사무국장으로 내정했다. 이어 5월 26일 중앙위원회를 열어 사무국 부서장으로 이철규 총무부장, 김종규 조사통계부장, 남원철 교육선전부장에 대한 승인 절차를 거쳤다.

2》 서비스지원단 설치, 강제퇴출 일환인가

공사가 6월 11일 서비스지원단 설치 운영지침 제정(안)을 노동조합에 보내 왔다. 그런데 공사는 실무부서 혼선으로 빚어진 일이라고 해명했다. 노동조합은 공사 해명을 믿지 않았다. 조만간 공사가 서비스지원단을 강제로 추진할 것으로 판단했다.

이에 앞서 6월 10일 노동조합 김태진 위원장을 비롯한 중앙위원들은 공사 김구현 사장을 만났다. 서비스지원단 설치 반대 입장을 전달하기 위해서였다.

김태신 위원장은 서비스지원단 설치 중단을 요구했다. 공사가 설치를 강행할 경우 노사 간 갈등은 불가피하다고 경고했다.

김구현 사장은 서비스지원단 설치와 관련해 "잡상인 단속을 위한 조직이며 20여 명으로 구성된 한시적 TF팀"이라고 말했다. 지원단 인원은 우선 지원자를 받은 후 지원이 저조할 경우 강제로 차출할 것이라고 했다.

그런데 서울도시철도공사가 2007년 12월에 만든 서비스지원단과 매우 닮았다. 서비스 주요업무가 열차 내 질서유지, 상가관리, 부정승객 단속 등이었다. 공사가 만들려는 서비스지원단 업무도 역사 내 잡상 행위 단속, 구걸 및 전도행위 단속, 부정승차 단속, 임대사업장 및 시설물 관리였다.

서울도시철도공사는 2008년 4월 600여 명을 서비스지원단으로 인사발령했다. 강제퇴직과 희망퇴직을 유도하기 위해서였다.

노동조합은 공사가 서비스지원단을 만들려는 이유도 서울도시철도공사와 다르지 않을 것으로 판단했다. 고령자, 고직급자 퇴출을 위한 압박수단으로 운영할 가능성이 농후하다고 보았다.

실제 사장과 만남 자리에 배석했던 경영본부장은 명예퇴직을 거부한 고위 간부들이 서비스지원단에 포함될 가능성이 있다고 했다. 서비스지원단에 차출될 역장, 팀장이 10여 명에 이른다는 소문도 흘러나오고 있었다.

공사가 노동조합 반대에도 불구하고 6월 18일 서비스지원단 설치 운영지침을 시행했다. 공사는 2007년부터 강제 퇴출을 시도했다. 고직급 고령자를 대상으로 명예퇴직을 강요했고 뜬금없이 교육원이나 승무관리소로 발령 내기도 했다.

노동조합은 곧장 서비스지원단 거부 서명운동에 들어갔다. 6월 25일 열린 중앙노사협의회에서도 서비스지원단이 쟁점이었다. 노동조합은 서비스

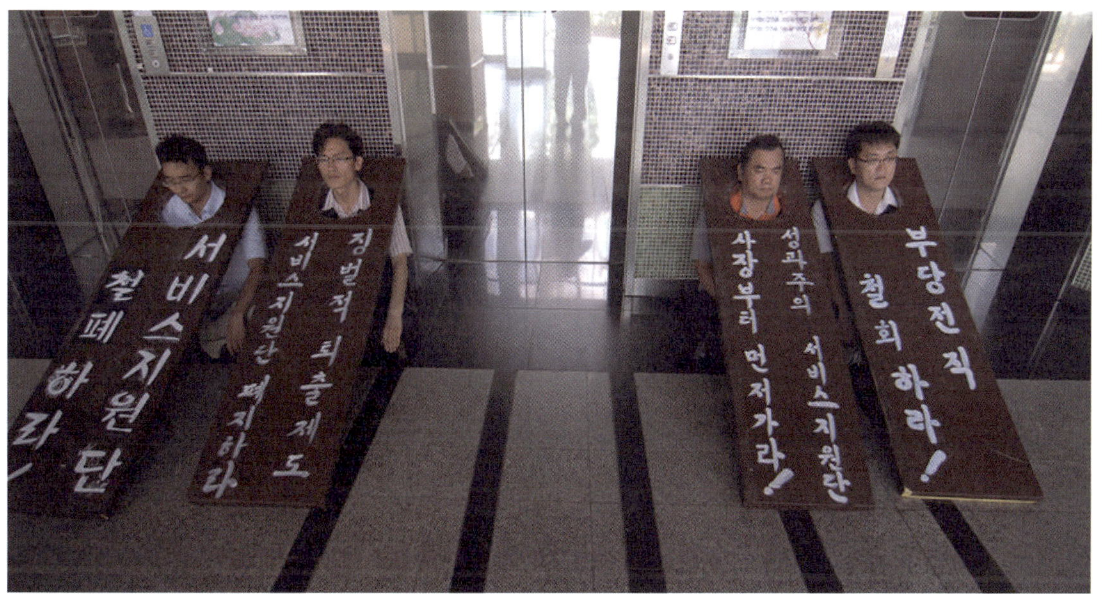

서비스지원단 반대 역무지부 본사 항의 집회(2008.6.27.)

지원단이 사장 입맛대로 고령자와 고직급자를 쫓아내기 위한 퇴출시스템이라며 반대 입장을 재차 밝혔다.

공사는 서비스지원단 운영 강행 의사를 굽히지 않았다. 김인환 경영본부장은 서비스지원단 운영은 공사의 방침이라며 계속 추진하겠다고 했다. 노사협의회는 서비스지원단을 둘러싼 노사 공방으로 다른 안건은 논의하지 못한 채 종료됐다.

7월 1일 공사는 서비스지원단 공모 공문을 전 부서에 보냈다. 공모 자격은 3급 이상 직원이었다. 1차로 15명을 공모한다고 했다. 공모기한은 7월 6일까지였다. 이와 관련 공사는 지원자가 없을 경우 강제 차출에 나설 것이라고 밝힌 바 있다.

모 본부장은 서비스지원단 성격에 대해 부산시가 문제 공무원 교육목적으로 시행한 '현장업무지원단'과 같은 것이라고 했다. 업무 능력이 모자라거나 근무 태도가 불성실한 직원을 선별해 서비스지원단에 배치할 계획이라는 언론보도도 나왔다. 노동조합이 예상했던 퇴출시스템임을 짐작할 수 있는 정황들이었다.

노동조합은 7월 2일 본사에서 조합원 결의대회를 열었다. 장대비가 쏟아졌지만 300명 넘는 조합원들이 모였다. 본사 집회 후 조합원들은 부산역에서 열린 민주노총 총파업 승리 결의대회까지 함께했다.

노동조합은 다시 7월 10일 조합원 결의대회를 열었다. 참여 조합원도 1차보다 많은 700여 명이 모였다. 집회는 저녁까지 이어졌다. 야간근무 조합원들이 빠지고 주간근무를 마친 조합원들이 대신 자리를 메웠다. 공사는 집회를 이유로 10일 열기로 한 노사협의회를 무산시켰다. 집회가 야간까지 이어진 이유이기도 했다.

김태진 위원장은 서비스지원단 불법 부당인사 발령 행동지침을 발령했다. 서비스지원단 발령을 거부하고 기존 근무를 유지하라는 내용이었다. 김

서비스지원단 반대 본사 로비 선전전과 결의대회(2008.7.)

태진 위원장은 행동지침에 따른 모든 책임은 노동조합이 진다고 했다.

낮부터 밤까지 이어진 집회 참여 연인원은 1000명이 넘었다. 서비스지원단에 대한 조합원들의 우려와 분노를 느낄 수 있었다.

3 2008년 단체교섭 투쟁과 타결

2008년 단체교섭 시작

2008년 단체교섭이 시작됐다. 노동조합은 8월 8일 공사와 상견례를 겸한 첫 협상을 했다. 사전에 조율한 교섭 절차합의서 작성 및 서명까지 무난하게 진행했다.

이에 앞서 노동조합은 7월 18일 임시대의원대회를 열어 하반기 사업계획과 2008년 단체교섭 요구안을 심의, 확정했다.

하반기 사업은 3대 핵심사업과 6대 일상사업으로 구성됐다. 3대 핵심사업은 △구조조정, 경영혁신 분쇄투쟁 △2008년 임단협 승리 △산별노조 전환을 확정했다. 6대 일상사업으로 △노동기본권 및 사회 공공성 강화 △노동조합 활동 활성화와 간부역량 강화 △지하철노동자 건강권 확보 △여성 및 일용직 조합원 권익확대와 조합원 생활복지 강화 △비정규직 사업 △각 위원회 활성화를 확정했다.

2008년 단체교섭 요구안은 임금 요구안, 현안 요구안, 단체협약 갱신 요구안으로 이뤄졌다.

상반기 한 차례 확정했던 임금 요구안은 상황변화에 따라 수정됐다. 먼저 임금인상 요구율은 총액 대비 9.4%로 확정했다. 수정된 한국은행 경제전망(2008.7.1. 기준)을 근거로 요구율을 정했다. 인상금액은 전액 호봉급에 정률 반영을 요구하기로 결정했다.

임금제도 개선과 관련해선 △퇴직금 중간정산 개선 △위험수당 신설 △각종 수당 개선 △급식비 인상(현행 7만 원→10만 원) △보육수당 신설(만6세 이하 자녀 직원 자녀 당 월 10만 원 지급)을 요구하기로 확정했다.

단체협약 갱신 요구안은 퇴직수당 신설 등 39개 조항에 이르는 갱신 요구안을 담았다.

한편, 노동조합은 8월 11일 서비스지원단 철회 및 2008년 단체교섭 승리 결의대회를 열어 공사 압박을 이어갔다. 부산시청 앞에서 서비스지원단 철회 1인시위도 시작했다. 조합원 5명이 노동조합 행동지침에 따라 서비스지원단 발령을 거부하고 투쟁 중이었다.

공사 개악안 제시

공사가 8월 19일 열린 2차 교섭에서 개악안을 내놨다. 개악안에는 임금동결, 연봉제 확대, 임금피크제 적용, 정년 축소, 효도휴가 폐지, 유급휴일 축소 등이 담겨 있었다.

공사는 개악안 제시와 관련해 2002년부터 급격하게 악화된 경영수지로 어렵다며, 경영개선을 위해 불가피하다고 말했다.

노동조합은 바로 반박했다. "3호선, 양산선 등 노선이 늘수록 적자 폭도 늘고 있다. 그 책임이 누구에게 있냐"며 공사를 추궁했다.

2차 교섭은 공사가 제시한 개악안 제안 설명 뒤 바로 서비스지원단 문제 중심으로 진행했다. 노동조합은 서비스지원단 완전철회를 요구했다. 공사는 서비스지원단이 지하철 질서유지와 불성실한 직원에 대한 특별교육프로그램 목적으로 시작했다며 계속 시행하겠다고 말했다.

노사는 필수유지업무협정을 위한 교섭도 시작했다. 교섭 절차합의서에 따라 세 차례 계획으로 첫 교섭은 8월 14일 열어 노동조합 요구안을 제안 설명했다. 노동조합은 필수유지업무 유지율과 관련해 전체 대상 인원 1492명

■ **노동조합의 필수유지 대상직무 범위 및 유지비율**

필수유지 대상직무	대상인원(명)	필요인원(명)	유지비율(%)
본선열차 운전업무	436	82	18.8
관제업무(기지운전취급 포함)	149	31	20.8
전기시설, 설비유지관리업무	244	33	13.5
신호시설, 설비유지관리업무	176	30	17.0
통신시설, 설비유지관리업무	112	27	24.1
차량 일상적인 점검, 정비업무	199	45	22.6
선로점검, 보수업무	176	32	18.2
합계	1492	280	18.7

중 280명(18.7%)을 필수유지업무 인원으로 제시했다.

8월 26일 4차 교섭에서 노사가 서비스지원단 문제에 관한 접점을 찾았다. 노사는 서비스지원단 발령을 거부하고 원직 사수 투쟁 중인 조합원 5명이 서비스지원단으로 복귀하여 정상 근무할 경우 3개월 이내 원래 근무지로 복귀히는 것으로 합의했다. 또 5명에 대해 인사상 불이익을 최소화하도록 적극 노력하기로 했다. 그리고 조합원의 서비스지원단 배치는 조합의 합의 없이 할 수 없도록 했다. 단, 그 기한을 2008년 연말까지 한정했다.

이에 앞서 공사는 8월 21일 3차 교섭에서 서비스지원단 문제 해결을 위해 실무협의를 요청해 실무협의가 진행됐다. 실무협의에서 공사는 조합원 5명이 서비스지원단에 복귀하고, 이에 따른 원직 복귀, 인사상 문제, 서비스지원단 운영 문제를 협의하자고 제안했다. 노동조합은 서비스지원단 철회 및 발령자 원직복귀 원칙 아래 협의를 진행했다. 실무협의가 계속 이어진 끝에 25일 접점을 찾았다. 그런데 공사 임원회의에서 조합원 서비스지원단 발령 시 조합과 합의 조항에 제동을 걸었다. 경영권 침해란 것이었다.

실무협의 쟁점은 26일 4차 본교섭으로 넘어왔다. 본교섭에서도 논쟁이 이어졌다. 실무협의까지 거친 끝에 노사가 한발씩 물러섰다. 노사는 조합원 서비스지원단 배치 시 조합과 합의를 조건으로 시행하되, 조합과 합의 조항은 2008년 연말까지 한시적으로 적용하기로 합의를 했다.

간접고용 비정규직 노동자 조합가입 길을 튼 규약 개정과 운수노조 전환 가결

9월 23일 11차 교섭에서 노사는 임금 문제를 다뤘다. 공사는 임금동결 주장을 이어갔다. 부산지하철이 부산시 산하 공기업과 다른 지하철보다 임금 수준이 높아 임금동결은 불가피하다는 것이다. 임금제도 개선 요구도 대부분 총액임금제를 적용받기 때문에 받아들일 수 없다고 했다.

노동조합은 공사의 임금동결 주장에 즉각 반박했다. "그동안 정부의 임금 통제로 임금은 제자리걸음이다" "그사이 물가는 폭등했지만, 물가상승률에도 못 미치는 임금인상으로 실질임금은 오히려 감소했다" "임금동결 주장의 타당성을 찾을 수 없다"고 했다.

노사 교섭은 12차, 13차, 14차 교섭으로 이어졌다. 진척은 없었다. 접점을 찾지 못하고 지루하게 공방만 오갔다. 노동조합으로선 돌파구가 필요했다.

2008년 투쟁 승리 조합원 결의대회(2008.10.2.)

10월 2일 노동조합은 조합원 결의대회를 열었다. 1100명이 모였다. 투쟁 결의를 다지고 공사를 압박했다.

15차 교섭이 열린 10월 7일, 노동조합은 잠정 교섭중단을 선언했다. "공사가 개악안 철회를 안 한 상태에서 교섭을 계속 이어갈 수 없다"며 "공사가 개악안을 철회하면 공사가 요청한 다양한 방식으로 교섭을 재개하겠다"고 말했다.

노동조합은 10월 10일 대의원대회를 열어 참석 대의원 만장일치로 쟁의 발생을 결의했다.

10일 대의원대회에선 또 하나 중요한 결정을 했다. 산별노조 전환 결의 그리고 간접고용 비정규직 노동자들의 조합가입 길을 트는 규약 개정(안)을 통과시켰다.

노동조합은 10월 21~23일 사흘 동안 쟁의행위에 관한 조합원 찬반 투표를 했다. 산별노조(운수노조) 전환 투표도 함께 실시했다.

쟁의행위 조합원 찬반 투표 결과는 가결이었다. 조합원 2897명 중 2553명(88.1%)이 투표하여 1883명(73.8%) 찬성으로 가결됐다. 산별노조 전환 건 역시 1960명(76.8%) 찬성으로 통과했다.

잠정합의, 대의원대회 무난히 통과

공사가 변화 조짐을 보였다. 노사는 10월 24일 16차 교섭, 10월 28일 17차 교섭을 진행했다. 공사는 임금동결에서 1.5% 인상안을 내놨다. 일부 안건에서 의견 접근도 있었다.

한편, 부산지방노동위원회는 10월 26일 부산지하철 필수유지업무 유지율을 51%로 결정했다. 열차운전 분야 유지율의 경우 출근시간대 100%, 퇴근시간대 75%로 결정했다. 이어 10월 28일 늦은 밤 부산지방노동위원회는 조정종료를 선언했다.

시청 앞에서 연 2008년 투쟁 승리 비상총회(2008.11.6.)

노동조합 쟁대위는 11월 7일을 파업 돌입 D-day로 최종 결정했다. 노동조합은 7일 새벽 승무지부를 시작으로 시한부 파업을 예고했다. 필수유지업무제도를 감안한 투쟁 전술이었다.

D-day를 하루 앞둔 11월 6일 아침 출근시간도 지난 오전 10시쯤 부산시청 광장에는 야간근무를 마친 지하철노동자들이 모여들고 있었다. 비상총회 참석을 위해서였다. 집회시간인 10시 30분쯤 광장은 지하철노동자들로 꽉 찼다. 대략 1000명은 넘어 보였다.

6일 오후 3시 노동조합은 공사와 최종 담판에 나섰다. 팽팽한 공방이 이어졌다. 노사는 다섯 차례에 걸친 정회와 속개를 반복한 끝에 오후 10시 20분쯤 잠정합의안을 도출했다.

11월 13일 노동조합은 임시대의원대회를 열었다. 잠정합의안을 심의, 의결하기 위해서였다. 참석 대의원들은 51명 중 찬성 46명으로 잠정합의안을 승인, 통과시켰다.

대의원대회를 통과한 노사합의 주요 내용을 살펴보면 먼저 임금 부문에서 총액 대비 3% 인상(호봉급 정률 100% 반영)에 합의했다.

일용지 조합원의 경우 △일용직 일급(3만2010원→3민3200원) 인상 △명칭 변경(일용직→상용직), 2006년 무기계약직 전환 합의에 따른 명칭 변경 △2009년부터 생활안전수당 3만 원 지급 △운전분야 자격증 소지자 면허수당 월 2만 원 지급 △2009년부터 직원과 동일한 지급률 및 기준으로 개인성과급 지급 △월급제 도입을 위한 노사공동위원회 구성, 운영을 합의했다.

단체협약 부문 주요 합의내용을 보면 △통상근무자 유급휴일(제헌절, 한글날) 폐지와 통상근무자 연 2일 격려휴일 부여 △교대, 교번 근무자 전국동시선거일 휴일수당 지급 △청원휴가 4개 항목 6일 축소 △공조회 자판기 운영권 2011년 공사에 귀속, 귀속 후 3년간 수입금 보전 △육아휴직기간 당해 영유아가 생후 1년까지를 생후 3년까지로 연장 등이 담겼다.

이밖에 행정조치 사항으로 △지정휴일 결재방식 본인등록 방식으로 변경 △기관사 위로휴가 취업규칙 중 제26조 제3항을 준용하여 적용 △구명역 기술분소, 승무소 침실 이전 추진 △역무설비관리팀을 전자팀으로 부서명칭 변경 등을 합의서에 포함시켰다.

노동조합은 잠정합의안 승인, 통과에 따라 11월 17일 공사와 공식 조인식을 갖고 2008년 단체교섭투쟁을 마무리했다. 이어 노동조합은 협약 인준에 따른 조합원 총투표를 11월 18~20일까지 실시했다. 결과는 투표자 2377명 중 2275명(95.7%) 찬성이었다. 조합원들은 집행부에 신임을 보냈다.

차기 공사 사장에 안준태 부산시 행정부시장 선임

12월 26일 허남식 부산시장이 31일로 임기가 끝나는 김구현 공사 사장 후임으로 안준태 현 부산시 행정부시장을 선임했다. 초대에 이어 2대 사장까지 부산시 관료가 공사 사장으로 들어왔다. 사장추천위원회가 복수 후보를 추천하는 절차를 거치도록 되어 있지만, 형식적 절차에 불과하다는 것이 다시 한번 확인했다. 실제 사장 공모 전부터 부산시 고위 인사가 차기 공사 사장으로 갈 것이라는 하마평이 무성했다.

노동조합은 하루 70만 명이 넘는 시민이 이용하는 부산지하철 운영을 비전문적인 부산시장 인맥 인사에게 맡겼다며 비판했다. 노동조합은 지하철 운영에 문외한이 낙하산 사장으로 와 묻지마 구조조정을 밀어붙여 지하철 공공성과 안전이 뒷걸음질 쳐 왔다고 낙하산 인사의 문제점을 지적했다.

이어 노동조합은 낙하산 사장 선임을 막지 못했지만, 앞으로 경영진 선임 과정에 정실 인사에 대한 감시의 눈길을 멈추지 않을 것이라고 밝혔다.

4 ▌ 공기업 선진화 방침과 반송선

10% 인력 감축하라

이명박 정권은 2007~2008년 글로벌 경제위기를 빌미로 공공부문 노동자들을 거세게 옥죄어 왔다. 2009년에도 공기업노동자 옥죄기는 멈추지 않았다. 공기업 선진화 방침이 그것이다.

그런 가운데 새해 벽두 부산시가 부산지하철노동자들을 향해 선전포고했다. 2009년 1월 1일 부산시는 시 산하 공기업 구조조정 계획을 밝혔다. 10% 인력감축, 임금동결, 10% 예산삭감 등이 그것이다.

부산시가 밝힌 계획을 보면 부산지하철은 2012년까지 직원 370명을 감축해야 한다. 또 2010년 개통 예정인 반송선(4호선)에 필요한 신규인력 200명을 증원하지 못하게 되어 있다.

그렇게 정규직 인원을 줄이면서 대졸 인턴사원 105명을 뽑는다고 하니 이건 또 무슨 꿍꿍인가? 그것도 10개월짜리 인턴사원이다. 그런데도 1월 9일 마감한 인턴사원 모집에 412명이 몰려들었다. 월 100만 원 10개월짜리 임시직 인턴 일자리에 3.9대 1 경쟁률을 보인 것이다. 부산의 청년실업 문제가 얼마나 심각한지 보여주는 예였다. 정규직 일자리 없애고 10개월짜리 임시직 투입하는 게 일자리 나누기인가?

한편, 공사가 2호선 양산구간 열차 증편계획을 내놨다. 공사는 3월부터 양산구간 배차간격을 평시 19분 30초에서 13분으로 줄이겠다고 밝혔다. 그런데 2호선 배차간격은 30초 늘리겠다고 밝혔다. 양산구간 이용 승객 민원 해결을 위해 기존 2호선 배차간격은 오히려 늘리겠다는 것이다. 아랫돌 빼 윗돌 괴는 식이다. 기관사 2명만 더 투입하면 양산구간 배차간격을 19분 30초에서 13분으로 줄일 수 있다. 15명 더 투입하면 양산구간 포함 2호선 전체 배차간격을 평시 6분 30초로 맞출 수 있다. 이렇게 인력 문제가 쟁점으로 떠

이명박 정권의 공공부문 노동자 옥죄기에 항의하는 촛불투쟁이 2008년 여름을 더 뜨겁게 했다.
부산지하철 노동자들은 MB OUT을 외치며 투쟁에 함께했다.(2008.6.10.)

올랐다.

노동조합은 2월 18일 정기대의원대회를 열어 2009년 사업계획을 확정하고, 본격적인 투쟁 준비에 들어갔다. 주요 사업은 △사회공공성 강화 △지역연대 강화 △산별노조 건설 △비정규직 철폐 투쟁 △2009년 단체교섭 투쟁으로 설정했다. 이 가운데 한해를 관통할 투쟁으로 반송선 직제를 중심으로 한 구조조정, 인력감축 저지 투쟁으로 판단하고 투쟁 전술 등 대책 마련에 나섰다.

이즈음 공사의 움직임도 심상찮았다. 공사는 3월 23일 전 부서에 인력운영 효율화 방안을 제출하라고 지시했다. 부산시가 요구한 인력 10% 감축 지시 실행을 위한 준비에 나선 것이다. 10% 인력감축과 관련해 이명박 정부는 최근 일정을 앞당겨 올해 안으로 서둘러 추진하라고 재촉하는 것으로 알려졌다.

공사가 내놓은 인력운영 효율화 방안에는 직렬별로 인원 감축을 위한 구체적 내용이 담겨 있었다. 역무분야의 경우 관리역 확대와 역 전체 민간위탁 등이 들어있다. 차량분야는 검수 주기조정(연장)과 검수 통합운영, 기술 분야는 아웃소싱과 근무형태 변경, 분소 통합 등이 담겼다.

반송선 운영방식은 5無제도

공사가 2010년 12월 개통 예정인 반송선 운영방식으로 5無제도를 들고 나왔다.

열차는 無人운전 시스템을 도입한다고 했다. 승무원 없이 자동제어시스템으로 열차를 운행한다는 얘기다. 또 원격 감시, 제어 시스템에 따라 역사에 직원을 상주시키지 않겠다고 했다. 역장도 없고(無역장), 역무원도 없다.(無역무원) 당연히 매표소도 없다(無매표소). 여기에 각종 설비와 시설 관리를 위한 조직도 없다(無분소). 그뿐이 아니다. 효율적인 인력 운영을 위해 기존 9개 직렬을 5개 직렬로 재분류한다고 밝혔다. 반송선 모든 구간의 차량 운행과 역무 관리 및 승객 안전관리를 종합관제소에서 원격으로 제어하는 무인시스템으로 운영하겠다는 것이다. 1인 다기능화로 노동력 착취를 극대화하겠다는 계산이다. 안전과 편익서비스 최악의 반송선이 될 판이었다.

노동조합은 반송선 5無제도 도입과 관련해 문제 제기와 함께 반대 입장을 분명히 했다.

반송선은 총연장 12.7km, 14개 역(지하 8역, 지상 1역, 고가 5역)을 두고 있다. 지하역을 포함하는 도시철도를 무인운영시스템으로 구성하는 것은 유례가 없다. 지하터널 구간에선 안전요원의 부재가 대형사고를 유발할 위험이 높을 수밖에 없다. 화재라도 나면 급박한 상황에서 승객들은 우왕좌왕하다가 대량 사상사고로 이어질 개연성이 높아진다. 2003년 대구지하철 참사가 그랬다.

반송선이 통과하는 반송지역은 부산지역에서 대표적인 교통낙후 지역이다. 특히 반송지역은 임대아파트 밀집 지역으로 전체 주민 5만6000여 명 중 장애인은 3000여 명으로 장애인의 거주비율이 높고 노약자의 비율도 높다. 장애인, 노약자 등 교통 약자의 이용률이 높은 반송선은 다른 노선보다 안전 및 편리성에 중점을 두는 게 논리에 맞다.

5 ﹥ 2009년 단체교섭 투쟁과 6·26파업

2009년 단체교섭 시작

노동조합은 4월 17일 부산시청 광장에서 단체교섭 투쟁 승리를 결의하는 집회를 했다. 800명이 넘는 조합원들이 함께했다. 투쟁 시작을 알리는 집회였다. 청소용역노동자들, 청년, 장애인도 함께했다.

노동조합은 4월 21일 공사와 2009년 단체교섭을 시작했다. 반송선 5無제도에 시민들 반응이 심상치 않았다. 공사도 그 기류를 느낀 듯 '5無제도' 용어 사용을 금했다. 4월 28일 열린 2차 교섭에서도 공사는 "반송선 '5無제도'는 서울에서 만든 용어를 공사 실무자가 잠시 차용한 것에 불과하다"고 했다. 또 공사는 "반송선 인력과 관련 반송선 운용방안 용역 결과를 본 후 인력계획을 잡을 것"이라며 "아직은 계획이 없다"고 했다.

4월 29일 반송지역 주민들 요청으로 반송선 설명회가 열렸다. 주민들은 무인운전, 무인운영에 우려가 컸다. 설명을 맡은 우진산전 관계자는 주민들이 우려하고 궁금해하는 사안들에 제대로 답을 하지 못했다. 설명회가 오히려 불안을 증폭시킨 꼴이었다.

이에 앞서 노동조합은 4월 10일 임시대의원대회를 열어 단체교섭 요구안을 확정했다.

대의원대회를 통과한 주요 임금 요구안을 보면 △총액 대비 3% 인상(전액 호봉급, 정률 100% 반영) △상용직 임금 일비 9000원 인상을 요구하기로 했다.

임금제도 개선과 관련해선 △직급보소비 선 식급 확대 지급 △수당산식 조정(174%) △가족수당 개선(공무원과 동일 지급) △급식비 인상(7만 원→10만 원)을 요구하기로 했다.

직제와 인원 부문에선 반송선 직제와 관련 무인운전, 무인역 운영계획 폐지, 외주용역 등 구조조정 철회 등의 내용을 담았다.

인력 부문에선 먼저 반송선 개통 인력으로 520명 채용 요구를, 양산구간 33명 신규인원 채용 요구를 담았다. 그리고 2010년 하반기까지 퇴직자를 비롯한 정원 대비 결원 충원 요구를 담았다. 그리고 공공성 강화, 해고자 복직 등 현안 요구안도 담겼다.

5월 12일 노사는 5차 교섭을 열었다. 반송선 인력배치와 부산시의 10% 인력감축 지시가 쟁점이었다. 공사는 반송선 무인역 운영 방식을 부인했다. 노동조합이 요구한 구체적인 인력배치계획 제출에 대해선 연구용역 결과가 나오면 제시하겠다고 했다. '10% 인력 감축'과 관련해서도 아직 확정된 것이 없다고 했다.

임금 부문을 다룬 14일 6차 교섭에서 공사는 임금동결을 주장했다. 그 외 임금제도개선 요구는 재원 부족을 핑계로 거부했다.

쟁의절차 밟다

교섭 횟수가 열 차례를 넘어섰지만 여전히 진척이 없었다. 언제나 그랬다. 공사는 노동조합이 행동으로 나서기 전까진 미동도 없었다. 어느새 습관이 됐다.

그러한 공사와 무의미한 교섭으로 시간만 죽일 순 없었다. 노동조합은 6월 4일 12차 교섭에서 교섭 결렬을 선언했다. 그리고 쟁의 절차를 밟기 시작했다. 투쟁 지원, 지지 세력 확보에도 나섰다.

부산지역 노동·시민단체들이 모여 부산지하철 반송선 정상운영을 위한 부산시민대책위원회(반송선 시민대책위)를 결성했다. 반송선 시민대책위는 6월 3일 민주노총 부산본부에서 전체 모임을 열었다. 반송선 시민대책위는 시민공청회 개최, 공동선전전, 지역정치인 질의서 발송 등의 사업을 결의했다.

6월 4일 교섭 결렬선언에 이어 노동조합은 9일 대의원대회를 열어 쟁의발생을 결의했다. 쟁의기금 사용, 임금 반납 결의, 쟁의대책위 구성 등도 의결했다.

6월 10일 노동조합은 부산시청 광장에서 3차 조합원 결의대회를 열었다. 대회 후 서면까지 거리행진에 나섰다. 거리행진 중에 반송선 무인운영시스템의 문제점과 신규인력 채용 필요성을 시민들에게 직접 호소했다.

노동조합은 6월 16일부터 18일까지 3일 동안 쟁의행위에 관한 조합원 찬반 투표를 순조롭게 진행했다. 찬반 투표는 전체 조합원 2890명 중 2547명 (88.1%)이 투표에 참여해 2011명(투표자 대비 79.0%)이 찬성해 가결됐다.

19일 만에 노사 교섭이 재개됐다. 공사 제안으로 6월 23일 13차 교섭이 열렸다. 실무 교섭이었다. 노동조합은 공사가 추진 중인 인력감축 전면 중단을 요구했다. 이어 반송선 개통에 필요한 인력 신규채용을 요구했다.

반면 공사는 정부와 부산시 지침을 들어 인력감축은 불가피하다고 맞섰다. 반송선 인력 문제도 기존 노선 구조조정을 통한 인력배치 후 부족인원에 대해서만 신규채용을 고려할 수 있다고 했다.

한편, 노동조합은 6월 25일 비상총회를 예고한 가운데 지부별로 총파업 대비 전술 훈련을 실시했다. 전술훈련은 조합원의 총파업투쟁 조직과 필수유지업무제도에 따른 파업전술 숙달을 위해 실시했다.

첫 필수공익사업장 파업

6월 25일 저녁 7시 노포창 주차장이 비상총회에 참여한 조합원들로 가득 찼다. 1700여 명은 훨씬 넘었다.

26일 파업을 예고한 가운데 25일 오후 3시부터 시작한 교섭에서 노동조합은 인력감축 중단과 반송선 개통인력 신규채용을 요구했다. 공사는 몇 차례 수정안을 제시했으나, 반송선 무인시스템과 인력감축 계획을 끝까지 고집했다.

공사는 25일 마지막 수정안에서 반송선 인력 255명 배치, 양산선 미개통역 개통인력 24명 배치, 결원인력 83명 배치를 제시했다. 이 가운데 신규채용 인원은 227명을 제시했다. 135명은 구조조정을 통해 충당하겠다는 얘기였다. 임금과 선택적 복지제도 등 기타 현안에 대해서도 끝내 접점을 찾지 못했다. 노동조합이 임금인상 3%를 신규자 채용기금으로 전환하자는 제안까지 했지만 공사는 받아들이지 않았다. 결국 교섭 시작 8시간 만인 저녁 10시 50분경 노동조합은 교섭 결렬을 선언하고 교섭장에서 철수했다.

교섭 결렬을 선언한 김태진 위원장을 비롯한 교섭위원들은 비상총회장으로 이동했다. 김태진 위원장은 밤 11시 10분 '반송선 무인시스템 폐기' '반송선 개통인력 전원 신규채용' '인력감축 폐기' 등 시민안전과 지하철노동자의 노동조건 및 고용 안정을 지키기 위한 파업을 선언했다.

2008년 필수유지업무제도 시행 후 첫 파업이었다. 필수공익사업장 첫 파업이기도 했다. 노동조합은 7일간 파업투쟁을 이어갔다.

6월 26일 파업 첫날 오전 10시, 노동조합 쟁의대책위원회는 파업출정식을 열었다. 필수유지업무자로 선정되어 근무 중인 조합원을 제외하고 모인 조합원은 1700명에 이르렀다. 출정식을 마친 조합원들은 서면을 지나 범내골 공사 건물까지 행진했다. 오후에는 지부별로 구역을 나눠 시민들에게 투쟁 정당성을 알리는 선전활동을 했다. 필수유지업무제도 시행 후 첫 파업, 쟁대위는 출퇴근 파업 방식을 택했다. 특별한 지역 일정이 없는 경우 시청광

조합원 비상총회(2009.6.25.)

시청 앞 파업 출정식(2009.6.26.)

파업2일차 투쟁보고대회(2009.6.27.)

파업3일차 영남권 시국대회(서면)(2009.6.28.)

파업4일차(2009.6.29.)

파업4일차(2009.6.29.)

파업6일차 조합원 한마당(2009.7.1.)

파업6일차 조합원 한마당(2009.7.1.)

파업6일차 조합원 한마당(2009.7.1.)

파업6일차 조합원 한마당(2009.7.1.)

장에서 파업투쟁승리 결의대회를 열고 오후에 지부별 활동으로 파업 프로그램을 진행했다. 6월 28일 파업 3일차, 조합원 2000명이 오후 5시 서면에서 열린 영남권 시국대회에 결합했다. 6월 30일 파업 5일차, 조합원들이 해운대 벡스코에 모였다. 노동조합이 마련한 진보연대 오종렬 대표의 강연을 듣기 위해서였다. 그 자리에서 파업투쟁 경과보고 등이 이어졌다. 7월 1일 파업 6일차, 쟁대위는 장기자랑, 체육대회, 퀴즈대회 등 다양한 프로그램을 진행했다. 파업 7일째인 7월 2일, 김태진 위원장은 7월 16일 2차 파업 준비를 위해 오후 6시부로 업무 복귀와 현장투쟁 전환 지침을 내렸다.

잠정합의 그리고 대의원대회 승인

7월 2일 오후 6시부로 조합원들은 업무에 복귀했다. 7일에 교섭도 재개했다. 교섭은 실무교섭으로 진행했다.

교섭이 진행 중인 가운데 중앙쟁의대책위원회는 16일 돌입하기로 했던 2차 파업 일시를 7월 23일로 연기했다. 민주노동당 김영희 시의원의 17일 허남식 시장을 상대로 한 시정질의 일정을 고려해 연기했다고 했다.

7월 17일 쟁대위는 시의회 앞에서 김영희 시의원의 시정질의에 맞춰 간부 결의대회를 열어 부산시를 압박했다. 김영희 시의원은 시정질의에서 반송선 무인운전으로 인한 안전 불안과 인력감축 추진으로 부산지하철이 연쇄 부실화가 예상된다며, 허남식 부산시장에게 대책을 강구하라고 요구했다.

노사는 세 차례 실무교섭을 거치면서 이견을 좁혀 나갔다. 실무교섭에서 잠정합의서 문안 성안까지 마쳤다.

4월 21일 교섭을 시작한 지 꼭 3개월만인 7월 21일 노사는 본교섭을 열어 실무교섭에서 성안을 마친 잠정합의 절차를 진행했다. 잠정합의안에 따르면 기존 정원 대비 288명을 증원하고, 236명을 신규채용하기로 했다. 임금은 동결이었다.

잠정합의안을 좀 더 자세히 보면 핵심 쟁점이었던 인력 충원 부분에서 현 운영구간 정원대비 288명을 증원토록 부산시에 승인요청하기로 했다. 또 2010년 상반기 내에 236명을 신규채용하기로 했다. 증원 요청하는 288명 중 255명은 반송선 개통인력이고 33명은 양산구간 미개통역 개통 관련 인력이다. 신규채용 인력 236명 중 120명은 반송선, 33명은 양산구간에 투입되고, 나머지 83명은 2010년까지 결원인력이다. 따라서 잠정합의에 따른 전체 필요인력은 371명(정원대비 증원인력 288명+2010년까지 결원인력 83명)이다. 그런데 잠정합의에 따른 신규채용 인력은 236명이다. 135명이 부족하다는 계산이 나온다. 이에 대해 공사는 실무교섭에서 인력 효율화 인원이라고 밝혔다고 노동조합은 설명했다. 135명은 일단 결원형태로 유지할 것으로 알려졌다. 물론 잠정합의안에는 관련 내용이 없다. 노동조합은 이후 반송선 무인운전 문제와 함께 투쟁과제라고 얘기했다. 이를 두고 사실상 노동조합이 구조조정을 인정한 것 아니냐는 얘기도 나왔다.

임금은 동결하기로 했다. 대신 가족수당은 차기 년부터 공무원 수준(배우자 월 4만 원, 셋째자녀부터 가산금 월 3만 원 지급)으로 적용하기로 했다. 또 4급 업무·연구보조비를 직급보조비로 진환하기로 했다. 그리고 2010년 3월부터 선택적 복지제도(연 90만 원)를 도입하기로 했다. 그동안 35세 이상에게 적용하던 종합건강검진(1인당 15만 원)을 전체 직원으로 확대 시행하기로 했다. 상용직 처우개선과 관련해 2009년 1월 1일부터 월급제를 시행하기로 했다. 그리고 2009년부터 직원 기관성과급의 40%를 지급하기로 했다.

노동조합은 8월 11일 임시대의원대회를 열어 2009년 단체교섭 협약체결에 관한 건을 상정했다. 참석 대의원들은 7·21잠정합의안 승인 여부를 심의했다. 표결에 들어갔다. 참석 대의원 64명 중 47명이 찬성했다. 반대는 16명이었다. 찬성표가 과반을 넉넉하게 넘어 잠정합의안은 통과됐다.

또 쟁의기간 임금반납 결의에 따른 특별조합비 공제 건도 만장일치로 의결했다. 노동조합은 대의원대회에서 특별조합비 공제를 의결함에 따라 8월 급여 지급 시 파업에 따른 임금 손실 조합원 공동 분담 작업에 들어갈 계획이다. 공동분담 작업은 조합원들의 8월 급여에서 일정 비율(6월 급여 총액 기준 12.3%) 공제 후 개별 손실에 맞춰 재분배하는 절차로 진행한다.

또 이날 대의원대회에선 2007년 파업 관련 희생자기금 집행도 결의했다. 이에 따라 2007년 파업 참가 조합원은 파업 참가로 인한 유·무결 손실분을 보상받게 됐다.

노동조합은 8월 18~20일 사흘 동안 단체교섭 협약 인준을 위한 조합원 투표를 했다. 개표 결과 전체 조합원 2882명 중 2357명(81.7%)이 투표에 참여하여 1851명(78.53%) 찬성으로 가결됐다.

노동조합은 6·26파업 마지막 후속 조치로 파업 불참자와 반조직행위자를 징계 처분했다. 쟁의기간 중 조합 탈퇴서를 제출한 49명 중 46명을 제명했다. 파업 불참자 등에 대해선 정도에 따라 정권 3년(5명), 정권 1년(240명), 정권 6월(37명), 정권 3월(37명), 경고(6명) 처분했다. 제명자 46명 가운데 현업 초급관리자이기도 한 3급과 4급이 36명이었다.

2009년 파업투쟁 성과와 아쉬움 그리고 한계

부산지하철노조는 6월 26일 파업에 돌입했다. 파업은 7월 2일까지 7일간 진행됐다. 필수유지업무자로 선정된 조합원을 제외하곤 전면파업이었다.

6·26파업은 필수유지업무 시행 후 필수공익사업장 첫 파업이었다는 점에서 의미를 둘 수 있다. 또한 이명박 정부의 공기업 선진화 정책을 반대하는 파업이었다. 부산지하철노동자들은 순순히 구조조정을 받아들이지 않는다는 걸 공사에 각인시켰다. 그리고 파업투쟁을 통해 운영 효율성 극대화에만 매몰된 반송선 무인화 시스템의 문제점을 부각시켰다.

이외 김태진 집행부는 내부 평가에서 △합법 파업 경험으로 파업투쟁에 대한 부담감 해소 △대규모 신규채용 확보 △무인역사, 1인 다기능화 무력화 △인력 효율화 미합의 등을 성과로 꼽았다.

아쉬운 부분은 공사의 인력 효율화 추진 중단을 합의안에 담지 못한 것이다. 공사는 반송선 개통인력 255명 중 120명만 신규채용하고 나머지 135명은 인력 효율화 혹은 결원유지로 해결하겠다고 했다. 구조조정을 통한 인력 효율화든, 결원유지 방식이든 모두 현장의 노동강도를 높인다. 집행부는 인력 효율화를 수용하지 않은 점을 성과로 평가하고 있지만, 인력 효율화(인력 감축) 저지가 파업투쟁의 주요 목표였다는 점에서 아쉬운 부분이었다. 이것은 곧바로 6·26파업 직전 공사 제시안과 7·21잠정합의안이 차이가 크지 않았다는 지적으로 이어졌고, 쟁대위가 예고했던 2차 파업 번복에 대한 문제 제기로 이어졌다.

그랬다. 6·26파업은 법을 지킨 합법 파업이었다. 그동안 부산지하철노동자들은 악법인 직권중재제도로 인해 점거와 농성 위주의 파업에 익숙했다. 대부분 불법 파업이었다. 탄압을 각오해야 했다. 그만큼 긴장감이 높았다. 파업에 임하는 조합원들의 각오도 결연했다. 파업을 통한 성과물보다는 '저항'이란 두 글자에 방점을 찍었다.

반면, 6·26파업은 출퇴근 파업이었다. 긴장도는 떨어졌다. 파업기간 중 필수유지업무 51%를 유지해 파업 위력 또한 확 줄었다. 공사에 대한 압박 강도 역시 줄었다. 파업이 길어질 수밖에 없었다. 파업 장기화가 파업 지도부에게 부담으로 작용했다. 필수유지업무제도 시행 후 파업투쟁에서 좀 더 다양하고 파업 위력을 배가할 수 있는 전술 개발이 요구되는 부분이다.

6 ⟩⟩ 간접고용 비정규직 노동자와 한 지붕 살림

노동조합은 부산지하철 사업장 내 외주용역 노동자들에게 조합에 가입할 수 있도록 문을 열었다.

노동조합은 9월 22일 임시대의원대회를 열었다. 상반기 회계감사보고와 결산 승인이 있었다. 그리고 중요한 결정도 있었다. 외주용역 노동자들이 조합 가입에 필요한 규약 및 규정 정비였다. 간접고용 비정규직 노동자들의 조합가입 길을 트는 규약 개정(2008.10.10. 대의원대회) 후속조치였다.

노동조합은 규약 개정 이후 조직개편 논의를 공식 회의체에서 여러 차례 토론해왔다. 간접고용노동자 조합 가입 1차 목표는 청소용역노동자들이었다.

당시 부산지하철 내에는 1000명이 넘는 청소용역노동자들이 7개 용역업체에 소속돼 일하고 있었다. 이 가운데 490여 명은 공공노조 부산공공서비스지부로 조직되어 있었다. 노동조합은 부산공공서비스지부와 통합 논의를 진행 중이었다. 9월에는 청소용역 노동자들과 통합 관련 공청회를 열어 조합원들의 의견을 듣고 공유하는 과정을 거쳤다.

그러나 현장 정규직 조합원 모두가 청소용역 노동조합과 통합에 흔쾌히 동의한 건 아니었다. 역무조합원의 경우 청소용역 노동자들과 한 역에서 같이 근무했다. 직접적인 작업지시를 하진 않지만 관행상 정규직 역무조합원이 갑의 위치에 있었다. 그런 만큼 정규직 조합원과 청소용역노동자 사이에는 오랜 관행으로 굳어져 온 정서, 보이지 않는 벽이 존재했다. 정규직 조합원 중에는 청소용역 노동자들을 같은 노동자로 보지 않는 사람들도 있었다. 그래서 일부 조합 간부들은 시기상조라고 통합에 반대하기도 했다.

현실적인 문제도 있었다. 조합 규약 규정에 따른 복지비와 기금 지출이 통합의 난관으로 등장했다. 9월 22일 대의원대회에서 통합으로 늘어나는 조합비보다 규약·규정에 따른 복지비와 기금 등 지출이 더 많아지는 현상을 지적하며 문제를 제기했다. 정규직과 비정규직 사이 임금 차가 커 조합비 수입은 적은데 조합에서 지출하는 복지비나 기금 등은 정규직 조합원과 동일하게 지급해야 하므로 발생하는 문제였다. 논의 끝에 조합 조직사업비와 임원의 판공비를 줄여 예산 문제를 해결했다.

10월 16일 마침내 부산지하철 정규직과 청소용역 노동자들이 한 지붕 살림으로 합쳤다. 통합은 청소용역 노동자 507명이 부산지하철노조에 일괄 가입하는 방식으로 이뤄졌다. 청소용역 노동자들은 서비스지부를 신설해 편제했다.

4부

정권의
공기업 노동자 권리 빼앗기에
맞선 저항

2010~2017

이명박 정부는 '성장'을 통해 일자리와 좀 더 나은 삶을 만들겠다면서 이른바 '747 공약'을 내놓았다. 그리고 '기업 프렌들리'를 내세워 구조조정과 정리해고로 노동자들을 집권 초기부터 공격했다.

하지만 이명박 정부는 출범 초기부터 전 국민적 저항에 직면했다. 2008년 5월 미국산 쇠고기 수입 재개 협상을 계기로 촛불투쟁이 시작되었다. 교육 문제, 대운하와 공기업 민영화 반대 및 정권퇴진 등으로 쟁점이 확대되었다. 노동자는 민영화 반대를 걸고 투쟁했고 이후로도 영리병원 도입을 막아내는 투쟁을 전개했다. 공공부문 노동자 투쟁은 국민들의 지지를 받았다.

이명박 정부의 노동정책에 저항하는 투쟁이 끊이지 않았다. 2008년 화물연대 총파업, 언론노조의 미디어 관련법 개정 반대 총파업, 2009년 쌍용자동차 노동자들의 평택공장 점거 농성과 2010년 운수노조 민주버스본부 총파업과 한진중공업 정리해고 반대 파업, 2011년 유성기업 노조 주간 연속 2교대제 요구 파업, KTX 여성노동자들의 투쟁, 2013년 철도 노동자 파업 등이 쉼 없이 이어졌다. 노동자 투쟁에 정부는 강압적인 방식으로 대응했다. 쌍용자동차 노동자들에 가해진 폭력 진압과 노동자들의 잇따른 죽음은 사회적 충격이었다.

이명박 정부와 자본은 복수노조 전면 시행을 노동조합 씨를 말리는 데 활용하고자 했다. 유성기업과 SJM처럼 경찰의 비호 아래 폭력배를 고용한 용역회사가 폭력을 자행하고, 노동부 비호 아래 창조컨설팅 같은 노동조합 파괴전문업체가 노조파괴에 나서며 살인적 폭력을 저질렀다.

이명박 정부는 4대강 정비 사업, 자원외교, 방산비리 등 이른바 '사자방'으로 끊임없이 문제제기를 받았다. 정부는 이유불문 저항세력에 폭력으로 대응했다. 용산참사는 한국사회에 큰 상처를 남긴 사건이었다.

이 속에 사회는 '양극화 심화'가 빨라졌다. 대기업과 중소 영세기업, 정규직과 비정규직, 남성과 여성의 양극화는 물론이고 세대별 간격도 심해졌다. 일자리는 둔화 또는 정체되었다. 그나마 늘어난 일자리는 대부분 비정규직이었다.

이명박 정부에 이어 등장한 박근혜 정부는 대선공약의 수정과 폐기, 가혹한 노동기본권 억압 등 반노동자 성격을 노골화했다. 여기에 2014년 한국사회는 깊은 충격에 빠진다. 제주로 수학여행을 가던 학생들과 수많은 사람이 탄 배가 바다로 가라앉는 장면을 실시간으로 지켜보아야 했던 것이다. 세월호 참사를 딛고 사회 각계각층이 모여 '국가란 무엇인가'라는 질문을 던지며 투쟁했다.

2015년 11월 민주노총은 민중총궐기 투쟁을 주도하며 이 투쟁을 이어갔다. 그 과정에 경찰의 물대포에 백남기 농민이 쓰러져 1년 가까이 사경을 헤매다 결국 운명했다. 경찰은 민주노총과 산하조직 사무실을 압수수색했고 민주노총 위원장을 포함한 많은 노동자를 감옥에 가뒀다. 이런 탄압에도 노동자들은 박근혜 정부의 일반해고, 취업규칙 불이익 변경 강행에 맞서 투쟁하여 이를 폐기시켰다. 공공부문 노동자들은 공공기관 성과퇴출제 일방 시행에 맞서 파업을 했다. 철도노조는 70여 일간 파업했다.

박근혜 정부가 시행한 각종 정책이 비선 실세에 의해, 그들의 이권을 위해 좌지우지됐다는 정황이 드러나면서 거리는 분노한 촛불로 메워졌다. 12

월 3일에 열린 6차 집회는 주최 측 추산 232만 명이 참가하여 대한민국 헌정사 최대 시위 기록을 경신했다. 대통령의 국민담화문도, '태극기' 집회도 촛불의 힘을 누르지 못했다. 비선정치에 놀아난 불통과 독재가 결국 국정농단, 국기문란으로 입증되면서 2016년 12월 9일 박근혜 탄핵안이 국회를 통과했고 다음해 3월 10일 헌법재판소는 박근혜 탄핵심판 인용 결정을 내렸다.

1

14대 집행부와
타임오프제도

1 ▶ 14대 위원장 선거, 박양수 후보 당선

노동조합 선거관리위원회는 14대 위원장 선거 일정을 공고했다. 투표일은 2009년 10월 13~15일까지였다.

14대 위원장 선거에 박양수 전 승무지부장과 현 김태진 위원장이 후보로 등록했다. 2파전이었다. 기호 1번 박양수 후보는 '새로운 전망 승리하는 투쟁'을 슬로건으로 내걸고 '소통'을 강조했다. 기호 2번 김태진 후보는 '단결! 연대투쟁! MB시대 희망입니다'를 슬로건으로 내세웠다. '서비스지원단 중단' 등 경험을 강조했다.

두 후보는 산별노조를 바라보는 시각에서 차이를 보였다. 김태진 후보는 2008년 산별노조 전환투표에서 조합원 결정을 실행하기 위한 구체적 계획을 마련하겠다고 했다. 반면, 박양수 후보는 공공운수 통합 산별노조 건설이

어려움에 봉착했다며 지역 중심의 산별노조 체계로 가야 한다고 주장했다.

10월 13일부터 투표가 진행됐다. 15일 저녁 개표 결과 징계자(정권)를 제외한 선거인 수 2520명 중 1968명(78.1%)이 투표하여 1013표(51.5%)를 얻은 박양수 후보가 14대 위원장에 당선됐다. 현 위원장으로 연임에 도전했던 김태진 후보는 867표(44.1%)를 얻었다.

박양수 당선자는 1998년 7.3파업투쟁 당시 신평승무지회장으로 구속, 해고됐다가 2000년 1월 복직했다. 2004년 7.21파업 종료 후 승무지부장을 역임했다.

2 ▶ 2010년 임단협 투쟁과 타결

조합원 요구 1순위, '승진적체 해소'

조합원들은 2010년 단체교섭 요구안 1순위로 승진적체 해소를 꼽았다. 또 많은 조합원이 '공사가 노사합의를 잘 지키지 않고 있다'고 생각하고 있는 걸로 밝혀졌다. 이 같은 사실은 노동조합이 실시한 조합원 실문조사에서 드러났다.

공사의 노사합의사항 준수 여부에 응답 조합원 693명 가운데 517명(75%)이 "잘 지키지 않고 있다"고 답했다. 이 같은 결과가 나온 것은 공사가 그동안 구조조정을 밀어붙이면서 1998년 1인승무 합의 파기, 2005년 1호선 차량중수선 외주용역 관련 합의 파기 등 노사합의사항들을 이행하지 않은 사실에 따른 것으로 판단된다.

노사분쟁 원인으로는 정부나 부산시 지침 때문(56%)이라는 답이 가장 많았다. 이어 효율성 위주 경영혁신(33%), 노동조합의 현실성 없는 요구와 강성 투쟁(11%) 순으로 나타났다. 조합원 대다수(89%)가 정부의 과도한 간섭에 따른 밀어붙이기식 경영혁신을 노사분규의 주요 원인으로 여기고 있음을 알 수 있는 설문결과다.

노사대립 시 해결책으로는 절반 이상이 쟁의 돌입 후 적정선에서 타협(52%) 문항에 답했다. 현실을 고려한 양보·타협(33%), 파업을 통한 노조 요구안 쟁취(15%)가 뒤를 이었다. 이런 응답 결과는 공사가 매년 노조가 파업 돌입 때까지 대안을 내놓지 않고 벼랑 끝 전술을 펴온 걸 봐왔기 때문으로 보인다.

조합원들은 또 승진 문제(42%)에 가장 불만인 것으로 드러났다. 이어 복지후생(25%), 근무여건(15%), 임금(13%) 순으로 나타났다. 승진 문제는 임단협 요구안을 묻는 주관식 질문에서도 가장 많은 조합원이 언급했다.

또 올해 임단협 교섭에서 꼭 이뤄졌으면 하는 것으로 조합원은 승진적체 해소, 임금인상, 후생복지 향상, 근로조건 개선 순으로 답했다. 많지 않았지만 해고자 복직을 요구한 조합원도 일부 있었다.

노동조합 정책 결정 과정에 대한 설문 답변에서도 조합원들의 불만이 녹아있다. 먼저 다수 조합원들이 조합의 의사결정 과정이 "민주적이지 않다"(69%)고 생각하는 것으로 드러났다. 그러나 결정 내용은 "나의 의견과 일치하는 경우가 많다"(9%), "어느 정도는 반영된다"(72%) 순으로 나타났다. 조합원들은 의사결정 과정을 비민주적 측면이 강하다고 생각하지만, 그 결과는 어느 정도 동의하는 것으로 판단된다.

노동조합 접근성과 관련한 설문에서는 응답 조합원 절반 정도가 노동조합이 폐쇄적(50%)이라고 답했다. 그 이유로 특정정당 당원이 주도하기 때문(56%)이라는 답이 가장 많았다. 이어 "상반된 의견을 말할 경우 어용이라는 소리를 들을 것 같아서"라는 답변도 33%를 차지했다. 또 노조와 조합원이 소통이 어려운 이유로 "간부들이 정치적 성향(이데올로기)에 얽매여 정서적으로 맞지 않아서"(40%)와 "조합원의 무관심"(39%)이 팽팽히 맞섰다. 정보

공개와 소통을 꺼리는 노조 간부 성향 때문이라는 답변도 22%가 나왔다. 이같이 많은 조합원들이 노조 간부를 정치적이라고 여기는 이유를 두고, 정부와 보수언론 영향과 무관치 않은 것으로 파악하는 간부들도 있었다.

이밖에 공사가 추진하고 있는 역무분야 기간제 근로자 활용 방안은 87%가 반대했다.

2010년 단체교섭 요구안 확정

승진적체 해소를 위한 방안 등 2010년 단체교섭 요구안이 최종 확정됐다. 임금인상 요구율은 7.4%(상용직조합원 9.7%)를 요구하기로 했다. 단체협약 부문은 현행 유지에 무게를 둬, 전체 126개 조항 중 현안 요구를 중심으로 24개 조항에 대해서만 개정 요구하는 것으로 정했다.

노동조합은 3월 17일 임시대의원대회를 열어 2010년 단체교섭 요구안을 확정했다. 이날 대의원대회에 참석(69/78명)한 대의원들은 원안을 일부 수정하여 만장일치로 통과시켰다.

대의원대회를 통과한 확정 요구안은 현안 요구안, 임금 요구안, 단체협약 요구안으로 되어있다.

현안 요구안에는 먼저 승진적체 해소 방안이 포함됐다. 기존 자동승진제를 유지하되 병목현상을 보여온 특정 직급에서 일정 연수를 근속할 경우 승진시키는 방안이다. 다시 말해 8급에서 5년, 6급에서 7년, 5급에서 8년 이상 경과하면 승진하는 안이다. 여기에 승진 TO가 있을 경우 해당년에 승진시키는 보완 조항이 들어있다.

소위안에는 없었던 인원 충원 요구사항도 현안 요구안에 포함됐다. 상집위 논의를 거치면서 현장조합원 의견이 반영돼 이번 대의원대회에서 확정됐다. 실제 현장에는 노선확장, 엘리베이터와 같은 자동화 설비 증가 등 업무여건 변화로 노동강도가 계속 증가하는데도 오히려 '결원율 5% 이내 유지'에 급급한 정원관리로 많은 어려움을 호소해 왔다. '시간나눔 프로그램'도 현안 요구안에 들어갔다. 시간나눔 프로그램은 휴가기부제로 병가휴직 조합원에게 휴가를 기부하는 걸 말한다. 요구안은 「단체협약 제34조(휴직) 제2항 제1호에 해당하는 휴직 조합원이 휴직기간(2년)이 경과하여도 휴직사유가 소멸하지 않을 경우 특별휴가(자기계발휴가)를 기부할 수 있다.」이다. 이 경우 기부 총 일수는 1년으로 정했다. 임금은 유급휴가 사용에 따른 실적급만 제외하도록 해 휴직으로 인한 임금손실을 최소화했다. 이와 관련 휴가 기부 기간 제한을 없애자는 주장도 있었으나 과반수 동의를 얻지 못했다.

상용직 조합원 관련 △청원휴가와 병가 그리고 유급휴일과 유급휴가를 일반 정규직 조합원과 같이 적용 △결원(퇴직 등) 발생 시 즉시 충원 △장기근속수당, 자격수당 신설 △성과급, 가족수당 일반직 조합원과 같이 적용을 현안 요구안으로 정했다.

그리고 △해고자 원직복직 및 해고기간 근속년수 인정 △양산선 추가운행에 따른 근무조건 개선을 위한 노사협의회 구성 △각종 사고 시 조합원 보호프로그램 마련을 위한 노사공동위원회 구성 △주5일제 시행에 따른 후속 조치로 「교대근무자 주간근무를 통상근무로 간주하며 주간근무 중 2일의 휴일(무급휴일, 유급휴일)을 보장하고, 보수규정시행령내규 제7조(제수당 지급기준) 8호의 업무지원수당을 지급한다.」가 현안 요구안에 들어갔다.

임금부문에선 총액대비 7.4%(상용직 조합원 9.7%) 인상 요구안이 확정됐다. 인상 방법은 전액 호봉급에 정률 반영하는 안이다. 별도로 상용직 조합원의 호봉제 도입 요구도 들어있다. 이번 임금인상 요구율은 경제성장률과 물가를 기초하여 매년 단체교섭을 통하여 임금인상을 결정한다는 단체협약 54조에 따라 한국은행이 발표한 2010년 경제전망을 근거로 정했다.

임금제도 개선 요구안도 통과됐는데 여기에는 △퇴직금 중간정산금 재원 확대 △퇴직금중간정산과 관련한 평균임금 산식 개선 △급식비 인상(7만

부산지하철노조 기획 최초 계단 선전물

원→10만 원) △가족수당 중 차남·여성 차별금지 등이 들어있다.

후생복지 요구안으로는 먼저 선택적 복지제와 관련해 복지금액을 1인당 50만 원 추가를 요구하는 안이 통과됐다. 현행 1인당 90만 원에서 50만 원을 추가하여 140만 원으로 인상하는 요구인데 복지금액에 대한 세금 부분이 감안됐다. 또 사내복지기금을 2011년부터 매년 10억 원씩 추가 출연하는 요구도 후생복지 요구안에 포함됐다. 사내복지기금은 2000년대 이후 아예 출연이 중단된 상태로 공사 규모를 감안할 때 출연금액 자체가 절대 부족한 상황이다.

단체협약 부문은 현행 유지에 무게를 둬, 전체 126개 조항 가운데 24개 조항에 대해서만 개정 요구하는 것으로 정했다. 주요 개정 요구로는 △조합원 1인당 연 8시간 조합교육 보장 △기구, 인력 변경 시 조합과 합의 △외주용역업체 계약 시 고용승계 보장 비정규직 노동자와 관련 동일가치노동 동일임금 지급 원칙 △15년 이상 된 직원이 사망으로 퇴직 시 명예퇴직금 지급

△보수교육 시 평정 미반영 △보건휴가 월 1회 유급 부여, 임신 중인 여직원은 월 1회 유급 태아진찰 휴가 부여 △유급육아휴직 신청 자격을 생후 3년 범위에서 6년 범위로 연장 등이 들어있다.

공사의 공연한 트집, 교섭 지연

3월 17일 노동조합은 2010년도 단체교섭을 3월 25일부터 열자고 공사에 정식 요청했다.

그런데 공사가 교섭을 거부했다. 노조 요구안에서 위법한 요구안을 빼야 교섭을 할 수 있다고 했다.

노사 실무협의가 3월 23일과 25일 잇달아 열렸다. 2010년 단체교섭 개최 문제를 논의하기 위해서였다. 공사는 단체교섭에 앞서 교섭안건 조정 등을 위한 예비교섭을 하자고 제의했다.

공사는 단체협약 가운데 노조 전임자 급여지급, 근무시간 중 조합활동, 상급단체 전임자 인정, 조합 소개시간, 출장 부분이 노동조합법에 저촉되어 위법이기 때문에 배제되어야 한다고 주장했다. 또 노조 요구안 가운데 해고자 복직, 외주용역업체 노동자 고용승계와 근무환경 개선 요구도 위법이라며 문제 삼았다. 2009년에 만들어진 필수유지업무 협정도 다시 하자고 했다. 아직 개통도 되지 않은 반송선을 그 이유로 들었다.

노동조합은 이러한 공사 주장에 대해 교섭을 지연시키려는 공연한 트집이라며 조건 없이 교섭에 응하라고 촉구했다.

공사는 계속 교섭을 거부했다. 공사가 개정 노동조합법을 들먹이며 위법 운운하고 있지만, 실제 속내는 교섭을 지연시키기 위한 술수임이 분명했다.

노동조합은 4월 8일 부산지방노동위원회(지노위)에 조정을 신청했다. 공사가 노조 요구안 가운데 일부 조항 배제를 강경하게 요구하며 교섭을 거부하고 있는 상황에서 의견 접근이 사실상 어렵다는 판단에 따른 결정이었다.

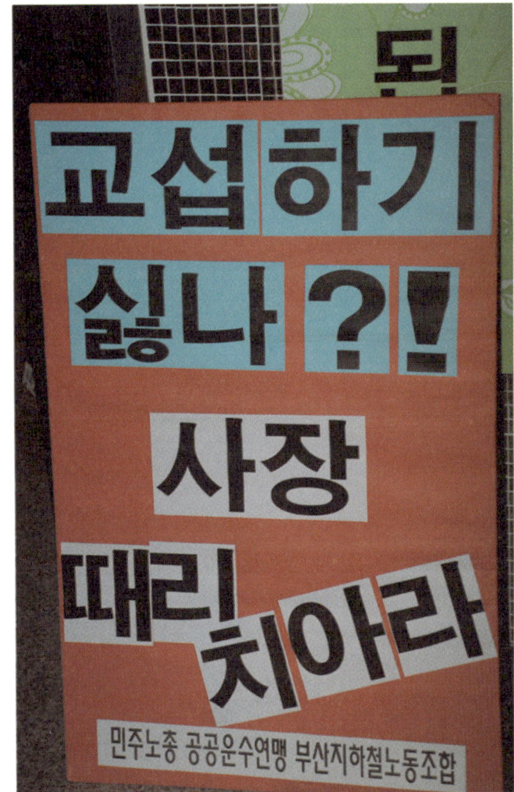

단체교섭 촉구 본사 집회(2010.3.30.)

교섭 요구 간부 집회(2010.4.7.)

교섭조차 이뤄지지 않고 있는 현 교착상태를 풀기 위한 불가피한 조치였다. 당연히 통상 쟁의행위를 위한 사전절차로 하는 조정신청과는 차이가 있었다. 박양수 위원장은 7일 본사에서 열린 현장간부 결의대회에서 "공사를 교섭석상으로 끌어내기 위한 조정신청"이라고 했다.

공사의 교섭 거부 사태가 한 달을 넘어섰다. 그사이 노동조합은 네 차례나 교섭 개최를 공식 요청했다.

부산지방노동위원회 주재로 두 차례 조정회의가 열렸다. 4월 16일 1차 조정회의에서 본교섭 개최를 위한 노사 실무협의를 하라는 조정위원의 권고로 19일 실무협의를 했다. 공사가 기존 주장만 되풀이하는 바람에 앞으로 나아가지 못했다. 4월 21일 열린 2차 조정회의에서도 공사는 노조 요구안 일부를 배제해야 교섭할 수 있다는 기존 주장을 되풀이했다.

반면, 노동조합은 교섭이 열리지 못하고 있는 책임이 공사에 있다는 취지로 의견서를 제출하고, 모든 문제를 교섭을 통해 풀자는 입장을 전달했다.

4월 23일 공사가 단체협약 개악안을 무더기로 내놨다. 공사는 23일 열린 조정회의 도중 임금동결 및 단체협약 개악안이 담긴 '공사 제시안'이란 문건을 내놓으며 올해 단체교섭에 대한 자신들의 속내를 일부 드러냈다.

공사는 제시안에서 2010년 임금동결(호봉승급분 제외)을 주장했다. 노조 전임자와 관련해서는 일체의 급여 및 운영비를 지급하지 않는 대신 단체협약에서 보장하고 있는 각종 조합활동에 대해서만 개악 노동조합법의 타임오프제(근로시간면제 한도)를 왜곡 적용하겠다는 의도를 분명히 했다. 노동조합법 24조의 전임자와 관련된 타임오프제를 전임자 부분이 아닌 대의원·대회를 비롯한 각종 조합회의 참석 등 조합활동 전반에 왜곡 적용하겠다는 얘기였다.

또 세부안을 제시하지 않았지만 △노조 동의를 받도록 되어있는 공사 규정 개폐 문제 △교섭 사항을 명시하고 있는 단체협약 제112조를 비롯해 공사가 불리하다고 판단하는 모든 조항을 개악하겠다는 의사를 명확히 했다.

승진제도와 관련해서는 자동승진제 폐지를 주장하며 '인사제도 실무협의회'에서 개선방안을 도출한다는 안을 내놨다. 인사제도 실무협의회는 노조 요구로 이미 구성되어 있지만, 공사의 교섭거부로 그동안 운영되지 않았다.

또 공사가 교섭 때마다 들고나오는 것으로 명예퇴직 요건을 15년에서 20년으로 강화하는 안을 올해도 내놨다. 월 소정근로시간을 174시간에서 209시간으로 변경하자는 안도 들고 나왔다. 그밖에 △교대·교번근무자의 설·추석 당일, 노조창립일 유급휴일 삭제 △퇴직휴가 폐지 △교육기간 중 연장근로수당 지급 삭제 등을 내놨다.

4월 27일 공사가 교섭 개최 의사를 밝혀 왔다. 공사는 4월 27일 실무접촉 때 교섭 개최 의사를 밝힌데 이어 28일 '본교섭을 위한 실무교섭'을 29일 열자고 공문을 보내 왔다.

공사는 공문을 통해 부산지방노동위원회 특별조정위원회에서 노사 성실 교섭을 권고했다며, 2010년 단체교섭 추진을 위한 본교섭 개최 시기, 교섭절차 등을 협의하기 위한 실무교섭을 제의한다고 밝혔다. 그동안 교섭 개최 전제 조건이었던 일부 노조 요구안 배제는 거론하지 않았다.

5월 3일 공사가 교섭 개최를 위한 노사 실무협의 자리에서 임금동결과 함께 단체협약 전면 개악안이 담긴 공사 제시안을 내놨다. 공사 제시안은 지난

시청에서 열린 임단협 승리 1차 조합원 결의대회(2010.4.23.)

지방노동위원회 조정회의 때 제시한 안을 구체화한 현행 단체협약을 전면 개악하는 내용을 담았다. 공사가 내놓은 단체협약 변경안은 총 126개 조 가운데 40개 조로 노조 요구안(24개 조)보다 오히려 많았다.

공사는 조합원 권익 보호와 고용조건 유지를 위한 인사개입 조항은 삭제하거나, '합의'는 '협의'로 바꿔 인사와 고용문제를 공사 마음대로 전횡하겠다는 의도를 노골적으로 드러냈다. 임금 등 노동조건도 많은 부분을 후퇴시켰다. 또 조합활동도 전면 통제하겠다는 속셈을 숨김없이 드러냈다.

공사는 노동조건과 관련해 소정근로시간을 174시간에서 209시간으로 변경해 각종 수당 계산 때 기준금액인 통상임금(시간급)을 약 20% 줄이는 안을 제시했다. 교대·교번근무자의 유급휴일(설과 추석 당일)을 없애는 안도 제시했다. 경조비와 간식비 같은 후생복지경비는 전액 삭감했다. 심지어 설과 추석 때 주는 기념품비도 전액 삭감했다. 소정근로시간 변경, 유급휴일 축소와 함께 사실상 임금 삭감안이었다.

인사 부문에서는 먼저 조합 간부에 대한 인사제한 조항을 모두 풀어 인사권을 통한 조합활동 방해를 막을 수 있는 장치를 사실상 해제시키는 안을 내놨다.

승진과 관련해서는 자동승진제를 없애고 인사제도개선 실무협의회에서 방안을 논의하자는 안을 제시했다(제30조). 자동승진제와 근속승진제 성격을 함께 가지고 있는 노동조합 안과는 근본적인 입장 차이가 보이는 부분이다.

고용과 관련해선 사실상 노사합의가 있어야 가능한 정리해고를 협의만으로도 가능하게 변경해 놨다(제44조).

산업안전과 보건 분야에서도 노동조합이 참여하고 감시할 수 있는 조항은 모두 삭제했다. 모두가 조합원의 안전과 건강과 관련된 조항들이다.

조합활동 부문에선 전임자에 대한 타임오프(근로시간면제)를 왜곡하여 대의원대회와 노사협의회 등 모든 조합활동을 타임오프 한도 내에 하도록 했다. 이 같은 공사 제시안은 올 초 경총이 내놓은 안을 그대로 베낀 것으로 확인됐다. 또 그동안 제공해온 조합사무실 유지관리비(전기, 전화, 수도 등)와 비품도 제공할 수 없다는 입장을 내놨다. 무급 전임자 급여 재원으로 쓰인 재정자립기금 지급 중단과 함께 노조 지원인력(상용직 1인)도 사실상 없애겠다는 입장을 제시했다.

2010년 단체교섭 막 올라

5월 7일 노사 상견례를 시작으로 2010년 단체교섭의 막이 올랐다. 노동조합이 3월 17일 공사에 3월 25일부터 교섭을 시작하자고 공식 요청한 지 약 50여 일 만이었다.

5월 11일 2차 교섭, 노동조합 요구안에 대한 제안 설명이 있었다. 이상국 사무국장이 현안 요구안, 임금 요구안, 단체협약 갱신 요구안 등 지난 3월 17일 대의원대회에서 확정한 단체교섭 요구안을 설명했다.

공사도 제시안을 내놨다. 공사 제시안에는 임금 분야 3개 항과 단체협약 분야 42개 항이 담겨 있었디. 공시는 제시인 근거로 운영 직자, 정부지침, 외부감사 지적사항 등을 들었다.

공사는 임금 부문에서 임금동결을 주장했다. 연봉제 3급까지 확대 시행도 다시 들고 나왔다.

단체협약 부문에선 조합활동 관련 조항 등 42개 항의 개악안을 내놨다.

5월 17일 노동조합은 대의원대회를 소집해 참석 대의원들 만장일치로 쟁의발생을 결의했다. 공사가 한 달여 간 교섭 회피로 인한 교섭일정 차질에도 불구하고 애초 노동조합이 세운 투쟁 계획대로 추진하겠다는 의지의 표현이었다.

노동조합은 5월 18일 서비스지부 단체교섭에 응하지 않고 있는 7개 용역

업체의 교섭해태와 관련해 부산지방노동위원회(지노위)에 부당노동행위 구제 신청서와 함께 조정신청서를 접수했다.

노동조합은 7개 청소용역업체에 이미 4월 20일 1차 교섭요청 이후 5차례나 교섭요청 공문을 발송했으나 교섭에 응하지 않았다. 교섭거부 이유는 단체협약 유효기간이 남았다는 이유였다. 노동조합은 7개 업체가 동시에 똑같은 이유로 교섭을 응하지 않는 것에 주목했다. 이들 7개 업체들이 의도적으로 교섭을 해태하고 있는 것으로 판단했다. 공사가 서비스지부 조합원이 부산지하철노조에 집단 가입한 것을 괜히 트집잡고 있는 것이 이와 관련 있는 것이 아닌가 하는 의구심을 제기하는 노조 간부들도 많았다.

쟁의발생 결의 후 5월 20일 열린 5차 교섭, 공사가 교섭에 적극적으로 나서는 등 태도에 작은 변화가 있었다. 교섭조차 거부했던 한 달 전에 비해서는 매우 달라진 태도였다.

이런 태도 변화는 5차 교섭과 인사제도 개선 교섭이 잇달아 열린 20일에도 확인됐다. 20일 오전 11시 열린 5차 단체(실무)교섭에서 공사는 몇 가지 진전된 안을 내놨다. 오후 열린 인사제도 개선 6차 실무교섭에서도 공사는 8급→7급 근속승진제를 제시했다.

먼저 오전 실무교섭에서 공사는 월 소정근로시간 변경(174시간→209시간)과 관련 임금보전 방안을 별도로 내놨다. 상용직 처우개선 부분과 관련해서는 성과급 지급과 관련해 별도 안을 고민하고 있다고 밝혔다.

또 양산구간 시격조정과 관련 책임 있는 간부가 참여하는 노사공동위원회 구성 요구와 관련해선 실무협의체 구성 입장을 고수했다.

성과급 통합과 관련해선 공사는 △최소 기본급 100% 보장 △퇴직 2년 남은 직원 퇴직금 중간정산 우선순위 부여 △퇴직년도 성과급 개인등급이 최하일 경우 한 단계 상향조정 등을 제시했다. 이 같은 공사의 성과급 관련한 제시안이 일정 부분 진전된 안이긴 하지만, 퇴직 시 성과급 차등 적용으로 퇴직금이 차등되는 문제점은 여전히 해소되지 않았다.

오후 인사제도 개선 실무교섭에서 공사는 8급에서 5년 이상 재직한 직원은 7급으로 승진시키는 안을 내놨다. 대신 승진임용배수에 포함되지 않은 자 등 승진 부적격자는 제외한다는 단서를 달았다. 이밖에 퇴직승진제도 제시했으나 명예승진 성격으로 특별한 의미는 없다. 그러나 공사는 6급에서 5급, 5급에서 4급의 근속승진제 수용은 받아들일 수 없다고 했다. 노동조합은 4급까지의 근속승진제를 재차 요구했다. 또 공사 제시안 가운데 단서 조항의 문제점을 지적하며 삭제를 요구했다.

쟁의행위 조합원 찬반 투표 가결

노동조합 투쟁 일정에 따라 5월 25일부터 27일까지 쟁의행위에 관한 조합원 찬반 투표를 했다. 노조 선거관리위원회는 5월 27일 오후 8시 40분에 재적 조합원 3398명 가운데 2816명(83%)이 투표에 참여해, 2014명(72%, 재적 조합원 대비 59%) 찬성으로 가결됐다고 개표 결과를 발표했다.

72% 찬성률은 예상했던 것보다 높은 수치였다. 노동조합 집행부는 짧은 교섭 기간에 서비스지부와의 통합 그리고 투표 권한이 제한된 조합 징계 중인 조합원이 210여 명에 달해 찬성률이 제대로 나올지 걱정이 많았다. 혹시 부결될 수도 있다고 걱정하는 조합 간부도 있었다.

노동조합은 쟁의행위 찬반 투표 결과가 노동조합의 자주성을 깔아뭉개는 정부지침 강요와 노조 무력화 시도에 대한 분노와 저항의 표현으로 분석했다.

한편, 노동조합은 쟁의행위 조합원 찬반 투표와 관련해 법적 다툼 소지를 없애기 위해 서비스지부 조합원 투개표 관리를 처음부터 마무리까지 분리했다.

서비스지부는 7개 청소업체와 별도로 단체교섭을 추진해 왔는데 이들 7

개 업체들이 교섭을 계속 거부해 노동조합에서 부산지방노동위원회에 조정 신청을 해 조정절차가 진행중에 있었다. 조정 종료일은 28일이었다.

6월 1일 노동조합은 조합원 총력결의대회를 열었다. 1500명이 모였다. 박 양수 위원장은 "노동조합 사활이 걸린 전임자 문제가 해결되지 않으면 교섭 마무리할 수 없다"면서도 파업 돌입에 대해서는 신중한 입장을 밝혔다.

노동조합 중앙쟁의대책위원회는 6월 2일부터 쟁의복 착용 투쟁에 들어 갔다.

교섭 걸림돌로 등장한 타임오프제

2010년 단체교섭에서 타임오프제도가 또 다른 걸림돌로 떠올랐다. 개악 노동조합법에 의해 7월 1일부터 전임자 급여지급이 금지됨에 따라 도입되 는 타임오프제도 적용 방식을 둘러싸고 노사 이견이 매우 커 접점 찾기가 쉽 지 않은 상황이었다.

노동조합은 타임오프제도가 전임자의 유급 근로시간면제에 국한되는 것 이라고 보고 있는데 반해 공사는 경총과 같이 그동안 단체협약으로 인정되 어온 근무시간 중 조합활동까지 타임오프 한도를 적용해야 한다고 주장했 다. 이 같은 사측 주장에는 타임오프제도를 빌미로 조합활동을 약화시키겠 다는 의도가 포함되어 있었다.

공사는 단체협약으로 인정되어온 조합원과 비전임 노조 간부들의 회의 참석과 같은 근무시간 중 조합활동을 노동부가 일방적으로 정한 타임오프 한도 외에는 유급으로 인정 못 한다고 주장했다. 심지어 법으로 명시된 산업 안전활동과 노사협의회, 고충처리활동마저 타임오프 한도 안에서 통제하겠 다는 의도를 숨기지 않았다.

노동조합은 반박했다. "사측 주장은 아무런 법적 근거가 없다"며 "타임오 프제는 노조 전임자가 적용대상"이라고 못 박았다. 실제 타임오프제도 탄생 자체가 노조 전임자 급여지급 금지에 따른 노동자들의 반발을 누그러뜨리기 위한 것이었다. 타임오프제는 유급 조합활동을 할 수 있는 범위를 정해 놓고 노조 전임자가 그 범위 내 조합활동에 대해선 임금을 주겠다는 것 이상도 이하도 아니었다.

그런데 경총의 주장을 앵무새처럼 되뇌고 있는 공사는 타임오프제를 빌미로 모든 조합활동까지 자기들 손아귀에 넣어 통제하겠다는 의도를 숨기지 않았다. 타임오프 한도 내에서만 근무시간 중 조합활동을 할 수 있다는 주장부터 시작해 타임오프 사용계획서 제출, 기존 법으로 보장된 산업안전활동, 노사협의회, 고충처리활동마저 타임오프 올가미에 넣어야 한다고 주장했다.

여기에 노동부는 명확하지 않은 애매한 표현으로 싸움을 부채질했다. 노동부는 6월 3일 내놓은 「타임오프 한도 적용 매뉴얼」에서 노동조합법 어디에도 없는 '근로시간면제자'라는 개념을 자의적으로 만들어 노조 전임자의 유급 조합활동 범위를 정한 타임오프제 취지를 왜곡하고 있다. 그뿐 아니라 모법의 위임입법 한계를 넘어 시행령을 통해 사용인원 제한을 기정사실화했다. 근로시간면세 내상업무 범위도 사의적으로 숙소 해석하여 제시했다. 심지어 헌법과 노동조합법이 보장하고 있는 쟁의행위를 불건전한 것으로 왜곡하여 타임오프 대상업무에서 제외했다. 대신 경총을 위시한 사용자 측 억지 주장에 대해선 애매한 표현으로 논란거리로 만들었다.

그렇게 사용자 편드는 노동부도 조합원과 노조 간부의 일상적인 근무시간 중 조합활동에 대해 단체협약에서 정할 경우 가능하다고 밝혔다. 노사정위원회 공익위원으로 활동한 이승욱 이화여대 교수도 「노동조합법 제24조의 취지는 노조 전임자의 급여지급 문제를 시정하기 위한 것으로 현재 단체협약 또는 관행에 기하여 유급으로 처리되고 있는 조합원의 일상적 조합활동은 타임오프제 영향을 받지 않는다」고 말했다.

청소용역업체 인건비 착취 시인

6월 9일 오후 3시 노동조합 회의실에서 서비스지부 1차 공동임금교섭이 열렸다. 7개 업체로 구성된 사측 위원들이 아무런 준비도 없이 참석해 시작부터 노조 쪽으로부터 무성의하다는 질타를 받았다. 사측 위원들은 7개 업체 사이 의견조율이 쉽지 않다며 양해를 부탁했다. 이날 노동조합은 올해 서비스지부 임금 요구안인 용역계약 시 인건비 설계대로 임금 지급 등을 요구하며 공사와 맺은 인건비 설계서를 근거로 제시했다.

이 같은 노조 요구에 사측은 설계서대로 임금을 지급하면 수지타산이 맞지 않는다며 설계서상 인건비 편법 사용의 불가피성을 주장했다. 노동조합이 사측 주장을 뒷받침할 수 있는 근거를 내놓으라고 하자, 준비를 못 했다며 다음 교섭 때 제출하겠다고 밝혔다.

이날 사측은 인건비 설계서 자체를 보지 못했다며 발뺌하기도 하고, 용역계약금액 자체가 낮게 책정되어 인건비 설계대로 임금을 지급할 수 없다고 배짱을 내밀기도 했다. 일부 규모가 작은 업체에서는 기본경비는 1, 2호선 같이 큰 업체와 마찬가지로 들 수밖에 없어 운영이 어렵다고 밝히기도 했다. 또 1, 2월 인건비 같은 경우 전년 최저임금 기준으로 계약을 맺어 2010년 최저임금과의 차액을 공사로부터 받지 못하고 있다고 하소연하기도 했다.

일부 사측 위원은 노조의 다른 용도로 사용된 인건비 사용 근거 자료 요구에 경영권을 주장하며 제출할 수 없다고 맞서기도 했다. 그러나 노조가 인건비 설계서대로 시행하지 않는 행위 자체가 공사와 계약 위반이란 사실을 주지시키자 꽁무니 빼는 모습을 보이기도 했다.

이같이 인건비 설계서 공방 끝에 노동조합은 사측으로부터 2차 교섭일 (6.16) 전인 15일까지 사측 답변을 제출받기로 하고 이날 교섭을 끝냈다.

변전소 감전 사망사고

"못 지켜드려 죄송합니다" 6월 13일 故 김○○ 조합원 영결식에서 박양수 위원장은 추도사에서 못 지켜드려 죄송하다고 했다. 위험천만 작업환경을 바꿔내지 못한 게 그렇고, 구조조정을 막아내지 못한 것 또한 그랬다. 16일 전기지회 조합원 간담회에서 조합원들은 사고 당시 한 명만 더 옆에 있었다면 불행한 일은 일어나지 않았을 것이라며 안타까워했다. 현장 판단에 따라 예비기를 사용할 수 있는 분위기였다면 위험을 무릅쓰고 작업을 하지 않았을 거라며 분노하기도 했다.

사고는 6월 9일 새벽 덕천변전소에서 일어났다. 변전소 반기점검 야간(정전)작업 후 차단기 원격투입이 제대로 안 돼 원인을 점검하던 중 감전사고가 발생했다. 김 조합원은 3도 화상(50~60%)을 입고 급히 병원으로 후송돼 치료에 들어갔으나 11일 아침 운명했다.

'아차'하는 순간에 동료가, 고귀한 생명이 우리 곁을 떠났다. 왜 그랬을까? 많은 조합원들은 구조적 문제를 지적했다. 근무 인원 부족과 안전보다 실적과 평가를 중시하는 공사 내 분위기가 근본 원인이라는 얘기였다.

공사는 구조조정 일환으로 무인변전소로 바꾸고, 변전분소마저 없애 버렸다. 변전 업무는 일반 전기분소로 넘어갔고, 근무 인원은 줄었다. 현장 작업 때 2인 1조 운영 원칙은 제대로 지켜지지 않았다. 활선, 다시 말해 전기가 통하는 상태에서 작업하란 위험천만 지시도 나왔다.

그랬다. 공사 경영진이나 간부들에게 안전은 안중에 없었다. 근무 인원 감축을 비롯한 구조조정에 이은 5% 결원율 유지를 단지 정부지침이란 이유로 노동조합의 반대를 무릅쓰고 강행했다. 실적과 평가에 눈먼 공사 간부들은 현장에 위험천만 활선 작업을 거리낌 없이 지시하기에 이르렀다. 그러나 행여 사고라도 나면 그 책임은 말단 현장직원에게 돌아갔다. 이 같은 효율 지상주의가, 면피용 업무지시가 결국은 감전사로 이어졌다.

　노동조합은 지금과 같이 안전 문제를 오직 직원의 주의력에 맡기는 것은 안전 포기나 다름없다고 비판했다. 이어 노동조합은 "효율 중심에서 안전 중심으로 패러다임을 바꿔야 한다." "99.99%가 안전하더라도 0.01% 사고 가능성에 대비해야 한다."고 요구했다.

2010년 단체교섭 잠정합의, 서비스지부도 잠정합의

　2010년 단체교섭 잠정합의 절차가 7월 8일 마무리됐다. 이날 노사가 서명한 잠정합의서에는 임금과 복지분야에 △2010년 임금동결(단, 호봉승급분 제외) △성과급제도 변경 △퇴직금 중간정산 재원 2011년부터 30억 원 추가 확보 △2011년부터 선택적 복지비 1인당 25만 원(임직원, 상용직, 청경 포함) 증액, 단체협약 제91조 제3항(경로위안잔치 관련) 삭제가 들어갔다.

　단체협약 분야에는 △9급에서 6급까지 근속승진(2011년 1월부터 실시) △2010년 하반기부터 명예퇴직 매월 실시 등이 포함됐다. 전임자 급여지급 금지와 관련된 개정 노동조합법에 따른 단체협약조항은 2010년 11월 16일까지 효력을 인정하고, 노사가 별도로 협의하여 세부사항을 마련하기로 했다. 또 단체협약 유효기간은 2010년 11월 17일부터 2년으로 하는 것으로 했다. 이같이 전임자 부분을 추후 별도 논의하기로 함에 따라 개정 노동조합법을 둘러싼 노사간 대립은 일시 휴전하는 것으로 봉합됐다. 그밖에 공사가 제시한 단체협약 제33조와 제34조 제3항 중 노조와 협의 부분을 삭제하기로 했다.

　성과급제도 변경과 관련해서는 △단체협약 제58조 2호 '기관성과급'을 '성과급'으로 변경 △보수규정 [별표4] 3. 상여수당 중 '기관성과급 : 기본급의 300% 이내'를 '보수월액의 300% 이내'로 변경 △경영평가에 따른 성과급 지급 시 종전의 임금 수준(5월 기관성과급 100%)이 저하되지 않도록 한다 등이 들어갔다. 그리고 행정조치 사항으로 퇴직자의 공로를 인정하여 성과급을 1단계 상향(우 등급→수 등급 제외) 지급하도록 했다.

상용직 처우와 관련해서는 △2010년 임금동결 △성과급 보수월액 기준으로 하되, 지급률은 일반직 70% 수준 △2010년 하반기부터 배치전환 시 4일 전 본인에게 통보되도록 노력 △2011년부터 신체 정신상의 장애로 장기요양 필요 시 6개월 이내 무급휴직 부여 △2010년 하반기부터 '관공서 공휴일에 관한 규정상 휴일'을 유급휴일로 인정이 들어갔다.

그리고 행정조치 사항으로 △전기분야 안전지원경비 2010년 하반기부터 월 2만 원으로 인상 △5급 정원 확대 노력 △각종 사고 시 직원 보호프로그램 마련을 위한 노사공동 실무협의체 구성 △2호선 양산구간 시격조정 시 노사공동 협의체 구성 운영 △인사발령으로 야간근무 후 주간근무 변경 시 근무로 근태처리, 2010년 7월부터 시행 등 11개 조항이 포함됐다.

노동조합은 8일 오후 7개 청소용역업체 중 6개 업체와 잠정합의를 했다. 노동조합과 6개 청소업체는 이날 임금인상률 1.45%~3.66%와 설과 추석 상여금 각각 기본급의 50% 지급(표 참조), 근로시간과 근무형태 현행유지 등이 포함된 잠정임금협약서에 서명했다.

노동조합은 임금교섭에서 임금 지급 기준을 맞추는 데 소점을 뒀으며, 임금 수준은 업체 규모별로 차이가 있다. 규모가 비교적 큰 평화용사촌(1호선)과 상이군경회(2호선)는 임금 수준을 똑같이 맞췄다. 특히 1, 2호선 역사조원(2.99%)과 전동차부분청소(3.66%)는 최저임금 인상률(2.75%)을 넘어서는 수준이다. 다만, 장애인총연합부산지부(3호선-1)는 6개 업체 중 가장 낮은 인상률(1.45%)인데 그동안 작은 규모에도 불구하고 1, 2호선 임금 수준에 맞춰 지급해온 업체 사정이 감안됐다.

대의원대회 잠정합의 승인

7월 21일 노동조합은 임시대의원대회를 열었다. 2010년 단체교섭 잠정합의안을 심의했다. 참석 대의원들은 66명(재적 대의원 77명) 중 54명 찬성으로 승인했다.

다수 대의원들의 찬성으로 잠정합의안이 통과됐지만, 몇몇 대의원들은 잠정합의안의 미흡한 부분을 날카롭게 지적해 한때 긴장된 분위기가 연출되기도 했다.

기술지부 소속 한 대의원은 5말6초 투쟁과 잠정합의 과정이 매끄럽지 못했고 애초 노조 요구안에 비해 성과가 너무 미흡하다고 지적했다. 박양수 위원장도 "조합원들이 보기에 다소 성에 차지 않는 합의를 한 것은 사실이라"며, 올해 교섭 성과가 미흡하다는 지적을 받아들였다. 다만, 박 위원장은 "만족할 만한 안을 쟁취하는 게 여간 힘들지 않다"며, "쟁대위 차원에서 고뇌 속에서 나름대로 계속 토론하면서 기대치를 현실화시킨 결과물이 잠정합의안이라"고 밝혔다.

또 잠정합의안 세부 내용에 대해서도 문제 제기가 잇달았다. 먼저 승진 적체해소와 관련해 행정조치 사항 제2항 '… 5급 정원확대에 … 노력한다' 부분이 불확실하다는 지적이 나왔다. 박 양수 위원장은 "부산시 승인 문제 등 인사권 사항이란 게 고려됐다"며, "공사 사장이 기존 5급 TO보다 20% 확대를 얘기한 만큼 기다려보자"고 대의원들의 이해를 구했다.

또 전임자 문제와 관련한 추후 협의 부분도 여러 대의원들이 우려를 나타냈다. 한 대의원은 '… 노동조합법의 범위 내에서 노사가 별도 협의하여 …'와 관련 '합의'가 아니고 '협의'로 정리된 것에 관해 문제를 제기했다. 이에 대해 박양수 위원장은 단체협약은 노사합의가 돼야 효력을 가진다며 전임자 부분은 그 일부로 잠정합의서상 협의나 합의는 차이가 없다고 밝혔다. 또 전임자 문제는 어차피 투쟁을 통해 해결될 문제라며 대의원 동지들의 협조를 요청했다.

전년 합의사항으로 단체협약에서 문구 정리하면서 특별휴가(효도휴가, 장기근속휴가) 조항을 삭제한 부분에 대해서도 문제가 제기됐다. 이는 공사가 지난해 교섭에서 감사 지적사항이라며 삭제를 요구해 노사가 '자기계발의 날'로 이름을 바꿔 취업규칙에 넣기로 합의한 것으로 올해는 말 그대로 문구 정리 차원에서 삭제됐다는 박 위원장의 설명이 있었다.

이밖에 퇴직직원의 성과급 1단계 상향지급에 따른 영향에 대한 질문도 나왔다. 이에 대해 박 위원장은 퇴직자에 대해 성과급을 1단계 상향 지급할 경우 금액은 이미 총액이 정해지기 때문에 해당 등급 전체인원으로 나눠 지급되지만, 각 개인에게 미치는 영향(1만 원 이내)이 미미하다고 설명했다.

이어 7월 29일 실시한 2010년 단체교섭 협약 인준 투표에서 조합원 88.54% 찬성으로 가결됐다. 투표율은 79.3%였다.

3 ▌ 타임오프 투쟁 시작하다

노동조합 조직 투쟁본부 전환

노동조합은 하반기 투쟁을 잎두고 9월 7일 상무집행위원회 회의에서 투쟁본부 전환을 결의하고 선언문도 채택했다. 상집위원들은 선언문에서 "전반기 투쟁이 전초전이라면 하반기 투쟁은 노동조합을 지키기 위한 본게임"이라며, "타임오프제를 빌미로 조합활동을 통제하려는 정부의 음모를 반드시 막아야한다"고 하반기 투쟁의 중요성을 강조했다. 이어 "승리의 원천은 믿음과 자신감"이라며, "상집위원이 현장투쟁실천단과 함께 투쟁의 중심에 서서 3500명 조합원의 힘, 계급적 단결을 믿고 2010년을 승리로 마무리하자"고 다짐했다.

노동조합 조직을 투쟁본부로 전환한 가운데 노동조합법 개정에 따른 전임자 부문 노사교섭이 시작됐다. 초반부터 조짐이 심상치 않았다. 공사는 두 차례(7일, 14일) 열린 실무교섭에서 공식 제시안을 내놓지 않고 "상반기 교섭 때 입장에서 변한 것이 없다"는 말만 되풀이했다.

노동조합은 실무교섭에서 "노동조합법에서 바뀐 내용은 '전임자 급여 지급 금지' 뿐이므로 노사합의대로 전임자 부분만 논의하자"며, 정확한 공사안을 내놓으라고 요구했다. 노동조합이 공사안을 제시하라는 요구에 14일 공사는 곧 내놓겠다고 밝혔다.

상반기 때 공사는 경총에서 제시한 표준단체협약안을 그대로 베껴 내놓았다. 경총안은 사용자가 모든 조합활동을 통제하겠다는 의도가 담겨 있었다. 그러나 경총안은 교섭 현장에선 사실상 용도폐기 상태였다. 기아차를 비롯한 금속노조에 소속된 사기업들은 물론 공기업인 가스공사 노사합의에서도 경총안은 한 조항도 끼지 못했다.

그럼에도 공사 태도로 볼 때 전임자 문제가 쉽게 타결될 것 같지 않았다. 교섭에 참석했던 노조쪽 교섭위원들은 "공사가 교섭에 적극성을 보이지 않고, 상반기와 마찬가지로 교섭을 질질 끌 모양이라"며 "대책이 필요할 것 같다"고 얘기했다. 철도나 서울도시철도공사처럼 공사가 의도적으로 교섭을 질질 끌어 단체협약 만료일인 11월 16일을 넘겨 전임자 급여지급을 중지시켜 노사관계를 파국으로 모는 게 아니냐는 우려도 나왔다.

실제 공사는 14일 열기로 했던 본교섭을 앞둔 10일 오후 노동조합을 찾아와 "노사 의견 차가 크니 노동청에 질의를 요청하자"고 한데 이어 본교섭마저 열 수 없다고 통보했다. 결국 14일 본교섭은 실무교섭으로 바뀌었다.

노동조합 내부에서도 현재 공사가 보이고 있는 모습들이 혹시 서울도시철도와 철도처럼 노사관계를 파탄내는 수순일지 모른다는 우려가 갈수록 높아져 갔다.

서비스지부 투쟁 수위도 올렸다 노동조합은 9월 3일부터 초량역 농성을 시작으로 16일부터는 동래역에도 농성장을 설치하고 서비스지부는 물론 정규직 4개 지부도 번갈아 농성에 함께했다.

그리고 업체 감독사무실이 있는 동래역에서 출근시간에 맞춰 선전활동을 한 뒤 1호선 현장활동도 병행했다. 또 노동조합 노동안전보건위원회에서는 서비스지부 조합원 노동환경 파악을 위해 면접 조사를 진행했다. 특히 정규직 4개 지부는 서비스지부 지원 담당자를 선정해 일상적으로 현장에서 지원활동을 벌여 나갔다. 평화용사촌은 서비스1지회장의 7월분 임금 삭감에 이어 신선태 조합원을 부당전보한 지 열흘 만에 전격 해고했다. 업체는 또 노동조합이 현장활동을 통해 서비스지부 조합원들을 조직하고 나서자 반장과 분임장 등을 동원해 조합원들을 통제하기 시작했다. 이 업체는 상반기에도 노사합의에 따른 지회장 조합활동을 교묘하게 음해하는 방식으로 노조 탈퇴를 유도해 실제 70명 가까운 조합원이 탈퇴하기도 했다.

10월 7일 노동조합은 대의원대회를 열어 쟁의발생을 결의했다. 참석 대의원들은 전임자 문제 및 서비스지부 단체협약 투쟁에 대해 열띤 토론과 심의를 거쳐 쟁의발생을 결의했다. 53명 중 39명이 찬성했다. 일부 참석 대의원들이 아직 하반기 투쟁에 대한 공유가 부족하고, 23기 대의원 임기 종료를 앞둔 상황에서 쟁의발생 결의가 너무 이른 것 아니냐며 일성을 미루자는 의견을 내놔 열띤 토론이 진행됐다. 1시간 넘게 진행된 토론 끝에 단체협약 유효기간 만료 등을 감안한 원안인 쟁의발생 결의안이 표결로 가결됐다.

공사가 조정신청하다

10월 14일 공사가 부산지방노동위원회에 조정신청을 했다. 노사관계에서 보기 드문 사측의 조정신청이었다. 공사는 이날 "대의원대회, 회계감사, 임원선거에 대해서만 근무시간 중 조합활동을 인정한다"는 내용의 수정안을 내놨다. 개별 관계법에 따른 단체협약의 여러 산업안전보건 조항을 삭제 또는 개악 등 이미 공사가 제시한 대부분의 단체협약 개악안은 그대로 유지했다. 노동조합은 "매번 많은 사람이 참석하는 대의원대회를 열 수 없기에 단계별 회의체계를 갖춘 것으로 공사가 이를 인정하지 않으면 크든 작든 일이 생길 때마다 대의원대회를 열 수밖에 없다"고 했다. 그러자 공사는 수정안을 낸 지 10분도 안 돼 상시적·고정적이라는 단서 조항을 달아 재수정안을 내놔 수정안 제출이 명분 축적용에 불과하다는 것을 드러냈다.

사실 공사는 상반기부터 전임자 문제를 핑계로 교섭을 거부하는 등 불성실한 태도를 보여 왔다. 교섭 시작 뒤에도 전임자 문제와 관련해 "정부지침이 나오지 않았다" "아직 다른 공공기관에 합의 사례가 없다"는 식으로 논의를 미뤘다. 개정 노동조합법 관련된 단체협약 논의를 하반기로 넘긴 것도 같은 이유였다. 그런데 가스공사를 비롯한 여러 공기업에서 타임오프 관련 교섭이 속속 타결되고 노동조합 또한 다른 공기업의 노사합의 자료를 제시하며 개정 노동조합법 범위 내에서 합의하자고 하자, 공사가 이번에는 "아직 궤도사업장 중 합의한 곳이 없다"며 둘러댔다.

10월 29일 마지막 조정회의가 부산지방노동위원회에서 열렸다. 개정 노동조합법 범위를 둘러싼 노사 주장이 팽팽히 맞서 합의에 실패했다. 노조와 공사는 부산지방노동위원회 김경규 조정위원장의 조정으로 세 차례 정회와 속개를 반복하며 의견 접근을 시도했다. 그러나 '근무시간 중 조합활동'을 대폭 제한하려는 공사의 입장이 완강해 실패했다. 조정위원장의 제안으로 조정종료를 보류하고, 기간을 11월 1일까지 연장해 한 차례 더 의견 접근 노력을 기울이기로 했다. 노사는 11월 1일 마지막 조정회의를 열어 담판을 벌였으나 의견 접근에 실패했다. 그날 오후 4시 부산지방노동위원회에서 열린 조정회의에서 김경규 조정위원장의 조정으로 두 차례 정회와 속개 그리고 노사 대표 단독협의를 거치며 합의 타결을 시도했으나 의견 차가 너무 커 합의에 이르지 못했다. 김경규 조정위원장은 노사 의견 접근 어려움을 확인한 오후 7시 15분쯤 노사 성실교섭을 통한 자율 해결을 권고하며 조정종료를 선언했다.

박양수 위원장은 마지막 발언을 통해 "조정기간 중 합의타결을 위해 노력했는데 이렇게 끝나 아쉽다"며, "오늘 조정이 종료되더라도 원만한 합의타결을 위해 계속 노력하겠다"고 말했다.

황일준 경영본부장도 조정실패가 아쉽다며 이후 노동조합이 전향적인 안을 제시한다면 교섭하겠다고 말했다. 이에 앞서 조정 실패가 확인되자 공사는 11월 17일부터 전임자 급여와 재정자립기금 지급 등을 중단하겠다고 노동조합에 통보했다.

조정 회의에서 최대 걸림돌은 7.22노사합의를 벗어난 공사의 조합활동 축소 주장이었다. 노동조합은 개정 노동조합법 범위 내에서 협의하기로 한 7.22노사합의에 따라 전임자 문제에 대해서만 협의할 것을 재차 요구했다. 또 공사가 문제 제기하고 있는 특정 회의 운영에 대해 노동조합이 자율적으로 개선안을 내놓을 수 있다고 밝혔다. 반면 공사는 3차 조정회의 때보다 일부 개선된 수정안을 제출했으나, 조합활동을 통제하겠다는 뜻을 꺾지 않았다.

한편, 공사가 조정위원회에 세출한 '2009년 근무협소 현황' 자료를 통해 지난해 근무협조시간이 총 7만360시간이라고 밝혔으나 실제 근무협조시간과 많은 차이가 있는 것으로 드러났다. 공사 제출 자료는 근무협조시간을 계산하면서 교대근무와 교번근무 등 근무형태에 따른 변수를 고려하지 않고 통상근무로 간주해 실제보다 3분의 2가 차이나는 것도 있었다. 예로 근무협조 가운데 가장 많은 부분을 차지하는 지부 운영위원회의 경우 자료에는 3만5728시간으로 계산했으나 실제는 1만5000시간에 훨씬 못 미치는 것으로 확인됐다.

쟁의행위 조합원 찬반 투표 가결 그리고 교섭결렬

11월 3~5일에 진행된 '쟁의행위를 위한 조합원 찬반 투표'가 72% 찬성으로 가결됐다. 개표결과 전체 조합원 3418명 중 2915명(85.43%)이 투표에 참여해 2095명(71.87%)이 찬성했다. 재적 조합원 대비 찬성률은 61.29%였다.

개정 노동조합법 관련 노사협상이 최종 결렬됐다. 노동조합과 공사는 11월 11일에 이어 12일 오후 1시 30분에 다시 열린 실무교섭에서 더이상 의견 접근이 어려움을 확인하고 헤어졌다.

12일 실무교섭은 시작부터 11일 노사 대표의 논의결과에 관한 주장이 서로 달라 논란이 됐다. 노동조합은 현행 단체협약 제15조(근무시간 중 조합활동) 가운데 지부장 조합활동과 지부 운영위가 노사 조율이 이뤄지면 나머지는 현행 유지하는 것으로 받아들였으나, 공사는 반대로 지부장과 지부 운영위 부분의 노사조율이 이뤄지면 노조가 공사 제시안을 수용하기로 한 것 아니냐고 주장해 노사 대표의 담판으로 해결하려던 희망은 해프닝으로 끝났다.

노동조합은 공사의 합의 불이행 및 단체협약 위반에 맞서 11월 17일부터 파상투쟁에 들어갔다. 노동조합은 먼저 17일부터 조합원 쟁의복 착용투쟁 시작과 함께 서면역에 농성장을 설치하고 확대 간부 무기한 철야농성투쟁

합의 이행 촉구 본사 투쟁(2010.11.4.)

합의이행 촉구
서면역 철야농성
(2010.11.17.)

운영서비스지부 및
타임오프 관련
조합원 결의대회
(2010.11.30.)

에 들어갔다. 부산시청과 노동청 앞 1인시위도 시작했다.

이에 앞서 11월 15일 노동조합은 부산지방노동위원회에 노동쟁의 조정 신청을 접수한 바 있다. 11월 30일 노동조합과 공사는 부산지방노동위원회에서 열린 조정회의에서 7.22노사합의서에 대한 해석을 노동위원회에 요청하기로 했다. 이에 따라 노동조합은 이날 노동쟁의 조정신청을 취하했다.

개정 노동조합법(타임오프제) 적용안 잠정합의

2011년 1월 27일 노사 실무교섭에서 타임오프제 적용 방안에 대한 접점을 찾았다. 27일 노사 실무교섭에서 공사가 연말 제시한 안을 고수하여 한때 결렬 위기까지 가는 등 어려움을 겪기도 했으나, 노사 양쪽 입장을 존중한다는 암묵적 동의 아래 의견 접근을 이뤘다.

노동조합은 1월 30일과 31일 중앙쟁의대책위원회와 확대쟁의대책위원회를 잇달아 열어 논의 끝에 27일 노사 실무교섭을 통해 마련된 안을 받아들이기로 했다.

두 회의에서 27일 노사 실무교섭 도출안이 이전의 공사 제시안과 별반 다르지 않은 등 노조 수정안이 거의 반영되지 않았다는 지적이 나왔다. 또 내용 중 '건전한 노사관계를 위한…' 문구가 이후 조합활동을 제약하는 족쇄가 될 가능성이 크다는 우려도 있었다. 그렇게 많은 문제 지적과 우려가 제기되는 등 논란이 있었으나 최종 표결에서 찬성 18명(반대 3명, 기권 7명)으로 수용하기로 결정했다. 이러한 결정 배경에는 노동조합을 둘러싼 현실 조건이 고려된 것으로 보인다.

쟁대위 승인을 얻은 실무 접근안은 크게 전임자 부분과 조합활동 부분으로 이뤄져 있었다. 먼저 전임자 부분은 무급 전임자 8명을 둘 수 있도록 했다. 대신 공사는 근로시간면제시간을 연간 1만 시간 부여하기로 했다. 다만, 조합원 수 변동이 있을 경우 유효기간 중이라도 1회에 한하여 재협의해 조정할 수 있게 했다. 이에 따라 상반기 신규채용으로 조합원 수가 늘면 근로시간면제 시간은 1만4000시간으로 늘어난다. 근로시간면제 시간 2000시간은 1명이 풀타임으로 조합활동을 할 수 있는 시간으로 근로시간면제 시간 1만4000시간은 7명이 유급으로 조합활동에 전념할 수 있는 시간이었다.

조합활동 부분에서는 연말 공사가 제시한 안에서 지부장들의 회의참석 외 추가 조합활동 부분이 좀 더 보강(12회→18회)됐다. 부속합의서 3항에 따른 통상적 규모의 위원장 간담회 개최 등도 유급 노조활동에 포함됐다. 그밖에 단체협약 제15조 1항 5호(공사와 조합이 합의하여 결정한 사항)에 따라 필요 시 추가 유급 조합활동이 가능하나 결정권이 사실상 공사에게 있어 불확실하다.

아무튼 합의안에 조합활동 회수 제한을 비롯해 재정자립기금 지급 중단과 사무보조 상용직 1명 무급화 등이 포함돼 조합재정 부담 증가는 불가피했다.

2월 28일 노동조합은 22일 휴회했던 대의원대회를 속개했다. 속개한 대의원대회에서 공사와 맺은 잠정합의안과 함께 지난 25일 7개 청소용역업체와 맺은 서비스지부 단체협약 잠정합의안도 함께 심의했다. 참석 대의원들은 특별한 논란 없이 표결에 들어가 참석 대의원 57명 중 37명 찬성으로 의결했다.

앞서 노동조합은 2월 25일 청소용역업체 일곱 곳과 2010년 단체협약을 잠정합의했다. 이날 잠정합의는 하루 전날 노사가 서로 고소고발을 하는 등 극한 대립으로 어려움을 겪었던 평화용사촌과 해고자 복직 문제 등 핵심 쟁점에 대해 의견섭근이 이뤄져 가능했다. 마지막까지 걸림돌로 남았던 신선태 조합원 복직 문제는 신평전동반으로 복직하기로 의견접근을 이뤘다. 정년 연장과 근로시간면제제도는 2011년 단체교섭 때 다시 논의하기로 했다. 신선태 조합원은 5월 1일 복직한다.

잠정합의 주요 내용을 보면, △1호선의 경우 앞에서 밝힌 것 외에는 대부분 기존 단체협약 그대로다. △2호선은 전임자는 현행 1명을 그대로 유지하고, 근로시간면제 시간은 2000시간으로 합의했다. 또 근무시간 중 조합활동 부분은 △대의원대회 연 7회 이내 △지부운영위원회 연 12회 이내로 의견접근이 이뤄졌다. 마지막까지 쟁점으로 남았던 정년 64세 연장은 쟁취하지 못했다. 다만, 촉탁은 어떠한 경우에도 인정하지 않는다는 조항이 신설됐다.

3호선을 맡고있는 두 업체의 경우 정년 64세에 의견 접근이 이뤄졌다. 고엽제전우회와 노인생활지원재단과도 정년을 64세로 합의했다.

개정 노동조합법 관련 및 서비스지부 단체협약에 대한 조합원 인준 투표가 3월 17일에 진행되었다. 개표 결과 정권자 4명을 제외한 선거권자 3362명 중 2713명(80.7%)이 투표해 찬성 2285명(84.2%)으로 가결됐다.

4〉〉 2011년 단체교섭 투쟁과 타결

4호선 졸속개통 조합원은 불안하다

노동조합은 3월 22일부터 30일까지 4호선 졸속개통 반대행동에 들어갔다. 그 일환으로 22일 본사 항의집회와 경영본부장 항의방문에 이어 23일부터 25일까지 3일 연속 지부별로 돌아가면서 본사 현관에서 아침 출근 피켓팅을 전개했다.

이같이 노동조합이 반대행동에 들어간 이유는 공사가 노동조합의 협의 요청을 거부하고 일방적으로 개통을 추진하고 있고, 졸속개통으로 인한 조합원들의 피해를 마냥 방치할 수 없기 때문이었다.

이와 관련 노동조합은 1월부터 4호선 개통과 관련해 노사협의회 개최를 요구해 왔으나 공사는 바쁘다는 핑계로 거부해 왔다. 노동조합은 공사가 개통 일정에 쫓겨 안전운행에 대한 대비 없이 4호선 개통을 무리하게 밀어붙이고 있다고

무인운전 반대 본사 출근선전전(2011.3.23.)

판단했다. 안전운행요원 탑승 등 공사가 추진하고 있는 100일간 비상운영 계획도 4호선의 안전에 대해 확신하지 못하기 때문으로 판단했다.

이같이 공사의 졸속개통에 따라 조합원들의 불만도 속출했다. 실제 현재 진행 중인 4호선 영업 시운전에서 크고 작은 장애가 발생했다. 시운전 과정에 역사를 무정차 통과하는 경우도 몇차례 있었던 것으로 알려졌다. 현장 조합원들 또한 인력부족과 안전운행요원 탑승과 같은 비정상적인 인력운영에 따른 고통을 호소해 왔다. 특히 안전운행요원을 맡고 있는 기관사면허 소지자는 열차 탑승을 하지 않을 때에도 휴대 무전기를 통해 시도 때도 없이 걸려오는 관제소 호출 때문에 노이로제에 걸릴 지경이라고 하소연했다.

4월 4일 자정을 갓 넘긴 시간에 4호선 명장역에서 견인전동기 고장으로 열차운행이 20분 넘게 중단됐다. 다행히 영업마감이 가까웠기 망정이지 낮 시간대 특히 출퇴근 시간대였다면 혼란은 더욱 컸을 것이다. 이날 사고는 개통 5일 만에 일어났는데 이 기간에 또 다른 장애로 세 차례나 열차운행 지연 사태가 있었던 사실이 추가로 밝혀져 공사는 언론으로부터 뭇매를 맞았다. 특히 공사가 4호선 개통을 국내 최초 무인 경전철 시대를 열었다며 대대적으로 홍보해 왔던 터라 타격은 더욱 컸다. 또 이번 사고로 원격제어시스템에 의한 무인운전이 돌발상황 때 초동조치가 어렵다는 점이 드러났다. 공사는 4호선이 원격제어시스템으로 완벽하게 움직일 수 있다고 장담해 왔다.

그러나 이번 명장역 사고에서 원격제어시스템은 무용지물이었다. 4일 견인전동기 고장 때 종합관제센터 관제사가 할 수 있었던 것은 고장 나고 약 16분 뒤에 승객 하차 지시였다. 1시간쯤 뒤 차량검수 직원이 도착해 비상조치 후에야 수동운전으로 고장열차를 빼냈다. 관제사에 의한 원격제어시스템이 돌발상황에서는 무용지물이었다.

명장역 사고 발생 뒤 3일만인 7일 12시 9분경 영산대역에서 동부산대학역으로 가던 열차가 신호장애로 멈춰 섰다. 열차 안에 있던 승객들은 갑자기

4호선 개통식 안전 요구 선전전(2011.3.30.)

4호선 무인 운전 반대 시민 서명운동(2011.5.)

4호선 안전확보 선전전

열차가 멈춰 서자 출입문 비상열림장치를 조작해 200미터에 이르는 비상대피로를 이용해 동부산대학역으로 탈출했다. 이로 인해 열차 운행이 25분간 중단됐다. 이같이 단순한 신호장애에도 불구하고 25분간이나 열차운행 중단사태를 빚은 것은 무인운전 때문으로 파악됐다. 4호선은 5중 안전장치 시스템에 따라 비상열림장치를 열 경우 감전을 막기 위해 해당 구간이 자동으로 단전된다. 그런데 승객이 비상열림장치를 조작해 출입문을 여는 바람에 해당 구간이 단전됐고, 역에서 직원이 와서 조치할 동안 전 구간 열차운행이 중단될 수밖에 없었던 것이다. 신호장애 당시 열차 안에 대기하라는 안내방송이 있었다. 그러나 당황한 승객들은 안내방송을 따르지 않았다.

그랬다. 4일 명장역 사고에 이어 7일 사고도 원격제어시스템이 제구실을 못 하고 열차운행이 중단됐다.

1, 2, 3호선과 같이 4호선도 언제든지 고장 또는 돌발상황이 발생할 수 있다. 문제는 초동조치를 얼마나 신속하고 적절하게 하느냐 여부다. 그런데 4호선은 신속하고 적절한 초동조치가 쉽지 않았다. 원격제어방식의 무인운전이기 때문이다. 원격제어시스템을 핑계로 역무 인원을 극단적으로 슬림화해 운영하는 것도 초동조치를 어렵게 하는 부분이었다.

미남역 열차운행 지연 사고도 무인운전이기에 일어난 사고였다. 이 사고는 당시 승객이 몰려 출입문을 제시간에 닫지 못해 일어난 사고였다. 기관사만 있었다면 전혀 문제가 되지 않았을 일이다.

공사는 그동안 4호선은 첨단기술로 이뤄진 원격제어시스템과 5중 안전장치를 갖췄기 때문에 안전에 전혀 문제가 없다고 말해 왔다. 그런데 원격제어시스템에 대한 믿음은 개통 5일만에 깨졌다. 아니 100일 비상운영계획 시행 때부터 원격제어시스템 한계는 드러나 있었다. 4호선은 5중 안전장치를 마련했기 때문에 안전하다는 공사 말 또한 사실이 아니다. 대형사고일수록 비정상적인 상황이 여러 개 겹쳐서 일어난다.

노동조합은 이렇게 말했다. 기계가 사람을 제어하고 통제할 수 있다는 오만한 생각은 엄청난 사태를 나을 수 있다. 원격제어시스템은 사람이 할 수 없는 불가피한 경우에나 필요한 것이다. 대중교통인 지하철에 원격제어시스템을 적용하는 것은 위험을 안고 달리는 것이다. 안전은 확률게임이 아니다. 99.99% 정상적인 상황이 아닌 0.01%의 비정상적인 상황을 대비하는 것이 안전을 지키는 것이다. 그 첫 시작은 무인운전 재검토라는 게 노동조합의 일관된 주장이었다.

2011년 단체교섭 요구안 확정하다

노동조합은 4월 13일 임시대의원대회를 열어 상집위 심의를 거쳐 상정한 임금 요구안 등 2011년 단체교섭 요구안을 심의하여 최종 확정했다.

심의 과정에서 '상용직 조합원에게 지급되는 성과급(현행 일반직 70%)을 일반직 조합원과 동일하게 지급' 요구가 추가 제시돼 통과됐다. 월별 보수체계 개선과 관련해선 연차수당 지급월을 3월에서 11월로 바꾸고, 1월부터 10월까지 상여금과 가계보조비를 분할하여 75%씩 지급하는 것으로 변경 요구하기로 했다.

또 서비스지부 임금인상 요구와 관련해 최저임금(4320원)을 그대로 요구하는 것에 대한 문제 제기도 있었으나, 수정으로 이어지지는 않았다. 원청인 공사에 '청소용역 원가계산 설계 시 노동조합과 협의' 요구가 있고 이미 올해 최저임금으로 용역계약이 이뤄진 점 등이 고려됐다. 그밖에 일부 문구수정이 있었으나 대부분 원안대로 통과됐다.

이날 결정된 요구안을 보면 먼저 △임금인상률은 총액대비 8%로 하되, 인상분은 정률(100%), 호봉급(100%)에 산정하기로 했다. 또 △직급보조비 전 직원 확대 지급(4급 13만 원, 5급 이하 10만 원) △급식비 인상(7만 원→10만 원) △명절(설, 추석)수당 기본급 50% 지급 △간식비 월 1만 원 지급 등이 포함됐다.

그리고 임금제도 개선 요구로 △근속승진제도 확대(6급 5년 경과자→5급 승진) △대우제도 확대(5급에서 4급 최소승진기간 3배 경과자 4급대우) △최고 호봉 상향조정(30호봉→35호봉) △분기지정휴무 사용개선(주·야 구분 없이 사용) 등이 들어갔다.

상용직조합원 처우개선 요구로는 △총액대비 8% 임금인상 △가족수당 일반직과 동일하게 지급 △호봉제 적용 △설, 추석 격려금 인상(30만 원→50만 원) △5월(처우개선수당), 11월(월동보조수당) 기본급의 50% 지급 △성과급 현행 일반직 70%에서 100% 상향조정 등이 들어갔다. 조합활동 부문 요구로는 해고자 복직과 조합활동 횟수 확대 등이 들어갔다.

인원 요구 부문에서는 정부의 '결원율 5%이내 유지' 지침 폐기를 기조로 정원대비 부족 인원(121명)과 지부에서 올라온 직렬별 현장 부족 인원 104명 등 총 225명 충원을 요구하기로 최종 확정됐다.

4호선과 관련해서는 먼저 유인운전을 요구하고 있다. 복수직렬 폐지도 핵심 요구중 하나다. 이에 따른 인원 충원 요구는 총 168명으로 결정했다.

ERP와 관련해서는 △ERP 자료 활용 범위 노사합의 결정 △자료 이용하여 직원 인사고과 및 인사상 불이익 금지 △ERP를 연봉제, 성과급제, 인력감축 등 구조조정의 수단 사용 금지 △ERP 등 전산화와 정보화에 따라 취득한 개인정보 보호, 정보 활용 필요한 경우 노동조합과 합의 시행 △향후 추가적인 전산 및 정보화 관련 기술 도입 시 노동조합과 사전 협의, 노동조건과 관련된 사항은 노동조합과 합의 후 시행 △ERP 운영과 관련 협의체 구성, 필요 시 진행 경과보고 및 운영사항 논의 등이었다.

후생복지 부문에서는 복지기금 지원(조합원 1인당 월 1만 원 노동조합에 지원)과 선택적 복지비 확대(115만 원→150만 원), 대학생 자녀 장학금 확대 등이 들어갔다.

또 사회공공성 요구는 △청년실업 해소 △요금인상 반대 △PSO 적극 확

ERP(전사적 자원관리 시스템) 도입 반대 투쟁 (2011.1.18.)

보 △공사운영 참여 확대 등이 포함됐다.

청소용역 계약과 관련해서도 △청소용역 원가계산 설계 시 노동조합과 협의 △용역업체 변경 시 기존 노동자·노동조합의 고용·임금·노동조건·단체 협약 승계 요구 등으로 서비스지부와 직결된 요구였다.

4호선 조합원 불만 최고조

"사장과 경전철사업소장이 안전운행요원 해봐라 하이소!" 4호선 직원들 의 불만이 이만저만 아니었다. 4월 9일부터 안전운행요원이 전 열차에 탑승 하고, 본사 직원 53명을 역무 지원으로 강제 차출하면서 해당 조합원들의 불 만이 최고조에 다다르고 있었다. 하루 6시간 30분씩 열차를 타야 하는 기관 사면허소지자인 소위 안전운행요원은 물론이고, 관제, 차량, 역무 할 것 없 이 불만이 폭발 직전이었다. 본사에서 역무 지원으로 강제로 끌려 나온 본사 직원도 마찬가지였다.

4월 10일 낮, 긴급 4호선 현장활동에 나선 박양수 위원장을 만난 조합원들이 이구동성으로 근무 인원이 부족하다고 하소연했다.

먼저 4호선 차량팀 조합원들은 바쁘기만 할 뿐 마무리되는 게 없다며, 현재 4호선에서 벌어지고 있는 어수선한 분위기를 그대로 전했다. 인원이 부족해 어떤 일을 하다, 다른 급한 일이 생겨 왔다갔다 하다 보니 몸만 바쁠 뿐 업무가 제대로 돌아가지 않는다는 얘기였다.

차량 조합원은 "4호선 인원책정이 아무런 차량 고장이나 장애 없이 돌아갈 때나 일처리가 가능한 인원으로 현실을 전혀 고려하지 않았다"고 성토했다. 또 기존 1~3호선과 달리 운용 담당이 없는데도 실제는 운용업무를 할 수밖에 없는 현실이라며 인원 부족을 호소했다. 4호선 차량이 크기만 작을 뿐 내부 부속은 기존 호선 차량보다 훨씬 많아 손갈 데가 더 많고, 작업공간이 협소해 작업하기도 훨씬 불편하다고 하소연했다.

그밖에 "최근 열차 고장과 장애가 빈번하자 검수주재를 둔다는 말이 있는데, 인원 충원과 책임소재를 명확히 하지 않고 주재를 두는 것은 문제가 있다"며 우려를 나타내기도 했다.

종합관제센터 직원들도 인원 부족을 호소했다. 조당 9명이 책정되어 있으나 지정휴일 등으로 통상 7~8명이 운전, 전력, 역무 관제를 맡아야 하는데 쉽지 않다고 말했다. 기존 호선의 경우 사고 등 비상상황이 발생하더라도 다른 호선에서 업무 지원이 가능한데 4호선은 그렇지 못해 더욱 힘들다고 했다. 평소에도 각 열차 또는 역사에서 시도 때도 없이 울리는 비상전화와 비상벨 응대로 업무에 부하가 많이 걸린다고 밝혔다. 특히 야간근무 때는 2명이 당직근무까지 맡아야 하므로 아침 러시아워 때 5명이 근무해야 하는 경우가 있다며 고충을 토로했다.

안평 차량기지에 근무하는 조합원들은 아침과 저녁 식사문제를 꼭 해결해 달라고 부탁했다. 안평창 식사제공문제는 개통되기 훨씬 전부터 제기됐던 것으로 공사의 무관심을 탓하지 않을 수 없었다.

역 근무 직원들 얘기도 첫째가 인원 부족이었다. 인원이 부족해 지정휴일 외에 다른 휴가는 엄두도 못 낼 형편이라고 말했다. 또 업무 또한 기존 호선에서 하는 일을 4호선에서도 대부분 동일하게 하고 있지만, 인원은 훨씬 적다며 불만을 토로했다. 특히 최근 한 명이 안전운행요원으로 빠진 자리에 본사 지원인력이 왔지만, 실제 별 도움이 되지 않고 남은 직원이 다 할 수밖에 없는 형편이라고 밝혔다. 또한 기관사면허 소지 직원들이 상당히 힘들어했다. 실제 안전운행요원의 경우 하루에 많게는 6시간 30분가량 차를 타야 하는데 대부분의 시간을 서서 근무하는 등 고충을 겪고 있었다.

4호선 문제 해결, 부산시가 나서라

4월 27일 오전 10시 부산시청 광장에 부산지하철노조 조합원 600여 명이 모였다. 2011년 단체교섭 승리, 4호선 정상화를 위한 조합원 전진대회에 참석하기 위해서였다. 단체교섭을 앞두고 열린 전진대회는 4호선 무인운전과 졸속개통을 강행하고 있는 허남식 시장과 안준태 사장 성토장이 됐다.

박양수 위원장은 무책임한 4호선 무인운전 강행과 일방적인 인력운영으로 조합원들이 고통 받고 있는데도 누구도 책임지지 않고 있다며 부산시장과 공사 사장을 강도 높게 비판했다. 이어 박 위원장은 4호선 문제와 현장인력 부족 문제, 임금 등 요구안 쟁취를 위해 모든 걸 다 내놓고 싸우겠다며 함께 싸우자고 호소했다.

노동조합 5개 지부장과 사무국장은 집회를 마치고 부산시를 항의 방문했다. 부산시에서 김○○ 교통국장이 나왔다. 노동조합은 4호선 전동차 제작사인 우진산전 특혜 의혹을 비롯해 무인운전의 문제점을 강하게 제기하며, 안전을 위해 신규인력을 채용할 것을 요구했다. 2005년 입찰 때 20억 원 이상은 해외 입찰을 함께 진행해야 함에도 국내 입찰로 진행해 결과적으로 우진산전에 특혜를 준 것이 아니냐는 얘기였다.

그리고 공사가 견인전동기 고장 원인으로 콘크리트 분진 때문이라고 발표한 것과 관련해 견인전동기 사양에 먼지 등 악조건에도 작동돼야 한다고 명시되어 있다며 공사의 해명은 오히려 기계 결함을 인정하는 것이라고 문제를 제기했다.

4호선 운전면허소지자에 대한 교육 부실 문제도 제기했다. 기존 호선은 발령 시 약 6개월간 1:1 교육을 했지만, 4호선은 비상 때만 운전한다고 교육 기간도 짧게 하고 1:8로 교육하는 등 교육이 부실하게 진행됐다고 지적했다.

특히 현재 4호선에서 벌어지고 있는 상황은 노동조합이 작년 10월부터 4호선 문제 논의를 위한 노사협의회 개최를 공사에 요구했는데도 공사는 바쁘다는 핑계로 무시하고 졸속으로 개통한 것과 무관치 않다고 밝혔다.

또 공사는 4호선 조기 안정화를 핑계로 본사 인력 53명을 일방적으로 빼내 4호선에 투입한 데 이어 신규채용합격자마저 인턴사원으로 발령내려 하고 있다며 안전확보를 위한 정원확대와 정상적인 신규채용을 요구했다.

이에 대해 김○○ 교통국장은 노동조합의 주장은 안전을 위해 인력을 보강해야 한다는 것인데 결국 재정문제로 귀결된다며 부산시가 PSO 확보에 사활을 걸고 있다는 말로 당장 해결이 쉽지 않음을 내비쳤다. 김 국장은 또 내부 인력운영은 공사 사장 권한으로 시가 간여할 수 있는 것은 아니라면서도, 만약 4호선 안전에 대한 불안감이 100일간의 안정화 기간을 지나도 사라지지 않는다면 적자가 더 생기더라도 인원 충원을 할 수밖에 없을 것으로 생각한다고 밝혔다.

장애인이 편하면 모든 국민이 편하다

6월 21일 '부산지하철 4호선 무인운전 무엇이 문제인가?'를 주제로 정책토론회가 부산시의회 대회의실에서 열렸다.

　　토론회 발제를 맡은 김성희 고려대 연구교수는 "4호선의 불안한 시스템은 큰 덩치에 어울리지 않는 소아용 옷을 입히고 보호자도 없이 전자장치로 조종이 가능하다고 믿는 것이나 같다"며, "무인운전을 유인운전으로 바꾸고 그에 맞게 제어시스템을 재조정해야 한다"고 말했다.

　　김 교수는 "4호선에서 발생하고 있는 장애 및 고장 유형이 종합제어장치 장애를 비롯해 출입문 고장과 스크린도어 기능 이상 등 무인운전시스템과 관련된 것이라"며, "무인운전은 이론상으로만 가능하며 실제로는 여러 가지 제약이 뒤따를 뿐 아니라 심각한 문제를 야기할 수 있다"고 주장했다. 김 교수는 4호선의 문제점으로 먼저 첨단기술 전반에 대한 맹신도 문제지만, 국내 최초라는 무인경전철 자체에 의구심을 나타냈다. 또 김해경전철을 예로 들며 "민간위탁 방식의 건설 운용 시에는 교통 수요 예측을 부풀려 재정 부담을 야기하더니 4호선과 같은 공공건설 방식에서는 오히려 미래수요를 낮춰 잡아 경전철 방식을 채택하는 등 경제적 효율성에만 과도하게 기대지 않았나 하는 의구심이 든다"고 밝혔다. 이어 "인적 요소를 무시하는 기술적 발전이 재앙을 가져올 수 있는 지점을 철저히 막아 인간존중의 교통대안을 만들어야 한다"고 말했다.

　　토론자로 나선 이종탁 산업노동정책연구소 선임연구원은 이명박 정부의 공기업 선진화 정책에 주목했다. 이종탁 연구원은 "4호선 열차를 경전철로 선택한 이유가 건설비용과 운영비용이 크게 영향을 미쳤을 것이라"며, "그 배경은 이명박 정부의 공기업 선진화 정책이라"고 말했다. 이어 이 연구원은 "부산지하철에서 많은 구조조정이 진행됐지만, 경영지표가 크게 개선되지 않았다"며, "지하철의 부채나 적자는 구조적인 문제이므로 수익경영과 인력감축으로 해결할 수 없다"고 밝혔다.

　　노조쪽 토론자로 참석한 임은기 수석부위원장은 안내레일 풀림현상, 궤도 부실시공, 시스템 오류 반복 등 4호선에서 확인되고 있는 부실사례와 잦은 장애와 고장 사례를 열거하며 "공사 경영진이 업적을 쌓기 위해 무인시스템에 대한 충분한 준비와 검증 없이 무리하게 졸속개통했다"고 비판했다. 이어 수석부위원장은 "4월 9일 이후 안전운행요원을 태워 사실상 유인운전을 실시 중이라"며, "이제 실험은 그만하고 임기응변이 아닌 정상적인 유인운전으로 전환할 시점이라"고 말했다.

마지막 토론자로 나선 김형천 장애우권익문제연구소 사무국장은 장애인이 편하면 모든 국민이 편하다며 장애인과 같은 교통약자의 안전성이 우선돼야 한다고 주장했다. 김형천 사무국장은 또 부산장애인이동권연대에서 4호선 모니터링 후 보낸 제안서에 부산교통공사의 답변이 상당히 미흡하다고 질타했다. 김형천 사무국장은 "공사 답변이 대부분 '법령기준에 만족한다'고 되어 있으나 법령기준이란 게 최소기준이라 장애인 이동권 보장과는 거리가 멀다"고 말했다.

한편, 이번 정책토론회는 공공운수노조(준), 백원우 국회의원, 조승수 국회의원, 이성숙 부산시의원의 공동 주최로 열렸다. 토론회 참가가 예상됐던 공사는 개최 직전 불참을 통보해 왔다.

산별 전환 미궁 속으로

6월 22일 열린 임시대의원대회에서 "부산지하철노조는 6월 24일부로 공공운수노조로 전환한다"는 안건이 표결 결과 찬성 20명, 반대 35명으로 과반수 문턱을 넘지 못했다. 이에 따라 2008년에 이뤄진 조합원 산별전환 결의로 6월 24일 공공운수노조 출범 시기에 맞춰 전환하려던 계획은 일단 제동이 걸렸다. 그뿐 아니라 이날 대의원대회에서 향후 산별전환 추진 일정이나 시기도 결정되지 않아 14대 집행부 임기 내 산별전환은 사실상 어려워졌다.

노동조합은 2008년 산별전환 결의와 2월 공공운수노조 준비위 정기대의원대회 결의에 따라 3월 이후 3개월 넘게 중앙과 지부별 내부 토론과 대의원 간담회 등 의견 수렴과 공유 과정을 거쳤으나 의견을 하나로 모으는 데는 실패했다.

겉으로 드러난 대의원대회 부결 이유는 '시기상조'와 '준비부족'이었다. 단체교섭을 비롯해 여러 현안 투쟁이 놓여 있고, 조합원 공유도 부족하단 얘기였다. 이와 관련해 "집행부가 산별전환을 주제로 조합원들을 직접 만나는 노력도 기울이지 않았다"는 얘기도 나왔다.

산별전환을 추진해온 쪽에선 듣기 거북하지만 합당한 지적이었다. 하지만 단지 이것 때문에 부결된 것은 아닐 것이다. 앞에서 말한 표면적 이유 외에 또 다른 이유가 있지 않았을까? 단순히 시기 문제라면 일정을 조정하면 될 일이다. 준비가 부족하면 채우면 된다. 그런데 산별전환을 둘러싼 이해관계가 그렇게 단순하지 않았다. 13대 집행부에서 2008년 조합원 총투표로 산별전환을 결의하고도 여태껏 이행하지 못한 이유일 것이다.

대의원대회 부결로 산별전환은 다시 미궁에 빠졌다. 먼저 10월 말에 임기가 끝나는 14대 집행부에서 다시 산별전환을 추진하는 것은 현실적으로 어렵다. 다시 한번 조합원 총투표로 공공운수노조 전환을 결의하는 방법도 있지만, 대의원대회에서 부결된 것을 재상정한다는 것도 모양새가 우습게 됐다.

공공연구전문노조에 이은 부산지하철노조의 산별전환 실패는 6월 24일 출범하는 공공운수노조에도 부정적 영향을 미치게 되었다. 그렇지 않아도 철도노조를 비롯한 많은 조직이 이러저러한 이유로 공공운수노조 출범에 함께 하지 못하는 상황이다. 여기에 공공연구전문노조에 이어 부산지하철노조마저 결합이 불가하니 공공운수노조는 힘겨운 출발이 불가피한 상황이다.

서비스지부 1, 2호선 잠정합의

서비스지부 1, 2호선 임금교섭이 사실상 타결됐다. 6월 21일 올해 임금인상 수준에 대해 의견접근을 이뤘던 노사는 29일 최종 임금교섭을 열어 2011년 임금협약 잠정합의서에 서명했다. 이에 따라 3호선 등 여타 업체와 교섭도 속속 타결될 가능성이 열렸다.

이날 잠정합의한 2011년 임금협약 주요 내용을 보면 먼저 기본급은 74만 9960원으로 정해졌는데 2011년도 최저임금 4320원이 산정기준이다. 또 쟁점이었던 역사 청소담당 조합원의 안전수당 지급 건은 매월 조정수당 1만 2000원을 지급하기로 합의했다. 그리고 근무형태별 임금차를 조정하기 위한 조정수당을 전동차 부분 청소를 맡고 있는 조합원에게 2만5000원, 기지창 근무 조합원에게 5만 원을 지급하기로 합의했다. 명절(설, 추석) 상여금으로 1년 이상 근무자 37만5000원, 6개월 이상 1년 미만 근무자 20만 원, 6개월 미만 근무자 15만 원, 3개월 미만 근무자는 10만 원을 각 지급하기로 합의했다. 이밖에 근로시간이나 근무형태를 현재대로 유지하기로 했다. 그리고 이번 임금협약은 1월부터 소급적용되며, 소급분은 7월 급여 지급 때 함께 지급된다.

두 달 만에 본교섭 열리다

2011년 단체교섭이 두 달 만에 재개됐다. 노동조합과 공사는 7월 7일 오후 3시 공사 8층 회의실에서 본교섭을 열어 '교섭절차 합의서'에 양쪽 대표위원 서명 절차를 밟았다. 5월 12일 첫 교섭 이후 두 달 만이다. 이에 앞서 노사는 6월 28일 실무협의를 통해 교섭절차에 의견접근을 한 바 있다.

교섭 시작에 앞서 사측 간사인 노사협력팀장은 "절차합의를 둘러싼 노사 이견으로 교섭이 2달 진행되지 못한 점 실무책임자로 대단히 유감스럽다"며 노조에 유감을 표명했다.

투쟁 승리 조합원 결의대회(2011.7.15./7.22.)

이렇게 교섭절차 합의도 맺고 공사가 유감을 표명하면서 교섭은 시작됐지만, 공사가 노조 요구안 중 임금부분을 제외한 부분은 교섭 사항이 아니라며 벌써 선을 긋고 나섰다.

이날 교섭은 절차합의서 작성과 단체교섭 요구안과 관련한 노사 제안 설명을 듣는 순서로 진행됐다. 먼저 제안 설명에 나선 노측 간사인 이의용 사무국장은 약 25분에 걸쳐 임금 요구안을 비롯한 9개 요구안과 세부사항에 관한 제안 설명을 진행했다.

이어 사측 간사는 노동조합 요구안 61개 항 가운데 임금 관련 14개 항을 제외한 47개 항은 교섭 사항이 아니라며 임금인상 부분에 대해서만 정부지침에 따라 총액기준 4.1% 인상(호봉승급분 등 자연증가분 제외)을 제시했다.

마지막 정리발언에 나선 박양수 위원장은 "지금 노사관계가 지난 1998년도 사측이 기만으로 일관해 파탄 났던 당시 노사관계와 지금도 별반 다르지 않다고 생각한다"며, "노동조합은 결연한 자세로 교섭에 임하고 있다"고 밝혔다. 실제 이날 노측 교섭위원들은 예년과 달리 처음부터 머리띠를 묶고 교섭에 임했다.

이어 정리발언에 나선 사측 대표위원 안준태 사장은 "여러 가지 유감표시도 했지만, 새롭게 신뢰를 회복하는 기회로 삼겠다"며, "남은 기간 그동안에 잃어버린 시간을 회복한다는 측면에서 집중 교섭을 통해 임금협상도 잘 마무리하자"고 말했다.

한편, 2011년도 서비스지부 임금교섭은 마무리 단계에 들어갔다. 노동조합은 7월 6일 3호선 2구역 및 양산선 업체와 2011년 임금교섭을 잇달아 열어 사측과 잠정합의했다. 이에 앞서 3호선 1구역(4일), 고엽제전우회(4일), 한국노인생활지원재단(5일)과도 잠정합의했다.

이들 5개 업체 중 3호선 1, 2구역과 양산선은 임금 수준이 동일한 수준으로 통일했다. 이들 3개 업체와 맺은 잠정합의에 따르면 1년 이상이 116만 원으로 1, 2호선 업체에 비해 3~4만원 정도 적다. 이를 감안해 노동조합은 이들 업체와 근무시간과 휴게시간 조정과 휴가 일수를 추가로 부여하여 형평성을 맞추기로 합의했다.

한국노인생활지원재단과 고엽제전우회는 근무형태에 따라 차이가 있다. 한국노인생활지원재단은 1년 이상 근무자의 경우 106만2160원에 합의했다. 고엽제전우회는 근무년수와 상관없이 107만 원에 합의했다.

공사 알맹이 없는 최종안 제시

8월 4일 공사가 최종안이란 걸 내놨다. 공사 최종안은 노동조합이 요구한 '월별 보수체계 변경' 수용 등 일부 진전된 내용이 있으나 4호선 유인운전 전환, 부족인원 충원, 해고자 복직, 유급조합활동 확대 등 핵심 요구안에 대해서는 전혀 언급되지 않았다. 노조의 핵심 요구안은 "내년 단체협약 교섭 때 다루자"며 사실상 수용을 거부했다.

공사가 최종안으로 제시한 주요 내용을 보면 △월별 보수체계 노조 요구안 수용 △선택적 복지비 2012년부터 1인당 10만 원 인상 △하계휴양소 설치 장기적으로 검토 △건강검진 유소견자 추가 검진비용 5만 원 한도 내 지원 △호포창 헬스장 본관 3층 이전 △구내식당 덤웨이트 설치 △역무 상조회 사무기기 설치 △노조 역사 게시판 4호선 설치 △운전직 4급 TO 4호선 역사 안전운행요원(부역장) 일부 TO 운전직렬 배치 △각 운영사업소장 협의하여 2명 이내 역무 장제 지원 인원 근무협조 등이다.

8월 9일 열린 8차 (실무)교섭에서 조합원들이 가장 많은 관심을 가진 임금과 처우개선 그리고 조합활동 관련 요구를 중심으로 논의됐으나 노사 주장이 평행선을 달려 합의점을 찾는 데 실패했다.

쟁의발생 결의 이어 파업 찬반 투표 가결

8월 10일 노동조합은 임시대의원대회를 열어 쟁의발생을 결의했다. 박양수 위원장은 대회사에서 "단체교섭에서 공사가 최종안이라고 내놨지만, 알맹이는 하나도 없다" "이제 파업을 준비할 때다"라며 대의원들의 힘찬 결의를 당부했다.

쟁의행위 찬반 투표가 70.6%(재적 조합원 대비 60.0%) 찬성으로 가결됐다. 개표를 맡은 노동조합 선거관리위원회는 8월 19일 오후 8시 50분 개표 결과 재적 조합원 3370명 중 2866명(85.0%)이 투표에 참여해, 2023명(70.6%) 찬성으로 가결됐다고 발표했다.

8월 23일 10차 교섭이 열렸다. 노사는 여전히 입장 차를 좁히지 못했다. 쟁의행위 찬반 투표 가결 후 처음 열린 이날 교섭에서 노동조합은 임금을 비롯한 주요 요구사항에 공사의 전향적인 답변을 요구했으나, 공사는 기존 주장을 되풀이했다.

먼저 임금 부분에서 노동조합은 직급보조비 전 직급 확대를 요구하며 1~3급이 받고있는 직책수행경비 재원을 활용하는 방안을 제안했다. 이에 대해 공사는 직책수행경비는 총액임금에 포함되지 않지만, 직급보조비는 총액임금에 들어가기 때문에 어렵다며 거부했다. 노동조합이 직급보조비와 직책수행경비 탄생 배경을 얘기하며 상위직급의 비도덕성을 지적하며 공무원과 같이 전 직급 확대를 강하게 주장했으나, 사측 또한 총액대비 4.1% 범위를 벗어날 수 없다며 고집을 꺾지 않았다.

근속승진제 확대 요구도 공사는 공무원도 6급까지 시행되는 등 필요성은 인정한다면서도 작년에 이어 올해 잇달아 확대하는 것은 어렵다며 그동안의 주장을 되풀이했다.

분기 지정휴무 주야간 구분 없는 사용 요구의 경우 추후 노사협의를 통해 논의하자며 사실상 거부했다.

열차운전수당 정률화의 경우 노동조합이 임금인상이 목적이 아니고 타 직렬과 임금 수준을 유지하기 위한 것이라며 공사가 계속 임금총액만 단순 비교하며 거부할 경우 휴무날 근무 일체 거부 투쟁에 들어갈 수 있다고 압박했다. 그러나 공사는 기본급이 오를 때마다 자동 인상효과가 있어 타 직렬과 형평성 문제 등을 들어 받아들일 수 없다고 밝혔다. 다만, 현 근무형태별 임금 수준에서 교번근무제 임금이 낮아질 경우 방안을 검토할 수 있다고 밝혔다.

4호선 유인운전 전환과 현안사항에 대해서도 공사는 운전직원 신변보호를 위한 독립된 운전실 확보 요구에 일년에 한두 번 있을까 말까하는 경우를 대비해 운전실을 별도로 마련할 수 없다고 주장하는 등 기존 주장을 되풀이해 설전만 오고갔다. 다만, 4호선 기술수당 문제는 공사도 고민하고 있다고 밝혔다.

노동조합은 4호선과 관련해 추가로 현재 노조와 아무런 협의도 없이 공사가 일방적으로 진행하고 있는 4호선 운전교육을 지적하며, 기관사자격 유지를 위한 교육계획을 밝힐 것을 강하게 요구했다. 이에 대해 공사는 교육계획수립을 추진하고 있다는 궁색한 답변만 늘어놨다.

해고자 복직 요구에 대해선 박양수 위원장이 직접 나서 노동조합 차원에서 매우 비중 있게 생각하는 요구라고 밝히고, 공사가 결심만 하면 되는 일인 만큼 노사관계 발전을 위해 공사가 결단을 내릴 때라고 말했다. 그러나 공사는 노조소식지에서 부산시 교통국장이 해고자 복직 반대하지 않는다고 했다는데 개인 의견일 뿐이라며 기존 반대 입장을 유지했다.

복지기금 지원 요구와 관련해 노동조합은 공사가 재정 형편상 어렵다지만, 유급조합활동 축소에 따른 무급화로 매월 2천만 원 정도 인건비 지급이 줄어 복지기금 재원확보는 충분하다 밝혔지만, 공사는 재정 형편상 어렵다는 말만 되풀이했다.

청소용역 인건비 설계 시 노사협의 및 근로조건 승계 요구에 공사는 고용노동부가 7월 18일 발표한 사내하도급 근로자보호 가이드라인을 검토해 노조와 협의할 것이 있으면 협의하겠다고 밝혔다.

기관사 대체근무지 마련 방안으로 노동조합은 2013년 계약종료되는 구내입환용역 직영화를 요구했다. 이에 대해 공사는 대체근무지 마련 필요성은 인정하면서도 구내입환용역 직영화는 현실적으로 어렵다고 말했다.

토목보선 야간격일제근무의 3조2교대제 전환 요구에 공사는 인원 변동만 없다면 별도 협의해 보자고 말했다.

이날 교섭에서는 이밖에 역무 친절도 조사 폐지, 운전직 무보직 4급 10자리 확보 요구 등 지부별 현안 요구에 대해서도 논의가 이뤄졌으나, 공사의 입장 변화가 없어 진척이 없었다.

2011년 단체교섭 잠정합의

8월 30일 비상총회, 1500명이 넘는 조합원들이 모였다. 비상총회가 진행되는 가운데 노포창 안전체험장에선 12차 교섭이 열리고 있었다. 교섭장은 어느 때보다 긴장감이 감돌았다. 마침내 노사가 집점을 찾았다. 임금 총액대비 4.1% 인상과 해고자 복직 등을 내용으로 잠정합의를 이뤘다. 7월 7일 본격적으로 교섭을 시작한 후 54일 만이었다.

주요 잠정합의 내용을 보면, 임금분야에서 총액대비 4.1% 인상키로 하여 정부지침의 벽을 넘지 못했다. 다만, 고위직 임금동결과 조정을 통해 하위직 직급보조비를 신설했다. 신설된 각 직급별 직급보조비는 5급 1만5000원, 6급과 7급 1만3000원, 8급과 9급 1만 원이며, 4급은 현행 3만 원에서 7만 원으로 증액됐다. 또 직급보조비는 통상임금에 포함돼 각종 법정수당 계산에 영향을 미친다.

보수체계 변경도 노동조합 요구대로 관철해 실리를 챙겼다. 보수체계 변경으로 2012년부터 1월부터 10월에 75%(가계보조비 35% + 상여수당 40%)가 지급되며, 3월에 지급되던 연차수당이 11월 지급으로 바뀌고, 12월에 성과급이 지급된다.

상용직 조합원 처우와 관련해 임금은 총액대비 4.1% 인상됐다. 일반직과 차별해소 차원에서 일반직과 동일한 가족수당을 지급하기로 했다. 명절(설, 추석) 격려금을 20만 원 인상(현행 30만 원→50만 원)했다.

그리고 노동조합의 십수 년 묵은 과제인 해고자 복직 문제가 일부 해결됐다. 노동조합은 공사와 막판 줄다리기 끝에 강한규, 김태진 두 명의 해고자 중 김태진 전 위원장 복직을 이끌어 냈다. 복직 방식은 2012년 상반기 중 경력직 채용 형식을 밟기로 했다. 김태진 전 위원장 복직은 1998년 7.3파업투쟁 과정에서 해고된 32명 중 마지막 복직자란 의미가 있다.

4호선 요구와 관련하여 유인운전 전환 요구에 공사는 국책사업이란 핑계로 받아들일 수 없다고 맞서 4호선 안정화를 위해 노사공동 협의체를 구성·운영하는 선에서 의견접근이 이뤄졌다. 본인 의사와 무관하게 4호선에 배치된 직원은 본인 직렬 근무지로 전환배치 하기로 했다. 이에 따른 인력 수급 불균형 문제는 결원충원 및 다대선 개통 때 신규채용을 통해 점진적으로 해소하기로 했다. 그리고 4호선 역근무 기술직렬 직원의 기술수당과 4호선 기지구내에서 열차를 운전하는 검수원의 직무수당을 4호선 개통 시부터 지급하기로 했다. 참고로 안전운전요원은 지난 개통 시부터 소급하여 5월부터 5만 원이 지급되고 있다.

후생복지 분야에서 선택적 복지비를 2012년부터 10만 원 증액하기로 했다. 공사는 또 건강검진 유소견자에 5만 원을 추가 지원하기로 했다. 하계휴양소 설치와 관련해서는 금년 하반기 노사공동 기초복지시설 개선협의회에서 구체적 방안을 협의하기로 했다. 나머지 복지기금과 사내복지기금 출연, 대학생 자녀 장학금 확대 요구 등은 관철되지 않았다.

운전직 4급 TO 및 보선분소 근무형태 3조2교대 전환은 현업분야 직무분석 시 노사가 공동으로 참여하여 개선방안을 협의하기로 했다.

타 직렬과 형평성 차원에서 운전직렬 4급 TO 확대를 위해 4호선 역사 안전운행요원(부역장) 중 5자리를 운전직렬로 배치키로 했다. 또 기관사 대체 근무지 확보와 관련해 이미 확보된 지원 5자리 중 결원인력(3명)과 4호선 배치 관련 결원인력은 4호선 인력배치가 마무리된 후에 충원방안 마련을 공사가 노력한다는 수준에서 의견 접근이 됐다.

3조2교대 근무자 분기 지정휴일 사용 개선과 관련해서는 오는 10월부터 주/야간 근무 구분없이 사용하기로 했다. 역무 장제 지원과 관련하여 해당 소속장과 협의를 통해 호선 간에도 2명 이내 지원이 가능하도록 제한을 풀기로 했다. 자체 경영평가 지식경영활성화 지표 중 지식참여율을 금년 평가부터 현행 80%에서 33% 이상 참여 시 만점(0.4)을 적용하기로 했다.

마지막으로 현장 근무환경과 관련해 호포창 헬스장을 금년 하반기 본관 3층으로 이전하기로 했다. 신평창 구내식당 환경개선을 위해 현장 실사 후 예산에 반영하기로 했다. 안평창 아침 저녁 식사는 하반기 중 노사공동 기초 복지시설개선협의회에서 적절한 조치방안을 협의하기로 했다. 동래역 환승센터 건립 시 직원식당 운영 문제는 2012년 하반기 인허가 이후 별도 협의하는 것으로 했다. 이밖에 4호선에도 기존 호선과 동일하게 역사 게시판을 설치하기로 했다.

노동조합은 9월 9일 임시대의원대회를 열어 2011년 단체교섭 잠정합의서를 심의·의결했다. 참석 대의원들(62명)은 2011년 단체교섭 협약체결 건에 대해 만장일치로 승인했다.

노동조합은 9일 오후 공사와 2011년 임금협약 등 노사합의서를 정식 체결했다.

2011년 임금협약 등 노사합의서 체결에 대한 조합원 인준 투표가 88.9%

찬성으로 가결됐다. 노동조합 선거관리위원회는 9월 22일 오후 7시 이후 진행된 조합원 인준 투표 개표 결과 선거권자 3371명 중 2743명(81.4%)이 투표에 참석해 찬성 2439명(88.9%)으로 가결됐다고 발표했다.

인준 투표 88.9%, 그 의미와 과제

2011년 단체교섭 절차가 모두 마무리됐다. 투표에서 나타난 결과만 놓고 보면 조합원들 대다수가 노사합의에 만족한다는 얘기다. 정말 그럴까?

사실 60여 개에 달하는 애초 요구안에 비해 최종 노사합의서는 초라했다. 임금 가이드라인과 인력 효율화(결원율 5% 이내 유지) 등 정부지침을 돌파하지 못했다. 임금은 정부지침인 총액기준 4.1% 인상에 머물렀고, 인력 충원 요구는 접근조차 하지 못했다. 많은 공을 들인 4호선 유인운전 전환은 국책사업이란 벽을 넘지 못했다. ERP 도입은 원천봉쇄 대신 악용을 막는 수준에서 합의됐다. 김태진 전 위원장이 13년 만에 우리 곁으로 돌아오게 됐지만, 강한규 전 위원장은 다음을 기약할 수밖에 없는 아쉬움을 남겼다. 서비스지부 임금협약도 청소용역계약 시 사실상 최저임금 수준에서 결정되는 인건비 설계의 한계를 넘지 못했다.

이렇듯 2011년 노사합의서는 애초 요구안이 일방적인 희망사항이 적잖게 들어있는 걸 감안해도 결과물은 만족할 수준이 아니었다. 그런데 조합원은 왜 높은 찬성률로 승인했을까?

먼저 현실적 한계를 고려한 집행부의 선택을 존중한 결과로 보인다. 노동조합을 둘러싼 내외 여건이 어려운 가운데서 이뤄낸 1명의 해고자 복직 성과를 소중하게 생각하지 않았을까 하는 추론도 가능하다. 그리고 또 단체교섭 투쟁에서 조합원들을 집중시키고 묶어낼 쟁점이 형성되지 못한 점을 들 수 있다. "싸워 봐야 별 수 있나"라는 투쟁 기피 현상도 영향을 미친 것으로 보인다.

(2)

15대 집행부,
주춤했던 정권과 공사의 공세에 맞서

1) 15대 김태진 집행부 출범

김태진 후보, 박빙 승부 끝에 15대 위원장 당선

2011년 10월 18일부터 20일까지 치러진 15대 위원장 선거에서 김태진 후보가 1404표(50.27%)를 얻어 1358표를 얻은 임은기 후보와 박빙의 승부 끝에 신승했다.

13대 위원장 출신이기도 한 김태진 후보는 "노동조합이 지지받는 길은 조합원 한분 한분의 마음을 담아내는 것"이라며, 조합원과 소통을 위해 현장활동을 강조했다. 14대 집행부 수석부위원장을 맡았던 임은기 후보는 "조합원에게 희망이 되는 노동조합, 새로운 시대에 맞게 변화하는 노동조합"을 내세웠다.

함께 치른 지부장 선거에서는 경선으로 치러진 승무지부장에 나용무 후보가 282표(51.27%)를 얻어 당선됐다. 이병호 후보는 266표(48.36%)를 얻었다. 서비스지부장은 158표(52.84%)를 얻은 조선자 후보가 유평자 후보(137표)를 누르고 당선됐다. 단독 출마한 기술, 역무, 차량지부장에는 김광희(956표, 90.87%), 이승호(467표, 97.29%), 박철만(395표, 97.77%) 후보가 무난히 당선됐다.

지회장 선거의 경우 경선으로 맞붙은 기술지부 통신지회장에 97표(71.32%)를 얻은 김좌곤 후보가 당선됐다. 박영수 후보는 38표를 얻었다. 나머지 단독 출마한 지회장 후보들도 무난히 과반수를 넘겨 당선됐다. 그러나 서비스지부 3개 지회장은 과반수 득표자가 없어 당선자가 나오지 않았다.

대의원 선거의 경우 출마자 48명 중 47명이 무난하게 과반수를 넘겨 당선됐다. 그러나 서비스지부 서비스3지회 1명은 과반수 미달로 당선 확정이 되지 않았다.

이번 노동조합 현장 간부와 대의원을 뽑는 선거에서도 다수 지회가 단독 출마하였고, 후보 조차 나오지 않은 지회도 나왔다. 대의원선거 또한 정수를 채우지 못했다. 선거 때마다 되풀이되고 있는 현상이다. 노동조합이 해를 거듭할수록 활력이 떨어지는 이유다.

김태진 위원장은 15대 집행부에서 함께할 수석부위원장에 노석수 전 기술지부장을 선임했다. 사무국장은 이경태 전 토목보선지회장을 선임했다.

조합 실무를 맡을 부서장으로 총무부장 김경우(기술지부 신호지회 소속), 조사통계부장 김태용(역무지부 사상지회 소속), 연대사업부장 조대환(기술지부 전기지회 소속), 정책부장 박경달(기술지부 통신지회 소속), 선전부장 정대원(기술지부 신호지회 소속)을 11월 7일 중앙위원회 인준 절차를 거쳐 임명했다.

한편, 김태진 위원장은 임기 시작과 함께 현장활동에 집중했다. 선거 기간 조합원들과의 약속이기도 했다. 임기 첫날 구서건축과 중정비 분소 등 10군데, 2일 4호선 동래역무실, 온천기계설비 등 4군데를 방문해 현장 조합원들을 만났다. 감태진 위원장은 특별한 일정이 없는 한 매일 아침, 저녁 시간을 내 현장방문을 이어갔다.

모 조합원은 "본사-현업간 승진편차가 심하다"며 불만을 토로했고, 어떤 조합원은 "겨울에도 사무실 안에 모기가 많은데 공사의 방역체계 개선이 필요하다"고 얘기하기도 했다. 학자금지원에 대한 얘기, 직장 내 보육시설 확충 등 다양한 얘기가 나왔다. 김태진 위원장은 조합원들의 애로사항이나 아무리 사소한 얘기도 허투루 흘려보내지 않았다. 조합원들의 얘기는 이후 노사협의회 안건으로 올라가기도 했다.

이즈음 감사원이 근로기준법을 상회하는 단체협약 조항을 폐지하거나 바꾸라고 공사에 주의 조치했다. 감사원은 11월 24일 공개된 「지하철 경영실태 조사보고서」에서 △자기계발의 날 폐지 △유급휴일(노조창립기념일, 노동절, 명절 당일)에 지급하는 휴일수당 폐지 △운수수입금이 적은 역은 민간위탁 시킬 것 △탄력적 근로시간제 도입 △교대/교번제 근무자의 비번일 휴무인정 부적정(야간근무일에 휴가를 내면 비번일에는 반일근로를 시킬 것) △1~4급에게 지급하는 직책수행경비 총 인건비에 포함하여 예산 편성(직책수행경비를 줄이지 않는 한 5~9급 임금인상 폭이 상대적으로 삭감됨) 등을 주의 조치했다. 많은 부분이 노사가 합의한 단체협약 사항이었다.

그랬다. 국가기관인 감사원이 앞장서 헌법이 보장하고 있는 노동자 권리를 빼앗는 위헌적 조치를 서슴지 않았다.

노동조합은 12월 13일 서면역에서 부산에서만 유일하게 징수하는 '지하철-버스 간 환승요금 200원' 폐지 선전활동을 벌였다. 노동조합은 선전활동

환승요금 반대 기자회견과 선전전(2011.11.16.)

은 물론 1인시위 등으로 환승요금 징수, 지하철 요금인상 등 시민에게만 부담하는 부산시 교통행정의 부당함을 집중 부각해 나갔다. 수도권, 대구, 광주에서는 버스-지하철 환승 시 기본요금 구간에서는 추가운임을 부과하지 않는데 부산만 2007년 환승도입 때부터 추가운임 200원을 더 받고 있다는 사실에 시민들은 이구동성으로 부산시를 질타했다. 시민들의 질타와 노동조합의 노력에도 불구하고 환승 추가운임제는 2015년 6월까지 이어졌다.

4월 들어서도 김태진 위원장의 현장활동은 계속됐다. 김태진 위원장은 4월 12일 여성조합원 간담회를 열어 노조 현안을 설명하고 의견을 들었다. 40여 명이 모인 간담회에서 여성조합원들은 육아와 출산에 대한 부담감을 많이 토로했다. 육아와 출산에 대한 제도가 계속 개선되고는 있다지만 여전히 현실을 반영하지 못하고 있다는 주장이 제기됐다. 특히, 육아 휴직 시 생기는 업무 공백에 많은 부담을 느끼고 있다는 사실을 직접 확인했다.

② 2012년 투쟁 준비 들어가다

임단협 소위 활동 시작

노동조합은 2012년 4월 12일 임단협 소위원회를 소집해 2012년 단체교섭 요구안 마련을 위한 준비에 들어갔다. 임단협 소위원회는 총 10명으로 구성했다. 기술, 승무, 차량, 역무지부에서 추천한 8명(기술 : 황영수 설비지회장, 김좌곤 통신지회장. 승무 : 노용주 대저승무지회장, 정우영 대의원. 차량 : 오일환 대저차량지회장, 하정현 대의원. 역무 : 이영호 호포역무지회장, 장도영 대의원)과 노동조합 사무국 노석수 수석부위원장과 김태용 조사통계부장을 포함해 총 10명이었다. 임단협 소위는 3주간에 걸쳐 매주 화요일, 금요일 주 2회 회의를 열기로 했다. 임단협소위 역할은 조합원 설문조사를 분석하고, 각 지부 현장 조합원들의 의견을 모아 김토 과정을 거쳐 요구 초안을 만드는 것이었다.

김태진 집행부는 진보정치활동에도 많은 관심과 노력을 기울였다. 4.11 총선에도 현행법 테두리 내에서였지만, 진보정당 후보의 원내 진출을 위해 노력했다.

그러나 4.11총선 결과는 기대에 못 미쳤다. 김태진 집행부는 조합원의 기대에 미치지 못한 성적표가 나왔다며, 이명박 정부를 심판하기엔 초라한 성적표지만 대선을 치르기 전에 뚫고 나가야 할 한 번의 고난이라고 평가했다. 이어 상집위 간부 중심으로 4월 10일 진행한 총선 투표 독려 현장활동은 노동자의 정치세력화 사업의 일부로 노동자의 계급투표로 현 정권에 대한 비판의 목소리를 나타내고자 한 희망의 투표참가 운동이었다고 의미를 부여했다. 그리고 19대 총선은 18대 총선에 비해 2배 이상 의석을 확보한 통합진보당(13석)과 81석에서 127석으로 의석수가 확대된 민주통합당과의 정책협약은 부산지하철 노동조합의 투쟁방식 변화와 조합원의 진보정당에 대한 기대가 하나로 뭉칠 좋은 기회가 될 것이라며 기대를 나타냈다.

한편, 노동조합은 4·11총선 기간 부산지역 야권 당선 유력 후보를 중심으로 정책 협약식을 맺었다. 통합진보당, 민주통합당, 진보신당 3당과 정책협약을 맺었고, 야권 후보 중에는 통합진보당 민병렬(영도구), 고창권(해운대기장갑) 후보, 민주통합당 조경태(사하구을), 김영춘(부산진갑), 김정길(부산진을), 문성근(북구강서구을) 후보와 정책협약을 맺었다.

노사 첫 공식 만남

1/4분기 중앙노사협의회가 4월 18일 오후 3시 본사 8층 회의실에서 열렸다. 15대 집행부 출범 후 6개월 만에 노사 공식 첫 만남이자, 배태수 사장 취임 후 4개월 만이었다.

노사협의회 쟁점은 정신보건관리프로그램 시행과 역사 순찰 강화 문제였다. 노동조합은 이미 2006년 합의한 정신보건관리프로그램을 사상사고 시 기관사 정신건강에 실질적 도움이 될 수 있도록 제대로 시행하라고 요구했다. 또 노동조합은 공사가 사상사고 방지를 위해 공문으로 하달한 '15분 주기의 역사 순찰 강화'는 비현실적 업무지시라며 폐기를 요구했다. 공사도 지시사항이 현실에 맞지 않는다는 것에 공감하면서도 4월 말까지는 유지해야 한다는 이해 못 할 답변만을 내놨다.

김태진 위원장은 "노조 요구안은 현장을 돌면서 조합원이 가장 바라는 것을 담은 요구안"이라며, "고객 만족도 향상을 위해서라도 우선 내부고객인 직원의 만족도가 높아져야 한다"고 강조했다.

부산역광장에서 열린 2012년 세계노동절 기념대회에 참여한 조합원들(2012.5.1.)

부산지역본부 주최 집회에서 정리해고 금지를 외치는 조합원들(2012.6.15.)

1/4분기 중앙노사협의회 중앙 요구안은 △해고자(강한규 전 위원장) 복직 △ERP 폐기 △상용직 처우개선 △정년퇴직 일자 12월 말로 통일 등 총 33건 이었다. 이외 부족 인력 충원 등 지부별 현안이 다수 포함되어 있었다. 노사 는 이들 안건 논의를 위해 이후 네 차례 더 실무협의를 진행하기로 했다.

2012년 임단협 요구안 확정

부산지하철노조 조합원들은 2012년 단체교섭에서 임금인상(28%)과 부족 인원 충원(21%)을 가장 중요하게 생각하는 것으로 나타났다. 노동조합 임단협 소위원회가 4월 26일~5월 7일까지 실시한 조합원 설문조사 결과다. 근속승진제도 확대(15%), 후생복지 향상(13%)이 그 뒤를 이었다.

또 후생복지와 관련해서는 선택적 복지비 증대와 자녀 학자금 확대를 가장 많은 조합원이 꼽았다. 이밖에 직원 자녀 육아 지원 확대, 직원건강증진 향상 순으로 나왔다.

임단협 소위원회는 조합원 설문조사 결과를 임단협 요구 초안에 반영할 예정이다.

노동조합은 5월 31일과 6월 1일 이틀에 걸쳐 대의원대회를 열어 2012년도 임금과 단체협약 요구안을 확정했다.

먼저 임금 부문 요구안으로 총액 대비 7%(전액 호봉급, 정률 100%) 임금인상을 요구했다. 한국은행의 2012년 경제전망(경제성장률 3.7%+물가상승률 3.3%)을 근거로 했다. 상용직 조합원은 먼저 상용직 관리규정을 폐기하고 단체협약 적용과 호봉제 도입을 요구했다. 임금은 기본급 대비 7% 인상을 요구했다. 그밖에 성과급 일반직과 동일하게 적용 처우개선 요구사항을 담았다.

임금제도 개선 부문으로 △상여금·가족수당·가계보조비 통상임금 포함 △성과급 전환한 기본급 100% 12월 상여금으로 환원 △급식비 인상(7만 원 →15만 원) △퇴직수당 신설 △간식비 월 1만 원 지급 △모타카 운전자격증 소지자 운전수당 지급 △기관사 열차운전수당 정률화 △4호선 안전요원수당 인상(5만 원→10만 원) 등 18개 항목을 담았다.

현안사항 요구안으로 △해고자 원직복직 및 해고기간 근속년수 인정 △ERP 폐지 △근속승진제도 확대(4급까지) 등 46개 항목을 담았다.

후생복지 요구로 △복지기금 지원(조합원 1인당 1만 원 노동조합 지원) △선택적 복지비 확대(35만 원 증액) △대학생 자녀 학자금 전액 지원 등 10개 항목을 담았다.

조합활동에 관한 요구로 △단체협약 15조 원상회복 등 2개 항목, 사회공공성 확보를 위한 요구로 △안전하고 편리한 지하철 만들기(안전인력 확보 등) △지하철 이용자 운임부담 낮추기(PSO 국비확보 등) △공사운영 참여 확대(공공이사회, 공사운영위원회설치 및 운영 등) △비정규직 노동자 보호(적정임금 보장, 고용보장, 상시업무 직영화 등) △지하철·버스 환승 시 환승추가 운임 폐지 △우수리 모금액 활용(공익적 사업에 지원)을 담았다.

인력 충원 요구안으로 △승무지부 165명 △기술지부 185명 △역무지부 110명 △차량지부 89명(상용직 4명 포함) 외 직제변경 및 결원 충원을 확정했다.

3))) 2012년 단체교섭 투쟁과 공사 사장 임명 취소 논란

2012년 임단협 교섭 시작

2012년 임단협 교섭이 시작됐다. 노동조합과 공사는 6월 21일 첫 교섭을 시작으로 2012년 임단협 교섭에 들어갔다. 상견례를 겸한 1차 교섭에서 몇 가지 당면 현안을 다루고 절차합의서를 작성하고 교섭을 마쳤다.

당면 현안으로 먼저 부산시 감사로 드러난 복공판 비리 간부 일벌백계를 요구했다. 그러나 공사는 시에서 경징계 요구했다며 권한 넘는 행위는 할 수 없다고 소극적 반응을 보였다. 2호선 모 역에서 발생한 역장의 여직원 성희롱 사건과 관련 역장에 대한 인사조치, 공개사과, 재발방지 조치를 요구했다. 공사는 경영본부장이 진상 파악 등 재검토 의사를 밝혔다.

한편, 노동조합의 임단협 요구안에 대항하여 공사도 요구안을 노조에 제시했다. 공사는 임금인상(총액 3.5%-직무급, 정률반영), 연봉제 확대(3급 추가), 임금피크제 도입 등을 내놨다.

그리고 노동조합 요구안과 관련해 인력과 직제 요구는 비교섭 대상이라며 교섭에서 제외할 것을 요구했다. 조합활동 관련 요구와 사회공공성 강화 요구에 대해서도 비교섭 대상으로 분류해 교섭에서 제외할 것을 요구했다. 그렇게 공사는 노동조합 요구 중 43건을 비교섭 대상 운운하며 교섭에서 제외할 것을 요구했다.

6월 26일 노동조합은 부산시의회 앞에서 2012년 임단협 투쟁 승리를 위한 조합원 전진대회를 열었다. 교섭에 대한 조합원들의 관심도를 높이고, 투

부산시의회 앞에서 열린 2012년 임단협 승리를 위한 조합원 전진대회(2012.6.26.)

쟁 결의를 모아내기 위해서였다. 전진대회는 오전 이른 시간에도 불구하고 800여 명의 조합원들이 참여해 임단협에 대한 관심과 기대가 높다는 걸 보여줬다. 발언에 나선 지부장들도 서로 선봉에 서서 투쟁하겠다며 굳은 의지를 보였다. 김태진 위원장은 많은 조합원들이 전진대회에 참가하여 힘이 솟는 느낌이라며 조합원들의 기대가 헛되지 않게 최선의 투쟁으로 보답하겠다고 밝혔다. 전진대회 마지막 순서로 '이명박 정부의 공기업 선진화 정책' '개악 노동법' '최저임금제도' '현장인력 부족(5% 결원율 유지)' 모형을 부수는 상징의식을 연출했다.

공사 사장 임명처분 취소 판정

부산지방법원은 7월 13일 강한규 전 위원장이 부산시를 상대로 배태수 부산교통공사 사장 임명처분 취소 소송 선고공판에서 절차상 하자를 적시하며 사장 임명처분 취소 판결을 내렸다. 법원은 부산교통공사 임원 후보자 자격 요건을 공무원에 재직 중인 자도 가능하게 바꾸면서 이사회 의결과 시장 승인 절차를 거치지 않아 무효라고 판단했다.

노동조합은 재직 중인 부산시 고위직 공무원 중 진급이 늦은 간부의 특혜성 인사 관행을 부산 시민 몰래 하려다 들통이 난 것이라며, 부산시의 특혜성 보은인사 소위 낙하산 인사 관행 시정을 요구했다. 이어 사장 임명 취소라는 초유의 사태에 대한 모든 책임은 허남식 부산시장에게 있다며, 부산시민에게 공개 사과를 요구했다.

한편, 법원의 배 사장 임명 취소 판결로 현재 진행 중인 교섭 중단 등 노사관계가 상당기간 파행이 불가피해졌다.

사장 임명처분 취소 판결 이후 단체교섭 중단 상황이 계속됐다. 노동조합은 7월 27일 부산시청 후문 앞에서 확대간부 결의대회를 열어 2012년 임단협 교섭 정상화를 촉구했다.

허남식 부산시장 규탄 선전전

　　노동조합은 공사 사장 임명 취소로 파행 운영 중인 공사 경영 정상화와 조속한 임단협 교섭 정상화를 위해 부산시장 면담을 요구했다. 그러나 시장이 휴가로 부재중이라 면담은 성사되지 못했다. 대신 공사 당연직 비상임 이사인 부산시 기획재정담당관을 비롯해 예산담당관, 교통정책실장 등과 만나 노동조합 요구에 대한 답변을 들었다.

　　부산시는 신속한 사장임용과 관련해 임원추천위원회에서 결정할 문제라면서 빠르면 8월 늦어도 9월 초에는 사장 선임이 가능할 것으로 보인다고 답변했다. 조속한 단체교섭 재개와 관련해서는 부산시가 당사자 자격으로 교섭에 참여하는 것은 어렵지만, 실무교섭이 진행되면 참관 정도는 가능하다고 답변했다. 책임자 문책은 공사에서 처리해야 할 문제로 부산시가 간여할 문제가 아니라고 책임을 회피했다.

대티역 열차 화재

8월 27일 오후 2시경 서대신역에서 대티역 방향으로 운행하던 열차(1161호) 지붕에서 아크가 발생한 뒤 타력으로 대티역에 진입 후 승객을 대피시키는 중 2차, 3차 아크가 발생했다. 그 과정에 섬광과 아크로 인한 화재가 발생했다. 승강장은 연기로 자욱했고, 전동차에 내려 대피 중이던 승객 다수가 연기 흡입으로 고통을 호소해 병원에 이송됐다. 입원환자가 4명 나왔고, 경상자 57명이 10개 병원에 분산 이송되어 응급조치를 받았다.

공사는 사고원인으로 "팬터그래프 절연애자(전기가 선로로 흐르는 것을 막는 부품)가 성능저하로 아크(불꽃)가 발생, 전차선이 끊어지면서 전동차와 접촉돼 객실 지붕과 천장에 화재가 발생한 것으로 추정된다"고 설명했다.

한편, 1년 전에도 비슷한 사고가 잇따라 발생해 시민들의 불안이 더욱 높아졌다. 정확히 1년 전인 2011년 8월 27일 1호선 남포역에서 회로차단기에서 불꽃이 일면서 정전이 발생했다. 또 같은 해 10월 31일에는 1호선 범내골역에서 불꽃이 튀면서 화재가 발생해 전동차 운행이 16분간 멈췄다.

이를 두고 부산교통공사가 무리하게 전동차의 사용연한을 늘려 잦은 사고로 이어지고 있다는 지적도 제기됐다.

부산참여자치시민연대(참여연대)는 28일 논평을 통해 교통공사의 안전불감증을 질책했다. 참여연대는 "대티역은 지하 5층에 해당하는 구간이어서 대형사고로 이어지지 않은 것이 천만다행"이라며 "대구지하철 참사와 같은 대형사고로 일어날 가능성이 언제든지 있다"고 우려했다.

참여연대 측은 "부산교통공사는 끊임없이 경비절감을 이유로 인력축소와 구조조정을 시도하였고 노선은 늘어났지만 신규채용은 하지 않고 기존 인원으로 대체해 왔다"며 "만일의 사태에 대비할 인원이 부족하다"고 꼬집었다. 또 "전동차 중수선 부분은 아웃소싱으로 비정규직이 업무를 맡고 있다"며 "임금차별과 고용불안에 떠는 비정규직들이 차량의 중수선을 맡는 비상식적 상황이 존재하고 있다”고 밝혔다.

참여연대는 △전동차 탑승 승무원을 현행 1명에서 2명으로 늘리는 방안 △안전교육 이수한 정규직 역무원 확충 △노후 시설 재점검 및 정밀진단 △반송선 등 무인선의 승무원 배치 등을 부산교통공사에 요구했다.

노동조합은 대티역 전동차 화재사고는 1985년 개통한 이후 시민 안전 확보 예산에 무관심한 부산시의 예산정책이 낳은 재앙이라며, 노후한 1호선 설비와 전동차 교체를 위한 예산확보를 요구했다. 또 전동차와 설비 점검을 위한 신규인력 충원 필요성을 제기했다.

이와 함께 사고 수습과 관련하여 노동조합은 △철저한 원인 규명과 유사 사고 발생 방지대책 마련 △사고조사 및 원인분석 노동조합 참여 △책임 전가 행위 및 부서 간 갈등 조장 행위 중지 △초동조치 기관사 및 직원 포상 등을 요구했다.

대티역 화재 합동기자회견

대티역 전동차 화재사고가 사회 문제로 불거진 가운데 노동조합은 시민단체와 함께 9월 5일 합동 기자회견을 열었다.

기자회견을 통해 “대티역 전동차 화재사고는 부산시와 부산교통공사 경영진이 2003년 막대한 인명 피해를 낳은 대구지하철 화재사고로부터 제대로 된 교훈을 얻지 못했음을 방증하는 것”이라고 비판했다. 또 공사가 사고 원인을 ‘직원들의 정비 소홀’로 돌려 철저한 원인 규명을 통한 재발방지보다는 언론플레이를 통해 서둘러 사고를 덮어버리고자 하는 속내를 드러낸 것이라고 비판했다. 그러한 공사의 책임 전가에 노동조합은 직원들의 신속한 조치로 대량 인명 피해를 막았다고 반박했다. 이어 노동조합은 “부산지하철의 경우 예산 절감을 이유로 전국 7개 도시철도기관 중 유일하게 내구연한 (25년)이 지난 전동차를 운행하고 있다”며, “현재 1호선 360량 중 37%인 132

량이 내구연한을 넘겼고, 내년이면 추가로 54량이 내구연한을 채운다"고 지적했다. 그뿐 아니라 "부산지하철은 km당 인력이 서울지하철 대비 절반에 불과해 차량과 주요 설비들이 노후화될수록 정비인력을 늘려야 하는데, 예산 절감을 이유로 오히려 안전인력을 수차례 감축한 행태가 이번 사고의 또 다른 이유 중의 하나"라고 지적했다. 마지막으로 예산상의 이유로 철저한 사고원인 규명을 통한 대책 수립과 인력확충보다는 거창한 말잔치뿐인 대책을 단호히 거부하며 부산시와 공사에게 △투명하고 공정한 사고조사를 위해 노동조합의 참여 보장 △내구연한(25년)이 지난 전동차와 노후화된 설비 교체를 위해 적정예산 확보 및 순차적 교체 △시민안전을 확보하기 위한 적정인력 확충 등을 요구했다.

한편, 기자회견에 많은 기자와 방송국이 참여해 YTN, MBC, KBS 등 주요 방송사가 메인 뉴스로 방송하는 등 높은 관심을 보였다.

단체교섭 재개

8월 28일 배태수 사장이 재임명되면서 그동안 중단됐던 단체교섭도 9월 11일 재개됐다. 다시 재개된 6차 교섭은 이진 다섯 차례 교섭에 비해 속도감 있게 진행됐다. 계속 NO만 되뇌였던 공사쪽 교섭위원도 좀 더 적극성을 보였다.

보육시설 설치 요구 건의 경우 앞으로 여건(예산, 공간) 마련되면 설치하겠다고 답변했다. 통상근무자 청원휴가 사용 시 토요일 청원휴가 일수에서 제외 건은 동종업체와 비교해 여러 각도로 검토하겠다고 말했다. 본사 주차장 이용 무료화(업무상 필요 시 등)는 수용(본사 어린이집 이용 직원 포함) 뜻을 밝혔다. 노포 후생관 2층 환경개선 건은 노사 공동 현장 실사 의견을 냈다.

이틀 뒤 열린 7차 교섭은 후생복지에 관한 요구 10개 항, 조합활동에 관한 요구 2개 항, 사회공공성 확보를 위한 요구 7개 항 등을 다뤘다.

서면역에서 열린 단체교섭 승리 조합원 결의대회(2012.8.30.)

이 가운데 공사는 동종업체 수준의 하계휴양소, 봄-가을 체육대회 5만 원 인상, 육아휴직 확대와 육아하기 좋은 사업장 만들기, PSD 전 역사 조속 설치 등에 긍정적 답변을 했다.

이날 7차 교섭에서 노동조합은 공사가 추진 중인 전동차 대수선 계획의 허구성을 지적했다.

대티역 전동차 화재 대책 촉구 전방위 압박

노동조합은 9월 14일 부산시청 앞에 상집 간부들이 모여 대티역 전동차 화재사고의 근본 대책 마련을 촉구하고, 부산시장과 면담을 요구했다. 노동조합은 일회성에 그치지 않고 매주 금요일 시청 앞 집회를 이어 가기로 했다.

이에 앞서 노동조합은 9월 7일 공사의 대티역 화재사고에 대한 졸속 대응을 규탄하고 올바른 대응 촉구하는 조합원 결의대회를 열었다.

지부별 실천 활동도 진행했다. 회차선 열차 내 홍보물 선전 작업을 시작으로 환승역 선전활동, 역사 포스터 부착, 시청 앞 1인시위가 이어졌다.

예정대로 9월 21일 금요일 각 지부 소조장 이상 노조 간부들이 부산시청 앞에 모였다. 부산시장의 면담 거절로 부산시 교통국장을 만났다. 노동조합은 차량 노후화와 관련한 여러 문제를 지적하고 설명했다. 교통국장은 노동조합 얘기가 충격적이라며 대수선 문제점, 안전예산 필요성, 대티역 화재는 천운이라는 것 등 노동조합 얘기를 부산시장에게 보고하겠다고 말했다. 부산시는 2주간의 시간을 달라고 했다. 2주간 공사 임원 및 부서관계자들과 논의한 뒤 시장 보고 후 판단하겠다고 했다.

10월 25일 부산지하철노조가 주관하고 부산지하철 안전을 위한 시민대책위 주최로 개최된 부산지하철 1호선 안전대책 마련을 위한 시민토론회가 열렸다. 발제자는 윤영삼 부경대교수(공공운수정책연구원 원장), 금일환 부산교통공사 운영본부장, 박경달 정책부장이 나섰다. 이성숙 부산시 시의원, 마창수 부산시 교통정책과장, 박민성 사회복지연대 사무처장, 김두봉 안전관리실장, 오문제 노포 차량지회장, 김용욱 차량부장이 토론자로 나왔다.

교섭 중단 선언, 10월 26일 쟁의발생 결의

노동조합은 10월 25일 열린 18차 단체교섭에서 교섭 중단을 선언했다. 노동조합이 교섭을 중단한 이유는 17차 교섭 때 노동조합이 최종 제시한 요구안 중 올해 꼭 이뤄야 할 부분이 거의 받아들여지지 않았기 때문이다.

노동조합 요구안 중 임금 부문에 공사는 정부지침 호봉승급분 1.4% 반영을 주장했다(현재 호봉승급분은 약 2.3%). '1호선 14편성(다대선 별도) 신차 도입 요구'에 공사는 다대선 개통 시 신차 도입 추진과 대수선(리모델링)을 주장했다. 인력 부문의 경우 정년퇴직 등 자연감소 인원 채용 외에는 조직진단 결과 바탕으로 협의 입장을 내놨다. '40세 이상 직원 건강검진비 증액' 요구에 대해선 50세 이상 직원 건강검진비 10만 원 증액 입장을 내놨다. 이외 공사는 법 개정 및 감사 지적사항과 관련해 계속 이행하지 않을 경우 경영평가에서 불이익을 받을 수밖에 없다며 개선 이행을 주장했다.

　　노동조합은 교섭 중단 후 10월 26일 임시대의원대회를 열어 쟁의발생을 결의했다. 쟁의행위 조합원 찬반 투표도 78.28%로 가결됐다.

잠정합의→대의원대회 통과→조합원 찬반 투표까지 무난히 통과

　　노사는 11월 15일 막판 교섭에서 잠정합의했다. 먼저 임금부문 잠정합의 주요 내용은 △총액 3.5% 인상(직무급과 호봉급 각 50% 정률 반영) △기술수당 중 기능사 월 5000원 인상 △최고호봉 30호봉에서 35호봉으로 변경, 호봉 간 인상금액 3만9000원(2013.1.1.부터 적용) △셋째 이후 자녀 가족수당 월 10만 원 지급(2013.1.1부터, 2012 이후 출생 자녀부터 적용) 등이다.

　　상용직 조합원 처우개선 부문은 △기본급 월 3만5670원(2012.1.1.~2012.12.31.) 인상, 2013년 1월 1일부터 기본급 월 2만2210원 인상(단 2013년 임금인상은 노사합의로 정한다) △2012년 성과급부터 지급률 직원과 동일 적용 △2013년부터 5월, 11월 각 50만 원의 격려금 지급 △2012.8.2.부터 배우자 출산휴가 신설(5일=유급 3일+무급 2일), 2013.1.1.부터 병가 60일로 확대 △2013년부터 중고생 학자금 직원과 동일 지급 △근속수당 2013년 내 도입, 방안은 노사협의 등이다.

　　후생복지 분야는 △2013.1.1.부터 안전지원경비 월 2만5000원으로 하고, 수당화는 2013년 협의 △동종업종 수준의 하계휴양소 운영을 위해 2013년 1억5000만 원 증액 △보육시설 추가설치 장기적 검토, 2013년부터 만 6세 미만 자녀가 있는 직원에게 1인당 월 5만 원 영육아보육비 지급 △2013년부터 만 50세 이상 직원 건강검진비 10만 원 증액 △2013년부터 단체보험 직원사망 보험금 상향(5000만 원→1억 원) 지급되도록 단체보험료 1인당 1만 원 증액 등이다.

　　인력과 직제 부문의 경우 △2013년 1/4분기 내 총 89명 채용 △타 기관 수준의 기관사 휴일 확대 △보선분소 3조2교대 직제개편 △경전철운영사업소

안전운행요원 증원 △승무분야 4급 지도기관사 등 확보 △PSD 승강분소 교대근무 시행 등이다.

한편, 잠정합의안은 11월 23일 대의원대회에서 참석 대의원 64명 중 53명 찬성으로 통과됐다. 조합원 총투표(인준 투표)도 11월 30일 조합원 3399명 중 2874명이 투표하여(84.55%) 찬성 2657명(92.44%)으로 통과되었다.

4️⃣ 우울한 연말 연초 그러나 다시 머리띠 묶으며

3호선 열차 추돌사고

대티역 전동차 화재사고에 이어 11월 22일 3호선 본선에서 추돌사고가 발생했다.

22일 3호선 본선을 운행하던 3038호 열차가 물만골역 전방 100m에서 고장으로 멈춰 선 후 견인에 나선 3040호 열차가 굴곡 지점에서 시야 확보에

물만골 추돌사고 관련 기자회견(2013.2.)

대통령선거 박근혜 당선과 故 최강서 열사

2012년 12월 19일 18대 대통령선거에서 새누리당 박근혜 후보가 당선됐다. 이틀 후 금속노조 한진중공업지회 최강서 조직차장이 스스로 목숨을 끊었다. 최강서 열사의 휴대폰에서는 자필유서가 발견되었다.

> "나는 회사를 증오한다.
> 자본 아니 가진 자들의 횡포에 졌다.
> 어떻게 해야할지 모르겠다.
> 심장이 터지는 것 같다.
> 내가 못 가진 것이 한이 된다.
> 민주노조 사수하라, 손해해상 철회하라
> 태어나 듣지도 보지도 못한 돈 158억
> 죽어라고 밀어내는 한진 악질 자본
> 박근혜가 대통령되고 5년을 또… 못하겠다.
> 지회로 돌아오세요. 동지들
> 여지껏 어떻게 지켜낸 민주노조입니까??
> 꼭 돌아와서 승리해 주십시오….
> 돈이 전부인 세상에 없어서
> 더 힘들다….

- 故 최강서 열사(한진중공업지회 조직차장) 유서 -

'노동탄압 분쇄! 정리해고 철폐! 손해배상 가압류 철회! 악질 한진중자본 규탄! 최강서열사 정신계승 민주노총 영남권 결의대회'가 12월 27일 오후 3시 부산역에서 열렸다.

민주노총 조합원들은 부산역에 집결해 최강서 열사 추모집회를 열고 열사 유해가 모셔진 구민장례식장을 거쳐 부산 영도 한진중공업 정문 앞까지 행진했다. 악질 한진중 자본에 의해 죽임을 당한 최강서 열사의 뜻을 이어 민주노조를 지켜내고 정리해고-비정규직을 철폐할 것을 결의했다. 부산역 집회에서 차해도 금속노조 한진중공업지회장은 최강서 열사 경과보고에 이어 유서를 낭독했다.

최강서 열사는 12월 21일 오전 한진중공업지회 사무실에서 소방용 기구에 스카프로 목을 맨 채 발견됐다. 지회가 158억 손해배상 가압류 철회, 강제휴업 중단, 민주노조 말살 중단을 요구하며 198일째 공장 앞 천막농성을 벌이던 날이었다. 휴대폰에 남긴 메모 유서에는 "나는 회사를 증오한다. 자본 아니 가진 자들의 횡포에 졌다. 어떻게 해야 할지 모르겠다. 심장이 터질 것 같다. 내가 못 가진 것이 한이 된다"고 했다. 서른 다섯 살의 젊은 노동자는 해고되고 20개월 만에 복직했으나, 또다시 무기한 강제휴업으로 회사에 대한 증오를 남긴 채 세상을 등졌다.

어려움을 겪어 속도를 줄이지 못한 채 3038호의 후면 운전실을 추돌했다. 추돌로 전동차 1량이 탈선되고 다수의 중·경상자가 발생했다. 곡각지점에 정차해 있던 고장열차를 미처 발견하지 못해 속도를 줄이지 못하면서 추돌사고가 일어난 것으로 확인되고 있다. 이와 관련 당시 구원열차 기관사가 곡각지점에 멈춰선 고장열차 정차 위치를 제대로 인지하지 못했던 것으로 확인됐다.

한편, 경찰은 26일 구원열차를 운전한 기관사와 사고 당일 아침 당직을 섰던 종합관제소 직원 2명 그리고 관제부상과 관제담당 차장 등 5명을 업무상 과실치상 혐의로 불구속 입건했다.

차량 최○○ 조합원 업무상재해 사망

2012년이 끝나가는 시점에 4호선 안평기지창에서 근무 중이던 최○○ 조합원이 사망했다. 최○○ 조합원은 12월 27일(목) 평상시와 별다르지 않게 근무를 하고 있었다. 휴게시간에 동료직원들과 잡담을 나눌 정도로 건강한 상태였다. 하지만 오후 4시 55분경에 차량내부 검수 도중 바닥에 쓰러져 그를 동료가 발견해 기장 병원으로 긴급 후송했지만 오후 5시 50분경에 사망했다. 한때 서울지하철에서 근무한 경험이 있는 고인은 노동조합 활동에도 매우 협조적이었다.

　고인이 사망한 당일은 12월 들어 가장 추운 날이라는 일기 예보가 있을 정도로 매우 추웠다. 또 이전부터 안평기지창 차량검수업무가 다른 창에 비해 과하게 많아 2012년 단체교섭 때에도 인력 충원을 요구했었다.

　노동조합은 12월 28일 열린 안전 관련 노사공동협의회에서 단체협약 제27조 의거해 최○○ 조합원 사망을 업무상재해로 인정하고, 고인의 자녀를 공사에 특별채용할 것을 요구했다. 또 장례를 부산교통공사장으로 치를 것을 요구했다. 공사도 업무상재해로 인정하고 자녀 채용 요구를 수용했다.

故 최강서 열사 분향소 앞에서 2013년을 열다

　민주노총 부산·경남·울산 지역본부 2013년 합동 시무식이 1월 3일 오전 10시 한진중공업 정문 앞 故 최강서 열사 분향소에서 열렸다.

　1월 5일에는 '희망버스'가 1년 3개월 만에 다시 시동을 걸었다. 비정규직없는세상만들기네트워크(비없세)와 민주노총 등 시민사회단체로 구성된 비상시국회의는 5일 오전 10시부터 서울 대한문 앞과 전국 각지에서 울산과 부산으로 출발했다.

한진중공업 노동자 투쟁에 연대하는 부산지하철노조 간부들(2013.1.5.)

오후 4시경 울산 현대자동차 비정규직 노동자들이 올라가 농성 중인 송전탑을 방문해 1500여 명이 모인 가운데 '다시 희망 만들기 현대자동차 비정규직 투쟁 승리 결의대회'를 개최했다. 대회는 오후 5시 20분경 희망편지를 우체통에 넣는 것으로 마무리됐다. 참가자들은 다시 2시간가량 버스로 이동해 한진중공업 영도조선소 앞에서 저녁 8시 10분경 '다시 희망만들기' 행사를 열었다. 부산지하철노조는 간부 중심으로 참석했다.

사고나면 현장직원에 책임전가 규탄

2013년 1월 7일, 경찰이 대티역 전동차 화재사고와 관련해 당시 화재 열차 기관사, 대티역 근무 역무원 2명, 종합관제소 2명 등 5명을 '업무상과실치상' 혐의로 입건하고 검찰에 송치했다. 이들에 대한 주요 혐의는 사고 발생 시 현장 상황 보고 지체, 상황 판단 미숙, 승객 대피 및 CCTV 감시 소홀 등이다. 비상상황에 적절하게 대처하지 못했다는 것이다.

사고 원인은 해당 전동차의 팬터그래프에서 전기적 요인으로 인해 발생한 화재로 결론을 내렸지만, 그 전기적 요인이 무엇이었는지는 밝혀내지 못했다.

노동조합은 이러한 경찰의 최종수사 결과를 도저히 이해할 수 없다고 반발했다. 노동조합은 대티역 전동차 화재사고 시 시민의 생명을 지키기 위해 최선을 다한 직원을 무리하게 '업무상과실치상 혐의'를 씌운 경찰의 수사결과를 받아들일 수 없다며 끝내 검찰이 기소를 결정한다면 강력히 대응하겠다고 경고했다.

2월 20일 노동조합은 공사 후문에서 부당 과잉징계 철회를 위한 조합원총회를 열었다. 8백여 명의 조합원이 모여 공사의 과잉징계를 규탄했다. 앞서 공사는 1월 23일 3호선 추돌사고 관련 징계위원회를 열어 당시 구원열차를 몰았던 기관사에게 중징계(해임) 결정을 내렸다.

본사에서 열린 과잉징계 규탄 간부 집회와 조합원 총회(2013.2.)

노동조합은 집회 후 공사 경영진과 논의 자리를 마련하여 당시 추돌사고 때 구원열차 기관사의 판단 미숙이 있었지만, 고의성이 있었던 것도 아닌데 중징계 결정을 내린 것은 과도하다며 재고를 요청했다. 이어 노동조합은 "지금 필요한 것은 면피성 징계보다 사고의 근본적인 원인 규명과 재발방지 시스템 구축"이라고 비판했다.

노동조합은 부당 과잉징계 철회를 요구하는 조합원 탄원서를 받아 제출한 바 있다. 이날 부산지하철 안전을 위한 시민대책위와 민주노총 부산지역 본부장 등 많은 지역 시민연대 단체가 참석하였다.

5 ⟫ 2013년 단체교섭 투쟁과 타결

2013년 단체교섭 요구안 확정

노동조합은 3월 6일 임시대의원대회를 열어 2013년 단체교섭 요구안을 확정했다.

참석 대의원들은 열띤 논의를 통해 중고등학생 자녀의 급·식비와 교과서 대금 지급, 가족(직계존비속)의 학자금 지원 등 총 5개 항의 추가안건과 5개 항의 수정안건을 통과시켰다.

대의원대회에서 확정한 2013년 단체교섭 주요 요구안을 살펴보면, 먼저 임금 부문에서 △총액대비 5.3% 인상(전액 호봉급 정률 100% 반영)으로 결정됐다.

상용직 요구와 관련해선 △상용직 관리규정 폐지, 단체협약 적용으로 통일 △호봉제 도입 △임금인상 기본급 대비 7% △상용직 휴가 일반직과 동일 적용 △결원(병가, 퇴직 등) 발생 시 업무공백 방지대책 수립으로 확정했다.

임금제도 개선과 관련해선 △성과급으로 전환한 재원 기본급 100% 12월 상여금 전환 △급식비 인상(7만 원→15만 원) △안전지원경비 위험수당화 △모터카 운전수당 신설 △기관사 열차운전수당 정률화 △4호선 안전요원수당 인상(5만 원→10만 원) △7.19 지하철개통일 휴일수당 지급 △기술수당 현실화를 요구안으로 확정했다.

현안 사항과 관련해선 △해고자 원직복직, 복직자 해고기간 근속년수 인정, 인사 불이익 부분 회복 △근속승진제도 확대 △정년퇴직일 도래년도 12월 31일로 통일 △특수근무자 주간지정휴일 1일 추가 부여, 임금저하 없는 주간휴가 사용방안 강구, 교번근무자 연휴 96개 △청소용역 설계 시 시중노임단가 적용 등 20개 조항을 요구안으로 확정했다.

후생복지와 관련해선 △조합원 1인당 매월 1만 원의 복지기금을 노동조합에 지원 △선택적 복지비 확대(126만 원→160만 원) 등 8개 조항을 요구안으로 확정했다.

사회공공성 확대와 관련해선 △공공이사회와 공사운영위원회 설치 운영 △상시업무 직영화 등 4개 조항을 요구안으로 정했다.

인력 충원과 관련해선 △승무지부 90명 △기술지부 208명 △역무지부 88명 △차량지부 66명을 요구안으로 정했다.

서비스지부는 2013년 단체교섭을 시작했다. 3월 12일 양산선, 본사, 분소 업체와 단체협약 갱신 교섭을 시작했다. 2호선은 14일, 3호선 전동 담당 업체와는 15일 첫 교섭을 했다.

1호선은 아직 단체협약 유효기간(8월)이 남아 있고, 4호선 업체는 2012년에 단체협약을 맺었다. 임금교섭은 모든 업체가 협상 대상이다. 참고로 당시 서비스지부의 단체교섭 대상 업체는 총 11개 업체였다.

2013년 단체교섭 노사 입장 팽팽

4월 16일 노동조합 요구안 전달에 이어 18일 임금 부문 교섭을 시작으로

2013년 단체교섭이 본궤도에 올랐다.

18일 열린 3차 교섭에서 노동조합이 제시한 총액 대비 5.3% 임금인상에 대해 공사는 정부지침을 들어 2.8% 이내에서 논의가 가능하다고 말했다. 예산이 수반 되는 임금제도 개선 요구등에 대해서도 총 2.8% 넘지 않는 범위에서 논의가 가능하다고 말했다.

공사는 열악한 노동조건에서 일하고 있는 상용직 요구와 관련해서도 대부분 부정적 반응을 보였다.

단체교섭 승리를 위한
노조간부 결의대회
(2013.4.30.)

본사 아침 선전전
(2013.5.22.)

현안 사항을 다룬 25일 4차 교섭에서도 공사의 반응은 신통치 않았다. 강한규 전 위원장 복직 요구는 물론 근속승진제 확대 요구를 받아들일 수 없다고 말했다. 정년 도래년도 퇴직일 12월 31일 통일 요구에 대해서도 사회적 여건 조성되면 시행하겠다는 말로 사실상 거부했다. 특수근무자 주간 지정 휴일 1일 추가 부여, 임금저하 없는 주간휴가 사용방안 강구, 교번근무자 연휴 96개 등에 대해선 아예 '불가' 답변을 내놨다.

한편, 노동조합은 4월 2일 상무집행위원회에서 2013년 단체교섭 투쟁계획(안)의 기조로 △공공성 강화 △정원확대와 조직확대를 통한 올바른 직제개편 △서비스지부 조직력 강화를 통한 청소용역 직고용 △궤도협의회와 연계한 지하철 공동투쟁 등을 정했다.

2013년 단체교섭 중단 선언

노동조합은 5월 28일 단체교섭 중단을 선언했다. 28일 열린 12차 교섭에서 긴급 현안으로 과도한 현장 복무점검 문제를 지적했다. 노동조합은 특정 분소의 경우 감사실에서 한 달 사이 다섯 차례나 방문했다며, 공사가 단체교섭 진행 중에 현장통제 강화에 나선 것으로 볼 수밖에 없다고 문제제기했다. 차량에 대한 특별감찰은 감사실의 권한을 넘어선 것임을 강조하였다.

이러한 감사실 행보에 대해 공사는 작년 사고 이후 현장에 적당한 긴장감 조성이 필요하여 시행하고 있다고 말했다.

이어 진행된 교섭에서 인력과 직제 관련 요구를 다뤘다. 기술지부 요구안부터 다뤘으나 노사 입장은 평행선을 달렸다. 이에 노동조합은 일단 정회를 요청했다.

속개된 교섭에서 김태진 위원장은 공사의 교섭에 임하는 태도를 질타했다. 이어 김태진 위원장은 "작년에 합의했던 부분, 4호선 문제 그리고 인력이 필요한 부분들을 부산시에 요구하라. 한 달이면 충분하다. 우리는 한 달 동안 우리의 갈 길을 가겠다. 사측은 우리가 요구했던 부분에 대한 검토와 입장의 변화가 없다면 더이상 교섭을 하지 않겠다. 사측은 인력과 직제 문제를 다시 검토하기 바란다"며 교섭 중단을 선언하며 그 이유를 밝혔다.

노동조합은 5월 29일 상무집행위원회를 열어 5월 31일, 6월 7일 부산시청에서 조합간부 결의대회를 열어 부산시 압박투쟁을 벌이기로 했다.

쟁의발생 결의 등 파업투쟁 준비

노동조합은 교섭 중단 후 계획으로 6월 14일 임시대의원대회를 소집해 쟁의발생 결의를 하고 저녁에는 조합원 결의대회를 열어 투쟁 결의를 모으기로 했다. 시청과 서면역 일원에서 선전활동도 병행하기로 했다.

6월 14일 임시대의원대회에선 쟁의발생을 결의했다. 쟁의대책위원회도 꾸리고, 조합원 파업 찬반 투표, 쟁의기간 임금 반납 동의서 작성 등 파업투쟁 시나리오도 준비했다. 비가 오락가락하는 가운데 저녁 7시 2차 조합원 결의대회를 열었다. 900여 명이 넘는 조합원들이 참가했다.

김태진 위원장은 교섭중단 선언 이후 아직 공사가 별다른 변화를 보이지 않고, 부산시도 인력 충원 등에 대한 구체적인 답변이 없다고 밝혔다. 부산시가 답변을 주기로 약속한 6월 20일 부산시의 명확한 입장을 듣고 이후 투쟁 방향을 판단하겠다고 말했다.

7월 2일 부산지방노동위원회는 마지막 조정회의를 열었다. 조정위원들이 조정안을 제시했다. 조정안은 임금부분과 상용직 근속수당 부분만 언급하고 있었다. 그 조차도 공사 제시안을 그대로 옮겨 담은 수준이었다. 인력충원 등 노동조합 핵심 요구사항은 노사가 성실히 협의해서 해결하라는 언급뿐이었다. 노동조합은 조정안을 거부했다.

노사는 7월 9일 비상총회 전까지 실무와 본교섭을 한 차례씩 열기로 얘기가 오고갔다.

잠정합의와 대의원대회 통과

7월 9일 노사는 오후 3시부터 막판 교섭에 들어갔다. 저녁 7시부터 비상
총회가 열리고 있는 가운데 저녁 10시쯤 노사가 78명 인력 충원 등 잠정합의
에 이르렀다.

노동조합은 7월 17일 임시대의원대회를 열었다. 잠정합의안 승인 여부를
묻기 위해서였다. 참석 대의원들은 잠정합의 내용 중 인력 충원 부분에 문제

단체교섭 승리를 위한 조합원 비상총회(2013.7.9.)

를 제기했다. 78명 인력 충원 부분이 인력 증원이 아니라 퇴직예정자 등 결원 충원에 불과하다며 결원 채용이 교섭을 해야 충원되는 것이냐고 했다. 결국 사측에게 농락당한 것이 아니냐는 주장이었다. 이에 대해 김태진 위원장은 "부산시가 내린 총정원 증원 불가 방침을 깨기가 만만치 않았다. 시 승인을 얻을 수 있는 방안이 퇴직인력밖에 없었다"고 했다. 직렬별 증원 요구 근거가 부족했다며 향후 개선할 방법을 찾겠다고 덧붙였다.

잠정합의안 승인 여부를 묻는 표결에 들어갔다. 참석 대의원 63명 중 56명이 찬성해 무난하게 통과됐다.

노동조합은 대의원대회에서 잠정합의안 가결에 따라 7월 22일 공사와 임금협약을 비롯한 합의서를 정식 체결했다.

22일 체결한 노사합의 주요 내용을 보면 먼저 임금 부문에서 2013년 임금을 총액 대비 2.8% 인상(호봉급 정률 반영)하기로 했다. 그리고 2014년부터 기술수당 중 기술사는 월 8만 원, 기능장은 월 6만 원으로 하기로 했다.

상용직 처우개선과 관련해서는 △2013.7.1.부터 기본급 월 3만5000원 인상 △근속수당 지급 △청원휴가 중 사망 관련 휴가일수 부여(배우자 7일, 본인 노는 배우자 부모 6일, 본인 노는 배우자의 조부모 및 자녀 5일, 본인 또는 배우자의 백숙부모 및 형제자매 3일, 본인의 외조부모 1일) 등이 포함됐다.

인력 부문에선 78명을 신규채용하기로 했다. 기존 정원 대비 결원 인력을 일부 충원하는 차원이었다. 인력배치와 관련해서는 전직 수요조사, 본사 인력 재배치, 신규채용을 통해서 노동조합 의견을 반영하여 실시한다는 내용이 들어갔다.

그리고 단체협약 제74조(특별휴가) 제3호 퇴직휴가와 '자기계발의 날'을 폐지하는 대신 행정조치사항으로 상응하는 방안을 마련했다. 그 방안으로 △2014년부터 정년퇴직 예정 1년 내에 재취업준비 기회 20일 부여 △연간 7일 지정휴일 부여 △10년 이상 근속 3조2교대, 야간격일 및 교번 근무자 연간 안식일 3일 부여, 통상근무자는 4일 부여, 10년 미만 근속 통상근무자 1일 부여 등을 합의했다.

노동조합은 규약에 따른 2013년 단체교섭과 관련한 조합원 인준 투표를 7월 23~25일에 실시했다. 그 결과 2950명이 투표하여 찬성 2668표, 반대 281표, 무효 1표로 90.44%의 찬성률로 가결됐다.

한편, 노동조합은 6월 14일 개최한 대의원대회에서 위원장 선출과 관련해 위원장과 사무국장 후보 동반출마제도를 도입하는 규약규정 개정 건을 상정했다. 참석 대의원 59명 중 52명 찬성했다. 이에 따라 차기 위원장 선거부터 위원장-사무국장 동반출마제도가 시행된다.

또 통상임금 범위와 관련한 체불임금 청구소송 제기도 결의했다. 대의원의 요구로 통상임금에 대한 Q&A를 노동조합 홈페이지에 신설하기로 했다.

대의원대회 결의에 따라 노동조합은 6월 15일부터 통상임금 관련 소송 조합원 동의서를 받았다. 최종 2984명의 조합원이 동의서를 제출했다.

노동조합은 2013년 7월 말 통상임금 범위 확대 인정과 체불임금청구소송을 부산지방법원에 제기했다. 노동조합은 통상임금 범위에 상여수당(기본급의 400%), 가계 보조비(기본급의 350%), 성과급(기본급의 100%), 선택적 복지비(115만 원), 상용직의 격려수당(100만 원)을 포함해야 한다며 공사를 상대로 총 704억 원의 임금청구 소송을 제기했다. 법정수당은 아니지만 통상임금을 기준으로 산정하는 업무지원수당과 격고업무지원수당도 재산정해야 한다고 소를 제기했다. 노동조합 1심 소송 대리인은 노성진 변호사가 맡았다.

8.15 전국노동자대회 가다

8.15 전국노동자대회에 부산지하철노조 깃발도 나부꼈다. 부산지하철노조는 집행부 중심으로 20여 명이 8월 14~15일 이틀 일정으로 8.15 전국노동

자대회에 참가했다.

14일 7시 서울시청광장에서 열린 국정원 규탄 촛불을 시작으로 자정에 같은 곳에서 열린 자주통일대회(전야제), 15일 오전 11시 서울역광장에서 열린 본대회, 오후 3시 서울시청광장에서 열린 국정원 규탄 범국민대회까지 모든 일정을 소화했다.

'분단의 장벽을 넘어 노동자의 미래로'를 기치로 개최한 8.15 전국노동자대회는 민주주의를 유린하고 파괴한 국정원 해체, 공공부문 민영화 반대, KTX민영화 즉각 중단, 평화협정 체결로 한반도에 평화와 통일을, 6·15공동선언 이행과 8·15남북공동행사 성사 등을 요구했다.

한편, 박근혜 정권은 국가정보기관을 동원하여 여론을 조작하고, 국가기밀인 정상회담 대화록까지 불법적으로 입수하여 반북 이데올로기 공세를 벌여 왔다. 한반도 평화를 위한 대화보다는 대립적인 구도로 몰아 한반도를 전쟁 위기로 몰아넣었다.

조합원 단결을 위한 위원장배 조합원 체육대회가 2012년에 이어 2013년에도 열렸다.

9월 9일부터 9월 15일까지 진행한 조합원 체육내회는 9개(숙구, 야구, 족구, 탁구, 배드민턴, 바둑, 테니스, 당구, 자전거 라이딩) 종목 경기와 썸머 포토제닉 행사 등 다양하게 진행되어 연인원 500여 명이 참가해 성황을 이뤘다. 시합 과정에 크고 작은 부상도 있었지만 대체적으로 무사히 경기를 마쳤다. 이번 체육대회 특별 이벤트인 썸머 포토제닉에 대한 조합원들의 관심도 높았다.

축구는 운영팀(역무), 야구는 페퍼스, 족구는 휴메트로(호포) 팀이 우승했다. 바둑은 A조 우문호(차량), B조 박부근(역무), C조 김호성(신호)이 우승의 기쁨을 누렸다. 배드민턴은 허남춘(차량), 김방수(차량)가 우승했다. 당구는 조동준(광안승무), 테니스는 김상배(승무), 손은용(차량)이 우승했다.

(3)

16대 집행부,
공공기관 정상화 공세에 맞선 저항

1 ▶ 이의용 집행부 출범과 변화의 바람

16대 집행부 선거, 이의용-남원철 후보 조 당선

2013년 10월 15일부터 17일까지 3일간 치른 16대 집행부 선거에서 이의용(위원장 후보)/남원철(사무국장 후보)이 59.65%를 득표해 39.81% 득표한 정영덕(위원장 후보)/오문제(사무국장 후보)를 따돌렸다. 당선자들은 선거 슬로건으로 '변화(change)'를 내세웠다.

16대 위원장 선거는 위원장/사무국장 동반출마제 도입 후 첫 선거여서 관심을 모았다. 이의용/남원철 후보 조는 관행이란 이름으로 행해온 낡은 것들을 떨쳐 내고 매뉴얼화 된 틀에 박힌 교섭과 투쟁을 변화시키겠다며 변화를 강조했다. 정영덕/오문제 후보 조는 '지난 투쟁의 역사와 경험을' '새 시대에 맞는 원칙과 실천을' 강조하며, 실질적 권한을 가진 부산시가 교섭의장에 나오는 투쟁을 전개하겠다고 출마소견을 밝혔다.

함께 치러진 지부장 선거는 다섯 개 지부 중 두 군데가 경선으로 선거가 진행됐다. 먼저 나용무 후보와 서흥수 후보가 맞붙은 승무지부장 선거에서 서흥수 후보가 54.23%를 얻어 나용무 후보를 따돌리고 당선됐다. 서비스지부장 선거는 서숙자 후보가 59.94% 득표로 39.42%를 얻은 윤춘자 후보를 따돌렸다. 단독 출마한 기술 김광희, 역무 이승호, 차량 박철만 후보는 모두 과반수를 넘겨 무난히 당선됐다.

관행 깨기와 저항

2013년 11월 1일 임기를 시작한 이의용 집행부는 사업계획 조기 확정을 위한 준비에 착수했다. 기존 관행은 연초 민주노총과 연맹 사업계획이 나온 뒤 사업계획을 짜는 게 보통이었다. 사업계획이 마련될 즈음에는 한 해의 4분의 1이 지나기 일쑤였다. 빠른 사업계획 준비와 확정은 이러한 문제들을 해소하기 위한 것이었다.

노동조합 사무국은 11월 26일 열린 상무집행위원회에 2014년도 노동조합 사업계획 및 예산 초안을 내놨다. 2014년 사업계획 초안은 선기공약을 토대로 작성됐다. 노동조합 장기 대책 수립을 위한 조직진단계획, 모바일 홈페이지 구축과 미디어 사업 등 새로운 사업들이 포함됐다. 청년고용촉진특별법 시행과 관련한 부산시 조례제정 청원을 위한 주민발의 계획도 있었다. 사업계획 초안을 바탕으로 조합원 의견 수렴과 각 지부 검토를 거쳐 12월 17일 열린 정기대의원대회에서 2014년 사업계획을 확정했다. 이후에도 이의용 집행부는 파업투쟁과 같은 특별한 경우 외엔 사업계획을 빠르게 준비하고 확정했다.

그랬다. 이의용 집행부는 역대 집행부와 달리 조합활동 과정에 기존 관행을 따르기보다는 새로운 시도와 도전을 마다하지 않았다. 조합 간부 교육에

2박 3일 일정의 참여형 교육을 시도했다. 또 2016년 파업투쟁 때 파업문화제를 광안리 백사장에서 시민과 함께하는 파격적인 기획을 선보였다. 이의용 집행부는 4년 임기 내내 박근혜 정부의 공공기관 정상화 공세에 맞서 힘겨운 투쟁을 해야 했다.

박근혜 정부는 2013년 12월 11일 공공기관 정상화 대책을 발표했다. 박근혜 정부는 고용세습 등 특정 사안을 침소봉대하여 공공기관을 방만 경영을 일삼는 곳으로, 부채 과다 기관이 성과급을 지급하는 등 도덕적 해이가 심각한 곳으로 여론몰이에 나섰다. 그리고 본격적인 공공부문 노동자 때려잡기에 나섰다.

역대 정부가 집권 초기에 공무원과 공공기관 길들이기에 나섰던 것처럼 박근혜 정부도 예외 없이 공공기관 정상화란 명분으로 공공부문 노동자 탄압에 시동을 걸었다. 공공기관 정상화 공세는 2014년부터 본격적으로 시작했다. 박근혜 정부는 모든 행정권력을 동원했다. 1단계로 단체협약 후생복지 조항과 고용유지 조항 개악 등을 밀어붙였다. 2015년 들어 시작된 2단계 공세에서는 임금피크제 도입을 밀어붙였다. 2016년에는 성과연봉제 도입을 강하게 압박했다. 그렇게 박근혜 정부의 공공부문 노동자 때려잡기는 일회성으로 끝나지 않았다.

이의용 집행부는 2014년 '인원 정리 시 노사합의' 조항(단체협약 제44조)을 지키긴 했지만, 청원휴가와 육아휴직 급여 축소 등 공사의 단체협약 개악안을 온전히 막아내지 못했다. 2015년 임금피크제 도입 공세를 해를 넘기며 젖 먹던 힘까지 다해 저항했지만, 임금동결 등 행정권력까지 동원한 정부 공세를 넘지 못했다. 2016년 통상임금 연동 노동시간 단축 투쟁 그리고 다대선 개통 관련 직제 개악 공세와 성과연봉제 도입 공세에 맞선 세 차례 파업투쟁, 2017년으로 이어진 통상임금 정상화 그리고 노동시간 단축 투쟁을 끝내 마무리하지 못하고 임기를 끝내야 했다. 그렇게 지난한 투쟁 과정에 성과연봉제를 막아냈지만, 임금피크제 도입은 끝내 저지하지 못했다. 다만, 공로연수제 도입으로 위로받아야 했다. 이어 노동시간 단축과 근무형태 개선 투쟁은 매듭짓지 못했지만, 기틀을 마련했다. 다대선 개통 관련 직제 개악도 어느 정도 무디게 했다.

대중교통 공공성 강화 여론 확산, 정책 개입 모색

이의용 집행부는 일상활동으로 지하철 공공성 강화를 위한 여론 형성과 노동조합의 교통정책 개입 방안 마련 사업에도 힘을 기울였다. 그 첫 사업은 토론회였다.

노동조합은 2014년 시작과 함께 1월 21일 '부산 대중교통, 안녕하십니까?'란 이름으로 대중교통 정책토론회를 열었다. 내용은 부산 대중교통의 이용 편의성 증진과 지하철·버스의 공공성 강화를 모색하는 것이었다. 부산참여자치시민연대와 함께한 토론회 발제는 윤영삼 교수(부경대 경영학부), 이수진 서울시 교통수요관리팀장이 맡았다. 토론자는 이성숙 부산시의원, 이원규 박사(부산발전연구원)가 나섰다. 진행사회는 노동조합 남원철 사무국장이, 토론사회는 김종민 부산참여자치시민연대 대표가 맡았다.

주 발제를 맡은 윤영삼 교수는 부산의 대중교통체계를 도시철도 중심으로 개편해야 한다고 주장했다. 윤 교수는 재원 부담을 줄이면서 만족도를 높이기 위해서는 도시철도를 간선으로 하고, 버스를 지선으로 하는 도시철도 중심의 대중교통체계 개편이 필요하다고 말했다. 이어 윤 교수는 현 버스 준공영제는 재정지원금만 증가해 사실상 버스 자본만 좋은 일 시켰다며, 준공영제의 개선과 함께 궁극적으로 완전한 버스 공영제로 나아가야 한다고 주장했다. 또 윤 교수는 부산시의 대중교통정책이 비전과 방향성 없이 관행적목표만 추구한다며, 대중교통을 복지 관점에서 다뤄야 한다고 말했다. 부산교통공사 운영에 대해서도 사장을 시 공무원 출신 중에 선임하고, 5명의 비상임이사 중 교통 관련 시민단체 대표가 없다고 지적하며 부산시의 부적절한 권한 행사를 비판했다. 윤 교수는 노후전동차 사용 연장 등을 지적하며 부산의 2대 위험 요인으로 고리 핵발전소와 부산지하철 1호선을 꼽았다.

노동조합은 일회성으로 그치지 않고 후속 토론회를 열어 지하철 공공성 강화 여론 확산과 대중교통 정책 개입 방안을 모색해 나갔다.

2 ‘공공기관 정상화’ 공세와 공공부문 노동자들의 저항

박근혜 정부 공공기관 정상화 대책 발표

박근혜 정부가 2013년 12월 11일 공공기관 정상화 대책을 발표한 데 이어 2014년 새해 시작과 함께 ‘공공기관 정상화대책’ 후속조치를 속속 내놨다.

정부(기획재정부)는 2월 2일과 3일 잇달아 공공기관 정상화 이행계획을 공개했다. 방만경영과 부채감축 중점관리대상으로 지목된 공공기관들이 정부에 제출한 정상화 이행계획을 공개한 것이다. 이날 발표된 공공기관 정상화대책 이행계획은 중점 관리대상뿐만 아니라 나머지 공공기관도 추진 대상에 포함했다. 정부는 LH공사 등 18개 부채감축 중점관리기관에서 2017년까지 부채를 39조5000억 원을 줄여 부채비율을 200% 수준까지 낮추겠다고 밝혔다. 또 방만경영·부채감축 중점관리대상 38개 기관의 복리후생비 규모를 2013년 대비 약 1600억 원(22.9%)을 감축하겠다고 밝혔다. 부채감축을 위해 사업 구조조정(17조5천000억 원)과 자산매각(7조4000억 원)을 비롯해 경영효율화, 수익증대 등의 이행계획을 내놨다. 철도의 경우 용산부지 매각과 흑자 민자역사(영등포역, 서울역) 지분 매각 등을 내놨다. 도로공사의 경우 수익성이 높은 휴게소 운영권을 민간에 매각하겠다고 했다.

방만경영 개선대책을 보면 기관장 및 이사·감사들의 연봉 축소를 제외하고는 대부분 단체협약 조항들이었다. 특히 복리후생 관련 조항뿐만 아니라 '근무시간 중 조합활동'과 같은 노조활동 관련 조항까지 포함됐다. 방만경영을 빌미로 노동조합 무력화를 염두를 두고 있는 게 아니냐는 의구심을 사기에 충분했다.

당장 발등에 불이 떨어진 공공부문 노동조합에서 반발이 거세게 일었다. 민주노총과 한국노총 산하 공공부문 노동조합 공동대책위원회(공대위)는 2월 3일 논평을 통해 지난 2일 정부가 밝힌 공공사업 축소와 공공자산 매각은 결코 부채 해소 방안이 될 수 없다며, 정부의 공공기관 정상화대책 이행계획을 조목조목 반박했다.

이어 공대위는 정상화대책 이행과 관련한 일체의 단체교섭 거부 입장을 밝혔다. 또한 공대위는 향후 공공기관 노동조합의 경영평가 무력화·거부 투쟁, 지방선거 공동대응, 총파업 등 투쟁을 펼쳐 나가겠다며 강력 대응 방침을 발표했다. 공대위는 2일 발표한 '공공기관 정상화대책 이행계획'은 오히려 부채 원인이 과잉복지가 아닌 정부정책 실패와 전문성 없는 낙하산 인사 때문임을 실토하고 있다며, 이행계획의 허구성을 폭로했다. 공대위는 "정부가 밝힌 복리후생 축소로 절감되는 금액은 1600억 원 정도로, 중점관리기관 부채 4117조 원에 비하여 0.0364%에 불과하다"며, "복리후생과 부채 문제는 전혀 무관하다는 것을 정부 스스로 증명하고 있다"고 반박했다. 이어 "노동조합과 합의가 꼭 필요한 큰 폭의 복리후생비 삭감임에도 불구하고, 노동조합과 일체의 합의 없이 일방적으로 발표하고 있다"며, "기획재정부와 각 기관 사용자가 짜고 노동관계법과 헌법의 노동3권을 송두리째 위반하고 있다"고 질타했다.

국민파업, 민중의 분노 분출

박근혜 정부가 반노동 행보를 이어가고 있는 가운데 민주노총은 물론 시민사회단체들도 행동에 나서기 시작했다.

'박근혜 정권 1년, 이대로는 못 살겠다' 국민파업대회가 2월 25일 오후 4시 서울광장과 부산역 광장 등 전국 곳곳에서 펼쳐졌다. 이날 서울광장에는 3만 명 넘게 모였다. 부산역 광장에도 2천 명이 넘게 모이는 등 다른 지역에서도 수천 명씩 운집해 박근혜 정권 1년간 쌓인 분노를 토해냈다. 서울에서는 행진 과정에 3명이 연행되는 등 곳곳에서 경찰과 충돌이 벌어지기도 했다. 부산은 부산역에서 서면까지 별다른 충돌 없이 행진을 마무리한 뒤 저녁 7시부터 약 1시간 30분 동안 시국대회를 진행했다. 이날 전국 동시다발로 진행된 국민파업대회에서 박근혜 정부에 최후 통첩하는 공동대표단의 공동대회사가 발표됐다. 부산은 김재하 민주노총 부산본부장이 대독했다. 국민파업위원회 대표단은 "박근혜 정부의 민주주의 파괴, 민생파탄, 한반도 전쟁위기에 맞서 노동자 농민 빈민 상인 학생은 분연히 일어선다"고 투쟁을 선언했다. 이어 "우리의 요구가 받아들여지지 않는다면 '박근혜 OUT'의 목소리가 활화산처럼 폭발해 나올 것이라는 점을 박근혜 정권에게 분명히 밝힌다"고 경고했다.

국민파업대회에 앞서 부산지하철 노조는 부산시청 광장에서 자체 조합

박근혜 OUT 국민파업(2014.2.25.)

원 결의대회를 개최했다. 400여 조합원들이 모였다. 이어진 국민파업과 야간 시국대회에 참가한 전체 조합원 수는 1000명 안팎으로 잠정 집계됐다. 결의대회에서 노동조합은 부산지하철 실질적 사용자인 부산시에 4대 현안 해결을 요구했다. 노동조합이 제시한 4대 현안에는 △부족인원 충원과 관련된 청년고용촉진특별법 이행 △왜곡 축소 통상임금 정상 적용과 체불임금 지급 △2호선 5개 편성 운행중지 철회 △위법 수의계약 청소업무 직영 전환이 포함됐다.

③ 조합 간부 교육 통념을 깨다

모떠꿈

"2박 3일? 너무 긴 거 아냐?" 처음 2014년 간부 교육계획이 알려졌을 때 간부들의 반응이었다. 노동조합이 집행하는 간부 교육이라 해 봐야 1박 2일 수련회에서 반나절 정도 교육받은 것이 고작이었기에 2박 3일 동안 교육을 한다고 하니 놀랄 만도 했다.

교육기간이 길어진 이유는 일단 새로운 교육 프로그램을 시도했기 때문이었다. 여태 노동조합은 새로운 노동조합 세대가 등장하고 있음에도 교육 프로그램이나 내용은 거의 변화가 없었다.

이의용 집행부는 기존 주입식 교육 프로그램은 효능을 다했다고 판단했다. 새로운 세대를 조직하려면 새로운 세대에 맞는 문화로 다가가야 한다고 생각했다. 일단 노동조합을 이끌어가는 간부들이 바뀌어야 했다.

노동조합은 교육위원회와 함께 교육 방식에 대해 많은 고민을 했다. 낮에 몇 시간 동안 주입식 강의를 듣고 저녁에 술자리로 화합을 도모하는 것이 관례인 기존 방식의 1박 2일 수련회 방식을 바꿨다. 아무리 좋은 프로그램을 구성해도 관성적 틀을 깨기 어렵다고 판단했기 때문이다. 우선 교육기간을 2박 3일로 늘렸다. 교육 내용도 완전히 재구성했다. 교육 기획은 '더 체인지'의 '모떠꿈 워크샵 매뉴얼'을 많이 참조했다. 모떠꿈은 '모여서 떠들고 꿈꾸다'의 줄임말이다.

2014년 3월 11일 새로운 교육은 입학식부터 달랐다. 교육의 취지와 목적을 말이 아닌 동영상으로 소개했다. 동영상은 개미들이 자신들의 문제를 협

모떠꿈

업으로 해결하는 내용을 담은 애니메이션이었다. 2박 3일간 집단두뇌를 가동해보자는 메시지였다. 일단 재미있었다. 말로 하는 것보다 훨씬 깔끔하고 수용성 측면에서 효과도 컸다.

교육에서 가장 많은 시간을 할애한 것은 토론 프로그램이었다. 적극적인 참여와 소통을 통해 조합 간부로서의 마음과 자세를 다지기 위해서였다. 그전에 삼성반도체 직업병 공론화로 잘 알려진 '반올림' 활동가 산업의학 전문의 공유정옥과 강신준 동아대학교 교수 강연을 배치했다.

강연이 끝나고 저녁을 먹은 후 조합 간부들의 공감토론이 시작됐다. 교육생들은 제시된 다섯 개의 주제로 토론을 했다. 끝난 후에는 토론 결과를 정리해 무대에서 각 조별로 발표했다. 교육생에게 제시된 5개의 주제는 교육위원들의 열띤 토론을 통해 정해진 것들이었다. '노조 간부 활동을 하면서 좋은 가족이 되는 것은 불가능할까요?'라거나 '새로운 뒤풀이 방법은 없을까요?' 등 우리의 삶과 닿아 있는 고민들을 주제로 삼았다.

둘째 날은 아침 8시부터 첫 프로그램을 시작했다. 첫 프로그램인 '런닝맨'은 방송사 유명 프로그램처럼 내용도 그와 다르지 않았다. 각 조들이 '스피드 퀴즈' '술넘기 10번 먼저 하기' 등 10개의 미션을 경쟁석으로 수행하는 것이었다. 교육생들은 이른 아침부터 땀깨나 흘렸다. 런닝맨 프로그램은 교육생이 일체감과 유쾌함을 동시에 느낄 수 있게 짰다.

오전 10시부터 오후 3시까지는 점심시간을 빼고 장장 4시간 동안 '상상카페' 프로그램을 진행했다. 상상카페는 토론 프로그램이지만 전날의 공감토론과는 진행방법이 달랐다. 토론조를 고정해 토론하는 게 아니라 40분마다 조를 바꿔 총 3번의 토론에 참여하는 방식이었다. 공감토론이 노동조합 간부가 직면한 삶에 대한 고민을 나누는 것이라면 상상카페는 '서비스지부를 위해 내가 할 수 있는 일은 어떤 것이 있을까요?' '노동자의 정치 참여가 높아진다면 우리의 일상생활은 어떤 변화가 있을까요?' 등 상상력이 넘치는 아이디어를 나누는 것이었다.

둘째 날 강연은 독립언론인 뉴스타파 박대용 기자가 맡았다. 강연 주제는 뉴스타파였다. "최근 국정원이 검찰로부터 두 번의 수색을 받았는데, 그 계기가 모두 뉴스타파의 취재로 인한 것이었다"는 얘기는 새삼 놀라웠다.

가장 호응이 좋았던 교육 프로그램은 마지막 시간에 배치된 '와락'이었다. 사회자의 말에 따라 몸을 움직이던 교육생들의 몸짓은 어느새 커져 있었고, 주변을 신경쓰지 않은 채 혼자만의 신명을 느끼는 경지에까지 이르렀다. 와락의 '힐링'은 기대 이상이었다. 그리고 "우리가 이렇게 몸을 맘껏 내지른 적이 없었구나"라는 각성도 하게 해주었다.

3월 13일 오전 10시 3일간의 교육을 마치는 졸업식, 먼저 2박 3일간의 교육장면을 담은 동영상을 상영했다. 동영상으로 시작한 교육이 동영상으로 마침표를 찍은 것이다. 그리고 교육생들은 자신에게 쓰는 편지를 적어 타임캡슐에 넣었다. 타임캡슐에 넣은 편지는 간부들이 임기를 마칠 때 개인별로 보내줄 예정이다. 시상식과 시상소감 발표가 끝나고, 교육생들은 서로의 손을 잡고 노동가요 '해방역에 닿을 때까지'를 불렀다. 그 사이 교육생들의 편지가 담긴 타임캡슐이 이의용 위원장에게 전해졌다. 그렇게 2박 3일간의 교육은 끝났다.

처음에는 노동조합의 파격적인 새로운 교육에 대한 우려의 목소리가 많았다. 그러나 교육이 끝난 후 이런 분위기는 반전되었다. 교육 후 설문조사를 실시했는데, 교육에 대한 긍정적인 평가가 부정적인 평가를 압도했다. "교육의 높은 밀도에 압도당했다"는 말도 들었다. 조금의 공백도 남기지 않은 채 2박 3일이라는 시간을 시나리오처럼 꼼꼼하게 채운 덕분이었다. 교육생들이 느낀 교육의 밀도는 두 달간 준비하며 토론과 꼼꼼한 리허설을 한 결과였다.

시간뿐만 아니라 공간도 밀도 높게 활용했다. 교육생들에게 첫날 교육에서 느꼈던 점을 쪽지에 적어 강당 벽에 붙이게 했다. 또한 강당 뒤쪽과 바깥 복도에는 각 조의 토론 결과를 대자보처럼 붙였다. 테이블에서의 토론과 무대에서의 발표를 통한 '점과 선의 소통'에다, 쪽지와 대자보로 '면의 소통'까지 보탠 것이다.

외부 참여자도 중요한 역할을 했다. 공공운수연맹에서 파견된 2명의 교육진행자가 테이블 사이를 돌며 토론의 진행을 도왔고, 타 지하철노조에서 온 조합원 몇 분이 교육에 함께 참여했다. 외부 존재는 교육을 좀 더 새롭게 느끼게 했고, 교육생들에게 교육 참여에 대한 동기를 부여했다. 다만, 이후 지속성을 가지기 위해선 2박 3일 동안 예산이 만만찮게 들어갔다는 점에서 예산 절약을 위한 고민이 필요했다.

무상교통, 부산도 가능하다

버스 완전공영제와 무상대중교통을 주제로 부산 대중교통 정책토론회가 4월 16일 부산 YMCA 강당에서 열렸다. 지난 1월 21일 열린 1차 부산 대중교통 정책토론회 '부산 대중교통, 안녕하십니까?'에 이어 2차 토론회였다.

토론회에서 발제를 낱은 윤영삼 부경대 교수는 버스 완선공영제와 무상대중교통이 부산에서도 시행이 가능하다며 병행 추진을 제안했다. 특히 윤 교수는 현 부산교통공사에 버스사업부를 신설하고, 신설이 요구되는 노선에서 먼저 공영버스 운영을 시작할 수 있다고 말했다.

윤 교수는 향후 부산의 저성장 경제와 고령화 진행 속도 등을 감안할 때 복지 차원의 교통기본권 보장을 위한 지역 수준의 노력이 절실할 것으로 전망했다. 윤 교수는 이를 위해 사회적 공감대 형성 노력과 부산시 차원의 재정 확보계획 수립 등이 필요하다고 말했다.

토론자로 나선 남원철 부산지하철노조 사무국장은 준공영제를 실시하고 있는 버스보다 지방공기업인 부산교통공사가 운영하는 지하철에서 무상교통 가능성이 높다고 말했다. 그러면서 남 국장은 버스 완전공영제에 필요한 재정확보와 관련해 버스와 지하철 통합 운영만으로도 재정요구액 절반 이상 확보가 가능하다고 주장했다. 통합 운영을 통해 운행 노선을 효율적으로 배치할 경우 무분별한 지하철 건설을 억제할 수 있고, 그 재원을 무상교통 재원으로 활용 가능하다는 것.

남 국장은 또 대중교통 통합 운영과 무상교통을 통해 대중교통의 공공성을 높이고 노동환경 개선도 기대된다고 말했다.

김진태 공공운수노조연맹 민주버스 부경지부장도 그동안 민주버스본부는 버스 완전공영제를 주장해 왔다며, 현재 부산시가 시행중인 버스 준공영제는 버스사업주의 배만 불리는 제도라며 신랄하게 비판했다.

한편, 이날 정책토론회는 부산지하철노조, 부산참여자치시민연대, 부경대 글로벌물류연구소가 공동 주최했다.

④ 2014년 투쟁 그리고 '안전한 지하철 만들기'

공사, 경영혁신대책 추진

공사가 또 구조조정안을 들고 나왔다. 공사는 3월 7일 노사 실무접촉에서 PSD 설치역 관리역제 도입 등 구조조정 내용이 담긴 경영혁신대책을 내놨다. 이번 경영혁신대책은 박근혜 정부의 공공부문 경영 정상화 대책의 일환으로 이미 지난 1월 부산시에 제출한 것으로 확인됐다.

지난 7일 공사가 공개한 「부산시 산하 공사·공단 경영혁신 추진방향과 과제」에 따르면 공사는 올해 7월부터 1~3호선 새벽 및 심야 운전시격을 단축(15→10분)해 열차 운행횟수를 24회 증편한다.(기관사 17명 증원 필요) 또 PSD 유지관리 업무와 열차 구내입환 업무 등을 직영하는 방안을 마련하겠

안전을 위해 2호선 전동차 운행을 정지하라(2014.3.11. 집회(위), 2014.2.11. 시청 집회(아래))

다고 했다.

운전시격 단축과 일부 용역업무의 직영화에 필요한 인원을 구조조정 등을 통해 확보하겠다는 것이었다. 또 공사는 구조조정 방안으로 상반기 내에 1~2호선 PSD 설치역을 3개 역씩 묶어 관리역으로 전환하고, 역장 근무형태를 일근으로 바꾸는 방안을 내놨다. 역사별 야간당직을 거점역(28개 역) 당직으로 전환하는 방안도 포함됐다.

이뿐 아니라 1일 이용승객이 1000명 이하인 역사(석대역과 고촌역)에 계약직 채용 또는 민간위탁하는 방안을 내놨다. 특히 4호선 역사 구조조정 방안은 전체 역사로의 확대를 염두에 둔 것이 분명해 보였다.

공사가 부산시에 보고한 경영혁신대책에는 △2호선 전동차 5개 편성 운행정지 △월 소정근로시간 변경(174시간→209시간) △상여수당 등 통상임금화에 따른 임금체계 개선 △1~3호선 통신설비 유지보수(전화기보수)업무 등 아웃소싱 추진 방안 등도 들어있었다.

또 부산시는 산하 공사·공단 공통사항으로 △임금인상 최소화 △임금피크제 산하 전 공사(단) 확대 시행 △업무추진비 등 경상경비 10~20% 절감 △공무원 대비 과도한 복리후생제 조정 또는 폐지 △연봉제 대상 확대(현행 2급→3급) △경영·인사권 제약 행위 및 인사 관련 노조 사전동의 금지를 경영혁신 사항으로 포함시켰다.

전동차 운행정지 논란, 노사 접점 찾다

2호선 전동차 5개 편성 운행정지와 관련해 가까스로 노사 접점을 찾았다.

노동조합과 공사는 3월 17일 아침 긴급 실무협의를 열어 2호선 전동차 5개 편성 운행정지와 재활용 문제와 관련해 올해 연말까지 동적유지(운행정지 5개 편성에 대해 일상검수 실시)를 하기로 합의했다. 이와 함께 공사가 추진 중인 운행정지 전동차 활용(복원 불가능 수준 부품 재활용, 3호선 전환, 매각 등) 조치도 연말까지 추진하지 않겠다고 제안했다. 또 이날 합의 내용은 3월 27일 개최될 중앙노사협의회 의결 사항에 포함하기로 했다. 이에 따라 노동조합은 17일 아침에 들어가려던 철야농성 계획을 철회했다.

이에 앞서 노동조합은 3월 10일 열린 중앙위원회에서 2호선 5개 편성 운행정지 저지 투쟁의 수위를 한 단계 높여 17일부터 본사 농성투쟁에 들어가기로 결정했다. 그러자 14일부터 본사건물과 서면역사에 경찰병력이 투입돼 주변을 순찰하는 등 과잉 반응을 보이기도 했다. 17일 아침도 본사 주변에 경찰차 5대가 투입돼 중앙위원들의 움직임을 감시했다.

한편, 공사는 2014년 1월 1일부터 2호선 전동차 5개 편성 운행을 일방적으로 정지시켰다. 예비 차량이 너무 많다는 이유였다. 공사는 애초 계획했던 동부산 및 양산 북정 연장 계획이 취소되고, 승객 수송률이 정체돼 전동차가 필요 이상으로 많다고 주장했다. 공사의 5개 편성 운행정지계획에는 인력감축 계획도 포함되어 있었다.

이러한 공사 움직임에 현장 조합원들은 열차안전 문제와 함께 업무 부하 가중으로 노동강도가 더욱 높아질 것이라고 우려했다. 현장 조합원들은 2호선과 3호선은 신호체계가 나를 뿐 아니라 전동차 제원도 진혀 달라 안전상 문제가 발생할 개연성이 크다고 지적했다. 서울도시철도공사도 6호선 차량을 7호선에 투입했다가 과주 정차한다든가, 스크린도어가 열리지 않는다든가, 반대쪽 출입문이 열리는 경우도 발생하는 등 안전에 상당한 문제가 있었다.

승무지부에서는 시스템이 다른 차량이 투입될 경우 고장 처치와 숙달 훈련 등 다시 교육을 받아야 할 뿐 아니라, 본선에서 오작동 시 비상조치 애로 등 문제가 많다고 지적했다. 기술지부에서도 신호장애 등을 우려했다.

이처럼 업무 부하 가중, 열차 안전 우려는 물론 인력감축으로 이어지는 전동차 운행정지에 대해 노동조합은 공사에 반대 입장을 분명히 밝혔다.

해당 지부인 차량지부가 먼저 반대 행동에 나섰다. 차량지부는 2014년 1월 초 본사 출근 선전활동, 부산시청 선전활동 등 지부 운영위원회 수준에서 진행해온 투쟁을 지부 조합원 차원으로 수위를 높였다. 시민 서명운동과 선전활동을 강화하고, 지부 조합원 중식집회, 지부 조합원 릴레이 시청농성 등을 이어갔다.

2월부터는 노동조합 중앙이 이어받아 전체 투쟁으로 더욱 수위를 높였다. 노동조합은 2월 4일 아침 8시부터 1시간 동안 본사 현관에서 2호선 전동차 운행정지 철회를 요구하는 피켓팅투쟁을 벌였다. 본사 선전전을 시작으로 그동안 차량지부 차원에서 진행해온 2호선 전동차 운행정지 철회 투쟁을 노동조합 전체 투쟁으로 전환했다. 노동조합 4개 지부가 매일 부산시청과 공사에서 1인시위와 항의집회를 진행하는 등 투쟁 대상도 부산시로 확대했다.

안전운행요원 계약직 채용 추진하면 '끝장 투쟁'

4호선 안전에 적신호가 들어왔다. 공사가 노동조합의 반대에도 불구하고 계약직 안전운행요원을 고용하겠다고 나섰다. 공사는 5월 14일 이사회를 열어 4호선 안전운행요원 계약직관리규정 제정안과 승강장안전문 계약직관리규정 제정안을 원안 의결했다.

4호선 안전운행요원 계약직관리규정 제정안은 현재 정규직이 맡는 4호선 안전운행요원 업무를 계약직을 고용해 맡기겠다는 것으로 노동조합은 이미 반대 의견을 밝혔다. 그런데 공사가 노동조합의 의견을 완전히 무시하고 이사회 통과를 강행해 향후 충돌이 불가피해졌다.

14일 이사회를 통과한 4호선 안전운행요원 계약직관리규정에는 계약직 채용자격을 55세 이상 65세 이하로 규정했다. 공사는 2종 전기차량 운전면허를 가진 퇴직자 중에 고용하겠다고 했다. 사실상 파업대비 대체운전요원으로 양성한 비상운전요원 출신 퇴직자가 대상이었다.

안전운행요원 업무는 역사 관리와 함께 차량 고장이나 돌발 상황 발생 시 응급조치까지 해야 하는 상시적 업무다. 한시적으로 채용하는 계약직이 수행하기엔 많은 무리가 따를 수밖에 없다.

한편, 승무지부는 5월 12일부터 부산시청 앞 1인시위를 시작으로 역사 포스터 부착을 비롯한 선전활동에 나서는 등 안전운행요원 계약직 채용 저지 투쟁을 본격화했다.

노동조합은 5월 26일과 27일 중앙위원회와 상무집행위원회를 잇달아 열어 6월 투쟁본부 전환 등 당면 투쟁계획을 세웠다. 당면 투쟁계획은 현재 공사가 일방적으로 추진 중인 4호선 안전운행요원 계약직 채용계획 분쇄와 세월호 참사로 다시 부각되고 있는 노후전동차와 시설물 전면교체를 목표로 정했다. 서비스지부 3호선 1구역 고용승계 투쟁도 함께 엮어 청소노동자 직접고용 투쟁으로 이어갈 방침도 세웠다.

당면 투쟁계획에 따르면 5월 30일 대의원대회 결의로 6월부터 노동조합 조직을 투쟁본부체계로 전환하고, 현재 각 지부 현안별로 진행되고 있는 투쟁을 한 단계 높여 전체 차원의 투쟁을 벌여 나가기로 했다. 6월 당면 투쟁은 6월 말 또는 7월 초로 예상되는 단체교섭 투쟁과 자연스럽게 이어지게 짰다.

이에 따라 현재 승무지부에서 1인시위와 홍보물 배포 등 선전전 위주로 진행되고 있는 안전운행요원 계약직 채용계획 분쇄투쟁은 6월부터 노조 전체 투쟁으로 수위가 한 단계 올라갔다.

2014년 요구안 최종 확정

노동조합은 5월 30일 3차 임시대의원대회를 열어 2014년 단체교섭 요구안을 최종 확정했다. 또 노동조합 체계를 6월 1일부터 투쟁본부로 전환하기로 결의했다.

이날 대의원대회에 참석한 대의원들은 제출된 10개 부문으로 이뤄진 2014년 단체교섭 요구안 가운데 일부를 수정하여 최종 확정했다. 이날 제출된 요구안은 전체 60페이지에 이를 정도로 분량이 많았으나 이미 지부별로 논의를 거쳤기 때문인지 일부 내용 추가 외에는 대부분 원안 그대로 통과됐다.

먼저 임금 부문은 총액대비 6.1% 임금인상 요구 등 원안 그대로 확정했다. 임금제도 개선 요구 중 '안전수당 신설' 조항을 삭제하자는 수정안이 제출됐으나 과반수를 얻지 못해 폐기됐다.

후생복지 부문도 복지기금 지원과 선택적 복지비 인상 등 원안대로 통과됐다. 다만 주5일제 시행 관련 요구에서 교대근무자 주간 지정휴일 1일 추가 요구와 연동하여 교번근무자 휴무도 확대(87일→96일) 요구가 추가 포함됐다.

각 지부 현안을 포함한 현안사항 요구도 제출된 원안대로 확정했다. 현장 발의된 주공장 용역업무 감독을 4급으로 하자는 요구 안건은 과반수를 얻지 못해 부결됐다.

청소용역 등 외주용역 직영화, 노후전동차 신차 도입 요구 등 사회공공성 강화 부문 요구도 원안 그대로 확정했다.

단체협약 개선 부문은 대부분 원안대로 통과됐으나, 제74조 3호 퇴직휴가를 명예퇴직에도 적용하자는 수정 제안을 원안에 추가하여 1년 내 4회 분할 사용을 자유롭게 사용으로 요구하기로 확정했다.

단체협약 개선 부문 논의에서 200인 이상 상장법인 등의 경력 인정 내용이 담긴 제30조 6항 자체를 삭제하자는 주장 등 수정과 재수정안이 제출돼 갑론을박을 벌이기도 했다. 마지막 표결 결과 수정안과 재수정안은 과반수를 얻지 못해 폐기되고, 원안대로 기존 상장법인을 법인으로 완화하고, 공공기관 경력 중 계약직과 무기계약직 경력을 포함하는 요구가 확정됐다. 그리고 자녀 유학 기간 동안 무급휴직 요구도 제출됐으나 부결됐다.

이밖에 공사 제규정 개선 요구안으로 초과근로에 관한 내규 제6조(야간근로 직원의 휴식)에 야간지원근무 후 당일은 휴일로 한다를 신설 요구하기로 했다. 인원 충원 요구안은 다대선 개통대비 인원 충원 요구를 포함하여 지부 제출 원안대로 통과됐다. 상용직과 서비스지부 부문도 애초 원안대로 확정했다.

이에 앞서 노동조합은 5월 13일 상무집행위원회를 열어 2014년 단체교섭 요구안 마련을 위한 집중논의를 통해 10개 부문에 걸친 요구안을 검토하고 정리했다.

2014년 투쟁은 '삶을 바꾸자'는 슬로건에서 알 수 있듯이 근무형태 개선과 유급휴일 확대 등 노동조건 개선에 주안점을 뒀다.

임금인상 요구율은 총액대비 6.1%로 정했다. 한국은행이 발표한 올해 경제성장률과 물가상승률을 합한 수치다.

임금제도개선 요구로 성과급제 폐지와 성과급 재원 기본급화를 비롯해 운전수당 정률화, 가족수당 지급기준 개선 등이 포함됐다. 기술수당 현실화(직무수당도 연계)도 들어갔다.

후생복지 부문은 △조합원 1인당 월 1만원의 복지기금 노조 지원 △선택적 복지비 10만 원 인상(승무 가방 및 신발 구입비용 추가) △봄/가을 체육대회비 인상(2만 원→5만 원) △직급보조비 3~9급 각 1만 원 인상 △급식보조비 인상(7만 원→13만 원) 등이 포함됐다.

현안사항 요구로는 △강한규 전 위원장 복직과 복직자의 해고기간 근속년수 인정 △장기 승진 누락자 일괄 승진이 포함됐다. 이밖에 역무실 명칭 환원 등 각 지부에서 올라온 현안 요구가 추가됐다.

상용직 조합원 현안 요구로 호봉제 도입, 가계보조비 지급, 원예수 수당 및 조리사 직무수당 인상(3만 원→10만 원) 등이 제시됐다.

서비스지부의 본사 투쟁(2014.6.3.)

사회공공성 강화 요구 부문엔 외주용역 철폐와 총정원 확대 요구가 들어갔다. 외주용역 철폐는 서비스지부가 올해 핵심 투쟁과제로 삼고 있는 직접고용 요구와 연결된다. 총정원 확대 또한 올해 노동조합의 핵심 요구 중 하나인 노동조건 개선의 전제 조건이다.

단체협약 개선 요구로는 4급까지 근속승진 확대, 정년퇴직일 일원화, 통상임금 범위 확대, 대체공휴일 조항 신설 등이 포함됐다.

서비스지부 요구안은 식대비 월 5만 원 지급, 교통비 인상(3만 원→6만 원), 정수기 설치 등이 제시됐다.

3호선 1구역 고용승계 논란 일단락

노동조합은 6월 17일 공사의 중재로 3호선 1구역 청소업체와 고용 승계와 특별단체협약 체결과 관련해 합의를 했다.

고용승계와 관련해 모두 고용승계를 하되, 3호선 1구역 청소업체가 끝까지 고용승계를 못하겠다며 버틴 정희숙 대의원은 공사의 중재로 1호선으로

시청역에서 열린 2014년 단체교섭 출정식(2014.6.27.)

옮기기로 했다. 1호선으로 옮기는 정희숙 대의원은 근로시간면제자로 지정돼 노조 전임활동을 하기로 했다.

1개월 계약 조합원들은 6월 1일자로 소급하여 정상 근로계약서를 작성하기로 했다. 3호선 1구역 업체와 특별단체협약 교섭도 이른 시일 내에 진행하기로 했다. 고용승계 논란이 일단락됨에 따라 물만골역 농성을 비롯한 본사와 시청 투쟁도 중단했다.

이에 앞서 서비스지부는 6월 11일부터 물만골역 내에 있는 3호선 1구역 청소업체 사무실 앞에 농성장을 설치하고 고용승계와 노조인정을 촉구하며 농성투쟁을 시작했다. 서비스지부 농성투쟁에는 나머지 4개 지부도 순번을 정해 결합했다.

노동조합은 중앙위원회와 상무집행위원회를 열어 전원 고용승계가 이뤄질 때까지 투쟁을 이어가기로 했다.

2014년 단체교섭 노사 첫 만남

2014년도 첫 단체교섭이 7월 3일 오후 3시 공사 7층 회의실에서 열렸다. 노사 상견례를 겸한 첫 교섭에서 노사는 실무에서 조율한 단체교섭 절차합의서를 작성한 뒤 노사 대표의 인사말을 듣고 끝냈다.

이의용 노동조합 위원장은 "올해 정부 정책으로 인해 노사가 더욱 대립이 예상되지만, 서로 속 깊은 대화를 통해 공감할 수 있는 해결 방법을 찾자"고 말했다. 이어 "새로 당선된 서병수 부산시장도 후보시절 노동조합 정책질의 답변에서 노후전동차 교체에 찬성했다"고 밝히고, "조합만이 아니라 공사도 부산시에 신차도입을 강하게 요구할 필요가 있다"며 공사의 적극적인 역할을 주문했다. 인원 충원과 관련해서도 이의용 위원장은 공사가 정원확대를 하지 않고 계속 구조조정(안)들을 내놓고 있는데 기획본부장이 직접 교섭석상에 나와 노동조합의 요구를 함께 고민할 것을 요청했다. 마지막으로 "언론용 땜질식 대책이 아니라 올해 교섭을 통해 노사가 시민들의 안전을 위한 대책을 마련하는 자리가 되기를 바란다며 인사말을 마쳤다.

배태수 공사 사장도 이의용 위원장 제안에 동의하면서 올해는 여러 가지 여건이 내가 겪은 교섭 중에 어려운 과제가 가장 많은 교섭이라 순탄치 않을 것이라고 예상했다. 배 사장은 "올해 교섭이 어렵긴 하지만, 노사가 부단히 소통하고, 대화하고, 양보하면 답을 찾을 수 있을 것으로 본다"며, "직원들이 어려워하는 문제와 안전 문제, 시민이 걱정하는 문제가 순차로 해결할 수 있도록 최선을 다하겠다. 노조도 그런 바람들이 이뤄지는 좋은 성과를 거둘 수 있도록 협조를 바란다"고 당부했다.

3차 대중교통 정책토론회, 노후차량 교체가 우선

세월호 참사에 이어 서울지하철과 부산지하철에서 잇달아 안전사고가 발생하는 등 시민의 불안감이 커지고 있었다. 이런 와중에 윤영삼 부경대 교수(사회공공정책연구원 원장)는 7월 8일 부경대에서 열린 대중교통 정책토론회에서 2014년 부산교통공사 안전관리예산이 337억 원에 불과해 사실상 부산시의 재정지원이 거의 없다며 부산시가 재정을 담당해야 한다고 발했다.

이날 "부산지하철, 선로 위의 세월호가 될 것인가?"라는 제목으로 열린 3차 대중교통 정책토론회에서 첫 발제를 맡은 윤 교수는 부산지하철 안전보장을 위한 핵심과제로 노후차량 교체와 2인승무 실시 그리고 시민 통제 강화를 주장했다.

윤 교수는 "25년이 넘은 노후전동차(186량)를 교체하는데 2790억 원이 든다지만 지금 제작에 들어가더라도 3년이 걸리는 만큼 예산은 연차적으로 확보해도 된다"고 말하고, "정부에 전액국비 지원을 요청하되, 전액 지원이 여의치 않을 경우 부산시가 지방채 또는 공채를 발행해서라도 부산시가 분담해야 한다"고 말했다.

서울지하철 안전 강화 노력과 과제를 발제한 나상윤 공공교통 네트워크 정책위원은 "서울지하철 상왕십리역 추돌사고 당시 그나마 피해를 최소화할 수 있었던 것은 직원들의 신속한 후속조치와 2인승무 때문이었다"며, "지하철 안전을 확보하기 위해서는 안전인력 확보가 매우 중요하다"고 말했다.

이어 나 정책위원은 지하철 안전을 위협하는 요소로 차량 노후화, 인력부족 문제, 정책적인 측면을 들었다. 나 위원은 차량 노후화나 인력문제도 결국 정책적인 측면에서 비롯된다며, 안전보다 비용절감 위주 경영을 비판했다.

나 위원은 지하철 안전을 위한 핵심과제로 1인(승무 및 역무)근무 폐지, 차량 내구연한 복원과 노후차량 교체, 정비주기 단축과 정비인력 충원, 교육훈련제도 및 조직문화 개선, 외주용역 재직영화, 안전예산 확대를 제시했다.

마지막으로 나 위원은 "지하철노동자들이 자신의 노동보건안전을 지키는 것이 시민안전을 지키는 것이"라며 박원순 서울시장의 지시로 도출된 '지하철 최적근무위원회'의 권고안을 의미 있게 평가했다.

발제에 이어 진행된 토론에서 최무덕 부산지하철노조 수석부위원장은 검수주기 연장과 검수인력 축소, 중정비 외주화와 비정규직 채용 등의 문제점을 지적하고, 25년이 넘은 186량은 교체돼야 한다며 강력한 투쟁을 전개하겠다고 노동조합의 이후 대응 방향을 밝혔다.

공사에서 나온 곽○○ 차량처장은 6·10 동래-교대역 간 사고에 대해 견인전동기 고장은 차량 노후화와 관련 없다고 주장했다. 곽 처장은 고장난 전동차는 20년밖에 되지 않았다며, 30년 지난 전동차도 고장나지 않고 잘 다니는데 노후화 때문이라는 건 맞지 않다고 주장했다.

그러나 곧바로 방청객으로부터 세월호가 22년 됐는데 30년 40년 된 배가 운행되고 있다고 노후화가 아니라고 주장하는 것과 같은 주장이라고 질책을 받기도 했다.

안전한 지하철 만들기 15만인 서명 공동행동

8월부터 안전한 지하철 만들기 공동행동 일환으로 15만인 서명을 시작했다. 노동조합은 7월 23일 오전 9시 30분 부산시청 광장에서 기자회견을 열어 부산시에 노후전동차 교체와 2인승무 실시 그리고 안전인력 확보를 촉구하고, 시민 제단체와 함께 공동행동에 나서겠다고 선언했다.

노동조합은 성명서를 통해 "올해 들어 네 차례나 차량 화재사고가 발생하는 등 1호선 차량 노후화가 심각하다"고 경고했다. 더불어 낡은 통신망으로

15만인 서명,
인진요구 결의대회
(2014.8.1.)

서병수 시장 규탄
부산지역본부 시청 집회
(2014.8.6.)

인한 통신 장애 등 30년 넘은 시설 노후화에 따른 문제점도 지적했다. 특히 1인승무 아래에서 운행중 차량 고장 등 돌발상황에 제대로 대처할 수 없는 등 현재의 인력구조는 소위 골든타임 안에 대처가 불가능해 대형사고로 이어질 가능성이 크다고 경고했다. 이어 신임 서병수 부산시장이 선거기간 중 안전에 조금이라도 문제가 있다면 전동차를 즉시 교체하겠다고 공언하면서도 구체적인 실행계획을 내놓지 않고 있다며, 부산지하철 참사 예방을 위해 부산시가 직접 나설 것을 촉구했다.

한편, 노동조합은 8월 1일부터 한 달 동안 노후전동차 및 노후시설 교체, 2인승무 실시 및 안전인력 충원을 위한 15만인 서명 조합원 공동행동에 나섰다. 이를 위해 8월 1일 부산시청에서 안전결의대회를 열어 15만인 서명 조합원 공동행동 계획을 발표하고 부산 전 지역에서 동시다발 선전전을 진행하기도 했다.

부산공공교통네트워크준비위원회 출범

부산 대중교통의 공공성 강화를 모색하는 부산공공교통네트워크준비위원회가 공식 활동을 시작했다. 부산공공교통네트워크준비위는 9월 1일 오후 5시 장애인 단체들이 장애인콜택시 부산시 직영화와 활동보조인 24시간 지원을 요구하며 농성 중인 부산시청광장에서 출범식을 갖고 부산지역 대중교통 공공성 강화 활동에 나섰다. 부산지하철 안전 문제부터 버스공영제, 대중교통 노동환경, 장애인이동권 등 대중교통 의제를 검토하고 대안 마련하는 등 대중교통 정책 마련과 연대활동을 시작했다.

이 단체에는 부산지하철노조와 공공운수노조 민주버스 부경지부 등 노동조합 조직, 부산장애인차별철폐연대와 부산장애인자립생활센터 등 장애인 단체, 부산참여자치시민연대와 운수노동정책연구소 등 시민단체와 정책연구 단체 등이 참여하고 있다. 상임대표는 윤영삼 부경대 교수가 맡았으

며, 양미숙 부산참여자치시민연대 사무처장이 사무국장을 맡아 실무를 책
임진다.

한편 부산공공교통네트워크준비위원회는 2일 출범 기념으로 같은 장소
에서 4차 대중교통 정책토론회를 열어 '부산지역 장애인 교통실태와 개선방
안'을 주제로 길거리 토론을 했다.

부산시, "노후차량 교체한다"

노후전동차 리모델링만 고집하던 부산시가 신차도입을 추진하기로 했다.
KBS(부산)는 9월 5일 부산시가 2018년까지 29년 된 1호선 차량 84량 가운데
40량가량 교체계획을 세웠다고 보도했다.

이와 관련 부산시 정○○ 교통국장도 KBS 뉴스와 인터뷰에서 노후차량
을 중심으로 노후차량은 단계적으로 교체하되, 우선 가장 오래된 29년 된 차
량 84량 가운데 40량을 2018년까지 교체할 계획이라고 밝혔다. 이어 교통국
장은 소요예산은 국비 확보가 여의치 않으면 시기를 다소 조정해서라도 시
비를 통해 차량을 교체할 생각이라고 말했다. 공사 관계자에 따르면 차량 1
량당 구입비용이 15익 원정도로 40량을 교체할 경우 600억 원이 들어간다.

부산시의 입장 변화 배경에는 안전한 지하철 만들기 15만인 서명 공동행
동 등을 주도한 노동조합의 투쟁이 적잖게 작용했을 것으로 보인다. 노동조
합은 9월 19일 오전 10시 부산시청 앞에서 간부 결의대회를 열고 안전한 지
하철 만들기 15만인 서명 결과를 부산시에 전달했다. 노동조합이 8월 한 달
동안 사회단체들과 함께한 '안전한 지하철 만들기 15만인 서명 공동행동'에
약 10만4000명이 동참했다.

이의용 위원장은 부산시가 1호선 노후차량 대책과 관련해 그동안 리모델
링만 고집하다 최근 신차교체로 입장을 바꾼 것은 노동조합의 투쟁이 있었
기 때문이라며, '안전한 지하철 만들기 15만인 서명 공동행동'에 적극적으로

임한 조합원들과 간부들께 감사의 인사를 전했다.

노조, 교섭 잠정 중단 선언

2014년 단체교섭이 열다섯 차례 진행에도 불구하고 별다른 진전 없이 잠정 중단됐다.

노동조합은 10월 30일 공사 8층 회의실에서 열린 15차 단체교섭에서 공사가 진정성 있는 답을 내놓을 때까지 교섭을 잠정 중단한다고 밝혔다. 노동조합 교섭대표위원인 이의용 위원장은 마지막 정리 발언에서 "공사가 계속 원론적인 답변만 하고 있어 계속 교섭을 이어가기가 난망하다"며, 잠정 교섭 중단을 선언하고 조합원과 논의할 수 있도록 진정성 있는 답을 줄 것을 요구했다.

이어 이의용 위원장은 총정원 확대 없이는 통상임금 문제 해결도 어렵다며, 신규인원 충원에 대한 관철 의지를 다시 한번 밝혔다.

공사가 삭제를 주장하고 있는 단체협약의 산재 유가족 특별채용 조항도 유가족의 생존권일 뿐 아니라, 산재 사망 등으로 인한 노사 충돌을 방지하기 위해서도 꼭 필요한 조항이라고 강조했다.

재정적 부담이 없는 전임자 확대 등 유급 노동조합활동 보장 확대와 정년퇴직일 일원화 요구, 승진정체 문제 등에 대해서도 진정성 있는 답변을 요구했다.

이에 대해 박종흠 사장은 "오늘 현업의 어려움을 많이 이해하게 됐다"고 말하고, "필요하다면 현업을 방문해서 어려움을 파악할 기회를 만들도록 하겠다"고 했다. 이어 "네 차례 교섭을 통해 노측의 요구사항, 애로사항을 충분히 들었다"며, "노사가 간격을 좁히기 위해 진솔하게 대화를 해 나가자"고 말했다. 통상임금 문제에 대해서도 효율적인 협의를 위해 협의체 구성을 재차 제안했다.

노사가 정한 네 차례 교섭 일정 중 마지막 교섭인 15차 교섭은 노동조합에서 제출한 긴급현안과 인력 충원(역무와 기술 분야)을 다뤘다.

노동조합이 제출한 긴급현안은 운전 중 기관사 신변 보호대책 마련 요구로 노동조합은 최근 다시 발생한 종착역 회차 시 취객의 기관사 폭행을 방지하기 위한 근본 대책을 요구했다.

1인승무제 체제에서 운전 중에 특히 기관사가 회차선에서 운전실을 바꿀 때 취객 등의 행패에 무방비로 노출되어 있다. 여성 기관사의 경우 신변의 위협을 걱정해야 하는 현실이다.

노동조합은 근본대책 마련에 앞서 우선 종착역에서 기지 입고 열차처럼 모든 열차가 회차선으로 진입하기 전에 잔류승객 하차를 전담하는 공익요원 배치를 요구했다.

이같이 기관사 폭행 문제가 긴급현안으로 제기됐지만, 공사는 종착역 감시활동 강화와 같은 소극적인 답변만 내놨다.

본안 교섭에서도 노동조합은 각 현장의 인력부족 심각성을 제기했지만, 공사는 '신규채용 불가' 입장을 고수했다. 역무지부의 경우 정원 대비 결원과 육아휴직 등 장기 유고 인원으로 인한 인력 부족의 심각성을 제기했다.

이에 대해 공사는 재정 여건상 인원 충원은 힘들다며, 직원이 감수해야 한다고 말했다.

현재 역 인원 부족 상황을 보면 육아휴직 25명 등 장기 유고 인원을 비롯해 업무 공백 인원이 평균 35명이라고 공사가 밝힐 정도로 심각한 수준이다.

기술지부도 업무량 증대에 따른 인원 부족 심각성을 하소연하다시피 했지만, 공사는 "조직진단 후 보자"는 원론적인 말만 되풀이했다. 당장 내년 인력운영 계획이라도 알려달라는 노동조합 요구에 공사 모 처장은 "내년 인력운영 계획은 없다"며, 분소를 줄이겠다는 막말까지 늘어놨다.

다대구간 개통에 대비한 분소 신설 문제 등 인력운영 계획에 대해서도 아직 검토하지 않고 있다는 말만 늘어놔 의구심을 더욱 키웠다.

기술지부 전기지회가 제기한 휴일과 야간에 외주용역업무 공백을 정규직원이 채우고 있는 문제는 용역계약이 끝날 때까지 어쩔 수 없다며 최대한 지장이 없도록 하겠다는 무책임한 답변만 내놨다.

통상임금협의체 구성 제안 조건부 동의

노동조합은 11월 3일 중앙위원회와 5일 상무집행위원회를 열어 향후 단체교섭 투쟁계획을 점검하여 공사가 지난 13차 교섭(10.23)에서 제안한 통상임금 노사협의체 구성과 관련해 소송결과 준수와 노동조건 개선 협의를 전제로 동의한다는 방침을 정했다. 공사가 통상임금제 정상화에 동의하고 후속조치로 노동조건 개선 방안을 협의한다고 약속하면 공사의 제안을 수용하겠다는 조건부 동의다.

이와 함께 노동조합은 통상임금 문제 해결 기조인 '노동시간 단축(인원 충원)을 통한 노동조건 개선'을 다시 한번 확인했다. 공사가 주장하고 있는 인건비 증대 없는 임금체계 개편이나 인력 축소 조정은 검토 대상이 아님을 분명히 한 것이다.

이밖에 조직진단 후 인원 충원 여부를 판단하겠다는 공사의 주장은 노동조합의 인원 충원 요구를 협의하지 않겠다는 것이므로 대응이 필요하다는 의견이 제기됐다. 통상임금 문제를 단체교섭과 분리해 논의할 경우 투쟁 흐름에 악영향을 줄 수 있다는 의견도 제기됐다.

한편, 공사는 지난 11월 23일 박종흠 사장이 제안했던 통상임금 TF와 관련해 통상임금 노사협의체 구성을 제안하며, 공사측 위원으로 기획본부장을 대표위원으로 처장(실장)을 위원으로 5인 이내로 참가할 계획이라고 밝혔다.

쟁의발생 결의 만장일치 통과, 파업 찬반 투표 가결

11월 11일 노동조합은 임시대의원대회를 열어 쟁의발생을 결의했다. 12일엔 부산지방노동위원회에 조정신청서를 접수하고 쟁의절차를 밟기 시작했다. 11월 3일 중앙위원회의 쟁의대책위원회 구성에 이어 이날 대의원대회에서 쟁의대책위원회 구성을 최종 인준함에 따라 곧바로 노동조합 조직 체계가 쟁의대책위원회로 전환됐다.

조합원 비상총회(2014.11.13.)

11월 20일 파업 찬반 투표가 87% 찬성으로 통과됐다. 재적 조합원 3493명 중 3069명(87.9%)이 투표에 참여해 2671명(87.0%) 찬성했다.

11월 27일 부산지방노동위원회 특별조정위원회는 조정종료를 결정했다. 특별조정위원회는 지난 24일 1차 조정회의에 이어 이날 오후 4시 최종 조정회의를 열어 노사가 참석한 가운데 몇 차례 정회를 거치며 노사를 오가며 마지막 조정을 시도했으나 합의를 이끌어내지 못했다.

결국 조정위원들은 저녁 7시 30분경 노사가 현격한 입장 차이로 조정이 불가능하다며 조정종료 결정을 내렸다. 최종 조정회의에서 공사는 행정안전부 지침과 관련한 단체협약 개악안에 "재량권이 없다"고 밝혀 공사 스스로 협상 여지를 없앴다.

이에 앞서 노동조합은 24일 쟁의대책위원회, 26일 확대쟁의대책위원회를 잇달아 열어 집중 교섭에서 합의 타결에 실패할 경우를 대비한 쟁의대책을 마련했다.

이날 결정된 쟁의대책에 따라 이미 27일부터 조합원 쟁의복 착용투쟁에 들어갔다.

서비스지부 교섭 흐림 혹은 맑음

노동조합은 10개 청소업체와 단체교섭을 진행했다. 이 중 애국단체원, 장애인기업협회(양산선), 노인생활지원재단(교육원, 분소동, 본사) 등 3곳은 11월 12일 2016년부터 퇴직조합원 정년퇴직일을 연말로 하는 등 잠정합의안을 도출했다. 4호선 청소업체 두 곳(장애인기업협회, 특수임무유공자회)도 11월 27일 쟁점 사항인 보건휴가수당 지급(2015년 5월부터) 등을 잠정합의했다. 이에 앞서 고엽제전우회(3호선 전동)와는 11월 4일 잠정합의를 해놓은 상태다.

그러나 평화용사촌(1호선) 등 4개 업체와는 노사 주장이 엇갈려 타결에 어려움을 겪고 있다. 가장 규모가 큰 평화용사촌(1호선)과 상이군경회부산지부(2호선)는 노동쟁의 조정절차가 진행 중이다. 평화용사촌과 상이군경회 부산지부는 보건휴가수당 지급과 상여금 200% 분할 지급 등을 둘러싸고 노사 주장이 팽팽히 맞서고 있다.

5월부터 3호선 1구역 청소업무를 맡은 산재장애인협회와의 단체협약 및 임금교섭도 타결에 난항을 겪고 있다. '조합원 순환배치'와 관련한 노조 동의 여부가 쟁점이다. 산재장애인협회는 조합원들을 상대로 노동조합 와해공작을 벌여 노동조합과 갈등을 빚어온 업체다. 재향경우회(4호선 안평창)는 내년 2월 계약완료를 앞두고 불성실 교섭으로 일관하고 있다.

부산지방노동위원회는 11월 24일 부산지하철노조와 평화용사촌(1호선)·상이군경회부산지부(2호선)의 노동쟁의 1차 조정회의를 개최했다. 이날 조정회의는 보건휴가 유급 인정 여부가 쟁점이 됐다. 노동조합은 두 업체가 단체협약에 유급으로 명시된 보건휴가를 사실상 무급 처리하고 있다며 시정을 요구했다.

두 업체는 단체협약상 유급인 보건휴가 사용을 핑계로 연장근무수당을 1일(8시간) 세외하고 산출하고 있나. 단체협약을 위반해 임금을 제불하고 있는 셈이다. 두 업체는 지난해 임금합의 결과에 따라 지급하고 있다며 아무런 문제가 없다고 주장했다. 또 보건휴가를 유급 처리하고 있는 다른 청소업체들과 같이 매주 연장근로시간을 5시간으로 계산할 수밖에 없다고 주장했다.

12월 11일 잠정합의

2014년 단체교섭 노사 잠정합의서가 마련됐다. 노사는 12월 5일 막판교섭에서 큰 틀에서 의견 접근 후 각 지부 현안과 부족 부분 보완을 거쳐 11일 노사 잠정합의서 작성을 끝냈다.

노사는 잠정합의서 작성에 앞서 실무협의를 통해 월 소정근로시간 변경에 따른 임금 보전 방안 마련에도 불구하고 임금 저하가 있다면 내년 임금인상과 별도로 보전하기로 했다.

내년으로 넘긴 통상임금 관련 교섭과 관련해서도 '노사 간 이견이 있는 단체협약 제56조(통상임금 정의)'로 합의서 문구를 정리하여 현재 진행 중인 법적 논란 소지를 줄였다.

또 노사는 9일 실무교섭을 열어 미합의 상태로 남아 있던 지부별 현안을 다뤄 역무지부의 고객서비스센터 명칭 변경과 시설사업소 운영직 1명 충원 등 일부 현안에 대해 합의했다. 그러나 대부분의 현안은 '노력한다', '검토한다'에 머물렀다.

특히 기술지부 현안의 경우 대부분 인력 문제와 연관되어 의견 접근이 쉽지 않았다. 노사 공방 끝에 인력 충원이 불가피한 PSD 증설에 따른 인원과 1호선 궤도 개량에 소요되는 인원을 비롯해 경전철 신호과 1명, 양산신호주재소 1명 등에 대해 적정성을 검토하여 반영 노력한다는 수준에서 문구를 정리했다.

승무지부 현안 논의에서 사상사고 시 위로휴가와 관련해서는 소속 부서장의 내부결재로 사고 익일부터 3일(기관사 5일) 부여하기로 했다(역무 등 다른 부서도 해당). 승무원 침실 개선 요구와 관련해서는 내년부터 필름난방을 설치하기로 의견이 접근됐다. 또 운전실 공기청정기 설치 등 환경개선도 점차적으로 추진하기로 했다. 그밖에 PSD 설치에 따른 1, 2호선 편도운행시간 조정과 교대시간 추가 부여 등도 검토하여 반영하기로 했다.

역무지부 현안으로 '고객서비스센터' 명칭 변경 요구는 1호선 다대구간 개통 시점에 명칭을 변경하기로 하고 정확한 명칭은 노사협의를 통해 결정하기로 했다. 또 다른 역무 현안인 승객의 역무원 폭행 보호책 마련 요구와 관련해서는 역무실 내 안전보호대 설치 등을 추진하기로 했다. 이 가운데 도시철도기관 운영회의에 철도 공안과 같은 도시철도 사법경찰 도입 안건 상정 추진도 들어있다.

차량지부 현안으로는 신평차량사업소 검수부 정비반 조직의 전문성 확보를 위한 방안을 강구하기로 했다. 이밖에 차량 부품수급 개선, 노후 건축물 개선 요구도 추진하겠다고 밝혔다. 그러나 검수주재소 추가 설치 등 인력 충원이 필요한 요구에 대해서는 대부분 어렵다며 난색을 보였다.

서비스지부도 마무리 단계에 들어섰다. 평화용사촌(1호선)과 상이군경회 부산지부(2호선)는 내년부터 보건휴가수당을 지급하기로 했다.

부산지방노동위원회 조정위원회가 12월 8일 최종 조정회의에서 노사 양쪽에 제시한 '노동조합이 1, 2호선 청소업체들의 보건휴가수당 미지급 건에 대해 문제 삼지 않는 조건으로 2015년부터 두 업체가 보건휴가수당을 지급한다'는 조정안을 노사 모두 수용했다.

노사가 조정안을 수용함에 따라 2015년 임금교섭은 최종 타결만 남겨두고 있다.

1, 2호선 임금교섭 잠정합의안에 따르면 역사 청소조합원의 경우 전년보다 10만3910원(7.56%) 올랐다. 역사 기동반은 14만50원(9.56%), 역사 심야 11만8650원(8.83%), 반복청소 8만2230원(6.15%), 기지창 8만6550원(7.12%)이 올랐다.

2014 임금·단체협약 체결

노동조합은 12월 16일 공사와 2014년 임금 및 단체협약을 체결했다. 이에 앞서 노동조합이 15일 잠정합의서 심의를 위해 개최한 2차 임시대의원대회에서 참석 대의원들은 질의답변과 열띤 토론을 거쳐 표결한 끝에 찬성 47명, 반대 32명으로 잠정합의안을 승인했다.

잠정합의안이 통과는 됐지만, 반대표가 적잖게 나왔다. 일부 단체협약 후퇴에 대한 불만족 여론을 반증했다. 대의원들은 박근혜 정부의 공기업 정상화 지침을 사실상 수용한 잠정합의안에 적잖은 질타와 비판을 쏟아냈다.

이에 이의용 위원장은 보완 방안을 마련하기 위해 노력했지만, 결론적으로 단체협약이 후퇴한 부분에 유감을 표명하고, 쟁의대책위원회가 막판 정부지침을 수용할 수밖에 없었던 배경을 설명하며 대의원들의 이해를 구했다. 이의용 위원장은 노동조건 개선 요구와 연동한 통상임금 정상화 투쟁이 통상임금 소송이 늦어지면서 사실상 내년으로 넘어가고, 공기업 정상화에 대한 정부와 공사의 압박이 거센 가운데 쟁의대책위원회에서 교섭을 타결 짓지 못하고 해를 넘기는 데 대한 고민이 있었다고 토로했다.

한편, 노동조합은 규약(제77조의2)에 따라 12월 22~24일 조합원 투표를 실시했다.[13] 2014년 단체협약 및 임금협약 인준 조합원 투표 결과 73.2% 찬성으로 가결되었다.

2014년 단체교섭 성과와 한계

2014년 단체교섭 잠정합의안에 대한 조합원들의 불만이 적잖았다. 청원휴가와 육아휴직 급여 축소 등 공사의 단체협약 개악안을 받아들인 노동조합 집행부가 고울 리 없었다.

문제는 노동조합이 어떠한 핑계를 동원하더라도 이러한 조합원들의 불편한 심기를 무마시키기는 쉽지 않았다는 점이다. 이를 모를 리 없을 쟁의대책위원들이 왜 단체협약 개악안을 받아들였을까?

먼저 교섭 장기화에 따른 부담감이 영향을 끼쳤을 것으로 판단된다. 정상화 지침 거부 입장을 고수할 경우 파업 돌입 여부와는 관계없이 교섭 장기화

13　노사합의서 효력은 대의원대회 승인을 거쳐 공사와 협약 체결만으로 발생한다. 따라서 조합원 투표는 집행부(상무집행위원 이상) 신임투표 성격을 갖고 있다. 참고로 규약 제77조2(협약의 인준) 2항은 조합원 투표 결과 과반수에 미달하면 상무집행위원 전원이 불신임된 것으로 본다고 정하고 있다.

는 불가피하고 해를 넘길 수밖에 없었다. 최악의 경우 2014년 임금인상분을 포기해야 하는 현실적 고민을 하지 않을 수 없었다고 생각해 볼 수 있다.

그리고 사실상 다음해로 넘어간 통상임금 정상화와 연동한 노동조건 개선 투쟁도 영향을 끼쳤을 것이다. 올해 투쟁이 마무리되지 않고 교섭이 장기화될 경우 내년까지 투쟁 동력이 이어질 수 있을지 자신할 수 없었다고 판단했을 수 있다.

또 하나, 공사가 일반적인 예상을 깨고 '인원 정리 시 노사합의' 조항 개악을 막판에 포기한 것도 나머지 개악안 수용에 적잖은 영향을 끼쳤을 것으로 보인다.

공사가 노조의 오랜 숙원인 해고자 복직을 사실상 수용하고, 노동조합이 가장 중요하게 생각했던 인원 정리 시 노사합의 조항 개악마저 포기하자, 노동조합 또한 타결과 결렬에 따른 손익계산을 따질 수밖에 없는 상황이었지 않았을까? 아무튼 쟁의대책위원회는 나름대로 여러 경우의 수를 종합적으로 고려해 결단을 내렸을 것이다.

4

2단계 공공기관 정상화 공세와 저항

1 박근혜 정부, 2단계 공공기관 정상화 추진

근속 7년차 성과연봉제 추진

박근혜 정부가 2015년에도 공공기관 정상화 공세를 밀어붙이고 있었다. 기획재정부는 1월 13일 대통령 업무보고에서 공기업과 준정부기관 2급이상 간부들에게 적용하고 있는 성과연봉제 대상을 공공기관 7년 근속자로 넓히겠다고 밝혔다. 이 외에도 임금피크제 도입, 근속승진제 폐지 등 공공부문에서 먼저 성과주의 임금체계를 도입한 뒤 민간부문으로 확대하겠다고 했다. 박근혜 대통령도 2단계 공공기관 정상화 추진을 주문했다.

민주노총과 한국노총 소속 공공부문 노조들이 정부의 2단계 공공기관 정상화대책에 맞서 공동대응을 결의했다.

양대 노총 공공부문노조 공동대책위원회(공대위)는 1월 27일 발표한 공동성명에서 "정부의 2단계 정상화 추진 방향은 공공성을 최우선해야 할 정부가 공공기관에 천문학적인 부채를 떠넘긴 것도 모자라 직원 개개인까지 성과 경쟁으로 내몰려는 것"이라고 비판했다. 이어 공대위는 "정부의 일방적인 대책을 거부한다"며, "지난해와는 또 다른 결의와 각오로 강력한 공동투쟁에 나서겠다"고 밝혔다.

"작년 투쟁 아쉽다" 평가 많아

노동조합이 지부운영위원 이상 조합 간부들을 대상으로 실시한 2014년 단체교섭 투쟁 평가 설문조사에서 다수가 정부의 공공기관 정상화 공세를 제대로 막지 못한 부분에 아쉬움을 나타냈다.

평가 설문 답변 중에는 "2014년 교섭이 정부의 공공기관 정상화 공세에 어떻게 방어할 것인지가 핵심이었으나 제대로 싸워보지도 못하고 수용했다"며, "한번 해보자는 의견을 줬던 조합원들도 많았는데 아쉽다"든가 "노동조합이 공사가 주장하는 정부지침 프레임을 벗어나지 못하고, 공사의 협상 페이스에 끌려다녔다"는 지적도 있었다.

반면, "아쉽지만 내외여건상 어쩔 수 없었다"든가 "어려운 대외여건에서 선방했다"는 답변도 있었다.

구체적으로 합의안에 대한 평가 설문에선 공공기관 정상화 수용에 따른 아쉬움이 많지만, 임금가이드라인 등 정부지침을 분쇄하지 못한 전체 노동계 현실을 감안할 때 만족한다는 답변 비율이 다소 높게 나왔다.

노후전동차 및 노후시설 교체 투쟁과 관련해서는 많은 간부들이 조합원과 함께 의미 있는 투쟁을 전개했다고 평가했다. 다만, 향후 예산 문제 등 구체적인 실현 방안이 불투명한 현실을 우려하며 부산시와 공사를 지속적으로 감시하고 압박하는 과정이 필요하다는 지적이 있었다.

교섭시기 투쟁 전술과 관련해선 대체로 무난했다는 답변이었으나, 다양하지 못했다는 지적도 일부 나왔다.

막판 합의타결로 미이행된 파업계획에 대해선 나름대로 현실을 반영한 공사에 압박을 줄 수 있는 전술이었다고 답변했다. 비상총회 일시 변경과 전면파업이 아닌 부분파업 전술과 관련한 조합원과의 공유 부족 지적도 있었다.

단체교섭 시기 소통과 관련해서는 상집 간부들은 대체로 만족했다. 다만 교섭 막판에 소통이 부족했다는 점을 지적하기도 했다. 그러나 일부 지부 또는 지회 대의원의 경우 소통이 제대로 되지 않았다는 지적이 적잖게 나왔다. 교섭 시기에 교섭속보를 비롯한 주요사항이 밴드 등 온라인을 통해 전달됐는데, 지부, 지회와 조합원 사이에 밴드와 같은 SNS 온라인망 구축이 제대로 되지 않은 곳에서 소통에 문제가 있었다.

요구안 마련 과정 조합원 의견 반영과 관련해선 설문 답변 간부 다수가 조합원 의견을 충분히 반영했다는 의견을 줬으나, 교섭 도중에 임기를 새로 시작한 28기 대의원들의 경우 조합원 의견 반영이 부족했다는 지적이 상대적으로 많았다.

노동조합은 이러한 설문결과를 발판삼아 2015년 투쟁에 임하기로 했다.

민주노총 대의원대회, 4월 선제 총파업 만장일치 결의

민주노총은 4월 12일 오후 1시 서울 등촌동 88체육관에서 2015년 정기대의원대회를 열어 박근혜 정권의 재벌 배불리기, 박근혜 정권의 노동시장 구조개악 등에 맞서 노동자 서민을 살리는 4월 선제 총파업을 위력적으로 성사시키자고 만장일치로 결의했다. 구체적인 총파업 돌입 시기는 한상균 민주노총 위원장에게 위임했다. 이와 함께 제출된 총파업 성사를 위한 80억 기금 모금과 관련해 정규직은 1만 원 이상, 비정규직 최저임금 사업장 조합원들은 5000원 이상 내기로 했다.

　이날 회의에서 민주노총 한상균 지도부는 총파업 슬로건으로 "재벌 배불리기에 맞선 노동자-서민 살리기 총파업, 멈춰! 박근혜, 가자! 총파업"을 제시하며, 4월 선제 총파업을 시작으로 6월까지 이어지는 파상파업 계획을 제출했다.

　4월 총파업 돌입을 시작으로 '하루 파업'이 아닌, 총파업 돌입을 전후한 상반기 △4·16 세월호 참사 1주기 투쟁 △5·1 노동절 대회(5월) △장그래 대행진(6월) △2단계 공공기관 가짜 정상화 저지 투쟁(6월) △최저임금 1만 원

4·16참사 추모
부산역 집회
(2015.4.16.)

가짜 정상화정책 폐기 요구
민주노총 총파업
(2015.4.)

쟁취 투쟁(2~6월) △임단투(6월) △6월 임시국회 개악 입법 저지 투쟁(6월 말) 등 상반기 주요 정세에 조응하는 가운데 주체 동력의 지속적이고 완강한 유지-확장을 동반한 파업투쟁을 파상적으로 벌이겠다는 계획이다.

이에 대해 참석 대의원들은 총파업을 위한 조합원 총투표의 시기와 방법에 대해서도 실질적으로 실현 가능토록 계획을 만들자고 제안했다.

부산지하철노조 조합원 87.1%가 민주노총의 4.24총파업을 찬성하는 것으로 나타났다.

노동조합이 3월 24일부터 4월 7일까지 실시한 민주노총의 4.24총파업 찬성 여부를 묻는 조합원 서명투표를 집계한 결과 전체 조합원 3511명 가운데 3059명(87.1%)이 찬성했다. 함께 진행된 투쟁기금 모금에는 3047명이 참여했으며, 모금액은 총 2858만5000원으로 집계됐다.

8일 최종 집계 결과를 보면 서비스지부가 총파업투표(서명)와 투쟁기금 모금에 조합원 전원이 동참했다. 차량지부도 전체 지부 조합원 465명 중 463명이 총파업에 찬성하고, 투쟁기금 모금에는 모두가 참여하는 최고의 단결력을 보여줬다. 기술지부와 승무지부도 90%가 넘는 조합원들이 동참했다.

2 ⟫ 가짜 정상화에 맞선 2015년 투쟁

단체교섭 요구안 확정

4월 16일 노동조합은 임시대의원대회를 열어 2015년 단체교섭 요구안을 최종 확정했다.

이날 대의원대회에서 임금 요구안으로 총액대비 5.3% 인상안을 확정했다. 임금인상 요구율은 한국은행이 1월에 내놓은 경제성장률과 물가상승률 예상치를 적용해 산출했다.

임금인상 방법은 인상금액 100%를 호봉급에 정률로 반영하는 방안을 요구하기로 했다. 이는 장기근속을 고려한 인상방식이다.

기관성과급제 폐지와 상여금 전환도 요구안으로 확정됐다. 최근 들어 정부가 노동조합 압박수단으로 악용하고 있는 기관성과급을 폐지하고 그 재원을 상여금으로 지급하라는 요구다.

함께 임금 요구안에 포함된 가산임금 중복 할증 요구는 주40시간을 초과한 근로는 휴일근로와 연장근로 할증률을 중복 적용하라는 요구다.

또 임금제도 개선 요구로 △안전지원경비의 안전지원수당(월 3만 원) 전환 △4호선 관제설비 관련 직원 관제수당 지급 △기술수당 또는 직무수당을 받지 못하는 조합원들을 위한 대민봉사수당(월 3만 원) 신설 등이 요구안으로 확정됐다. '4호선 관제설비 관련 직원 관제수당 지급' 요구는 애초 '4호선 안평 신호/통신 운용실 근무자 관제수당 지급'에서 수정된 것으로 사실상 관제업무를 맡고 있는 반여변전 SCADA·RTU 감독관을 비롯해 기계설비관제 등으로 확대 적용돼야 한다는 대의원들의 의견이 반영됐다.

후생복지 요구안은 원안대로 △급식보조비 인상(7만 원→13만 원) △건강검진 당일 공가 처리 △지하분소 지상화 요구가 확정됐다.

현안사항 요구안은 △4급까지 근속승진제 확대 △해고자 원직복직 및 복직자 해고기간 근속년수 인정 △3조2교대 등 특수근무자 대체공휴일 적용 △다대선 개통 대비 직제 및 인원 노사합의 시행 △야간근무 휴게시간 대기시간 인정 △정년퇴직일 일원화 △식비 보조금 시행 등이 확정됐다. 근속승진제 확대 요구는 애초 원안에 없던 것으로 이날 대의원대회에서 '승진정체 해소' 요구에 대한 수정 발의로 통과됐다. 함께 제출된 지부별 현안도 원안대로 통과됐다.

그리고 사회공공성 강화 요구안으로 △외주용역 철폐 및 차별해소 △총

정원 확대 △열차운행 안전 및 공공성 확보 요구를 확정했다. 각 지부별로 제출된 인력 충원 요구도 원안대로 확정됐다.

노동조건 개선 요구는 조합원 의견 수렴과 추가 논의를 거쳐 5월 중 대의 원대회를 열어 결정하기로 했다. 노동조건 개선 요구와 관련해 이날 대의원 대회에서 아직 조합원 의견 수렴 등 준비가 미흡하고 정부의 2단계 공공기 관 정상화 대응투쟁에 집중하기 위해서도 통상임금소송 이후로 미루자는 의견도 제시됐다.

상용직 임금 요구안은 정액 23만 원 인상을 제시하기로 했다. 임금제도 개선 요구로는 △호봉제 도입 △가계보조비 350% 지급 △위험수당(월 5만 원) 신설 △보전수당(월 7만 원) 신설이 원안대로 확정됐다.

한편, 이날 대의원들은 4.24 민주노총 총파업에 임하는 투쟁결의문을 채 택하고, 박근혜 정권의 노동시장 구조 개악 음모에 맞서 모든 역량을 집중하 기로 했다.

2015년 단체교섭 시작

5월 7일 노사 상견례를 시작으로 2015년 단체교섭에 돌입했다. 노동조합 은 임금 총액대비 5.3% 인상, 총정원 확대, 근속승진제 확대 요구 등을 내놨 다. 공사도 12일 열린 2차 교섭에서 정부의 지방공기업 종합혁신방안에 들 어있는 임금피크제 도입과 성과연봉제 확대 실시를 비롯해 3개월 단위 탄력 적 근로시간제 등의 개악안을 내놨다.

이에 앞서 박종흠 사장은 1차 교섭 마무리 발언에서 "노조측의 대폭적인 양보로 원만한 합의를 바란다"고 말하며 노골적으로 노조의 일방적 양보를 요구하기도 했다.

공사는 2차 교섭 때 '2015년 단체교섭 공사 제시안'을 통해 임금동결을 주 장했다. 상용직의 경우 총액 대비 2.8% 인상안을 제시했다.

공사 제시안에는 전 직원 연봉제 확대 시행과 임금피크제 도입도 담겼다. 또 3개월 단위 탄력적 근로시간제 도입도 포함되어 있다. 시간외수당이 유사기관의 4배에 이르기 때문에 동종기관에서 모두 시행하고 있는 탄력적 근로시간제를 도입해야 한다는 게 공사 주장이다.

보수규정 제14조 별표2에 따른 200인 이상 상장법인 근무경력 인정 폐지와 만 6세 미만 직원 자녀에게 지원되고 있는 선택적 복지비 월 5만 포인트 폐지도 들어있다.

이러한 공사 제시안에 이의용 위원장은 "단체교섭은 노동자들의 사회적 경제적 지위향상을 위해 하는 것인데 공사 제시안은 기존 조건을 후퇴시켜 노동자들의 사회적 경제적 지위를 떨어뜨리는 것"이라며, "공사 제시안은 교섭에서 다룰 수 없음을 단호히 말한다"고 밝혔다. 이어 이 위원장은 "작년 단체교섭에서도 조합원들의 고용보장만큼은 후퇴 없이 지켜냈듯이 올해도 마찬가지로 조합원의 노동조건을 후퇴시키는 양보는 있을 수 없다"며, "공사는 조합원들의 사회 경제적 지위 향상을 위해 검토를 바란다"고 말했다.

공사쪽 교섭대표로 나온 박기현 경영본부장은 "상대방의 안건을 예단 없이 역지시지히는 자세로 경청하는 자리가 되길 바란다"며 공사 제시안 제안설명 듣기를 거부한 노동조합에 섭섭한 심정을 나타냈다.

교섭 결렬, 쟁의절차 밟다

6월 16일 열린 11차 교섭, 공사는 예상대로 개악안을 고수했다. 오히려 퇴직예정자의 재취업준비 기회 사용방법에 대한 개악안을 추가로 내놨다.

노동조합도 예고했던 대로 교섭중단을 선언하고 퇴장했다. 노동조합은 지금까지 교섭 과정과 오늘 공사가 제시한 수정안을 볼 때 공사와 더이상 교섭은 의미가 없다고 밝히고 공사의 입장 변화가 없을 경우 파업 등 조합원과 함께하는 투쟁을 벌이겠다고 다시 한번 경고했다.

11차 단체교섭에서 공사는 수정 제시안을 내놨다. 지난 10차 교섭에서 노동조합이 공사 개악안을 철회하라는 요구에 대한 회답 성격이었다.

문서로 제출된 공사 수정 제시안은 여전히 임금동결, 탄력적 근로시간제 도입, 임금피크제 도입, (성과)연봉제 전 직원 확대, 2진아웃제가 담겨 있었다. 그뿐 아니라 추가로 퇴직예정자의 재취업준비 기회(20일) 사용방법을 주간 2회, 야간 2회로 나눠 사용하고 야간 1당무는 2일 사용으로 간주하도록 하는 개악안까지 내놔 노동조합 교섭위원들을 실망시켰다.

노동조합은 6월 24일 임시대의원대회를 열어 쟁의발생을 결의했다. 조직은 쟁의대책위원회 체제로 전환했다. 쟁의 준비도 착착 진행했다. 24일 오후 4시쯤 부산지방노동위원회에 조정신청서도 접수했다. 쟁의기간 임금 반납 동의서 작성도 시작했다. 그리고 25일부터 전 조합원 깃달기 투쟁도 돌입했다.

한편, 7월 9일 부산지방노동위원회 특별조정위원회는 2차 조정회의를 열어 최종 조정을 시도했으나 현격한 노사 의견 차이로 조정안을 내지 않고 조정종료를 선언했다. 특별조정위원회가 조정종료를 선언함에 따라 쟁의행위에 필요한 법적 절차는 끝났다. 최종 조정회의에서 조정위원들은 임금 부분만 정부 임금가이드라인 수준의 조정안을 제시하고 나머지 노조 요구안과 공사 제시안에 대해서는 추후 계속 협의한다는 내용으로 노사 양쪽 반응을 살펴보기도 했으나, 공식 조정안을 내놓지는 않았다.

이날 최종 조정회의에서도 공사는 임금동결 주장을 고수했다. 특히 지난 3일 나온 통상임금소송 결과까지 동원해 임금동결과 탄력적 근로시간제 도입의 필요성을 주장했다. 임금피크제 등 2단계 공공기관 가짜 정상화 추진 방향과 관련한 임금피크제·성과연봉제·2진아웃제 도입 등도 철회할 뜻이 없음을 분명히 했다.

14일 잠정합의, 공사 개악안 모두 철회

부산지하철노조가 박근혜 정부의 2단계 공공기관 가짜 정상화 공세를 일단 막았다. 노동조합은 7월 14일 오후 4시부터 시작된 막판교섭에서 임금피크제와 2진아웃제는 물론 공사가 끝까지 포기하지 않았던 성과연봉제를 철회시켰다. 임금은 총액기준 2.8%(직무급 100% 정률) 인상에 잠정합의했다. 상용직 조합원의 경우 이미 적용되고 있는 최저임금 인상분 외, 처우개선비로 1인당 30만 원을 일시금으로 지급하기로 했다. 통상임금 소송 후속 조치

조합원 비상총회(2015.7.14.)

와 관련해서는 작년 합의에 따라 노사공동협의체를 구성해 10월 말까지 논의하기로 했다.

잠정합의서에는 그 외 변전소 전기안전보조원에 2016년부터 직무수당(월 1만5000원) 지급, 명예퇴직 관련 재직기간 산정 시 군경력 포함, 기관사 심리안정실 설치 등 현안사항이 들어갔다.

그러나 근속승진제 확대와 인력 충원(총정원 확대 등) 같은 노동조합의 핵심 요구들은 합의에 이르지 못했다. 다만, 승진 지체 문제와 관련해 하반기 인사 시 하위직급(5, 6급) 장기근속자의 승진을 위해 노력한다는 문구를 포함했다. 인력 충원 문제는 통상임금과 관련한 후속조치 노사 논의 과정에서 다시 쟁점으로 떠오르게 된다.

3 ▌ 서비스지부 교섭 대부분 마무리 수순

서비스지부의 2015년 임금교섭과 관련 노동조합은 7월 21일 평화용사촌(1호선)과 상이군경회부산지부(2호선)와 2015년 임금협약 잠정합의를 했다. 쟁점이었던 보건휴가수당 지급과 반복청소 조합원들의 야간근무 시 시간외수당(월 5시간) 지급에 합의한 것이다.

이에 따라 1, 2호선 역사 조원 임금은 총액 기준으로 월 약14만7000원 정도가 인상된 162만4420원을 받게 됐다. 그 외 역사 기동은 178만1060원, 역사 심야 160만8280원, 기지창 143만3120원이다. 이와 별도로 상여금을 설과 추석 명절에 각 기본급 50%씩 지급한다.

이에 앞서 양산선(장애인협회부산지부), 3호선 2구역(애국단체원), 4호선 1구역(장애인협회부산지부), 4호선 2구역(특수임무유공자회) 등 네 곳은 151만2860원(교통비 미포함)으로 잠정합의했다. 명절(설, 추석) 각 기본급 50%씩 상여금 지급은 별도다.

3호선 전동과 기지창을 맡은 고엽제전우회부산지부와도 기지창 142만 원, 반복청소 144만 원, 상여금 명절(설, 추석) 각 49만 원씩 지급하기로 잠정 합의했다.

4호선 전동과 기지창(재향경우회부산지부)은 전동차 청소반 137만9690

박근혜 정부의 폭주에 맞선 민주노총 총파업 (2015.6.6.) (2015.7.15.)

원, 사무동 청소반 133만2570원, 반복청소 149만9970원을 지급하기로 잠정 합의했다.

교육원·본사·분소동을 맡은 한국노인생활기원재단과는 본사·분소동 137만7908원(교통비 미포함), 143만9093원(교통비 미포함)에 잠정합의했다.

9개 청소업체 중 유일하게 정년이 만 63세였던 2호선(상이군경회부산지부)도 정년을 만 64세(생일달)로 연장하기로 노사가 의견 접근을 봤다.

노조와 2호선 청소업체 상이군경회부산지부는 8월 25일 단체협약 교섭에서 정년 만 64세(생일달)로 연장 등 그동안 쟁점으로 남아 있던 조항에 의견 접근하는 데 성공했다.

의견 접근 내용은 △정년 만 64세(생일달) △설과 추석휴가 2개 신설 및 생일휴가 1개 폐지 △기존 명절 연휴기간 마지막 날은 정상근무 △보건수당은 만기근무자에게 지급하며 전동반은 개인별 월 1일씩 대체근무 허용하며 보건수당에는 영향 미치지 않는다. △정직자는 2개월을 3개월로 연장 등이다.

2호선 임금교섭은 1호선과 함께 앞서 7월 22일 부산지방노동위원회 조정 신청까지 가는 진통 끝에 타결한 바 있다.

3호선 1구역(산재장애인협회)도 20일 열린 조정회의에서 마지막 쟁점이었던 보건수당 지급 등이 포함된 2015년 단체교섭 합의를 도출했다. 지난 6월 4일 첫 교섭을 시작해 거의 석달만에 타결에 이른 셈이다.

3호선 1구역의 경우 보건수당 지급 문제와 근무시간 중 노조활동시간(타임오프) 인정 문제 등 핵심 쟁점 사항에 대한 노사 이견으로 지난 7월 23일 교섭이 결렬돼 노동조합은 부산지방노동위원회에 노동쟁의 조정신청을 제기한 바 있다.

2호선과 3호선 1구역 교섭이 사실상 끝남에 따라 9개 청소업체와의 임금 및 단체협약 교섭이 모두 마무리 단계에 들어섰다.

5

17대 집행부, 임금피크제와 성과연봉제에 맞선 저항

1 임금피크제 도입 둘러싼 노사 갈등

이의용 위원장 연임

노동조합은 10월 14~16일 17대 집행부 노동조합 총선거를 실시했다. 선거에서 이의용(위원장)-서홍수(사무국장) 후보 조가 당선됐다. 경선으로 치러진 지부장 선거 세 곳과 지회장 선거 3곳을 포함해 지부장 5명, 지회장 24명, 대의원 69명이 당선됐다.

두 개조가 맞붙은 위원장-사무국장 선거에선 이의용-서홍수 후보 조가 60.7% 득표로 38.9%를 얻은 이경태-김좌곤 후보 조를 물리치고 연임에 성공했다.

이의용-서홍수 후보 조는 선거 슬로건으로 존중과 믿음이 어우러진 노동조합을 통한 JUMP(도약)를 내세웠다. 기호 1번 이경태-김좌곤 후보 조는

‘다시, 기본과 원칙’을 내세워 투쟁성 회복을 강조했다.

지부장 선거는 다섯 곳 가운데 세 곳이 경선으로 진행되어 임은기(역무), 김준우(승무), 서숙자(서비스) 후보가 당선됐다. 단독 출마한 김광희(기술)와 오문제(차량) 후보도 무난히 당선됐다.

지회장 선거도 서비스지부 두 곳(서비스1, 서비스3)과 승무지부 한 곳(대저승무)에서 경선으로 진행돼, 정희숙(서비스1지회), 김영자(서비스3지회), 김상배(대저승무지회) 후보가 당선됐다. 단독 출마한 22명 중 21명이 과반수를 넘겨 당선됐다.

총 101명을 뽑는 대의원 선거에서는 69명이 당선됐다. 조합 간부와 대의원 기피현상이 여전한 결과였다. 대의원 정수를 채우는 게 묵은 과제다.

공사가 노동쟁의 조정 신청

공사가 10월 29일 부산지방노동위원회에 노동쟁의 조정신청서를 접수했다. 노동조합이 임금피크제를 받아들이지 않는다고 노동쟁의를 선언한 것이다.

공사가 접수한 노동쟁의 조정신청서 요지는 노동조합이 임금피크제 도입과 관련한 보충교섭 개최 요청에 응하지 않아 노사가 노동쟁의 상태에 있으니 부산지방노동위원회가 조정 절차를 진행해 달라는 것이었다. 공사는 조정신청서에서 행정자치부의 ‘지방공기업 임금피크제 권고안’을 보충교섭 개최 근거로 제시했다.

보통 조정신청은 노동조합이 투쟁 전술 차원에서 파업권을 확보하기 위한 법적 절차다. 그런데 사측이 노동쟁의 선언하고 조정신청을 하는 것은 매우 드문 경우였다. 2015년 단체교섭에서 임금피크제 도입 요구를 포기하고 노사합의서에 서명했던 공사가 사실상 합의 포기 수준의 행동에 나선 이유는 박근혜 정부의 강한 압박으로 궁지에 몰렸기 때문이었다.

이어 공사는 1·2급 간부직원을 대상으로 임금피크제를 도입하겠다고 밝혔다. 공사는 11월 4일 언론사에 배포한 보도자료에서 정부의 청년일자리 창출 정책에 적극적으로 동참하기 위해 우선 1·2급 간부직원을 대상으로 내년부터 임금피크제를 도입하겠다고 했다.

노동조합은 비조합원을 대상으로 한 임금피크제 변경이라도 반대 방침은 변함이 없다고 밝혔다. 조합원 누구라도 1·2급이 될 수 있다는 이유였다. 대법원 판례도 취업규칙 불이익한 변경의 동의 주체인 근로자집단에 변경 당시 그 적용을 받던 근로자들뿐만 아니라 그 적용이 예상되는 근로자들도 포함된다는 점을 분명히 하고 있다.

임금피크제 미도입 사업장 탄압과 궤도 3사 노조 공동대응

부산지하철노조는 서울지하철노조, 5678서울도시철도노조와 함께 임금피크제 등 노동개악안을 강압적으로 밀어붙이는 행정자치부에 맞서 공동대응에 나섰다.

임금피크제 도입을 반대하고 있는 궤도 3사 노동조합은 11월 10일 행정자치부 앞에서 공동 기자회견을 열어 임금피크제 깅압 조치 중단과 노사 자율교섭 보장을 요구했다. 이어 "행정자치부가 강압적인 행정폭력을 중단하지 않을 경우 모든 수단을 강구해 저항하겠다"고 경고했다.

3사 노조는 "행정자치부의 '총 인건비 차등기준(안)'은 행정절차법 및 행정지도의 상식과 원칙에 부합되지 않는 것은 물론, 중앙 공공기관보다 훨씬 가혹한 조치를 담고 있는 등 위법, 부당의 극치를 보여주는 것"이라고 규탄했다. 또 "생계비 강탈을 겁박하며 무조건 정부지침을 따르라는 강도 행위와 다를 바 없다"고 비판했다. 이어 행정자치부가 비상식적이고 위법적인 행정폭력을 멈추지 않을 경우 "법적 소송은 물론 쟁의행위를 포함한 극한적 투쟁수단도 배제하지 않겠다"며 압박했다.

3사 노조 위원장들도 이구동성으로 임금피크제 도입을 위한 행정자치부의 강압조치들이 위법임을 지적하며 정부를 규탄했다.

김현상 서울지하철노조 위원장은 "원만하게 진행되던 단체교섭이 행정자치부의 임금 삭감 협박으로 일순간에 파국으로 치달았다"며 정부의 강압적인 개입을 규탄했다.

명순필 5678서울도시철도노조 위원장도 "월별 도입 시기에 따라 임금을 삭감하겠다는 것은 법 위반"이라며, "노사 자율교섭 쟁취를 위해 끝까지 투쟁하겠다"고 결의를 밝혔다.

이의용 부산지하철노조 위원장은 "정부가 청년실업문제를 해결하고자 한다면 실효성도 없는 임금피크제에 집착하지 말고, 청년고용촉진특별법을 지키지 않는 기관을 제재해야 한다"고 말했다.

공사가 노동조합의 임금피크제 반대로 시행이 어려워지자 편법으로 임금 삭감을 추진하고 나섰다. 공사는 11월 16일 노동조합으로 공로연수제 신설 내용을 담은 인사규정 개정안에 대한 의견 조회 공문을 보내왔다. 개정안은 정년 잔여기간이 1년 이내인 직원에 공로연수를 실시하겠다는 내용을 담고 있다. 또 공사는 2017년과 2018년 퇴직예정자(3급 교대근무 역장 등 137명)를 2016년 1월부터 통상근무로 전환시키겠다고 밝혔다. 임금 삭감을 위해 원래 통상근무자였던 역장은 물론 평생 현업에서 교대근무만 해온 직원에 대해서도 강제로 일근부서에 배치하겠다는 얘기다. 이는 임금 삭감을 위한 부당 배치전환으로 인사횡포이자, 명백한 법 위반이다.

노동조합은 공사의 '임금피크제 자체계획'에 반대 입장을 분명히 하고 대응 방안 마련에 나섰다.

"정말 힘들다" 임금피크제 도입 저지 투쟁

연말이 가까워지자 임금피크제 도입 저지 전국 전선이 속절없이 무너져 내렸다. 중앙 정부 통제를 받는 공공기관 92%가 임금피크제를 도입했다. 지방공기업은 부산교통공사를 제외하곤 모두 임금피크제를 도입했다. 대부분의 공공기관이 정부의 임금 차등인상과 경영평가 감점 협박에 무너졌다. 외롭게 남은 부산지하철노조는 교섭 개최 여부를 둘러싸고 내부 논쟁이 이어졌다.

노조는 12월 15~16일 중앙위원회와 상무집행위원회 그리고 4개 지부 통합운영위원회를 번갈아 열어가며 임금피크제 관련 노동조합의 대응 방안에 대한 의견을 모았다.

이들 회의에서 교섭을 통해 공사의 정확한 의사를 확인해 보자는 주장과 교섭에 나설 경우 임금피크제 수용으로 귀결될 수밖에 없다는 주장으로 나뉘었다.

이의용 위원장은 16일 4개 지부 통합운영위원회 모두 발언을 통해 먼저 "임금피크제 관련 노조의 기조는 변하지 않았다"고 밝혔다. 이어 "다만, 상황이 많이 변했다. 임금피크제 미도입 사업장이 부산지하철만 남은 것에서 알 수 있듯이 애초 전체 공공기관 노동조합 공동투쟁으로 임금피크제를 저지하려던 계획이 사실싱 실패로 끝나고 있다." "상황 변화에 따라 적잖은 현상 조합원들이 교섭을 요구하고 있다"며 이를 감안해 임금피크제 대응 방안에 대한 허심탄회한 논의를 요청했다.

이어진 통합지부운영위원회에서 교섭 찬성 의견으로 임금손실이 예상되는 상황에서 무작정 임금피크제를 거부하고 버티기보다 교섭을 통해 근로조건 개선 등 전체 조합원들에게 이익이 가는 방향으로 해결 방안을 모색해 보자는 주장이 나왔다. 공사가 주장해온 임금피크제 거부로 인해 예상되는 전체 조합원의 임금손실을 누가 책임질 수 있냐는 주장도 나왔다.

교섭 반대 의견으로 지난 선거에서 양 후보가 내세운 임금피크제 거부 공약을 상기시키며 임금피크제 교섭에 나서는 것은 결국 임금 삭감 제도인 임금피크제를 수용하는 것이라고 주장했다. 또 박근혜 노동정책이 잘못됐다며 임금피크제 논의 자체를 거부해야 한다는 의견도 제시됐다. 교섭은 노사가 그냥 편하게 만나 '되면 되고 안 되면 안 되고' 할 수 있는 것이 아니라며 섣불리 교섭에 나서는 것을 경계해야 한다는 의견도 나왔다.

"임금피크제 미도입 사업장으로 부산지하철만 남은 상황에서 노조가 교섭에 나서는 순간 언론의 포커스를 받을 뿐 아니라 노조 교섭위원들이 압박받는 교섭이 될 수밖에 없어 섣부른 교섭은 집행부를 사지로 몰아넣은 것"이라며, "공사 사장과 경영진을 불러 임금피크제 도입과 보전 방안 설명을 요구하고 납득할 정도가 되면 대의원대회를 소집하자"는 주장도 나왔다.

다급한 쪽은 사측과 정부라며 노조가 서둘러 협상에 나설 필요는 없다는 의견도 제시됐다. 12월 말까지 보름밖에 남지 않았다고 협상을 서두를 경우 조합원들의 동의 없이 일부의 결정으로 갈 수 있다며 촉박하게 가지 말 것을 거듭 요청했다.

또 임금피크제 대응에 있어 원칙에 맞게 정년 연장이나, 다대선 인원 충원 등 노동조합의 요구가 충족될 때 협상이 가능하다고 주장했다. 공사가 경영진단 결과를 발표하지 않고 있지만, 풍문에 4호선 통폐합, 1·2 본부제 시행, 역사 아웃소싱 등 5~6백 명 구조조정 얘기가 나돈다며 임금피크제로 청년 고용하겠다는 정부와 사측 얘기는 모순된다는 주장도 제기됐다.

임금피크제 교섭 개최로 방향 틀다

노동조합은 12월 21일 임시대의원대회를 열어 임금피크제 관련 교섭을 하기로 결정했다.

이에 앞서 19일 오전 긴급하게 열린 노동조합 중앙위원회에서 공식 교섭을 통해 공사의 정확한 의중을 확인해 볼 필요가 있다는 조합원들의 의견을 수렴해 임금피크제 교섭 필요성을 공유하고 사안의 중요성을 감안해 최종

교섭 개최 여부는 임시대의원대회를 열어 결정하기로 했다.

중앙위원회에 이어 이날 오후 열린 상무집행위원회에서는 21일 임시대의원대회에 제출할 임금피크제 교섭 관련 노조 요구(초)안을 검토했다. 상무집행위원회는 교섭 개최에 앞서 노사 신뢰 확보를 위해 공사가 이행하지 않고 있는 2014년 합의사항인 강한규 전 위원장 복직에 대한 확답을 요구하

서비스지부 단체교섭 요구 원청 집회(2015.) 임금피크제 논의를 진행한 대의원대회(2015.12.21.)

기로 했다. 이어 △임금피크제 해당자 임금손실 보전방안 마련 △행정자치부의 임금피크제 관련 불이익 조치 보전 방안 마련 △한시적 임금피크제 시행 등이 주요 요구안으로 검토됐다. 그리고 임금피크제 수용에 대한 반대급부로 공사 제시안 외 △총정원 확대(경영진단 결과에 따른 조직개편 노사합의 시행, 청년고용촉진특별법 이행, 4호선 분소화, 기존 노선 및 다대구간 민간위탁 미시행, 주야간 각 휴일 1일 추가 및 필요인원 충원) △유고인원 신규채용(장기유고자 별도 정원 채용, 2016년 퇴직예정자 및 임금피크제 대상자 수 채용, TF 조직 신설 시 인력운영방안 노사합의 시행) △근속승진 확대 △정년퇴직일 하반기 일원화 △향후 정년 연장에 따른 재논의 △서비스지부 직접고용 △상용직의 업무직 전환 △대학생 자녀 무상지원 △신규자 조속 발령 등을 요구하기로 의견을 모았다.

임금피크제 시행 잠정합의

노동조합과 공사는 12월 24일 임금피크제 도입과 관련해 최종 교섭을 벌여 잠정합의안을 작성했다. 이날 노동조합은 향후 정년 연장과 관련하여 공무원 정년 연장과 연동하고, 일정한 임금손실 보전과 인력 충원 등 현안 사안을 해결하는 조건으로 내년 1월부터 임금피크제를 시행하기로 공사와 잠정합의했다.

잠정합의안 주요 내용을 보면 먼저 임금피크제 대상기간은 정년퇴직일 기준 3년 전부터 적용하고, 지급률은 총 인건비(가족수당, 학자보조금, 성과급 등 제외) 기준으로 임금피크제 적용 1, 2년차는 95%, 3년차는 75%이다. 대신 정년퇴직 1년 전 대상자는 공로연수제를 시행하고, 이외 대상자는 월 1회 임금손실 없는 퇴직 지원 활동을 보장하는 것으로 했다.

노동조합이 주요하게 요구했던 정년 연장과 관련해서는 '공무원의 정년 연장과 연동한다'고 하여 향후 공무원 정년 연장이 이뤄질 경우 자동으로 정년 연장이 이뤄지도록 했다. 정부지침 등으로 정년 연장 기간 단축이 있을 경우 노사가 합의하여 재결정한다는 단서 조항이 있으나 노동조합은 자동 연동 조항에 영향을 미치지 못하는 것으로 판단하고 있다.

임금손실 보전과 관련해서는 고용보험법 지원금(1080만 원) 외에 공로대상자 반기별 1500 가산포인트 부여, 임금피크제 1, 2년차 반기별 500 가산포인트 부여하는 방식으로 복지포인트를 추가하는 방안을 마련했다. 이 경우 공로연수 대상자는 926만 원, 임금피크제 2년차는 40만 원, 1년차는 20만 원 정도의 임금손실이 발생한다.

퇴직금은 공로연수 직전년도 감액 전 임금으로 평균임금을 산정하기로 하여 불이익을 최소화했다. 이 같은 보전 방안 마련에도 불구하고 발생하는 임금과 퇴직금 손실 부분은 공로연수와 노동시간 단축으로 보완했다.

또 노동조합이 임금피크제 도입 조건으로 주요하게 요구했던 1호선 다대구간 개통 대비 직제 및 인력 문제는 일방적으로 시행하지 않고, 개통에 따른 업무량 증가에 비례하여 정원을 증원하여 운영한다고 하여 공사의 일방적인 구조조정을 막을 수 있는 최소한의 근거를 마련했다.

인력 충원과 관련해서는 임금피크제 도입에 따른 2016년 신규채용 72명과 정원대비 부족 인력 49명, 정년퇴직 등 자연감소 인원 90명, 페루파견 인력 5명 등을 충원하기로 했다. 여기서 실제 신규채용 인원은 임용 대기자 68명을 제한 148명이다. 또 장기 유고 인원 가운데 군입대 및 6개월 이상 육아휴직자는 정원이 따로 있는 것으로 보고 충원하기로 했다.

장기승진적체 문제와 관련해서도 5급과 6급에서 10년 이상 승진하지 못한 직원의 승진을 약속받았다.

임금피크제 잠정합의안 부결, 정면 돌파 선택

임금피크제 시행과 관련한 잠정합의안이 대의원대회 관문을 통과하지 못했다.

　노동조합은 12월 29일 열린 정기대의원대회에 1호 안건으로 임금피크제 시행 등이 포함된 12·24잠정합의안을 상정했다. 참석 대의원들은 열띤 토론을 벌였다. 의견은 쉽게 모아지지 않았다. 결국 표결까지 갔다. 표결 결과는 찬성 30명, 반대 49명으로 재석 대의원의 과반수에 미달해 부결됐다.

민주노총 총파업투쟁과 민중총궐기 대회(2015.12.21.)

부결에 따른 재교섭 여부도 논의했으나 교섭을 서두르는 것보다 조직을 재정비해 투쟁에 나서는 것이 중요하다는 의견이 우세한 가운데 표결 결과 재교섭은 하지 않기로 결정했다. 이렇게 참석 대의원들 다수는 임금피크제와 관련해 사실상 정면돌파를 선택했다.

이날 잠정합의안 토론 과정에서 임금피크제 수용에 따른 후폭풍을 우려하는 목소리가 많았다. 정부의 부당한 지침과 협박에 따라 임금피크제를 수용하면 곧 이어질 성과연봉제와 2진아웃제도 똑같은 전철을 밟게 되지 않겠냐는 의견이 우세했다. 집행부가 임금피크제를 받아들이지 않겠다고 해놓고 받아들이면 조합원들에게 더이상 신뢰를 줄 수 없다는 비판도 이어졌다. 또 모 대의원이 잠정합의안 도출 과정에 특정 지부장이 배제됐다는 소문이 있다며 확인을 요구하고 나서 해당 지부장이 직접 나서 해명하는 해프닝이 벌어지기도 했다.

표결 결과 40%에 이르는 대의원들이 찬성한 사실에서 알 수 있듯이 잠정합의안을 승인해야 한다는 주장도 만만치 않았다. 재교섭 여부와 관련해서도 의견이 분분했으나, 정부가 임금피크제 도입 시한으로 정한 연말까지 이틀밖에 남지 않아 교섭은 무의미하다는 의견이 우세했다. 이렇게 임금피크제 저지 투쟁은 마무리되지 못한 채 2015년이 저물어 갔다.

임금피크제 투쟁과 교섭 병행하다

공사가 임금피크제 강제시행에 나섰다. 공사는 2016년 정년퇴직 예정자에 강제 공로연수 시행에 이어 2017~2018년 정년퇴직 예정자를 대상으로 임금 5% 삭감 동의서를 받기 시작했다.

이와 관련해 공사는 1월 15일 노동조합에 보낸 공문을 통해 1월 20일까지 잠정합의안(12.24) 조인식에 응하지 않을 경우 잠정합의안을 일방적으로 시행하겠다고 통보했다. 이는 이미 12.29 대의원대회 부결 결정으로 무효화된 '12·24잠정합의안'을 강제로 시행하겠다는 것으로 공사가 노동조합 동의 없는 임금피크제 불법시행을 공공연히 밝힌 것이나 다름없었다.

공사는 잠정합의안 불법시행에 이어 가처분 신청도 준비하고 있는 것으로 알려졌다.

이러한 공사의 불법 행위에 노동조합도 1월 22일 긴급 쟁의대책위원회를 열어 가처분신청 등 법률대응과 함께 물리적 대응을 검토하고 나섰다.

노동조합은 2월 12일 임시대의원대회를 열어 임금피크제와 관련한 재교섭에 응하기로 결정했다.

이에 앞서 노동조합은 2월 3일 4개 지부 통합지부운영위원회를 열어 임금피크제 대응방안을 논의한 결과 투쟁과 교섭을 병행하기로 의견을 모았다. 임금피크제 투쟁에 따른 임금손실 보상방안도 계속 추진하기로 했다. 이어진 쟁의대책위원회에서 재교섭 여부를 최종 결정하는 임시대의원대회를 2월 12일 개최하기로 한 바 있다.

3일 열린 통합운영위원회에서 이의용 위원장은 임금피크제를 둘러싼 현황과 쟁대위에서 마련한 투쟁계획을 설명한 뒤, "재교섭 요구와 함께 임금손실 보상방안에 조합원들의 반대가 많은 것으로 알고 있다"며, "현장 조합원들의 생각을 담아 솔직한 의견을 말해 달라"고 요청했다.

이어진 자유토론에서 참석 대의원들 중 다수가 임금피크제 미도입 사업장이 부산지하철만 남은 상황에서 공로연수 강제시행과 임금 5% 감액 강요 등 공사의 공세에 조합원들이 불안해하고 있을 뿐 아니라 집행부에 대한 불신이 증대하고 있다며, 향후 계속될 투쟁을 위해서라도 재교섭을 통해 신뢰를 회복해야 한다고 주장했다.

또 지부 운영위원들은 임금손실 보상방안의 필요성에 동의하지만, 임금피크제 교섭과 잠정합의안 부결 등을 겪으며 집행부에 대한 신뢰가 흔들리는 상황에서 보상방안 설명이 쉽지 않다고 토로했다.

통상근무 조합원이 많은 차량지부 소속 대의원은 교대근무 중심의 보상 방안에 차량조합원들이 소외감을 느끼고 있다며 통상근무 조합원을 위한 대책 마련을 요청하기도 했다.

이러한 참석 대의원들의 재교섭 요구와 보상방안에 대한 문제 제기에 이의용 위원장은 "노동조합이 재교섭에 나선다고 조합원들이 원하는 수준의 합의안을 기대하기는 어렵다"며, 투쟁의 필요성을 강조했다. 이어 이의용 위원장은 "투쟁의 핵심인 정년퇴직 예정 조합원들을 동참시키기 위해선 보상 방안 마련은 꼭 필요하다"며, "조합원들에게 보상방안의 필요성을 잘 설명해 달라"고 당부했다.

마지막으로 이의용 위원장은 임금피크제 관련 재교섭과 투쟁 병행에 대한 4개 지부 운영위원들의 동의 여부를 다시 한번 확인한 뒤, 임시대의원대회를 열어 재교섭 여부를 최종 결정하겠다고 말하고 회의를 끝냈다.

임금피크제 시행 노사합의

임금피크제가 12월 24일 잠정합의와 12월 29일 대의원대회 부결 등 우여곡절 끝에 노사합의로 시행하게 됐디.

노동조합은 2월 17일 임시대의원대회를 열어 임금피크제 시행과 관련한 잠정합의안 승인 여부를 심의했다. 표결 결과는 찬성 59명, 반대 17명, 무효 1명으로 가결이었다.

이날 대의원대회에서 잠정합의안이 통과된 배경에는 임금피크제를 둘러싼 내부 혼란을 끝내고 2016년 투쟁을 위해 전체 조합원들이 단결해야 한다는 판단이 크게 작용했다.

대의원대회를 통과한 노사합의안은 지난 12·24잠정합의안을 토대로 임금피크제 대상자에 대한 임금손실 보전방안에서 복지포인트가 연 300만 원 – 300만 원 – 500만 원으로 상향 조정했다. 또 12월 29일 대의원대회 부결 당시 제기됐던 임금피크제 지원금 관계법령 폐지(2018.12.31.) 시 대상자 손실보전 방안 부재와 관련해 공사가 대상자 손실방안을 마련하여 제시하는 것으로 합의했다. 이어 정년퇴직일 일원화 요구와 관련해서는 2016년 교섭 때 일원화 시기를 협의하여 결정하기로 노사가 합의했다.

이에 앞서 노동조합은 지난 15일 임금피크제 관련 노사실무교섭에 이어 17일 12시 20분부터 노동조합 회의실에서 본교섭을 열어 12·24잠정합의안을 토대로 임금보전과 정년퇴직일 일원화와 관련한 추가 잠정합의안을 도출했다.

지난 3차 임시대의원대회 결정으로 시작된 임금피크제 재교섭은 임금피크제 대상자 손실보전 방안과 정년퇴직일 일원화를 중심으로 진행됐다. 재교섭에서 노동조합은 임금손실 보전 방안과 관련 복지포인트 증액은 쉽게 의견 접근이 이뤄졌으나 2018년 12월 31일까지 한시적으로 시행되는 정부의 임금피크제 지원금제도 폐지 이후 보전방안과 관련해서는 난항을 거듭했다. 먼저 복지포인트의 경우 12.24잠정합의안보다 연 200만 원씩 증액된 300만 원 – 300만 원 – 500만 원을 가산하기로 합의했다. (단, 임금손실 없는 월 1회 퇴직 지원활동은 폐지)

정부 지원금 폐지 이후 보전방안 마련의 경우 공사가 보전방안 마련 필요성은 인정하면서도 확정적인 문구 작성을 주저해 난항을 겪다 '지원금제도가 폐지될 경우 공사가 보전방안을 마련하여 제시한다'는 수준에서 의견 접근을 이뤘다.

이번 재교섭에선 12·24잠정합의안 가운데 노사가 해석을 달리해 논란이 벌어지기도 했다.

12·24잠정합의안 중 '5·6급 10년 이상 근속 직원에 대해 TO를 확대하여 2016년 상반기에 시행한다'는 조항에 대해 공사는 승진 TO 확대는 부산시 승인 사항이라는 이유로 10년 이상 근속직원 모두 승진시키는 것은 어렵다

며 '10년 이상 근속직원을 배려한다'는 수준으로 정리하자고 주장했다. 이러한 공사 주장에 노동조합은 잠정합의 문구대로 전원 승진을 요구했으나, 공사가 부산시 승인 사항임을 들어 최대한 노력은 하겠으나 전원 승진은 어렵다는 주장을 고수했다. 이상 재교섭에서 추가로 합의한 사항 외에는 지난 12·24 잠정합의안과 동일하다.

임금피크제 투쟁, 그 교훈과 과제[14]

노동조합은 우여곡절 끝에 임금피크제 시행에 합의했다. 다른 공공기관 노조가 모두 임금피크제를 수용한 가운데 정부가 정한 시한을 넘긴 합의다. 그렇게 부산지하철노조는 잠정합의 부결이란 힘든 과정을 겪으며 내부 논쟁을 거쳐 어렵게 노사합의 형식으로 임금피크제를 받아들였다.

이 합의는 임금피크제 시행에 따른 임금손실 최소화를 위한 노조의 요구가 일정 부분 반영됐다. 정년퇴직 1년 전 감액되지 않은 평균임금으로 퇴직금을 산정토록 해 손실을 최소화했다. 복지포인트를 가산하는 방식으로 임금피크제 대상자의 임금손실을 줄였다. 한시적인 관련 법령에 따라 임금피크제 시행 정부 지원금이 중단되디라도 손실보전 방안을 마련하기로 해 2018년 이후 정년퇴직 조합원들의 불만을 일정 부분 해소했다. 특히 공무원 정년 연장과 연동한다는 조항으로 정년 연장에 대한 기대감도 높였다. 임금피크제 시행 반대급부로 정원 대비 부족 인원 충원 약속도 받아냈다. 육아휴직과 군입대에 따른 장기 유고인원도 별도 정원으로 뽑기로 했다. 만성적인 인력 부족 현상을 보여 온 현장인력 운영에 숨통을 틔운 셈이다. 또 1호선 연장구간인 다대구간의 경우 업무량 증가에 비례하여 정원을 증원하도록 해 구조조정을 막을 단초가 마련됐다고 볼 수 있다.

14　「노동조합 소식지」에 실린 주장글을 바탕으로 재구성했다.

그러나 임금피크제 합의는 임금 삭감 합의란 점에서 뼈아픈 합의다. 임금 피크제 교섭은 사실상 임금피크제 시행을 전제로 협상에 임할 수밖에 없다는 점에서 노조 스스로 살을 도려내는 교섭이 될 수밖에 없었다.

또 정부지침을 받아들였다는 점에서 승리하지 못한 합의다. 많은 공공기관 노조들이 투쟁 깃발을 내린 가운데 부산지하철노조는 정부가 정한 기한을 훌쩍 넘기고 공공기관 중 가장 늦게까지 버텼다. 그러나 개별 노조가 정부에 맞서 싸우기가 쉽지 않다는 것을 확인했다.

임금피크제 합의는 많은 교훈을 남겼다. 집행부가 투쟁에 대한 확실한 전망과 자신감을 갖추지 못할 때 조합원들에게 믿음을 줄 수 없을 뿐 아니라 투쟁 동력이 급속도로 떨어지는 것도 경험했다. 정부 정책에 맞서 개별 노조가 아닌 전체가 싸워야 한다는 것도 경험했다.

그럼에도 자랑스러운 점은 많은 공공기관 노조가 임금동결과 경영평가 감점 협박에 투항할 때 부산지하철노조는 마지막까지 버텼다는 점이다. 2015년 11월 말을 고비로 서울지하철노조와 서울도시철도노조가 임금피크제를 받아들이면서 부산지하철노조 내부에도 균열이 생기고 저항의 기운이 서서히 빠지는 가운데 잠정합의안 부결이라는 결기를 보여줬다. 임금피크제 투쟁에서 속절없이 무너진 공공기관 노조들에게 정부와 맞설 수 있는 가능성을 보여준 셈이다.

2﹚ 2016년 투쟁, 성과연봉제와 세 차례 파업

2016년 단체교섭 요구안 확정

노동조합은 3월 18일 임시대의원대회를 열어 2016년 단체교섭 요구안을 최종 확정했다.

　1박 2일 일정으로 진행된 확대 간부 수련회 '모떠꿈'(모여서 떠들고 꿈꾸자)에 이어 진행된 대의원대회에서 단체교섭 요구안 마련을 위한 소위원회(안)을 바탕으로 상정한 2016년 단체교섭 요구(안) 심의 결과 후생복지 요구안 가운데 퇴직예정자의 재취업준비 기회(보장일) 사용방법 변경 요구를 추가하고 '직책수행비 확대'와 '직급보조비의 기본급 전환' 조항은 빼기로 했다. 현행 정년퇴직 1년 전부터 사용할 수 있는 재취업준비 기회(보장일)는 공로연수제 시행으로 유명무실해 퇴직 2년 전부터 사용할 수 있도록 추가 요구하기로 했다. 반면, 직책수행비 확대의 경우 승진 경쟁을 촉발한다는 문제가 제기되었으며, 직급보조비 기본급 전환 요구의 경우 특정 직급의 임금 후퇴 문제가 지적되어 요구안에서 빼기로 했다.

　단체교섭 요구안 마련 소위원회(안)에서 단체협약 요구안에 71조(청원휴가) 조항에 본인 및 배우자의 부모기일 1일 부여 요구와 단체협약 72조(병가) 2항의 병가 연누계 60일을 90일로 개정 요구가 추가됐다.

　지부 현안 요구와 관련 기술지부 공통요구안에 '현장분소 수면시간 보장'이 포함됐고, 역무지부 요구안에 센텀시티역 인력 3명 충원이 추가됐다.

　노동조합은 5월 중 요구안을 확정하기로 한 노동조건 개선 투쟁의 기소를 다시 한번 확인했다.

　노동조합은 4월 5일 열린 상무집행위원회에서 노동조건 개선 투쟁의 기조로 △임금 저하 없는 노동시간 단축 △야간노동 축소 △통상임금 소송결과로 확대되는 임금 범위 내에서 노동시간 단축 시행 △노동시간 단축에 따른 근무형태별 격차 해소 △노동시간 단축으로 일자리 나누기를 통한 청년 실업 해소를 정했다. 노동조합은 5대 노동조건 개선 투쟁 기조를 바탕으로 지부별 조합원 의견 수렴 절차를 거쳐 노동조건 개선에 필요한 인력요구안을 마련하기로 했다.

　노동조합이 5월 중순 확정을 위하여 준비 중인 노동조건 개선 요구안의

간부수련회 모떠꿈(2016.3.)

기본 골격은 노동시간을 단축하여 노동조건을 개선하고, 노동시간 단축을 위해 필요한 인력은 통상임금 정상화에 따른 실적급 증가분으로 충원하자는 것이다.

현재 5대 투쟁기조를 바탕으로 현행 3조2교대(21일 주기)를 유지하면서 지정휴일을 추가하는 안과 4조2교대안을 중심으로 논의가 진행되고 있다. 따라서 5월 중순경 개최될 임시대의원대회는 현재 논의 중인 2개의 안(지정휴일을 추가한 3조2교대, 4조2교대) 가운데 하나를 결정하거나, 노동조건 개선 없이 현행 근무형태를 유지하는 결정을 할 수도 있다.

공사, 분향소 강제철거 ··· 노조, 시청역 분향소 설치 농성돌입

노동조합은 4월 20일 오후 4시경 시청역 대합실에 故 곽○○ 분향소를 마련하고 철야농성에 들어갔다. 공사가 본사 현관에 마련된 분향소를 18일과 19일 두 차례나 강제 철거하자 노동조합이 시청역에 분향소를 마련하고 전

기관사 자살 산재 인정 투쟁 본사 농성과 장례 투쟁(2016.4.)

면 대응에 나선 것이다. [15]

노동조합은 이미 개최를 예고한 27일 '2016 투쟁 전진대회' 규모를 확대해 노동조합 전체 투쟁으로 격상시켜 나가기로 했다. 27일 집회 때 참가조합원 모두 검정색 옷을 입어 추모 뜻을 담기로 했다.

한편, 노동조합이 시청역 대합실에 분향소를 마련하고 전격 철야농성에 들어가자, 경찰이 경력을 동원해 공포 분위기를 조성하는 등 노사문제에 부당하게 개입해 조합원들의 거센 항의를 받았다. 사업장 내 노동조합의 정당한 조합활동을 미신고 집회 운운하여 불법 채증과 경찰병력 배치를 통해 공포 분위기를 조성했다.

앞서 공사는 본사 현관과 호포승무관리소에 마련된 故 곽○○ 조합원 분향소를 경찰병력까지 동원하여 강제 철거해 조합원들의 분노를 샀다. 공사

---

15   곽○○ 조합원은 22년차 기관사였다. 그는 기관사 업무의 중압감을 홀로 감내하다 더이상 견디지 못하고 2016년 4월 13일 생을 마감했다.

는 호포승무사업소에 설치된 분향소도 강제 철거했다.

2016 투쟁 승리 결의

궂은 날씨에도 불구하고 '2016 투쟁 전진대회'가 힘차게 진행됐다. 노동조합은 4월 27일 오전 10시 30분 부산시의회 앞에서 1천여 명의 조합원들이 모인 가운데 2016 투쟁 전진대회를 개최했다. 봄비가 내리는 가운데 시작된 이날 전진대회는 故 곽○○ 조합원 추모대회를 겸해 진행됐다.

격려차 참석한 조상수 공공운수노조 위원장은 지난해 임금피크제 투쟁에서 부산지하철노조가 홀로 남아 외롭게 투쟁하게 해 미안하다며, 올해 차별성과연봉제와 퇴출제 저지 투쟁은 절대 그런 일이 없을 것이라고 약속했다.

김재하 민주노총 부산본부장도 기관사 사망을 개인 일로 치부하는 공사를 규탄하고, 이어 부산지역 공공부문노동자들의 성과연봉제 저지 투쟁에 지지 연대하겠다고 말했다.

또 부산지하철노조가 참여하고 있는 부산지역 공공기관노동조합협의회 도용회 대표도 성과연봉제와 퇴출제를 밀어붙이고 있는 정부를 비판하며 부산지하철노조와 함께 연대해 나가겠다고 힘주어 말했다.

이의용 위원장은 대회사에서 공사의 교섭거부를 조합원의 힘으로 돌파하고, 월급 받기 위해 목숨을 거는 상황으로 몰리지 않도록 투쟁하자며 조합원들의 단결을 호소했다. 이의용 위원장은 기존 호선의 구조조정을 막는 것이 다대선 투쟁의 핵심이라며, 노동시간 단축은 다대선 투쟁 승리를 위한 매우 중요한 수단이라고 강조했다. 이어 차별성과연봉제와 퇴출제 저지를 위해 교섭권을 공공운수노조에 위임하는 문제를 조합원 총투표를 통해 결정하겠다고 밝혔다. 노동시간 단축과 통상임금 문제를 연동하는 투쟁기조에 대해서도 조합원 총투표를 통해 결정하겠다고 말했다.

대회 참석 조합원들은 시청 집회 후 본사까지 행진하여 마무리 집회를 하고 해산했다.

한편, 노동조합은 전진대회에 앞서 오전 10시 시청역 농성장에서 기자회견을 열어 공사의 분향소 강제철거 행위를 규탄했다.

노동시간 단축 투쟁지침 조합원 총투표 통과의 의미와 이후 방향

성과연봉제·퇴출제 분쇄 투쟁 및 노동시간 단축 투쟁지침이 6월 1~3일 실시한 조합원 찬반 투표 결과 90%가 넘는 압도적인 찬성으로 통과됐다.

두 사안의 중요성에 비춰 통과는 예상했지만, 찬성률이 예상외로 높았다. 특히 노동시간 단축 투쟁지침의 경우 반대표가 적잖을 것으로 생각했는데 결과는 오히려 성과연봉제·퇴출제 분쇄 투쟁지침보다 찬성률이 높게 나왔다.

두 투쟁지침 통과로 투쟁 방향은 명확해졌다. 총투표 결과에는 임금피크제 투쟁은 밀렸지만, 성과연봉제 투쟁만큼은 더이상 물러설 수 없다는 3500 조합원들의 결의가 담겨 있다. 임금피크제 투쟁 막판 부산지하철 홀로 외롭게 싸우다 무너진 전철을 다시 밟지 않기 위해 전국의 공공기관노동조합들과 함께 공동투쟁으로 돌파하겠다는 연대투쟁의 의지가 담겨 있다.

노동조합은 조합원 총투표 결과에 반영된 조합원의 뜻에 따라 상급단체인 공공운수노조에 성과연봉제와 퇴출제 관련 교섭권과 체결권 위임 절차를 빠르게 진행하는 한편, 18일 서울 여의도광장에서 열리는 공공금융노동자 총력투쟁결의대회에 참가했다.

노동시간 단축 투쟁지침 확정에 따라 노동조건 개선 투쟁도 속도가 붙었다. 먼저 조합원들이 통상임금 정상화와 연동한 노동시간 단축 방안에 조합원들이 높은 찬성률로 힘을 실었다. 이제 통상임금제도 취지에 맞게 통상임금 정상화로 늘어나는 임금을 재원으로 신규인력을 채용하고, 노동시간을

민주노총 총파업 총력투쟁 결의대회(2016.7.20.)

단축하여 노동조건을 개선하는 것만 남았다.

물론 공사는 통상임금 문제를 총 인건비 증가 없는 해결 즉, '탄력적 근로시간제' 도입 등 임금체계 개악과 기능별 유연 3조2교대와 같은 근무형태 개악을 밀어붙일 것이다.

따라서 노동시간 단축 투쟁은 통상임금 문제를 총 인건비 증가 없이 해결하려는 공사에 맞선 공세적 투쟁이다.

2016년 단체교섭 시작하다

노조와 공사는 7월 21일 오전 10시 30분 본사 8층 회의실에서 2016년 단체교섭 시작을 알리는 상견례를 갖고 절차합의서를 작성했다.

이날 상견례에서 이의용 위원장은 "올해 큰 의제들이 산적해 있지만, 통상임금과 노동시간 단축 문제에 대해서 빠르고 심도 있는 논의를 통해 불확실성을 해소하고 큰 의제에 집중해 해결해 나간다면 모두 만족하지는 못하겠지만 더 나은 노사관계를 만들어 갈 수 있을 것"이라고 말했다. 이어 이 위원장은 "사측 교섭위원들이 열린 마음으로 들어주신다면 노동조합도 사측의 얘기를 듣고 조합원과 소통할 수 있도록 노력하겠다"고 밝혔다.

박종흠 공사 사장은 인사말에서 "취임 이후 3년째 논의되고 있는 통상임금 문제 해결에 강한 의지와 노력이 필요하고, 성과연봉제, 근로시간 문제들이 산적해 있기 때문에 이번 양측 교섭대표들은 심혈을 기울여 일방적인 게 아니라 양측이 양보하고 타협하여 서로가 윈윈할 수 있는 좋은 결과를 기대한다"고 말했다.

이날 체결한 2016년 단체교섭 절차합의서는 예년과 비슷한 수준으로 작성됐다. 교섭은 매주 화, 목요일 각 15~18시까지, 교섭 장소는 노사가 지정한 장소에서 번갈아 개최하기로 했다. 또 화요일은 통상임금, 목요일은 임단협 사안을 협의하되, 필요에 따라 실무교섭을 병행하기로 했다.

공사 성과연봉제 도입 추진과 노조 압박

공사가 이사회를 열어 '성과연봉제 확대 도입 계획안'을 의결한 사실이 뒤늦게 확인됐다.

공사는 지난 7월 18일 공사 이사회를 열어 현재 1·2급 직원을 대상으로 시행하고 있는 연봉제를 행정자치부의 '지방공기업 성과연봉제 권고안'을 반영하여 확대 도입하겠다는 계획안을 의결했다고 27일 노동조합에 통보했다.

18일 이사회에서 의결한 '성과연봉제 확대 도입 계획안'에 따르면 공사는 오는 10월까지 성과평가시스템 제도 개편을 마친 뒤 11월 중 사규개정을 위한 이사회 의결을 거쳐 2017년 1월 1일부터 성과연봉제를 확대 시행하는 것으로 되어있다.

공사는 향후 추진 과정에 평가지표 설계 시 직원 참여 등 전사적으로 추진하겠다고 밝히고 있으나 성과연봉제 확대 도입을 전제로 하고 있어 성과연봉제 도입 자체를 반대하고 있는 노동조합과 마찰은 불가피했다.

공사가 성과연봉제 확대도입 계획안 이사회 의결에 이어 8월 2일 이의용 위원장을 비롯해 노조 중앙위원, 승무지부 운영위원, 기술지부 운영위원 88명을 업무방해, 명예훼손 등으로 경찰당국에 고발했다. 지난 4월 14일 故 곽○○ 조합원 사망 관련 본사 현관 분향소 설치(농성)와 직제 개악 규탄 본사 집회 그리고 2015년 말 조합원 징계 규탄 승무집회 등을 문제 삼은 것이다. 공사가 이제 막 단체교섭이 시작된 시점에 노조 간부 무더기 고발이라는 강수를 둔 것은 성과연봉제와 직제 개악 강행 저지를 위한 하반기 노동조합 투쟁을 앞두고 노동조합 발을 묶기 위해서였다. 또 공사는 7월 말 다대구간 개통 관련 직제 개악을 위해 국토교통부에 철도안전관리체계 심사를 요청했다.

한편, 故 곽○○ 조합원 사망 재발방지대책 마련 및 유가족 보상과 관련해 공사와 몇 차례 협의를 했으나, 노사 이견으로 합의에 이르지 못했다.

시청역 농성 노사합의로 마무리

노조와 공사는 8월 19일 故 곽○○ 조합원 사망과 관련 재발 방지대책과 유족 생계대책에 대해 최종 합의했다.

먼저 공사는 故 곽○○ 조합원의 사망을 애도하고 공로상을 수여하기로 했다. 또 호포기지창에 분향소를 설치하여 7일 동안 운영하기로 합의했다. 이와 관련 노사는 8월 29일(월) 오전 10시 30분 호포창 분향소에서 추모식을 개최하고 분향소는 9월 2일(금)까지 운영된다. 이와 별개로 고인의 장례비와 치료비를 공사가 지원하기로 했다.

특별위원회 구성도 합의됐다. 노사는 故 곽○○ 기관사 사망으로 부각된 기관사 정신보건 건강을 위해 특별위원회를 설치·운영하기로 합의했다. 특별위원회는 업무로 인한 우울증, 공황장애 발생 시 치유프로그램 세부조치사항, 직무스트레스 조사를 위한 세부사항, 기관사 대체근무지 확보방안, 기관사업무 중 발생하는 인적오류 예방방안 등을 결정하게 된다. 특별위원회는 노사 추천 외부전문위원 각 1인을 포함해 각 5명으로 구성된다.

또 공사는 고인의 산업재해 신청 및 소송에 필요한 관련 자료 제출 등 산재 승인을 위해 적극 협조하기로 했다. 산재 불승인 시 유족 생계대책 방안으로 배우자 취업알선, 선택적 복지제도 운영협의회 검토 결과를 반영하여 위로금 지급, 단체보험 지급 청구에 필요한 협조도 약속했다.

쟁의발생 결의, 쟁대위 전환

공공운수 노동자들이 9월 27일 총파업을 예고한 가운데 부산지하철노조도 파업투쟁을 위한 법적 절차를 밟기 시작했다.

노동조합은 8월 31일 8차 임시대의원대회를 개최하여 쟁의발생을 결의했다. 참석 대의원들은 만장일치로 노동쟁의 발생을 결의했다. 이와 연동하여 쟁의기금 사용승인 건, 쟁의기간 임금반납 동의 건, 쟁의대책위원회 구성

건도 잇달아 통과시켰다.

이날 쟁의발생 결의에 따라 노동조합은 9월 2일 부산지방노동위원회에 노동쟁의 조정신청서를 접수할 계획이다.

또 이날 쟁대위 구성 승인에 따라 노동조합 조직도 쟁의대책위원회로 전환됐다. 쟁의대책위원회는 상황실과 지부별 쟁의대책위원회로 구성되고, 상황실 아래 교섭국, 총무국, 쟁의선전국을 두고 있다. 쟁의대책위원장은 이의용 위원장이 맡고, 상황실장은 최무덕 수석부위원장이 맡았다.

참석 대의원들은 공공운수노조 공공기관사업본부 결의 사항인 성과퇴출제 투쟁기금 3만 원 모금 건도 만장일치로 통과시켰다. 9.27총파업투쟁 비용으로 사용될 투쟁기금은 공공기관사업본부 소속 조합원 전체(8만 명)를 대상으로 24억 원 모금을 목표로 진행되고 있다.

모금된 투쟁기금은 9·27파업 돌입 집회 비용, 전국집회 비용 및 지방조합원 서울 상경 교통비, 지역별 집회 비용, 법률대응(소송비, 벌금), 사업장 집회 등에 사용하는 것을 기본원칙으로 정했다.

그동안 미뤄왔던 노동조건 개선 요구안도 확정했다. 확정 요구안은 각 지부/지회별 심의를 거친 것으로 노동시간 단축과 신규인력 충원을 전제로 복수(3조2교대와 4조2교대) 요구안으로 마련됐다. 교번근무자(승무)는 연간휴일을 현행 87개에서 121개 이상으로 확대하는 방안을 제시하고 있다.

한편, 이날 대의원대회에서 그동안 일방적인 성과연봉제 확대추진계획(안) 이사회 통과와 노동조합 간부들에 대한 무더기 고발과 같은 공사의 도발과 노조 무시 행위에 노동조합 대응이 미흡하다는 지적이 나왔다.

이에 대해 이의용 위원장은 그동안 노동조합은 공공노동자 총파업투쟁에 초점을 맞춰 왔다고 말했다. 이어 그 과정에 시청역 농성투쟁을 비롯해 공사의 도발에 대응해 항의집회를 배치하고 공사 각 실·처장 자택 집회계획 등도 진행되고 있다고 말하고, 노동조합 대응이 조합원들에게 다소 부족하게 비쳐졌다면 양해를 바란다고 말했다.

파업 찬반 투표 가결

노동조합은 9월 6일부터 8일까지 쟁의행위를 위한 조합원 찬반 투표를 실시했다. 개표 결과 전체 조합원 3682명 중 3176명이 투표에 참여했고, 2723명(투표자 대비 85.7%)이 찬성하여 쟁의행위가 가결됐다.

노동조합은 철도·지하철 노조를 비롯한 건강보험, 국민연금, 서울대병원 등 공공운수노조 소속 공공기관 15개 노조들과 함께 9월 27일 공동파업에 돌입할 계획을 수립했다. 27일부터 9월 말까지 최소 4일 이상 파업을 지속할 계획이며, 10월 중 2차 파업도 준비하는 등 다대구간 직제 개악 저지와 신규 인력 충원, 노동조건 개선 요구안 관철을 위하여 시한부파업과 부분파업, 파상파업을 이어나가기로 했다.

앞서 노동조합은 지난 8월 31일 임시대의원대회를 열어 만장일치로 쟁의 발생을 결의하고, 9월 2일 부산지방노동위원회에 노동쟁의 조정신청서를 접수했다.

9·27파업 돌입을 앞두고 조합원들의 투쟁 열기도 고조되어 갔다. 9·27파업투쟁기금 3만 원 모금에 9월 21일 현재 조합원 97.2%인 3188명이 동참했다(서비스지부 제외). 금액은 9494만 원이다. 모금된 기금은 전액 공공운수노조로 입금했다.

29일 서울 집중투쟁에도 예상보다 훨씬 초과한 2052명의 조합원이 참가를 신청했다. 이에 따라 노동조합은 버스 10대를 추가하여 총 50대를 전세 예약했다.

한편, 부산지방노동위원회 특별조정위원회는 1차 조정회의(9.12)에 이어 19일 2차 조정회의를 열어 노사 의견 조율을 시도했으나 노사 간 현격한 입장 차이를 좁히지 못했다. 위원회 공익위원들은 노사 간 입장차를 좁히기 위한 마지막 시도로 조정기간 연장하여 추가 교섭을 하는 방안까지 제안했으나 공사쪽이 거부하여 이뤄지지 못했다. 2차 조정회의에서 노동조합은 지침과 적자를 핑계로 '불가'로 일관하는 공사의 불성실한 교섭 태도를 지적하며 쟁의 절차를 밟을 수밖에 없는 불가피한 상황을 주장했다. 반면, 공사는 충분한 교섭이 이뤄지지 않았다며 성실교섭을 권고하는 행정지도 결정을 요청했다. 이와 관련해 공사는 노조와 아홉 차례 교섭했지만, 100여 개에 달하는 조합 요구안을 일독하는 수준에 그쳤고, 지난 9월 1일 조합이 제시한 추가 요구안(노동조건 개선 관련) 검토 기간도 필요하다고 주장했다.

7년 만의 외출, 아름다운 동행

9월 26일 저녁 7시 30분 노포차량기지 잔디구장에 2천 명이 넘는 조합원들이 모였다. 2016년 단체교섭 승리를 위한 파업출정식이었다. 이의용 쟁의대책위원회 위원장은 27일 파업 돌입을 선언했다.

그렇게 부산지하철노동자들이 파업여행 '아름다운 동행'을 시작했다. 공사의 거짓선동과 방해 공작을 뚫고 헌법이 보장하고 있는 정당한 단체행동권을 행사하기 위해 지하철노동자들은 당당히 파업여행에 나섰다.

2009년 6·26파업 이후 7년 만의 파업이었다. 오랜 공백만큼 파업을 경험하지 못한 조합원들도 적지 않았다. 그러나 투쟁 결의만큼은 어느 해보다 높았다. 그 분위기는 최근 진행한 공공운수노조 파업투쟁기금 모금에 97.2% 조합원이 동참한 데서도 느낄 수 있었다. 9.29파업 조합원 서울 집중투쟁에 2000명이 넘는 조합원이 참가신청을 한 데서도 현장 분위기 파악은 충분했다.

설마 했던 공사도 조합원들 분위기에 놀라 박종흠 사장까지 나서 거짓선동과 협박으로 파업 방해공작을 벌였다. 파업에 들어가면 지도부를 날리겠다는 협박도 서슴지 않았다.

9월 27일 파업 1일차, 지부별 파업투쟁 결의대회를 거쳐 저녁 7시 광안리 해수욕장 특설무대에서 파업콘서트(파안대Show '파업! 안전을 위해 대중과 함께하는 Show')를 열었다. 시민과 소통하기 위해서였다. 그러나 때마침 내린 많은 비로 시민들의 동참은 매우 저조해 소기의 목적은 이루지 못했다.

한편, 공사는 27일 파업 조합원 전원 직위해제라는 초강수를 뒀다. 공사는 쟁대위원 7명에 이어 파업 참여 조합원 840명 전원을 직위해제 통보했다.

이성 잃은 공사

공사가 조정신청을 스스로 취하했다. 28일 오전에 열린 조정회의에서 조정위원들 사이에 노동조합의 조정신청과 공사의 조정신청 대상이 중복이라는 의견에 이견이 없자 계속 끌다가는 더 불리하다고 느낀 공사가 스스로 조정신청을 취하한 것. 그동안 노동조합 파업을 불법으로 매도해온 공사의 주장이 새빨간 거짓 선동이었음이 드러난 셈이다.

이에 따라 공사가 남발한 직위해제 조치도 아무런 객관적 근거도 없이 단순히 파업파괴를 목적으로 한 인사권 남용에 불과함이 드러났다.

공사의 막무가내 직위해제의 부당힘은 조애진 노동조합 사문 변호사의 법률적 검토를 통해서도 알 수 있다. 조 변호사는「파업기간 동안 조합원은 사용자의 지배, 관리에서 이탈되어 사측의 노무지휘권이 중단되기 때문에 파업기간 중 '직무수행능력 부족, 근무성적 극히 불량, 근무 태도가 심히 불성실한' 등의 사유로 직위해제를 하는 것은 애초 성립할 수 없다. 따라서 이에 근거한 직위해제는 당연히 효력을 상실한다.」고 밝혔다.

그러나 공사는 조정신청 취하 이유를 노동조합의 조정회의 불출석 등으로 둘러대며 아무런 근거도 제시하지 않고 성과연봉제 저지 파업은 불법 파업이라고 막무가내로 우겼다. 그뿐 아니라 파업 참여자 전원 형사 고발 및 손해배상청구 등 법적 조치를 취하겠다고 협박했다.

한편, 노동조합 쟁의대책위원회는 28일 공사의 파업파괴행위와 같은 부당노동행위에 대해 박종흠 사장을 비롯한 임원진 등 핵심 관련자 7명을 부산지방검찰청에 고소했다.

공공부문 노동자 사상 최대규모 동시파업 전개

공공부문 노동자들이 9월 29일 사상 최대 규모 시기집중 동시파업을 전개했다.

공공운수노조 소속 14개 사업장 6만2000여 명, 공공연맹 소속 3개 사업장 6000여 명이 파업에 들어간 가운데 이날 오후 서울 여의도 문화마당에 공공부문 노동자 6만여 명이 모여 양대 노총 공공부문노조 공동 총파업대회를 열었다.

조상수 공공운수노조 위원장은 "양대 노총 공공부문 노동자들의 동시 파업이 성사됐다"며 "박근혜 정권과 끝장 볼 때까지 투쟁하겠다"고 말했다. 이인상 공공연맹 위원장은 "양대 노총은 물론 국민과 함께 싸워야 한다"며 "공공부문 노조들은 끝까지 함께 싸워서 함께 승리할 것"이라고 말했다.

김영훈 철도노조 위원장은 "코레일 측이 즉각 직위해제를 풀지 않으면 우리도 교섭은 없다"며 "파업에 돌입한 후 3일 동안 헌법과 법률을 위반하면서 노조를 욕보인 자들에 대해 허위사실 유포와 명예훼손 혐의로 법적 절차에 들어갈 것"이라고 경고했다.

이의용 부산지하철노조 위원장은 "파업에 돌입하기 전부터 사측의 불법 회유와 협박이 난무했다"며 "노동자에게는 엄정한 법이 사측의 불법에는 너그럽다"고 비판했다.

야당 국회의원들도 대회에 참석해 지지 발언을 했다. 우원식 더불어민주당 의원은 "노동자의 파업을 불법으로 규정해 탄압하고 노동 3권을 해치는 반헌법·반법률적 행위를 국회가 함께 막아 내겠다"며 "빠른 시일 내에 사회

지하철노동자 안전은 곧 승객의 안전이다.
사람이 우선이다 돈타령 그만하라.

적 논의기구를 만들라고 박근혜 대통령에게 요구하겠다"고 약속했다.

심상정 정의당 대표는 "성과연봉제는 이미 실패가 검증된 제도지만 낙하산 인사의 부패 경영 실패를 노동자에게 전가하는 시도"라며 "저성과자 해고와 연결되는 성과연봉제를 절대 수용할 수 없음을 분명히 한다"고 밝혔다. 이정미 정의당 의원은 "오늘 국정감사에서 중앙노동위원회 질의응답을 통해 이기권 고용노동부 장관의 불법 파업 운운은 거짓말인 것을 입증했다"며 "모든 취업규칙 변경을 이익 여부와 상관없이 노조의 동의를 얻도록 하는 법안을 발의했다"고 말했다.

이에 앞서 부산지하철노조 쟁의대책위원회는 박종흠 공사 사장 서울 집 인근에서 파업파괴공작 규탄집회를 진행했다.

파업 잠정 중단 선언과 불법행위 대응

부산지하철노조 쟁의대책위원회가 9월 30일 오후 6시부로 파업 잠정 중단을 선언했다.

쟁대위는 30일 오후 2시 미남역에서 열린 파업 4일차 조합원 결의대회에서 30일 오후 6시부터 파업 중단을 선언히고, 공사에 10월 6일 교섭 새개를 요청했다. 이어 쟁대위는 공사가 정부와 부산시를 핑계로 계속해 교섭에 불성실하게 나올 경우 10월 21일(목) 2차 파업에 들어가겠다고 예고했다.

이의용 쟁대위 위원장은 조합원과 함께 계획된 일정을 승리의 기운으로 완성했다며, 부산 시민을 위한, 청년을 위한, 안전을 위한 파업이라는 것을 충분히 알린 만큼 다시 한번 시민의 편에서 노동조합이 행동할 때라고 말했다. 이어 이의용 위원장은 공사를 향해 10월 20일까지 청년실업 해소를 위한 다대선 신규인력 채용 및 노동시간 단축, 그리고 성과연봉제를 포함한 노동조합의 101개 요구사항에 대해서 제대로 교섭에 임할 것을 촉구하고, 공사가 불법행위를 계속하면 즉각 파업으로 대응하겠다고 경고했다.

노동조합은 파업기간 공사가 자행한 거짓선동과 부당노동행위에 대해 법적 조치에 나섰다. 쟁의대책위원회는 10월 4일 박영태 기획본부장과 최낙철 파업 당시 고객홍보실장을 비롯해 고객홍보실 실무 담당자까지 명예훼손 혐의로 검찰에 고소했다.

이와 관련해 쟁대위는 지난 10월 4일 보도자료를 통해 법과 원칙이 우선하는 노사관계를 정착시키는 계기로 삼기 위해 공사의 불법행위에 대한 철저한 조사가 이뤄져야 한다고 입장을 밝혔다.

이에 앞서 지난 9월 28일, 30일에도 박종흠 사장을 비롯한 임원 등 7명을 부당노동행위와 명예훼손 등의 혐의로 검찰에 고소했다. 노동조합이 법적 조치에 나서자 공사도 이의용 위원장을 비롯한 노동조합 쟁의대책위원 7명을 노동조합 및 노동관계조정법을 위반하고 업무를 방해했다는 이유로 검찰에 고발했다.

20일 막판 교섭 결렬, 21일 2차 파업 돌입

교섭은 결렬됐다. 10월 20일 오후 4시 2차 파업을 앞두고 열린 15차 교섭에서 공사가 최종 수정안을 제시했으나 14차 교섭 때 내놓은 최종안과 별반 다를 바 없어 노측 교섭위원으로부터 강한 질타를 받았다. 특히 공사 기획조정실장은 성과연봉제가 열심히 하고 노력하는 사람에게 더 주는 착한 제도라고 말해 노측 교섭위원으로부터 집중 공격을 받기도 했다.

노동조합은 다대구간 직제는 일방적으로 시행하지 않고 개통에 따른 업무량 증가에 비례하여 정원을 증원하여 운영하기로 한 노사간 합의를 상기시키며 공사의 일방적인 직제 개악 강행을 질타했다. 성과연봉제에 대해서도 서울지하철과 서울도시철도, 서울대병원의 경우 노사합의 없이는 성과연봉제 도입을 않겠다고 했다며, '내년 1월 시행을 전제로 11월까지 협의하자'는 공사 주장을 받아들일 수 없다고 밝혔다.

노동조합은 교섭 결렬에 따라 예고대로 21일부터 전면파업에 들어갔다. 이의용 쟁의대책위원장은 비상총회에서 전면파업 돌입을 선언했다.

2차 파업 첫날(21일) 노동조합은 오후 2시 30분 양정 송상현 공원에서 파업출정식을 개최했다. 이어 오후 3시 같은 장소에서 열린 공공운수노조 파업결의대회에 결합했다.

이에 앞서 오전엔 지부별 일정을 진행했다. 승무와 차량지부가 오전 10시 30분 노포창에서, 역무지부가 오전 10시 30분 부산시청 앞에서 지부별 출정식을 개최했다. 기술지부는 오후 2시 송상현 공원에서 지부출정식을 열었다.

2차 파업 잠정중단, 현장투쟁 전환

노동조합은 10월 24일 오후 6시부로 파업을 잠정중단하고 현장투쟁으로 전환했다.

부산지하철노조 쟁의대책위원회는 24일 오후 2시 파업 4일차 조합원 결의대회에서 24일 오후 6시부로 파업을 잠정중단하고 현장투쟁으로 전환한다는 투쟁명령 13호를 발표했다. 이이 쟁대위는 현장투쟁 전환과 함께 공사가 다대구간 개통 준비를 핑계로 기간제 채용 공고 또는 현장인력 재배치를 강행할 경우 즉각 전면파업에 돌입할 것이라고 경고했다.

현장투쟁 전환을 발표한 이의용 위원장은 "공사에게 다시 한번 대화의 기회를 주겠다"고 말하고, "부산시민을 기만하는 안이 아닌 공사 스스로 조합원을 설득시킬 수 있는 안을 내놓을 것"을 촉구했다.

이어 "만약 공사가 노사합의를 무시하고 일방적으로 다대선 개통을 위한 기간제 채용 등을 진행한다면 다시 즉각 총파업에 나서 사장을 비롯한 임원진 퇴진 투쟁에 돌입하겠다"고 밝혔다.

또 "성과연봉제 도입을 위한 임금체계 개편은 명백한 노사합의사항"이라며 "어떤 일이 있어도 성과연봉제 도입을 위한 노사 간 합의는 없을 것"이라고 강조했다.

마지막으로 이의용 위원장은 "불법행위에 가담한 경영진은 무관용 원칙으로 대응할 것"임을 엄중히 경고하고, "박근혜 정부가 노동 개악을 다시는 시도조차 할 수 없도록 끈질기게 투쟁하겠다"고 강고한 투쟁 결의를 밝혔다.

2차 파업 참가율이 노조 추산 평균 80%대를 유지, 1차 파업보다 파업참가율이 5% 정도 높은 것으로 나타났다. 이는 공사 자료에도 나타나 있다. 공사 자료에 따르면 2차 파업 1일차 참가율 72.7%(본사 및 경전철사업소 제외), 2일차 참가율 76.2%(본사 및 경전철사업소 제외)로 나타났다. 참가율이 가장 높은 승무지부는 파업 1일차 99%의 기관사가 파업에 참가했고, 2일차에는 100%가 참가한 것으로 확인됐다.

기술지부와 차량지부도 90% 안팎의 조합원이 파업에 참가했다. 그동안 타 지부에 비해 조직력이 다소 낮다고 평가해온 역무지부도 파업 참가율이 70%에 이를 정도로 파업투쟁 참여 열기가 높았다.

다대 개악 직제 이사회 의결 보류

공사가 11월 중 예정된 다대 직제규정 이사회 의결을 보류하기로 했다. 노동조합과 공사는 11월 24일 22차 단체교섭(실무)을 열어 공사가 계획한 11월 말 다대선 개악 직제에 대한 이사회 의결을 보류하는 조건으로 노동조합은 11월 말까지 예정한 단체교섭을 연장해 계속 진행하기로 의견을 모았다.

24일 교섭에서 노동조합은 다대선 직제와 임금과 단체협약 등 노조 요구안에 대해 연내 교섭을 통해 타결하고, 통상임금 문제는 내년 시범실시 후 2017년 단체교섭에서 인력·근무형태·임금체계 합의를 전제로 시행 로드맵 등 세부사항을 협의할 것을 요구했다.

또 계속 교섭을 진행하기 위한 조건으로 △다대선 직제 규정 이사회 의결 △기간제 채용 △신평창 구내식당 외주용역 등의 보류를 요구하고, 공사가 위 세 가지 중 하나라도 강행하면 25일 조합원 결의대회에서 교섭 중단과 함께 사장 퇴진 조합원 총투표 진행을 비롯한 전면투쟁 돌입을 선언하겠다고 경고했다.

이러한 노동조합 입장에 대해 공사는 노사 간 교섭을 계속 진행하기 위해 노조가 요구한 세 가지 사안을 보류하고 교섭에 적극적으로 임하겠다고 밝혔다. 또 공사는 통상임금 문제와 관련하여 기존 공사안(3조2교대 유지, 주간 1당무 지정휴일 추가)을 바탕으로 야간근무 축소 방안과 시범실시 기간, 시행일 등을 확정하여 합의하자는 의견을 제시했다.

이어 공사는 다대선 직제와 통상임금을 연계해서 해결하는 게 공사의 기본입장이지만, 계속 협의가 진행된다면 통상임금 합의 시점을 연말로 특정하지 않겠다는 뜻도 밝혔다. 즉, 다대선과 통상임금 합의 시점을 분리하는 것이 가능하다는 뜻이다.

이같이 공사가 노동조합이 요구한 세 가지 사안을 보류하겠다고 밝힘에 따라 노동조합도 투쟁을 당분간 연기하고 교섭을 계속 진행하겠다는 입장을 밝혀 오래간만에 노사가 의견을 좁히는 데 성공했다.

공사는 교섭 말미에 임원추천위원회 구성을 안건으로 25일 이사회 개최 사실을 통보하고 이미 다대선 직제규정도 안건에 포함되어 있지만 의결을 미룰 것이라고 말했다.

한편, 노동조합은 교섭이 끝난 뒤 곧바로 임시쟁의대책위원회를 열어 공사가 노동조합이 요구한 세 가지 사안을 보류하고, 통상임금 합의 시점을 연말로 특정하지 않겠다고 밝힘에 따라 노동조합도 △전면 투쟁 돌입 △본사 출근선전전 △내일(11/25 금) 공사 사외이사 사무실 선전전을 연기하고, 다음 주도 계속해서 교섭하기로 결정했다.

서비스지부 21일부터 부산시청에서 밥값 투쟁 시작

서비스지부 조합원들이 밥값 투쟁을 시작했다. 서비스지부는 11월 21일부터 원청(부산교통공사)이 청소용역 인건비 설계 시 식대 반영을 요구하며 부산시청 주변에서 캠페인 활동을 시작했다.

서비스지부 조합원들이 밥값 투쟁을 시작하자 시청 주변을 지나던 시민들도 "정말 식대도 주지 않고 일을 시키느냐?"고 이해할 수 없다는 반응을 보이는 등 많은 관심을 보였다.

반면, 서병수 시장은 23일 점심식사하러 가다 마주친 캠페인 중인 서비스지부 조합원들이 대화를 요구하자 손사래를 치며 급히 발걸음을 옮겼다. 그 뒤 부산시는 경비직원을 통해 서비스지부 조합원들의 요구 사항을 확인했다.

서비스지부는 기회 있을 때마다 식대 지급을 요구해 왔으나, 공사가 청소용역 인건비 설계에 청소용역 노동자들의 식대는 포함하지 않아 용역업체들도 식대 지급을 거부해 왔다.

투쟁기간 동안 조합비 0.4% 인상

12월부터 2016년 임단협 투쟁기간 동안 한시적으로 노동조합 조합비가 임금총액의 1.2%로 인상된다.

11월 30일 열린 30기 정기대의원대회에서 참석 대의원들은 2016년 임단협 투쟁 장기화에 따른 투쟁재원 확보를 위한 한시적 조합비 인상(안) 즉, 12월부터 2016년 임단협 투쟁 종료시점까지 조합비를 현행 임금 총액 0.8%에서 1.2%로 0.4% 인상하기로 만장일치 의결했다.

조합비 인상은 부산교통공사 조합원에게만 적용된다. 올해 임단협 잠정합의를 이뤄 사실상 임단협 투쟁을 끝낸 서비스지부 조합원들은 제외된다.

앞서 교섭상황 등 임단협 투쟁 보고와 질의응답 시간에 근무형태 변경과 관련 인력 충원 없는 시범실시에 대해 우려하는 의견이 제기됐다. 통상임금 해결 방안으로 휴일 추가 등 근무형태 전환과 관련 인력 충원 없이 시범실시가 진행될 경우 기정사실처럼 될 수 있다는 것. 따라서 시범실시를 하더라도 인력 충원이 전제되어야 한다는 의견을 제시했다.

이에 대해 이의용 위원장은 시범실시와 관련해 교섭 과정에 공사가 언급한 수준으로 이와 관련 노사 간에 어떠한 의견 접근도 없다고 밝혔다. 이어 이의용 위원장은 시범실시가 취업규칙 보수규정 변경을 수반한다면 동의할 수 없다는 점을 분명히 했다.

노동조합은 2차 파업기간(10.21~10.24) 해당 임금을 반납받아 재분배 작업을 거쳐 11월 30일 개별 재분배 금액을 입금했다. 파업기간 임금 공동분배에 따라 파업기간 무노동 무임금 적용에 따른 1인당 임금손실은 평균 1.9일 정도였다. 2차 파업 임금분배는 반납 대상 조합원 3148명 중 3133명(99.5%)이 동참했다. 2차 파업 임금 공동분배에 동참하지 않은 조합원은 15명이다. 1차 파업 때는 99.7%가 동참했다. 임금 공동분배에 불참하는 것은 징계 사유다.

3차 파업 시작 "합의 타결 없이는 다대선 개통도 없다"

3차 파업이 시작됐다. 예고한 대로 승무지부 1호선과 4호선 조합원들이 12월 13일 새벽 04시부터 파업에 들어갔다. 승무지부는 공사의 일방적인 4호선 역무 1인근무 강행 저지를 위해 4호선 안평승무지회와 함께 1호선 노포승무지회, 신평승무지회 조합원들이 파업했다.

모타카 운전업무 기간제 채용에 맞서 기술지부 3개(전기, 궤도, 통신) 지회 조합원들도 오전 09시부터 파업에 들어갔다.

1, 2차 파업과 마찬가지로 3차 파업도 관련법에 따른 필수유지업무 지정 조합원들을 제외하고 파업에 참여했다.

기술과 승부지부 파업 참여 조합원들은 이날 오전 10시 30분 부산시청 앞에서 파업결의대회를 열고 '끝장 투쟁'을 결의했다. 결의대회에서 쟁대위원들은 합의 타결 없이는 다대선 개통도 없다고 경고했다. 이어 쟁대위원들은 "올해 안에 교섭 타결을 위해 주말 사측과 만나 합의를 시도했으나, 탄력적 근로시간제 도입을 통해 아예 통상임금 정상화를 무력화하려는 사측의 억지 때문에 끝내 결렬"됐다며, "통상임금을 코도 안 풀고 거저 삼키려는 사측의 못된 심보"를 질타했다. 특히, 사측이 "임금피크제 잠정합의안 부결을 핑계 삼아 위원장에게 직권조인을 요구했다"며 안하무인격의 사측을 강하게 질타했다.

파업 돌입과 함께 박근혜 퇴진 시국대회에도 지부별로 돌아가며 조합원들이 결합했다.

3차 파업 3일차인 15일, 기술지부 5개(신호, 전자, 기계설비, 건축, 토목) 지회 조합원들도 파업 대오에 결합해 기술지부 전체가 파업에 들어갔다. 오후 4시 열린 기술지부 파업결의대회에 참가한 700여 조합원들은 박종흠 사장이 물러날 때까지 투쟁하자고 목소리를 높였다.

예고대로 20일 전면파업

12월 19일 교섭이 결렬됐다. 쟁대위는 애초 예고대로 12월 20일부터 전면 파업에 들어갔다.

노동조합과 공사는 19일 저녁 9시 30분 실무교섭을 열어 의견 조율을 시도했지만 끝내 실패했다. 실무교섭에서 노동조합은 연내 타결을 위해 파격적인 수정안을 제시했으나, 이마저 공사가 받아들이지 않아 최악의 상황만큼은 막으려는 노동조합의 노력은 수포가 되었다.

노동조합 수정안은 공사가 구조조정을 철회하고 197명을 증원하여 다대 구간에 배치하면 상여금(400%)을 제외한 통상임금 추가분의 55%(가계보조비 350%, 성과상여금 100%, 선택적 복지비)를 통상임금 항목에서 제외하는 안이었다. 다시 말해 공사가 구조조정을 철회하면 통상임금 추가분의 55%를 포기하겠다는 파격적인 양보안이었다. 이 노동조합 수정안은 실무교섭 결렬로 자동 철회됐다.

공사는 181명을 증원하겠다면서도 114명만 다대구간 인력이고, 통상임금 관련 인력도 포함되어 있다고 얼버무리며 세부 내역 공개를 거부했다. 181명 전체를 다대구간에 투입할 수 없다는 얘기였다. 공사는 구조조정을 하지 않겠다는 약속도 할 수 없다고 했다. 결국 공사 주장을 유추해보면 181명으로 다대구간 인력 충당은 물론 통상임금 문제까지 일괄 해결하겠다는 것으로 해석할 수밖에 없었다. 노동조합이 남겨놓은 나머지 통상임금 추가분 45% 마저 포기하란 얘기였다.

한편, 쟁의대책위원회는 앞서 19일 오전 10시 30분 부산시청 앞에서 조합원 결의대회를 열어 20일 전면파업 돌입을 선포했다.

쟁의대책위원회는 12월 20일 공사의 연봉제규정 전부개정에 대한 반대 입장을 공사에 통보했다. 쟁대위는 공사가 보낸 '연봉제규정 전부개정에 따른 의견제출' 요청에 대해 공사가 추진 중인 연봉제규정 개정은 불이익 변경으로 근로기준법 제94조에 따라 노동조합 동의 절차를 거치지 않고 일방적으로 개정할 경우 명백한 위법행위이며 무효임을 분명히 했다. 또 단체협약 제53조9(임금의 원칙), 제54조(임금), 제55조(임금의 구성)에 의거 임금체계의 변경은 노사합의 사항임을 주지시켰다. 공사의 계약직 관리규정 전부개정안에 대해서도 반대 입장을 통보했다. 쟁대위는 '1호선 연장구간인 다대구간 직제는 일방적으로 시행하지 않고 개통에 따른 업무량 증가에 비례하여 정원을 증원하여 운영한다(2015년도 4/4분기 노사협의회 의결서)'는 노사합의에 따라 정규직 채용을 거듭 요구했다.

파업 잠정중단, 현장투쟁 전환

이의용 쟁의대책위 위원장이 12월 26일 오후 6시부로 파업을 잠정중단하고 현장투쟁으로 전환한다고 선언했다.

이의용 위원장은 베트남 전쟁 영웅 보구엔 지압 장군의 "적들이 원하는 시간에 싸우지 않았고, 그들이 싸우고 싶어하는 장소에서 전투를 치르지 않았으며, 그들이 생각지 못한 방법으로 싸웠다"는 3不 전략을 소개하며, "우리는 이미 강력한 통상임금이라는 무기를 가지고 있으므로 무기한 파업으로 스스로를 고통에 빠뜨릴 필요가 없다는 판단으로 현장투쟁 전환을 결정했다"고 밝혔다. 이어 이의용 위원장은 "오늘 이후 그동안 노조가 제시한 모든 수정안을 폐기하고, 다시금 공사가 위협을 느낄 수 있는 때, 우리의 분노가 극에 달한 때, 다대선 개통을 앞둔 시점에 재파업을 준비해 나가겠다"고 말했다.

이에 앞서 쟁대위는 오전 9시 노동조합 회의실에서 5개 지부통합운영위원회를 열고 실무협의와 교섭 경과를 설명하고 파업 잠정중단과 현장투쟁 전환에 대한 의견을 수렴했다. 참석 대의원 등 지부 간부들은 현장투쟁 전환 필요성에 동의하면서 향후 투쟁에 많은 의견을 제안했다.

3 거세지는 공사 압박과 노동조합의 버티기

노동조합 투쟁 방향 논의에 들어가다

노동조합은 2017년 1월 3일 쟁의대책위원회 회의에 이어 4일 확대쟁의대책위원회 회의를 열어 세 차례 파업투쟁에 대한 평가와 함께 향후 투쟁 방향에 대해 심도 있는 논의를 진행했다. 5일 열린 2차 임시대의원대회에서도 향후 투쟁 방향에 대한 토론이 자연스럽게 이뤄졌다.

파업 평가와 관련해 세 차례 파업을 했는데도 성과물이 없어 조합원들의 실망감이 크다는 의견을 전하며 투쟁 장기화에 따른 현장의 침체된 분위기를 바꿀 방안 마련을 주문했다. 3차 파업에 대한 부정적 평가도 많이 나왔다. 공사의 불법 파업 공세와 무계결근 7일 직권면직 협박 등이 어느 정도 먹혀든 것으로 보였다. 노사관계 교착상황, 박종흠 사장에 대한 불만에 제대로 대응하지 못한 노동조합 집행부가 실망스럽다는 얘기도 전했다. 교섭 재개와 관련해선 공사 입장이 변하지 않은 상황에서 교섭은 무의미하다는 주장이 있는 반면, 공사가 구조조정을 밀어붙이는 상황에서 교섭을 통해 방안을 모색하는 것이 필요하다는 주장도 제기됐다. 통상임금 문제와 관련해서도 구조조정과 근무형태 등 처한 조건에 따라 의견이 나뉘어 향후 방향 설정에 어려움을 겪을 것으로 보인다. 또 조합원들 사이에 다양한 의견이 존재하는 만큼 향후 투쟁계획 결정과 관련해 집행부가 먼저 결정하지 말고 위원장이 직접 현장을 돌며 조합원 의견을 들은 뒤 결정해야 한다는 주장도 나왔다.

부당전보 ··· 사장 불신임투표 맞불

공사가 개악 직제에 대한 부산시 승인이 떨어지지지미자 부딩 인사조치를 통한 전환배치 작업에 들어갔다. 공사는 1월 11일 4호선 운전직 30명 등 총 67명에 16일자로 전보 발령을 냈다. 이에 따라 4호선 역무는 16일부터 1인 근무가 시행됐다.

이같이 공사가 노동조합의 교섭 재개 요구와 별개로 개통 준비를 서두르는 것은 박종흠 사장 지시에 따른 것으로 확인됐다. 이와 관련 공사가 공개한 사장 지시사항에 따르면 박종흠 사장은 9일 다대구간 개통준비 보고회에서 "다대구간 4월 개통은 시민과의 약속이므로 반드시 지켜야 한다"며, "구체적인 인력배치 계획을 금주 중으로 확정하여 기관사 등의 전환배치, 신규 직원 발령 및 기간제 채용을 계획대로 시행하라"고 관련 부서에 지시한 것으로 드러났다.

이러한 공사의 개악 직제 시행 강행에 맞서 노동조합은 지부별 본사 항의 집회를 배치하고 부당 인사조치에 대한 법적 대응을 준비했다.

먼저 승무지부는 12일 오전 10시 30분 본사 주차장에서 부당 인사조치 항의집회를 열었다.

집회에 참석한 이의용 위원장은 조합원들에게 투쟁을 호소하며 "12일부터 박종흠 사장에 대한 불신임투표에 들어갔고, 다대선 개통 전에 4차 파업 돌입도 계획하고 있다"고 밝히고, "박근혜 탄핵과 조기 대선 등 유리한 정세가 펼쳐지는 만큼 당당히 싸워나가자"고 했다.

김준우 승무지부장은 "공사의 전보발령 내용을 보면 어떠한 합리적 기준도 없다"며 공사를 비판하고 매주 항의집회와 함께 쟁의기간 부당전보와 징계 등에 대한 법적 대응 준비 등 향후 대응책을 설명했다.

1월 17일 결의대회, 불통 서병수 시장 규탄

부산지하철노조 쟁의대책위원회는 1월 17일 부산시청 앞에서 조합원 결의대회를 열고 부당징계와 부당전보, 구조조정 강행, 성과연봉제 불법 도입 등을 자행하고 있는 부산시와 공사를 규탄했다.

이의용 쟁대위 위원장은 "사측이 징계와 구조조정으로 통상임금 정상화로 조합원들이 마땅히 받아야 할 몫을 모두 빼앗으려 한다"며, "서병수 부산시장과 박종흠 사장이 조폭 같다"고 강도 높게 비판했다. 이어 단체교섭도 끝나지 않았는데 징계를 밀어붙이고 있는 사측의 태도를 규탄하고, "부산시와 공사가 작년 9월부터 불법 파업 운운하고 있지만 집행부나 조합원 어느 누구도 기소당하지 않았는데 도대체 무슨 근거로 40명을 자르겠다고 하는가" 되물었다. 이의용 위원장은 "개하고 싸우면 똑같이 개가 된다" "말이 통하지 않는 박종흠은 지금 파업한다고 들어줄 상대가 아니다" "지금 세상이 바뀌고 있다” “두려워 말고 묵묵히 기다릴 때다” “서병수 시장이나 박종흠 사장 어느 누구도 큰 파도를 막을 수 없다”며 조합원들이 승리에 대한 자신감을 가질 것을 호소했다.

결의대회를 마친 후 조합원들은 시청을 한 바퀴 도는 서병수 부산시장 규탄 퍼레이드를 한 뒤 마무리했다.

6

통상임금과 구조조정

1 부산교통공사 재창조 프로젝트 추진과 노조 대응

4호선 통째 아웃소싱 등 10년 동안 1천여 명 감축

공사는 1월 19일 부산지방경찰청에서 기자간담회를 열어 만성적자 구조를 탈피하기 위해 공사를 재창조하는 수준의 강력한 자구노력을 추진하겠다고 발표했다. 이날 발표한 이른바 '부산교통공사 재창조 프로젝트'에는 △4호선 아웃소싱 △3호선 역사관리 아웃소싱 △전자분야 아웃소싱 등이 포함되어 있었다. 또 이미 시행에 들어간 △1·2호선 관리역제(▲71명) △비핵심분야 기간제 근로자 활용(▲72명) 등 다대구간 인력 충당을 위한 기존인력 축소 내용도 포함되어 있었다. 그리고 통상임금 정상화 대응 방안으로 교대근무자 일부(통신·신호·차량·토목분야)를 일상근무로 전환하고, 일부는 일상근무와 야간격일제(궤도분야)로 전환하겠다는 내용도 들어있었다. 이와 함께 교대근무자에게 주간 1일의 지정휴무일을 추가해 초과근로를 억제(59억 원 절감)하겠다는 방안도 내놨다. 이밖에 1~3호선 무인경비시스템 구축에 따른 역사 당직 제도를 폐지하고, 3호선 무인운전 시행도 적극 검토하겠다는 계획도 내놨다.

공사는 기자간담회에서 연 2200여억 원의 운영적자를 기록하고 있으나 자체 수입으로 인건비 충당도 불가능한 실정인데 반해 1인당 인건비(연 7100만 원)는 동종기관 평균임금(연 5900만 원) 보다 1200만 원이나 많아 경영이 최악으로 치닫고 있다고 밝혔다. 이어 공사는 통상임금 미해결로 매년 인건비가 450억 원 증가할 경우 조만간 운영적자가 3000억 원대에 달할 것으로 예상돼 공사 존립 자체가 위태로울 수 있다고 엄살을 떨며 적자의 주범이 고임금인 양 매도했다.

그러나 공사가 추진 중이거나 추진 예정인 이들 구조조정 계획은 대부분 경영진단 연구용역 최종보고서(엘리오앤컴퍼니)에 나와 있는 내용들이었다.

재창조 프로젝트 규탄 서면로터리 선전전(2017.1.)

다대선 정상 개통 인원 요구
조합원 결의대회
(2017.1.17.)

다대선 개통 대응
본사 간부 결의대회
(2017.2.9.)

엘리오앤컴퍼니의 최종보고서는 이들 구조조정 계획뿐 아니라 호선별 사업
본부제에 이어 자회사 분할과 민영화를 최종 목적지로 로드맵을 그리고 있
었다.

그랬다. 노동조합이 통상임금 정상화를 포기한다고 공사가 구조조정을
추진하지 않을 건 아니었다. 경영진단 최종보고서의 최종 목표는 흑자 전환
이기 때문이다.

4월 파업 기조로 투쟁 이어 간다

쟁의대책위원회는 1월 23일 회의를 열어 이 같은 내용이 담긴 2017년 투쟁계획(안)을 검토하고 토론을 진행했다. 노동조합의 향후 투쟁 방향은 2016년 투쟁을 잇는 당면투쟁과 함께 공사의 '부산교통공사 재창조 프로젝트' 대응 투쟁에 맞췄다. 2016년 투쟁을 잇는 당면투쟁과 관련 쟁의권을 유지하면서 4월 파업투쟁을 기조로 완강한 투쟁을 이어가기로 했다.

먼저 당면투쟁과 관련해 파업을 빌미로 공사가 진행하고 있는 조합 간부와 조합원에 대한 징계 등 탄압에 대해 징계위 적극 대응을 비롯한 법적 대응과 함께 정치권(국회, 부산시의회 등)과 언론에 징계의 부당성을 알려내 공사를 압박하는 계획을 세웠다.

단체교섭 투쟁과 관련해서는 공사의 단체협약 해지 등 최악의 상황까지 염두에 두고 다대구간 개통과 대통령선거 일정 등을 고려해 파업을 포함한 투쟁계획을 세웠다.

헌법재판소가 3월 초쯤에 박근혜 대통령에 대한 탄핵 결정을 할 것으로 예상되는 가운데, 쟁대위는 대선 국면에서 정당들과 다대선 인력증원 등 노조 현안을 중심으로 정책협약 체결사업계획을 세웠다. 정책협약 체결 대상 정당으로 진보정당(정의당, 노동당, 녹색당 등)은 물론 보수 야당(더불어민주당, 국민의당 등)도 포함했다.

장기투쟁사업과 관련해 쟁대위는 '부산교통공사 재창조 프로젝트' 대응 투쟁이 향후 10년을 좌우하는 투쟁으로 판단하고 투쟁을 준비했다. 쟁대위는 우선 '공사 재창조 프로젝트' 내용을 전문 연구소 분석 의뢰해 대응 논리를 세우는 한편, 다대선 구조조정과 묶어 다대선 시민대책위와 연대하여 사장 퇴진 투쟁 등 다양한 방안을 세웠다.

공사가 불법으로 도입한 성과연봉제 대응과 관련해서는 성과급 거부 반납 투쟁을 지속적으로 진행하고, 공공운수노조 소속 노조들과 함께 법적 대응 투쟁을 진행했다.

해고 12명 등 40명 중징계

공사 보통징계위원회(위원장 강용길, 이하 보징위)가 2월 7일 징계 의결 현황을 노동조합에 통보했다. 보징위는 이의용 위원장 등 노동조합 쟁의대책위원 7명과 해고 전력이 있는 5명을 2월 8일자로 '해임' 의결했다. 또 사무국 부서장과 기술·승무지부 소속 전·현직 지회장 19명은 '강등', 역무·차량 지회장은 '정직 3월'을 의결했다.

예상대로 보징위는 조합 간부 40명에 대해 불법 파업 주도 등 공사 감사실이 주장한 징계위 회부 사유를 그대로 받아들였다. 반면, 노동조합의 주장은 모두 배척했다. 증인 신청과 징계위원 기피신청도 받아들이지 않았다. 노동조합은 보징위에 단체협약 제37조에 의거해 박종흠 사장을 증인으로 신청했으나 받아들이지 않았다. 또 사측 교섭위원의 징계위원 선임에 대한 문제 제기도 받아들이지 않았다. 그 과정에 외부 징계위원 2명은 허수아비에 불과했다. 누가 봐도 객관성을 잃은 보징위 의결 결과인 셈이다.

보징위 심의 과정에서도 객관적인 모습은 전혀 찾을 수 없었다. 보징위는 노동조합이 교섭대상에 들어 있지 않은 성과연봉제 도입 저지를 주된 목적으로 한 파업(1차)은 불법이라는 사측의 주장만 받아들였다. 2·3차 파업 또한 직제와 관련한 인력증원 요구가 경영과 인사권에 해당해 불법이라는 일방적 주장을 그대로 받아들였다.

성과연봉제 도입 저지를 위한 조항이 임금과 단체협약 요구안에 포함되어 있다는 노동조합의 주장은 받아들이지 않았다. 2016년 단체교섭에서 성과연봉제는 통상임금과 다대선 문제 등 여러 쟁점 중 하나일 뿐이라는 주장도 받아들이지 않았다. 대법원 판례에 따라 경영과 인사에 관련된 사항이라도 근로조건에 영향을 미치면 쟁의대상이 된다는 노동조합의 주장

2016년 파업 이후 해고징계 복구 및 통상임금 해소 정년 실업 해소 요구 선전선과 농성(2016.2.)

부당징계 대응 출근선전전(2017.4.12.)

은 배척했다.

쟁의대책위원회는 사측의 무더기 징계 의결에 대해 즉각 보도자료를 내고 징계에 대한 대응과 함께 단체협약 위반, 관련 법령 위반에 대한 법적 절차를 진행하겠다고 밝혔다. 쟁대위는 사측의 대규모 중징계 의결이 사측이 발표한 1천 명 인력감축을 순조롭게 추진하려는 의도로 판단하고 강력 대응해 나가기로 했다.

2 2017년 투쟁, 조정성립 통한 임금만 분리 타결

임금인상 8.7% 요구 확정

쟁의대책위원회는 4월 6일 4차 임시대의원대회를 열어 곧 재개되는 단체교섭에서 총액 대비 8.7% 임금인상을 요구하기로 최종 확정했다. 이는 2016년 임금인상 요구율 4.4%에 2017년도 임금인상 요구율 4.3%를 추가한 요구다.

임금 외 단체협약을 비롯한 노동조건 개선과 현안 요구안은 2016년 단체교섭 요구안을 중심으로 교섭에 임하되, 노동조건 개선과 인력 부분은 쟁대위에서 결정된 수정안으로 교섭에 임하기로 보고되고 승인됐다.

수정안은 인력 요구와 관련해 다대구간 개통 관련 인력을 포함해 총 390명 충원을 요구하기로 결정했다. 390명 산출 근거는 노동조건 개선을 위한 3조2교대 주·야간 지정휴일 월 1당무 추가, 야간 격일근무 지정휴일 1당무 추가, 승무 교번근무자 연 휴무 104일을 기준으로 산정한 313명과 기간제 폐지 인원(77명)이 포함됐다.

이밖에 지부별 현안으로 기술지부는 △여직원 침실 마련 △괴정전자 침실 개선 △인사규정 35조 개정(승진 제한 대상인 '휴직 중인 직원'에서 산재휴직은 제외) △건축2과 주재소 신설, 1호선 건축분소 다대선 주재소 신설, 승무지부는 △신평·호포 승무소 4대기 신설 △신차 제작 시 제작단계 기관사 참여, 차량지부는 △2호선 차량 노후화 대책 마련을 추가 요구하기로 했다.

노사 실무협의에서 곧 있을 교섭은 2016년 단체교섭을 재개(30차 교섭)하는 것으로 하되, 2016년 단체교섭과 2017년 임금교섭은 분리하여 주 2회 교섭 중 한 차례는 2016년 단체교섭을 또 한 차례는 2017년 임금교섭을 하는 방안을 검토했다.

이날 대의원대회에선 2016년 하반기 회계감사보고서와 2016년 결산(안)도 특별한 이견 없이 승인했다.

교섭 재개

2016년 12월 19일 29차 교섭을 끝으로 중단됐던 단체교섭이 4개월 만에 재개됐다. 노동조합과 사측은 4월 26일 오후 3시 본사 7층 회의실에서 상견례를 갖고 단체교섭을 재개했다.

이날 노사는 교섭 재개에 따라 2016년 단체교섭과 2017년 임금교섭을 병행해 진행하되, 쟁점 현안이 많은 만큼 임단협과 통상임금 교섭을 나눠 진행하고 세부 사항은 추후 협의해 나가기로 했다. 노동조합 교섭위원 근무협조 문제를 비롯한 교섭 방식과 절차는 전년과 동일하게 진행하기로 했다.

노사 대표 마무리 발언에서 노측 대표위원 김광희 기술지부장은 "PSD 유지보수업무와 관련해 무기계약직을 채용하는 것으로 확정됐다는 얘기가 들리는 등 공사가 재창조 프로젝트를 추진 중인 것으로 확인되고 있다"며, 원만한 교섭 진행에 걸림돌이 되지 않도록 재창조 프로젝트 추진 중단을 요청했다.

사측 대표위원 박기현 경영본부장은 핵심 쟁점인 통상임금 문제와 관련해 "노사 이견으로 합의를 하지 못해 통상근무자 등 일부 직원들이 손해를 보고 있다”며, “공사 재정의 한계가 있는 만큼 피해를 적게 하는 방향으로 지정휴일 추가와 인력 문제 등에 대해 혁신적인 안을 마련해 빠른 시일 내에 해결해 나가자“고 말했다.

노사는 이후 교섭 일정과 관련 5월 연휴를 보내고 5월 11일부터 본격적으로 교섭을 시작하기로 했다.

성과연봉제 권고안 폐기

문재인 정부는 박근혜 정부의 ‘성과연봉제’를 폐기했다. 기획재정부는 6월 16일 공공기관운영위원회 회의를 열어 ‘공공기관 성과연봉제 권고안’의 2017년 시한이 없어진다고 밝혔다. 양대노총 공공부문 노동조합 공동대책위원회(공대위)에 따르면, 2016년 경영평가에서 부여된 가점은 삭제하고 페널티도 없던 일로 하기로 했다. 2017년 경영평가에서 성과연봉제 항목이 사라지고, 조기도입 기관에 지급한 인센티브는 정부가 환수하는 것을 원칙으로 노정이 협의했다. 성과연봉제 적용자 확대를 완료한 119개 공공기관 중 노사합의나 노동자 과반수 동의 없이 이사회 의결 등으로 제도를 확대한 48개 기관은 이사회를 열어 종전 결정을 폐기하기로 의견을 모았다고 밝혔다.

상황이 이리되자 공사도 4조2교대 도입을 포함한 근로시간 단축을 통한 일자리 창출을 위한 집중교섭을 진행하자고 노조에 공식 제의했다. 박종흠 사장은 7월 13일 오후 3시 노동조합 회의실에서 열린 37차 단체교섭에서 위의 내용이 포함된 공사 입장을 설명하고 과거 갈등을 해소하고 새로운 변화에 맞는 상생하는 노사관계를 만들자고 말했다.

박종흠 사장은 먼저 노동시간 단축을 통한 노동조건 개선 요구에 “통상임금 완전해소를 전제로 4조2교대 도입을 포함한 노동시간 단축을 통한 일자리 창출에 관해 집중실무교섭을 진행해 8월 중 합의점을 도출하자”고 제의

민주노총의 사회적 총파업 집회에 참가한 부산지하철노조(2017.6.)

했다. 이를 위해 공사는 2016년 파업 관련 징계 및 민·형사상 문제해결에 적극 노력하고, 파업 참가에 따른 무계결근과 관련해서도 인사상 불이익을 해소하는 방안을 모색하겠다고 말했다.

쟁의행위 찬반 투표 가결과 타결

노동조합은 7월 26일 7차 임시대의원대회를 열어 쟁의발생을 결의했다. 이날 대의원들은 사측의 임금인상·통상임금 사안 연계 전술로 2017년 단체교섭이 진척 없이 제자리걸음만 하고 있음을 확인하고 참석 대의원 만장일치로 쟁의발생을 결의하고, 쟁의 돌입 시 임금반납 동의서 작성도 결의했다. 노동조합은 쟁의발생 결의 후 당일 부산지방노동위원회에 노동쟁의 조정신청서를 접수했다.

쟁의행위를 위한 조합원 찬반 투표가 84% 찬성으로 가결됐다. 8월 1일부터 3일까지 3일간 실시한 쟁의행위를 위한 조합원 찬반 투표 개표 결과 조합원 3610명 중 3069명(85%)이 투표하여 2577명(84%)이 찬성한 것으로 나타났다. 나머지 반대 486명, 무효 6명이었다.

이번 찬반 투표는 2017년 임금교섭에 대한 것으로 현재 진행 중인 부산지방노동위원회 조정절차가 종료(8.10)되면 쟁의권을 확보하게 된다. 아직 타결 짓지 못하고 있는 2016년 단체교섭 관련 쟁의권은 여전히 유효했다.

8월 10일 부산지방노동위원회에서 2차(최종) 조정회의가 열렸다. 소정위원들이 2017년 임금인상안(총액 대비 3.5%, 상용직 기본급 월 140만5330원)을 제시했다. 노사 양쪽 모두 조정안을 수락했다.

노사가 수락 서명한 조정안의 내용은 △2017년도 임금은 2016년도 총액 대비 3.5% 인상, 직무급(정률 100%) 전액 반영 △상용직 처우개선 관련 2017.1.1.부터 기본급 월 140만5330원으로 인상 조정 등이었다.

이밖에 조정안에는 기타 권고안으로 △통상임금 사안과 관련 조속히 해결되도록 노사는 최선을 다한다. △임금제도 개선 관련 감사 지적사항 해소를 위해 노사는 적극 협력한다는 선언적 조항이 담겼다.

기타 권고안 중 임금제도 개선 관련 감사 지적사항은 △공무원 기준에 따라 가족수당 이중 지급 해소(부양가족 중 만 20세 이상 장애인 가족수당 지급 중지) △워드프로세스 자격증 소지자 직무수당 지급 제외(이상 2건)이다.

공사는 위 지적사항과 관련해 추후 규정개정을 위해 노사간 협의를 요구했고, 노동조합은 불이익이 없다는 것을 전제로 협의가 가능하다고 밝혔다. 참고로 수당 개정을 위한 규정 개정은 노사합의사항이다.

이날 마지막 조정회의에서 노사는 1차 조정회의에 이어 통상임금 사안 연계 여부를 두고 열띤 공방을 벌였으나, 2년 연속 임금동결에 부담을 느낀 노사가 애초 주장에서 한 발씩 물러서 조정위원이 제시한 조정안을 수용했다.

공사는 통상임금 소송가액이 총 1300억 원이 넘는다며 임금과 통상임금 연계 불가피성을 주장하며 통상임금 사안 우선 해결을 고집했다.

반면, 노동조합은 임금교섭과 통상임금 사안은 별개임을 강조하고 이번 조정신청 취지에 따라 2017년 임금인상과 관련해서 조정안을 제시해 줄 것을 요청했다.

이에 앞서 노동조합은 쟁의대책위원회와 확대쟁의대책위원회 그리고 통합지부운영위원회를 잇달아 열어 조정위원들이 조정안(정부지침에 따른 총액 기준 3.5% 인상)을 제시할 경우 수락하기로 결정한 바 있다.

확대쟁의대책위원회에서 조정안을 수용할 경우 '박종흠 사장 연임 저지 투쟁'에 악영향을 미칠 수 있다는 우려가 제기됐으나, 2년 연속 임금동결 부담 등을 고려해 '조정안 수락'으로 의견을 모았다. 대신 '조정안 수락'과 별개로 2016년 단체교섭과 박종흠 사장 퇴진 투쟁 등 노동조합이 앞서 결정한 투쟁 일정은 계속 진행하기로 했다.

또 노동조합은 조정안 수락이 임금 협상 타결로 이어지는 점을 고려해 10

일 오전 최종 조정회의를 앞두고 대의원들이 포함된 통합지부운영위원회를 열어 쟁대위 결정 사항을 설명하고 동의를 받았다.

현수막·벽보 등 부착행위 정당한 조합활동

부산고등법원 제5민사부는 8월 8일 공사가 부산지방법원의 '현수막 등 수거 단행 가처분' 기각 결정(2015.5.15.)에 불복해 제기한 항고 사건에 대해 채권자들의 항고와 당심에서 추가된 예비적 신청을 모두 기각한다고 결정했다.

공사는 부산지방법원의 기각 결정에 불복하여 1심 결정 취소와 △공사 시설물과 차량 내외에 현수막, 벽보, 전단, 입간판, 텐트 등 일체의 광고물 및 이와 유사한 시설 설치·부착 금지 △금지 의무 위반 시 현수막과 텐트 및 이와 유사한 시설 1개당 500만 원, 벽보, 전단, 입간판 등 일체의 광고물 1개당 2백만 원 지급 등의 결정을 구하는 '현수막 등 수거 단행 가처분' 항고를 제기한 바 있다.

앞서 부산지방법원은 5월 15일 노동조합의 현수막과 벽보 부착 등 각종 선전활동을 막기 위한 공사의 현수막 등 수거 단행 가처분 신청 사건에 대해 기각 결정을 내렸다. 당시 법원은 강제조정결정이 정한 현수막 부착 위치 등 일부 결정사항을 위반했더라도 사업운영방식과 근로조건의 변화, 그에 따른 노사관계 변화, 물가 변동 등 다양한 원인에 의하여 빈번히 발생하는 노사분쟁의 특성상 결정 이후 사정변경을 인정할 여지가 크고, 사업범위가 광범위하게 확대되고 노동조합이 조합원들과 소통하기 위한 공간 역시 넓어지는 것이 정상적이라며 강제조정결정의 공간적 제약을 위반하였다고 해서 당연히 정당성이 상실되는 것이 아니라고 판단했다. 또 법원은 목적의 정당성과 관련해서도 현수막 등의 광고물 내용은 조합원들의 근로조건과 직접 또는 간접적으로 연관되어 있고, 일부는 노동조합 활동과도 연관되어 있는

투쟁 승리 조합원 비상총회(2017.8.24.)

등 현수막 등 부착행위가 조합활동으로서 허용되는 범위 내인 이상, 이를 근거로 장래에 공사의 소유권, 시설관리권을 침해할 우려가 있다고 볼 수 없다고 밝혔다.

중앙노동위, 직위해제 부당 판정

중앙노동위원회는 8월 23일 오후 4시에 열린 부산교통공사 부당직위해제 구제 재심신청 (2017부해502) 심판위원회에서 2016년 파업 관련 직위해제가 부당하다는 초심(부산지방노동위원회 2017.4.21.) 결정을 그대로 유지했다.

중노위 심판위원들은 불법 파업 참여가 근무 태도 불성실에 해당해 직위해제가 정당하다는 사측(대리인)의 주장을 받아들이지 않았다. 심판위원회는 불법 파업 여부와 관계없이 사용자의 업무 복귀 지시를 거부한 행위만으로 곧바로 인사규정 47조 1항 3호의 근무 태도가 심히 불성실한 자에 해당된다고 판단할 수 있는 객관적인 근거라고 볼 수 없다고 판단했다.

사측은 직위해제 처분의 실질적 사유와 목적이 이 사건 근로자들의 파업 참여를 저지하고 업무 복귀를 유도하기 위한 것이라는 초심의 판단이 사실관계를 오인한 것이라고 했다. 이어 사측은 직위해제 처분을 한 이유로 필수공익사업 유지와 파업 기간 중 직장 내 따돌림 방지 등을 들며, 단체교섭을 거부하면서 공공운수노조의 총파업에 동참하기 위한 대규모 파업을 기획하고 주도한 노동조합 간부들의 지시불응 및 근무 태도 불성실을 이유로 공사의 인사규정에 근거하여 직위해제 처분을 한 것은 정당하다고 주장했다.

노동조합(대리인)은 2016년 파업이 조정신청 등 법적절차를 거친 합법 파업임을 분명히 하고, 파업 참여와 인사규정 47조 1항 3호(직무수행능력이 부족하거나 근무성적이 극히 불량한 자 또는 직원으로서 근무 태도가 심히 불성실한 자)는 전혀 연관성이 없다고 주장했다. 이어 노동조합은 파업 참여로 직무를 수행할 상태가 아님에도 불법적인 파업을 기획주도하고 업무 복귀지시를 이행하지 않아 근무 태도가 불량하다며 노동조합 간부 40명만 직위해제 처분을 한 것은 부당하다고 주장했다. 또 노동조합은 직위해제자에 대해 능력 회복이나 태도개선을 위한 교육훈련 또는 특별한 연구과제 부여 등 필요한 조치를 하도록 되어 있으나 (인사규정 47조 5항) 공사는 직위해제자에 대해 어떠한 조치도 취하지 않았다며, 사측의 직위해제 처분 목적이 파업파괴라는 점을 강조했다.

공사 비정규직 고용개선 추진계획 내놔

공사가 기간제 및 간접고용 비정규직 노동자 1592명 중 1453명을 무기계약직 또는 자회사 방식으로 전환하고 139명은 용역으로 유지하겠다는 검토

안을 내놨다.

공사(기획조정실)가 작성한 비정규직 고용개선 추진계획에 따르면 공사는 기간제 노동자(모터카운전원 54명, 전동차 유지보수원 20명, 통신설비 유지보수원 9명, 도시철도 보안관 52명)와 생명·안전업무에 해당하는 간접고용 노동자(차량중정비 134명, 기지구내 입환 31명, PSD유지보수 57명, 4호선 전기설비 27명, 통신설비 유지보수 3명) 총 387명은 무기계약직으로 전환하는 것으로 되어있다. 청소용역노동자 1003명 등 생명·안전업무와 무관한 간접고용 노동자 1066명은 자회사 방식으로 전환하겠다고 밝히고 있다. 이밖에 승강설비 유지보수 54명, 시설경비 55명, 정보시스템유지보수 8명, 콜센터 9명 등은 용역을 유지하겠다고 밝혔다.

공사는 상시·지속 업무로 생명·안전 업무에 해당하는 비정규직의 정규직 전환과 관련해 일반 정규직 전환 시 인건비가 과다하게 소요된다며, 무기계약직 전환이 타당하다고 밝혔다.

이와 관련 정부 가이드라인은 자회사가 아닌 직접고용 정규직 전환 방침을 내놓은 바 있다. 정부가 말하는 직접고용 정규직에는 무기계약직도 포함하고 있다. 전환시기는 가급저 2017년 말까지다. 나머지 간접고용 노동자 정규직화와 관련해서도 공사는 인사·노무관리, 예산 문제 등을 들어 자회사 방식을 택했다. 정부 가이드라인은 직접고용 또는 자회사 방식 모두 가능하다고 밝히고 있다.

정규직 전환 추진 절차와 관련해 공사는 정부 가이드라인에 따라 기간제 노동자 정규직 전환의 경우 '정규직 전환 심의위원회'를 구성·운영하겠다고 밝혔다. 심의위원회 구성은 내부위원(3명)과 외부위원(3명)으로 하되, 내부위원으로 기획조정실장·경영지원처장·전기기계설비처장으로 하고 외부위원은 부산지방고용노동청 제공 Pool을 활용 방안으로 제시했다.

간접고용(용역) 노동자의 경우 노·사·전문가협의기구를 구성·운영하겠다

운영서비스지부 직고용 요구 시청 농성(2017.9.21.)

고 했다. 정부 가이드라인에 따르면 노동자 대표단으로 최대 10명으로 하되, 정규직노동조합과 용역노동자로 구성하도록 하고 있다.

지노위, "9·27파업 정당"

부산지방노동위원회는 부산지하철노조의 2016년 9월 27일 쟁의행위(파업)에 대해 '주체·목적·절차·수단(방법)에 있어 정당하다'며, 이를 근거로 한 사용자(공사)의 징계처분은 부당하다고 판정했다.

지노위는 8월 25일 송달한 부산교통공사 부당 해임·강등·정직 및 부당노동행위 구제신청(부산2017부해213/부노37 병합) 심판사건 판정서에서 부당징계 판정과 함께 '사용자(공사)는 판정서 송달일로부터 30일 이내 징계처분을 취소하고 징계가 없었더라면 받을 수 있었던 임금상당액을 지급하라'고 주문했다. 다만, 부당노동행위 부분에 대해서는 '법원의 가처분 기각 결정으로 쟁의행위가 정당성이 없는 것으로 오인할 수 있는 상황이었던 점 등을 들어 불이익 취급 및 지배·개입의 부당노동행위에 해당한다고 보기 어렵다'며, 이 부분에 대한 노동조합의 구제신청은 기각했다.

지노위는 '2016년 성과연봉제 도입 저지 파업 기획주도 및 참여' 부분에 대해 성과연봉제 도입은 단체협약에 규정된 임금체계 변경에 관한 것으로 쟁의행위에 필요한 법적 절차를 모두 이행한 점 등을 들어 파업의 주체·목적·절차·수단(방법)에 있어 정당성이 인정된다고 판단했다. 지노위는 △[주체] 부산지하철노조가 적법하게 설립된 노동조합인 점 △[목적] 파업의 주된 목적인 성과연봉제는 단체협약에 규정된 임금체계 변경에 관한 것으로 근로조건의 결정에 관한 사항이고 나머지 쟁점사항도 임금인상 및 후생복지 등 근로조건의 결정에 관한 사항인 점 △[절차] 교섭 결렬 후 조정절차와 쟁의행위 찬반 투표 등 노동조합법 상의 절차를 모두 이행한 점 △[수단·방법] 쟁의행위 수단·방법에 있어서도 폭력 등을 수반한 불법적인 요소를 발견하기 어려운 점 등에 비춰볼 때 2016.9.27.부터 같은 달 30일까지 진행한 쟁의행위는 주체·목적·절차·수단(방법)에 있어 정당성이 인정된다며 사용자의 불법 파업 주장을 배척했다.

덧붙여 지노위는 2016년 단체교섭에서 노동조합의 교섭 거부로 성과연봉제를 다루지 않은 상태에서 진행한 성과연봉제 도입 저지 파업은 적법한 절차를 거치지 않아 위법하다는 사용자의 주장에 대해 노동조합이 '임금·직급·근무체계 관련 규정과 제도를 도입 및 변경하고자 할 경우 조합과 합의하여야 한다' 등 성과연봉제 도입 저지를 위한 단체협약 규정의 신설을 요구하였고, 이후 교섭 과정에서도 여러 차례 이에 대한 입장을 명확히 밝힌 점 등이 인정된다며, 노동조합과 사용자가 성과연봉제 도입과 관련하여 교섭을 하였다고 봄이 상당하다며 사용자 주장을 받아들이지 않았다. '성과연봉제 도입 저지'라는 방어적 입장에 서 있는 노동조합으로서는 도입시기·방법 등을 적극적으로 제안할 필요성이 적었던 상황임을 감안할 때, 노동조합이 성과연봉제에 관한 단체교섭 및 체결권을 공공운수노조에 위임하기로 결정하고 이에 따라 노사 간에 공식적인 교섭 장소에서 성과연봉제 관련 안건이 다른 쟁점사항에 비해 활발하게 논의되지 않았다고 하여 노동조합법상 노동쟁의가 발생하지 않았다고 단정할 수 없다는 것.

이밖에 지노위는 본사 점거농성과 본사 집회 등에 대해서도 '정당한 조합활동'으로 판단했다. 지노위는 △물리적인 충돌이나 시설물 훼손 등의 행위가 발생하지 않은 점 △회사의 정상적 업무수행에 지장을 초래한 정황이 없었던 점 등을 들며 점거농성과 집회는 노동조합의 의사를 전달하기 위한 일련의 행위로서 정당한 조합활동으로 인정했다. 다만, '분향소 설치'의 경우 노동조합의 일상적인 조합활동으로 보기 어려운 점 등을 들어 징계 사유에 해당한다고 판단했다.

한편, 부산지방노동위원회가 8월 25일 노동조합에 송달한 판정서는 7월 26일 열린 부당해고·징계 구제신청 심문회의 결과이다.

임시대의원대회, "조정안 수락 규약위반으로 볼 수 없다"

부산지하철노조 쟁의대책위원회는 9월 7일 임시대의원대회를 열어 9월 조합비부터 월 임금총액의 0.8%로 환원하기로 확정했다. 노동조합은 2016년 11월 30일 대의원대회에서 투쟁기간 동안 한시적으로 조합비를 0.8%에서 1.2%로 인상한 바 있다.

이날 대의원대회에서는 기타 안건으로 지노위 조정안 수락이 규약을 위반한 직권조인인지 여부와 집행부 신임투표 실시 여부와 관련한 토론과 심의·의결이 이뤄졌다.

먼저 집행부 신임투표와 관련해서는 이의용 위원장이 제안한 '2017년 임금 관련 지노위 조정안 수락에 대한 집행부 신임투표 실시'를 만장일치로 결정했다. 신임투표 시기는 조합 일정을 감안해 집행부가 결정하기로 했다.

　지노위 조정안 수락이 규약을 위반한 직권조인인지 여부와 관련해서는 참석 대의원들의 의견이 갈려 한 차례 정회를 거치는 등 1시간 넘는 토론과 표결 끝에 57:17(기권1)로 '쟁대위 결정에 따라 통합지부운영위원회를 거쳐 조정안을 수락한 만큼 규약위반으로 볼 수 없다'고 의견이 모였다.

　토론은 조정안이 협약과 동일한 효력을 가지는 만큼 대의원대회 의결을 거치지 않고 조정안을 수락한 것은 규약위반으로 직권조인이라는 주장과 대의원대회 의결 절차를 거치지 않은 것은 조정안 수락과 관련한 규약 미비에 따른 것으로 통합지부운영위원회를 거쳐 조정안 수락이 이뤄진 만큼 규약위반으로 볼 수 없다는 주장으로 압축됐다.

　토론 과정에 규약위반 여부에 대해 논란이 있는 만큼 상급단체 법률원 등 복수의 전문가에게 질의를 받아보자는 제안도 나와 질의 여부를 두고 열띤 토론이 진행됐다.

　전문가 질의 제안에 대해 이의용 위원장은 "규약해석의 문제인 만큼 노동조합이 자주적으로 해결하는 것이 가장 바람직하다"고 말했다. 이어 위원장은 "협약에 이르는 방법에는 단체교섭, 노사협의회, 지노위 조정안 수락 등이 있고, 각각의 근거 법률도 다르다"며, "노사협의회 의결서에 대해 대의원대회 의결과 신임투표 절차를 거치지 않듯이 조정안 수락과 관련해 일부에서 제기하고 있는 규약 77조 위반 주장을 받아들일 수 없다"고 입장을 밝혔다. 위원장은 "그럼에도 쟁대위의 규약해석에 대해 문제 제기가 있는 만큼 규약에 따라 대의원대회에서 최종 규약해석을 결정하는 것이 타당하다"며, "대의원대회에서 쟁대위 규약해석에 대한 동의 여부를 결정하자"고 제안했다. 이같이 대의원대회에서 규약해석에 관해 결론을 짓자는 위원장의 제안에 따라 토론을 거쳐 표결이 실시된 것이다.

　이어 노동조합은 9월 19일부터 21일까지 2017년 임금 관련 조정안 수락에 따른 조합원 총투표 개표 결과 2923명(80.6%)이 투표에 참여해 찬성은

2327표(79.6%)로 집계됐다. 반대는 590표(20%), 무효 6표가 나왔다.

앞서 노동조합 집행부는 재창조 프로젝트에 따라 진행된 구조조정 원상회복 문제와 통상임금 사안 등에서 첨예한 노사대립으로 돌파구가 보이지 않는 상황에서 2년 연속 임금동결을 막기 위한 방편으로 지노위 조정안 수락 전술을 세워 사전에 통합지부운영위원회를 개최하여 소통과 공유 과정을 거쳐 8월 10일 최종 조정회의에서 조정위원이 제시한 임금 총액대비 3.5% 인상(정부의 2017년 임금가이드라인) 등을 내용으로 하는 조정안을 수락한 바 있다.

17대 집행부 마무리 단계 들어가다

노사는 논란 끝에 전환심의위원회를 구성하고 10월 19일 첫 회의를 열어 위원들 간에 상견례가 이뤄졌다.

전환심의위원회 구성은 내부위원 3명(공사 2, 노조 1)과 외부위원 4명으로 구성됐다. 외부위원 4명은 부산지방고용노동청 인력풀에서 노사가 각 2명씩 추천했다. 노동조합은 노사 동수 구성을 요구했으나, 공사가 노사 동수 구성을 끝까지 반대해 내부위원에 노조쪽 추천 인원 1명을 포함시키고 대신 외부위원을 노사 동수로 구성하는 선에서 의견 접근이 이뤄졌다.

청소용역 등 용역노동자 정규직 전환 협의기구는 구성을 위한 절차가 진행되었으나 위원 선정과 운영 방식을 둘러싸고 노사 이견이 노출되기도 했다. 노동조합은 용역 업종이 다양한 만큼 청소용역 등을 별도 분리해 협의기구를 운영할 것을 요구했다. 노동자 대표단 구성과 관련해서도 용역노동자들이 자주적으로 대표단을 선출하는 방안을 요구했다.

10월 26일 노동조합은 임시대의원대회를 열어 서비스지부 단체교섭 잠정합의안 승인 건과 쟁대위 해소 건 등을 처리했다.

이날 대의원대회 승인을 받은 서비스지부 잠정합의안에 따르면 임금은

2017년 최저임금(7530원)을 바탕으로 평화용사촌(1호선-1) 등 11개 업체와 협약을 맺었다. 특히 올해 임금협약에는 식대(월 1000원) 항목이 포함됐다. 원청인 공사가 올해 인건비 설계 때 식대를 포함하지 않아 일단 상징적으로 식대 월 1000원 지급을 합의한 것이다.

장애인총연합회(4호선-3)와 노인생활지원재단은 연차수당 지급 등에 대한 이견이 해소되지 않았다.

단체협약은 갱신 기간이 도래한 10개 업체 모두 정년 65세 등 잠정합의안을 도출했다.

이날 대의원대회에서는 2016년 8월 이후 1년 넘게 유지해온 쟁의대책위원회 해소도 결정했다. 아직 2016년 단체교섭이 마무리되지 않았지만, 17대 집행부 임기 종료에 따라 쟁대위 체제를 계속 유지하는 것은 의미가 없다는 판단에 따른 것이다.

이밖에 이날 대의원대회에서는 조합비 현황도 보고됐다. 남원철 사무국장은 10월 23일 현재 조합비 통장 잔고 12억8000여 원이고, 부당직위해제와 부당징계 승소에 따른 임금 환수가 완료되면 총 10억여 원에 이른다고 보고했다. 남 국장은 임금 환수분 10억여 원은 일단 쟁의기금, 법정기금, 정치기금, 희생자기금에 배분할 계획임을 밝혔다. 조합원에게 반환하는 문제는 차기 집행부에서 논의 절차를 거쳐 결정할 사항이라고 말했다.

5부

4조2교대 전환

2018~2023

문재인 정부는 촛불 투쟁의 결과로 출범했다. 따라서 노동자 민중의 요구를 반영한 정책을 수립, 실현해야 했다. 하지만 부동산 정책과 노동정책은 노동자 민중의 기대를 저버렸다. 게다가 민주당 소속 지방자치단체장들의 끝모르는 도덕성 추락은 민심을 돌렸다. 특히 노동운동 진영은 현실성 있는 최저임금 확보, 비정규직 정규직화를 핵심으로 제기했으나 이는 실현되지 않았다.

2017년 5월 9일 19대 대통령선거를 앞두고 문재인 후보는 '2020년 최저임금 1만 원' 공약을 발표했다. 이는 최저임금 결정기준에 가구생계비 등을 포함하고, 최저임금 전담 근로감독관을 신설하는 등 상습적이고 악의적인 위반 사용자를 제재한다는 내용을 담고 있었다.

민주노총은 2000년부터 최저임금위원회에 참가하여 한국노총 시민사회단체와 함께 최저임금연대를 구성하여 최저임금 인상과 적용 대상 확대 등 제도 개선을 위해 노력했으며, 노동계는 최저임금 인상을 통해 양극화 문제를 한 걸음씩 해소해나가고자 했다. 이렇듯 문재인 정부의 핵심적인 노동정책은 노동계의 지난한 노력에 의해 강제된 결과였으며, 2017년 당시 대통령 후보였던 심상정과 유승민 또한 2020년 최저임금 1만 원 공약을 제시할 정도로 그 출발부터 상당한 기대를 받았다. 그러나 '최저임금 1만 원' 의제는 그를 실현하는 단계에 진입하자마자 좌초되었다.

재계는 최저임금 대폭 인상으로 기업경쟁력이 약화되고 실물경제의 부담이 증가한다는 주장을 폈다. 또한 보수 언론들은 고용시장 악화의 주범으로 최저임금을 지적하는 기사를 쏟아내기도 했다. 그러나 최저임금이 대폭 인상된 2018~2019년에는 저임금 계층의 임금이 상승하여 소득분배가 개선 되었고, 최저임금 인상률이 하락한 2020년에는 소득분배 개선 효과가 사라 졌으며, 결국 최저임금 논의는 코로나 팬데믹 위기와 함께 흐지부지되었다.

문재인 대통령은 취임 첫해인 2017년 5월 인천공항을 찾아 '공공부문 비정규직 제로시대를 열겠다'고 약속했다. 이후 문재인 정부는 소득주도성장이라는 기조 속에서 자회사 무기계약직 전환 등의 공공부문 일자리 창출 정책을 진행했다. 이는 노동시간을 단축하고 정규직과 비정규직 간의 임금격차 축소와 고용불안을 완화함으로써 한국사회의 복지안전망을 강화하겠다는 계획이었다. 그러나 그러한 혁신적인 포부와는 달리 한국잡월드, 경북대병원, 서울대병원, 한국도로공사 등 공공부문 사업장에서부터 '무늬만 정규직' '가짜 정규직'이라는 한숨 섞인 구호와 함께 거센 반발에 부딪혔다. 이는 형식에 치중했던 문재인표 노동정책의 허점들이 드러난 결과였다. 결국 문재인 정부는 경사노위를 통해 탄력적 근로시간제 단위기간을 6개월까지 연장하며 적극적인 노동시간 유연화 정책을 추진했다. 문재인 정부는 사용자 중심의 유연화 정책을 통해 장시간 노동체제를 완화하기는 커녕 장시간 노동 허용 범위를 오히려 넓혀주었다. 무엇보다도 4인 이하 사업체의 노동자들은 법의 사각지대 속에서 초단시간 노동자의 비중이 확대되는 등 노동시장의 양극화는 강화된 것이다.

결론적으로 '노동존중'을 표방하였던 문재인 정부 4년 동안 노동계에 대한 노골적인 탄압은 줄어들고 전체 사회의 노조조직률은 상승하였지만 중소영세사업장 노동자 조직률은 오히려 후퇴했고, 전체 임금노동자의 60%

를 차지하고 있는 30인 미만 사업장의 조직률은 0.1%에 불과했다. 문재인 정부는 노동정책의 수혜가 가장 필요한 취약계층 노동자들을 보호하고 노동시장 양극화를 돌파하는 데 실패했다. 또한 공공부문 비정규직의 정규직 전환 정책을 제외하고는 비정규직 사용사유제한제도 도입 등 민간부문까지 확장하는 비정규직 사용규제는 어느 것 하나 이행되지 않았으며 오히려 탄력적 근로시간제와 선택적 근로시간제를 확대하여 박근혜 정권의 노동유연화 정책을 완수한 셈이 되었다.

결국 문재인 정부는 노동조합을 경제 사회개혁의 동등한 주체로 인정하기보다는 관리의 대상으로 여기는 과거 정부의 인식에서 전혀 나아가지 못했으며, 부동산 파동과 '조국 사태'로 말미암아 윤석열 정부를 탄생시키는 데 결정적인 역할을 하며 퇴장하기에 이른다.

윤석열 정부는 '공정'과 '민생경제 회복'을 공언했지만 등장하자마자 재벌특혜, 부자감세 정책만을 폈다. 노동자 민중은 코로나 팬데믹을 거치며 국가의 역할과 공공성의 중요성을 재확인했지만 윤석열 정부는 작은 정부, 시장주의, 민영화를 중심에 둔 정책을 추진했으며 '공공성'은 실종되어가고 있다.

또한 우려했던 대로 검찰 권력이 전면화되었다. 검사 출신 인사가 권력의 중심에 대거 포진되고 충성 경쟁과 복지부동이 만연하고 있다. 노동계를 적으로, 비도덕적 집단으로 규정하며 법이 보장하는 파업을 무참히 짓밟고 있으며 '자유민주주의'를 수호한다는 이름으로 권력과 언론을 동원한 전방위적 공세를 펴고 있다.

1

18대 집행부와 4조2교대 전환 합의 그리고 불신임

1️⃣ 18대 김광희 집행부 출범

18대 집행부 선거 김광희-손홍기 후보 조 당선

18대 집행부를 이끌 위원장-사무국장 선거를 했다. 2017년 10월 24일 결선투표 개표 결과 최종 당선자는 기호 1번 김광희-손홍기 후보 조였다. 10월 23~24일 치른 결선투표에서 김광희-손홍기 후보 조는 1517표(53.9%)를 얻어 1249표(44.4%)를 얻은 임은기-김준우 후보 조를 이겼다. 투표율은 총 3626명 조합원 중 2813명이 투표에 참가해 77.6%였다.

앞서 1차 투표에서는 김광희-손홍기 후보 조가 1189표(39.0%), 임은기-김준우 후보 조는 1135표(37.3%), 양춘복-김광조 후보 조 671표(22.0%)를 기록해 과반수 득표 후보 조가 없어 결선투표를 했다.

지부장 선거의 경우 다섯 곳 가운데 두 곳이 경선으로 치렀는데 이경태

(기술), 황귀순(서비스) 후보가 당선됐다. 단독 출마한 김태용(역무), 나용무(승무), 오문제(차량) 후보도 과반수를 무난히 넘겨 당선됐다.

지회장은 총 32개 선거구 중 26개 선거구에서 선거가 진행됐다. 그 가운데 세 곳은 경선으로 진행됐다. 31기 대의원 선거는 대의원 정수 104명 중 86명이 출마해 85명이 당선됐다.

노동조합은 출마자가 없어 뽑지 못한 지회장 6명과 대의원 19명을 선출하기 위해 11월 7~9일 재선거 및 보궐선거를 했다.

18대 김광희 집행부 출범

11월 1일 18대 김광희 집행부가 출범했다. 김광희 집행부는 임기를 시작하자마자 전임 집행부에 이어 공사 사장 꼼수 연임 반대 투쟁에 나섰다.

부산시장이 노동조합 반대에도 불구하고 연임 결격사유에 해당하는 박종흠 사장을 꼼수 연임시켰다. 그는 2015년 공기업 경영평가에서 '다' 등급을 받았다. 공기업 사장이 연임하기 위해선 2년 연속 '나' 등급 이상을 받아야 하는데 그렇지 않았던 것이다. 결국 박 사장은 10월 5일 임기종료와 함께 퇴임했다.

이에 앞서 공사는 8월 사장 공모를 했다. 복수 후보가 등록해야 했지만, 단 1명만 후보로 등록했다. 공사는 재공모 절차에 들어갔다. 10월 13일 마감한 사장 재공모 결과 4명이 지원했다. 4명의 지원자엔 박종흠 전 사장도 들어있었다. 임원추천위원회의 공정성 논란도 일었다. 임원추천위원 7명 가운데 2명이 박 전 사장이 이사회 이사로 임명한 인물이었기 때문이다.

그러나 서병수 부산시장은 11월 3일 박종흠을 사장으로 재임용했다. 꼼수 연임이었다.

박종흠 사장은 지난 3년 동안 노사관계를 불신과 갈등으로 내몰아 파탄시킨 장본인이었다. 그는 1000여 명에 이르는 인력 감축 등 구조조정을 일방

박종흠 사장 연임 반대 기자회견과 간부 결의대회(2017.9~10.)

적으로 밀어붙였다. 또 정당한 파업을 불법으로 몰아 40여 명의 노조 간부들을 부당해고하고 징계했다. 노동조합이 결코 환영할 수 없는 인물이었다.

11월 3일 노동조합은 새로 뽑힌 조합 간부들과 함께 부산시청에서 박종흠 사장 연임 반대 선전 활동을 벌였다. 박종흠 사장이 연임 후 첫 출근하는 6일 아침, 노동조합은 본사 현관 앞에서 피켓팅과 출근 선전 활동을 벌였다.

11월 15일 역무지부가 본사에서 간부 투쟁결의대회를 열었다. 역무지부는 관리역제 폐지를 요구했다. 역무지부는 관리역제 시행으로 한 조에 3명이던 근무 인원이 2명으로 줄면서 업무 부담이 가중되고 있다고 했다. 휴가, 지정휴가 사용도 제약을 받고 있고, 연간 지정휴가 7개를 사용하지 못한 직원이 다수라고 항의했다.

노사, 통상임금 사안 해결 서두르다

한편, 공사는 김광희 집행부가 임기를 시작하자마자 노동조합에 11월 7일로 예정된 중앙노동위원회 심판회의를 연기해달라고 요청해 왔다. 중노위 심판회의는 부당해고와 부당징계 구제요청 건이었다.

노동조합은 공사의 요청에 동의히면서 강한규 진 위원장 복직과 다내구간 개통 관련 구조조정 이전 회복을 위한 교섭을 제안했다.

공사도 호응했다. 공사는 연내 강한규 전 위원장을 경력직 채용 방식으로 재임용하겠다고 했다. 또 공사는 관리역제, 4호선 1인근무, 기간제, 신평식당 위탁 문제 등에 대해 향후 교섭에서 조합의 요구사항을 적극 반영하겠다고 했다.

11월 17일 노사는 실무협의에서 협의된 내용을 바탕으로 노사협의회 의결서를 작성하고 서명했다. 의결서 내용은 「다대구간을 포함한 인력운영과 통상임금 사안 해결을 위하여 2018년 상반기 내 노사 간 협의·개선을 완료하도록 노력하고, 2018년 상반기까지 법적분쟁(통상임금 추가소송)을 발생

시키지 않는다.」였다. 그리고 별도 협의결과로 "노사 간 협의된 쟁송건의 취하 등 일체의 법적 갈등과 2016년 파업 참여로 발생한 향후 불이익을 해소한다."와 "금년 내 경력직 1명을 재임용한다"는 2개 조항에 노사 간사가 서명했다.

2️ 기간제 업무만 정규직 업무로 전환

12월 6일 기간제 노동자 정규직 전환심의위원회가 열렸다.

노사는 모타카 운전원(54명), 전동차 유지보수원(20명) 등에 대해 관련 규정을 개정하여 일반정규직 전환을 위한 정규직 채용절차를 진행하는 것으로 의견을 모았다. 그러나 공사는 통신설비 유지 보수원(9명)에 대해 무기계약직 전환 입장을 밝혀 노사 간 이견을 보였다.

노동조합은 CCTV 모니터 및 비상인터폰 유지보수 업무는 승객의 생명과 안전에 관련된 업무이므로 일반정규직 전환이 타당하다고 주장했다.

노동조합은 12월 8일 통신지회 조합원 비상총회, 12월 11일 기술지부와 차량지부 간부 결의대회를 열어 공사를 압박했다.

12월 12일 노사는 "기간제 노동자 정규직 전환과 관련해 정규직으로 고용승계가 아닌 공개채용시험을 통한 일반정규직 신규채용"으로 의견을 모았다. 이어 12월 13일 기간제 노동자 정규직전환심의위원회에서 공개채용시험을 통한 일반정규직 전환을 의결했다. 공사가 일방적으로 추진한 기간제 업무가 정규직 업무로 다시 전환됐다. 이는 사실상 현재 근무 중인 기간제 노동자들을 집단해고한다는 결정이었다. 구조조정 된 인원 66명은 공개채용시험을 통해 정규직으로 채워지는 것이다.

이 결정 결과가 알려지자 당장 해고 위기에 몰린 기간제 노동자들로부터 볼멘소리가 터져 나왔다. 노동조합 홈페이지에는 기간제 노동자 해고 결정을 비난하는 정규직 조합원들의 글도 올라왔다. "비정규직 노동자들을 정규직으로 전환시킨다며 구성한 정규직전환심의위원회가 비정규직 노동자의 집단해고를 의결한 셈이다. 이런 엉터리가 어디 있나?"라며 비난했다.

애초 공사가 내놓은 문건 '부산교통공사 비정규직 고용개선 추진계획'에 따르면 기간제 노동자들은 무기계약직 전환 대상자로 분류돼 있었다. 정규직전환심의위원회 회의에서도 처음엔 공사는 무기계약직 전환을 주장했다고 했다. 기간제 노동자들에 따르면 공사는 기간제 노동자들과의 간담회에서 고용관계에 불이익을 우려하는 기간제 노동자들에게 무기계약직으로 전환시키겠다고 얘기했다. 공사도 처음엔 기간제 노동자 해고까지는 염두에 두지 않았다는 얘기였다. 그런데 사측이 갑자기 입장을 바꿨다. 그 사이 무슨 일이 있었던 걸까?

한편, 김광희 집행부는 기간제 노동자 정규직 전환과 관련해 「기간제 업무」를 '정규직 업무'로 전환하고, 일반경쟁 공채방식으로 정규직을 채용하는 것」을 기본 방침으로 세웠다. 노동조합 방침이 사실상 '기간제 노동자 해고'였다는 것이다. 실제 노동조합 집행 간부 상당수는 1년 기한인 기간제 노동자들의 계약기간만 지키면 아무런 문제가 없는 것으로 인식하고 있었다. 계약 해지가 사실상 해고라는 인식조차 없었다는 얘기다.

또 조합원 중에 "기간제 노동자들의 정규직 전환은 무임승차"라든가, "지하철 공채를 준비 중인 취업준비생들과 형평성이 맞지 않다"는 정서가 적잖았다. 집행부가 이러한 노동조합 내부 분위기에 부담을 느꼈던 것일까?

해고 위기에 몰린 기간제 노동자들이 행동에 나섰다. 기간제 노동자들은 공공운수노조에 가입했다. 공공운수노조 부산지역지부 부산지하철비정규직지회로 편제됐다. 이들은 연산역 등에서 피켓팅 등 선전활동을 통해 억울함을 호소했다.

3 ▶ 4조2교대 전환 합의와 부결

노동조건 개선 교섭 재개

2018년 1월 9일 노사는 50차 교섭을 했다. 2016년부터 이어져 온 교섭이었다.

노동조합은 8대 중점 요구안과 현안 요구사항을 공사에 제시했다. 8대 중점 요구사항은 △5급 근속승진 △정년(퇴직일) 단일화 △임금피크제 고용보험 지원 3년 유예 소멸대책 △노동이사제 도입 △근무형태 개선, 인원증원 요구안 △2016년 임금동결 여부 및 보전방안 △상용직 일반직 전환요구에 따른 임금제도 개선 △직원식당 직영화였다.

노동조합은 이 외에도 4가지 현안사항 해결도 요구했다. 먼저 기간제 계약종료에 따른 업무공백 대책과 노포중정비(전자) 운전담당자 업무직 충원을 요구했다. 공사는 기간제 계약종료에 대한 업무공백에 대해서는 다각도로 검토 중이며 업무에 차질이 발생하지 않도록 하겠다고 말했다. 노포중정비(전자) 운전담당자 업무직 충원 요구는 인력이 걸려 있는 문제라 쉽지 않다고 말했다.

노동조합이 1월 26일부터 31일까지 노동조건 개선을 위한 조합원 근무형태 선호도 설문조사를 실시했다. 조합원들이 선호하는 근무형태는 4조2교대(71.2%)였다.

2월 13일 노동조합은 임시대의원대회를 열었다. 노동조건 개선을 위한 근무형태는 4조2교대를 요구하기로 했다. 인력은 787명 증원을 요구하기로 했다.

2월 21일부터 지부별 실무교섭이 진행됐다. 지부별 교섭에서 공사는 227명 충원안을 제시했다. 근무형태는 부분 4조2교대 도입을 제시했다. 기술과 차량은 기존 3조2교대에 주간 지정휴일 1개 추가안을 제시했다.

시청에서 열린 조합원 전진대회(2018.2.27.)

박종흠 사장 퇴진 촉구 간부 결의대회(2018.4.)

노사는 3월 13일 본교섭(58차)을 열었다. 공사는 근무형태 논의 전에 우선 논의사항 네 가지를 제시하고 실무교섭에서 논의하자고 제안했다. 공사가 제시한 네 가지 사항은 △탄력근로제 도입 △휴일 및 휴가 문제 △업무별 특성에 맞는 근무형태 도입 △특수근무(교대, 교번 등)자와 통상근무자의 급여격차 감소 등이었다.

4월 12일 62차 교섭, 노사는 근무형태 개선에 필요한 인력과 관련해 수정안을 내놨다. 노동조합은 기간제를 포함하여 552명을 제시했다. 공사는 기간제와 승무 'S'근무시간 산입에 따른 12명을 포함해 310명을 제시했다. 여전히 격차가 컸다.

노동조합 쟁대위는 4월 16일부터 조합원 쟁의복 착용 투쟁에 들어갔다. 이어 4월 23일 아침 부산시청 출근 선전활동을 벌였다. 마지막 교섭이 열리는 26일, 노동조합 쟁대위는 오전 10시 본사에서 간부 결의대회를 열어 공사를 압박했다.

노사합의 그리고 조합원 총투표 '부결'

4월 26일 노사는 오후 3시부터 막판(64차) 교섭을 시작했다. 노사는 27일 새벽 3시쯤 최종 접점을 찾았다.

근무형태는 4조2교대제로 전환하기로 의견을 모았다. 핵심 쟁점이었던 인력은 정원 대비 383명을 증원하기로 했다. 그리고 4조2교대 도입 시점에 탄력적 근로시간제를 시행하기로 했다.

휴일과 휴가 제도도 변경하기로 했다. △지정휴일·안식일 폐지 △촉진연차·보상휴가·근속휴가 신설 △연차외 비번 불인정 △건강검진일 공가 시행 △체육대회 근무일 외 시행(일근자 제외)하기로 했다.

그런데 노사합의서(안)이 조합원들에게 곧장 공개되지 않았다. 27일 오전 중으로 노사 실무가 다시 만나 노사합의서(안)을 작성하기로 했으나 일부 세부 내용과 문구에서 이견이 있었기 때문이었다. 노사가 이견을 보인 부분은 통상임금 증가분 해소 시점, 6급 10년 장기근속자 승진 관련 용어, 시범 실시 후 부족 인력 충원 문구 삽입 여부 등이었다.

노사합의 소식 이후에도 합의 내용이 공개되지 않자, 현장 여기저기서 조합원들의 불만이 터져 나왔다. 노사합의서 초안이 비공식 경로로 현장에 나돌기도 했다.

노동조합은 4월 29일 부랴부랴 현재 노사합의 주요 내용과 해설 그리고 쟁점 상황 등을 조합원들에게 공지했다. 노사는 4월 30일에야 문구 조정 등에 최종 합의했다.

노동조합은 긴급하게 통합지부운영위원회를 열어 합의 내용을 설명하고 질의응답 시간을 가졌다. 공식 합의서도 조합원들에게 공개됐다. 이어 노사

조합원 비상총회(2018.4.26.)

합의서 해설서도 조합원들에게 배포했다.

노동조합은 5월 8일 임시대의원대회를 소집했다. 노사합의서(안) 심의, 의결을 위해서였다. 대의원 97명 중 93명이 참석했다. 참석 대의원들은 노사합의서(안)에 대해 찬반 여부를 쉽게 결정하지 못했다. 열띤 공방 끝에 조합원 총투표로 위임하자는 의견이 제시됐다. 표결 결과 찬성 58표, 반대 40표로 노사합의서(안) 체결과 인준 건을 병합 처리하기로 결정했다.

조합원 총투표는 5월 15~17일까지 실시됐다. 개표 결과는 전체 조합원 3729명 가운데 3385명(90.8%)이 투표하여 찬성 1580명(46.7%), 반대 1795(53.0%)였다. 부결이었다.

그랬다. 조합원들은 노사합의서(안)을 받아들이지 않았다. 김광희 위원장을 비롯한 상무집행위원을 불신임했다. 김광희 집행부는 조합원 총투표 결과에 따라 5월 17일부로 총사퇴했다.

조합원들은 왜 부결시켰나

김광희 집행부 출범 이후 노사관계는 대립 구도에서 빠르게 대화 국면으로 전환했다. 공사가 요청한 중앙노동위원회 심판회의 연기 요청을 받아들이고 대신 노동조합이 제안한 강한규 전 위원장 복직과 다대구간 개통 관련 구조조정 문제 해결을 위한 교섭 진행 등이 이뤄졌다. 이어 노사는 통상임금 사안과 노동조건 개선 등의 문제를 2018년 상반기 내 해결하기로 의견을 모았고 기간제 노동자 정규직 전환과 관련해서도 공사가 노동조합의 의견을 받아들여 업무의 정규직화, 66명 공개채용을 합의했다.

이처럼 노동조합은 임기 시작과 힘께 공사와 교섭에 집중했다. 현장 조합원들 사이에 "노동조합 집행부가 4월 중에 교섭을 끝내기로 했다"고 한다는 얘기가 나돌았다. 일부 조합원은 집행부가 왜 그런지 서두른다며 의구심을 나타내기도 했다. 이런 상황에서 4월 27일 새벽 노사합의 이후 소통 부재는 조합원 불신을 더욱 키웠다.

노사합의서(안)에 대해 조합원들은 어떤 생각을 가지고 있었을까? 애초 조합원들이 동의한 것은 통상임금 정상화와 연동한 노동시간 단축이었고, 노동시간 단축을 통한 노동조건 개선이었다. 따라서 조합원들의 바람은 첫째, 통상임금 정상화였다. 최소한 대법원 전원합의체 판결에 따라 상여금과 가계보조비 등을 통상임금에 포함하는 것이었다. 둘째, 통상임금 정상화를 바탕으로 노동시간을 단축하는 것이었다.

그런데 노사합의서(안)은 4조2교대 전환을 조건으로 통상임금을 대법원 전원합의체 판결 전으로 원위치시켰다. 그리고 탄력적 근로시간제를 받아들였다. 단체협약 후퇴였다. 조합원들의 권리를 포기한 것이다.

노동조합은 통상임금 정상화 포기에 대해 명확한 설명을 하지 않았다. 탄력적 근로시간제 수용에 대해서도 어떠한 불이익도 없다고만 했다. 법에서도 탄력적 근로시간제를 도입할 경우 기존 임금 수준을 보전하도록 되어 있어 당장은 임금 손실이 없을 수 있다. 그렇다 해도 탄력적 근로시간제가 악법이란 점은 변하지 않는다. 탄력적 근로시간제 도입으로 1일 8시간 노동을 규정한 근로기준법 제50조(근로시간)가 사실상 무력화 된다는 점도 분명했다. 공사가 왜 탄력적 근로시간제 도입을 관철하려 했는지 살펴봐야 했다.

그리고 임금체계를 어떻게 변경하는지에 대한 명확한 얘기도 없었다. "통상임금 사안 해소를 위해 노사 간 임금체계 개편 시 합의한다."는 문구만 있을 뿐이었다.

또 핵심 쟁점 가운데 하나였던 인력 충원과 관련해 노사는 383명 증원을 합의했다. 기간제 노동자 대체 인원 66명이 포함된 인원이었다. 인력 문제는 노사 간 힘의 관계에서 수준이 정해질 수밖에 없었다.

아무튼 노동조합은 통상임금 정상화 대신 통상임금 원위치를 택했다. 그럴 수밖에 없었던 이유에 대한 설명이 미흡했다. 탄력적 근로시간제를 받아들일 수밖에 없었던 이유도 명확하게 밝히지 않았다. 4조2교대제 전환, 임금 보전 등으로 보완한다고 했지만, 후속 임금체계도 확정되지 않고 있었다. 합의를 서둘렀다는 느낌을 지울 수 없었다. 당연히 조합원들의 의구심을 지우지 못했다. 집행부는 조합원들에게 믿음을 주지 못했다. 노사합의서(안)이 조합원 총투표를 통과하지 못한 가장 큰 이유였다.

2

19대 집행부와
4조2교대 전환 완전 타결

1) 19대 최무덕 집행부 출범

김광회 집행부 사퇴로 새 집행부 선출을 위한 선거가 실시됐다. 위원장-사무국장 후보 등록 결과 최무덕(위원장 후보)-임은기(사무국장 후보)가 등록했다. 단독 후보였다.

최무덕-임은기 후보 조는 "Together"를 슬로건으로 내세웠다. "통상임금 정상화와 노동조건 개선 완성"을 약속했다.

투표는 6월 14일부터 16일까지 진행됐다. 개표 결과 최무덕-임은기 후보 조는 78.1% 득표로 당선됐다.

함께 치른 지부장 선거에선 기술지부장은 단독 출마한 최정식 후보가 88.8% 득표로 당선됐다. 서비스지부장은 단독 출마한 황귀순 후보가 82.0% 득표로 당선됐다. 세 명의 후보가 맞붙은 역무지부장 선거는 과반 득표자가 없어 이승호 후보(48.4%)와 김종윤 후보(26.9%)가 결선투표에 올랐다. 승무지부장과 차량지부장은 출마 후보가 없었다.

역무지부장 결선투표(6.20~6.21) 결과 투표율이 과반을 넘지 못해 무산됐다.

공석인 지부장과 지회장을 뽑는 재선거가 7월 10일부터 12일까지 진행됐다. 역무지부장은 이승호 후보가 87.9% 득표로 당선됐다. 승무지부장은 서흥수 후보가 82.1%, 차량지부장은 변증환 후보가 94.1% 득표로 무난히 당선됐다.

최무덕 위원장은 수석부위원장에 서영남(전 사무국장)을 선임했다. 사무국 부서장은 남원철 정책기획부장, 김덕근 조직부장, 조종완 선전홍보부장, 김준우 연대사업부장, 한규권 노동안전부장, 권용수 총무부장, 김형기 비정규직사업부장을 선임했다.

2️⃣ 임금협상과 타결

임금협상부터 시작하다

최무덕 위원장은 7월 26일 임기 시작 후 첫 대의원대회를 열었다. 안건은 △2018년 단체교섭 요구안 △하반기 사업(투쟁)계획 △서영남 수석부위원장 인준 등이었다.

참석 대의원들은 상무집행위원회를 거쳐 올라온 2018년 단체교섭 요구안을 심의 확정했다. 먼저 임금은 총액 대비 4.6% 인상(호봉급 정률 100% 반영)을 요구하는 것으로 확정했다. 상용직 조합원은 평균임금을 일반직 직원 초봉(9급1호봉 기준)으로 임금체계를 개편하고, 임금인상률 및 임금인상 방법은 일반직과 동일한 적용을 요구하는 것으로 확정했다. 이어 △선택적 복

지비 인상(현행 145만 원→170만 원) △급식비 인상(현행 7만 원→10만 원) 등
을 확정했다.

참석 대의원들은 집행부가 제출한 하반기 투쟁(사업)계획도 심의, 확정했
다. 대의원대회를 통과한 하반기 사업계획을 보면 임금협상을 먼저 진행하
면서 단체협약 갱신 협상도 병행하기로 계획을 세웠다. 주요 사업으로 △다
대선 구조조정 원상회복 △임금피크제 재설계(폐지) △현장 부족인력 충원
△노동시간 단축 △직무급제 대응 △노동조건 개선 투쟁을 주요과제로 정
했다.

8월 23일 노동조합은 공사와 상견례를 겸한 간담회를 진행했다. 2018년
단체교섭 절차합의서도 작성했다.

첫 교섭은 8월 28일 열렸다. 노동조합이 임금 요구안에 대한 제안 설명을
했다. 그렇게 2018년 단체교섭 막이 올랐다.

9월 7일 2차 교섭에서 공사가 노동조합 요구안에 대한 입장을 밝혔다. 노
동조합이 제시한 임금 총액 대비 4.6% 인상 요구에 대해 공사는 총액 대비
2.6% 인상안을 제시했다. 선택적 복지비와 급식비 인상은 받아들일 수 없다
고 했다. 통상임금 리스크와 운영수지 적지 그리고 정부지침을 이유로 댔나.

이어 공사는 통상근무자와 교대근무자 간 임금 격차 해소, 통상임금은 현
임금 수준 범위 내 임금체계 개편을 주장했다. 통상임금 해소 조건으로 임금
2.6% 인상할 수 있다는 얘기였다.

탄력적 근로시간제 도입도 별도 협의하자고 했다. 감사원과 부산시 지적
사항을 핑계로 개악안도 내놨다. 대부분 단체협약 사항이었다.

노동조합은 임금협상에 단체협약 사항까지 내놓고 뭐하자는 거냐고 반
발했다. 노동조합은 임금과 통상임금은 분리해야 한다고 다시 한번 강조했
다. 이어 19대 집행부는 조합원 총투표에서 부결을 딛고 나온 집행부다. 가
볍게 교섭할 수 없다고 경고했다.

공공성 강화를 요구하는 부산지하철노조 간부 결의대회(2018.7.13.)와 토론회(2018.8.22.)

쟁의행위 절차 밟다

10월 4일 노동조합은 임시대의원대회를 열어 쟁의발생 결의와 단체교섭 수정요구안 등을 다뤘다. 참석 대의원들은 집행부가 상정한 쟁의발생 결의 건을 만장일치로 의결했다. 단체교섭 수정요구안은 현장 발의(안)이 나오는 등 열띤 토론 과정을 거쳐 집행부가 상정한 원안을 만장일치로 통과시켰다.

수정요구안은 크게 △노동조건 개선 요구안 △현안 요구안 △인력 요구안 △단체협약 개정 요구안으로 구성됐다.

노동조건 개선 요구안은 △4조2교대 전환(출퇴근시간 현행유지, 주기 지정 휴무를 제외한 기존 휴가 유지), 교번근무 휴일 87일에서 110일로 변경 △1~3호선 관리역제 폐지 △4호선 2인근무 실시 등을 담았다.

통상임금 사안 해소와 관련해선 △인력 충원을 통한 4조2교대 전면 실시 후 향후 발생할 통상임금 추가임금 해소 △공사 별도 재원 마련하여 근무형태 간 임금 격차 완화 등을 담았다.

현안 요구안은 공통 요구안으로 △복수직렬 폐지 △승진인사 시 재심권 신설 △가족수당 지급기준 변경을 담았고 지부, 지회별 요구안도 담겼다.

인력 요구안은 총 1270명 증원을 요구했다. 정원 대비 결원 인력 충원 요구로 △현장 부족인력 △장기 결원인력 △공로연수 및 퇴직 인력을 정원 확대 인력 요구로 △업무 개선인력 △구조조정 복원인력 △노동시간 단축(주 52시간제) 후속조치에 따른 인력 △노동조건 개선인력 등을 포함했다.

단체협약 개정 요구안은 △9급에서 4급까지 근속승진 △정년퇴직일 12월 31일로 통일 △통상임금에 상여수당, 가계보조비, 선택적 복지비, 성과급, 업무지원수당 추가 등 44개 조항의 개정 요구를 담았다.

노동조합은 10월 17일부터 19일까지 3일 동안 쟁의행위에 관한 조합원 찬반 투표를 진행했다. 전체 조합원 3818명 가운데 3014명(78.9%)이 투표했고 2478명(82.2%)이 찬성하여 찬반 투표가 가결됐다.

부산시청 광장에서 열린 조합원 결의대회(2018.10.25.)

노동조합 쟁의대책위원회는 10월 25일 부산시청 광장에서 조합원 결의대회를 열었다. 참여 조합원 수는 700명 수준으로 아직 조합원들의 투쟁 열기가 고조되지 않은 모습이었다.

임금협상 합의 타결

부산시가 공공기관 혁신 가이드라인을 통해 '재창조 프로젝트-무인운전 확대, 임금인상 동결, 성과상응 보상체계(성과연봉제)' 등 구조조정과 단체교섭 개별사안에 대한 지침을 시달했다.

공사는 부산시 가이드라인, 언론의 고임금 논란, 부산시의회 행정사무감사 지적 등을 이유로 임금인상 전제조건으로 신입사원 통상임금 추가상승분 해소를 요구했다.

그러나 노동조합은 임금 합의 후 2016년 단체교섭 수정요구안에 따라 노동조건 개선과 통상임금 문제 등을 논의한다는 방침을 재확인했다.

노동조합은 11월 9일 부산지방노동위원회에 사후조정을 신청했다. 쟁의대책위원회는 노사가 공사 사장 부재로 인한 사장 직무대행 체제에서 교섭 진행의 어려움이 있고, 임금협상을 조기 완료하고 노동조건 개선 투쟁을 위해 사후조정 신청을 결정했다고 했다.

11월 22일 사후조정위원회 1차 회의가 열렸다. 노동조합은 임금 수정안(총액 대비 2.6% 인상)을 제시했다. 또 상용직 조합원은 최저임금인상분을 제외하고 2.6% 인상안을 제시했다.

지방노동위원회는 중재안으로 2019년 내 통상임금 체계 미개편 시 2020년부터 신입사원 통상임금 해소, 임금체계 개편을 전제로 2.6% 인상(안)을 내놨다.

노동조합은 조정안을 거부했다. '2019년 내 통상임금 체계 미개편 시 2020년부터 신입사원 통상임금 해소 임금체계 개편' 주장은 신입사원 통상임금 임금체계 개편을 1년 유예에 불과하며 통상임금 관련 단체교섭에서 일방적으로 노조에 불리하게 작용할 것이라고 판단했다. 또 신입사원 통상임금 해소를 위한 임금체계 개편 합의가 이뤄질 경우 이후 교섭 때마다 공사가 임금인상에 따른 전제조건을 제시할 수 있는 관례를 만들 수 없다고 판단했다. 퇴직자 증가와 신입사원 증가로 향후 5년 내 통상임금 추가 발생분이 연간 150억 원 수준으로 줄어들어 노동조건 개선 협상에서 불리하게 작용할 것이라는 점도 고려됐다. 특히, 노동조합 내 이중임금 체계 발생으로 노노갈등 등이 발생할 우려 등을 감안할 때 신입사원 통상임금 추가 발생분 우선 해소는 결코 받을 수 없었다.

12월 3일 다시 사후조정위원회 회의가 열렸다. 조정회의에서도 노사 입

공공기관 인사제도 개선촉구 기자회견(2018.10.16.)

비리 공공기관장 사퇴 촉구 기자회견(2018.10.30.)

부산시의 산하 공기업 교섭 부당 개입 규탄 기자회견(2018.11.20.)과 간부 결의대회(2018.11.26.)

장이 팽팽히 맞서 조정은 결렬됐다. 조정결렬 후 공익위원들은 노사 대화를 촉구했다.

조정 결렬 후 노사는 장소를 본사로 옮겨 오후 8시부터 교섭을 이어갔다. 실무 간에 집중 교섭을 진행했다. 몇 차례 진통을 거쳐 잠정합의안이 나왔다.

잠정합의안 주요 내용을 보면 △임금 총액 대비 2.6% 인상(직무급과 호봉급 각각 50% 정률 반영) △통상임금 및 근무체계 개편에 대한 책임 있는 논의 즉각 시작 등이 담겼다.

노동조합은 12월 7일 임시대의원대회를 소집했다. 참석 대의원들은 잠정합의안을 만장일치로 승인했다. 2018년 임금협약 체결 관련 조합원 인준 투표도 94.8% 찬성으로 가결됐다.

3 》 이틀 파업과 4조2교대 전환 합의 타결

통상임금 그리고 노동조건 개선 투쟁 재개

노동조합은 2019년 2월 15일 임시대의원대회를 열어 임금 요구안을 확정했다.

임금인상 요구율은 총액 대비 4.3%로 확정했다. 인상분은 호봉급에 정률 100% 반영을 요구하기로 했다. 이어 2018년 요구했다가 관철하지 못한 선택적 복지비 인상(현행 145만 원→170만 원), 급식비 인상(현행 7만 원→10만 원) 요구가 들어갔다.

상용직 임금 요구안의 경우 '상용직 평균임금을 일반직 직원 초봉(9급1호봉 기준)으로 임금체계를 개편하고, 임금인상률 및 인상 방법은 일반직과 동일 적용'하라는 2018년 요구안을 그대로 담았다.

4월 1일 노사가 상견례를 겸한 단체교섭을 열어 교섭절차합의서를 작성 서명하면서 2019년 단체교섭 투쟁 막이 올랐다.

상견례에 이어 4월 4일 노동조합 요구안 제안 설명으로 본격적인 교섭에 들어갔다. 노동조합은 요구안 제안 설명에서 △임금 총액 대비 4.3% 인상을 비롯한 임금 요구안 그리고 2018년 10월 4일 대의원대회에서 확정한 △4조 2교대 전환 등 노동조건 개선 요구안 △노동이사제 도입, 2017년 재창조 프로젝트 폐기 등 공공성 강화 및 구조조정 폐기 요구안 △인력 요구안 △단체 협약 개정 요구안 순으로 요구안을 설명했다.

공사가 4월 16일 교섭에서 통상임금 해소와 단체협약 개정(안) 등이 포함된 제시안을 내놨다. 공사는 제시안에서 통상임금 해소와 관련해 임금체계 개편을 통해 현 임금 수준 범위 내 통상임금 해소 등 2018년 부결된 노사합의서와 동일한 주장을 내놨다. 이어 공사는 △기 소송 제기분(2013.8.~2016.12.) 1심 판결기준 50% 안전인력 채용재원 반영 △미제기 소송분(2016.1.~2018.12.) 1심 기준 50% 안전인력 채용 재원 반영할 것을 제시했다.

임금도 인건비 인상재원 1.8%를 안전인력 채용 재원으로 사용하자고 했다. 단체협약 개정 요구안으로 단체협약 제30조 3항의 8급에서 6급까지 근속승진을 8급에서 7급까지 근속승진으로 개악하는 등 10개 항을 개정하자고 주장했다.

그리고 공사 제시안에는 감사원과 부산시 감사 지적 사항과 관련해 유급휴일에서 1호선 개통일과 노조창립일 제외 등 7개 조항의 개악안이 들어있었다.

노사는 5월 9일 7차 교섭을 열었다. 탄력적 근로시간제 도입이 쟁점이었다. 공사는 탄력적 근로시간제 도입으로 실적급이 발생하지 않도록 하는 것이 기본 베이스라고 했다. 실적급이 발생하지 않는 근무형태 변경이라고 주

서비스지부 총회(2019.4.8.)

투쟁사업장 연대의 날 집회에서 결의를 다지는 부산지하철노조 간부들(2019.4.25.)

장했다. 이에 대해 노동조합은 탄력적 근로시간제 도입 없이도 통상임금 문제를 해결할 수 있다고 말했다.

공사 수정안 제시 그러나 노조 파업 돌입 수순

5월 21일 공사가 수정안을 내놨다. 공사는 노동조건 개선 등을 위해 469명 증원안을 제시했다. 또 근속승진제와 관련해 6급에서 10년 근속 시 5급으로 승진토록 하되, 2020년 입사자부터 9급에서 5급까지 근속승진제를 시행하겠다고 밝혔다.

노동조합은 공사의 469명 인력 증원 제시와 관련해 2018년보다 명목 숫자는 늘었지만, 정부정책 차원에서 늘어날 인력, 안전인력, 법개정 인력, 52시간제 인력이 포함된 인력이다. 4조2교대 전환에 필요한 인력은 턱없이 부족하다고 주장했다.

공사가 교섭에서 미미하긴 하지만 변화를 보이기 시작했다. 노동조합은 압박 전술을 택했다.

6월 5일 노동조합은 임시대의원대회를 소집했다. 참석 대의원 90명 만장일치로 노동쟁의 발생을 결의했다. 쟁의대책위원회 구성 및 쟁의기간 임금 반납동의서 작성도 결의했다.

이날 규약 제77조(협약의 체결) 개정 의결도 있었다. 「기존 협약의 체결은 대의원대회 의결 결과에 따라 위원장이 대표로 행하고 교섭위원이 연서하여야 한다.」를 「협약의 체결은 총회를 거쳐 위원장이 체결한다.」로 바꿨다. 규약 개정은 대법원 판결로 해당 규약에 대한 노동청 규약시정명령이 확정되어 더이상 미룰 수 없었기 때문이었다.

현장 발의로 서비스지부 분리를 위한 조합원 총투표 부의 건이 상정돼, 표결 결과 부결되기도 했다.

노동조합은 쟁의발생 결의를 시작으로 6월 10일 본사에서 현장간부 결

조합원 결의대회(2019.5.14.)

현장간부 결의대회(2019.6.10.)

간부 결의대회(2019.6.25.)

서비스지부 결의대회(2019.6.26.)

의대회를 여는 등 빠르게 투쟁 분위기를 달궈 나갔다. 노동조합 중앙쟁의대책위원회(쟁대위)는 6월 11일 파업 돌입을 위한 마지막 법적 절차인 쟁의행위에 관한 조합원 찬반 투표를 실시했다. 투표는 13일까지 진행했다. 전체 조합원 3911명 가운데 3403명(87%)이 투표하여 찬성 2774표(70.9%), 반대 616표, 무효 13표로 무난히 가결됐다.

6월 19일 공사가 최종 제시안이라며 다시 수정안을 내놨다. 5.21제시안 (469명)보다 28명 늘어난 497명을 제시했다. 공사는 통상임금 사안 해소를 위한 임금체계 개편안도 제시했다. 공사는 통상임금 추가 발생을 해소하기 위한 방안으로 △상여수당과 가계보조비를 없애고 대신 일부 기본급화, 직급보조비, 급식비 조정으로 임금을 보전하는 안을 제시했다. 또 탄력적 근로시간제 도입과 관련해 실적급(시간외 수당)을 업무지원수당 등 산입하는 안을 제시했다. 공사가 내놓은 업무지원수당 조정안은 기본급 기준 통상근무자 13.9%, 교대근무자 17.60%, 교번근무자 15.80%였다.

쟁대위는 7월 10일을 파업 돌입 D-day로 잡았다. 비상총회(7월 9일) 소집을 공고하고 6월 26일부터 조합원 쟁의복 착용 투쟁에 들어갔다.

6월 25일 대의원대회를 열어 규약 제48조(표결의 특례)에 2항으로「조합이 특정업체 조합원에 해당하는 노동조건 관련한 협약 등을 조합원 총투표에 부의하는 경우는 그 해당업체의 조합원만 표결권이 있다.」를 신설해 향후 표결권 여부와 관련한 말썽 소지를 없앴다.

7월 4일 부산지방노동위원회에서 조정회의가 열렸다. 조정위원회는 중재안을 제시했다. 중재안은 "△임금 1.8% △인원 총 550명 △통상임금 과거분은 법적 소송 결정에 따른다"였다.

조정위원회 중재안에 대해 노동조합은 수용의사를 밝혔다. 그러나 공사는 거부했다. 결국 조정위원회는 노사 간 조정 실패로 조정 종료를 선언했다.

이틀 파업투쟁 그리고 합의

7월 9일 파업 돌입 하루 전 노사는 오후 3시 노포창 홍보관에서 최종 교섭을 열었다. 공사는 임금동결 주장을 거두지 않았다. 노동조합은 미래의 통상임금 추가분, 내년 관공서 공휴일 확대에 따른 휴일수당을 내놓겠다고 했다. 또 노조 주도 통상임금 소송을 하지 않겠다고 했다. 그러나 공사는 끝까지 임금동결을 고집했다. 결국 교섭은 결렬됐다.

노동조합은 오후 7시 30분 노포창 주차장에서 비상총회를 소집했다. 최무덕 위원장은 예고대로 7월 10일 파업 돌입을 선언했다. 7월 10일 승무조합원들은 첫차부터 파업에 들어갔다. 나머지 조합원들은 오전 9시부터 파업에 들어갔다.

이종국 공사 사장이 SNS에 노동조합 파업을 두고 "적폐를 들어내고 정상적으로 돌려놓겠다"고 했다. 노조가 무리한 요구를 하고 부산시민을 상대로 전쟁을 하자는 것이라며 파업을 폄하하고 모든 책임을 노동조합에 돌리는 여론공작을 시도했다. 오거돈 부산시장도 고임금 운운하며 파업을 폄훼하고 지하철노동자들을 이기주의자로 매도했다.

노동조합 쟁대위는 10일 오전 9시 기자회견을 열어 오거돈 시장과 이종국 사장을 향하여 지하철 청소노동자들이 부산시청 앞에서 170일 넘게 정규직 전환을 외쳤지만 그들에게 따뜻한 눈길 한 번 준 적 있냐며 그들도 오늘 식대 1만 원을 요구하며 파업에 돌입했다고 질타했다.

10일 오전 10시 부산시청광장은 파업출정식을 위해 모인 2000명 넘는 부산지하철노동자들이 메웠다. 파업출정식 후 조합원들은 서면을 거쳐 범내골 부산교통공사까지 행진했다. 탈핵부산시민연대가 파업지지 인증샷을 보냈다. 멀리 일본 JR동노조에서도 파업지지와 연대 메시지를 보내왔다.

7월 11일 파업 2일차, 노사는 오후 6시 30분 다시 마주보고 앉았다. 교섭 시작에 앞서 이종국 사장이 파업 첫날 SNS에 올렸던 글과 관련 유감 표명을

조합원 비상총회와 파업(2019.7.9.~11.)

했다. 노사 교섭은 실무교섭 그리고 문구수정을 거듭하며 지루하게 진행됐다. 교섭을 시작한 지 3시간 30분 정도 경과했을 즈음 노사 교섭은 잠정합의에 이르렀다.

주요 합의내용을 보면 노사는 인력 문제와 관련해 근무형태 개선 및 주52시간제 시행 등 각종 법 개정에 따른 필요한 인력으로 정원 대비 540명 증원을 합의했다. 노동조합이 내놓은 해설서에 따르면 자연감소 인원 130명을 포함해 총 670명을 채용한다. 근무형태 개선과 관련해선 통상근무자는 현행 유지, 3조2교대는 4조2교대 전환, 야간 격일제근무는 4조2교대로 전환, 교번근무는 현행 연 87일 휴일에서 연 110일 이상(평균 113일) 휴일 확대를 합의했다.

근무형태 변경에 맞춰 휴일, 휴가도 조정됐다. 근로기준법 제55조 제1항에 따른 유급휴일은 해당 근무형태에 따른 근무편성상 휴무를 사전 대체하는 것으로 했다. 기존 연간 지정휴일은 폐지되고 보상휴가(통상근무자 연간 8일, 교대 및 교번근무자 연간 6일)를 부여하기로 했다. 또 사용촉진 연차휴가를 6일 부여하되, 6일분 연차수당은 임금보전을 하는 것으로 했다. 그 외 기존 교대 및 교번근무 야간당무 휴가 사용 시 1일로 간주하던 것을 2일 사용으로 바꿨다.

또 통상임금 산입 여부와 관련된 노사 간 법적 다툼 해소를 위해 근무형태 개선 시 관련 규정을 개정 시행하기로 합의했다. 이와 관련 정기 상여수당(기본급 400%), 가계보조비(기본급 350%)를 폐지하고, 기본급 및 직급보조비에 전액 반영하기로 했다. 선택적 복지포인트는 재직자 조항을 넣어 통상임금 산입에서 제외시켰다. 통상임금 산정을 위한 기준근로시간 수는 월 209시간으로 합의했다.

또 3개월 단위 탄력적 근로시간제 도입도 합의했다. 탄력적 근로시간제 도입에 따라 시간외수당 미발생과 관련해 기본급과 업무지원수당 조정 및 신설로 보전하기로 했다. 근무형태별 조정 및 신설된 업무지원수당 지급률은 기본급 기준 통상근무 13.89%, 교대근무A 17.78%, 교대근무B 15.15%, 교번근무 16.05%, 야간격일근무 6.18%로 정했다.

임금은 총액 대비 0.9% 인상(직무급 정률 100% 반영)에 합의했다. 지방공기업 예산편성기준에 근거 전년 대비 총액 1.8% 중 나머지 0.9%는 안전인력 채용 재원으로 사용하기로 했다.

단체협약 개정 부분에선 9급에서 5급까지 근속승진제 도입을 합의했다. 정년퇴직일은 12월 31일로 통일하되 2022년(1962년생)부터 시행하기로 했다.

노동조합은 7월 23일 임시대의원대회를 열어 잠정합의안 승인 여부를 상정했다. 심의 과정에 잠정합의안 승인 여부를 조합원 투표에 붙이자는 의견이 나왔다. 대의원대회에서 의결할지, 조합원 투표로 할지 묻는 표결을 했다. 표결 결과는 참석 대의원 93명 중 79명이 대의원대회 의결에 손을 들었다.

잠정합의안 승인 여부에 대한 표결에 들어갔다. 참석 대의원 93명 가운데 83명이 잠정합의안 승인에 찬성했다. 가결이었다. 이어 서비스지부 잠정합의서 승인 건에 대해서도 참석 대의원들은 만장일치로 통과시켰다.

노동조합은 7월 30일부터 8월 1일까지 사흘 동안 협약 체결과 관련한 조합원 인준 투표를 진행했다. 전체 조합원 3910명 가운데 3100명(79.3%)이 투표에 참여했다. 투표 조합원 가운데 2530명이 찬성, 564명이 반대했다. 조합원들은 81.6% 찬성으로 협약 체결을 인준했다.

통상임금 문제 해소, 노동조건 개선 투쟁 합의 타결의 의의와 한계

8월 1일 조합원 인준 투표를 끝으로 2019년 단체교섭 투쟁은 모든 절차를 완료했다.

2013년 7월 통상임금 관련 체불임금청구소송 제기로 시작한 통상임금 정상화 투쟁 그리고 이와 연동한 노동조건 개선 투쟁도 사실상 마무리 수순을 밟고 있다. 소송 제기 후 6년, 통상임금 정상화와 노동조건 개선 투쟁을 본격화한 지 3년 만이다.

첫 시작은 통상임금 관련 체불임금청구소송이었다. 노동조합은 통상임금 산입 범위에 상여수당(연 기본급 400%), 가계보조비(연 기본급 350%), 성과급(기본급의 100%), 선택적 복지비 등을 포함하라고 요구했다. 대법원 전원합의체 판결(2013.12.18.)에 따르더라도 당연한 요구였다. 바로 통상임금 정상화 요구였다.

노동조합은 통상임금제도 취지를 반영한 노동시간 단축 투쟁도 연동했다. 통상임금 정상화로 늘어나는 실적급을 노동시간 단축 재원으로 사용하자는 제안이었다. 다시 말해 추가 실적급(공사 주장 약 300억 원)을 노동시간 단축에 필요한 인력 채용 재원으로 사용하자는 제안이었다. 사회적 쟁점이었던 청년 일자리 확대에도 부합하는 제안이었다.

그러나 부산시와 공사는 노동조합의 요구를 받아들이지 않았다. 공사는 기존 총 인건비 내에서 통상임금 사안 해소를 주장했다. 노동조합이 거부하자, 공사는 출처도 불분명한 '재창조 프로젝트'를 내세워 구조조정을 강행했다. 구조조정으로 노동조합을 압박해 양보를 받아내겠다는 것이었다.

그럼에도 답답한 쪽은 공사였다. 공사는 2017년 말 김광희 집행부가 들어서자마자 2018년 상반기 내 통상임금 사안 해소를 조건으로 노동조건 개선 요구를 받아들일 수 있다며 신속한 교섭을 요구했다. 노동조합도 공사의 제안에 긍정적으로 응했다. 2018년 4월 27일 4조2교대 전환, 인력 383명 증원 등 노사합의서도 나왔다. 그러나 조합원 선택은 부결이었다.

그랬다. 2019년 7월 11일 합의 타결은 2018년 5월 17일 조합원 인준 투표 부결을 딛고 이룬 것이다. 그 사실만으로 의미가 있다.

성과 측면에서 보면 2018년 4월 27일 합의보다 늘어난 540명 인력 증원 부분이다. 자연감소인력 130명을 포함해 연말까지 670명을 신규채용하기로 노사가 합의했다. 애초 노동조합 요구안에 미치지 못했지만 애써 박하게 평가할 이유는 없을 듯하다. 3조2교대에서 4조2교대로 전환과 교번근무자 휴일 110개 이상 확보 합의 등 노동조건 개선 합의도 당연히 성과로 평가할 부분이다. 정년퇴직일(정년 도달해 12월 31일) 통일, 5급까지 근속승진제 관철도 성과임에 틀림없다.

아쉬운 부분은 '통상임금 정상화' 원칙을 지켜내지 못한 부분이다. 2019.7.11.합의는 통상임금 정상화가 아닌 편법과 탄력적 근로시간제 도입을 통한 통상임금 사안 해소였다. 공사 입장에선 2019.7.11.합의로 임금과 근로조건 운영의 유연성을 확보했다. 탄력적 근로시간제는 특정일, 특정기간 시간외수당 부담 없이 장시간노동을 허용하는 제도로 노동자에겐 악법이다. 물론 탄력적 근로시간제 도입에 따른 피해를 막기 위한 보완 조항을 마련했다. 그러나 노동자에게 탄력적 근로시간제는 악법이란 사실엔 변함이 없다. 탄력적 근로시간제가 없을 경우 당연히 누릴 권익까지 보완할 순 없다.

4 ▎ 직고용 對 자회사

2018년 1월부터 가동을 시작한 '정규직 전환을 위한 노사전문가협의기구(노사전문가협의기구)'가 1년 7개월여 만에 중간 결과를 내놨다.

8월 5일 노사전문가협의기구 11차 회의에서다. 이날 노사전문가협의기구는 시민 생명 및 안전과 직결되는 분야의 용역노동자 226명 우선 직고용(무기계약직 전환) 전환을 합의했다. 직고용 대상에는 차량정비 소속 노동자

상이군경회(7.31.)

평화용사촌(8.14.)

본사 결의대회(9.25.)

고용승계 약속 파기 규탄 본사 결의대회(10.17.)

136명, 승강장안전문(PSD) 정비노동자 61명, 전기설비 노동자 26명, 통신설비 노동자 3명이 포함됐다. 또 만 60세가 넘는 용역노동자는 생계지원 차원에서 전환 시점을 기준으로 1년간 고용을 보장하기로 했다.

노사전문가협의기구가 226명 직고용을 합의했지만, 아직 갈 길은 멀었다. 아직 청소용역노동자 등 1000명 넘는 용역노동자들의 고용전환 문제가 남아 있기 때문이다.

9월 19일 용역노동자 정규직 전환을 위한 노사전문가협의기구 12차 회의가 열렸다.

노동조합은 먼저 공사가 의결되지 않은 사실을 비조합원을 대상으로 설명한 행위에 대해 일방적으로 자회사 설립을 강행하겠다는 의사로 보인다며 강하게 항의했다. 이어 노동조합은 공사가 부산시에 왜곡된 자료를 보내 직고용 시 추가 재원이 들지 않는데도 추가 재원이 들어간다고 했다며 공사를 질타했다.

이에 앞서 공사가 부산시 공공기관혁신팀장에게 청소용역 직고용 시 연간 급여가 4300만 원에 이른다는 거짓 보고한 사실이 확인됐다. 공사가 청소용역을 자회사로 전환시키기 위해 부산시에 왜곡된 자료를 보내고, 교동국에 끊임없이 자회사 설립 필요성만 보냈다는 사실이 드러난 것이다. 이와 관련 외부 전문가 위원들조차 이런 식으로 진행하면 협의기구 자체가 무의미하다고 지적했다.

9월 25일 아침, 노동조합은 범내골 본사 앞에서 용역노동자 직고용 쟁취 결의대회를 열었다. 서비스지부 조합원은 물론 정규직 조합원들도 함께했다. 서비스지부는 5개월 넘게 부산시청과 공사 청사 앞에서 출근선전활동을 벌여 왔다.

3

20대 집행부와
직고용 투쟁 그리고 코로나19

1) 20대 임은기 집행부 출범

노동조합 20대 위원장-사무국장 후보에 임은기-박상정 후보가 단독 출마했다. 함께 치르는 지부장 선거도 기술지부장 김현한 후보, 역무지부장 이동익 후보, 승무지부장 김상배 후보, 차량지부장 변증환 후보, 서비스지부장 황귀순 후보가 단독 출마했다.

투표는 10월 15일부터 17일까지 사흘 동안 진행했다. 전체 조합원 3605명 가운데 2664명이 투표에 참여했다. 투표율은 73.9%로 낮았다. 경선이 아닌 단독 출마로 조합원들의 관심도가 낮았던 게 원인으로 분석됐다.

위원장-사무국장 동반선거 개표 결과 임은기-박상정 후보 조는 투표 조합원 2664명 중 2186표(82.1%)를 받아 당선됐다.

임은기-박상정 당선자는 선거운동 과정에서 선거 슬로건으로 'LIFE, UP'

'나의 삶을 한 단계 UP↑시킵니다'를 내세웠다. 이어 임은기-박상정 당선자는 여성조합원 의견청취 확대를 통한 노조 역량 강화와 사회공공성 확대를 약속했다. 또 청소용역 노동자 직접고용 추진하고 부산시에 단체교섭을 요구하겠다고 밝혔다.

한편, 지부장 선거에선 기술지부장 김현한 후보(95.6%), 서비스지부장 황귀순 후보(84.3%), 승무지부장 김상배 후보(87.2%), 역무지부장 이동익 후보(92.6%), 차량지부장 변증환 후보(93.8%)들도 무난히 과반수를 넘겨 당선됐다.

11월 1일 20대 임은기 집행부는 임기를 시작했다. 임은기 위원장은 수석부위원장으로 서영남(19대 수석부위원장)을 내정했다. 사무국 부서장은 이성대 조직부장, 권용수 총무부장, 조연식 정책기획부장, 이정수 조사통계부장, 조원규 후생복지부장, 이동훈 노동안전보건부장, 김준우 연대사업부장, 김형기 비정규사업부장, 박영수 선전홍보부장을 선임했다.

2》 부산지하철노조 노동조건 개선 투쟁이 풀빵정신인가

부산지하철노조 전태일 노동상 수상

2019년 11월 13일 부산지하철노조가 전태일 노동상을 받았다.

전태일재단은 11월 11일 전태일 열사 49주기를 맞아 부산지하철노조를 27회 전태일 노동상 수상단체로 선정했다.

전태일노동상 심사위원회는 노조가 통상임금 소송 결과에 따라 추후 받게 될 임금증가분 300억 원과 2020년 추가 공휴일수당 70억 원을 540개 신규일자리 창출 재원에 사용하기로 결정한 것을 높게 평가했다.

이와 관련 전태일재단은 "부산지하철노조가 전태일의 풀빵정신을 그대

부산지하철노조 전태일 노동상 수상(2019.11.13.)

로 실천했다"며, "노동조합 운동에 사회연대전략을 뿌리내린 모범"이라고 선정 이유를 설명했다.

임은기 위원장은 "상을 받았지만 부끄럽다. 전태일 노동상의 의미는 많은 분들이 알 것으로 생각한다. 열악한 노동현장과 연대하고, 사회적 약자와 함께할 수 있는 노동조합, 사회적 의제와 함께할 수 있는 노동조합을 만들어가겠다"고 수상 소감을 밝혔다.

사회연대전략인가, 노동자 투쟁의 속성인가

부산지하철노조가 전태일 노동상을 받은 것은 기쁜 일이다. 그러나 "풀빵정신을 그대로 실천했다"는 말은 사실관계를 제대로 확인하지 않은 평가였다.

부산지하철노조는 애초 통상임금 정상화에 따른 인건비 증가분을 재원으로 노동시간 단축을 통한 노동조건 개선을 투쟁목표로 세웠다. 물론 최종 투쟁 결과물은 노사 힘의 관계에 따라 단체협약이 일부 후퇴하거나 양보를 해야 했다. 그러나 전태일재단이 말하는 '풀빵정신'과는 거리가 멀다.

부산지하철노조 조합원들은 인건비 증가분을 포기하거나 양보한 것이 아니다. 인건비 증가분과 노동시간 단축 가운데 노동시간 단축을 선택한 것이다. 인력 증원은 노동시간 단축의 종속변수였다. 다만, 인력 증원 수준이 어떻게 될지는 노사 간 힘 관계에 따라 정해졌다.

다시 말해 부산지하철노조는 통상임금 정상화와 연동하여 노동시간 단축을 통한 노동조건 개선이 최종 목표였다. 그 과정에 노동시간 단축의 종속변수로 540명 신규채용을 쟁취한 것일 뿐이다.

조합원들은 오랜 경험으로 어차피 인건비 증가분을 온전하게 받을 수 없을 것이라는 걸 인식하고 있었다. 노동시간 단축을 선택한 것은 전술적 판단이었다. 부산지하철 사측(부산시 포함)은 처음엔 기존 총 인건비 내에서 통상임금 사안을 해소하자고 주장했다. 구조조정으로 노동조합과 조합원들을 협박하고 압박하기도 했다. 그러한 사측의 협박과 압박을 힘겹게 이겨내고 2019.07.11.합의를 쟁취한 것이다.

그렇듯 노동조합 한계로 더 많이 더 나은 합의안을 만들어내지 못했을 뿐, 7.11합의는 일각에서 얘기하는 통상임금 추가분 포기 교섭도 풀빵정신에 근거한 사회연대전략도 아니었다.

노동조합은 일차적으로 조합원들의 권익을 지키고 향상시키기 위해 투쟁한다. 그러나 노동자 투쟁의 결과 또는 성과는 조합원뿐만 아니라 외부 사회에도 영향을 미친다.

노동조합 투쟁 역사가 증명하고 있다. 부산지하철노조가 사측의 구조조정(인력감축)을 저지하기 위해 파업투쟁도 불사하며 싸워 구조조정을 저지하거나, 구조조정 규모를 줄이기도 한다. 그렇게 지금껏 노사 간 힘 관계에 따라 신규채용 규모가 정해졌다. 노동조합이 구조조정 저지 투쟁을 하는 것은 당연히 조합원들의 노동조건을 지키기 위해서였다. 그러나 그 결과는 청년 일자리 창출로 나타났고, 안전인력 증원으로 지하철 안전에 영향을 끼쳤다. 그것을 사회연대전략이라고 하지 않는다. 노동자 (계급)투쟁의 속성일 뿐이다.

③ 청소노동자 직접고용 투쟁

"청소노동자 직접고용하라!" 서비스지부 시청역 농성 돌입

서비스지부가 12월 5일 청소노동자 직접고용을 요구하며 시청역 농성에 들어갔다.

농성 돌입 기자회견에서 서비스지부는 문재인 정부의 공공기관 비정규직 제로화 정책이 시행됐지만, 부산교통공사의 정규직 전환 비율은 15%로 전국 공공기관 중 최하위라고 지적했다. 이어 연초부터 12차에 걸쳐 노사전문가협의기구를 통해 정규직 전환 대상 1489명 중 차량 정비 부문 등 226명

서비스지부 농성 돌입 기자회견(2019.12.5.)

만 무기계약직 고용이 결정됐다며 청소노동자가 대부분인 나머지 1000여 명은 여전히 비정규직이라고 설명했다.

서비스지부가 시청역에서 무기한 농성에 돌입한 가운데 노동조합은 12월 6일 열린 정기대의원대회에서 직접고용 쟁취 투쟁 결의안을 채택했다.

한편, 노동조합은 연말을 맞아 지난해에 이어 연대투쟁기금 마련을 위한 조합원 모금을 진행했다. 총 1200만 원이 모였다. 노동조합은 전태일 노동상 상금 500만 원까지 합쳐 총 1700만 원을 투쟁사업장 등 열 곳에 연대투쟁기금으로 전달했다.

연대투쟁기금을 전달한 곳은 민주노총 부산본부 비정규위원회, 금속노조 풍산마이크로텍지회, 요양서비스노조 효림원분회, 공공운수노조 메트로9호선지부, 공공운수노조 경마기수지부, 공공운수노조 서해선지부, 세종호텔노동조합, 김용희 삼성해고노동자 고공농성 공동대책위원회, 공공운수노조 제주지역지부, 공공운수노조 의료연대 서울지부 등이다.

해 넘긴 직고용 투쟁

청소노동자 직접고용 투쟁이 해를 넘어 이어졌다. 부산지하철 청소노동자들이 부산시청에서 직접고용을 외치며 출근선전활동을 한 지도 3년째였다. 오거돈 부산시장 취임 이후 1년 8개월이 지났다.

노동조합은 2020년 1월 6일에 이어 2월 5일 부산시청 앞에서 청소노동자 직접고용 쟁취를 위한 간부 결의대회를 열었다.

노동조합이 작년 12월부터 세 차례나 노사전문가협의기구 회의 개최를 요청했지만, 공사는 묵묵부답이었다. 그러다 공사는 1월 28일 자회사 설립추진단 설치를 공지했다. 공사 마음대로 하겠다는 것이었다. 노동조합이 반발하자 공사는 자회사 설립추진단 설치를 잠정 유보했다.

2월 17일 노사전문가협의기구 회의가 열렸다. 5개월 만이었다.

서비스지부 직접고용 쟁취 기자회견(2020.1.22.)

부산시청 앞에서 열린 청소노동자 직접고용 쟁취 간부 결의대회(2020.2.5.)

오거돈 시장 노포 방문 항의행동(2020.2.13.)

서비스지부 결의대회와 직고용촉구 기자회견(2020.2.20.)

공사는 자회사 설립을 제시했다. 노동조합은 직접고용을 요구했다. 외부 전문가들은 공사가 일방적으로 자회사 설립추진단을 구성한 것은 문제 있다고 지적했다. 이어 현재와 같은 회의 진행은 문제가 많다며 시한을 정해서 협의기구를 운영하자고 제안했다.

2월 20일 노동조합은 시청 앞에서 서비스지부 조합원 결의대회를 열었다. 오거돈 시장 면담요청서 전달을 위해 시청에 들어가려 했으나 경찰과 청경이 막아섰다. 노동조합은 몸싸움과 실랑이 끝에 시장 보좌관에게 시장 면담요청서를 전달하는 선에서 물러섰다.

직접고용 투쟁 전국에서 연대

5월 6일 궤도사업장 노조 대표자들이 부산시청 앞에 모였다. 전국 궤도사업장 중 유일하게 비정규직 정규직 전환이 이뤄지지 않고 있는 부산지하철 청소노동자들의 직접고용을 촉구하기 위해서였다. 정기녀 인천교통공사노조 미화지부장은 직접고용 전환 사업장의 경험을 얘기했다. 정 지부장은 "직고용된 지 7년이 지났다. 고용이 안정되어 마음 놓고 일할 수 있다는 것이 가장 좋다. 용역보다 예산이 적게 들고, 청소노동자도 공사 소속이라는 자부심이 생겨 더 열심히 일하게 된다. 꼭 필요하다"고 말했다.

반면, 대구지하철노조 윤기률 위원장은 대구는 작년 자회사로 전환됐다며 자회사의 문제점을 얘기했다. 윤 위원장은 "자회사는 직영과 달리 복리후생 등 기타 여러 부문에서 공사가 권한을 갖기 때문에 한계는 뚜렷하다. 자회사 전환이 근로조건을 전혀 개선하지 못한다"고 말했다.

5월 22일 부산지하철 청소노동자 직접고용 쟁취를 요구하는 공공운수노조 영남권 노동자대회가 열렸다. 최준식 공공운수노조 위원장은 경쟁과 차별이 아니라 연대와 평등으로 함께 살자고 호소했다. 임은기 부산지하철노조 위원장은 "노동이 존중받지 못하는 사회에서는 어떤 곳에서도 인권과 정

서비스지부 농성 100일차 기자회견(2020.4.29.)

부산지하철 청소노동자들의 직접고용 촉구 궤도협의회 기자회견(2020.5.6.)

의, 공정을 찾을 수 없다. 재정 절감도 되고 착한 일자리도 만들 수 있는데도 하지 않는 것은 직무유기다. 공사 경영진 사퇴해야 한다. 시장권한대행도 그만둬야 한다"며 청소노동자 직접고용을 공사와 부산시에 촉구했다. 황귀순 서비스지부장은 지회장들과 함께 낭독한 투쟁결의문을 통해 청소노동자 직접고용, 자회사 강요 중단을 요구하며 "부산시가 직접고용을 책임져라" 외쳤다.

④ 2020년 단체교섭 투쟁과 코로나19

2020년 단체교섭 요구안 확정

코로나19 확산으로 2월 23일 시행할 예정이던 공채 필기시험이 무기한 연기됐다. 이로 인해 4조2교대 전환은 물론 당장 퇴직자 등 자연감소 인원 충원도 차질이 불가피하다. 노동조합 활동도 코로나19 영향을 비켜 갈 수 없었다. 서비스지부 직접고용 투쟁은 시청역 농성과 시청 출근선전활동으로 축소됐다.

노동조합은 4월 27일 임시대의원대회를 실내가 아닌 잔디구장에서 열었다. 코로나19 때문이었다. 참석 대의원들은 집행부가 상정한 2020년 단체교섭 요구안을 심의 확정했다. 요구안도 코로나19 영향을 받았다. 대의원대회를 통과한 2020년 단체교섭 요구안 주요 내용을 보면 우선 임금 부문에서 노동조합은 코로나19로 경제가 어려운 것을 감안해 행정안전부 권고수준인 2.8% 인상안을 확정했다. 처우가 열악한 상용직은 4.6% 인상을 요구하는 것으로 했다. 공무직은 2020년 공공운수노조 임금 요구안에 맞춰 전체 노동자 평균 급여의 5% 인상 해당금액인 17만6000원(평균임금 6.5% 인상 효과) 인상 요구안을 확정했다.

코로나19 조치로 인해 잔디구장에서 연 임시대의원대회(2020.4.27.)

후생복지 부문으로는 선택적 복지비(현행 145만 원→150만 원) 인상을 요구안에 담았다. 또 하계휴양소 예산(지원 부담금 제외) 현행 대비 7000만 원 증액 요구안을 담았다.

단체협약 부문에선 공무직 조합원의 근로조건 보호를 위해 '공무직 근로조건은 공무직 취업규칙에 의한다' 문구 삽입 등 제3조, 제11조, 제43조의3, 제112조의 개정 요구안이 포함됐다.

현안 부문에선 먼저 근무형태 변경에 따른 세부 요구사항으로 △근무주기에 적합한 교육 시행방안 마련 △인원 증가에 따른 복지비, 부서운영비, 소모품비 등 예산 반영 △4조2교대에 적합한 조합활동 등을 담았다. 그밖에 결원 인원 75명 조기 충원과 상반기 공로연수자 62명에 대한 대책 마련 요구 등을 담았다.

노동조합은 5월 27일 공사와 상견례를 갖고 2020년 단체교섭을 시작했다. 공사는 코로나19로 인한 운수수익 감소를 들먹이며 노동조합의 임금 요구안에 대한 검토가 녹록지 않다며 앓는 소리를 했다. 근무형태 전환과 관련해 "코로나19로 공채 시험이 연기되면서 채용 시기도 늦춰졌다며 올해는 근무형태 전환이 이뤄져야 한다"고 얘기했다.

노동조합은 7월 5일 이후엔 원만한 교섭 진행을 위해 공사가 생각하는 근무형태 전환 시기와 근무주기 등을 제시해야 한다며 공사의 적극적인 준비를 요구했다.

결원(75명)과 공로연수(62명) 등으로 인한 부족 인원 충원 요구와 관련해 공사는 현재 인력 충원은 불가능하다고 했다. 코로나19로 인한 공채시험 연기가 이유였다.

7월 9일 노사는 7차 교섭을 했다. 노동조합은 근무형태 전환 등 2019년 노사합의 후속 사항의 조속한 진행을 요구했다. 임금인상 요구도 코로나19로 인한 어려움을 감안해 정부 가이드라인(2.8%)에 맞춰 제시했다며 공사의 긍정적 답변을 요구했다.

공사는 "지금 채용 절차가 진행 중이라 당장 시기를 정할 순 없지만 최대한 빨리 근무형태 전환을 추진하겠다"고 했다. 임금과 관련해선 "작년 노동조합의 임금 양보와 조합원 정서를 고려해 빠른 시일 내에 공사 제시안을 내놓겠다"고 했다.

7월 14일 8차 교섭에서 노사는 근무형태 전환과 관련한 협의를 진행했다. 쟁점은 근무주기였다. 노동조합은 8주기(주주야비야비휴휴)를 제시했다. 반면, 공사는 4주기(주야비휴)를 내놨다. 공사는 노동조합이 제시한 8주기는 추가 인력이 필요하고, 휴가 사용 후에 직원들의 업무 이완 가능성이 커 어렵다며 4주기를 고집했다. 노동조합은 "업무 연속성을 위해 8주기가 적합하

서비스지부3,4지회 결의대회

(5.18.)

직접고용 촉구 청와대 앞 기자회견

(5.20.)

서비스지부2지회 결의대회

(5.25.)

차별철폐 대행진
(6.5.)

서비스지부1,4지회 결의대회
(6.22.)

서비스지부2,3지회 결의대회
(6.29.)

서비스지부2,3지회 결의대회(6.29.)   서비스지부 고용전환 기자회견(7.22.)

다. 그래서 서울교통공사도 8주기를 권고했다. 2019년 합의대로 먼저 8주기로 전면 시범 시행하여 문제가 있는지 보자"고 했다.

교섭 시기 중에도 청소노동자 직접고용 투쟁은 계속 이어졌다. 서비스지부는 7월 20일 출근 선전활동에 이어 부산시청 로비에서 변성완 권한대행 면담을 요구하며 부산시 규탄 투쟁을 진행했다. 시청역 농성 155일차, 부산시청 출근선전활동 367일차였다.

7월 21일 9차 교섭에서 노사는 근무형태 전환 시기를 두고 공방을 벌였다. 노동조합은 올해 안에 4조2교대 시행을 요구했디. 그러나 공사는 준비 정도를 감안할 때 내년 1월 1일 시행이 공식 입장이라며, 노동조합이 연내 시행을 요구하고 있는 만큼 최대한 조합 의견을 수렴하는 방향으로 검토하겠다고 말했다.

공사, 2020년 임금인상 '제로' 주장

7월 22일 서비스지부는 시청역 농성을 중단했다. 노동조합은 공사와 노사 공동 고용전환 TF를 구성하여 공식협상을 진행하기로 하고 서비스지부의 시청역 농성과 부산시청 출근투쟁을 중단하기로 했다. 이와 관련 노동조합은 '직접고용' 뿐 아니라 고용 안정과 처우의 대폭 향상 방안이 있다면 성실하게 협상에 나서겠다고 밝혔다. 노동조합이 그동안 유지해온 청소노동자 직접고용 요구를 사실상 접은 것이다.

7월 23일 10차 교섭, 공사가 2020년 임금 제시안을 내놨다. 공사는 2020년 임금협상 제시안으로 일반직 총액 대비 2.8%(직무급 100% 반영), 상용직과 공무직 2.8%(상용직 기본급 7만5500원, 공무직 기본급 6만2820원)를 내놨다. 이어 공사는 적용 시기와 관련해 일반직은 2021년 1월 1일부터 적용을 주장했다. 2020년 임금인상은 '제로'라는 얘기였다. 상용직과 공무직은 상대적 저임금임을 감안해 2020년 1월 1일부터 소급 적용 입장을 밝혔다.

노동조합은 "지난해 인력확보에 주력하다보니 다른 공공기관의 절반 수준으로 양보했다. 공무원들도 지금 인상된 임금을 받고 있다. 올해 코로나19 등으로 어려운 건 사실이지만 더이상 양보는 받아들일 수 없다"는 입장을 밝혔다.

8월 6일 용역노동자 정규직 전환을 위한 노사전문가협의기구 회의가 열렸다. 이날 회의에서 △입환용역은 직접고용 방식으로 공개 경쟁시험 통해

단체교섭 잠정합의안 심의를 위한 임시대의원대회(2020.9.8.)

31명 채용 △청소와 일반경비 등 8개 분야 1119명 자회사로 전환 △자회사 전환자의 정년, 고용보장, 임금 등의 논의를 위한 '고용전환 추진 TF'(노조 2명 참여) 등을 의결했다.

2020년 단체교섭 합의 체결

노동조합은 8월 25일 15차 교섭에서 공사와 2020년 단체교섭 최종 협의 결과 합의안을 만들었다. 잠정합의였다.

노사는 임금분야에서 일반직은 지방공기업 예산편성기준에 근거해 전년 대비 총액 2.8% 인상(인상분 직무급에 정률 100% 반영)에 합의했다. 다만, 적용기간은 2020년 4월 1일부터 적용하고, 미적용 기간(1~3월) 임금인상 재원은 코로나19로 인한 부산의 취약계층을 지원하기로 의견을 조율했다. 또 상용직 기본급은 월 253만9040원, 공무직 기본급(근속 2년 미만)은 월 189만 5630원으로 합의했다. 그리고 공무직은 상여수당 연 200만 원을 기본급에 산입하고, 기본급표에 근속년수 18년 이상 구간을 신설하기로 했다.

근무형태 전환과 관련해선 2020년 11월 1일(단, 승무분야는 2020.12.1.) 시행하는 것을 원칙으로 했다. 근무주기는 1일주기(주야비휴)로 실시하되, 6개월 후 개선방안을 노사가 협의하기로 했다.

직접고용으로 전환하는 구내입환 업무인력은 철도안전법 시행규칙 개정 사항 및 근무형태 변경 등이 반영되도록 합의했다. 이와 관련 노사는 문서로 작성하지 않았지만, 내년에 구내입환 인력 41명을 신규채용하기로 구두로 합의했다. 41명은 4조2교대가 반영된 인력이었다.

이밖에 △근무형태 전환 시부터 교육과 출장 등의 경우 실제 근무하지 않은 수당(시간외, 야간, 휴일)은 지급하지 않음 △차량사업소 정비부 내 노포 3, 호포 3, 안평 1개 팀을 인력증원 없이 신설 등을 합의했다.

노동조합은 9월 8일 '2020년 단체교섭 잠정합의안' 심의를 위한 임시대의원대회를 열었다. 잠정합의안에 대한 표결 결과 참석 대의원 96명 중 64명 찬성으로 가결됐다. 한편, 표결에 앞서 현장 발의로 잠정합의안 승인 여부를 조합원 투표로 결정하자는 안이 상정되었으나, 표결 결과 18명만 찬성해 부결됐다.

5 ⟫ 노동이사제 도입

노동조합이 노동자이사 후보 선출 절차를 시작했다. 노동조합은 9월 16일 노동자이사 노동조합 후보 선출 선거를 공고했다. 선출 절차는 9월 21~24일까지 후보등록 후 선거운동을 거쳐 10월 13~15일까지 조합원 투표를 통해 노동조합 후보를 선출한다.

노동자이사 노동조합 후보등록 마감 결과 김광조, 박성규, 김광희, 김태진, 배재만, 이정수 등 6명의 후보가 등록했다.

노동자이사 노동조합 후보 투표 결과 김태진 후보가 투표자 3075명 중

노동자이사제 도입 촉구 기자회견(2020.10.5.)

1630표(53.1%)인 과반수 득표로 노동조합 후보로 선출됐다. 나머지 1명은 과반수 득표자가 없어 2위 득표자 이정수 후보(1213표)와 3위 득표자 김광조 후보(1158표)가 결선투표에 들어갔다.

결선투표는 10월 19~20일 이틀간 진행했다. 개표 결과 이정수 후보가 54.9% 득표로 44.6%를 득표한 김광조 후보를 제치고 노동조합 후보가 됐다. 그렇게 노동조합은 노동자이사 노동조합 후보로 김태진과 이정수를 최종 결정됐다.

이에 앞서 부산시의회는 2019년 7월 2일 '부산광역시 공공기관 노동자이사제 운영에 관한 조례' 입법예고에 이어 8월 공포했다.

노동자이사는 소속 공공기관의 이사회에 참가해서 사업계획, 조직·정원, 중요 규정 제정·개정·폐지 등의 주요 안건을 심의하고 의결권을 행사한다. 소속 공공기관에서 근무하면서 회의가 열릴 때마다 참석하는 비상임이사이지만 상임이사와 동일한 권한을 갖는다.

노동자이사의 활동 시간은 연간 300~400시간(월 3~4일)이고 이사직을 수행하는 동안 개인 비리가 아니면 강등과 해고 등 불이익을 받지 않는다. 회사가 근무실적을 평가할 때는 노동자이사에게 중간등급 이상을 보장한다.

노동자이사는 부산시 2명, 부산시의회 3명, 공공기관 2명 등 3개 기관에서 추천한 7명으로 꾸려진 임원추천위원회에서 공개모집을 한다. 조합원이 후보등록을 하려면 후보등록 전에 노조를 탈퇴해야 한다. 노동조합 및 노동관계조정법에선 노동자이사를 경영진으로 보기 때문이다.

임원추천위가 공공기관 노동자들이 벌인 투표에서 상위를 차지한 후보들을 심사해서 부산시장에게 2배수를 추천하면 부산시장이 공공기관의 정원이 100~299명이면 1명, 300명 이상이면 2명을 노동자이사로 임명한다. 무보수를 원칙으로 하지만 회의에 참석할 때 회의수당과 교통비가 지급되고 임기는 2~3년이다.

노동조합이 노동자이사 후보 선출을 위한 절차를 진행하는 도중에 공사 이사회가 노동자이사제 도입에 제동을 걸었다. 공사 이사회가 9월 25일 노동자이사제 도입과 관련 근거법이 없다는 이유로 노동자이사제 도입을 보류시킨 것이다.

노동조합이 거세게 반발했다. 노동조합은 노동자이사제 도입을 위한 정관 개정안 보류 결정에 대해 부산시 조례와 지침을 무시한 근거 없는 몽니에 불과하다며 즉각 노동자이사제 시행을 위한 정관 개정에 나서라고 촉구했다.

10월 13일 부산시에 대한 국회 국토교통위원회 국정감사에서 정의당 심상정 의원과 더불어민주당 박성혁 의원도 노동자이사제 보류 결정은 이해할 수 없다고 질타했다.

결국 부산교통공사 이사회는 14일 행정안전부로부터 "문제가 없다"는 답변을 받으면서 한 달 만인 10월 19일 정관 개정안을 의결했다.

6️⃣ 전태일 3법 입법 투쟁

11월 4일 국회 앞, 민주노총이 노동개악 저지! 전태일 3법 쟁취를 위한 농성에 돌입했다.

김재하 민주노총 비대위원장을 비롯한 비대위원들은 삭발식을 갖고 본격적인 투쟁을 결의했다. 민주노총은 4일부터 철야 농성을 시작했다.

문재인 정부는 6월 말 예고한 노동조합법 개정안에 ILO와 국제 노동계가 요구한 특수고용 노동자와 비정규직의 노조 할 권리 보장은 없는 반면 사업장 내 쟁의행위 제한, 산별노조 활동 부정 같은 개악안을 담아 노동자들의 반발을 불렀다.

노동법 개악 저지 민주노총 부산본부 결의대회(2020.10.21.)

민주노총과 한국노총은 정부 개정안이 국회 본회의에 상정될 경우 전면 투쟁과 총파업을 불사하기로 했다.

이에 앞서 민주노총을 중심으로 노동계가 전태일 열사 50주기를 맞아 추진한 이른바 '전태일 3법'이 8월 26일 국회 온라인 국민동의청원을 시작해 한 달 만에 성립 조건인 10만 명의 동의를 얻어 소관 상임위원회에 회부됐다.

전태일 3법은 5명 미만 노동자에게 근로기준법을 적용하는 근로기준법 개정안, 모든 일하는 사람에게 노조 할 권리를 보장하는 노동조합 및 노동관계조정법(노동조합법) 개정안과 중대재해기업처벌법 제정안이다. 중대재해기업처벌법은 산업재해 사고 발생 시 기업과 기업주·관련 공무원을 처벌하는 내용이 골자다.

11월 23일 민주노총은 전국에 있는 더불어민주당 광역시도 당사에서 농성을 시작했다. 이어 민주노총은 12월 8~9일을 정부 노동개악 저지 및 중대

노동법 개악 저지 민주당사 농성(2020.12.1.)

재해기업처벌법 등 전태일 3법 입법을 위한 민주노총 집중 행동 기간으로
정해 전국 동시다발 집중행동을 벌였다. 민주노총 부산본부는 8일 부산지방
노동청 앞에서 노조파괴 앞잡이 노동부 규탄 민주노총 부산본부 결의대회
를 열어 항의서한을 전달했다.

　12월 30일 국회 안과 밖 산재 유가족과 노동자들의 단식농성이 20일을 넘
었다. 전국에서 1만인 동조 단식을 진행했다.

7️⃣ 2021년 투쟁과 타결

2021년 투쟁, 연대로 시작하다

　1월 6일 노동조합은 부산시청광장에서 간부 결의대회를 열어 구내입환
정규직 전환 합의 이행을 촉구했다.

구내입환 정규직 전환 문제는 노사전문가협의기구가 2020년 8월 6일 구내입환 업무를 정규직 업무로 전환을 의결한 데 이어 2020년 단체교섭 합의서에도 담겼다. 노동조합의 합의 이행 요구에도 부산시와 공사가 이런저런 핑계를 대며 합의 이행을 하지 않았다. 승무지부는 12월 14일부터 매일 아침 출근투쟁을 벌여 왔다.

노동조합은 2020년에 이어 2021년에도 조합원 연대투쟁기금 모금을 진행했다. 조합원 모금은 최종 2600만 원이 모였다. 노동조합은 장기투쟁 사업장 등 열 곳에 나눠 전달했다.

3월 2일 노동조합은 임금단체협약특별위원회 첫 회의를 열고 임단협 준비에 들어갔다. 2021년 단체교섭 요구시안 준비를 위한 임단협특위는 13명으로 구성됐다.

3월 23일 노동조합은 임시대의원대회를 소집했다. 4월 1일 자회사 설립을 앞두고 노동조합 조직 체계를 변경하기 위해서였다. 자회사는 부산도시철도운영서비스(주)였다. 기존 청소용역업체 그리고 기술과 차량 분야 외주용역업체가 맡아온 업무와 소속 노동자를 통합해 4월 1일 부산교통공사 자회사로 출범을 앞두고 있었다.

자회사 출범에 따라 노동조합 5개 지부 중 하나로 청소노동자들을 조합원으로 두고 있는 서비스지부를 운영서비스지부로 변경해 자회사 소속 노동자들을 포괄하도록 지부운영규정과 선거관리규정 개정이 필요했다.

집행부가 상무집행위원회 심의를 거쳐 대의원대회에 상정한 안건은 기존 서비스지부를 경비직, 기술직, 콜센터직까지 포괄하는 운영서비스지부로 확대 개편하고, 그 아래 5개 지회를 두는 것이었다.

대의원대회에서 안건 심의에 앞서 대의원들 사이에 여러 얘기가 오갔다. 서비스지부 분리를 조합원 투표로 정하자는 주장이 있었다. 그 이유로 조합원들의 표심 왜곡을 들었다. 서비스지부 조합원과 직접 관계없는 공사 단체협약 인준 등을 투표할 경우 결과가 왜곡될 수 있다는 주장이었다. 반면, 대의 원칙에 어긋나는 서비스지부 분리보다 표결권 분리로 문제를 해결할 수 있다는 주장도 만만찮았다. 2시간 넘게 토론 끝에 결국 표결까지 갔다. 표결 결과 참석 대의원 107명 중 찬성 43명, 반대 63명, 기권 1명으로 조합원 투표 부의 건은 부결됐다.

서비스지부 분리 조합원 투표 건 부결에 따라 운영서비스지부로 변경하는 지부운영규정과 선거관리규정 개정 건은 만장일치로 통과됐다.

2021년 단체교섭 요구안 확정과 교섭 시작

노동조합은 4월 20일 임시대의원대회를 열어 2021년 단체교섭 요구안을 심의, 확정했다.

대의원대회에서 확정한 2021년 단체교섭 요구안은 △임금 요구안 △4조2교대 개선 요구안 △인원 충원 요구안 △주요 현안 요구안 △단체협약 요구안 △지부·특별지회 요구안으로 이뤄져 있다.

먼저 임금 요구안은 일반직과 상용직 그리고 공무직으로 구분해 임금인상 요구율을 정했다. 임금인상 요구율은 △일반직 총액 대비 4.3% 인상 △상용직 6.9% 인상 △공무직은 기본급을 상용직 기본급(2020년)과 동일하게 차액 47만6840원 인상을 요구하기로 확정했다.

4조2교대 개선과 관련해선 △8일 주기 6개월 시범실시 △4조2교대 시행에 따른 현업기관 하부 조직 개편 △통상근무자 주말에 교대근무 지원 시 초과근로 시와 동일하게 1.5배 가산율 적용 △통상근무자 주중 또는 주말 교대근무 발령 시 주 40시간 초과로 휴일 보장 필요 등이 들어갔다.

인원 충원 요구안으로는 △결원 인원 충원을 위한 신규자 조기 발령 △4조2교대 시행에 따른 219명 증원 △업무량 증가에 따른 88명 증원 등이 들어갔다.

단체교섭 승리를 위한
간부 결의대회
(2021.6.16.)

확대간부 결의대회
(2021.7.1.)

공공기관사업본부,
궤도협의회 세종시 결의대회
(2021.6.29.)

현안 요구안에는 △유가족 특별채용(노사합의 이행) △4급 정원 확대 △학자보조금 대체 지원 건강검진 예산 증액 등 11개 사항이 포함됐다.

단체협약 개정 요구안은 2019년 노사합의 반영 등을 비롯한 총 81개 조항에 이르는 개정 또는 신설 내용을 담았다.

그리고 지부/특별지회 요구안으로 각 지부 및 특별지회에서 엄선한 요구안으로 총 39개 사항을 담았다.

5월 11일 노동조합은 공사와 상견례를 갖고 2021년 단체교섭에 들어갔다. 노사는 상견례에 이어 5월 13일 1차 교섭을 시작으로 본격적인 교섭을 시작했다. 교섭은 코로나19 영향으로 화상회의로 진행됐다. 1차 교섭은 노동조합 요구안 제안 설명과 노사 대표위원 발언을 듣고 마무리했다.

공사가 5월 18일 2차 교섭에서 임금동결을 주장했다. 그뿐 아니라 정리해고 요건 완화와 비조합원 범위 확대 등 단체협약 개악 등을 내놨다.

교섭이 8차까지 진행됐다. 노사 공방만 오갔을 뿐 진전은 전혀 없었다. 공사는 코로나19를 핑계로 노동조합에 일방적인 양보와 희생을 요구했다.

노동조합은 6월 16일 본사에서 간부 결의대회를 열어 투쟁 결의를 다졌다. 임은기 위원장은 "교통세, 혼잡세, 지역간 균형 발전, 이동권 등 모든 문제를 도시철도가 해결하고 있다"며, 도시철도 적자논리 허구성을 지적했다.

6월 29일 공공기관 노동자들이 세종시 정부청사 기획재정부 앞에 모였다. 공공운수노조 공공기관사업본부 소속 조합원들이었다. 직무급제 강요 중단 등 대정부 6대 요구와 노정교섭을 요구했다. 현정희 공공운수노조 위원장은 "경쟁하고 경쟁에 치여 죽고 경쟁에 낙오되어 죽는 사회, 이런 사회 안 된다. 코로나를 2년째 겪고도 각자 알아서 살거나 죽어야 한다면 우리가 바꿔야 한다"고 외쳤다. 이어 현 위원장은 "정규직과 비정규직, 직접고용 비정규직과 간접고용 비정규직, 특수고용 비정규직 얼마나 더 갈라놓을 것이냐"며, "공공성과 노동권 확보를 위해 투쟁하자"고 호소했다.

전국 6개 도시철도노동조합 공동 쟁의발생 결의

7월 21일 노동조합은 임시대의원대회를 소집했다. 같은 시간 궤도협의
회 소속 서울, 인천, 대구, 대전, 광주 등 5개 지하철노조도 동시에 공동대의
원대회를 열었다. 공익서비스의무(PSO) 비용 정부 지원 쟁취 공동 쟁의발생
결의를 위해서였다.

사상 첫 공동 쟁의발생 결의를 위한 공동 대의원대회에서 임은기 위원장
은 "궤도노동자들의 단결과 투쟁의 역사에 또 다른 이정표를 세우는 뜻깊은
날이다. 지속 가능하고 안전한 도시철도 운영을 위한 공공성을 지켜내기 위
한 PSO 국비 확보 투쟁은 더이상 설명이 필요 없는 6개 노동조합이 공동투
쟁을 전개하는 이유다. 부산도 전국 궤도 동지들과 함께 역사적 대장정에 성
실히 복무하겠다"고 약속했다.

대의원대회 1호 안건은 2021년 단체교섭 추가 요구안으로 궤도 공동요구

2021년 공익서비스의무(PSO)비용 정부 지원 쟁취 투쟁 : 세종시 포위 공공운수노조 결의대회(4.30.)

PSO 시민토론회(6.30.)

부산 철도, 지하철 노조 공동기자회견(9.9.)

안 확정 건(궤도협의회 4대 요구안)이었다. 참석 대의원들은 만장일치로 통과시켰다.

2호 안건으로 상정 된 2021년 단체교섭 쟁의에 관한 건(쟁의발생 결의, 쟁의기간 임금반납 동의 건 등)도 참석 대의원 만장일치로 통과되었다. 그리고 공공운수노조로 교섭권과 체결권 위임 건도 통과되었다.

8월 10일 26일 만에 교섭이 재개됐다. 7월 23일 이종국 공사 사장이 갑자기 사퇴하는 예기치 못한 상황이 발생했고, 교섭 또한 일시 중단됐다.

10일 재개된 교섭에서 공사는 코로나 확산과 사장 부재 등을 들어 8월 집중 교섭을 제안하면서 8월 중 교섭 타결을 제안했다. 임은기 위원장은 집중 교섭에 동의하면서 "8월 26일 원만하게 합의가 되지 않으면 원래 투쟁계획대로 갈 수밖에 없다"며, 8월 말 원만하게 해결되도록 수정안이든 검토한 내용이든 조속한 제시를 요구했다.

노동조합은 쟁의행위에 관한 조합원 찬반 투표를 8월 17일부터 19일까지 온라인투표로 진행했다. 궤도협의회 소속 노동조합도 동시에 투표를 진행했다. 투표 결과 전체 조합원 4151명 가운데 3716명(89.5%)이 투표에 참여하여 2549명(68.6%)이 찬성해 과반수를 넘겨 가결됐다. 궤도협의회 소속 다른 5개 노동조합도 모두 쟁의행위 투표가 가결됐다.

쟁의행위 조합원 찬반 투표 통과에 이어 궤도협의회는 8월 23일 기자회견을 열었다. 궤도협의회는 기자회견에서 서울교통공사 구조조정 계획 철회, 도시철도 공익서비스의무 비용에 대한 정부 재정 책임을 규정한 관련 법통과 등을 요구했다. 이어 노조와 운영기관 그리고 정부와 지자체 등이 참여하는 논의 테이블 구성을 제안하며 투쟁을 선포했다.

2021년 단체교섭 합의 타결하다

8월 30일 노사는 2021년 단체교섭 잠정합의안을 도출했다. 14차 교섭에서였다. 노사는 임금 부문에서 일반직 임금 총액 대비 0.9% 인상(직무급 100% 정률)에 합의했다. 상용직은 기본급 월 256만3960원에 합의했다. 공무직 기본급은 2년 미만 208만2980원, 2년 이상~4년 미만 214만2770원, 4년 이상~6년 미만 220만2560원, 6년 이상~8년 미만 226만2340원, 8년 이상~10년 미만 232만2130원, 10년 이상~12년 미만 238만1920원, 12년 이상 244만1700원으로 합의했다.

또 공무직 처우개선과 관련해 2022년 1월부터 고압전기취급 등 고위험 작업 수행에 따른 안전지원경비(2만5000원)를 차량 중정비 및 통신설비 분야 공무직 통상근무자에게 지급하기로 했다. 그리고 근로기준법 제55조 제2항과 관련하여 2022년부터 3조2교대 근무자에게 반기별 주간 1일의 대체휴일을 부여하기로 합의했다.

단체협약 갱신과 관련해서는 2019년 단체교섭 합의사항 반영과 문구 정리 수준에서 갱신 합의가 이뤄졌다.

잠정합의안은 9월 7일 열린 대의원대회에서 만장일치로 통과됐다. 9월 14일부터 16일까지 진행한 조합원 투표도 82.0% 찬성으로 무난히 통과했다. 자회사 조합원 찬반 투표에선 61.6% 찬성률을 보였다.

4

21대 집행부와
윤석열 정권의 직무성과급제 추진

1️⃣ 21대 서영남 집행부 출범

21대 집행부 선거, 서영남-오문제 후보 조 단독 출마

노동조합 선거관리위원회는 21대 집행부 선거 일정 등을 공고했다. 위원장-사무국장 후보 등록 마감 결과 서영남(위원장 후보)-오문제(사무국장 후보) 조가 단독 출마했다. 서영남-오문제 후보 조는 '보다 나은 삶'과 '보다 나은 세상'을 슬로건으로 내세웠다.

지부장 선거는 기술지부장에 최정식 후보와 정대원 후보가 등록했다. 오랜만의 경선이었다. 역무지부장은 정상용 후보가 단독 출마했다. 차량지부장은 하정현 후보가 단독 출마했다. 운영서비스지부장은 황귀순 후보, 장건찬 후보, 김삼규 후보 등 3명이 출마했다. 승무지부장은 출마 후보가 없었다.

지회장 선거는 35곳 중 15곳은 단독 출마, 15곳은 등록 후보가 없었다. 반면, 운영서비스지부 1~4지회는 모두 경선이었다.

2021년 10월 15일 저녁 투표 결과 위원장-사무국장 선거는 단독 출마한 서영남-오문제 후보 조가 3734표(83.9%)를 얻어 당선됐다.

지부장 선거에서 경선으로 치른 기술지부장은 최정식 후보가 51.5%를 득표해 48.5%를 득표한 정대원 후보를 누르고 당선됐다. 단독 출마한 역무지부장 정상용 후보(73.3%), 차량지부장 하정현 후보(97.6%)도 무난히 과반수를 넘겨 당선됐다. 3파전으로 치른 운영서비스지부장 선거는 황귀순 후보가 51.1% 득표로 김삼규 후보(45.7%)와 장건찬 후보(3.2%)를 누르고 당선됐다.

11월 1일 21대 서영남 집행부가 임기를 시작했다. 서영남 위원장은 사무국 부서장으로 박승석 총무부장, 김덕근 조직부장, 박영수 선전홍보부장, 안태환 조사통계부장, 이동훈 노동안전보건부장, 조연식 정책부장, 김성진 비정규사업부장을 선임했다.

한문희 사장 출근 저지 투쟁

서영남 집행부는 임은기 집행부에서 시작한 한문희 사장 임명 저지 투쟁을 이어 갔다.

11월 9일 오후 2시 부산시청 앞에선 기자회견이 열렸다. 부산공공성연대, 부산지역공공기관노동조합협의회 그리고 부산지하철노조와 부산도시공사노조가 공동으로 주최한 기자회견이었다. 부산시의회로부터 부적격 판정을 받은 한문희 부산교통공사 사장 내정자와 김용학 부산도시공사 사장 내정자 지명 철회를 부산시(시장 박형준)에 요구했다.

한편, 10월 21일 부산시가 부산교통공사 사장으로 내정한 한문희는 한국철도공사 경영지원본부장 시절 이명박, 박근혜 정권의 철도 민영화 정책을 적극 추진하며 경영지원본부장까지 올랐던 이다. 그는 2016년 철도노조의 74일 최장기 파업을 유발했다. 당시 파업 파괴를 위해 파업 참가 조합원 가족에게 '0원 급여명세서'를 우편 발송했다. 그는 여기서 그치지 않고 파업참가를 이유로 해고 88명(파면 24명, 해임 64명), 정직 166명 등 대량 중징계를 자행했다. 그러한 행위는 중앙노동위원회로부터 부당노동행위로 판정받았고, 철도노조가 고소고발을 했다.

또 함께 부산도시공사 사장으로 내정된 김용학은 직무 관련 업체로부터 4년간 16억 원에 이르는 고액 연봉을 받은 인물이었다. 박근혜 탄핵 때 '태극기 집회'에 참석하고 건설사와 유착 관계 의혹, 인사, 채용, 사업 비리로 감사를 받아 2017년 경기도시공사 사장 인사청문회에서 도덕성과 업무 능력에서 부적격 판단을 받기도 했다.

노동조합은 긴급 중앙위원회를 열어 공사 사장 지명 철회 투쟁을 하기로 결정했다.

노동조합은 10월 26일 아침 부산시청과 본사에서 출근투쟁을 시작했다. 10월 28일 부산도시공사노조와 함께 부산시청광장에서 공동기자회견을 열어 적폐인사 사장 내정 철회를 요구했다.

11월 17일 부산시장은 노동조합과 시민사회 그리고 시의회 반대에도 불구하고 한문회를 공사 사장으로 임명을 강행했다.

11월 18일 아침, 노동조합은 사장 출근 저지 투쟁에 나섰다. 한문희 사장은 공사 청사 건물 안으로 들어서지 못하고 수능 수송대책을 점검한다는 핑계로 서면역으로 발걸음을 돌렸다.

11월 24일 노동조합은 시민사회단체와 함께 부산시청 앞에서 집회를 열어 부적격 적폐인사 사장 임명한 부산시장 사퇴를 촉구했다.

서영남 위원장은 "골프 접대받고, 노동조합 합법 파업에 해고와 징계, 부당노동행위를 저지르고, 0원 급여명세서로 가족들을 협박한 자를 사장으로 받아들일 수 없다"고 했다. "우리는 상식적 판단을 요구했으나, 상식적 판단을 거부하고 임명권은 나에게 있다는 박 시장의 오만과 반노동자적인 작태

한문희 사장 출근 저지 투쟁(2021.11.)

에 맞서 투쟁하겠다"고 목소리를 높였다.

　12월 7일 오후 2시쯤 한문희 사장이 노동조합을 방문했다. 서영남 위원장과 간담회가 이어졌다. 간담회에서 사장 임명을 둘러싼 노사 대립 해소를 위한 노사합의서를 작성했다.

　합의서에는 공사가 2016년 정부의 일방적 성과연봉제 시행에 맞선 합법 파업에 불법적 직위해제 및 부당징계를 인정하는 내용이 담겼다.

　또 공사 경영진이 정부와 부산시의 부당한 정책을 일방적으로 시행하지 않는다는 내용도 담겼다. 공사 부장급 이상 임직원에 대하여 '노동 감수성 증진을 위한 노동인권 교육'을 실시한다는 내용도 담았다. 그리고 노동조합 활동 관련 부당징계 확정 시 피해 보상 방안을 마련한다는 내용도 담았다.

　합의서 작성은 12월 6일 노사 대표와 부산시장과의 간담회가 계기가 됐다. 이 간담회에는 부산지하철노조 서영남 위원장, 부산도시공사지부 조준우 지부장, 공공성연대 남원철 집행위원, 부산지하철 한문희 사장, 부산도시공사 김용학 사장이 함께했다. 노동조합은 "사장 임명을 둘러싼 노와 사, 부산시 사이의 갈등 사태가 공공성 강화와 노사관계 안정화로 이어지는 계기가 되어야 한다"고 했다. 부산시장은 "노동의 가치를 존중하지 않는 사회는

결코 성장할 수 없다는 저의 시정 철학"이라며 "청렴 리더십을 발휘해 주시
고, 공사 직원들은 이를 믿고 시정 발전을 위해 열정을 모아 주시기 바란다"
고 했다.

2 기획재정부, 체불임금 떼먹는 지침 추진

문재인 정부(기획재정부)가 통상임금 소송 결과에 따른 배상금을 총 인건
비에 포함하는 지침을 추진하고 있는 사실이 확인됐다. 기획재정부는 11월
22일 통상임금 소송 결과에 따른 배상금(2022년 1월 이후 소송 적용)을 총 인
건비 내에서 해결하는 내용이 담긴 예산편성지침에 대한 의견조회를 산하
공공기관에 요청했다.

기획재정부가 의견조회 요청한 예산편성지침은 통상임금 소송에 대해
법원이 체불임금을 지급하라고 판결하더라도 더이상 예비비로 편성할 수
없고 해당 금액을 기관의 총 인건비 내에서 해결하라는 것이었다.

공공운수노조 공공기관사업본부(본부장 강철, 본부)는 12월 2일 서울 여의
도 국회 앞에서 기자회견을 열었다. 기획재정부가 예비비로 통상임금 소송
배상비(체불임금)를 지급하던 '공기업·준정부기관 예산편성지침'을 총 인건
비 내에서 처리하도록 변경하려는 것은 "대법원 판결을 무시하는 것이라고
규탄했다. 국민에게 보장된 재판청구권을 사실상 부정하는 것"이라는 지적
이었다.

2013년 12월 18일 대법원 전원합의체 판결을 전후해 많은 공공기관 사업
장들이 정기적·고정적·일률적으로 받는 임금을 통상임금이라 주장하며 체
불임금청구소송을 제기해 왔다. 또 적잖은 사업장에서 승소하고 있었다. 그
러나 기획재정부는 통상임금 소송 결과에 따라 통상임금 정상화를 거부하

고, 소송 승소금액(배상금)만 예비비로 지급해 왔다.

공공기관사업본부는 기자회견문을 통해 "공공기관 노동자들은 임금을 체불 당해도 앞으로는 소송을 제기하기 어렵게 될 것"이라며 "어렵게 소송을 결심하고 설사 승소하더라도 그 배상금은 결국 총 인건비에 포함되게 되므로, 그만큼 스스로와 동료 노동자들의 임금을 잠식하게 되기 때문"이라고 지적했다.

이어 본부는 "기획재정부의 지침 개악 시도는 국민에게 보장된 재판청구권을 사실상 부정하는 것이고 공공기관 사용자들을 나쁜 사용자로 내모는 것"이라고 강조했다.

3 ⟩ 연대투쟁기금 모금 정례화

지역을 넘어 업종을 넘어, 투쟁하는 이 땅 노동자들과 연대하는 모금, 2021년 비정규, 장기투쟁사업장 지원을 위한 부산지하철노조 조합원 투쟁기금 모금에 2819명의 조합원이 동참해 2819만 원을 모았다.

노동조합은 기금 지원 사업장으로 공공운수노조와 부산지역본부의 비정규, 해고, 장기투쟁 사업장 중 공공운수노조 소속 9곳, 민주노총 부산본부 소속 노조 4곳, 그리고 사회단체 1곳을 선정했다.[16]

---

16 비정규, 장기투쟁사업장 지원을 위한 부산지하철노조 조합원 투쟁기금 모금은 2018년부터 시작했다. 모금 첫해였던 2018년엔 1447만 원의 기금을 모았다. 김용균대책위, 공공운수노조 택시지부 전주 고공농성투쟁 등 4곳에 기금을 전달했다. 2019년엔 1759만5000원을 모았다. 故 문중원 열사투쟁, 요양서비스노조 효림원분회, 금속노조 풍산마이크로텍지회, 메트로9호선지부 등 10곳에 기금을 전달했다. 2020년엔 2643만6000원을 모았다. 금속노조 대우버스지회, 엘지트윈타워분회, 아시아나케이오지회, 민주노총부산본부 비정규위원회 등 10곳에 기금을 전달했다.

부산지하철노조 투쟁에는 언제나 수많은 동지들의 연대가 있었다. 부산지하철노동자들은 연대의 힘으로 정부와 사측의 공격으로부터 지하철노동자들의 노동과 삶 그리고 지하철의 공공성을 지킬 수 있었다. 노동조합이 매년 전 조합원 투쟁기금 모금을 통해 비정규 및 장기투쟁, 해고자 투쟁 사업장 노조, 공공운수노조와 지역의 투쟁하는 노조에 연대의 마음을 전하는 이유다.

4) 2022년 투쟁을 예열하다

도시철도 PSO 국비보전 촉구

도시철도 공익서비스비용(PSO) 국비보전 부산시민대책위원회(부산시민대책위)가 출범했다.

부산시민대책위는 3월 2일 부산시의회 브리핑룸에서 기자회견을 열어 대책위 출범을 알리고 PSO인 도시철도 무임승차비용 국비보전 법제화를 촉구했다.

부산시민대책위는 "1985년 개통 후 37년째 운행 중인 부산도시철도는 정부의 정책에 따라 교통약자에게 무임승차를 통한 공익서비스를 제공하고 있다. 운임 요금 또한 원가의 절반 수준으로 유지하여 교통 편익을 극대화해 왔다. 그러나 2020년 기준 무임승객의 비율은 30%를 넘어섰고, 이로 인한 손실은 1천억 원을 상회하고 있다"고 밝혔다.

이어 부산시민대책위는 "부산은 전국 7대 대도시 중 처음으로 초고령사회에 진입하여, 향후 무임승객 비율과 손실액은 기하급수적으로 늘어나 손실보전이 없을 경우 도시철도 운전 및 안전은 심각한 상황에 몰릴 것"이라고 우려를 나타냈다.

도시철도운영기관 노사 공동협의회, 도시철도 무임수송 비용 국비지원 촉구 결의(2022.1.25.)

부산시민대책위는 대책으로 우선 무임승차비용 국비보전 법제화를 내 놨다. 부산시민대책위는 대통령선거와 지방선거 과정에 국가가 보편적으로 제공해야 할 교통 복지에 대한 시민적 합의를 이끄는 활동을 이어가기로 했다.

기계설비사업소장 황당한 지시 "1인근무하라"

노동조합 기술지부 기계설비지회 조합원들이 3월 14일 본사에서 피켓시위를 벌였다. 기계설비사업소장의 황당한 지시 때문이었다.

3월 3일 강서승강기 분소 B조(야간) 근무에 3명의 조원 중 2명이 출산휴가와 코로나19 확진으로 빠져 근무 인원이 1명밖에 없는 상황을 보고하자 기계설비사업소장은 1인근무를 지시했다. 3월 5일 거제기계설비분소에서도 C조(주간) 근무에 휴가와 코로나19 확진으로 근무 인원이 1명밖에 없어 분소장이 지원근무를 하겠다고 하자, 소장은 이를 무시하고 1인근무를 지시했다. 그러고는 본사에는 결원일에 업무대행자가 없었다고 허위보고를 했다. 또 공사가 통상근무자 초과근로를 제한하자 야간 감독업무에 점검업무와 공사업무를 병행하도록 강요하거나, 업무분장 범위를 벗어난 불합리한 업무지시 등 독단적인 태도를 보였다.

기계설비지회는 기계설비사업소장의 진심어린 사과와 조속한 교체, 재발방지를 요구했다.

4월 4일 기술지부는 경영본부장과 전기기계설비처장 등을 만나 기계설비사업소장의 사과를 포함한 재발방지대책 및 후속조치에 대한 약속을 받았다. 이에 따라 3월 14일부터 시작한 본사 피켓시위를 끝냈다.

CCTV 통한 노동자 감시 쟁점

3월 31일 노사는 2022년 1분기 노사협의회를 열었다. 노사협의회 첫 쟁점은 'CCTV 통한 노동자 감시'였다.

노사협의회에서 CCTV가 쟁점으로 떠오른 건 감사실이 블라인드(익명 커뮤니티)를 근거로 본사 영상의 두 달 치를 제출받아 조사하는 등 감사실이 CCTV를 노동자 감시용으로 활용했기 때문이었다. 노동조합은 "CCTV를 직원 감시 목적으로 활용하지 않겠다"고 한 한문희 공사 사장의 약속을 상기시키며 감사실의 행위에 강하게 항의했다.

한문희 사장은 개별적인 문제로 감사실 직원과 직원 간에 의견 불일치로 상호 동의할 경우 영상확인 가능하나, 블라인드를 근거로 포괄적으로 시스템을 모두 확인하는 것은 바람직하지 않다고 인정했다. 또 선제적으로 CCTV를 통해 직원들을 감시하거나 업무점검을 하는 것은 문제가 있다고 생각한다며, 감사 이사와 협의해 보겠다고 말했다.

이밖에 노동조합은 1분기 노사협의회에서 △노후 모터카 순차적 교체 △미발령자 조기 발령 △단기파견 등 현장결원 해소 △운전직 582명 5급 제한

디지털 노동감시 노동인권 침해 방지 방안 마련 토론회(2022.5.12.)

풀고, 지도기관사수당 지급 △신규기관사 교육 중 각종 안전사고, 열차 지연 시 면책 요구 등 107개 안건을 내놨다. 그러나 실제 의결한 안건은 12개에 불과했다.

5 〉〉 2022년 투쟁과 타결

2022년 단체교섭 요구안 확정

노동조합은 4월 19일 임시대의원대회를 열어 2022년 단체교섭 요구안을 심의, 확정했다.

참석 대의원들은 임금 총액 대비 6.1% 인상 요구 등 상무집행위원회 심의를 거쳐 상정한 2022년 단체교섭 요구안을 만장일치로 통과시켰다.

6.1지방선거 대응 차원에서 부산지하철노동자 요구안도 확정했다. 부산

지하철노동자 요구안은 조합원 투표로 정했다. 공공기관운영 분야는 '민주적 지배구조 확보를 통한 부산지하철 공공성 강화'와 '공공기관을 일자리 창출 허브로 활용'을 우선 요구안으로 정했다. 대중교통 분야에선 '유고 인력 즉각 충원을 통한 현장 안전인력 확보'와 '대면서비스 노동자 폭행 등 방지 및 보호 프로그램'을 정했다. 노동존중 분야에선 '공익서비스 비용 국비 보전 법제화'와 '노후전동차 교체 및 노후 장비·시설물 개선'으로 정했다.

운영서비스지부 단체교섭은 한 발자국 앞섰다. 노동조합은 4월 22일 자회사와 상견례를 갖고 교섭 절차합의서도 체결했다. 운영서비스지부 단체교섭 요구안은 2월 28일 임시대의원대회에서 임금 9.4% 인상 요구 등 28건을 확정했었다.

2022년 단체교섭 시작

5월 17일 노사 양쪽 교섭위원들이 만나 2022년 단체교섭 절차합의서를 체결했다. 첫 교섭은 5월 31일 시작하기로 했다.

노동조합은 5월 24일 부산시청 광장에서 부산지하철노동자대회를 열어 2022년 투쟁을 선포했다. 서영남 위원장은 구조조정과 직무성과급제 추진 등 반노동 정책을 추진하는 윤석열 정권에 맞서 투쟁의 기억, 승리의 기억으로 만들어가자고 호소했다.

5월 31일 노사는 첫 교섭 테이블에 마주했다. 노동조합은 임금 6.1% 인상 요구 등 2022년 단체교섭 요구안을 제안 설명했다. 공사도 입장을 담은 제시안을 내놨다. 공사 제시안을 보면 임금 부문에서 일반직 총액 대비 1.4% 인상, 상용직 기본급 3만9500원 인상, 공무직 기본급 3만2170원 인상안을 내놨다. 필수유지업무에 구내입환 업무를 포함시키고 필수유지율 100%(안)을 제시했다. 교번제 근무와 관련해 △휴가사용 시 'S' 범위 내 사용 △총 근무시간에 'S' 포함 △각 다이아별 실제 야간근로시간으로 재산정을 내놨다.

부산시청 광장에서 열린 부산지하철노동자대회(2022.5.24.)

또 감사 지적 사항이라며 △육아 및 질병 등 사유로 휴직 시 사원증 기능 정지 △퇴직금 지급 기준(근속년수) 산정 시 12개월은 1년으로 1년 미만은 일할 계산을 제시했다.

제도개선 사항으로 △강등 및 정직 시 기본급 전액 감액 △직위해제 가운데 직무수행능력 부족은 연봉 월액의 40% 지급, 징계요구와 형사기소 등은 연봉 월액의 70% 지급(안)을 제시했다.

이어진 실무교섭, 성과는 없었다

2차 교섭(6월 7일)부터 실무교섭으로 전환해 4개 지부 요구안을 다뤘다. 먼저 기술지부 요구안을 중심으로 교섭을 진행했다. 노동조합은 기술지부 요구안으로 △관리소, 운영실, 주재소를 분소로 격상 △4호선 시설팀, 시설 사업소 관련 부서 직할로 조직 변경 △기술인협회 가입금 및 연회비 납부를 회사가 부담 △노후 모터카 순차적 교체 등을 제시했다. 노동조합 요구안에 대해 공사는 어느 하나도 긍정적 답변을 내놓지 않았다.

또 노동조합이 현안사항으로 5월 20시간을 초과하는 초과근로가 발생했다며 초과근로수당 지급을 요구했다. 이에 대해 공사는 각종 공사와 점검으로 일부 부서에서 초과근로가 많이 발생해 안타깝게 생각한다고 했다. 이어 공사는 "과로와 안전사고 등을 예방하기 위해 초과근로를 20시간으로 제한하고 있고, 총 인건비 초과 시 경영평가 불이익이 상당하고 초과액만큼 내년 예산이 삭감되기 때문에 초과근로수당 대신 대체휴가를 부여할 수밖에 없다"고 말했다.

노동조합은 노사 간에 아무런 합의가 없는데 공사가 일방적으로 시행하는 것이 문제라고 지적했다.

6월 14일 실무교섭에서 역무와 차량 분야 요구안을 다뤘다. 노동조합은 먼저 현안사항으로 역무 현장에 16명의 결원으로 근무 인원이 부족하다며 대책을 요구했다. 공사는 15기 공채일정을 최대한 빠르게 진행해 발령을 앞당기고, 내년부터는 예비율을 늘려서 뽑는 방안을 검토하겠다고 했다. 노동조합은 여기에 더해 차량과 승무 등 서무인력을 역으로 발령해 인력 공백을 최소화해야 한다고 말했다.

이어 역무지부에서 제시한 요구안 중 신호전환기 취급자 변경 요구에 대해 공사는 수년 동안 노력해 왔으나 상대가 있는 일이다 보니 쉽지 않다고 이해를 구했다. 안전인력 충원 요구와 관련해선 공사는 4조2교대 전환 후 업무 강도 증가나 관련 시설 증가 등이 없다며 현재로선 인력 소요의 필요성이 없다고 했다.

차량 분야 요구안 중 신평창 검사2팀 직제 신설 요구에 대해 공사는 신평창은 보조기지 역할이다, 부팀장 체제로 정비를 해도 큰 문제가 없다고 했다.

그러한 공사 주장과 관련해 노동조합은 처음 신평창이 들어설 때 검사2팀을 빼고 만들어진 것이 문제였다고 지적했다. 이어 노동조합은 "개창 후 검사2팀 업무가 필요해 일상 팀마다 1명씩 빼 검수지도팀에 붙여 검사2팀 업무를 맡겼다. 현재는 5명이 검사2팀 업무를 하고 있다. 조직을 늘리는 것이 아니다. 조직을 정상화시키라는 요구"라고 했다.

차량사업소, 차량처 기술수당 지급기준 통폐합 및 통신, 전자 관련 자격증 기술수당 반영 요구에 대해 공사는 차량뿐만 아니라 다른 분야도 똑같다. 본사와 현업의 적용이 다르다. 추후 노사협력처에서 정비할 때 협의하자고 했다.

1호선 예비차 확보 요구에 대해선 공사는 예비율은 전국 최고 수준이다. 리모델링 및 신차 도입으로 고장률이 줄었다. 2023년 신차가 들어오면 고장률은 더 줄어들 것으로 예상돼 추가 확보는 어렵다고 했다.

6월 16일 실무교섭에선 승무와 공무 분야를 다뤘다. 노동조합은 공사가 특정 직렬을 지목해 직렬간 갈등을 유발하고 있다고 항의했다. 노동조합은 공사가 코로나19로 인한 문제를 총 인건비 문제로 과대 왜곡포장하고, 교번제를 다른 근무형태와 단순 비교해 특정 직렬에 대해 적대직으로 나오는 것은 잘못임을 지적했다. 이와 관련 행정안전부는 서울교통공사가 질의한 코로나로 인한 유고자 발생에 따른 인건비 처리에 대해 총 인건비에 포함되지 않는다고 확인했다. 그런데 부산교통공사는 여전히 만근 기준의 총 인건비를 내세워 기관사들의 '휴' 충당이 마치 총 인건비를 초과해 경영평가에 악영향을 주는 것처럼 왜곡하고 있다.

지도기관사수당 지급과 운전직 4급 TO 확대 요구에 대해 공사는 공감하지만, 현 상황에선 어렵다. 좀 더 깊은 고민이 필요하다고 했다.

노동조합은 공무 분야 요구안으로 현재 공무직 임금으로 생활 안정이 어렵다며 △용역업체와 군, 기간제 근무 기간 경력 인정 △직책 신설 △명절 상여금 지급 △취업규칙 개정을 통한 고용불안 해소 △유고인원 충원 △교대근무자 시간외수당 지급 등을 제시했다.

이에 대해 공사는 공무직 전환 2년차밖에 되지 않아 아직 유의미한 데이터가 축적되지 않았다. 처음부터 직무급제와 탄력근로제를 바탕으로 설계했기 때문에 총 인건비를 초과할 수 없다. 취업규칙 등 규정에 없어 요구안을 수용할 수 없다며 수용 불가 답변만 늘어놨다.

윤석열 정권 시기 노동조합 대응 모색하다

6월 21일 노동조합은 민주노총 부산지역본부, 지역노동사회연구소와 함께 공동으로 '부산지하철 공공성 및 노동권 강화 대응방안 모색 토론회'를 열었다.

김종진 한국노동사회연구소 선임 연구원이 첫 발제에 나섰다. 김종진 연구원은 윤석열 정부 출범은 향후 5년 이상 노동정책의 퇴행기가 될 것이라고 예상했다. 이어 김 연구원은 "윤석열 정부가 경제와 기업 활성화를 위해 고용과 임금 그리고 노동시간 유연화를 강조하고 있다. 이들 유연화는 해고 규제 완화, 계약직 및 파견직 범위 확대, 성과 중심 연봉제 도입을 의미한다. 그리고 주 52시간 초과근무 규제나 최저임금의 지역과 차등 적용 등 일하는 사람들의 허리를 죄는 정책들을 말한다"고 했다. 김 연구원은 이명박, 박근혜 정부 시절 학습효과로 더 세련되게 노동조합의 약한 고리를 공격해 사회적 지형을 형성하고 나서 본격적으로 들어올 것이기에 노동계가 제대로 준비해야 한다고 강조했다.

이어 발제에 나선 이영수 사회공공연구원 선임 연구원은 대도시 광역통합공공교통체계를 지속가능한 운영을 위해 기후위기와 교통기본권 향상 등 보편적 목표에 입각한 대안적 광역교통기본계획 마련이 필요하다고 했다. 교통정책 의사결정 구조 민주성, 의견수렴 절차의 포용성과 접근성 개선, 버스 완전공영제, 민간도시철도 재공영화, 코로나 손실 및 PSO 지원 입법, 교통법칙금과 혼잡통행료 수입 전용을 통한 재원의 지속성과 충분성 확보 등 요구를 구체화해야 한다고 했다.

토론에 나선 손현일 부산연구원 사회문화연구실장은 공공부문 노동조합이 사회적 기능과 역할들을 해나갈 수 있는 부분들에 대한 고민이 필요하다고 했다.

김병준 민주노총 부산지역본부 조직국장은 행정권력과 정치권력을 상대로 우리의 요구를 관철하고 개입하기 위해 노조가 무엇을 하려 하는지, 무엇을 원하는지를 설명하고 의견을 수렴하는 절차가 중요하다며 '소통'을 강조했다.

남원철 부산지하철노조 수석부위원장은 향후 우리가 겪을 시기가 과거보다는 훨씬 더 많이 변하고 많이 어려울 현실에서 대응하는 방향 찾기 노력을 계속하겠다며, 조합원들의 적극적인 동참을 요청했다.

승무 업무개선 간담회(2022.7.21.)

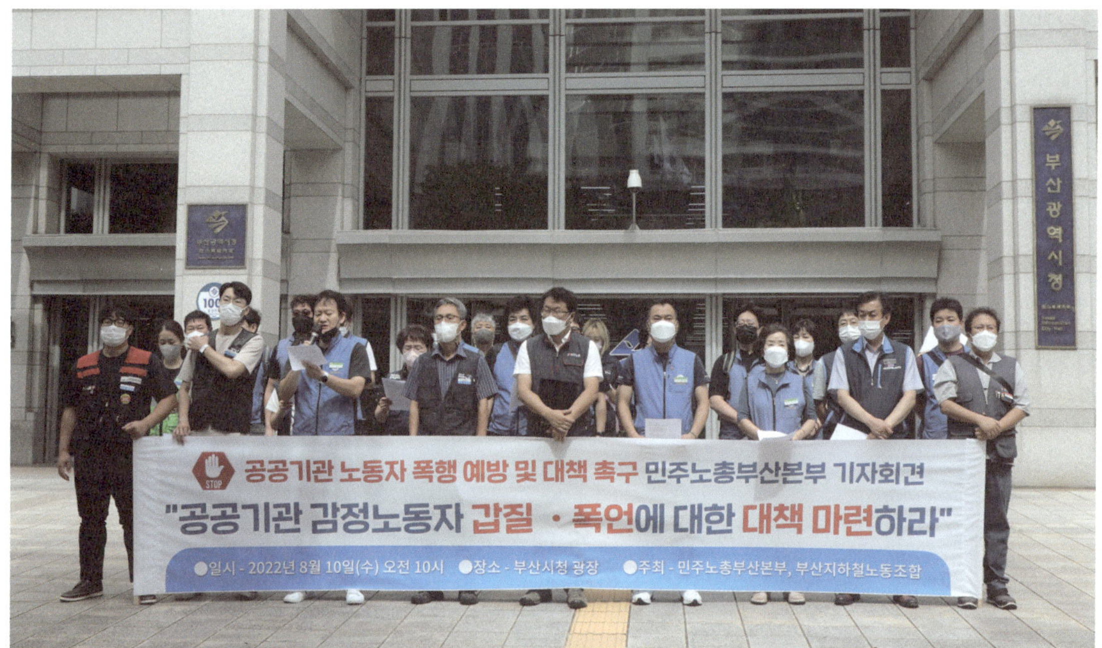

대면노동자 폭행 규탄 기자회견(2022.8.10.)

감정노동 실태와 대책 마련 토론회(2022.9.14.)

노사 교섭은 8월 말까지 4개월 간 차수만 채우며 지나갔다.

공사는 정부지침만 읊조렸다. 부산지하철보다 노동조건이 열악한 인천, 대구, 대전, 광주 등 동종업계를 들먹이기도 했다. 공사 스스로 충분히 결정하고 해결 가능한 요구조차 소극적 답변으로 일관했다.

교섭 도중 끊임없이 발생한 현장의 문제들, 특히 감사실의 과도한 현장 복무점검은 현장 통제, 징계 요구 남발로 이어졌다. 안전처도 감사실과 경쟁하듯 징계 요구를 남발하고 있었다. 그렇게 '노동존중, 상생협력을 위한 노사 합의서'(2021.12.7.)가 무력화되고 있었다.

노동조합은 지금과 같이 교섭이 진행되면 아무리 많은 시간을 투여해도 유의미한 결과가 나오는 게 불가능하다고 판단했다. 노동조합은 일단 단체교섭 잠정중단을 결정했다.

노동조합은 8월 30일 15차 단체교섭에서 공사에게 전향적인 입장 변화를 요구했다. 이어 단체교섭 잠정중단을 선언했다. 운영서비스지부 단체교섭도 순조롭게 진행되지 않았다. 8월 31일 단체교섭 잠정중단을 선언했다.

9월 6일 노동주합은 임시대의원대회를 소집했다. 법이 정한 쟁의절차를 밟기 위해서였다. 참석 대의원들은 쟁의발생을 결의했다. 운영서비스지부 쟁의발생 결의도 함께 진행됐다.

이어 서영남 위원장은 조합 간부 쟁의복 착용, 임금 반납동의서 작성 등을 담은 위원장 투쟁명령 1호를 발령했다. 공무특별지회, 기술지부 등 현장 조합원들의 결의대회도 잇달아 열렸다.

9월 21일 부산지방노동위원회에서 최종 조정회의가 열렸다. 노사 이견은 좁혀지지 않았다. 부산지방노동위원회 특별조정위원장은 조정종료 결정을 내렸다.

파업 돌입 D-day는 9월 30일로 정했다. 노동조합은 공사와 29일 오후 3시

조합원 비상총회(2022.9.29.)

막판 교섭을 시작했다. 오후 7시 30분 노포창 주차장에선 조합원 비상총회가 시작됐다. 3년 만에 열린 비상총회에 조합원 2900명이 운집했다. 교섭은 집중교섭과 실무교섭을 번갈아 가며 줄다리기가 이어졌다. 오후 8시를 지나면서 많은 부분 의견 접근을 이루고 있다는 교섭장 소식이 전해졌다.

저녁 9시 30분쯤 노사는 잠정합의안을 만들어냈다. △임금 1.4% 인상(직무급 정률 100%) △공무직 군경력 및 기간제 경력 인정 △신평차량사업소 정비반의 검수2팀 전환 △역 고객센터 명칭 역무안전실로 변경 △동종업체 대비 부족한 4급 정원 확대를 위한 관계기관과 공사의 협의 추진 △통신, 전자 현업분소 조별 인력 불균형 해소 위한 분야별 노사협의체 구성 등이었다.

운영서비스지부 단체교섭은 10월 4일 부산지방노동위원회 조정회의에서 노사가 조정안을 수락하여 2022년 단체교섭을 마무리했다. 조정안엔 △통상임금의 5.1% 인상(2022년 1월부터 소급 적용) △코로나19 방역 위로금 35만 원 지급(2022년 1월부터 적용) 2023년부터 적용하는 것으로 △교통비와 기술수당 신설, 숙련수당 기준 마련 후 지급 △환경직 주5일 근무자 격무 격려수당 인상 등이 포함됐다. 또 지하역사 근무환경 개선, 피복지급규정 제정, 기술분야(일반전기, 위생폐수) 휴게시설 개선 등의 조정도 수용했다.

10월 6일 노동조합은 임시대의원대회를 소집했다. 2022년 단체교섭 합의서 체결 여부를 묻기 위해서였다. 참석 대의원 101명 만장일치로 통과됐다.

노동조합은 10월 18일부터 20일까지 임협약 인준 투표를 했다. 선거인수 4316명 중 3741명(86.68%)이 투표에 참여했다. 개표 결과 찬성이 3450표(92.22%) 나와 인준 투표가 가결됐다. 운영서비스지부 협약 인준 투표도 선거인수 890명 중 831명(93.37%)이 투표에 참여하여 759명(91.34%)이 찬성하여 무난하게 가결됐다.

6 ▌ 윤석열 정권과 직무성과급제

윤석열 대통령이 노동조합을 노동자를 착취하는 기득권층 나아가 부패 집단으로 매도했다.

윤 대통령은 2022년 12월 21일 청와대 영빈관에서 열린 비상경제민생회의 겸 국민경제자문회의 모두발언에서 "노·노 간에 있어서의 착취적인 시스템을 바꿔나가는 것이야말로 노동의 가치를 존중하는 것"이라고 말했다. 이어 "노·노 간 이중구조와 양극화가 심화된다고 하고, 그(노·노) 사이에서 자본과 노동 사이에서 많이 논의됐던 것처럼 착취 구조가 존재한다면 그 자체

가 노동의 가치를 떨어뜨리는 것"이라고 했다.[17]

그랬다. 윤석열은 노동조합을 노동시장 이중구조를 만든 원흉으로 규정했다. 그리고 노동조합을 기득권 유지를 위해 다른 노동자를 착취하는 집단으로 매도했다.

윤석열 대통령은 2023년 신년사에서도 3대 개혁 과제 중 '노동 개혁'에 방점을 찍었다. 윤 대통령은 "기득권 유지와 지대 추구에 매몰된 나라에는 미래가 없다"며 "가장 먼저 노동 개혁을 통해 경제 성장을 견인해야 한다"고 말했다. 윤 대통령은 이어 "성과급제로 전환하는 기업과 귀족 노조와 타협해 연공서열 시스템에 매몰되는 기업에 대해선 정부가 차별적으로 지원하겠다"고 밝혔다.

윤석열 정부가 추진하는 직무성과급제는 기업 내 직무에 따라 별도 임금체계를 적용하겠다는 것이다. 이 경우 노동시장 내 임금 격차 축소 효과를 기대하기는 어렵다. 오히려 기업 내 직무 간 임금 격차만 확대될 가능성이 높다. 유일한 격차 해소 효과는 근속에 따른 격차 축소다. 그러나 이조차 착시 현상에 불과하다. 당장은 연령에 따른 격차가 축소되는 것처럼 보여도, 거꾸로 보면 신규 입사자의 향후 임금인상 폭을 크게 제한한다. 윤석열판 '조삼모사'다.

이 같은 윤석열 발언은 '미래노동시장연구회'와 밀접한 관련이 있다. 미래노동시장연구회는 2022년 12월 권고문에서 '소수가 아닌 다수를 위한 공정한 임금체계'로의 개편 필요성을 강조했다. 연구회는 "해가 바뀌면 자동으로 임금이 올라가는 호봉제"는 소수의 대기업, 금융, 공공부문 유노조 노동자들만 혜택을 보는 사회악(惡)으로 규정했다.

실제 윤석열 정권은 화물연대 파업을 기득권층의 횡포로 몰아 폭력적으

거제 대우조선 하청지회 노동자 투쟁에 연대하는 부산지하철노조(2022.7.8.)

민주노총 부산본부 선전전(2023.3.9.)

로 진압했다. 또 건설노조의 노동조합 활동을 '건폭'으로 불법 부패로 매도하며 조합 간부들을 무차별 수사하고 구속했다.

7️⃣ 투쟁사업장 지원과 장학사업도 하는 노조

2023년 1월 6일 노동조합은 퇴직조합원 및 공로연수 조합원 환송회를 열었다. 부산지하철에서 정규직으로 혹은 비정규직으로 그리고 조합원으로 짧게는 10년 길게는 30여 년 함께 했던 분들을 환송하는 자리였다.

2018년부터 매년 연말에 실시해온 조합원 투쟁기금 모금이 다섯 해를 맞았다. 노동조합은 지난 4년 동안 총 8681만9000원에 이르는 모금액을 어려운 상황에서 투쟁하는 비정규 및 장기투쟁 사업장과 주요 투쟁단체에 전달했다. 투쟁기금 모금 5년째인 2022년에도 부산교통공사 소속 조합원 2724명과 운영서비스지부 조합원 677명이 참여했다. 모금액은 별도로 중앙위원회에서 결의한 화물연대 투쟁 지원 기금을 합쳐 총 3039만 원이다.

노동조합은 공공운수노조와 민주노총 부산지역본부 등으로부터 협조를 받아 비정규, 장기투쟁사업장 10곳과 시민사회단체 한 곳을 선정했다. 노동조합은 공공운수노조 해고자복직특별위원회, 화물연대본부, 전국물류센터지부 쿠팡물류센터지회, 민주버스본부 경기지부 화성도시공사지회, 의료연대본부 울산대병원 민들레분회, 서울지역공공서비스지부 덕성여대분회, 부산일반노조 서면시장번영회지회, 금속노조 풍산마이크로텍지회, 돌봄서비스노조 해피실버타운분회, 민주노총 부산지역본부 비정규위원회 등 10곳과 정우형 열사 대책위원회에 투쟁기금을 전달했다.

노동조합은 2014년부터 베트남 장학사업을 지원해 왔다. 2013년 1분기 중앙노사협의회에서 노사는 급여우수리사업 공동 진행을 합의했다. 급여우수리 모금액 중 2000만 원 초과 금액은 노동조합이 지정하는 공익적 사업(단체)에 지원하기로 했다. 이를 근거로 노동조합은 2014년부터 '(사)이주민과 함께'와 함께 베트남 빈딩성 뜨어빙 중학교 장학금 지원 사업을 시작했다.

열사장학문화사업회 장학금 전달(2018.8.22.)(2023.8.19.)

동학농민혁명 현장을 찾아서(2018.9.4.~5.)

신규간부 부산지하철노조 역사 교육(2021.1.18.)

김누리 교수 특별강연(2022.12.5.)

노동골든벨(2023.6.16.)

동시에 베트남 평화방문단에도 참가해 왔다. 베트남 전쟁이 한창이던 1966년 2월 26일 베트남 중부지방 빈딩성 고자이 마을 주민 380명이 죽었다. 한국군에 의한 민간인 학살이었다. 이후 고자이 마을에선 매년 2월 26일 제사와 위령제를 지낸다. 평화방문단은 위령제에 참석해 베트남 전쟁에서 양국 민중이 겪은 고통과 흘린 피를 서로 보듬고 아픔을 치유하는 활동을 해왔다.

또한 노동조합은 간부와 대의원들의 활동성 강화를 위한 교육을 역사기행, 부산지하철노조 역사 교육, 특별강연, 노동골든벨 등 다양하게 진행해왔다.

8 ▌ 2023년 단체교섭

2023년 단체교섭 들어가다

2023년 노사 단체교섭을 앞두고 공사 한문희 사장이 사퇴했다. 한국철도공사 사장 공모를 위해서였다. 2021년 임기 도중 사퇴한 김종국 사장에 이어 연이은 도중 사퇴였다.

한문희 사장이 사퇴한 가운데 노사는 5월 25일 2023년 단체교섭 절차합의서를 체결했다. 그렇게 단체교섭 막은 올랐다.

6월 9일 1차 교섭, 노사는 노동조합 요구안 제안 설명과 공사 제시안 설명 순으로 진행했다.

노동조합은 임금 부문에서 일반직 총액 대비 5.1% 인상, 상용직 기본급 38만6540원 인상, 공무직 기본급 87만3850원 인상을 요구했다. 이밖에 △급식보조비 10만 원 인상 △40호봉까지 호봉확대 등 임금제도 개선 요구안을 내놨다. 상용직과 공무직 조합원 관련 제도 개선 요구안도 다수 내놨다.

공사는 일반직과 상용직 임금동결(안)을 내놨다. 공무직 임금은 추후 내놓겠다고 말했다. 또 공사는 전사적인 경영 효율화 방안이라며 역무분야 업무 효율화, 기술분야 관리분소제, 사업소 통합 등을 추진하겠다고 했다. 이어 공사는 윤석열 정부가 추진 중인 지방공공기관 직무중심 인사관리(직무급제) 도입을 제시했다. 그밖에 육아 및 휴직자 사원증 기능 정지, 퇴직금 지급기준(근속년수 산정) 변경, 인력 구조조정 시 노사합의를 협의로 변경, 상·하반기 체육대회 모두 근무시간 외 시행, 비조합원 대상 직급 및 부서 확대, 정년퇴직일 상반기(6월 30일), 하반기(12월 31일) 2회 실시 등의 개악안을 내놨다.

노동조합 서영남 위원장은 산업재해 유가족 채용, 4급 정원 확대, 8주기 근무 관련 협의체 구성 등 노사합의사항이 지켜지지 않는 문제를 지적했다. 이어 통신 CCTV 증설에 따른 인력 충원, 역 1인근무로 인한 계속되는 지원근무, 기술분야 근무조의 인력부족 등을 지적했다. 인력부족문제 해결을 위한 정원 확대를 통한 적정 인력 확보를 요구했다. 또 서영남 위원장은 직무중심 인사제도(직무급제) 도입 반대 입장을 분명히 했다.

7월 6일 오전 10시가 넘어서자 부산시청광장에 노동자들이 모여들기 시작했다. 2023년 단체교섭 승리 조합원 결의대회에 참가하기 위해 모인 부산지하철노조 조합원들이었다. 2000명이 넘는 조합원들이 모인 가운데 결의대회가 시작됐다.

서영남 위원장은 "공사가 임금동결을 요구하고 있다. 경영 효율화란 이름으로 또다시 구조조정을 하겠다고 한다. 투쟁해야 할 때 투쟁하지 않으면 우리가 쟁취하고 지켜온 노동조건은 빼앗기고, 빼앗긴 노동조건을 다시 되돌리기 어렵다"고 했다. 이어 "무능력하고 무책임한 공사와 정권의 반노동 정책에 맞서 나의 임금을 올리는 투쟁, 나의 노동조건을 지키는 투쟁에 전 조직적 역량과 조합원의 힘으로 반드시 승리하자"고 호소했다.

7월 27일 12차 교섭에서 노사는 단체협약 갱신 요구안을 다뤘다. 교섭

단체교섭 승리 조합원 결의대회(2023.7.6.)

기술지부, 연산궤도 이전 요구 선전전(2023.7.14.)

직무성과급 저지 등 요구 공공운수노조 결의대회(2023.7.15.)

연산궤도 이전 요구 시청 선전전(2023.8.9.)

은 시작부터 분위기가 좋지 않았다. 공사는 노사합의 사항과 법과 규정에 맞게 반영하고 용어를 통일하자는 요구조차 거부했다. 노동조합은 합의된 사항, 법에 있는 것조차 단체협약에 정리 못 하겠다는 공사 태도를 강하게 질타했다.

교섭중단, 쟁의절차 밟다

8월 24일 노사는 16차 교섭을 했다. 그러나 교섭은 노동조합이 교섭 중단을 선언하면서 30분 만에 끝났다. 서영남 위원장은 공사의 3無(무능, 무책임, 무공감)를 질타했다. 이어 "16차에 걸친 교섭 동안 공사가 '정부정책 혹은 부산시 정책이다' '재정이 어렵다'는 말로 아무것도 할 수 없다는 말만 되풀이했다"며, "노사합의사항조차 이행하지 않고, 정부지침만 맹종하고, 부산시에는 인력 충원의 필요성조차 제대로 말하지 못하는 공사의 모습에 참담함을 느낀다"고 했다.

노동조합은 9월 1일 임시대의원대회를 열었다. 참석 대의원들은 만장일치로 쟁의발생을 결의했다. 부산교통공사는 물론 자회사 부산도시철도운영서비스를 상대로 쟁의발생을 결의했다. 이어 노동조합은 9월 4일 부산지방노동위원회에 조정신청을 했다.

이에 앞서 8월 30일 공공운수노조는 전체사업장 대표자회의를 열었다. 300여 명의 현장 대표자들은 9월부터 11월까지 3차에 걸쳐 공동파업을 전개하기로 결의했다. 윤석열 정부의 반노동, 반민주, 반민생 정책에 맞서 △민영화 중단-사회공공성 확대 △임금 격차 축소-실질임금인상 △직무성과급제 폐지 △인력 충원-일자리 확대 △노동개악-노조탄압 중단 △공공부문 노정교섭 실시 등 6대 요구의 관철을 위한 투쟁에 함께 나서기로 했다.

노동조합은 9월 12일부터 14일까지 3일 동안 쟁의행위에 관한 조합원 찬반 투표를 했다. 전체 조합원 5235명 중 5043명(96.3%)이 투표했다. 개표 결

공공교통 전환 필요성과 과제 토론회(2023.7.31.)

요금인상 반대 기자회견(2023.9.7.)

과 4361명(86.5%)이 쟁의행위에 찬성했다.

부산지방노동위원회가 9월 13일 1차 조정회의에 이어 9월 19일 2차 조정회의를 소집했다. 노동조합과 공사 사이에 입장 차는 좁혀지지 않았다. 결국 특별조정위원회는 조정종료를 결정했다.

한편, 박형준 부산시장은 9월 26일 전임 한문희 사장 사퇴로 비어있던 공사 사장 자리에 이병진 전 부산시 행정부시장을 임명했다. 부산교통공사는 5월 25일 이후 이동렬 경영본부장이 사장 직무대행을 맡아 왔다.

잠정합의

22대 집행부 선거 일정이 진행되는 가운데 2023년 단체교섭은 막바지를 향해 가고 있었다. 노동조합은 파업 돌입 D-day로 10월 11일을 예고했다. 서영남 위원장은 집행부 선거가 진행 중이지만, 단체교섭 투쟁 승리를 위해 파업투쟁도 마다하지 않겠다고 의지를 밝혔다.

10월 10일 오후 3시 노포차량사업소 홍보관에 마련된 교섭장, 노동조합이 10월 11일을 파업 돌입 D-day로 밝힌 가운데 노사 교섭위원들이 마주 앉았다.

노동조합은 먼저 지부별 핵심 요구를 제시하고 수용을 촉구했다. 공사 반응은 뜨뜻미지근했다. 교섭은 좀처럼 속도를 내지 못하고 지루하게 진행됐다. 노사는 오후 6시쯤 교섭을 정회했다. 오후 7시 노사는 교섭을 재개했다. 노사는 주요 쟁점에 대한 집중 논의를 위해 실무교섭을 택했다.

같은 시각, 노포창 주차장엔 비상총회 참석을 위해 조합원들이 모였다. 2000여 조합원들이 주차장을 메운 가운데 7시 30분 비상총회가 시작됐다.

교섭장이 마련된 노포차량사업소 홍보관, 시간이 흐를수록 긴장감이 높아갔다. 오후 8시 30분 노동조합 중앙위원(위원장, 수석부위원장, 사무국장, 각 지부장)들이 모였다. 최종 판단을 위해서였다. 오후 9시 20분, 노사는 임금 총액 기준 1.7% 인상 등 합의(안)에 잠정 서명했다.

잠정합의(안) 주요 내용은 임금 부문에서 임금 총액 기준 1.7% 인상(일반직, 상용직, 공무직 동일)을 합의했다. 또 공무직 조합원들의 처우개선 차원에서 공무직 기본급 수준을 정하는 근속년수 구간을 두 단계(14년 이상~16년 미만, 16년 이상) 신설했다. 그리고 법 개정으로 급식보조비 비과세구간 증

조합원 비상총회(2023.10.10.)

액(년 120만 원→240만 원)에 따라 급식보조비 월 20만 원으로 조정하고, 대신 임금총액은 동일하도록 조정하기로 합의했다.

이밖에 △차량분야 모터카 운전수당 대상자 확대 △경전철운영사업소 기술부(신호팀, 통신팀) 업무분장 상 관제업무수행자 관제수당(월 5만 원) 지급 △지도기관사 교육비(승무사업 1당무 3만 원) 지급을 합의했다.

후생복지 부문에선 △교대근무자(역무 및 차량 분야) 당직비(월 1만 원→2만 원) 인상 △보상휴가 사용기간을 1.1~12.31.에서 3.1~익년 2.28.로 변경 △역별 대민업무 지원금(월 3만 원) 지급 △남성 육아휴직 기간 연장 등이 포함됐다.

지부 현안 부문에선 공무직과 상용직의 단체협약을 체결하기 위한 노사협의를 2024년부터 진행하기로 합의했다. 애초 노동조합은 기존 단체협약을 공무직과 상용직 조합원에게도 적용할 것을 요구했다. 그리고 △연산궤도분소를 2024년 중 지상 이전 추진 △역 민원 해소를 위한 업무 간소화 방안 마련 △2024년부터 3호선 기관사 2개 분기 교육 실시 등을 합의했다.

이어 마지막까지 쟁점 사항이었던 직무성과급제와 인력축소 구조조정 문제와 관련해 "'노동존중, 상생협력을 위한 노사합의서'(2021.12.7.) 이행을 위해 노력한다"는 수준으로 합의했다. 노동조합은 최종 교섭에서 "직무성과급제와 인력축소 구조조정을 시행하지 않는다"는 명시적 문구를 요구했다. 그러나 공사가 명시적 문구에 대해 상당한 부담감을 느껴 합의서에 넣지 않는 대신 기존 노사합의서 이행을 노력한다는 수준에서 의견 접근을 봤다. 2021년 노사합의서는 아래와 같다.

노동존중, 상생협력을 위한 노사합의서(2021.12.7.)

1. 공사 경영진은 설립 목적에 따른 안정적 운영을 지향하며 안전인력과 안전예산 확보로 공공성을 강화하고, 경영 효율화로 인해 안전이 저하되지

않도록 한다.

1. 공사 경영진은 정부·부산시의 부당한 정책을 일방적으로 시행하지 않는다.

또 다른 쟁점이었던 법 개정 사항 및 업무 순증가에 따른 안전인력 정원 확대 요구와 관련해 보건관리자 6명을 정원에 반영하도록 적극 노력한다는 문구로 의견 접근을 봤다. 정원 승인이 부산시 소관 사항임을 감안한 문구 정리였다.

그동안 공사는 2021년 산업안전보건법 개정에 따라 외부 위탁이었던 보건관리자를 직접 업무직 6명을 채용했으나 정원 증원을 하지 못해 다른 직렬 정원 6명을 감소해 운영해 왔다.

노동조합은 10월 18일 임시대의원대회를 열어 잠정합의안 승인 여부를 물었다. 참석 대의원들은 잠정합의안을 승인했다.

10월 26일 2023년 단체교섭 협약 인준 조합원 투표 결과가 나왔다. 부산교통공사 조합원 94.6%, 운영서비스지부 조합원 90.5%가 찬성했다. 노동조합 전체로는 93.9% 찬성으로 무난하게 통과됐다.

9 22대 집행부, 최정식-한정호 후보 조 당선

한편, 2023년 단체교섭이 마무리되지 못한 가운데 22대 집행부 선거가 진행되었다. 위원장-사무국장 선거에 오문제-조연식 후보 조와 최정식-한정호 후보 조가 출마했다. 두 위원장 후보는 모두 21대 집행부에서 기술지부장(최정식)과 사무국장(오문제)으로 활동해 왔다.

지부장 선거는 기술지부장 후보(김태진), 역무지부장 후보(이동익), 승무지부장 후보(강동원, 김영오), 차량지부장 후보(박재홍), 운영서비스지부장 후보(곽인선, 장건찬, 한옥녀)가 출마했다.

투표는 10월 17일부터 19일까지 사흘 동안 진행됐다. 19일 저녁 개표 결과 위원장-사무국장 선거에서 최정식-한정호 후보 조가 투표 조합원 4953명(94.5%) 중 2721표(54.9%) 득표로 당선됐다. 오문제-조연식 후보 조는 2148표(43.4%)를 얻었다.

지부장 선거에선 단독 출마한 기술지부장 김태진 후보(84.4%), 역무지부장 이동익 후보(88.6%), 차량지부장 박재홍 후보(94.3%)가 무난히 과반을 넘겨 당선됐다. 경선으로 치른 승무지부장 선거는 김영오 후보가 65.2% 득표로 당선됐다. 강동원 후보는 33.5% 득표에 그쳤다. 운영서비스지부 선거는 한옥녀 후보가 53.4% 득표로 당선됐다. 곽인선 후보는 37.3%, 장건찬 후보는 7.7%를 득표했다.

부산지하철노동조합 35년
역사 정리를 마치며

부산지하철노조는 시기 시기마다 많은 사람의 헌신과 희생을 바탕으로 이어왔다. 부산지하철노조 35년 역사는 그들을 기억한다.

서슬 퍼런 전두환 군사독재 시절 공무원 신분임에도 노동조합 설립에 나섰던 이용성 초대 위원장과 이태주 사무국장을 비롯한 46명의 발기인들, 그들이 있었기에 지금의 부산지하철노조가 있음을 기억한다. 더러는 회사 관리자가 되고 사용자 편이 되어 노동조합과 척을 지는 사람들도 있었고, 거리를 두는 사람들도 있었다. 그러나 노동조합을 만들고 깃발을 세운 것만으로도 역할을 다했다.

사퇴로 조합원들과의 약속을 지킨 2대 조시재 집행부, 신뢰와 믿음은 노동조합의 근간임을 솔선해 보여줬던 조시재 집행부의 건강함을 기억한다. 선거 공약을 슬그머니 거둬들여도 될 법한데 임기 1년 후 신임투표를 하고 조합원들 뜻에 따랐던 조시재 위원장을 기억한다.

1994년 6월 25일 자정 부산대 신축 학생회관 강당, 강한규 위원장의 파업 선언으로 전지협 공동파업을 성사시켰던 조합원들의 열정을 기억한다.

전지협 파업 후 집행 간부 구속, 이어진 해고와 징계, 힘겹게 노동조합을 지키고 복원하기 위해 동분서주했던 안삼렬 비대위의 헌신을 기억하지 않을 수 없다.

조합원 508명이 연행됐던 1998년 7.3파업투쟁. 동래역 선로 점거농성에 이은 상경투쟁을 벌인 조합원들을 기억한다. 그리고 검찰권력까지 동원한 김대중 정권의 잔악한 탄압에 눈물을 머금고 1인승무를 수용했던 1998년 12월 19일, 그 참담함을 또한 기억한다.

참담함을 딛고, 조합비 가압류와 26명의 해고자 그리고 IMF 구제금융 위기를 빌미삼아 공기업 노동자들을 희생양으로 삼았던 김대중 정권에 맞서 버티고 또 버티며 노동조합을 지키기 위해 혼신의 노력을 기울인 이민헌 집행부를 기억한다.

반면, 2003년 6월 24일 새벽 승무지부장의 반조직행위를 역사는 잊을 수 없다.

2004년 주40시간 투쟁과 7·21파업을 이끈 윤택근 집행부, 2007년 5·16파업을 이끈 오영환 집행부, 반송선 5無제도 저지투쟁과 6·26파업을 이끈 김태진 집행부 그들을 기억하고 또 기억한다.

간접고용 비정규직 노동자들의 조합 가입을 가능하게 규약을 개정하고 청소노동자들을 한지붕으로 품은 13대 김태진 집행부를 기억한다.

젊음을 패기로 기존 관행에서 벗어나 변화를 시도하고, 부산지하철노동자들의 자존심을 걸고, 세 차례 파업으로 박근혜 정권에 맞섰던 이의용 집행부를 기억한다.

2013년 15대 김태진 집행부에서 16·17대 이의용 집행부, 18대 김광희 집행부, 19대 최무덕 집행부로 이어지는 끈질긴 투쟁으로 마침내 4조2교대근무제를 쟁취한 노동조건 개선 투쟁을 기억한다.

지역을 넘고 업종을 넘어, 투쟁하는 이 땅 노동자들과 연대하는 모금, 2018년 연말 시작한 비정규, 장기투쟁사업장 지원을 위한 부산지하철노조 조합원 투쟁기금 모금을 정례화시킨 부산지하철노조의 따뜻함을 기억한다.

조합원들로부터 신뢰를 얻지 못했을 때 스스로 물러나는 관행을 만들어
낸 2대 조시재 집행부, 3대 김정삼 집행부, 6대 김태진 집행부, 8대 김광희 집
행부, 10대 윤택근 집행부, 12대 양춘복 집행부를 기억한다. 이에 부산지하
철노조가 건강성을 잃지 않을 수 있었다.

그랬다. 부산지하철노조 35년은 지하철노동자들의 노동조건을 향상시키
고, 지키는 투쟁의 역사였다. 구조조정에 맞선 투쟁의 역사였다. 또 지하철
노동자의 투쟁은 지하철 안전을 지키는 투쟁이었고, 곧 일자리를 만드는 투
쟁이었다. 노동자 계급 투쟁의 속성을 확인하는 현장이었다.

그 시기 시기마다 물러서지 않고 싸웠다. 구속도 되고 해고도 되고 중징계
로 인사상 불이익을 당하면서도 멈추지 않았다. 힘에 부치면 현실과 타협하
기도 했다. 책임지고 물러나기도 했다. 그러나 또 싸웠다. 그렇게 차곡차곡
단단하게 부산지하철노조 역사를 쌓아 갔다.

다시 다가올 부산지하철노조 35년사는 지역노동자들과 함께 투쟁하고
연대하는 부산지하철노조로 기억되기를 소망한다. 그리고 공공교통과 무상
교통을 주도하는 부산지하철노조로 기억되기를 역사는 바란다. 먼 장래 노
동자 계급의 희망으로 기억되기를 소망하고 또 소망한다.

내 사랑 부산지하철노조여~

부산지하철노동조합 연혁

1988

노태우 정권(1988.2~1993.2)

02.16	부산지하철노동조합 결성 총회(발기인 46명, 초대 위원장 이용성)
04.04	초대 지회장 및 대의원 선거
04.29	제1기 1차 임시대의원대회 개최(안건:규약·규정 제정 등)
06.21	단체협약 체결(부산지하철본부/부산지하철노동조합)
06.22	노사합의서(공무원 보수 대비 129% 인상 후 서울지하철 상향 조정 시 그 수준으로)
06.23	제1기 정기대의원대회
07.01	부산교통공단 창단, 초대 이사장 김창갑
08.08	1차 교섭(단체협약)
08.19	제1기 3-2차 임시대의원대회(안건:부산교통공단노동조합으로 명칭 변경 건 등)
09.06	단체협약서 체결(12차 교섭)
09.09	제1기 5차 임시대의원대회(안건:단체협약서 체결 인준 건 등)
09.16	부산지방노동청, 공단 근로기준법위반사항 시정 지시(철야맞교대, 유급휴일 등)
12.27	1차 교섭(직제개편에 관한 단체교섭)

1989

01.20	단체교섭 결렬(11차 교섭)
02.03	파업찬반 투표(투표율 95.5% 찬성률 97%, 최초 파업찬반투표)
02.07	12차 단체교섭
02.08	02:30 노사합의각서 체결(내용:근무형태 변경, 보수체계 정립, 직제단일화 등)
02.14	제2기(89년) 2차 임시대의원대회(안건:노사합의각서 인준 건 등)
02.16	노동조합 창립 1주년 기념식
04.11	제2기 5차 임시대의원대회(합의서 서명은 대의원대회 승인 후로 규약개정 등)
04.12	89년 임금합의서 체결(12차 교섭)
05.30	제2기 정기대의원대회(안건:근무형태변경에 관한 건 등)
06.12	1차 교섭(근무형태변경 관련 단체교섭)

| 08.29 | 근무형태변경합의서 체결(23차 교섭, 1주야 교대근무를 3조2교대 주·야·비로 변경) |
| 11.13 | 부산교통공단노조 소비조합 개점 |

1990

01.12	노동조합 사무실 이전(본사에서 노포동 차량기지 후생관 2층)
02.16	노동조합 창립 2주년 기념식
02.28	1호선 3단계 개통(중앙동~서대신동)
05.24	90년 임금교섭 타결(16차 교섭, 교섭기간 1990.04.25.~05.24.)
06.01	제3기 정기대의원대회
08.04~05	부산지하철 "여름축제한마당"(송정 하계휴양소, 99년까지 시행)
09.02	9.2열차추돌사고(남산역)
11.14	1차 교섭(단체협약 갱신 단체교섭)
12.31	21차 교섭(단체협약 체결, 교섭기간 1990.11.14.~12.3.)

1991

01.25	제2대 위원장 조시재 선출
02.12	노동조합 창립 3주년 기념식 및 1대·2대 위원장 이·취임식
04.23	고문변호사 선임 및 위촉(조성래, 노무현, 문재인, 정재성 등)
05.04	박창수(한진중공업) 열사 의문사
05.07	제4기 정기대의원대회
05.31	보충협약서 체결(중복휴일, 신규자 체력단련비, 당직비)
06.11	91년 임금협약서 체결(06.07 13차 교섭. 잠정합의, 교섭기간 1991.05.13.~06.11.)

1992

02.15	노동조합 창립 4주년 기념식(10시, 후생관)
02.16	노보 '함성' 창간호 발행
03.13	제2대 집행부 신임투표(불신임), 2대 집행부 총사퇴
04.27	제3대 위원장 보궐선거 결선투표(김정삼 당선)
05.12	제5기 정기대의원대회 및 2대·3대 위원장 이·취임식
06.11	1차 교섭(92년 임금교섭)

07.14~15   15차 교섭(15일 02:30, 잠정합의, 교섭기간 1992.06.11.~07.15.)

12.22   1차 단체교섭 (단체협약)

1993

김영삼 정권(1993.2~1998.2)

02.15   노동조합 창립 5주년 기념행사

04.16   단체협약 체결(25차 단체교섭, 교섭기간 1992.12.22.~1993.04.16.)

06.30   동래역 전차선 단선사고

08.12   93년 임금협약서 체결(8/4 14차 교섭, 잠정합의, 교섭기간 1993.06.28.~08.12.)

09.17   제6기 6차 임시대의원대회(안건:위원장, 지부장, 대의원 총사퇴 후

            10월 총선거 등)

10.13   제4대 위원장 강한규 당선

11.08   3·4대 위원장 이·취임식

11.10~16   공단 전임자축소 통보 관련 4대 집행부 상집위 이사장실 점거 철야농성

1994

01.13   제7기 1차 임시대의원대회(안건:전지협 구성, 규약개정 건 등)

03.09   제7기 임시대의원대회(안건:부산양산지역공동투쟁본부 가입 결의 건 등)

03.16   전국지하철노동조합협의회(전지협) 결성식(오전 10시, 서울지하철노조

            군자기지창)

04.21   제1차 임금교섭

04.22   승무지부 "신평개소 사업DIA 개악 철폐"요구 철야농성 돌입(9일간)

05.01   104주년 노동절, 영남노동자대회 참가(부산역)

06.02   전지협 공동투쟁 결의대회(종묘공원)

            (임금가이드라인 철폐, 변형근로 철폐, 해고자 복직 요구)

06.04   전지협 공동투쟁 결의대회(14시, 부전역 광장)

06.14~15   전지협 공동 쟁의행위 찬반투표 실시(부지노 투표율 91.2%, 찬성률 96.1%)

06.16   전지협 기자회견(14시), 투표 결과 및 향후 투쟁계획(27일 04시 총파업) 발표

06.23   1호선 4단계 개통(서대신동~신평)

            김영삼 정부, 철도 전기협 용산농성장 공권력 침탈, 전기협 총파업 돌입

06.24   서울지하철노동조합 총파업 돌입

06.24   16차 교섭 결렬 및 조합원총회(23시 조합원 부산대로 이동)

06.25	04시 총파업 선언(전지협 총파업 6·23철도, 6·24서울지하철, 6·25부산지하철 파업)
07.02	(파업 8일차) 14시 총파업 종료선언 집회, 강한규 위원장 등 지도부 10명 구속
07.07	제7기 6차 임시대의원대회(안건:안삼렬 비대위원장 추대 등)
07.19~26	비상대책위, 가족협의회 본사 농성
08.04	제7기 8차 임시대의원대회(안건:희생자보상처리규정 제정 건 등)
09.06	구속동지 1심 선고, 9명 집행유예, 구속동지 7명 석방
09.	부산지하철해고자원상회복투쟁위원회(부지해투) 구성, 초대의장 이강근
10.08	부산지방노동청 국정감사 방청투쟁(금정경찰서, 해고동지 감시 및 강제 연행)
10.21	부양노련 제8차 정기대의원대회(부산지하철노조 모범조합상 수상)
11.04	공공부문노동조합대표자회의(공노대) 결성식 및 수련회(속리산 서당골 농원)
11.13	민주노총 건설을 위한 전국노동자대회 참석(1박 2일 경희대)
12.09	강한규 위원장 항소심 선고, 집행유예로 15:30 석방(오전 09:30, 212호 법정)
12.10~11	전지협 수련회(충북 보은 서당골 농원, 전지협 공동투쟁 평가 및 조직강화 등)

1995

01.19~02.08	공단, 비상열차운전요원 본선 훈련 실시
01.19~20	파업대비 비상 시 열차운전요원 본선 승무 저지투쟁
02.08	부양노련 문영만 의장 구속(94년 부산지하철파업 관련 제3자 개입금지 위반)
02.14	제8기 2차 임시대의원대회(안건:단체협약 및 임금협약 체결 시 조합원의 찬반투표에 의해 처리한다. 규약개정 건 등)
02.15	노동조합 창립 7주년 기념식
03.16	전지협 제2기 정기대의원대회 및 창립 1주년 행사
04.07	제5대 위원장 선거, 안삼렬 당선
04.19	4·5대 위원장 이·취임식
04.21	전해투 투쟁 관련 이영호 동지 구속
07.139	5년 임금·단체협약 잠정합의(24차 교섭, 교섭기간 1995.05.04.~1995.07.13.)
11.11~12	민주노총 창립 및 가입(산별노조 건설, 정치세력화)
11.22~12.13	전지협 노동자학교 개설(주1회 총 4강, 부산지하철노동조합 교육실)
12.15	조수원 열사 자결(옛 전노협 대우정밀노조, 현 금속노조 S&T코티브지회)

1996

01.31	전지협 제3기 정기대의원대회(상임의장 안삼렬/ 공동의장 석치순/사무처장 최종진)
02.10	민주노총 부산양산지역 본부 출범(의장 강한규)
04.05	공단의 토요일 승무다이아 개악 철회요구 승무지부 조합원총회
04.24	김영삼정부 '신노사관계 구상' 발표
06.02	공노대 조합원총회(보라매공원)
06.04	공공 5사 쟁의발생신고(서울지하철, 부산지하철, 한국통신, 조폐공사, 전국지역의보노조)
06.10~20	해고자 원직복직 농성 돌입(서울 상경, 명동성당)
06.20	최종교섭 잠정합의(94전지협파업 해고자 4명 복직 등)
06.25	96년 임금협약 체결(교섭기간 1996.04.03.~1996.06.25.)
11.09~10	민주노총 창립 1주년 기념식 및 노동법 개정을 위한 전국노동자대회
11.30	직제개악 저저를 위한 안삼렬 위원장 단식농성 돌입(단식 8일차 병원 후송)
12.26	김영삼 정권, 노동법, 안기부법 개악안 날치기 통과
12.29	민주노총 노동법 개악 반대 1차 총파업 / 승무, 차량지부 파업 동참

1997

01.14	정영호 동지 사망(노개투 임무 수행 후 새벽 귀가 중 교통사고로 사망)
02.26	제6대 위원장 긴태진 당선
02.28	안삼렬 위원장 사퇴
03.11	5, 6대 위원장 이·취임식 및 노동조합 창립 9주년 기념식
03.14~15	제4기 전지협 대의원대회(김선구 상임의장, 김태진·김운철·김명희 공동의장, 서형석 사무처장 선출 등)
04.30	1차 임금교섭
06.10	전국민주철도·지하철노동조합연맹(민철노련) 설립 승인
07.08	최종교섭(9일 새벽 잠정합의, 내용:94파업 해고자 5명 복직 정년 61세 통일 등)
07.15	97년 임금·단체협약 체결(교섭기간 1997.04.30.~1997.07.15.)
09.30	노사협의회 합의서(94파업 정직 및 강임자 호봉 재획정, 96노동법 파업 무결자 인사상 불이익 배제)
12.	IMF 사태 발생

1998

김대중 정권(1998.2~2003.2)

01.14	고 정영호 동지 1주기 추모식(영락공원, 매년 진행)
02.09	민주노총 대의원대회(안건:노사정 합의안(정리해고 법제화 등) 부결)
02.14	노동조합 창립 10주년 기념행사
02.23	1/4분기 노사협의회 합의서(공단 차량 중수선업무 외주용역 시행하지 않는다)
03.12	1인 승무제 직제개편 문제에 대한 노·사·시민중재단 3자 합의서 체결
03.21	부산대학교 경영경제연구소 연구결과 발표(당장 1호선 1인승무 실시는 무리)
04.19	공공연맹 창립대회
05.01	108주년 세계노동절 기념대회, 고용안정 쟁취! 민중생존권 사수!(종묘공원)
05.02	공단 1호선 2인 승무를 주요 내용으로 하는 직제개편안 승인요청
05.12	1차 임금교섭
05.28	건교부, 공단이 승인 요청한 직제개편안 반려
07.03	노동조합 파업돌입(동래역 선로점거), 경찰은 노조간부, 조합원 508명 연행 공단 고소고발 및 손배가압류 신청(구속 14명, 해고자 32명, 3억원 손배가압류)
07.14	(파업 12일차, 서울 상경 7일차)서울 상경투쟁 승무지부 현장 복귀, 파업투쟁 종료
08.04	김대중 정부, 2차 공기업 구조조정안 발표
08.22	시민대책위 항의집회 '합의서 이행 징계 철회' 요구(공단 앞)
09.30	공공부문 3조직 통합을 위한 간부결의대회(15시, 성균관대 유림회관)
10.29~11.20	부산지하철노조 국정감사 대응투쟁(국회 환경노동위, 언론사, 정당, 노사정위원회 등 방문)과 해고동지 공단 앞 무기한 텐트 농성 돌입
11.07	건교부 직제개편안 승인(1인승무 시행, 역무소 신설 등)
11.30	공단, 부산지법 광고물부착 등 금지 가처분 결정분 통보
12.	일본 JR동노조(JREU) 부지노 지지 방문
12.08	공단, 1인승무시스템 전환 1인승무 시행
12.16~18	공안검찰의 탄압(7.3파업 관련 연행된 조합원 일부에게 검찰청 출석통지 및 벌금 100만원, 50만원 약식기소 고지)
12.19	1인승무 수용 노사합의서 체결
12.31	7·3파업 해고동지 2기 부지해투(부산지하철 해고노동자 원상회복투쟁위원회) 출범

1999

01.23	제7대 위원장 이민헌 당선
02.02	민철노련 99년 정기대의원대회(16시, 서울지하철 군자기지)
03.13	전국공공운수사회서비스노동조합연맹(공공연맹) 출범
04.19	서울지하철노조 구조조정 저지 총파업 돌입(8일간 파업, 공공연맹 4-5월 총력투쟁)
06.07	진형구 공안검사 98년 조폐공사노조 파업유도 발언
06.14~12.16	파업유도관련 대응투쟁(명동성당 단식투쟁, 국회진상조사요구 등)
06.15	1차 교섭(99년 임금 및 단체협약)
06.30	2호선 1단계구간 개통(양산 호포~서면)
07.09	6차 교섭(공단, 임금 삭감, 정년 단축, 대학생 학자금융자 등 개악안 제시)
07.20	지노위, 공단(이○○ 노무복지부장) 부당노동행위 결정, 2003.8.22. 대법원 부당노동행위로 판결
12.19	실무 잠정합의서(호봉간 격차 2만원으로 조정, 1999.12.31. 기준 호봉 재획정)
12.23	노사교섭(24일 새벽, 교섭결렬)

2000

01.06	지노위 중재위원회 개최(직권중재 3일 연기 결정)
01.09~10	노동조합 2일간 시한부 합법파업 돌입(최초 합법파업)
01.10	지노위 2차 중재위원회 개최, 99년 임금 및 단체협약 직권중재로 강제 종료
01.20	민주노총 부산지역본부 제5년차 정기대의원대회, 제3대 임원 선출(본부장 문영만, 사무처장 김태진)
01.30	민주노동당 창당
04.21	민주노총 전체 대표자회의(공기업 민영화 반대 등 5월31일 총파업 투쟁 돌입)
04.25	1차 임금교섭(14시 본사) 및 2000년 임투 출정식(13:30 공단)
05.31	민주노총 총파업
06.02	전동차 탈선사고(구서동역에서 장전동역 간의 선로탈선) 노동조합 재발방지 안전대책 확보를 위한 철야농성 투쟁(서면역 환승통로)
06.14	2000년 임금교섭 중재위원회 직권중재로 종료(호봉간 격차 2만원 조정 등)

2001

01.13	제14기 3차 임시대의원대회(안건:보충협약관련 잠정합의안 체결 건 등)
	(내용:대학생자녀 학자금/연월차 수당/퇴직금 지급율 변경/사내복지기금
	이자율 변경/ 동종업체 임금격차 해소/ 해고자 20명(1월 13명, 4월 5명, 7월
	2명)복직/ 손배가압류 취하 등)
01.30	7대 집행부 총사퇴
02.28	제8대 위원장 김광희 당선
03.28	합의서 체결, 01.13 보충합의서 5항(동종업체 임금격차 해소) 관련
03.31	공공연맹 조합원 전진대회(서울역광장, 01투쟁 승리와 정부지침 분쇄를 위한)
04.13	노동조합 창립 13주년 기념식 및 8대 집행부 출범식
05.22	1차 교섭(교섭권 위임으로 연맹 교섭대표로 참석)
06.05	01.13 보충협약서 후속 합의서 체결(호봉급 4만원 등)
06.11	7차 교섭(15시~12일 05:30)잠정합의, 조합원 비상총회(19:30 노포창
	파업광장)
06.19	2001년 임금협약서 체결(교섭기간 2001.05.22.~2001.06.19.)
12.06~07	민주노총 조합원 총투표(1.김대중 정부 노동정책, 2.노동법 개악 시 총파업)
12.26	본사식당 민간위탁 철회를 위한 본사 농성(2001.12.26.~2002.2.2.)

2002

01	공단, 안진회계법인 경영진단 결과에 따른 '매표용역, 성과급, 팀제' 등
	시행계획 발표(공단업무 70% 아웃소싱 보도)
01.16	2호선 광안역 개통
01.16	이용선 동지 사망(전지협 파업으로 해고, 복직 후 7대 집행부 수석부위원장직
	역할 후 간암으로 사망)
03.14	1차 교섭(단체협약, 역무민간위탁 등)
03.	개인(차별)성과급반납 및 균등분배 투쟁 조합원 54.3% 참여(최초 시행)
06.05	2002년 단체협약 체결(교섭기간 2002.03.14.~2002.06.05.)
06.13	제3회 전국동시지방선거(노동조합 후보 임선백 부산시의원 출마)
07.10~12	김광희 위원장 사퇴
	제9대 위원장, 지부장, 지회장 총선거 실시(위원장 오영환 당선)
07.19	노조, '매표업무 민간위탁은 불법파견' 부산지방노동청 진정서 접수
08.22	공단, 33개 역 매표업무 민간위탁 전격 실시(3개 용역업체)

08.29	2호선 광안~장산 개통(2호선 전 구간 개통)
09.29~10.14	2002년 부산아시안게임 개최
10.11	조합원 비상총회, 8차교섭(15시~) 잠정합의
10.16	제11회 민주시민상 강한규 전위원장 수상(19시 민주공원)
10.25	2002년 임금협약서 체결(교섭기간 2002.09.13.~2002.10.25.)
12.	16대 대통령 선거 정치실천 활동 전개

2003

노무현 정권(2003.2~2008.2)

01.09	두산중공업 배달호 동지 분신 사망
01.12	고 정영호 동지 6주기, 이용섭 동지 1주기 추모식(11시, 영락공원)
02.13	노동조합 창립 15주년 기념식
02.18	대구지하철참사 발생(사망 192명, 부상 151명)
02.24	광고물등부착금지 부산고등법원 판결(내용:역사게시판 설치. 대합실 승강장 상·하선 각 1곳, 쟁의발생 시 승강장 상·하선 각 1곳 추가)
03.06	매표업무 민간위탁 업체 개선명령 불이행 3개월간 영업정지처분(부산지방노동청)
03.19	대구지하철참사 관련 전국궤도노조 연대회의 추모집회(15시 대구 중앙로역)
04.15	궤도 4사(서울도철, 부산, 대구, 인천지하철) 지하철 안전확보 공동요구안 발표 및 공동투쟁선언 기자회견(2인승무제 환원, 민간위탁철회, 내장세 전면교체 등)
04.25	1차 임금교섭
05.29	전문여론 조사기관 한길리서치 "지하철 안전운행 관련 국민여론 설문조사"
06.23	궤도 3사(부산, 대구, 인천지하철노조) 조합원 비상총회 개최(19:30~)
06.24	최종교섭(교섭결렬), 궤도 3사 공동파업 돌입(공단, 노조간부 10명 고소·고발)
06.25	부산지하철노조 잠정합의 및 파업철회
07.04~16	개인(차별)성과급 반납·균등분배 투쟁(참가율 21.7%)
07.07	제16기 8차 임시대의원대회(안건:잠정합의안 의결, (승무지부장)임원 징계 건 등)
07.11~08.08	오영환 위원장, 이기준 사무국장, 부산민주공원 29일간 농성 투쟁(공안기관과 공단의 노조탄압 대응 투쟁)
09.08	최종만 동지 사망(98파업 비대위 사무국장 해고 후 복직, 조합활동 지속 위암으로 사망, 솥발산 공원묘역 안장)

10.23	제10대 위원장 윤택근 당선
10.17~11.15	한진중공업 김주익지회장 85호 크레인 농성 중 자결, 30일 박재규 열사 자결, 장례투쟁과 노사합의
10.26	근로복지공단 이용석 열사 분신 사망
12.16	9·10대 위원장 이·취임식 및 제17기 정기대의원대회

2004

01.08	승무지부 수동운전 시행 중단 촉구 본사 집회
02.18	2·18대구지하철 화재참사 1주기 추모집회(14시 대구 국채보상공원)
03.	공단 차량, 기술 외주용역, 매표소 무인화 등 구조조정 계획 발표
03-05	노동조합 정책토론회 3회 개최(1차 3/4, 2차 4/9, 3차 5/24)
04.01	JR동노조 노동조합 방문
04.15	제17대 국회의원 선거(노동조합 총선후보 강한규, 임선백 출마, 민주노동당 의회 진출 지역구 2석, 비례대표 8석 총 10석)
05.21~22	궤도연대 대표자 및 집행위 수련회(주5일제 공동투쟁 요구안 결정)
05.24~27	제1회 한일직종교류(한국 역무분야, 일본 동경 방문)
06	개인(차별)성과급반납·균등분배 투쟁 조합원 82.2% 참여
06.11	궤도연대 공동투쟁본부 출범
07.21~24	궤도 지하철 5사 공동파업, 부산지하철 총파업 돌입(4일간 합법파업)
07.24	(파업 4일차) 잠정합의(내용:주5일제(주40시간) 21일 주기, 신규채용 218명 등) 파업현장 조합원 총투표 실시(75.7% 찬성, 가결) 임금·단체협약 합의서 체결(교섭기간 2004.06.03.~2004.07.24.)
07.26~29	제1회 한일 리더토론회(일본 미나카미)
09.22	고 최종만 동지 1주기 추모식
10.20~12.31	일방적 구조조정 중단! 상집간부 본사 농성투쟁
10.28~2005.2	외주용역, 무인매표 반대 시민 서명 및 선전전
11.08	공단, 노사합의효력 해지 통보('98.1/4분기 차량 주공장 중수선 외주용역 관련)
11.11~13	제1회 ICLS(국제노동자교류센타) 서울 포럼 개최
12.13~21	구조조정 투쟁승리를 위한 쟁대위 과천 정부청사 앞 노숙농성 돌입(9일간, 출근 선전전, 건교부 면담, 청와대 1인시위, 광화문 집회 참석 등)
12.28	이사장 면담(공단, 노조 역무 무인매표소 인정 요구로 교섭결렬)

01.04	과천 정부청사(건교부) 앞 조합원 상경투쟁
01.07 ~ 04.06	무인매표철회·경영진 퇴진을 위한 대시민 서명전 돌입(서면, 동래)
03.02	공단, 2호선 30분 운전시간 연장 강행
03.07~10	제2회 한일직종교류(일본 운수, 역 분야 한국 서울(천안) 방문)
03.	개인(차별)성과급반납·균등분배 투쟁 조합원 80.5% 참여
03.14	05년 1차 중앙노사협의회, 노사의결서 잠정합의(30분 연장운행 결렬, 3급 승진자격시험 변경 등)
03.29~31	노사합의사항 및 위원장 신임여부 조합원 총투표(합의서 가결, 위원장 신임 부결), 윤택근 위원장 사퇴
04.18~22	제3회 한일직종교류(한국 운전분야 일본 동경, 오오미야 등 방문)
04.25	JR 후쿠치야마선 탈선사고
04.29	제11대 위원장 오영환 당선
05.18	10·11대 위원장 이·취임식
06.21~07.05	경영진(임원) 평가 조합원 설문조사 실시
08.09	불법·졸속·밀실 부산교통공사 조례안 제정 반대 기자회견
08.25~27	제2회 한일 리더토론회
09.02	한일노동자 등반대회 및 조합원(가족) 등반대회(문경새재 주흘산)
09.10	공단, 매표업무민간위탁 노동자 계약해지
09.10~07.01.29	부지매(부산지하철매표소민간위탁노동자) 고용승계 투쟁(부산시청 천막농성, 허남식시장 선거사무실 점거농성, 노숙투쟁, 결의대회 등) 및 고용대책 합의
10.27~28	제4회 한일직종교류(한국 운전, 승무분야 일본 동경, 오오미야 등 방문)
11.011	3차 임금교섭, 잠정합의 (내용:임금, 98년 파업관련 해고자 이영호, 양춘복 2명 복직, 03년, 04년 파업관련 무결자 향후 인사상 불이익 금지 등)
11.16	부산국제민중포럼(부산대학교, 노조 참석)
11.17~19	APEC반대 투쟁(부산 서면, 수영, 해운대)
11.28~29	제2회 ICLS 마닐라 포럼 개최(필리핀)
11.28	3호선 수영~대저구간 개통식(강서구청역)
12.07	개인(차별)성과급 반납 및 재분배 완료(조합원 80.5% 참여)

2006

01.01	건교부로부터 부산시로 이관(부산교통공단 → 부산교통공사로 변경 출범)
02.03	제19기 정기대의원대회
02.15	부지매 대책위와 허남식 시장, 교통국장, 공사 경영진 면담
02.28	민주노총 부산지역본부 대의원대회, 본부장 윤택근 전위원장 당선
03.08	3·8세계여성의 날(부산행사 매년 참여)
05.16	1차 단체교섭
05.23~26	제5회 한일 직종교류 (일본 기관사,차장,검수분야, 서울 철도,서지,도철 방문)
06.02	개인(차별)성과급반납·균등분배 투쟁 94.9% 조합원 참여
07.05	지하철요금 인상 저지를 위한 부산지역 시민사회여성노동단체 공동기자회견
08.29~09.01	제3회 한일 리더토론회
09.08~12.07	현장통제 분쇄투쟁 및 노사합의(BSC, 6시그마 반대 본사집회 등)
09.26	2006년 임금·단체협약 잠정합의(25차 단체교섭)
10.22	전국 비정규직 노동자대회(14시 서울 대학로)
10.29	솥발산 열사묘역 제막식(10시)
12.07	2006년도 제3차 노사협의회 의결(6시그마 교육 노사협의회 의결 후 시행)
12.12~29	부산시 기관성과급 삭감 반대 투쟁(부산시청, 시장 자택, 본사 항의 집회)

2007

01.12	고 정영호 동지 10주기, 이용섭 동지 5주기 추모식(11시, 영락공원)
01.19	전국공공운수노동조합연맹 출범
01.29	부산지하철매표소노동자 고용대책관련 합의(부산지역일반노조, 부산교통공사)
01.30	공사, 양산선 개통대비 인력확충방안(구조조정) 통보
02.08~05.29	공단 구조조정 저지 투쟁(조합원 결의대회, 철야농성, 시청투쟁 등)
03.	2007년 개인(차별)성과급 반납·균등분배 투쟁 조합원 97.4% 참여
05.15	조정 종료(18일 17시까지 직권중재 보류 결정, 3일간 합법파업), 최종교섭 결렬 조합원 비상총회(20시~ 노포기지창, 2000명 수용 천막설치, 개인 침낭배부 등)
05.18	(파업 3일차) 재교섭 개최, 02시 잠정합의 (내용·임금, 2호선 양산선 배치 인원 78명, 3호선 중수선 6명 채용 등)
06.24	궤도연대 전지협 파업 등반대회 개최(10시 서울 불암산)

08.06	이랜드규탄 전국집중투쟁
09.03	조합활동(1994~2006) 희생자보상 집행
	(내용:파업 유·무결, 호봉 누락 및 지연 임금손실과 퇴직금 중간정산)
10.04~06	제3회 ICLS(국제노동자교류센터) 방콕 포럼 개최(태국)
10.19	제12대 위원장 양춘복 당선
11.08~10	제4회 한일 리더토론회(교류 10주년 기념포럼) 한국 강화도
11.21	08년 예산삭감 반대 조합원 결의대회 및 11·12대 위원장 이·취임식
	(부산시청 광장)
11.25~28	제10회 한일직종교류(일본 기술, 시설분야 한국 서울 방문)

2008

이명박 정권(2008.2~2013.2)

01.01	필수유지업무제도 시행
01.10	2호선 연장구간(호포~양산)개통
02.12~15	노동조합 창립 20주년 기념 주간(사진전 및 선전전)
02.12	노동조합 창립 20주년 기념 강연회
02.14	창립 20주년 기념 포럼(공공부문 구조조정에 대한 궤도노동자들의 대응 방안)
02.15	노동조합 창립 20주년 기념식(14시 노포기지창 예식장)
02.21	대구지하철참사 5주기 추도식 및 심포지엄 참석
02.26	공사 교섭회피 규탄 본사 천막 철야농성 돌입
03.18	임금교섭 소정신청(부산지방노동위원회)
03.18	개인(차별)성과급반납·균등분배 투쟁 조합원 98.9% 참여
03.19~21	쟁의행위 찬반투표 실시(부결)
04.16	양춘복 위원장 사퇴
05.16	제13대 위원장 김태진(신호) 당선
05.30	제18대 국회의원 선거(노동조합 후보 박양수 출마)
06.18~08.26	서비스지원단 반대투쟁 및 노사합의
09.~	세계금융위기 발생
09.02~05	제5회 한일 리더토론회(일본 닛코)
10.10	제21기 8차 임시대의원대회(쟁의발생 결의, 산별노조전환 추진방침 건 등)
10.21~23	쟁의행위 찬성률(73.7%) 가결 및 산별노조 전환 찬성률(76.77%) 가결
11.06	조합원 비상총회(10:30 시청 앞) 및 최종교섭(15:00~22:20), 잠정합의안 체결

| 11.17 | 2008년 임금·단체협약 합의서 체결(교섭기간 2008.08.08.~2008.11.17) |
| 11.27~12.02 | ICLS(국제노동자교류센터) 오키나와 포럼(일본) |

2009

01.01	부산시, 부산시 산하기관 및 공기업 구조조정 계획 발표(10% 인력감축, 임금동결, 10% 예산삭감 등)
03.16	개인(차별)성과급 반납·균등분배 투쟁 조합원 99.6% 참여
03.17~18	부산공공서비스노조(청소용역노조) 조직변경 결의 총투표(98% 가결)
04.	전국최초 장애인·노조·블로거 공동사업 추진(장애인 이동권투쟁 연대)
04.07	공사, 4호선(반송선) 무인화 운영계획 발표
04.7~10	제12회 한·일노동자 등반대회(공공운수노조, 한국 제주도)
04.14	2호선 전동차 시격조정 반대투쟁(본사집회)
5.31~06.03	4호선(반송선) 무인화 대응 일본 경전철 출장(JR동노조 협조)
06.26~07.02	총파업 출정식(10시 부산시청광장, 7일간 파업)
07.21	18차 교섭, 잠정합의(내용:정원대비 288명 증원 부산시에 승인요청, 4호선 인력 등 2010년 상반기내 236명 신규채용 등)
08.14	2009년 노사협약서 체결(교섭기간 2009.04.21.~2009.08.14.)
09.09~11	제6회 한일 리더토론회(한국 제주도)
10.15	제14대 위원장 박양수 당선
10.16	공공서비스지부(부산교통공단청소용역노동자) 부산지하철노조에 가입
10.16~21	제5회 ICLS(국제노동자교류센터) 시드니 포럼(호주)
11.20	13·14대 위원장 이·취임식 및 서비스지부 출범식

2010

02.10	제23기 정기대의원대회 및 노동조합 창립 22주년 기념식
02.24	공사, 이기준(역무지부 사무국장) 직권면직 처분, 중노위 부당해고 판정
04.22/27/29/05.01	블로거 강좌(4강) 개최
05.01	120주년 노동절 집회 참가
06.02	제5회 전국동시지방선거(노동조합 후보 김광희 부산시의원 출마)
07.22	2010년 임금협약서 체결(성과급제도 변경, 8급에서 7급 자동승진 합의로 9급에서 6급까지 자동승진체계 등, 교섭기간 2010.05.07.~2010.07.22.)
09.01~04	제7회 한일 리더토론회(일본)

11.03~05	하반기 투쟁 쟁의행위에 관한 조합원 찬반투표(투표율 85.4% 찬성률 71.9%)
11.07	전국노동자대회(전태일 열사 40주기, 서울광장)
11.18~19	제6회 ICLS(국제노동자교류센터) 타이페이 포럼(대만)
12.	개인(차별)성과급반납·균등분배 투쟁 조합원 99.3% 참여

2011

01.06~11.10	김진숙 민주노총 부산본부 지도위원, 한진중공업 85호 크레인 309일 고공농성, 희망 버스 1차 6/12, 2차 7/9, 3차 7/30 투쟁과 노사합의
02.08	서비스지부 본사농성(부당노동행위 금지, 악질업체 재계약 반대)
02.28	노사합의서 체결(단체협약 근로시간면제 관련)
03.03	청년실업 해소/공공부문일자리 창출 방안 마련을 위한 토론회
03.11	후쿠시마 원자력 발전소 사고(리히터 규모 7.3의 지진과 해일)
03.15~17	2010년 단체협약 체결 결과 조합원 인준투표(투표율 80.7%, 찬성률 84.2%)
03.30	4호선 개통식(미남~안평), 노조 졸속개통 반대 투쟁
06.07	부산지하철 4호선 정상운영을 위한 부산시민대책위 출범
06.21	정책토론회(부산시의회, 주제:부산지하철 4호선 무인운전 무엇이 문제인가?)
06.24	공공운수사회서비스노동조합(공공운수노조) 출범
06.27~30	한일노동자 등반대회(소백산) 및 평화연수
09.09	2011년 임금합의서 체결(98년 해고자 김태진(차량) 복직 등, 교섭기간 2011.05.12.~2011.09.09.)
10.13~14	제7회 ICLS(국제노동자교류센터) 서울 포럼(한국)
10.20	제15대 위원장 김태진(신호) 당선
11.10	김진숙 지도위원 85호 크레인 309일 고공농성 종료
12.07	14·15대 위원장 이·취임식 및 제25기 정기대의원대회
12.13~02.02	노조, 지하철-버스간 환승추가요금 폐지 서명전 및 선전전
12.30	'배태수 사장 임명 처분취소 청구 소송' 부산지법 접수
12.	개인(차별)성과급반납·균등분배 투쟁 조합원 99.7% 참여

2012

01.10	고 정영호 동지 15주기, 이용섭 동지 10주 동지 추모식(11시, 영락공원)
04.11	제19대 국회의원 선거(노동조합 후보 최상길 부산시의원 보궐선거 출마)
04.24~26	JR서노조 초청 후쿠치야마선 탈선사고 7주기 추모식 참가

06.10	부산지하철노조 vs 이주노동자 축구대회
07.18	다대선 복공판 특혜납품비리 조사촉구 1인시위(부산시의회 앞)
08.27	1호선 대티역 전동차 화재사고
09.05	노조와 시민단체, 대티역 전동차 화재사고 합동기자회견(부산시청 앞)
09.07	1호선 노후 전동차 교체, 검수 인원 충원을 위한 조합원 결의대회(본사 주차장)
11.22	3호선 물만골역 전동차 추돌사고
11.23	제26기 정기대의원대회
11.26	2012년 임금 및 단체협약 합의서 체결(교섭기간 2012.06.21.~2012.11.26.)
12.04~10	제8회 ICLS(국제노동자교류센터) 웰링턴 포럼(뉴질랜드)
12.21	금속노조 한진중업업지회 최강서 동지 사망
12.	개인(차별)성과급반납·균등분배 투쟁 조합원 99.7% 참여

2013

박근혜 정권(2013.2~2017.3)

02.15	노동조합 25주년 창립행사
02.17~18	대구지하철참사 10주기 추모행사
03.20	1분기 노사협의회 의결(급여우수리 모금액 중 2천만원 초과 금액 매년 노동조합이 지정하는 공익적 사업(단체)에 노사공동명의로 지원하기로 의결)
04.17	제16회 한일 노동자 등반대회(대전 계룡산)
06.14	제26기 3차 임시대의원대회(안건:통상임금 소송 결의, 위원장·사무국장 동반출마제 규약규정 개정 건 등)
07.22	2013년 임금협약서 체결(교섭기간 2013.04.09.~2013.07.22.)
07.26	통상임금(2010.08~2013.06. 35개월) 1차 소송 소장 접수
09.03	고 최종만 동지 10주기 추모식(14시 솥발산)
09.09~14	위원장배 조합원 체육대회(9개 종목)
09.13	부산지하철노조 하반기 노동자학교 1강 (1강 9/13, 2강 9/27, 3강 10/2)
10.17	16대 위원장 이의용, 사무국장 남원철 당선
11.15~19	제9회 ICLS(국제노동자교류센터) 핫야이 포럼(태국)
12.11	박근혜 정부, 공공기관 정상화 대책 발표
12.31	급여우수리 초과분 '사단법인 이주민과 함께'에 기부

2014

01.06	개인(차별)성과급반납·재분배 투쟁 완료 조합원 99.5% 참여
01.07~03.17	차량지부, 2호선 차량 5개 편성 운행정지 철회 투쟁
01.18~19	시사블로거 시사팸투어(부산 난재발, 고리 핵발전소, 공성성과 민영화 취재)
01.~11.	대중교통 정책토론회 5회 개최(1/21, 4/16, 7/8, 8/25, 11/14)
02.02	기획재정부, 공공기관 정상화 이행계획 발표
02.25	민주노총 2·25국민파업(박근혜 정권 1년, 이대로는 못살겠다)
02.25	공사, 부산시 산하 공사·공단 경영혁신 추진방향과 과제 공개
03.11~13	간부수련회(모떠꿈, 나는 간부다! 모여서 떠들고 꿈꾸자), 경주 드림센터
04.16	세월호 참사(304명 사망)
04.25~05.02	급여우수리 기부 사업 관련 (사)이주노동희망센터와 네팔 모랑지역 희망학교 건립을 위한 답사 출장
05.23	세월호 진상규명, 민영화저지, 6.4지방선거 승리 부산시국대회(19:30 부산역)
06.04	제6회 전국동시지방선거(노동조합 후보 김태진(신호) 부산시의원 출마)
06.10	동래역 전동차 화재사고
06.11~17	청소용역 3호선 1구역 고용승계와 노조인정 농성투쟁(물만골역) 6/17 고용승계 특별단체협약 체결
06.13~14	전지협 공동파업 20주년 기념행사(기념토론회 및 문화행사)
07.08~09	시사블로거 팸투어(주제:지하철 안전)
07.17	시청역 전동차 화재사고
07.23	노동조합·시민사회단체 공동기자회견(노후전동차 교체 촉구 등)
07.	베트남 뜨어빙중학교 장학사업(2014~2018, 매년 후원) 국제연대
08.01~10.06	안전한 지하철 만들기(신차도입 요구) 투쟁(부산시민 15만 명 서명운동, 정책토론회, 간부결의대회, 신문광고 등)
08.25	부산공공교통네트워크 결성식
09.03~05	제11회 한일 리더토론회(일본 홋카이도)
09.05	부산시, 1호선 40량 신차교체 계획 발표
09.25~10.15	민주노총 노동자정치 해외연수 참가(김태진, 아르헨티나와 브라질)
10.07~08	노동조합간부(상집, 대의원) 힐링 캠프(경주, 글램핑)
10.17~21	제10회 ICLS(국제노동자교류센터) 마닐라 포럼(필리핀)
10.25~29	한일 노동자 등반대회(일본 치바현)
12.03~09	민주노총, 공공운수노조 임원선거(직선제)

12.16	2014년 임금 및 단체협약 합의서 체결(교섭기간 2014.07.03.~2014.12.16.)
12.30	제28기 정기대의원대회
12.31	개인(차별)성과급반납·균등분배 투쟁 조합원 99.45% 참여

2015

01.13	기획재정부, 공기업과 준정부기관 성과연봉제 대상 확대 계획 발표
01.15/29	1기 신임간부교육
01.28~29	부산참여자치연대와 시사블로거 팸투어 진행(시민사회연대)
02.02	민주노총 2015년 정기대의원대회(박근혜 정권에 맞서 선제적 4월 총파업 결의)
03.07	고리1호기 폐쇄 부산시민 결의대회(13시 부산역광장)
03.19	부산공공교통네트워크(준), 대중교통 정책토론회
03.24~04.07	민주노총, 노동자·서민 살리기 총파업 서명투표(서명투표 결과 87.7% 찬성)
03.26~27	간부수련회(모떠꿈) 개최(경주, 더케이호텔)
04.22	철도·지하철 안전대책 촉구 기자회견(11시 서울)
04.24	조합원 전진대회 및 민주노총 4.24 총파업 대회
05.01	125주년 노동절 전국노동자대회(14시 서울시청광장)
05.16	5·18 광주민중항쟁 35주년 현장체험 교육
05.22	부산지역공공기관노동조합협의회(부공노협) 출범(28개 노조 참가)
05.22~23	2015년 2차 시사팸투어
6.1~6.5	제30차 한일 기술분야 직종교류(일본 동경 및 니카타 지역)
07.03	통상임금 소송 1심 판결(일부승소)
07.04	양대노총 공공노동자 투쟁 결의대회(공공기관 가짜정상화 저지를 위한)
07.15	민주노총 2차 총파업 집회
07.	네팔 모랑학교 증축 사업 등(2015~2019 연간 250만원 후원) 국제연대
07.27	2015년 임금합의서 체결(교섭기간 2015.05.07.~2015.07.27.)
08.25	노동조합 발전을 위한 토론회(14시 노동조합, 통합운영위원 참가)
08.26~28	신입조합원 OT(역무지부, 승무지부)
09.06~10	제11회 ICLS(국제노동자교류센터) 서울 포럼(한국)
09.29~10.03	제32차 한일 차량분야 직종교류(일본)
10.16	제17대 위원장 이의용, 사무국장 서흥수 당선
10.14~17	제18차 한일 등반대회(경주 남산)

10.29	공사, 노동쟁의 조정신청 접수(내용:임금피크제 관련)
11.10	궤도 3사(부산, 서울, 서울도시철도노조) 임금피크제 공동대응 기자회견
11.20/27	2기 신임간부교육 시행
12.09	신입조합원 OT(역무지부) 개최
12.24	임금피크제 도입 잠정합의(내용·정년퇴직 3년 전부터 시행(5%, 5%, 25% 감액))
12.29	제29기 정기대의원대회(안건:2015년 임금피크제 협약 체결 건(부결))
12.	개인(차별)성과급반납·균등분배 투쟁 조합원 99.35% 참여

2016

01.	통상임금(2013.07~2015.12. 30개월) 2차 소송 제기
01.30	노동개악 저지! 정부지침 분쇄! 공안탄압 분쇄! 전국 집중 총파업대회(서울)
02.12	노동조합 28주년 창립행사 및 제29기 3차 임시대의원대회
02.17	노사 본교섭, 임금피크제 잠정합의
03.02~04	보충교섭 임금피크제 협약 체결 결과 조합원 인준투표(가결)
03.10~11	제11차 궤도한일대표자 협력회의(부산 아르피아호텔)
03.17~18	간부수련회(모떠꿈) 개최(경주, THE-K 호텔)
04.02~03	제주4.3평화순례(주최 공공운수노조, 주관 노동자역사 한내)
04.07	부공노협(부산지역공공기관노동조합협의회) 대정부 투쟁결의 기자회견
04.13~8.19	고 곽OO 기관사 사망 관련 대응투쟁 및 노사합의
04.19	조합원 대중강연(하종강 교수)
05.25/27	신입조합원 OT(25일 승무, 27일 역무, 기술·차량지부)
06.07	부산공공교통네트워크 토론회
06.13~07.27	안전의 외주화 중단! 10만 서명운동
06.30	지하철 안전 토론회(위험의 외주화, 부산지하철 안전한가?)
06.30~07.01	시사팸투어(지하철 안전 토론회 취재)
07.18	공사 이사회, 성과연봉제 확대 도입 계획안 의결
07.21	1차 단체교섭
08.02	공사, 이의용 위원장 등 노조간부 88명 경찰에 고발(본사 분향소 설치 및 집회)
09.05	JR동노조 청년부 부산지하철노조 방문(부지노 역사 소개, 현장 방문 등)
09.07	철도·지하철 공동파업 예고 기자회견(성과연봉제·강제퇴출제 중단)
	조합원 대중강연(노회찬 국회의원)

09.25	백남기 농민 사망(2015.11.14. 1차 민중총궐기 투쟁대회, 경찰 물대포에 중태)
09.27	공공운수노조 총파업 선언
09.27~30	부산지하철노조 1차 총파업 돌입(4일간 파업)
10.14~19	제12회 ICLS(국제노동자교류센터) 파타야 포럼(태국)
10.21~24	2차 총파업(4일간 파업)
12.13~26	3차 총파업(14일간 파업)
12.	개인(차별)성과급반납·균등분배 투쟁 조합원 99.73% 참여

2017

문재인정권(2017.5~2022.5)

01.	고 정영호 동지 20주기, 이용섭 동지 15주기 추모식(11시, 영락공원)
01.12~16	박종흠 사장 신임·불신임 조합원 찬반투표(투표율 76.9% 불신임 97.6%)
01.19	공사 재창조 탈 3·5·2 프로젝트 발표(아웃소싱과 관리역장제 시행)
01.	통상임금(2016.01~2016.12. 12개월) 3차 소송 제기
01.16/23	3기 신임간부교육 시행
02.07	공사 보통징계위, 2016년 파업 관련 12명 해고, 40명 중징계
02.14	노동조합 29주년 창립행사 및 제30기 3차 임시대의원대회
03.10	헌법재판소 박근혜 대통령 파면 결정
03.22.~23	간부수련회(모떠꿈) 개최(부산 아르피나)
04.20	1호선 연장 다대선 구간 개통
05.10	제19대 대통령 선거(문재인 당선)
06.16	문재인 정부, 성과연봉제 폐지 결정
06.27~28	2017 국제노동교육포럼 참가(서울)
07.26	부산지방노동위원회, 2016파업관련 공사의 해고와 징계는 부당하다 판정
08.08	부산고등법원, 공사의 '현수막 등 수거 단행 가처분' 항소 기각
08.10	부산지방노동위원회 2차 조정회의(2017년 임금조정안 총액 3.5% 인상, 수락)
08.24~25	제5회 교육활동가대회 참가(민주노총, 충주)
09.20	공사 이사회, 성과연봉제 폐지
09.26~30	제13회 ICLS(국제노동자교류센터) 도쿄 포럼(일본)
10.08~12	<이주민과 함께> 베트남 장학사업 현지 방문(4박5일, 베트남 빈딩성 등)
10.10~14	제36차 한일 직종교류(일본 도쿄 및 신시라카와)
10.19	제18대 위원장 김광희, 사무국장 손홍기 당선

10.20~23	제20회 한일 노동자 등반대회 및 평화연수(부산 금정산)
11.03	5대 박종흠 사장 재임명(서병수 시장). 노조, 연임 규탄 성명서
11.27/29	신입조합원OT 시행
12.13	정규직전환심의위원회, 기간제노동자 공개채용시험을 통한 일반 정규직전환 의결
12.	개인(차별)성과급반납·균등분배 투쟁 조합원 99.93% 참여

2018

01.09	50차 교섭(노조, 8대 중점요구안 및 현안 요구안 제시)
01.26~31	조합원 근무형태 선호도 설문조사(4조2교대 71.2% 선호)
01.26~04.19	서비스지부 직고용투쟁 출근 선전전 및 조합원 결의대회
02.06	윤택근 전위원장, 민주노총 제9기 임원선거 부위원장 당선
02.13	노동조합 30주년 기념식 및 제31기 2차 임시대의원대회
02.17~19	대구지하철참사 15주기 행사(JR서노조 5명 참석)
02.18/25	4기 신임간부교육 시행
02.24~03.01	베트남 장학사업 및 평화방문단 참가
02.26	부산공공성연대 출범식
04.30	통상임금 사안 해결을 위한 잠정합의안 최종정리
05.15~17	잠정합의안 조합원 찬반투표(부결), 18대 집행부 총사퇴
06.13	제7회 전국동시지방선거
06.16	제19대 위원상 최무덕, 사무국장 임은기 당선
06.12/14	신입조합원 OT 시행
07.26	19대 위원장·사무국장 취임식 및 제31기 6차 임시대의원대회
08.22	부산지하철 공공성강화 토론회
09.04~05	역사기행 간부수련회(정읍과 광주, 동학농민혁명과 5.18민주화투쟁)
09.	고 최종만 동지 15주기 추모식
09.27~28	제14회 ICLS(국제노동자교류센터) 몽골 포럼(몽골)
10.11	공공기관노조공대위 결의대회(세종시 기재부 앞)
10.27~31	한일 노동자 등반대회 및 평화연수(일본 츠쿠바산)
11.09~12	한일 청년노동자 교류(한국 서울, 전국노동자대회 참가)
11.20	부산시 산하 공기업 단체교섭 부당지배개입 중단 촉구 기자회견(부산시청 앞)
11.21	민주노총 총파업대회(전국동시다발)

11.27~28	5기 신임간부교육 시행
12.07	2018년 임금합의서 체결(교섭기간 2018.08.28.~2018.12.07.)
12.11	김용균 노동자 사망(태안화력발전소 하청노동자)
12.20	제32기 정기대의원대회
12.	개인(차별)성과급반납·균등분배 투쟁 조합원 99.9% 참여

2019

01.21	서비스지부 2019년 직접고용 쟁취 투쟁, 본사 출근선전전 시작
01.15/17	신입조합원 OT 시행
02.15	제32기 3차 임시대의원대회 및 노동조합 31주년 창립 기념식
02.23~28	베트남 장학사업 및 평화방문단 참가(국제연대활동)
03.06	민주노총 총력투쟁 결의대회
03.25~27	13차 한일 대표자 협력회의(일본 시즈오카현 이토)
03.27~28	역사기행 간부수련회(안동, 독립에서 해방으로)
03.20	19대 집행부 임단투학교 시행
04.28~05.04	공공운수노조 캐나다(쿠피, 유니포) 교육활동 연수단 참가(오영환)
05.29	부산지하철 공공성강화 토론회(15:00~17:50 부산참여연대 강당)
07.10~11	노조 총파업 돌입 (2일간 파업, 서비스지부 최초 파업), 잠정합의
	(내용:통상임금 사안 해소, 4조2교대 변경 540명 신규채용 등)
07.23	2019년 임금·단체협약 노사합의서 체결(교섭기간 2019.04.04.~20.19.07.23.)
09.06~2020.1.12	산별리더양성 프로젝트 참가(부산, 강사 정귀순)
	태국 궤도노동자 부산지하철노조 방문(14시)
09.	비정규직 226명 공무직으로 전환 채용, 노사전문가협의기구 의결
10.10~11	제22차 한일노동자 등반대회(충남 대둔산)
10.17	제20대 위원장 임은기, 사무국장 박상정 당선
11.01	제20대 집행부 임기시작
11.13	전태일 열사 49주기 추도식 및 제27회 전태일 노동사 시상식(11시 마석
	모란공원, 부산지하철노조 제27회 전태일 노동상 수상)
11.22~23	제15회 ICLS(국제노동자교류센터) 태국 포럼
11.29	문중원 동지 자결(부산경남경마공원)
12.05	서비스지부 직접고용 쟁취 시청역 무기한 농성 돌입
12.06	19·20대 위원장, 사무국장 이·취임식 및 제33기 정기대의원대회

12.10~11	6기 신임간부교육 시행
12.	차별성과급 반납·균등분배 투쟁 조합원 99.94% 참여, 연대투쟁기금 모금 동시 진행
12.	12월 조합원 모금 연대투쟁기금 1200만원과 전태일 노동상 상금 500만원 비정규투쟁, 장기투쟁사업장 10곳 지원(투쟁기금 모금 및 지원 정례화)

2020

01.06~07.13	서비스지부 직고용 쟁취를 위한 집중투쟁과 조합원 결의대회
04.15	제21대 국회의원 선거(이의용 전위원장 '북강서을' 출마)
04.27	제33기 3차 임시대의원대회(안건:노동자이사제 규정 제정 건 등)
05.01	130주년 노동절 집회 참가
06.04	20대 집행부 임단투학교(노동조합 대회의실)
06.12	ICLS(국제노동자교류센터) 웹 미팅(온라인 줌 플랫폼)
06.24~08.25	공공 현장학습프로그램 진행(총10강, 매주 수요일, 상집간부 10명)
07.22	부산지하철 청소노동자 고용전환관련 부산시의회와 부산교통공사 노사 공동선언문 발표 기자회견(시청 출근선전전 369일차, 시청역 농성 157일차)
08.25	15차 임금교섭(최종), 잠정합의(내용:4조2교대 11월1일 시행 등)
09.09	2020년 임금협약서 체결(교섭기간 2020.06.02.~2020.09.09.)
11.14	전국노동자대회 부산대회(14시 부산시청 광장, 전태일 열사 50주기)
11.	통상임금(2017.1.~2020.10. 3년10개월) 4차 소송 제기
12.28~29	공사 노동자이사 선거(김태진, 이정수 당선)
12.	차별성과급 반납·균등분배 투쟁 조합원 99.8% 참여, 연대투쟁기금 모금 74.8% 참여

2021

01.	2020.12. 조합원 모금 투쟁기금, 비정규투쟁 및 장기투쟁사업장 10곳 지원 연대
01.18	노동자이사(김태진, 이정수) 2명 임명
01.18~19/26~27	7기 1차(2차) 신임간부교육 시행
03.15~09.10	부산지하철노동조합 자료 데이터베이스 작업(작업수행 한내)
04.01	부산도시철도운영서비스(주) 출범
04.02~07.10	산별리더 양성 프로젝트 참가(부산, 강사 정귀순)

04.03	제주4.3 민중항쟁 73주년 정신계승 전국노동자대회(14시 제주시청 정문)
05.20	ICLS(국제노동자교류센터) 웹 미팅(온라인 줌 플랫폼)
06.02~04	2021년 부산 차별철폐대행진(불평등에서 평등으로)
07.05~20	공익서비스비용(PSO) 국비지원 법제화 조합원 및 대시민 서명운동
08.19	부산지하철 노동자의 이야기<언더그라운드> 개봉
08.23	궤도협의회 공동투쟁선포 기자회견(구조조정 중단, 공익서비스비용 PSO 국비보전)
08.26	전국지하철노동자 공동행동(전국 총 361개 역사에서 1인시위 전개)
09.07	2021년 임금 및 단체협약 노사합의서 체결(교섭기간 2021.05.13.~2021.09.07.)
10.15	제21대 위원장 서영남, 사무국장 오문제 당선(전자투표)
12.07	한문희 사장 반대 투쟁과 노사합의서 체결(2016년 노조 파업, 공사의 불법파업 매도 및 탄압 인정)
11.01	제21대 집행부 임기시작
12.16	20·21대 집행부 이·취임식 및 제35기 정기대의원대회
12.22	궤도협의회, 전국지하철노동자대회(PSO연내 입법화, 기재부 예산지침개악 규탄)
12.	차별성과급 반납투쟁 조합원 99.56% 참여, 연대투쟁기금 모금 68.92% 참여

2022

윤석열정권(2022.5~)

01.	2021.12. 조합원 모금 투쟁기금 28,190,000원, 2022년 1월 비정규투쟁, 장기투쟁사업장 13곳, 사회단체 1곳 지원(투쟁사업장 및 지역연대)
01.11	고 정영호 동지 25주기, 이용섭 동지 20주기 추모식(14시 영락공원)
01.17~18/25~26	8기 1차(2차) 신임간부교육 시헹
01.25	도시철도 무임수송비용(PSO) 정부지원 촉구 노·사대표자 공동 건의문 발표
02.14	제35기 2차 임시대의원대회 및 노동조합 창립 34주년 기념식
02.25	김진숙 지도위원 37년만의 복직, 축하 행사(한진중공업 사내 단결의 광장)
03.02	도시철도 공익서비스비용(PSO) 국비보전 촉구를 위한 부산범시민대책위원회 출범
03.09	제20대 대통령 윤석열 당선
03.18~06.25	산별리더 양성 프로젝트 참가(부산, 강사 정귀순)
05.04~06	6.1지방선거 대 지자체 요구안 조합원 투표

05.23	'부채 돌려막기' 도시철도 재정지원금 상한제 폐지 촉구 기자회견(10시 부산시청)
05.25~26	역사기행 간부수련회(동학과 5.18/ 역무, 승무, 차량, 공무)
06.02~03	역사기행 간부수련회(동학과 5.18/ 기술, 운영서비스)
06.21	부산지하철 공공성 및 노동권 강화 대응 방안 마련 토론회
06.22	부산광역시 공공기관 노동이사협의회 출범(16시 부산시청 1층 대회의실)
06.28	21대 집행부 임단투학교(노동조합 대회의실)
07.08	조선하청노동자 투쟁승리! 민주노총 결의대회(거제 대우조선해양 남문)
07.15	신입조합원 OT (코로나19로 3년 만에 개최)
07.27	공공운수노조 영남권 결의대회(울산대병원, 집단해고 비정규직 직접고용 요구)
07.27	윤석열 정부, 새정부 공공기관 혁신가이드라인 발표
08.18	윤석열 정부, 공공기관 관리체계 개편방안 발표
10.07	2022년 임금협약서 체결(교섭기간 2022.05.21.~2022.10.07.)
10.29	양대노총 공공부문 결의대회(14시 광화문, 민영화·구조조정 저지! 공공성 강화!)
11.09	궤도협의회 공동투쟁 선포 기자회견
12.05	조합원 대중강연(김누리 교수, 부산적십자회관)
12.06~07	9기 신임간부교육 시행
12.09	신입조합원 OT 시행(전 직렬)
12.27	부산교통공사 감정노동 예방 및 보호를 위한 노사합의서 체결
12.	차별성과급 반납투쟁 조합원 99.7% 참여, 연대두쟁기금 모금 65.3% 참여

2023

01.	조합원 모금 투쟁기금 30,379,000원 비정규투쟁, 장기투쟁사업장 사회단체 지원
02.16	노동조합 창립 35주년 기념식 및 제36기 1차 임시대의원대회
02.17~18	2·18대구지하철참사 20주기 참석
02.22~27	베트남 장학사업 및 평화방문단 참가(국제연대활동)
03.28	공공교통 전환을 위한 토론회(1차 3/28, 2차 5/24)
04.13~14	역사기행 간부수련회(안동, 독립에서 해방으로)
05.01	133주년 세계노동절(노동개악저지! 윤석열심판! 5.1절 총궐기, 14시 서울 도심)
05.02	건설노조 양회동 열사 사망

05.03	생활임금 인상·밀실 담합 생활임금위원회 개선 촉구 기자회견
05.~2024.02	부산지하철노조 35주년 백서 발간 작업
06.16	노동 골든벨(19시 부산일보 대강당, 2023 전태일 열사 정신 계승)
06.20	양대노총 공공기관 노동자 결의대회(정부종합청사 앞, 공공부문 민영화 저지, 공공성 강화, 직무성과급 개편 저지)
06.23~24	전지협 공동파업 29주년 기념식(15:30, 부산지하철노조)
07.11	부산시 대중교통 요금 인상 철회 및 공공성 강화 촉구 노동시민사회단체 기자회견
07.15	민주노총 결의대회(14시 서울도심)
07.29	부산지하철 공공성 강화 토론회(지배구조 개선 방안 모색)
09.04	고 최종만 동지 20주기 추모식(솥발산)
10.18	2023 임금협약서 체결(교섭기간 2023.06.09.~2023.10.18.)
10.19	제22대 위원장 최정식, 사무국장 한정호 당선
11.01	제22대 집행부 임기 시작

노동조합 발기인

강유구 권도술 김경일 김경일 김국환 김상일 김성빈 김세중 김영순 김재량 김종술 김태호
김형수 문정욱 박균배 박근우 박민호 박봉주 박석근 박시영 선종수 손영환 신이범 양승완
엄기성 예병옥 우문호 유승만 윤재풍 윤정석 이영식 이용성 이용주 이원영 이종기 이태주
장충배 정순건 조정대 조창래 조회연 진용권 하대기 한문수 황금만 황영조

◈ 초대 집행부(1988.02.16.~1991.02.15.)

위원장 이용성, 부위원장(~1988.12.6.) 김상일/권재국/김영택/허형구/엄종택, 사무국장
이태주(~1988.12.6.)/김경일/구본회/박대식, 총무부장 김종국/김형남/이병일/이종기, 조직부장
윤재풍/김동욱/박대식, 쟁의부장 장석태/신경식/고현호, 교육선전부장 이용섭/김성진/이종기/
고주환, 조사부장 송춘근/배병선/고주환, 후생복지부장 엄기성/박태신/김정삼/남용환/이국희,
여성부장 김자영, 승무지부장 이명우, 시설지부장 배영하, 차량기지지부장 구본회/조광영,
통신AFC지부장 황재민, 전기신호지부장 왕수환, 역1지부장 신성기, 역2지부장 조시재,
본사지부장 이상길

※ 1988.12.6. 대의원대회에서 지회장을 지부장으로 변경하고 부위원장을 겸임하는 것으로 규약 개정,
　조시재 역2지부장이 수석부위원장을 맡음.

◈ 2대 집행부(1991.02.16.~1992.04.02.)

위원장 조시재, 수석부위원장 김동욱, 사무국장 송춘근, 총무부장 백상옥, 조사부장 조용출,
조직부장 안중선, 쟁의부장 신경식, 교육선전부장 이용섭, 후생복지부장 김진규, 여성부장
김경남, 전기지부장 왕수환, 승무지부장 이명우, 본사지부장 오용환, 역1지부장 김재근,
역2지부장 이동태, 차량지부장 황길성, 시설지부장 김정삼

◈ 3대 집행부(1992.4.27.~1993.10.31.)

위원장 김정삼, 수석부위원장 박기태, 사무국장 김상룡, 총무부장 김주연, 조사부장 배병선,

쟁의부장 박상규/고현호, 본사지부장 오용환, 역1지부장 김재근, 역2지부장 이동태,
전기지부장 왕수환, 차량지부장 황길성, 시설지부장 김선우, 승무지부장 이명우

◈ 4대 집행부 (1993.11.01.~1995.04.08.)

위원장 강한규, 수석부위원장 이강근, 사무국장 이민헌, 교육선전부장 박태영,
조사통계부장 한준우, 쟁의부장 류광걸, 후생복지부장 이용섭, 조직부장 박민호,
총무부장 김태진, 역1지부장 이영호, 역2지부장 류승호, 노포차량지부장 황길성/신병오,
신평차량지부장 박노관, 시설지부장 손대균, 전기지부장 양춘복, 승무지부장 장석태/김태호,
소비조합장 이용섭

◈ 1994.06.25. 파업 비상대책위원회 (1994.07.03~1994.12.)

위원장 안삼렬, 사무국장 오영환, 조사통계부장 정영호, 조직부장 정문철,
교육부장 추상돌, 쟁의부장 김형기, 총무부장 김정환, 차량지부장(직대) 이내훈,
시설지부장 손대균, 전기지회장(직대) 김문태, 노포승무지부장 도찬종, 신평승무지부장 방정민

◈ 5대 집행부 (1995.04.09.~1997.02.28.)

위원장 안삼렬, 수석부위원장 임선백, 사무국장 정영호/오영환, 조사통계부장 박재우,
조직쟁의부장 김형기, 교육선전부장 최부환/최공록/이영호, 총무부장 전한경,
연대사업부장 이강근, 역1지부장 추상돌, 역2지부장 김구식, 노포차량지부장 이내훈/강현철,
신평차량지부장 정문철, 시설지부장 임선백, 전기지부장 김문태,
노포승무지부장 도찬종/김정환, 신평승무지부장 방정민/채명섭, 본사지부장 손영성,
소비조합장 김윤형/정영호

◈ 6대 집행부 (1997.02.28.~1998.12.)

위원장 김태진, 수석부위원장 박세현, 사무국장 박현우/노대홍, 산업안전부장 노대홍,
교육법규부장 이만희, 조직부장 이춘권, 선전부장 김영일, 조사통계부장 김광조,
역무지부장 김구식, 역1지회장 김형기, 역2지회장 김윤형/이영호, 역3지회장 이기준,
역4지회장 주한송, 승무지부장 박세현, 노포승무지회장 정철, 신평승무지회장 박양수,
차량지부장 류시보/정재훈, 신평차량지회장 신용태, 노포차량지회장 정재훈,

기술지부장 이동혁/오영환, 통신지회장 이동혁, 전기지회장 김문태, 토목보선지회장 노성동,
영선지회장 유병웅/임선백, 본사지회장 전한경, 소비조합장 한동철

◈ 1998.07.03. 파업 비상대책위원회(1998.07~1998.09)

수석부위원장 추상돌, 사무국장 최종만, 총무부장 최상길, 조직부장 이춘권,
조사통계부장 김광조, 교육법규부장 이만희, 연대사업부장 이강근, 기술지부장 김강준,
역무지부장 김형기, 승무지부장 김형택, 차량지부장 류시보, 신호지회장 김광희,
전기지회장 김강준, 역2지회장 이영호, 신평승무지회장 문충민, 본사지회장 전한경

◈ 7대 집행부(1999.01.23.~2001.01.30.)

위원장 이민헌, 수석부위원장 이용섭, 사무국장 전한경/이만희/김광조, 총무부장 김광조,
후생복지부장 전한경/이만희/김광조, 선전부장 전호상, 산업안전부장 노대홍,
조사통계부장 정철, 연대사업부장 김구식, 정책부장 오영환, 법규부장 이만희,
소비조합장 박재식, 기술지부장 김광희, 역무지부장 이기준, 승무지부장 고강록,
차량지부장 최부환, 변전지회장 김종환, AFC지회장 손영성, 전기지회장 서영남,
토목보선지회장 김종필, 영선지회장 김원석, 역2지회장 최대원, 역5지회장 김배연,
호포승무지회장 박성현, 신평승무지회장 김창호, 노포차량지회장 이태곤, 본사지회장 강찬규

◈ 8대 집행부(2001.03.01.~2002.06.07.)

위원장 김광희, 사무국장 천병철, 산업안전부장 김성훈, 법규부장 정영재,
선전홍보부장 박경달, 문화체육부장 정재훈, 후생복지부장 김광조, 기술지부장 윤택근,
역무지부장 구본진/추상돌, 승무지부장 박현우, 차량지부장 이태곤, 노포차량지회장 김진한,
호포차량지회장 김종호, AFC지회장 안영일, 전기지회장 이정수, 통신지회장 노석수,
신호지회장 김태진, 토목보선지회장 정상호, 영선설비지회장 조경철, 노포승무지회장 서현철,
신평승무지회장 박상오, 호포승무지회장 김정근, 역2지회장 최대원, 역6지회장 조상훈

◈ 9대 집행부(2002.07.15.~2003.10.31.)

위원장 오영환, 수석부위원장 정문철, 사무국장 이기준, 총무부장 최상길,
조직부장 서영남, 조사통계부장 박재우, 교육선전부장 조종완, 문화체육부장 정재훈,
법규부장 구본진, 기술지부장 이정수, 역무지부장 이상현, 승무지부장 박현우,

차량지부장 노대홍, 토목보선지회장 이철규, 전기지회장 안성렬,

영선설비지회장 전희천, 신호지회장 김태진, 통신지회장 양준호, AFC지회장 손영성,

역2지회장 최대원, 역6지회장(직대) 구성렬, 노포승무지회장 박세현, 호포승무지회장 고병철,

광안승무지회장(직대) 이창수, 신평승무지회장(직대) 구동훈, 노포차량지회장 김진한,

호포차량지회장 최종만

◆ 10대 집행부 (2003.11.01.~2005.04.)

위원장 윤택근, 사무국장 나용무, 총무부장 김범석, 조직부장 정영덕, 조사통계부장 박현진,

후생복지부장 노석수, 노동안전부장 정원필, 사무차장 임상민, 총무차장 박미진,

기술지부장 김태진, 역무지부장 이상현/임은기, 승무지부장 고강록/박양수,

차량지부장 김진한, 전기지회장 조대환, 건축지회장 이웅호, 설비지회장 변희규,

신호지회장 장정수, 토목보선지회장 이철규, 통신지회장 박경달/허용석,

AFC지회장 홍순명, 노포승무지회장 이병호/최상길, 호포승무지회장 고병철/이재명,

신평승무지회장 박상오/문충민, 광안승무지회장 유병진/김정환/박성현,

노포차량지회장 심재석/방복현, 호포차량지회장 이중희

◆ 11대 집행부 (2005.05.06.~2007.10.31.)

위원장 오영환, 수석부위원장 정문철/임은기, 사무국장 이기준/서영남, 총무부장 허재관,

조직부장 서영남/변희규/이상국, 조사통계부장 전한경, 교육선전부장 조종완,

정책기획부장 이상현, 기술지부장 김광희, 역무지부장 김구식, 승무지부장 김선수,

차량지부장 류종형, 전기지회장 김동년, 토목보선지회장 류창훈, 건축지회장 최정식,

설비지회상 선호싱, 신호지회장 김겸우, 호포역무지회장 김남건, 신평역무지회장 김병묵,

대저역무지회장 이승호, 신평승무지회장 구동훈, 광안승무지회장 박성현,

대저승무지회장 박봉준, 호포승무지회장 김영철, 노포차량지회장 안재억,

호포차량지회장 남태근, 대저차량지회장 권일

◆ 12대 집행부 (2007.11.01.~2008.04.16.)

위원장 양춘복, 사무국장 임은기, 총무부장 이의용, 조직부장 김준우, 조사통계부장 전한경,

교육선전부장 남원철, 정책기획부장 이상현, 후생복지부장 류광걸, 산업안전부장 김강준,

기술지부장 노석수, 역무지부장 이영호, 승무지부장 이만희, 차량지부장 정재훈,

전기지회장 한송운, 토목보선지회장 정영덕, 건축지회장 최정식, 설비지회장 정욱석,

통신지회장 박현진, AFC지회장 박효성, 신호지회장 김 경우, 노포역무지회장 김윤태,

호포역무지회장 양홍규, 가야역무지회장 김형기, 신평승무지회장 이장재,

광안승무지회장 나용무, 대저승무지회장 문충민, 노포승무지회장 이병호,

노포차량지회장 안재억, 호포차량지회장 남태근, 대저차량지회장 김범석,

신평차량지회장 신용태

◈ 13대 집행부(2008.05.19.~2009.10.31.)

위원장 김태진(신호), 사무국장 조대환, 총무부장 이철규, 조직부장 오문제,

조사통계부장 김종규, 연대사업부장 김광희, 교육선전부장 남원철, 후생복지부장 김영철,

노동안전부장 이동훈, 기술지부장 노석수, 역무지부장 조상훈, 승무지부장 이만희,

차량지부장 정재훈, 전기지회장 한송운, 토목보선지회장 정영덕, 건축지회장 현인철,

설비지회장 전희천, 통신지회장 이종민, 전자지회장 박효성, 신호지회장 정일성,

노포역무지회장 김윤태, 호포역무지회장 양홍규, 장산역무지회장 이성호,

사상역무지회장 김태용, 가야역무지회장 김형기, 대저역무지회장 전한경,

노포승무지회장 이병호, 호포승무지회장 박성현, 신평승무지회장 이장재,

광안승무지회장 나용무, 대저승무지회장 김준우, 호포차량지회장 남태근,

대저차량지회장 김범석, 신평차량지회장 조종완

◈ 14대 집행부(2009.11.01.~2011.10.31.)

위원장 박양수, 수석부위원장 양춘복, 사무국장 이상국/이의용, 총무부장 서영남,

선전부장 이영호, 조직부장 안재억, 교육부장 남원철, 조직차장 이영희, 기술지부장 정영덕,

역무지부장 양홍규, 승무지부장 박성현, 차량지부장 최무덕, 서비스지부장 조선자,

전기지회장 한송운, 신호지회장 정일성, 전자지회장 최상현, 건축지회장 현인철,

설비지회장 황영수, 통신지회장 이종민, 토목보선지회장 이경태, 노포역무지회장 김윤태,

가야역무지회장 김형기, 사상역무지회장 김태용, 호포역무지회장 이동익,

대저역무지회장 이승호, 신평역무지회장 김남건, 호포승무지회장 고병철,

광안승무지회장 나용무, 대저승무지회장 김준우, 노포승무지회장

안성민, 신평승무지회장 구동훈, 신평차량지회장 조종완, 호포차량지회장 박철만,

노포차량지회장 방복현, 서비스1지회장 윤춘자, 서비스2지회장 유평자, 서비스3지회장 박귀옥

◈ **15대 집행부** (2011.11.01.~2013.10.31.)

위원장 김태진(신호), 수석부위원장 노석수, 사무국장 이경태, 총무부장 김경우,

정책부장 박경달, 선전부장 박호영, 조사통계부장 김태용, 조직부장 김영철,

연대사업부장 조대환, 조직차장 이영희, 기술지부장 김광희, 역무지부장 이승호,

승무지부장 나용무, 차량지부장 박철만, 서비스지부장 조선자, 건축지회장 배명성,

설비지회장 황영수, 신호지회장 정일성, 전기지회장 이의용, 토목보선지회장 최정운,

통신지회장 김좌곤, 전자지회장 이동혁, 노포역무지회장 김남건, 신평역무지회장 배상운,

가야역무지회장 김형기, 서면역무지회장 전한경, 호포역무지회장 이영호,

신평승무지회장 최상길, 호포승무지회장 김영태, 대저승무지회장 노용주,

노포차량지회장 오문제, 호포차량지회장 류종형, 대저차량지회장 오일환,

서비스1지회장 윤춘자, 서비스2지회장 서숙자

◈ **16대 집행부** (2013.11.01.~2015.10.31.)

위원장·사무국장 런닝메이트 도입

위원장 이의용, 사무국장 남원철, 수석부위원장 최무덕, 총무부장 김동년, 조직부장 안재억,

선전부장 이영호, 정책부장 서영남, 후생복지부장 박영수, 비정규직사업부장 박양수,

총무차장 박은주, 사무차장 이도경, 기술지부장 김광희, 역무지부장 이승호,

승무지부장 서흥수, 차량지부장 박철만, 서비스지부장 서숙자, 건축지회장 박영수,

기계설비지회장 안효진, 신호지회장 김경우, 전기지회장 강래훈, 전자지회장 이동혁,

궤도지회장 김현한, 토목지회장 김욱, 통신지회장 김좌곤, 신평역무지회장 김남건,

장산역무지회장 김종윤, 가야역무지회장 김형기, 호포역무지회장 최영석,

대저역무지회장 장도영, 노포역무지회장 조산훈, 서면역무지회장 전한경,

노포승무지회장 박진수, 신평승무지회장 박상정, 대저승무지회장 노용주,

호포승무지회장 김정근, 안평승무지회장 김준우, 노포차량지회장 하정현,

대저차량지회장 남국희, 호포차량지회장 김종호, 신평차량지회장 천문덕,

서비스2지회장 강희순, 서비스3지회장 양남숙

◈ **17대 집행부** (2015.11.01.~2017.10.31.)

위원장·사무국장 런닝메이트

위원장 이의용, 사무국장 서흥수/남원철, 수석부위원장 최무덕, 총무부장 이은미/박상정,

조직부장 안재억, 선전부장 이영호, 정책부장 서영남, 조사통계부장 우태욱/이정수,

대외협역부장 박경달, 미디어연대부장 김욱, 비정규사업부장 박양수, 총무차장 박은주,

사무차장 이도경, 기술지부장 김광희, 역무지부장 임은기, 승무지부장 김준우,

차량지부장 오문제, 서비스지부장 서숙자, 건축지회장 최정식, 기계설비지회장 안효진,

신호지회장 박호영, 전기지회장 강해훈, 전자지회장 이동혁, 궤도지회장 권태규,

토목지회장 이상화, 통신지회장 박영수, 신평역무지회장 김남건, 장산역무지회장 김동윤,

가야역무지회장 김형기, 호포역무지회장 이승호, 대저역무지회장 장도영,

노포역무지회장 최영석, 서면역무지회장 김승태, 사상역무지회장 문명봉,

노포승무지회장 박진수, 신평승무지회장 이장수, 대저승무지회장 김상배,

호포승무지회장 손홍기, 안평승무지회장 권용수, 신평차량지회장 신용태,

대저차량지회장 남국희, 안평차량지회장 노대홍, 서비스1지회장 정희숙,

서비스2지회장 박필연, 서비스3지회장 김영자

◆ 18대 집행부 (2017.11.01.~2018.05.17.)

위원장·사무국장 런닝메이트

위원장 김광희, 사무국장 손홍기, 수석부위원장 노석수, 정책부장 양홍규, 총무부장 김경우,

조직부장 김현한, 선전부장 박호영, 법규부장 박일성, 연대사업부장 이동익,

노동안전보건부장 이동훈, 조사통계부장 김좌곤, 여성부장 정희양, 총무차장 박은주,

사무차장 이도경, 기술지부장 이경태, 역무지부장 김태용, 승무지부장 나용무,

차량지부장 오문제, 서비스지부장 황귀순, 건축지회장 최정식, 궤도지회장 최인환,

기계설비지회장 김경호, 신호지회장 정대원, 전기지회장 한송운, 통신지회장 박영수,

전자지회장 변상용, 토목지회장 이상화, 신평역무지회장 김남건, 남포역무지회장 이국조,

서면역무지회장 박승석, 노포역무지회장 최영석, 장산역무지회장 김종윤,

가야역무지회장 김형기, 사상역무지회장 이용훈, 호포역무지회장 이승호,

대저역무지회장 장도영, 신평승무지회장 김강준, 대저승무지회장 김상배,

노포승무지회장 권오진, 광안승무지회장 조영호, 안평승무지회장 한성모,

신평차량지회장 신용태, 안평차량지회장 안재억, 호포차량지회장 변증환,

노포차량지회장 하정현, 대저차량지회장 남국희, 서비스1지회장 윤춘자,

서비스2지회장 서숙자, 서비스3지회장 신명숙, 서비스4지회장 유곡덕

◈ **19대 집행부** (2018.06.18.~2019.10.31.)

위원장·사무국장 런닝메이트

위원장 최무덕, 사무국장 임은기, 수석부위원장 서영남, 조직부장 김덕근,

교육선전부장 조종완, 연대사업부장 김준우, 노동안전보건부장 한규권,

정책부장 남원철, 총무부장 권용수, 후생복지부장 조원규, 비정규사업부장 김형기,

기술지부장 최정식, 역무지부장 이승호, 승무지부장 서흥수, 차량지부장 변증환,

운영서비스지부장 황귀순, 건축지회장 강경만, 신호지회장 정대원, 토목지회장 김대훈,

궤도지회장 권태규, 기계설비지회장 김경호, 통신지회장 박영수, 전기지회장 한송운,

전자지회장 변상용, 신평역무지회장 김남건, 남포역무지회장 오태경, 서면역무지회장 김경록,

노포역무지회장 조연식, 장산역무지회장 정상용, 가야역무지회장 이성대,

사상역무지회장 조해광, 호포역무지회장 장도영, 대저역무지회장 반성민,

노포승무지회장 박진수, 광안승무지회장 김정환, 호포승무지회장 장상호,

대저승무지회장 김상배, 안평승무지회장 한성모, 신평승무지회장 구동훈,

노포차량지회장 박재홍, 신평차량지회장 천문덕, 안평차량지회장 안재억,

호포차량지회장 황현규, 대저차량지회장 박병옥, 서비스1지회장 윤춘자,

서비스2지회장 한옥녀, 서비스3지회장 신명숙, 서비스4지회장 유곡덕

◈ **20대 집행부** (2019.11.01.~2021.10.31.)

위원장·사무국장 런닝메이트

위원장 임은기, 사무국장 박상정, 수석부위원장 서영남, 총무부장 권용수,

교육부장 남원철, 정책부장 조연식, 교육선전부장 박영수, 조직부장 이성대,

노동안전보건부장 이농훈, 후생복시부상 조원규, 연대사업부징 김준우,

기술지부장 김현한, 승무지부장 김상배, 역무지부장 이동익, 차량지부장 변증환,

운영서비스지부장 황귀순, 건축지회장 백원호, 궤도지회장 최인환, 기계설비지회장 최석원,

신호지회장 정대원, 전자지회장 김광조, 토목지회장 김대훈, 통신지회장 이종민,

전기지회장 김용옥, 전자지회장 김광조, 노포승무지회장 안태환, 대저승무지회장 강동원,

신평승무지회장 구동훈, 호포승무지회장 장상호, 광안승무지회장 김영오,

안평승무지회장 윤연환, 노포역무지회장 김종윤, 신평역무지회장 김남건,

남포역무지회장 이승호, 서면역무지회장 박승석, 장산역무지회장 정상용,

가야역무지회장 안효성, 사상역무지회장 김태용, 호포역무지회장 장도영,

대저역무지회장 반성민, 노포차량지회장 박재홍, 호포차량지회장 황현규,

대저차량지회장 박병옥, 신평차량지회장 천영석, 서비스1지회장 윤춘자,

서비스2지회장 한옥녀, 서비스3지회장 신명숙, 서비스4지회장 구성재,

차량공무특별지회장 김성진

◆ 21대 집행부(2021.11.01.~2023.10.31.)

위원장·사무국장 런닝메이트

위원장 서영남, 사무국장 오문제, 수석부위원장 남원철, 비정규직사업부장 김성진,

정책부상 조연식, 총무부장 박승석, 교육선전부장 박영수, 조직부장 김덕근,

노동안전보건부장 이동훈/한규권, 조사통계부장 안태환, 연대사업부장 이의용,

문화체육부장 정대원, 기술지부장 최정식, 역무지부장 정상용, 승무지부장 장상호,

차량지부장 하정현, 운영서비스지부장 황귀순, 건축지회장 김성민, 궤도지회장 최인환,

기계설비지회장 최석원, 신호지회장 김진, 전기지회장 김용옥, 전자지회장 이동혁,

토목지회장 이상화, 통신지회장 이종민, 신평역무지회장 이동익, 남포역무지회장 이승호,

서면역무지회장 반성민, 가야역무지회장 김태용, 노포역무지회장 김종윤,

장산역무지회장 전한경, 사상역무지회장 홍경표, 호포역무지회장 장도영,

대저역무지회장 홍정민, 노포승무지회장 전원일, 시평승무지회장 손상혁,

대저승무지회장 강동원, 안평승무지회장 이보상, 광안승무지회장 김영오,

호포승무지회장 이서백, 노포차량지회장 박재홍, 안평차량지회장 강민혁,

신평차량지회장 백상준, 호포차량지회장 정완규, 대저차량지회장 박재호,

서비스1지회장 윤춘자, 서비스2지회장 허명신, 서비스3지회장 신명숙, 서비스4지회장 구성재,

기술콜센터지회장 정효중, 차량공무특별지회장 박태길, 기술공무특별지회장 김외용

◈ 1기 대의원 [1988.04.-1989.03.]

- **기술지부** 선종수, 홍재운, 박한호, 김정종
- **역무지부** 권양조, 배병선, 이종문, 서유석
- **승무지부** 한문수, 이용주, 박봉주, 박민호, 김영조, 김철웅, 고재하, 장차용, 유종환, 김태호, 김원섭, 김현수, 김규열, 김영순
- **차량지부** 신중수, 김종순, 이내훈, 오상근, 서갑석, 우문호, 박문덕

◈ 2기 대의원 [1989.04.-1990.03.]

- **기술지부** 장차용, 장사원, 박병용, 박용규, 박광석, 유종환, 홍재윤, 김정종, 박한호, 선종수, 이춘희
- **역무지부** 박석근, 오수길, 김병기, 권양조, 최대원, 이종문, 배병선, 이상협, 김정권, 이성효, 김윤형, 서유석
- **승무지부** 한문수, 김태호, 이용주, 김원섭, 박봉주, 박민호, 김규열, 김영순, 김철웅, 고재하, 김성빈
- **차량지부** 오상근, 신중수, 서갑석, 박문덕, 김종순, 우문호, 이내훈

◈ 3기 대의원 [1990.04.-1991.03.]

- **기술지부** 장차용, 장사원, 박병용, 박광석, 박용규, 유종환, 홍재유, 김정종, 박한호, 선종수
- **역무지부** 박석근, 권양조, 최대원, 김정권, 김윤형, 서유석, 김병기, 이종문, 이상협, 이성효
- **승무지부** 한문수, 김태호, 이용주, 김원섭, 박봉주, 박민호, 김규열, 김영순, 김철웅, 고재하, 김성빈, 오수길
- **차량지부** 오상근, 신중수, 서갑석, 박문덕, 김조순, 우문호, 이내훈

◈ **4기 대의원** [1991.04.-1992.03.]

- **기술지부**　　이강복, 이종수, 양춘복, 심원보, 전국섭, 장기영, 정준기, 한수덕, 이희철, 한수덕, 이희철, 김재현, 이상순, 노성동, 최주건
- **역무지부**　　권정일, 서남철, 송원홍, 권인달, 김영식, 여칠현, 박재식. 서병일, 이성효, 김청홍, 유승호, 허용주, 박종철, 김태연
- **승무지부**　　노권한, 김부기, 윤희상, 최병락, 오수길, 최형규, 박기태, 서재수, 박민호, 오수근
- **차량지부**　　신중수, 이근우, 김종곤, 이유식, 김재천, 최선옥,
- **본사지회**　　김기홍, 조충렬

◈ **5기 대의원** [1992.04.-1993.03.]

- **기술지부**　　박영기, 김재현, 이상순, 임선백, 김진성, 양춘복, 이종수, 황진기, 심원보, 김봉조, 고현호, 한수덕, 황영조
- **역무지부**　　박대식, 여칠현, 김윤형, 서남철, 송원홍, 이영호, 권기순, 허용주, 이병일, 김배연, 이상석, 유승호, 김철홍, 서병일, 정재권
- **승무지부**　　최병락, 서덕수, 최원경, 양승완, 한문수, 김세중, 이종훈, 정영옥, 오형택, 염상호
- **차량지부**　　홍흥영, 김성규, 김비성, 김재천, 천영주, 구본회, 오정일
- **본사지회**　　이강근, 강상기, 강주원, 임성칠, 이승철, 김종만, 안여일, 이영우

◈ **6기 대의원** [1993.04.-1993.10.]

- **기술지부**　　임선백, 강상열, 양춘복, 이종수, 오영환, 김문태, 김형남, 고현호, 김동욱, 송춘근
- **역무지부**　　박대식, 김정주, 여칠현, 김경일, 김청웅, 안삼렬, 김진호, 이영호, 정우철, 한준우, 노권한, 권인달, 유승호, 강한규, 서병일, 박영기, 이상순
- **승무지부**　　최병락, 전병근, 강병두, 최천수, 한문수, 송창수, 박정완, 정영돈, 오형택, 이민헌
- **차량지부**　　정경일, 신병오, 유일섭, 우문호, 김재천, 박로관, 이근우, 김성진
- **본사지회**　　이강근, 강상기, 양희홍, 임성철, 강주원, 김세헌, 최공록, 윤상택, 손영성, 김진환

◈ **7기 대의원** [1993.11.-1994.08.]

- **기술지부** 박장형, 김종원, 박영기, 임선백, 고종현, 오영환, 윤창준, 이동준, 박상규, 김태영, 김문태, 남상규
- **역무지부** 안삼렬, 김경일, 김철웅, 여칠현, 김진호, 추상돌, 김정주, 김주연, 정우철, 안병국, 정명대, 김배연
- **승무지부** 박봉주, 최병락, 송창수, 장인복, 최천수, 김진형, 박정환, 강병두, 권오한, 최형규, 문해상, 이호길, 김용제
- **차량지부** 김재천, 정경일, 신병오, 신중수, 우문호, 유일섭, 박유호
- **본사지회** 김세현, 강상기, 윤상택, 임성철, 강주원, 최재수, 이형준, 손영성, 김진환

◈ **8기 대의원** [1994.08.-1995.08.]

- **기술지부** 김강준, 박재우, 조혜영, 박상돌, 임영수, 이경식, 백창기, 왕한성, 김태영, 김봉식, 곽노준, 이병헌, 박경태, 고종현, 강성철, 최건주, 이인수, 이기덕
- **역무지부** 은준표, 김윤형, 공영효, 나선진, 강정대, 정명대, 신경식, 오상주, 김자영, 김구식, 이민환, 추상돌, 송윤식, 박기운, 김형배, 서병일
- **승무지부** 최천수, 박봉주, 임명혁, 조민호, 최병락, 김쌍곤, 허천규, 나상영, 채명섭, 박광희, 박세현, 정하욱
- **차량지부** 최무덕, 류종형, 류시보, 박용철, 천영주, 최종기, 권태
- **본사지회** 전한경, 이우섭, 김태수, 최공록, 이학진

◈ **9기 대의원** [1995.09.-1996.08.]

- **기술지부** 김종완, 이종수, 이경식, 백창기, 이진하, 황영수, 이경상, 소삼석, 채쭈녕, 김원석,
- **역무지부** 김윤형, 박남수, 강정대, 박대식, 추상돌, 이민환, 조정현, 정명대, 심영춘, 이영득, 류광걸
- **승무지부** 김진형, 조융철, 허천규, 정철, 김영일, 이성도, 신우식, 이만희, 박현우, 이시운, 김장주, 박세현
- **차량지부** 이정현, 김재천, 황일천, 홍흥영, 이상조, 이내훈, 한동철, 이병헌, 차철근, 박오성
- **본사지회** 성동호, 서경선, 김태수, 심원보, 안영일, 안민규

◆ **10기 대의원** [1996. 09.-1997. 08.]

- **기술지부** 박동문, 노성동, 전호상, 손상석, 이진하, 천병철, 유도범, 이희문, 남영우, 박재우, 남기중, 김현성
- **역무지부** 조정현, 박성호, 정만균, 한종훈, 이기준
- **승무지부** 김형택, 김신웅, 박영봉, 이성도, 김재원, 박양수, 이춘권, 이만희, 김이남
- **차량지부** 방복현, 이원용, 하창수, 고재홍, 박상준, 차철근
- **본사지회** 성동호

◆ **11기 대의원** [1997. 09.-1998. 08.]

- **기술지부** 김문태, 김종필, 이성식, 이인수, 김종환, 이대곤, 천병철, 박재우
- **역무지부** 박재식, 김철웅, 김윤형, 박성호, 안삼렬, 유승호, 류광걸
- **승무지부** 이성재, 고병철, 조승익, 류두진, 정복식, 구동훈, 전철홍
- **차량지부** 박태성, 문정태, 이원용, 최부환, 차철근
- **본사지회** 고종현, 강찬규

◆ **12기 대의원** [1998. 09.-1999. 08.]

- **기술지부** 채주병, 김경우, 한은기, 주호영, 장세헌, 정욱석, 김상훈, 민순기, 정삼문, 김황진, 윤택근, 김대석, 이상석
- **역무지부** 정만균, 신동화, 김상훈, 유승호, 주한송, 유승만
- **승무지부** 조민호, 이세웅, 이석희, 김영철, 정하욱, 박진국, 이재명, 김희은, 고병철
- **차량지부** 이태곤, 최무덕, 황재식, 방복현, 한동철, 박용철, 차철근, 최도중
- **본사지회** 김태수, 고종현, 임성철

◆ **13기 대의원** [1999. 09.-2000. 08.]

- **기술지부** 조재호, 정삼문, 김경우, 장정수, 정욱석, 강경만, 백세준, 이상석, 윤택근, 정영재, 한은기, 박경달, 장세헌, 권정호, 김황진
- **역무지부** 임봉진, 김상훈, 유승호, 주한송, 박해진, 신동화
- **승무지부** 성만석, 최상길, 박봉준, 조원희, 정하욱, 박성현, 김효장, 김희은, 이정진
- **차량지부** 방복현, 문정태, 최무덕, 김영일, 차철근, 최도중, 성황렬, 황석진
- **본사지회** 박경태, 고종현

◈ 14기 대의원 [2000. 09. 01. ~ 2001. 08. 31.]

- **기술지부** 김태진, 이수광, 정일성, 권정호, 김성대, 김태수, 이정수, 서형원, 윤택근, 이상석, 정영재, 여정화, 노석수
- **역무지부** 김승태, 이영득, 임봉진, 이규석, 조상훈, 유승호, 주한송, 김상훈
- **승무지부** 김장해, 전용순, 최상길, 박상오, 정하욱, 고병철, 김정봉, 박기춘, 김희은
- **차량지부** 방복현, 조양래, 허남춘, 문상철, 이중희, 김종호, 유종형, 박태건,
- **본사지회** 박종태

◈ 15기 대의원 [2001. 09. 01. ~ 2002. 10. 31.]

- **기술지부** 박지태, 정영식, 임선백, 배기성, 이동혁, 박효성, 조대환, 이철규, 이경태, 조현태, 정영덕, 김정균, 양준호, 박현진, 이상호, 이정수, 이상석,
- **역무지부** 김형기, 이영득, 김윤형, 전흥수, 최승용, 전병근, 주한송, 이상현, 이강근,
- **승무지부** 김경민, 김형수, 류두진, 김도환, 조원희, 이용권, 문규태, 이순주, 이재명, 정대권, 서현철, 김정근
- **차량지부** 이원영, 서정우, 김범석, 박태성, 변종철, 최종만, 이중희, 류시보, 이동훈, 조종완

◈ 16기 대의원 [2002. 11. 01. ~ 2003. 10. 31.]

- **기술지부** 김강준, 조대환, 심원보, 김삼용, 임선백, 이정호, 김태수, 김대일, 이영환, 김태흥, 유동훈, 이경태, 류창훈, 정영덕, 팽진혁, 김윤식, 이철규, 문상윤, 이동혁, 박효성
- **역무지부** 이종화, 이근표, 성태경, 배영근, 하근주, 김정식, 장진재, 박상호, 김윤태, 조상훈, 이종만, 허재관, 윤석민
- **승무지부** 서현철, 정하욱, 류두진, 유규호, 이창원, 김용제, 이순주, 김희은, 고강록, 문규태, 이춘권
- **차량지부** 정봉화, 이원영, 엄재규, 안영환, 류종형, 박태건, 조일래, 전진춘, 김수온, 성황렬, 이동훈

◈ **17기 대의원** [2003.11.01. ~ 2004.10.31.]

- **기술지부** 고민기, 이웅호, 김원석, 장정수, 이수인, 김광희, 이응천, 김강준, 이청우, 심원보, 이종민, 허용석, 박영수, 류창훈, 이경태, 남석일, 이형준, 권태규, 정영재, 안영일
- **역무지부** 김남건, 이승호, 안대선, 성태경, 김윤태, 양홍규, 김태용, 김형기, 임은기
- **승무지부** 김준우, 최상길, 박봉준, 박상정, 김정봉, 김용제, 이순주, 이종경, 박진용, 이신호, 이성재, 유병진, 김정환
- **차량지부** 이원영, 방복현, 조양래, 정봉화, 강양식, 박태건, 신용태, 이동훈, 이해근, 황진용, 김태웅, 이성철,

◈ **18기 대의원** [2004.11.01. ~ 2005.12.31.]

- **기술지부** 김강준, 이정수, 최정식, 성보근, 정문철, 전호상, 정욱석, 김광희, 손창석, 천병철, 이수광, 이경태, 류창훈, 정상호, 김욱, 남석일, 권태규, 정영재, 김현한, 박영수, 정성근, 장준, 김광조, 안영일, 장세헌
- **역무지부** 김병묵, 추승현, 이성호, 김윤태, 강희상, 남원철, 최영석, 이승호, 김남건, 배재만, 송경일, 이기준, 장도영, 김형욱
- **승무지부** 이재달, 김준우, 구동훈, 박상정, 김영철, 조승익, 양하준, 김영태, 김민수
- **차량지부** 안재억, 하정현, 문정태, 조양래, 이동섭, 박태건, 남태근, 김석호, 류종형, 전태찬, 조중완, 이동훈

◈ **19기 대의원** [2006.01.01. ~ 2006.12.31.]

- **기술지부** 서형원, 조대환, 정원필, 유학종, 배명성, 성보근, 이병욱, 장정수, 김종규, 김진, 김욱, 최정운, 정상호, 이철규, 정영덕, 전호상, 유창훈, 김동년, 김광희, 김 경우, 장준
- **역무지부** 김병묵, 추승현, 남원철, 최영석, 이동진, 문명봉, 김형기, 류광걸, 조상훈, 이성호, 송경일, 장진재, 김윤형, 장도영
- **승무지부** 최상길, 채명섭, 김준우, 김정봉, 김민수, 문충민, 임춘식, 김정환, 박상오, 고강록, 고병철, 이종견
- **차량지부** 김종률, 하정현, 함정대, 최두홍, 김태성, 이오룡, 최병춘, 김대열, 최무덕, 박현근, 오일환

◈ 20기 대의원 [2007.01.01.~2007.12.31.]

- **기술지부** 서형원, 서정현, 양춘복, 신육식, 김강준, 한송운, 성보근, 신용훈, 장정수, 정일성, 김태진, 안영준, 임육수, 변광섭, 정영재, 이경태, 최정운, 권태규, 조태형, 박용진, 강동훈, 이종민, 김영주, 김한성, 박영수
- **역무지부** 추승현, 조민제, 김태용, 이영호, 문명봉, 김형기, 류광걸, 오영철, 최영석, 이동진
- **승무지부** 권오원, 최준희, 이환수, 이장재, 진규덕, 이두형, 김영태, 서흥수, 김정봉, 나용무, 임춘식, 박기춘, 신황규
- **차량지부** 최창호, 전영욱, 이승우, 전종운, 하건호, 김현국, 민경욱, 오문제, 오일환

◈ 21기 대의원 [2008.01.01.~2008.12.31.]

- **기술지부** 김동년, 한규권, 구용모, 하정훈, 정광석, 신용식, 이의용, 성보근, 황영수, , 변광섭, 박성철, 박상준, 주창식, 민순기, 유창훈, 이경태, 고영탁, 서문태민, 최정운, 김동원, 김욱, 김성철, 김한성, 김영주, 신효성, 이용원, 조송래, 김영규
- **역무지부** 박호, 이기준, 이성출, 노영대, 문명봉, 장도영, 박성윤, 서동철, 김남건, 이승호, 배상운
- **승무지부** 권오원, 김재억, 김헌석, 문규태, 노용주, 김홍곤, 허종일
- **차량지부** 이선웅, 김황현, 박철만, 심수영, 윤광수, 이임재, 정우근, 이동훈, 손영회, 송구영, 장성진

◈ 22기 대의원 [2009.01.01.~2009.12.31.]

- **기술지부** 이효제, 황영수, 박응생, 박호영, 이진하, 정성진, 채정훈, 현재성, 강래훈, 신용식, 이의용, 정광석, 하정훈, 한규권, 강성필, 서영호, 홍성배, 고영탁, 김욱, 유창훈, 이경태, 이상화, 정기하, 최병혁, 최정운, 김성원, 박진관, 주상학, 최부길, 김동년
- **역무지부** 문명봉, 노영대, 송경일, 이성출, 임은기, 이승호, 장도영, 정명대, 김남건, 서동철, 김종문, 이국조, 박호영, 배상운, 송춘섭, 박성윤, 이영호
- **승무지부** 구평창, 김태훈, 김화수, 제형탁, 김홍곤, 노용주, 허종일, 박영호, 최상길, 김준환, 박경명, 조영호, 조원희, 정우영

- **차량지부**　　김명렬, 박정기, 신현태, 안상준, 우경로, 최원혁, 이석종, 최무덕, 김영곤,
　　　　　　　　박철만, 손인호, 이동욱

◈ 23기 대의원 [2010. 01. 01.~2010. 10. 31.]

- **기술지부**　　이웅호, 강동균, 정대원, 양성우, 박호영, 박재현, 김명환, 강남규, 한규권,
　　　　　　　　조구형, 서희용, 김석호, 김상호, 김동년, 강래훈, 최창윤, 주호영, 임세도,
　　　　　　　　현재덕, 한철흠, 최정운, 최병혁, 김욱, 권태규, 고영탁, 윤천주, 배성호,
　　　　　　　　박경달, 구성남
- **역무지부**　　문명봉, 여성수, 조상훈, 정명대, 장도영, 김기범, 박성윤, 배상운, 이종만,
　　　　　　　　이동익
- **승무지부**　　김상완, 구평창, 전인성, 이환수, 박효성, 전용순, 노용주, 김창호, 이종호,
　　　　　　　　박두길, 이준선, 손동익, 김준환
- **차량지부**　　황익환, 최인식, 김태윤, 강봉철, 원재연, 사공헌, 이재성, 이동희, 이동욱,
　　　　　　　　김병조, 김동열, 강창오
- **서비스지부**　황순덕, 이희수, 이정숙, 박정숙, 김선순, 이귀남, 신영선, 김해숙, 김옥희 ,
　　　　　　　　김계옥, 임순복, 김정숙, 김영자, 김성자

◈ 24기 대의원 [2010. 11. 01.~2011. 10. 31.]

- **기술지부**　　이상국, 강동균, 한기종, 긴광희, 김웅, 김재환, 박호영, 전수환, 정대원,
　　　　　　　　강래훈, 옥기석, 이경철, 한규권, 박성진, 전윤종, 지상훈, 김영채, 노창현,
　　　　　　　　박경원, 염사회, 임성엽, 최병혁, 최정운, 김진원, 조광수, 조희제, 김좌곤
- **역무지부**　　장도영, 홍경표, 박성윤, 배상운, 김종윤
- **승무지부**　　김상완, 김태훈, 이경진, 허세근, 김상배, 김형택, 장재훈, 박두길, 이종호,
　　　　　　　　문제태, 박동식, 이성대, 이종견
- **차량지부**　　김병훈, 김태열, 문정태, 한경훈, 유덕재, 최원혁, 김정훈, 이동근, 김동우,
　　　　　　　　서보욱, 정영선, 최인석
- **서비스지부**　박정숙, 이귀남, 이희수, 황순덕, 김계옥, 김옥희, 서숙자, 안순옥, 김성자,
　　　　　　　　김영자, 김정숙, 임순복

◆ **25기 대의원** [2011.11.01.~2012.10.31.]

- **기술지부**　변희규, 박남주, 권순용, 최진호, 안일준, 정헌영, 이민철, 옥기석, 김동년, 강래훈, 임덕원, 문선호, 김춘종, 양춘복, 윤종배, 이상화, 변창우, 김동석, 윤운섭, 김병수, 김승남, 김형철, 손태규, 신승재, 이춘우, 이천식, 이기인, 박인산
- **역무지부**　김종윤, 홍경표, 박성윤, 장도영
- **승무지부**　주경철, 김상배, 박민호, 이응동, 홍학표, 박동식, 신인규, 장상호, 육군필, 구평창 , 김준환, 김진호
- **차량지부**　하정현, 박현희, 서정억, 안재억, 이연기, 김중길, 이상수, 장웅근, 임지훈, 김방수, 김종호, 박종일
- **서비스지부**　박정숙, 손말남

◆ **26기 대의원** [2012.11.01.~2013.10.31.]

- **기술지부**　옥기석, 양춘복, 강래훈, 임덕원, 정영원, 김동년, 정재목, 황보구, 김부관, 송지웅, 이광우, 박호규, 진형규, 박준영, 김환근, 고성택, 강창완, 김지웅, 박영수, 변희규, 김혁, 송해진, 황규영, 이상화, 김순동, 유정준, 정종민, 강경만, 김병수, 류창훈
- **역무지부**　홍경표, 장도영, 박성윤, 문명봉, 김종윤, 김구식
- **승무지부**　김선수, 김헌석, 주현동, 김정용, 이응동, 박동식, 최문환, 장상호, 이정기, 김영오 , 조영호, 임재근, 주경철, 권용수, 이학만, 방재일, 은종태, 이기종
- **차량지부**　노대홍, 안재억, 하정현, 백승대, 천문덕, 이상화, 박기운, 정완규, 김범진, 김종호, 이위형, 김재윤
- **서비스지부**　박정숙, 손말남, 김해숙, 한정자

◆ **27기 대의원** [2013.11.01.~2014.10.31.]

- **기술지부**　한송운, 황보구, 정재목, 김용성, 지승태, 안주현, 김병철, 한규권, 김영각, 김성일, 이우정, 김남원, 남경용, 김태현, 이효정, 정대균, 강상윤, 전병준, 안형태, 김정희, 이정한, 김성민, 문정호, 박주완, 변희규, 김경호, 서문태민, 류광춘, 김철홍, 박강덕, 유창훈, 표종국, 김성국, 전창호, 강동훈
- **역무지부**　이국조, 박성윤, 홍경표, 김종문, 김구식, 배상운 , 정상용, 문명봉, 신세호,

임은기, 이성호, 이성출, 이재민, 오태경

- **승무지부**　최윤석, 김정용, 김병수, 박양수, 문병호, 전용순, 성태규, 한원석, 이성대, 권용수, 김경민, 박진수
- **차량지부**　하기수, 박동길, 곽호명, 김태윤, 조종완, 정성욱, 손원형, 김진명, 조창우, 곽장근, 남국희
- **서비스지부**　김옥희, 한정자, 정희숙, 임순복

◈ 28기 대의원 [2014. 11. 01. ~ 2015. 10. 31.]

- **기술지부**　석경환, 박무상, 김용성, 안정훈, 안주현, 이대우, 유학종, 김광조, 변상용, 이왕수, 김경태, 박일봉, 박호영, 전재현, 정대원, 강상윤, 전병준, 신철원, 손승우, 안성호, 김성민, 문정호, 박주완, 김동은, 김경호, 서문태민, 최인환, 최영효, 권태구, 김성국, 표종국, 이태호, 강동훈
- **역무지부**　김태용, 박성윤, 이동진, 홍경표, 주경환, 배상운, 정상용, 장민환, 신세호, 이국조, 배재만, 김구식, 이성출, 김종문
- **승무지부**　김규환, 옥경수, 안태환, 이장수, 김상준, 최윤석, 김정환, 최성규, 양호성, 문병호, 이재훈, 김진호, 이상민, 홍성환, 성태규, 전용순, 류동우, 이은미, 한성모
- **차량지부**　한동일, 김경태, 곽호명, 하기수, 이대석, 성치우, 박정우, 김민하, 장찬주, 황진용, 변희수, 김병희, 김태환
- **서비스지부**　박필연, 손명숙, 한정자, 임순복, 김영자

◈ 29기 대의원 [2015. 11. 01. ~ 2016. 10. 31.]

- **기술지부**　장진영, 최인환, 임용섭, 이환웅, 이은재, 기동진, 김동석, 김대훈, 정영민, 백원호, 김동은, 박주완, 김경호, 왕한조, 김창호, 김경태, 박재홍, 정대원, 김현진, 안성호, 홍정훈, 이동준, 허성훈, 정광석, 박진우, 이유훈, 김석규, 박상일, 박무상, 김용성, 서영남, 변상용, 박제봉, 김시철
- **역무지부**　배상운, 이성출, 장민환, 정상용, 김종문, 장영욱, 박태길, 이국조, 홍경표, 주경환, 박성윤, 반성민, 우동석, 전한경, 김구식, 이동진
- **승무지부**　권오진, 안태환, 옥경수, 김동운, 이준도, 김상준, 이준선, 강무희, 최성규, 김정근, 이재훈, 윤동성, 오윤석, 장재훈, 오장석, 황보운혁, 한성모, 김동욱, 류동우

● **차량지부**	이임재, 변증환, 구민수, 정희양, 남지완, 정길모, 이관동, 김상철, 이동희, 박병옥, 양영갑, 박준오
● **서비스지부**	김서연, 남음정, 신명숙, 최인옥, 황귀순, 배숙경, 박영숙, 조수아

◈ 30기 대의원 [2016.11.01.~2017.10.31.]

● **기술지부**	백원호, 이영철, 이채석, 손용석, 최인환, 이경태, 김경철, 김경호, 이기영, 서봉수, 서민호, 김현철, 조온정, 서영상, 이재영, 김춘종, 이유훈, 송명진, 남영섭, 김원교, 황성규, 박기찬, 신정택, 정현석, 정대원, 최용택, 이창원, 변상용, 김대훈, 전창호, 김현우, 김봉규, 황규영, 박영식, 이외형, 오상헌
● **역무지부**	배상운, 박승석, 이성출, 장민환, 정상용, 장영욱, 박태길, 이성대, 우동석, 조연식, 전한경, 홍경표, 주경환, 박성윤, 반성민, 추승현, 김은성, 김태용, 오태경, 강준호, 이용훈, 이동진, 김종문
● **승무지부**	오윤석, 이두열, 김정환, 박정우, 김창욱, 김효장, 권오진, 전국현, 구수근, 이준호, 김희, 조용훈, 김동욱, 류동우, 윤현상, 신채우, 박재석, 송호진, 박영균
● **차량지부**	김덕근, 곽호명, 김동현, 정희양, 성충명, 정봉화, 김용현, 황현규, 홍성일, 정성문, 박병옥, 이진수, 성정훈
● **서비스지부**	황지현, 박영숙, 최경이, 설점수, 신명숙, 최인옥, 최숙연, 유곡덕, 이분희

◈ 31기 대의원 [2017.11.01.~2018.10.31.]

● **기술지부**	이영철, 김현규, 김경철, 송선용, 이재호, 황규영, 최영효, 이제길, 박신욱, 최석원, 서봉수 , 김재환, 이증행, 김태형, 김형균, 최호준, 윤준오, 이수광, 이상화, 김현철, 이호재, 조온정, 고병국, 조영학, 박인호, 손상기, 신현도, 백창선, 이인혁, 김대훈, 강동훈, 이재원, 박수용, 조완호, 김현석
● **역무지부**	장영욱, 이성대, 김은성, 조연식, 임재형, 김효진, 박성윤, 반성민, 박태길, 조해광, 제종환, 배상운, 김경록, 박일성, 손일석, 오태경, 정상용, 장민환, 홍경표, 우동석
● **승무지부**	이장수, 박진호, 이준호, 형태우, 강희웅, 이상일, 박명준, 배경식, 오남영, 이상원, 서인배, 배진욱, 강동원, 심정은, 안태환, 김태연, 이창목, 권용수
● **차량지부**	전금옥, 정희양, 김덕근, 서영교, 박현준, 정용우, 박병옥, 박성욱, 이상민, 박선익, 황현규, 김경태, 박준호, 노승화

- **서비스지부** 이금교, 김영자, 황지현, 박규나, 황갑순, 박명선, 한옥녀, 황명희, 최인옥,
  이예령, 권무순, 한윤선

◈ 32기 대의원 [2018.11.01.~2019.10.31.]

- **기술지부** 정재영, 김현규, 김성협, 최석원, 서봉수, 고기정, 김재헌, 김현철, 하중훤,
  배병민, 조온정, 최원배, 안준기, 이병곤, 정홍권, 김재홍, 서정훈, 전창호,
  강동훈, 장홍준, 석재원, 윤기호, 민대웅, 박민수, 이창훈, 장홍준, 박동수,
  엄익용, 김준현, 정환석, 김락곤, 이용원, 김진, 이성원, 하선형, 문현진,
  심규령
- **역무지부** 배상운, 제종환, 김효진, 박일성, 박승석, 서지수, 임재형, 김종윤, 장영민,
  강용순, 이동익, 장영욱, 안효성, 주경환, 박태길, 김태용, 박성윤, 홍경표,
  손일석, 우동석
- **승무지부** 이창목, 박준이, 김봉수, 최윤석, 한결, 최기범, 이상현, 김영상, 임웅혁,
  노영호, 김영오, 주영태, 이효상, 이연휘, 이영한, 한성현, 이상문, 황희창,
  김재호, 오윤석
- **차량지부** 정희양, 박근우, 조계진, 최효석, 이선웅, 조춘호, 장찬주, 함정대, 김영환,
  김진욱, 김판성, 곽경삼
- **운영서비스지부** 하녹자, 강말녀, 김보경, 박명숙, 박규나, 황갑순, 이예령, 정순애, 황명희,
  구성재, 한윤선, 황지현, 박규리

◈ 33기 대의원 [2019.11.01.~2020.10.31.]

- **기술지부** 이충현, 신동강, 정찬수, 이철, 엄익용, 정상희, 차민기, 배수진, 이경태,
  강경원, 서봉수, 박성필, 김진, 손영호, 오동규, 김민, 채정주, 강경우,
  김경상, 손승호, 김태헌, 윤창백, 김종운, 이석문, 배주용, 김필근, 김용옥,
  한충녕, 김해연, 권두현, 변상용, 강동훈, 전상진, 심상현, 김정환, 김병석,
  곽정일
- **승무지부** 최찬희, 한결, 성현석, 이동규, 전민기, 박대웅, 손상혁, 임웅혁, 가명진,
  김종대, 박명준, 이재성, 이서백, 김기중, 조현창, 박정우, 안태환
- **역무지부** 배상운, 김은성, 제종환, 김효진, 장영민, 강용순, 김정헌, 노오용, 주경환,
  박태길, 박성윤, 홍정민, 홍경표, 우동석, 손일석, 하성용, 장영욱, 김형두,
  서지수

- **차량지부** 이대우, 양응천, 안대용, 김민식, 박보경, 설승용, 조용준, 변기수, 주창헌, 한재호, 손문일, 김덕근, 천영석
- **운영서비스지부** 신민자, 김윤순, 황지현, 김숙희, 박규나, 곽인선, 최경이, 설유림, 강말녀, 정순자, 황숙희, 최인옥, 유곡덕, 박영희

◈ 34기대의원 [2020. 11. 01. ~ 2021. 10. 31.]

- **기술지부** 이지용, 김진서, 이경태, 장동수, 최판기, 정상희, 이성재, 김동현, 황태욱, 김민석, 강경원, 조창환, 김진, 오주영, 김윤, 김세영, 배진미, 하창진, 손승호, 임재훈, 지승태, 박주미, 김상호, 한충녕, 권재현, 김용옥, 김진원, 안선준, 김구성, 김종호, 임송이, 강동훈, 전상진, 정주식, 하무봉, 정재진, 김희제, 박형기, 손광민
- **역무지부** 배상운, 김은성, 제종환, 김형두, 서지수, 최정훈, 하성용, 박동진, 김효진, 장영민, 강용순, 김정현, 이창목, 전한경, 김남곤, 홍정민, 배인환, 고진혁, 노오용, 정대길
- **승무지부** 최찬희 , 장주석, 천병인, 이서백, 이재성, 이도훈, 이도훈, 공재훈, 전호명, 임채규, 윤상훈, 홍성환, 장필환, 박태규, 손상혁, 소상헌, 이창현, 류동우, 문상화, 김광희, 이보상, 조계환
- **차량지부** 이창환, 이연기, 김민식, 오문제, 김상엽, 최호창, 오평안, 강은해, 정성실, 김도영, 이병주, 권혁준
- **운영서비스지부** 황지현, 김숙희, 신민자, 박규나, 곽인선, 최경이, 유순옥, 정순자, 유곡덕, 한윤선, 이지민, 강희순
- **특별지회** 이상무, 박태길, 이동민, 차정현, 김진우, 김부영, 이재영

◈ 35기대의원 [2021. 11. 01. ~ 2022. 10. 31.]

- **기술지부** 이지용, 이재호, 이성재, 김민우, 양민식, 변정섭, 조여곤, 박성환, 이경태, 김민석, 장은하, 안수호, 김광희, 박일봉, 고태훈, 안상순, 이용직, 최태연, 한정호, 지승태, 임재훈, 권혁윤, 박주미, 이철희, 정용호, 손병찬, 이형환, 김상호, 김민석, 안민희, 이길상, 노재민, 이영환, 김기덕, 백인찬, 정미래, 구영민, 정영웅, 박현기
- **역무지부** 박동진, 민지훈, 이승현, 박도훈, 박성국, 이창목, 백승욱, 김남곤, 김승명, 반엽, 안대기, 노오용

- **승무지부**　　백기명, 조부건, 김상엽, 김성진, 조계환, 권초희, 윤연환, 여가람, 허재학,
이찬동, 천병인, 조찬호, 정민구, 강선호, 이서백, 주영태, 이도훈, 이영한,
양기모, 부영남, 손준영
- **차량지부**　　안창재, 임문규, 문성은, 임정현, 강민구, 김상현, 박주원, 최경환, 정홍백,
박재학, 위진환, 송서종
- **운영서비스지부**　한동진, 최경자, 유재완, 김태희, 김성희, 정순자, 박귀애, 노태인, 김세정,
윤향화, 김선희, 성수목, 문동희, 김미경, 허금숙, 김순선, 곽인선, 최경이,
정경희, 김영희
- **특별지회**　　차정현, 양영수, 김종대, 윤경석, 김우진

◈ 36기대의원 [2022. 11. 01. ~ 2023. 10. 31.]

- **기술지부**　　정궁열, 이재호, 정해윤, 이익현, 이정혁, 송선용, 이근우, 이경태, 정호재,
김준석, 안효진, 장은하, 송명식, 양광수, 한정호, 조승남, 김광희, 김지열,
박일봉, 손병찬, 김동년, 김두훈, 홍영민, 이현락, 서준혁, 지승태, 허오영,
심연주, 황평규, 변상용, 김미향, 김정욱, 정길모, 김기덕, 이영환, 김성철,
박진관, 이민호, 박현기, 김지윤
- **역무지부**　　이시환, 김진윤, 민지훈, 박동진, 박성국, 이승현, 이창목, 백승욱, 김남곤,
박형기, 반엽, 노오용, 안대기, 김수련, 김민성
- **승무지부**　　김영진, 오성호, 정민호, 박성훈, 조찬호, 정민구, 하태훈, 송석현, 이나은,
부영남, 한원석, 윤상훈, 김상엽, 조부건, 권초희, 이현철, 이원섭, 이상명,
현동기, 김승훈, 이승주
- **차량지부**　　이글샘, 윤동채, 이상기, 김정연, 고현, 김상현, 임성주, 박재호, 서경학,
김필규, 장승태, 이진현, 최성진
- **운영서비스지부**　김세정, 최경자, 김선희, 성수목, 문동희, 한동진, 최용석, 곽인선, 최경이,
김미경, , 허금숙, 정경희, 유재완, 김성희, 정순자, 박귀애, 강순남, 임재범,
윤국태, 김영희
- **특별지회**　　전충재, 김종대, 엄우철, 윤경석, 김우진

연번	이름	부서	노조	결정	재해형태	요양기간	노조지원	내용(6하원칙)
1	김○○	시설관리소	토목(궤도)지회	1990	협착	-	-	90.12.12. 주간 선로점검 중 서면~범내골역간 순회표 기록을 위해 손전등을 비추던 중 열차 치여 사망
2	전○○	시설관리소	N	1996	협착	-	-	96.07.15. 호포차량사업소 구내에서 궤도선로 점검 중 열차 치여 사망
3	정○○	노포승무관리소	노포승무지회	1997	심혈관계	-	재해조사	97.11.21. 야간근무 퇴근 후 수면 중 심장마비 사망
4	김○○	시설관리소	N2000	2000	협착	-	-	00.01.28. 열차운행시간 본선 순회점검을 금지한 상황에서 분소장인 재해자가 직원을 대동하여 본선 터널 구간 점검 중 열차에 치여 사망
5	김○○	제1영업소 서비스팀	역무지부	2008	스트레스	05.07.23. ~ 10.02.01.	-	03.12.2. 전동차에 투신자살한 사람의 사체를 직접 목격한 후 심한 정신적 스트레스 작용
6	김○○	전기사업소 구명전기분소	전기지회	2010	2010	10.06.09. ~ 10.06.11.	-	10.6.9. 덕천변전소 정전작업 후 점검 중 전력사령으로부터 2321차단기 원격투입이 안된다는 연락받음 03:42경 재해자가 차단기 뒷문을 열고 확인 중 감전으로 인한 불꽃으로 화상 치료 중 사망
7	이○○	전기사업소 구명전기분소	전기지회	2010	스트레스	10.06.16. ~ 18.04.27.	신청 지원	10.6.9. 전기사업소 덕천변전소 정전작업 후 사고로 인해 동료(김○○) 옷에 불이 붙은 것을 목격하고 소화기를 이용해 불을 끄려고 시도하였고, 이후 동료가 사망한 사실이 악몽으로 나타나 불안증세로 입원과 치료를 반복 후 '외상후 스트레스 장애 진단'을 받음
8	신○○	전기사업소 (전기보수1부)	N	2010	뇌혈관계	10.11.18. ~ 12.12.31.	-	10.11.18. 작업중 감전사고(10.6.9)관련 지방검찰청 소환 통보에 대해 경영진 보고 겸 협의 직후 좌반신 마비증상이 있어 병원응급실 후송결과 뇌실질내출혈진단을 받음

연번	이름	부서	노조	결정	재해형태	요양기간	노조지원	내용(6하원칙)
9	김○○	호포승무 광안지소	호포승무 지회	2011	스트레스	11.11.25. ~ 12.02.23.	신청 지원	11.11.24 16:30경 열차로 동원역 진입 중 고교생이 선로에 투신, 전동차에 부딪쳐 사망하는 사상사고 경험 이후 정신적 충격을 받아 '외상후스트레스' 발병
10	박○○	제2운영 사업소 해운대전자 분소	전자지회	2013	뇌혈관계	13.07.30. ~ 13.07.31.	재해조사 법률비용 지원	13.7.30 15:21경 출근을 위해 처가에서 자택으로 이동중 본인 차량 내에서 의식을 잃고 **병원에서 뇌출혈 진단 후, **병원으로 옮겼으나, 7.31(13:30경) '뇌간출혈'로 사망
11	현○○	시설사업소 호포교량분소	토목지회	2015	호흡기계	08.01.08. ~ 18.08.31.	단협 81조 적용 재해조사 역학조사	06.10. 중증 천식 진단으로 ****대병원 등 여러 병원에서 천식치료를 받았으나 호전이 없어 14.1. 산재 신청하여 15.2. 산재 승인
12	최○○	시설사업소 광안궤도분소	궤도지회	2017	호흡기계	14.09.16. ~ 15.10.27.	단협 81조 적용 재해조사 역학조사	12년 3개월간 교대근무의 형태로 선로 순회점검, 선로 보수작업 등을 수행하며 결정형 유리규산에 노출되었고, 작업 과정에서 각종 작업차량에서 발생하는 폐암 발암물질인 디젤엔진 연소물질에도 노출되어 '14.09. 폐암진행의심 진단, **대병원에서 폐암 4기로 확정 판정 후 신약 임상 병행 치료 중 사망
13	박○○	평화용사촌 신평차량종별	서비스1 지회	2017	근골격계	17.07.17. ~ 18.02.31.	전문기관 근골격계 부담 작업조사	07년 입사 후 전동차 청소를 하며 약 10년간 전동차청소 업무를 수행하면서 팔과 어깨 부위 거상 작업 등 많은 작업을 하여 어깨통증이 발생하여 치료를 받으며 근무하던 중 17.7.7. 대기실 앞에서 미끄러지며 어깨 부상으로 '우측견관절회전근개손상' 진단과 '진구성변병' 소견을 받았으나 최초 신청을 근골질환으로 부담작업조사 신청하여 승인(진구성병변-상병부위에 예전의 부상, 과사용 등으로 생긴 오래된 병변)

연번	이름	부서	노조	결정	재해형태	요양기간	노조지원	내용(6하원칙)
14	정○○	노포차량 사업소 구내식당	노포차량 지회	2018	근골격계	17.08.17. ~ 19.03.02.	근골격계 부담조사	05년 입사하여 청소, 식당 매점 및 조리 업무를 약 13년 6개월간 수행하던 중 식당조리업무로 전환된 후 통증이 발생하여 손가락 염증 등 원인불명의 다발 관절염 등으로 진단받아 신청하였으나 '좌측 3번 방아쇠수지' 부분승인
15	강○○	노포차량 사업소 구내식당	노포차량 지회	2018	근골격계	17.10.23. ~ 18.08.31.	근골격계 부담조사	05년부터 약 12년간 승무소동 청소와 구내식당 조리업무하던중 중식 배식을 위해 반찬통을 배식대로 운반하는 과정에서 갑자기 허리통증을 호소하여 병원 검사결과 '요추제4-5추간판탈출' 승인
16	윤○○	시설사업소	궤도지회	2019	호흡기계	18.05.31. ~ 20.06.02.	단체협약 81조 적용 재해조사	93년 입사하여 26년간 궤도 보수, 자갈도상, 레일 연마 과정에서 결정형유리규산, 금속분진 노출에 의해 특발성폐섬유증에 이환
17	김○	노포차량 사업소	노포차량 지회	2019	근골격계	18.10.30. ~ 19.05.13.	근골격계 부담조사	00년 입사 후 약 18년 조리업무 중 손목통증이 있었으며, 치료를 받아 오던 중 좌, 우측 수근관증후군 이환 승인
18	정○	평화용사촌 신평차량종별	서비스2 지회	2019	근골격계	17.09.25. ~ 18.03.31.	전문기관 근골격계 부담 작업조사	07년 입사 후 약 10년간 전동차청소 업무를 수행하면서 팔과 어깨 부위 거상 작업 등 많은 작업을 하여 17.7. 어깨통증이 발생하여 '좌측 어깨 견부충돌증후군 및 극상건파열' 진단으로 수술 후 신청 승인
19	김○○	한국선원 장애인복지 협회 호포차량종별	서비스2 지회	2019	근골격계	18.07.04. ~ ?	전문기관 근골격계 부담 '작업조사	05년부터 약 13년간 전동차 청소한 전동차 벽면 및 천장업무는 어깨 부담작업이고, 밀대 및 기타 장비 작업은 손과 주관절 부담작업이므로 우측견관절회전근개파열(극상근실질파열), 우측견관절충돌증후군 등으로 승인
20	김○○	상이군경회 수영역	서비스2 지회	2019	호흡기계	2019.4.5. ~ 20.01.31.	재해원인 조사 업무관련성 평가	지하철역 내의 청소구역의 열악한 작업환경에서 각종 쓰레기, 오물, 대소변등을 청소하며 각종 곰팡이, 세균과 독소에 노출되어 진균 감염에 의한 '폐 아스페르길루스증' 발병

연번	이름	부서	노조	결정	재해형태	요양기간	노조지원	내용(6하원칙)
21	이○○	노포승무사업소	노포승무지회	2020	호흡기계	18.04.26. ~ 19.07.15.	재해조사	94년 입사하여 24년간 기관사로 근무하면서 전동차 운전실로 들어오는 폐암유발물질인 석면, 라돈 등에 노출되어 폐암 발병 치료 중 사망(추정의원칙 적용)
22	김○○	상이군경회 수영역	서비스2지회	2020	스트레스	20.02.03. ~ 21.02.03.	재해조사 치료, 심리상담	20.02.03. 수영역 남자 화장실에 청소 업무 중 자살사건을 목격하고 수습 및 구호활동 이후 재경험, 과각성, 회피, 불안, 우울, 불면 등의 증상 등 심리적 외상 노조로 호소하여 업무중단 후 치료 및 상담 실시하여 산재 신청 '외상후 스트레스장애'
23	조○○	상이군경회 수영역	서비스2지회	2020	스트레스	20.02.03. ~ 21.02.03.	재해조사 치료, 심리상담	20.02.03. 수영역 남자 화장실에 청소 업무 중 자살사건을 목격하고 수습 및 구호활동 이후 재경험, 과각성, 회피, 불안, 우울, 불면 등의 증상 등 심리적 외상 노조로 호소하여 업무중단 후 치료 및 상담 실시하여 산재 신청 '외상후 스트레스장애'
24	곽○○	호포승무사업소 운영부	노포승무지회	2020	스트레스	-	재해조사 최초, 행정1심 법률비용 지원	22년간 기관사로 근무하여 장소, 시간적 작업환경의 열악함, 신호오작동사고, 직무적성시험 등의 사유로 우울증이 발병 및 악화로 정상적 인식 능력이나 행위선택 능력, 정신적 억제력 결여되거나 현저히 저하되어 힙리직인 판단을 기대할 수 없을 정도에 이른 업무적요인이 작용하여 16.04.13 극단적선택
25	김○○	선원장애인 복지협회 호포종별	서비스2지회	2020	근골격계	20.01.29. ~ 20.04.28.	근골격계 원인조사	99.6. 입사하여 약 18년간 2호선 회차선에서 전동차 반복청소업무에 따른 손목부담작업으로 통증이 발생하여 '우측손목윤활막염' 진단을 받고 신청, 승인
26	주○○	시설사업소	궤도지회	2020	호흡기계	퇴직 후 발병 신청	재해조사	27년간 선로순회점검 및 보수작업을 하며 노출되는 라돈, 모터카와 지상도로의 디젤매연, 선로보수작업 시 노출되는 결정형유리규산 등에 노출되어 퇴직 후 폐암 발병하여 치료 중 16.09.22. 사망

연번	이름	부서	노조	결정	재해형태	요양기간	노조지원	내용(6하원칙)
27	이○○	부산도시철도 운영서비스 구포역	서비스3 지회	2021	근골격계	21.06.23. ~ 21.12.31.	근골부담 작업조사	95년부터 21년까지 18년간 양복공장에서 다림질, 건물 및 지하철 청소하여 상지거상 및 어깨 회전, 반복하는 업무로 '우측견관절부회전근개파열' 승인
28	유○○	상이군경회 양산역	서비스2 지회	2021	근골격계	?	근골부담 작업조사	99.6.15. 입사하여 역사청소 약 21년 4개월간 수행하여 거상자세 및 팔을 뻗은 자세로 반복 작업하는 어깨 부담작업으로 '우측견관절부회전근개파열' 승인
29	김○○	신호통신 사업소 신평신호분소	신호지회	2021	뇌혈관계	17.03.04. ~ 17.11.03.	재해조사 최초, 행정1심 법률비용 지원	13년간 교대근무를 수행한 점과 그로 인해 대사성 위험요인이 높아지면서 고인의 건강상태도 함께 악화되었고, 지하철 역사와 선로, 터널에서 미세먼지 등 유해작업환경에서 10년 이상 일하면서 유해위험인자에 노출되었고 다대선 개통을 앞두고 설비 점검 등으로 긴장된 상황에서 업무부담 요인에 복합적 노출되어 상병을 발병케하고 악화시켜 사망에 이름
30	황○○	부산도시철도 운영서비스 호포차량종별	서비스2 지회	2021	근골격계	21.07.09. ~ 21.11.08.	근골격계 부담조사	98년 입사하여 21년 발병시까지 20년간 전동차 반복, 종별청소를 하여 어깨부위 부담으로 '좌측어깨의회전근개의근육및 힘줄의손상극상근'으로 이환되어 승인
31	최○○	경전철운영 사업소 낙민역	안평승무 시회	2022	스트레스	22.01.21. ~ 22.08.13.	-	21.11.17. 부정승객으로부터 폭행을 당하여 2주간 요양하였고, 가해자는 검찰 송치되었으며, 이후 억울함, 분노, 불안·우울 등의 증상으로 정신과 질환에 이환
32	박○○	부산도시철도 운영서비스 호포차량종별	서비스2 지회	2022	근골격계	22.02.21. ~ 22.05.01.	근골격계 부담조사	02년부터 22년 약 19년간 전동차 청소를 하며 상지거상, 어깨회전 및 반복작업 부담으로 우견관절 충돌중후군. 우견관절견봉하점액낭염, 우견관절회전근개건염 진단 승인

연번	이름	부서	노조	결정	재해형태	요양기간	노조지원	내용(6하원칙)
33	박○○	상이군경회 평화용사촌 명륜역	서비스 1지회	2022	스트레스	20.07.25. ~ 20.09.16.	재해조사 행정1심 법률비용 지원	07.1.1. 입사 후 약 4년간 기동근무 시 수면장애, 직원간 다툼 등으로 불안장애 등 치료 후 주간근무 변경되어 회복하였으나 19.7.경 양정역에서 업무분장 문제로 갈등, 불면증과 우울증 등이 재발하여 2020. 5.부터 명륜역 이동한 후 직장 분위기 등에 적응하지 못하여 정신적 어려움을 토로하고 두 달 만에 휴직하였으나 우울, 불안증 등이 악화되어 20.09.17. 극단적 선택
34	권○○	제1운영 사업소 자갈치역	남포역무 지회	2022	바이러스 접촉	21.06.23. ~	재해조사 근복조사 대응	21. 6. 23. 지하철역 내 쓰러져 있던 감염자를 부축하는 중 그의 혈액에 노출 후 감염되지 않기 위한 예방적 치료와 정기 검사 진행
35	이○○	부산도시철도 운영서비스 금곡역	서비스2 지회	2022	근골격계	22.05.31. ~ 23.03.14.	근골격계 부담조사	13년부터 22년 약 9년 3개월간 지하철 역사 청소 업무를 수행하면서 어깨 부위 통증이 발생 '우측견관절부회전근개 및 상완이두건 파열' 승인
36	이○○	부산도시철도 운영서비스 서면역	서비스2 지회	2022	근골격계	21.08.24. ~ 22.06.30.	근골격계 부담조사	90년대부터 약 20년간 식당 설거지, 홀 서빙. 배달 등의 작업을, 11년 4월부터 13년 10월까지 약 1년 5개월 공공근로 깅변과 공원의 화장실 청소 14년부터 21년 4월 까지 역사 청소를 수행하면서 어깨 등 신체부담으로 '우측견관절충돌증후군, 우측견관절회전근개파열, 우측견관절견갑 하 건부분파열, 우측견관절 상완이두건장두아탈구 및 파열' 승인 '좌측무릎 관절증, 우측 무릎 관절중, 좌측 슬관절 내측 반월상 연골 복합파열, 좌측 슬관절 내측 대퇴골 및 경골 고평부 골연골 병변, 좌측 술관절 활액막염, 우측슬관절 베이커 낭종, 우측 슬관절 내측 반월상 연골 파열, 우측 슬관절 내측 대퇴골 골연골 병변은 불승인

연번	이 름	부서	노조	결정	재해형태	요양기간	노조지원	내용(6하원칙)
37	오○○	부산도시철도 운영서비스 두실역	서비스 1지회	2022	근골격계	22.01.25. ~ 22.04.16.	근골격계 부담조사	96년부터 9년 5개월간 초등학교 급식실에서 조리업무를, 2006 년 8월부터 현재까지 약 16년간 지하철역사 청소업무 하면서 허리 부위 신체부담이 누적되어 '요추제4-5번간추간판탈출증' 승인. 무릎을 꿇거나 쪼그려 앉은자세 등의 무릎 부위 부담 자세가 일부 확인되나, 수행한 업무의 작업 강도, 빈도 및 지속성 등이 발병에 이를 만큼 무릎 부위 누적 신체부담은 높지 않은 것으로 판단하여 '좌측내측반월상연골후각부파열', '좌측슬관절내측경미한골관절염' 불인하여 행정소송 진행 중
38	정○○	시설사업소 노포궤도 장비 분소	궤도지회	2023	근골격계	22.05.31. ~ 22.09.16.	근골격계 부담조사	궤도시설 유지보수 업무를 약 17년 11개월간 수행하던 중 팔을 뻗거나 거상하는 등의 부자연스러운 자세와 반복적인 어깨 사용, 부담작업으로 '우측견관절회전근개파열' 승인
39	김○○	노포차량 사업소 대차팀	노포차량 지회	2023	근골격계	22.07.13. ~ 22.12.30.	근골격계 부담조사	5년간 전동차 정비 작업 과정에서 어깨 거상 자세, 밀고 당기기 등 어깨에 힘을 주는 자세, 중량물 취급 등 상병부위 신체 부담 작업을 반복적으로 수행하여 좌측 어깨 윤활낭염에 이환 승인
40	김○○	부산도시철도 운영서비스 노포반복	서비스I 지회	2023	근골격계	22.10.18. ~23.1.10. 23.5.27. ~23.7.26	근골격계 부담조사	10년부터 22년 10월까지 요양보호사(5년 5개월)와 전동차 청소(6년 7개월)를 약 12년간 하면서 어깨에 통증이 있었으나 치료하며 근무하던 중 22년 9월 통증이 심해져 '우측견관절회전근개파열' 진단을 받고 신청 승인
41	황○○	부산도시철도 운영서비스 노포역	서비스1 지회	2023	근골격계	20.09.22. ~ 21.01.13.	근골격계 부담조사 행정1심 법률비용 (노동권익 센터 구제) 지원 안내	04년부터 20년까지 15년간 역사청소 업무 중 어깨, 허리 통증이 발생하여 산재신청하였으나 재해조사(특진, 근골부담조사)에서 부담작업 업무는 확인되나 신청상병이 인지되지 않는다는 이유로 불승인, 재심사 기각되어 행정소송 패소

연번	이 름	부서	노조	결정	재해형태	요양기간	노조지원	내용(6하원칙)
42	이○○	신평차량 사업소 검수팀	신평차량 지회	2023	호흡기계	18.08.20. ~ 21.10.29.	재해원인 조사 행정1심 법률비용	96년부터 18년까지 약 23년간 검수와 중정비 업무 등을 수행하며 다양한 폐암 유해물질, 석면, 라돈, 결정형유리규산, 스프레이락카, 디젤 매연 등에 수시로 노출되었으며, 일생 금연사무실과 작업장에서 수시로 많은 양의 담배연기에 약 8년간 노출되는 등 다양한 발암물질에 노출되어 비교적 젊은 나이인 48세에 폐암이 발병하였기에 신청, 재심사 기각되어 행정소송 진행